Studien zum Wirtschaftsstrafrecht

herausgegeben von
Klaus Tiedemann / Bernd Schünemann

Band 15

Theodoros Papakiriakou

Das Griechische Verwaltungsstrafrecht in Kartellsachen

Zugleich ein Beitrag zur Lehre
vom Verwaltungs- und Unternehmensstrafrecht

Centaurus Verlag & Media UG 2002

Der Autor, Dr. Theodoros Papakiriakou, geb. 1970 in Serres/Griechenland, absolvierte ein juristisches Studium an der Aristoteles-Universität von Thessaloniki und wurde anschließend nach zweijähriger praktischer Ausbildung als Rechtsanwalt in Thessaloniki zugelassen. Im Jahr 1999 promovierte er mit einem DAAD-Stipendium an der Universität Bayreuth. Zur Zeit arbeitet er in Griechenland als Rechtsanwalt im Fachgebiet des Wirtschaftsstrafrechts.

Die Deutsche Bibliothek – CIP-Einheitsaufnahme

Papakiriakou, Theodoros:
Das Griechische Verwaltungsstrafrecht in Kartellsachen :
zugleich ein Beitrag zur Lehre vom Verwaltungs- und
Unternehmensstrafrecht / Theodoros Papakiriakou. –
Herbolzheim : Centaurus-Verl., 2002
(Studien zum Wirtschaftsstrafrecht ; Bd. 15)
Zugl.: Teildr. von Bayreuth, Univ., Diss, 1999 u.d.T.: Papakiriakou, Theodoros:
Zur materiellrechtlichen Ausgestaltung eines effektiven und rechtsstaatlichen
Verwaltungs- und Unternehmensstrafrechts – dargestellt am Beispiel des
griechischen und europäischen Bußgeldrechts in Kartellsachen
ISBN 978-3-8255-0339-0 ISBN 978-3-86226-320-2 (eBook)
DOI 10.1007/978-3-86226-320-2

ISSN 0938-9512

Satz: Vorlage des Autors
Umschlaggestaltung: DTP-Studio, Antje Walter, Lenzkirch

Für Maria

Vorwort

Das vorliegende Werk stellt den *ersten Teil* meiner im Sommersemester 1999 von der rechts- und wirtschaftswissenschaftlichen Fakultät der Universität Bayreuth angenommenen Dissertation dar. Das Hauptziel besteht in der materiellrechtlichen *Grundlegung* eines verwaltungs– bzw. unternehmensstrafrechtlichen Modells, das dem Prinzip der verwaltungsrechtlichen Effektivität und dem modernen rechtsstaatlich-liberalen Strafrechtsverständnis gleichermaßen verpflichtet ist. Um die praxisrelevante Physiognomie des Modells zu gewährleisten und die Abstraktionshöhe der Ausführungen möglichst niedrig zu halten, baut das Werk in erster Linie auf Fragestellungen auf, die sich aus einer kritischen Bestandsaufnahme des griechischen Verwaltungsstrafrechts, insbesondere in Kartellsachen, ergeben. Das Werk läßt sich insoweit inhaltlich auch als eine zweckorientierte Darstellung und kritische Analyse des griechischen Verwaltungsstrafrechts (insbesondere in Kartellsachen) verstehen.

Das im vorliegenden Werk vorgeschlagene verwaltungs- bzw. unternehmensstrafrechtliche Grundmodell findet seine systematische und wissenschaftliche Fortentwicklung, im Sinne der Erarbeitung von detaillierten, auf die spezifischen Charakteristika dieses Modells zugeschnittenen materiellrechtlichen Lösungen, im Rahmen des zweiten Teils meiner Dissertation, der ebenfalls als selbständiges Werk in derselben Schriftenreihe (Band Nr. 17: "Das Europäische Unternehmensstrafrecht in Kartellsachen - Zur materiellrechtlichen Ausgestaltung eines rechtsstaatlichen und effektiven Verwaltungs- bzw. Unternehmensstrafrechts am Beispiel ausgewählter Grundprobleme des europäischen Kartellbußgeldrechts") erscheint. Zahlreiche wechselseitige Hinweise machen die systematische Zusammengehörigkeit beider Werke sichtbar und wirken der Gefahr unnötiger Wiederholungen entgegen.

Dem Werk liegt der Stand von Gesetzgebung, Rechtsprechung und Literatur am 01.08.1999 zugrunde. Im Hinblick darauf, daß das bis zu diesem Zeitpunkt zugängliche rechtstatsächliche Material im Rahmen der Arbeit durchgehend als Beispiel für die Veranschaulichung der dogmatischen Probleme und für die Schwerpunktsetzung der Argumentation innerhalb der einzelnen Kapitel herangezogen wird, hätte eine Aktualisierung (und die dadurch bedingte Modifizierung des ursprünglichen rechtstatsächlichen Substrats) konsequenterweise Änderungen im dogmatischen Aufbau der Arbeit erfordert. Um gleichwohl die aktuelle Rechtslage darzustellen, wird das Werk durch einen Nachtrag ergänzt, in dem insbesondere die in der Zwischenzeit in Griechenland erfolgten kartellrechtlichen Reformen zusammenfassend geschildert werden.

Das vorliegende Werk hätte nicht zustande kommen können, wenn ich nicht das Glück gehabt hätte, von zahlreichen Personen unterstützt zu werden. Einigen von denen an dieser Stelle zu danken, ist das Wenigste, was ich machen kann. – Allen voran gilt mein Dank meinem hochverehrten Doktorvater, Herrn Prof. Dr. *Gerhard Dannecker*, dessen wissenschaftlicher und menschlicher Beistand vom ersten Moment meines Aufenthalts in Bayreuth an mir die Aufnahme und den Abschluß der Arbeit überhaupt ermöglicht hat. Herr Prof. Dr. *Ioannis Manoledakis*, Herr Prof. Dr. *Nikolaos Bitzilekis*, Frau Prof. Dr. *Maria Kaiafa-Gbandi* und Frau Prof. Dr. *Elli Kastanidou* haben durch ihr vorbildliches wissenschaftliches Engagement und durch ihre ständige Hilfsbereitschaft, die ich bereits während meiner Studienjahre an der Aristoteles Universität von Thessaloniki erfahren habe, mein wissenschaftliches Interesse erweckt und entscheidend geprägt; dafür bin ich ihnen dankbar. Frau Prof. Dr. *Maria Kaiafa-Gbandi* sei darüber hinaus gedankt, weil sie die Mühe der Begutachtung der Arbeit aus griechischer Sicht auf sich nahm. Danken möchte ich ferner Herrn Assist. Prof. Dr. *Dimitrios Tzouganatos*, derzeitigem Vorsitzenden der griechischen Wettbewerbskommission, dessen Vertrauen mir den Mut gegeben hat, die schwierige kartellrechtliche Materie zu durchdringen. Frau *Eleni Tarabikou*, die unermüdliche Sekretärin der griechischen Wettbewerbskommission, hat mich andauernd mit aktuellem Entscheidungsmaterial versorgt und dadurch nicht unerheblich eine möglichst präzise Darstellung der griechischen Rechtslage gefördert, wofür ich ihr herzlich danke. Zu Dank verpflichtet bin ich nicht zuletzt Herrn Prof. Dr. Dr. h.c. *Harro Otto* nicht nur für die Erstellung des zweiten Gutachtens, sondern auch für seine anspruchsvollen Lehrveranstaltungen, die mir viele schwierige Zusammenhänge transparent machten.

Der *DAAD* hat meinen Deutschlandaufenthalt durch ein Promotionsstipendium finanziert, wofür ich mich aufrichtig bedanke. Mein besonderer Dank gilt schließlich Herrn Prof. Dr. *Bernd Schünemann* und Herrn Prof. Dr. Dres. h.c. mult. *Klaus Tiedemann* für die freundliche Aufnahme in die Schriftenreihe "Studien zum Wirtschaftsstrafrecht".

Thessaloniki, Juni 2001 *Der Verfasser*

Gliederung

INHALTSVERZEICHNIS

ZWEITER TEIL: VERWALTUNGSSTRAFRECHT IN GRIECHENLAND

ABKÜRZUNGSVERZEICHNIS
(GRIECHISCHE ZEITSCHRIFTEN, GESETZE, GERICHTE UND BEHÖRDEN)

AmtsG	Ειρηνοδικείο (Gericht erster Instanz für Zivilsachen)
ArNom	Αρχείο Νομολογίας (Juristische Zeitschrift)
Armenopoulos	Αρμενόπουλος (Juristische Zeitschrift)
ArbGleichberechtigungG	G. 1414/84 "Anwendung des Grundsatzes der Gleichberechtigung von Mann und Frau auf die Arbeitsverhältnisse und sonstige Vorschriften"
ArbSicherheitG	G 2224/94 "Regelung von Fragen über die Arbeit, die gewerkschaftlichen Rechte, die Hygiene und Sicherheit der Arbeitnehmer, die Organisation des Arbeitsministeriums und der von diesem beaufsichtigten juristischen Personen sowie sonstige Vorschriften"
Areopag	Αρειος Πάγος (das oberste griechische Gericht für Zivil- und Strafsachen)
DEE	Δίκαιο Επιχειρήσεων και Εταιρειών (Juristische Zeitschrift für Unternehmensrecht)
DFN	Δελτίο Φορολογικής Νομοθεσίας (Zeitschrift für Steuerrecht)
DioikDik	Διοικητική Δίκη (Zeitschrift für Verwaltungsprozeßrecht)
Dike	Δίκη (Zeitschrift für Prozeßrecht)
DRM	Δραχμή (griechische Nationalwährung - Drachme)
EDD(D)	Επιθεώρηση Δημοσίου και Διοικητικού Δικαίου (Zeitschrift für öffentliches Recht)
EDKoinAsf	Επιθεώρηση Δικαίου Κοινωνικής Ασφάλισης (Zeitschrift für Sozialversicherungsrecht)

EEEurD	Ελληνική Επιθεώρηση Ευρωπαϊκού Δικαίου (Zeitschrift für Europarecht)
EEmpD	Επιθεώρηση Εμπορικού Δικαίου (Zeitschrift für Handelsrecht)
EEN	Εφημερίδα Ελλήνων Νομικών (Juristische Zeitschrift)
ElDiK	Ελληνική Δικαιοσύνη (Juristische Zeitschrift)
ENom	Επιθεώρηση Νομολογίας (Juristische Zeitschrift)
EpiskEmpD	Επισκόπηση Εμπορικού Δικαίου (Zeitschrift für Handelsrecht)
FE	Φορολογική Επιθεώρηση (Zeitschrift für Steuerrecht)
FEK	Φύλλο της εφημερίδας της κυβέρνησης (griechisches Regierungsblatt, Nr. / Teil / Datum)
G.	Νόμος (Gesetz)
GesEntw	Σχέδιο / Πρόταση Νόμου (Gesetzesentwurf)
GesVO	Νομοθετικό Διάταγμα (Gesetzesverordnung)
KartellG	G. 703/77 "über die Kontrolle von Monopolen und Oligopolen und über den Schutz des freien Wettbewerbs"
LG	Πρωτοδικείο (Gericht erster Instanz für Zivilsachen)
Logistis	Λογιστής (Zeitschrift für Steuerrecht)
MarktG	GesVO 136/46 "über Bestätigung, Änderung und Ergänzung der GesVO über das Marktpolizeigesetzbuch"
MeeresUmwG	G. 743/77 "über den Schutz der Meeresumwelt und die Regelung zusammenhängender Fragen" (in der neuen kodifizierten Fassung der PrVO 55/98 "Schutz der Meeresumwelt")
minist. Entsch.	Υπουργική Απόφαση (Ministerielle Entscheidung)
NotG	Αναγκαστικός Νόμος (Notgesetz)

NoB	Νομικό Βήμα (Juristische Zeitschrift)
ObVerwG	Διοικητικό Εφετείο (Verwaltungsgericht zweiter Instanz)
PrVO	Προεδρικό Διάταγμα (Präsidialverordnung)
PoinChr	Ποινικά Χρονικά (Zeitschrift für Strafrecht)
RundfunkG	G. 2328/95 "Rechtsstatus der privaten Fernsehsender und der lokalen Rundfunksender, Regelung von Fragen im Zusammenhang mit dem Rundfunk- und Fernsehmarkt und sonstige Vorschriften"
Staatsrat	Συμβούλιο της Επικρατείας (das oberste griechische Verwaltungsgericht)
StädtebauG	G. 1337/83 "Ausweitung der Städtebaupläne, Förderung der Ansiedlungsentwicklung und zusammenhängende Regelungen"
SteuerStrafG	G. 2523/97 "über verwaltungs- und strafrechtliche Sanktionen in der Steuergesetzgebung und sonstige Vorschriften"
Strafjustiz	Ποινική Δικαιοσύνη (Zeitschrift für Strafrecht)
StrVerkG	G. 2696/99 "Sanktionierung des Gesetzbuches über den Straßenverkehr"
TE	Τελωνειακή Επιθέωρηση (Zeitschrift für Zollrecht)
Themis	Θέμις (Juristische Zeitschrift)
ToS	Το Σύνταγμα (Zeitschrift für Verfassungsrecht)
Umwelt und Recht	Δίκαιο και Περιβάλλον (Zeitschrift für Umweltrecht)
UmwG	G. 1650/86 "zum Schutz der Umwelt"
VerbSchG	G. 2251/94 "zum Schutz des Verbrauchers"
Verteidigung	Υπεράσπιση (Zeitschrift für Strafrecht)

VerwG	Διοικητικό Πρωτοδικείο (Verwaltungsgericht erster Instanz)
VerwVerfG	G. 2690/99 "Sanktionierung des Gesetzbuches über das Verwaltungsverfahren und sonstige Vorschriften"
WbSK	Επιτροπή Προστασίας του Ανταγωνισμού (Wettbewerbsschutzkommission)
WbK	Επιτροπή Ανταγωνισμού (Wettbewerbskommission)
Wb(S)K-E bzw. Wb(S)K-S	Entscheidung bzw. Stellungnahme der WbSK / WbK (bis zum 31.05.1995 veröffentlicht in der Entscheidungssammlung von KOUTSOUKIS / TZOUGANATOS; siehe Literaturverzeichnis)

EINLEITUNG

I. Anlaß der Untersuchung

Griechenland hat bereits seit 1977 ein den europäischen Wettbewerbsregeln nachgebildetes Kartellrecht, das im Gesetz Nr. 703[1] (im folgenden *G. 703/77* oder *KartellG*) kodifiziert ist. Wie das europäische Vorbild verfügt auch das griechische Kartellrecht über ein einschneidendes Sanktionsinstrumentarium gegen Kartellrechtsverstöße, in dessen Mittelpunkt millionenschwere Geldbußen stehen, die von den griechischen Kartellbehörden gegen zuwiderhandelnde Unternehmen verhängt werden können. Die in den 90er Jahren[2] zunehmende Tendenz einer extraterritorialen Anwendung des griechischen Bußgeldrechts in Kartellsachen[3] hat zur Folge, daß sich nicht nur griechische oder im griechischen Hoheitsgebiet niedergelassene Unternehmen, sondern alle auf dem griechischen Markt mittelbar oder unmittelbar tätigen ausländischen Unternehmen der Gefahr der Konfrontation mit einer Bußgeldentscheidung der griechischen Kartellbehörden (nunmehr verstärkt) ausgesetzt sehen[4].

---

1 G. 703/77 "über die Kontrolle von Monopolen und Oligopolen und über den Schutz des freien Wettbewerbs" (FEK 278 / A / 26.09.1977).

2 Zur zurückhaltenden Entscheidungspraxis der 80er Jahre siehe unten im Text, § 4 IV A.

3 Zur Geltung des Auswirkungsprinzips im griechischen Kartellrecht siehe Art. 32 KartellG: "Dieses Gesetz findet Anwendung auf alle Wettbewerbsbeschränkungen, die sich im Inland auswirken oder auswirken können, auch wenn [a] die betreffenden Vereinbarungen zwischen Unternehmen, Beschlüsse von Unternehmensvereinigungen, aufeinander abgestimmten Verhaltensweisen zwischen Unternehmen oder Unternehmensvereinigungen oder Unternehmenszusammenschlüsse im Ausland durchgeführt oder getroffen werden, oder [b] die betroffenen Unternehmen oder Unternehmensvereinigungen keine Niederlassung im Inland haben. Das Gesetz findet ebenfalls Anwendung auf jede mißbräuchliche Ausnutzung einer beherrschenden Stellung oder eines wirtschaftlichen Abhängigkeitsverhältnisses, die sich im Inland manifestiert." - Vgl. ferner *WbK*-S 223/95 "THE LION / A.B. BASILOPOULOS", Bd. C, S. 120 und *WbK*-E 123/98 "GILBARCO / DEUTSCHE GERÄTEBAU GmbH": "Wie sich aus den Akten des Falles, dem einschlägigem Vertrag und der einleitenden Stellungnahme des Sekretariats ergibt, wurde die in Frage stehende Fusion bereits vollzogen, was einen Verstoß gegen die geltende Fassung von Art. 4e Abs. 1 G. 703/77 [fusionsbezogene Wartepflicht] darstellt. Die Wirkung dieser Vorschrift wird nicht wegen der Tatsache aufgehoben, daß die fragliche Fusion im Ausland stattfand, denn gemäß der ausdrücklichen Regelung von Art. 32 des erwähnten Gesetzes finden seine Vorschriften unter anderem auch auf den im Ausland verwirklichten Zusammenschluß von dort ansässigen Unternehmen Anwendung, vorausgesetzt, daß sich der vollzogene Zusammenschluß im Inland auswirkt oder auswirken kann. Daher muß ... gegen das die Kontrolle erwerbende [US-amerikanische] Unternehmen Gilbarco eine Geldbuße in Höhe von 3.000.000 DRM verhängt werden."

4 So wurde im Jahr 1996 die in Luxemburg ansässige, der Calcestruzzi-Unternehmensgruppe angehörende Holding-Gesellschaft CONCRETUM S.A., die den griechischen Zementher-

Anders als das europäische Vorbild, das die Geldbußen gegen Unternehmen als strafrechtliche Sanktionen i.w.S. versteht[5] und die Sanktionssubjekte dementsprechend in Anlehnung an strafrechtsdogmatische Grundsätze zur Verantwortung zieht[6], betrachtet man in Griechenland die gegen Unternehmen angedrohten und verhängten Geldbußen nicht als quasi-strafrechtliche, sondern als rein verwaltungsrechtliche Sanktionen. Die Verteidigungsmöglichkeiten der den griechischen Kartellrechtsvorschriften zuwiderlaufenden Unternehmen werden aber damit nicht unerheblich eingeschränkt. Die fragliche Betrachtungsweise führt nämlich konsequenterweise zu dem Ergebnis, daß sich die Anwendung der Bußgeldvorschriften des KartellG an verwaltungsrechtlichen Grundsätzen orientiert. Vom modernen liberalen Strafrechtsverständnis geprägte strafrechtsdogmatische Kategorien und Prinzipien als solche bleiben demgegenüber unberücksichtigt. Feststellungen zur

---

steller TSIMENTA CHALKIDOS AE durch Aktienerwerb übernahm, wegen Verstoßes gegen die Fusionskontrollvorschriften (Vollzug des Zusammenschlusses ohne vorherige Anmeldung gemäß Art. 4b Abs. 4 KartellG und ohne Einhaltung der Wartepflicht von Art. 4e Abs. 1 KartellG) mit einer Geldbuße in Höhe von 105.000.000 DRM belegt; siehe *WbK*-E 43/96 "CONCRETUM / TSIMENTA CHALKIDOS". Andere Entscheidungen, die gegen ausländische Unternehmen Geldbußen verhängen, sind beispielsweise: E 41/97 "CONSOLIDATED EUROFINANCE / INTERBANK"; E 50/97 "SKW TROSTBERG / SANDOZ"; E 60/97 "HENKEL / LOCTITE"; E 64/97 "FINCANTIERI / NEW SULZER DIESER"; E 74/97 "SKANDINAVISK TOBASKSKOMPANI / HENRI WINTERMANS"; E 76/97 "BERKELEY SQUARE / KEMAKO / JWT ITALIA"; E 81/97 "HEWLETT PACKARD / VERIFONE"; E 84/B/97 "PARTEK / SISU"; E 91/97 "DIMON / INTABEX"; E 92/97 "AMERSHAM INTERNATIONAL / NYCOMED"; E 103/98 "FRESENIUS MEDICAL CARE / W.R. GRACE"; E 110/98 "FRIESLAN / COBERCO / TWEE PROVINCIEN / Z.O.H."; vgl. dazu auch den Überblick im Anhang I.

5 Vgl. DANNECKER, in: I/M EG-WbR [1997], VO 17 Art. 15, Rdn. 204 ff.; PAPAKIRIAKOU, Europäisches Unternehmensstrafrecht, *Erster Teil* II A, je m.w.Nachw.

6 Schlußanträge des *GA Vesterdorf* v. 10.07.1991 im *Polypropylen*-Fall, Verb. Rs. T-1/89 u.a., Slg. 1991 II-869 [S. 884 f.]: "Ich denke dabei an das klar zu erkennende Spannungsfeld ... zwischen dem formellen Rahmen der Rechtssachen, den ein Verwaltungsverfahren mit anschließender richterlicher Rechtmäßigkeitskontrolle bildet, einerseits und dem *Inhalt der Rechtssachen, die im großen und ganzen alle Merkmale einer Strafsache* aufweisen, andererseits. In verschiedenen Fällen lassen sich die *Ausführungen der Parteien allein mit Hilfe der strafrechtlichen und strafprozessualen Terminologie und Begriffswelt* verstehen... Da die Geldbußen, die nach Artikel 15 der Verordnung Nr. 17 gegen Unternehmen festgesetzt werden können, - trotz des Absatzes 4 dieses Artikels - in Wirklichkeit, was durch das Urteil des Gerichtshofes für Menschenrechte in der Öztürk-Rechtssache nach meiner Meinung bestätigt wird, *strafrechtlichen Charakter* haben, ist es von entscheidender Bedeutung, daß das Gericht dabei mitwirkt, einen Rechtszustand zu verwirklichen, gegen den sich keine aufgrund der Europäischen Menschenrechtskonvention berechtigte Kritik vorbringen läßt." - *EuG* Urt. v. 07.07.1994, T-43/92, *Dunlop,* Slg. 1994, II-441 [Rdn. 142]: "Die Klägerin beruft sich auf das Fehlen von Präzedenzfällen, in denen die Kommission das Verhalten von Unternehmen, das dem ihren vergleichbar sei, beanstandet hätte. Wenn es auch keine *Strafe* ohne Verschulden geben kann..., so können zu *ahndende* Verstöße gegen die Wettbewerbsregeln nach der Rechtsprechung des Gerichtshofes ... und des Gerichts ... doch vorsätzlich oder fahrlässig begangen werden."

subjektiven Einstellung des Sanktionssubjekts finden so beispielsweise nur ausnahmsweise[7] statt, ein Rückgriff auf klassische Rechtfertigungsgründe des Strafrechts wird nicht in Erwägung gezogen und strafrechtsspezifische Auslegungsprinzipien als solche werden nicht praktiziert.

Insbesondere in den letzteren Jahren - vor allem im Zusammenhang mit den schuldabhängigen Verwaltungsdelikten der Fusionskontrolle - sind zwar innerhalb der Spruchpraxis der griechischen Kartellbehörden unverkennbare Tendenzen einer rechtsstaatlicheren Ausgestaltung der verwendeten Auslegungs- und Zurechnungsmaßstäbe zu konstatieren[8]. Diese Tendenzen, die nicht zuletzt auf den starken Einfluß des europäischen Modells und seiner Handhabung durch die Europäische Kommission und die europäischen Gerichte zurückzuführen sind, lassen sich allerdings - vor dem Hintergrund der geltenden positivrechtlichen Grundlagen des griechischen Verwaltungsstrafrechts und des sogleich zu schildernden dogmatischen Verständnisses dieses Rechtsgebiets (vor allem) durch die griechische höchstrichterliche Rechtsprechung - zutreffender als gezielte Steigerung der liberalen, auf belastende Verwaltungsakte zugeschnittenen Garantien des Verwaltungsrechts auffassen. Eine bewußte Hinwendung zum dogmatischen Instrumentarium des Strafrechts findet keineswegs statt. In Streitfragen bleibt dementsprechend den griechischen Rechtsanwendern in Kartellsachen der Weg zu verwaltungsrechtlichen Denkstrukturen hinsichtlich der Ausgestaltung von Auslegungs-, Vorrang- und Zurechnungsmaßstäben völlig offen. Die Tatsache schließlich, daß rechtsstaatliche Defizite des materiellrechtlichen Dogmensystems mitunter durch den Einsatz des Opportunitätsprinzips im Ergebnis ausgeglichen werden (können), läßt sich kaum als Lösung betrachten, die die an die Ahndungspraxis anzustellenden strafrechtlich geprägten rechtsstaatlichen Anforderungen überzeugend und mit Anspruch auf Allgemeingültigkeit befriedigen kann.

Die oben skizzierte dogmatische Einstufung und Handhabung der griechischen kartellrechtlichen Geldbußen ist keine Besonderheit des Kartellrechts. Sie fügt sich vielmehr in die in Griechenland (vor allem in der Rechtsprechung) herrschende Auffassung ein, die kein selbständiges Rechtsgebiet zwischen Verwaltungs(sanktions)recht und Strafrecht anerkennt, sondern pauschal davon ausgeht, daß jede nicht strafrechtliche Sanktion verwaltungsrechtlicher Natur sei. Was nicht strafrechtlich ist, wird dabei unter Heranziehung *formaler* Kriterien entschieden, unter denen die gesetzlich festgelegte Zuständigkeitsregelung und die formelle Bezeichnung der Sanktion hervorragen. Da der Gesetzgeber die gegen Unternehmen angedrohten kartellrechtlichen Geldbußen den Kartellbehörden anvertraut und im Anschluß daran auf prozessualer Ebene rein verwaltungsrechtlich geregelt hat, erscheint danach die Entziehung dieser Geldbußen vom Wirkungsfeld der strafrechtlichen Grundsätze lediglich als Bestätigung der allgemeinen Regel.

Nicht zu übersehen ist jedenfalls, daß es im Fall der kartellrechtlichen Geldbußen einen zusätzlichen Grund gibt, der die herrschende Ansicht in ihrem Standpunkt

7 Es geht hierbei um die die Anzeige- und Anmeldevorschriften der Fusionskontrolle betreffenden Fälle, in denen die Berücksichtigung subjektiver Elemente ausdrücklich im Gesetzestext vorgeschrieben wird, siehe dazu unten im Text, § 2 III A 1 (c).

8 Näher dazu unten im Text, § 4 V C 2.

unterstützt. Normadressaten und Sanktionssubjekte des griechischen Kartellbußgeldrechts sind nämlich - wie im europäischen Vorbild - grundsätzlich "Unternehmen"[9] und damit in der Praxis vor allem juristische Personen als Unternehmensträger. Die griechische Strafrechtsdogmatik und der griechische Gesetzgeber lehnen aber die Strafbarkeit von juristischen Personen nachhaltig ab. Fundamentale strafrechtliche Prinzipien, wie das Schuldprinzip, lassen sich außerdem in ihrer derzeitigen dogmatischen Struktur nach ganz herrschender Meinung auf juristische Personen nicht übertragen. Insoweit wird jede Gegenansicht, die die kartellrechtlichen Geldbußen als quasi-strafrechtliche Sanktionen anerkennen und dementsprechend in Anlehnung an strafrechtliche Kategorien und Prinzipien dogmatisch durchdringen will, mit der Beweispflicht belastet, daß ein solches Vorgehen überhaupt möglich und sinnvoll ist.

II. Ziel und Methode der Untersuchung

Die vorliegende Arbeit verfolgt zwei Ziele. Das *erste und vorrangige Ziel* wird vor dem Hintergrund der soeben getroffenen Feststellungen über den Meinungsstand in Griechenland festgelegt und ist *verwaltungs- bzw. unternehmensstrafrechtlicher Prägung*: Es geht um die Begründung der These, daß die kartellrechtlichen Unternehmensgeldbußen in Griechenland als Sanktionen des Strafrechts i.w.S. eingestuft und dogmatisch strukturiert werden müssen. Den jeweils betroffenen Unternehmen muß mit anderen Worten das Recht zuerkannt werden, sich unter (sinngemäßer) Berufung auf klassische (materielle)[10] Strafgarantien und strafrechtliche dogmatische Grundsätze gegen die an sie gerichteten Bußgeldentscheidungen wehren zu

9 Es sei allerdings auch auf Art. 66 EGKSV und Art. 14 europäische FusKontrVO sowie Art. 4 ff. KartellG hingewiesen, nach denen Geldbußen auch gegen (natürliche) Personen verhängt werden können, die - ohne Unternehmen zu sein - die Kontrolle über ein Unternehmen innehaben und in dieser Eigenschaft bei der Vornahme eines Zusammenschlusses gegen die Fusionskontrollvorschriften verstoßen. Das griechische Recht kennt darüber hinaus Verwaltungsdelikte (Verstöße gegen Anmelde-, Auskunfts- und Mitwirkungsgebote) mit offenem Täterkreis, siehe dazu unten im Text, § 2 III A 1 (c).

10 Die Forderung, daß auch *strafprozessuale* Garantien (sinngemäß) im Kartellbußgeldverfahren zur Anwendung kommen müssen, wird zwar durch den Beweis der strafähnlichen Rechtsnatur der kartellrechtlichen Geldbußen gleich mit begründet. Die Geltendmachung solcher Garantien zählt allerdings nicht zu den grundsätzlichen Zielen der vorliegenden Arbeit. Im Rahmen der Beurteilung der Vereinbarkeit der Ahndungsbefugnis von Verwaltungsbehörden mit dem Gewaltenteilungsprinzip sowie im Rahmen der Vorschläge für die künftige Entwicklung des Verwaltungsstrafrechts in Griechenland werden zwar auch prozessuale Aspekte angesprochen. Eine Auseinandersetzung mit der gebotenen Ausgestaltung von Verfahrensrechten findet aber nicht statt. Dies ist nicht zuletzt dadurch bedingt, daß die Anerkennung prozessualer Verteidigungsrechte wenig Sinn macht, solange die materiellrechtlichen Einwände, die durch den Gebrauch von prozessualen Verteidigungsmöglichkeiten erhoben werden können, erheblichen Einschränkungen unterworfen sind. Diese Einschränkungen aufzuheben, steht deswegen logisch und dogmatisch im Vordergrund jedes Versuchs einer rechtsstaatlichen Umgestaltung der geltenden Rechtslage.

können. - Zur Erreichung des genannten Zieles werden zwei Argumentationswege eingeschlagen: *Zum einen* wird durch eine Analyse des dem griechischen Verwaltungsstrafrecht zugrundeliegenden Konzepts und durch eine systematische, im Lichte der Prinzipien des sozialen Rechtsstaats vorgenommene Durchdringung der mit dem (geltenden) Verwaltungsstrafrecht zusammenhängenden Grundfragen versucht, die fehlerhaften Grundlagen der oben kurz geschilderten (vor allem in der Rechtsprechung) vorherrschenden formalistischen Vorgehensweise aufzuzeigen und der (von den Straßburger-Organen, der internationalen Strafrechtslehre und einem Teil der griechischen Literatur vertretenen) richtigen Meinung zum Durchbruch zu verhelfen, daß dem Geltungsbereich der Strafgarantien und der allgemeinen strafrechtsdogmatischen Grundsätze *alle* repressiv-ahndend wirkenden Sanktionen - und somit auch die im KartellG vorgesehenen Geldbußen - unterfallen[11]. *Zum anderen* wird die oben angesprochene Beweispflicht erfüllt und - im Rahmen eines auf dem Wesen der Unternehmen und der Bestimmungsfunktion der Strafnormen aufbauenden Lösungsansatzes - der Beweis geliefert, daß es durchaus möglich und sinnvoll ist, die gegen *Unternehmen* (und juristische Personen) gerichteten repressiv-ahndend wirkenden (kartellrechtlichen) Sanktionen als Strafrecht i.w.S. aufzufassen und in einer mit dem klassischen Kriminalstrafrecht dogmatisch verträglichen Weise zu strukturieren. Insbesondere der letztere Beitrag dürfte nicht nur für die in Griechenland bislang - trotz der zahlreichen europarechtlichen Anstöße - stark vernachlässigte unternehmensstrafrechtliche Diskussion, sondern auch für den in Deutschland intensiv geführten Meinungsstreit über den Standort und die dogmatischen Aufbauprinzipien eines modernen Unternehmensstrafrechts von wesentlicher Bedeutung sein.

Hingewiesen sei in diesem Zusammenhang darauf, daß das griechische Kartellrecht - anders als sein europäisches Vorbild - nicht nur die oben skizzierten, dem Verwaltungs-(straf)recht zugeordneten Unternehmensgeldbußen, sondern auch (kriminal-)strafrechtliche Vorschriften kennt. Letztere richten sich allerdings nicht an die an Wettbewerbsbeschränkungen beteiligten Unternehmen, sondern ausschließlich an die für die Unternehmen in der Eigenschaft des Inhabers (Einzelunternehmen) oder des Unternehmensorgans handelnden natürlichen Personen. Hinter der Konzeption des *punitiven* Sanktionsinstrumentariums des geltenden griechischen Kartellrechts steckt damit ein kriminalpolitisches Leitbild, das auf zwei Ebenen arbeitet: Verwaltungsstrafen gegen das Unternehmen und Kriminalstrafen gegen die Unternehmensangehörigen[12]. In seiner derzeitigen Form trägt zwar dieses Leitbild noch pragmatische Grundzüge, denn es fehlt an

---

11 Nicht unerhebliche Bedeutung kommt im Rahmen dieses Argumentationsansatzes der Herausstellung der logischen Fehler und der Motive der herrschenden Ansicht zu.

12 Der Terminus "*Kriminalstrafe*" dient in der vorliegenden Arbeit ausschließlich zur Bezeichnung von Sanktionen, die in Griechenland dem "Strafrecht" zugeordnet werden, wobei als "Strafrecht" nur das Strafrecht i.e.S. ("*Kriminalstrafrecht*") zu verstehen ist. Der Terminus "*Verwaltungsstrafe*" wird dagegen als Oberbegriff für alle repressiv-ahndend wirkenden Sanktionen des Verwaltungsrechts benutzt. Das Rechtsgebiet, das diese strafähnlichen, nach richtiger Ansicht dem Strafrecht i.w.S. zuzuordnenden Sanktionen umfaßt, wird als "*Verwaltungsstrafrecht*" bezeichnet.

einer theoretischen Fundierung des Zusammenwirkens und an einer dogmatischen Abstimmung zwischen beiden Ebenen. Würde es aber gelingen, beide Ebenen durch die Herstellung von systematischen Bindungen und gemeinsamen Begriffskategorien näher zueinander zu bringen, so könnte daraus ein hervorragendes Kooperationsmodell im Dienste der Bekämpfung der modernen Unternehmenskriminalität entspringen.

Neben dieser verwaltungs- bzw. unternehmensstrafrechtlich geprägten Zielsetzung hat die vorliegende Arbeit auch eine *zweite (eher) wirtschaftsrechtlich geprägte Zielsetzung*: Die Arbeit will nämlich auch einen Einblick in das griechische System zum Schutz des freien Wettbewerbs gewähren sowie typische, mit der Inhaltsbestimmung und dem Schutzumfang von *wirtschaftlichen* Rechtsgütern zusammenhängenden Schwierigkeiten am Beispiel der Entstehungsgeschichte und der Anwendungspraxis des griechischen Kartellrechts veranschaulichen. Ein nicht unbeachtlicher Teil der Ausführungen widmet sich deswegen den Verhaltensnormen des griechischen materiellen Kartellrechts, deren Entstehung, Konzeption und (verwaltungsbehördliche) Durchsetzung unter starker Berücksichtigung des - auf das griechische Recht einen großen Einfluß nehmenden - europäischen Kartellrechts dargestellt wird. Die einschlägigen Ausführungen, die auch bisher unveröffentlichte Entscheidungen der griechischen Kartellbehörden einbeziehen[13] und u.a. auf Untersuchungen im griechischen Handels- bzw. Entwicklungsministerium[14] und auf offenen Interviews mit Beamten des Sekretariats und mit Mitgliedern der griechischen Wettbewerbskommission aufbauen, dienen allerdings weder einem rein kommentarartigen informativen Zweck[15], noch der Vertiefung einzelner materieller kartellrechtlicher Probleme. Diesen Ausführungen liegt vielmehr der Leitgedanke zugrunde, sich die Interdisziplinarität des Untersuchungsgegenstandes zu nutze zu machen, um die Struktur des Verhältnisses der (griechischen) Gesamtrechtsordnung zu einem – auch verwaltungs- und kriminalstrafrechtlich geschützten – typi-

13 Berücksichtigt werden sämtliche Entscheidungen und Stellungnahmen der griechischen Kartellbehörden, die vom Inkrafttreten des KartellG bis zum 15.11.1998 ergangen sind. Sofern es um Entscheidungsmaterial geht, das in der sich auf den Zeitraum 1977-31.05.1995 erstreckenden Entscheidungssammlung von KOUTSOUKIS / TZOUGANATOS (siehe dazu das Literaturverzeichnis) oder in juristischen Zeitschriften veröffentlicht worden ist, wird darauf verwiesen. Bezüglich der Entscheidungen und Stellungnahmen, die nach dem 01.06.1995 ergangen sind, wird eine Fundstelle nur dann angegeben, wenn eine (dem Verfasser bekannte) Veröffentlichung in juristischen Zeitschriften stattgefunden hat. Bis auf die WbK-E 14/95 sind zwar alle Entscheidungen dieses Zeitraums im Regierungsblatt veröffentlicht worden; die Identifizierung der entsprechenden Regierungsblätter war aber eine sehr komplizierte Arbeit, die hier nicht geleistet werden konnte.

14 Im Jahr 1996 ist das "Handelsministerium" in "Entwicklungsministerium" umbenannt worden; danach werden auch alle nach dem Wortlaut des KartellG dem "Handelsminister" zustehenden Befugnisse nunmehr vom "Entwicklungsminister" ausgeübt.

15 Angesichts des Mangels an einer deutschsprachigen übersichtlichen Darstellung des geltenden griechischen Kartellrechts sowie der darauf beruhenden Praxis der griechischen Kartellbehörden und Gerichte wird jedenfalls (in beschränktem Maße) versucht, auch diesem informativen Zweck gerecht zu werden.

schen (überindividuellen) wirtschaftlichen Rechtsgut, nämlich dem des Wettbewerbs, exemplarisch darzustellen. Damit soll zugleich einerseits die Pluralität und Komplementarität der im Rahmen des Schutzes ein- und desselben wirtschaftlichen Rechtsgutes mobilisierten Sanktionssysteme sichtbar gemacht und andererseits die Erkenntnis zu tage gefördert werden, daß wirtschaftliche (überindividuelle) Rechtsgüter zahlreiche Besonderheiten aufweisen, deren Ursache nicht zuletzt darin liegt, daß der Stellenwert dieser Rechtsgüter innerhalb jeder Rechtsordnung grundsätzlich von den jeweils verfolgten (wirtschafts-)politischen Zielen eng abhängt, und daß der genaue Inhalt der Rechtsgüter bzw. die Methoden für die Definierung ihrer Beeinträchtigungen bereits auf wirtschaftstheoretischer Ebene äußerst umstritten sind - eine Feststellung, die zumindest hinsichtlich der Ausgestaltung der auf solche Rechtsgüter bezogenen (verwaltungs– und kriminal-)strafrechtlichen Irrtumslehre mit weitreichenden Folgen verbunden sein dürfte[16].

III. Gang der Untersuchung

Der *erste Teil* der Arbeit hat die Verhaltensnormen des *griechischen materiellen Kartellrechts* zum Gegenstand, deren Darstellung im Lichte der soeben erklärten (zweiten) Zielsetzung erfolgt und demnach vor dem Hintergrund systematischer Grundfragen stattfindet, wie beispielsweise die mit wirtschaftlichen und politischen Umwälzungen einhergehende Anerkennung eines sozial-wirtschaftlichen Interesses als Rechtsgut (§ 1), die Festlegung des Schutzumfangs und die Sicherung des Rechtsgutes durch die kumulative Heranziehung von Sanktionsmitteln aus diversen Sanktionsgebieten der Rechtsordnung (§ 2), die Schwierigkeiten bei der Bestimmung einerseits des genauen Inhalts des (überindividuellen) Rechtsgutes und andererseits der Methoden für die Erfassung seiner Verletzungen (§ 3) und die konkrete Ausgestaltung des Rechtsgutschutzes (vor allem) in der (verwaltungsstrafrechtlichen) Rechtsanwendungspraxis (§ 4).

Das Rechtsgut "Wettbewerb", das offiziell in Griechenland erst im Jahr 1977 durch eine Rezeption der EG-Wettbewerbsregeln "anerkannt" wurde und seitdem mit den ständigen Schwankungen der griechischen Wirtschaftspolitik zu kämpfen hat, wird heute im Rahmen des mehrfach novellierten G. 703/77 durch Zwangsmittel aus sämtlichen Sanktionsgebieten (Zivilrecht, Verwaltungsrecht, Strafrecht) der griechischen Rechtsordnung geschützt und stellt die - von der europäischen Praxis stark beeinflußte - mittlerweile dreiundzwanzigjährige griechische Anwendungspraxis vor zahlreiche Auslegungspro-

16 Diese Folgen - insbesondere die naheliegende Annahme, daß die *aktuelle* Verbotskenntnis bei Verletzung solcher Rechtsgüter in die Voraussetzungen für die Erhebung des Schuldvorwurfs wegen eines Vorsatzdelikts einbezogen werden muß -, können allerdings hier nur angedeutet werden. Eine Auseinandersetzung mit der in Griechenland (und Deutschland) herrschenden strafrechtlichen Vorsatz- und Irrtumsdogmatik liegt außerhalb der thematischen Schwerpunkte der vorliegenden Arbeit und wird deshalb nicht vorgenommen. - Zur *beweisrechtlichen* Dimension dieser Problematik, wenn die Rechtsgutsverletzung durch normative Tatbestandsmerkmale umschrieben wird, vgl. PAPAKIRIAKOU, Europäisches Unternehmensstrafrecht, *Fünfter Teil* II A 1 (b).

bleme - nicht zuletzt wegen des anhaltenden wettbewerbstheoretischen Streits über den Begriff des Wettbewerbs und über die Methoden zur Erfassung seiner Verletzungen.

Der *zweite Teil* der Arbeit wendet sich sodann dem Problem der dogmatischen Einordnung der Geldbußen des KartellG zu. Bei der kartellrechtlichen Geldbuße handelt es sich allerdings - wie eingangs ausgeführt - nicht um eine Einzelerscheinung innerhalb der griechischen Rechtsordnung, deren dogmatische Einordnung mit Geltung ausschließlich für das kartellrechtliche Gebiet ohne weitere Auswirkungen unternommen werden könnte. Die kartellrechtliche Geldbuße gehört vielmehr zu dem (repressiven) Instrumentarium des griechischen Verwaltungsstrafrechts, das vom Gesetzgeber auch in vielen anderen Rechtsgebieten eingesetzt wird. Damit kann die Beurteilung der kartellrechtlichen Geldbuße sinnvollerweise nicht isoliert, sondern erst im Zusammenhang mit dem weiteren strukturellen Bereich, dem sie zugehört und auf den sich die wichtigsten Aussagen der Rechtsprechung und der Literatur beziehen, unternommen werden. Dem spezifischen Urteil über die Natur und die dogmatische Behandlung der kartellrechtlichen Geldbuße muß - mit anderen Worten - ein allgemeines Urteil über die Natur und die dogmatische Behandlung der griechischen Verwaltungsstrafen vorangehen. Deswegen wird im zweiten Teil der Arbeit der *verwaltungsstrafrechtliche Bereich Griechenlands* in seiner Gesamtheit dargestellt. Zunächst wird auf seine heutigen positivrechtlichen Charakteristika, also auf seine "*Ist*"-Darstellung eingegangen (§ 5). Dieser Bestandsaufnahme folgt eine *Würdigung* im Lichte fundamentaler rechtsstaatlicher Prinzipien, wie des Gewaltenteilungsprinzips und des Gebots der Bindung der Strafen an bestimmte (materiellrechtliche) Garantien (§ 6). Darauf aufbauend werden schließlich Vorschläge für die künftige Entwicklung des Verwaltungsstrafrechts unterbreitet, es wird eine "*Soll*"-Darstellung gegeben, in die auch die Entwicklungsperspektiven des griechischen Bußgeldrechts in Kartellsachen einbezogen werden (§ 7).

Hierbei wird insgesamt eine Konzeption befürwortet, die das Verwaltungsstrafrecht zwar weiterhin der Verantwortung von (unabhängigen) Verwaltungsbehörden überläßt, jedoch anders als bisher als Strafrecht i.w.S. versteht, an Strafgarantien sachgemäß bindet und seine kriminalpolitischen Funktionen mit denen des Kriminalstrafrechts abstimmt. Insbesondere unter dem Aspekt der Funktionsverteilung wird der Standpunkt vertreten, daß sich das *Kriminalstrafrecht* auf die überkommene Rolle der Bekämpfung der (schwereren) Kriminalität von natürlichen Personen durch ethisch-stigmatisierende Strafen zu beschränken hat, während das *Verwaltungsstrafrecht* mit den Aufgaben der Bekämpfung ordnungsrelevanter Zuwiderhandlungen natürlicher Personen einerseits und von Zuwiderhandlungen von Kollektivpersonen andererseits zu betrauen ist. Diesen unterschiedlichen Funktionen des Verwaltungsstrafrechts entsprechend wird eine Trennung zwischen (bagatellhaftem) *Ordnungswidrigkeitenrecht* für Individuen und *Strafrecht für Kollektive* innerhalb der verwaltungsstrafrechtlichen Dogmatik befürwortet. - Insbesondere mit Blick auf die Kriminalität von Kollektiven im Wirtschaftsbereich wird das Verwaltungsstrafrecht für Kollektive, dem auch das geltende unternehmensbezogene Bußgeldrecht in Kartellsachen zuzuordnen ist, als *Unternehmensstrafrecht* bezeichnet.

Der *dritte Teil* der Arbeit widmet sich schließlich der Aufgabe, ein mit dem Strafrechtsdenken kompatiblen Grundschema zur dogmatischen Grundlegung des Unternehmensstrafrechts zu entwickeln, wobei - trotz des kartellrechtlichen Ausgangspunktes ebenso wie im zweiten Teil der Arbeit - eine rechtsgebietsübergreifende Vorgehensweise gewählt wird. - Der Schwerpunkt der Ausführungen des dritten Teils wird auf die Frage gelegt, die den Schlüssel zur Diskussion über die Strafbarkeit von Unternehmen darstellt: Es geht um die Frage des kriminalpolitischen und dogmatischen *Sinns und Zwecks einer strafrechtlichen Normadressateneigenschaft und Verantwortung von Unternehmen*[17]. Solange diese Frage unter Hinweis auf die zivil- und verwaltungsrechtliche Denkweise oder mit Hilfe von dubiosen, auf eine "Vermenschlichung" von Unternehmen beruhenden Konstruktionen angegangen wird, besteht kaum eine Chance für eine rationale Begründung der Unternehmensstrafbarkeit und für eine kriminalpolitische bzw. funktionale Verschmelzung des kriminal- mit dem unternehmensstrafrechtlichen Systemdenken. Abhilfe in diesem Bereich zu schaffen, ist deswegen eine dringend notwendige Aufgabe (§ 8).

Den Ausführungen über den Sinn und Zweck einer strafrechtlichen Normadressateneigenschaft und Verantwortung von Unternehmen folgen dann in einem letzten Kapitel knapp gehaltene Hinweise bezüglich der *Tat- und Schuldzurechnung* im Unternehmensstrafrecht (§ 9). Diesen Hinweisen schließen sich Vorschläge über die möglichen *Sanktionen* gegen Unternehmen sowie über die gesetzestechnische Fassung einer Vorschrift zur Regelung der strafrechtlichen Unternehmensverantwortung an. Bei all diesen Fragenkreisen wird allerdings kein Anspruch auf Vollständigkeit erhoben. Das Ziel besteht in erster Linie darin, das vorgeschlagene, vor allem in §§ 7 und 8 herausgearbeitete dualistische strafrechtliche Konzept zur Steuerung von Unternehmen abzurunden und es damit als systematisch abgeschlossene Vorlage der weiteren Diskussion zu unterbreiten.

---

17 VOGEL, GA 1998, 149: "[E]inem möglichen Verbandsstrafrecht setzt weniger die Dogmatik von Handlung und Schuld als die Frage Grenzen, welche berechtigte kriminalpolitische Zwecke jenseits der Gewinnabschöpfung namhaft gemacht werden können."

Erster Teil
Kartellrecht in Griechenland

Im ersten Teil der Arbeit wird das griechische Kartellrecht dargestellt. Im Mittelpunkt stehen dabei die wettbewerbspolitischen Prinzipien, die dieses Rechtsgebiet in Griechenland durchziehen, sowie die Grundzüge der auf diesem Gebiet bislang entfalteten griechischen Praxis.

Nach einem kurzen Rückblick auf die bisherige Entwicklung der kartellrechtlichen Gesetzgebung und der Bedeutung des Wettbewerbsschutzgedankens im griechischen wirtschaftspolitischen Konzept (§ 1) wird das zentrale griechische Gesetzeswerk zum Schutz des freien Wettbewerbs, das G. 703/77, präsentiert, wobei der systematischen Darstellung und Abgrenzung der bestehenden Sanktionssysteme zur Durchsetzung der materiellen Vorgaben des Gesetzes besondere Aufmerksamkeit gewidmet wird (§ 2). Im Anschluß daran werden zwei Schlüsselfragen für die Auslegung des G. 703/77 aufgeworfen. Zum einen wird der Abhängigkeitsgrad der Auslegung des griechischen Kartellrechts von der Auslegung der europäischen Wettbewerbsregeln hinterfragt, wobei das Problem nicht nur auf theoretischer Ebene, sondern auch mit Blick auf die bisherige Praxis der griechischen Rechtsanwender behandelt wird. Zum anderen wird der Streit um das vom G. 703/77 geschützte Rechtsgut aufbereitet, wobei sich darum bemüht wird, diesen Streit hinsichtlich seiner praktischen Aspekte einer befriedigenden Klärung zuzuführen (§ 3). Der erste Teil der Arbeit schließt mit Ausführungen über die bisherige Anwendung der einzelnen kartellrechtlichen Vorschriften unter besonderer Berücksichtigung der Grundzüge der bußgeldrechtlichen Praxis. Hervorgehoben werden insbesondere die Leitlinien, die von den griechischen Kartellbehörden und Gerichten in den wichtigsten Problembereichen entwickelt worden sind, wobei die Darstellung durch rechtsvergleichende Hinweise auf die europäische Rechtspraxis zugleich das Ziel verfolgt, Parallelitäten und Divergenzen zwischen der griechischen und der europäischen Anwendungspraxis sichtbar zu machen (§ 4).

§ 1 Rechts- und wirtschaftspolitischer Rahmen der kartellrechtlichen Entwicklung in Griechenland

I. Zur Normengenese der kartellrechtlichen Vorschriften

A. Entstehung des G. 703/77

Ein Kartellrecht gibt es in Griechenland erst seit dem Jahre 1977. Bis dahin war eine rechtliche Kontrolle von Wettbewerbsbeschränkungen zwar über das *allgemeine Zivilrecht* denkbar[1], besonders über das Verbot des Rechtsmißbrauchs in Art. 281 gr. ZGB[2] und die Nichtigkeitssanktion gegen sittenwidrige Verträge in

[1] Zusammenf. Rocas, EEmpD 1974, 461 ff.

[2] Art. 281 gr. ZGB lautet: "Die Ausübung eines Rechts ist verboten, wenn sie in auffälliger Art die Grenzen überschreitet, welche vom guten Glauben oder von der Verkehrssitte oder vom sozialen oder wirtschaftlichen Zweck des Rechts gesetzt sind."

Art. 178-179 gr. ZGB[3]. Auch das *Gesetz 146/1914* "gegen den unlauteren Wettbewerb"[4] bot sich als rechtliche Grundlage für die Bekämpfung einzelner Erscheinungsformen wettbewerbswidrigen Verhaltens an. Die praktische Relevanz dieser Vorschriften blieb jedoch gering[5]. In rechtspolitischer Hinsicht ging es außerdem bei den genannten Regelungen um Instrumente zum Schutz einzelner Marktteilnehmer. Von einer direkten staatlichen Gewährleistung des Wettbewerbs als Ordnungs- und Steuerungsmittel des Marktgeschehens konnte nicht gesprochen werden[6].

Das am 20.09.1977 verabschiedete und am 26.03.1978 in Kraft getretene *Gesetz 703/77* "über die Kontrolle von Monopolen und Oligopolen und über den Schutz des freien Wettbewerbs"[7] (*G. 703/77, KartellG*), das die nach dem Vorbild von Art. 81 und 82 EGV n.F.[8] konzipierten Verbote der Koordinierung des Wettbewerbsverhaltens und des Mißbrauchs einer marktbeherrschenden Stellung aufstellte und die Errichtung zweier spezieller Wettbewerbsbehörden - des *Wettbewerbsschutzamtes* als Behörde mit Ermittlungsfunktionen und der *Wettbewerbsschutzkommission* als Behörde mit Entscheidungsbefugnissen - vorsah, stellte insoweit ein institutionelles Novum in der Rechtsgeschichte Griechenlands dar[9]. Der griechische Gesetzgeber wollte damit die bestehende Rechtslücke hinsichtlich des

---

3 Art. 178 gr. ZGB lautet: "Ein Rechtsgeschäft, das gegen die guten Sitten verstößt, ist nichtig." Art. 179 gr. ZGB lautet: "Nichtig ist insbesondere ein Rechtsgeschäft, durch das die Freiheit der Person übermäßig gebunden wird, oder ein Rechtsgeschäft, durch das jemand unter Ausbeutung der Zwangslage, des Mangels an Urteilsvermögen oder der Unerfahrenheit eines anderen sich oder einem Dritten für eine Leistung Vermögensvorteile versprechen oder gewähren läßt, die nach den Umständen in einem auffälligen Mißverhältnis zu der Leistung stehen."

4 FEK 21 / A / 27.01.1914 (m. Änd.). Das gr. UWG ist nach dem Vorbild des deutschen UWG entworfen, siehe dazu ALEXANDRIDOU, Unlauterer Wettbewerb und Verbraucherschutz [1992], S. 29.

5 Siehe dazu CHRISTOFOROU, in: Competition Law, G.C.-1; TZOUGANATOS, Zur Rezeption fremden Rechtsguts, S. 18 f.

6 Vgl. ROCAS, EEmpD 1974, 489; DRILLERAKIS, EEN 1977, 604; siehe auch Begr. zum Reg.-Entw. des G. 703/77, Erwägung 4.

7 FEK 278 / A / 26.09.1977. Eine deutsche Übersetzung (von ALEXANDRIDOU) ist abgedruckt in: WuW 1978, 629 ff.; eine englische Übersetzung (von CHRISTOFOROU) ist zu finden in: Competition Law, G.L.I.

8 Damals Art. 85 und 86 EWGV. - Nach der am 1. Mai 1999 in Kraft getretenen neuen Fassung des EG-Vertrages (mit den Änderungen durch den Vertrag von Amsterdam vom 02.10.1997) sind Art. 85 und 86 in Art. 81 und 82 umnumeriert worden. Inhaltliche Änderungen haben sich nicht ergeben.

9 Zahlreiche, von griechischen Wissenschaftlern abgefaßte fremdsprachige Publikationen dieser Zeit liefern eine erste allgemeine Darstellung des neuen Gesetzes, siehe u.a. ALEXANDRIDOU, GRUR Int 1978, 238 ff. (deutsch); OEHLER / TZOUGANATOS, RIW / AWD 1978, 720 ff. (deutsch); TZOUGANATOS, WuW 1979, 390 ff. (deutsch); ANDREOPOULOS, CMLR 1979, 109 ff. (englisch); ARGYRIADIS, RHDI 1977, 82 ff. (französisch).

Wettbewerbsschutzes schließen und die griechische Wirtschaftsordnung im Hinblick auf den damals bevorstehenden Beitritt Griechenlands zu den Europäischen Gemeinschaften mit der EG-Wirtschaftsordnung harmonisieren[10].

B. Novellierungen des G. 703/77

Das KartellG ist seit seinem Inkrafttreten viermal novelliert worden und gilt heute in der Fassung des G. 2296/95, das unter dem Titel "Änderung des G. 703/77 über die Kontrolle von Monopolen und Oligopolen und über den Schutz des freien Wettbewerbs" im Februar 1995 vom griechischen Parlament verabschiedet wurde.

Die *1. KartellG-Novelle* von 1982[11] betraf ausschließlich die Zuständigkeit der Durchführungsorgane: Die Wettbewerbsschutzkommission wurde umgestaltet (bzw. aufgelöst und neu gegründet), in Wettbewerbskommission umbenannt und auf eine rein beratende Rolle beschränkt, während sämtliche bis dahin von ihr ausgeübten Entscheidungsbefugnisse auf den Handelsminister übertragen wurden. Das zur Direktion "Marktforschung und Wettbewerb" umbenannte Wettbewerbsschutzamt behielt weiter seine Befugnisse als Ermittlungsbehörde.

Die *2. KartellG-Novelle* von 1991[12] führte die Kontrolle horizontaler Konzentrationen ein, normierte die Möglichkeit zum Erlaß von Gruppenfreistellungen und Gruppenausnahmen vom Kartellverbot und verlieh der wieder mit wichtigen Entscheidungsbefugnissen ausgestatteten Wettbewerbskommission einen justizartigen Charakter, einerseits durch die Aufnahme von zwei Richtern in die Zusammensetzung der Kommission und andererseits durch den Ausschluß der ersten verwaltungsgerichtlichen Instanz bei Anfechtung der Entscheidungen der Kommission[13].

Die einige Monate später verkündete *3. KartellG-Novelle* von 1991[14] führte das Verbot des Mißbrauchs der wirtschaftlichen Abhängigkeit ein, erweiterte die Beispielstatbestände des Kartellverbotes, schloß die Anwendung des Verbotes des Mißbrauchs einer marktbeherrschenden Stellung auf Unternehmenszusammenschlüsse aus, schaffte das bis dahin bestehende Recht der Unternehmen ab, Negativatteste bei den Kartellbehörden zu beantragen, und erhöhte stark das Mindestmaß der gegen Kartellrechtsverstöße vorgesehenen Geldbußen[15].

---

10 Vgl. Begr. zum Reg.-Entw. des G. 703/77, Erwägungen 4 und 5. Zur Stellungnahme der politischen Parteien, der Industrieverbände und der Gewerkschaften siehe TZOUGANATOS, Zur Rezeption fremden Rechtsguts, S. 17 f.; CHRISTOFOROU, in: Competition Law, G.C.-2.

11 Art. 4 Abs. 2 G. 1232/82, FEK 22 / A / 25.02.1982 i.V.m. dem gemeinsamen ministeriellen Beschluß B3-395 / 26.04.1982, FEK 217 / B / 26.04.1982. Eine von CHRISTOFOROU angefertigte englische Übersetzung findet sich in: Competition Law, G.L.II.

12 G. 1934/91 "Änderung der Wettbewerbsgesetzgebung und andere Vorschriften", FEK 31 / A / 08.03.1991.

13 Zusammenf. zur 2. KartellG-Novelle DELOUKA-IGLESI, EEmpD 1991, 381 ff.

14 G. 2000/91 "über ... die Verstärkung der Wettbewerbsregeln und andere Vorschriften", FEK 206 / A / 24.12.1991.

15 Eine kritische Darstellung der Regelungen der 3. KartellG-Novelle liefert TZOUGANATOS, EEmpD 1992, 525 ff.; zu den beiden Novellen von 1991 (2. und 3. KartellG-Novelle) siehe

Die meisten von den durch die 3. KartellG-Novelle bewirkten Änderungen wurden allerdings - nachdem sie vom Schrifttum scharf kritisiert worden waren - durch die *4. KartellG-Novelle* von 1995[16] rückgängig gemacht. Die dem Kartellverbot hinzugefügten Beispielstatbestände wurden aufgehoben, das Institut des Negativattestes wieder eingeführt und die Untergrenze der kartellrechtlichen Geldbußen wieder herabgesetzt. Das Schwergewicht der 4. Novelle lag jedenfalls vor allem in der Reform der Fusionskontrollvorschriften sowie in der neuen Gestaltung der Wettbewerbskommission, die mit Garantien funktionaler und personeller Unabhängigkeit gegenüber dem Handelsminister (bzw. nunmehr dem Entwicklungsminister) ausgestattet und als nunmehr selbständige Behörde zum Träger nahezu sämtlicher kartellrechtlichen Eingriffsbefugnisse erhoben wurde[17].

II. Rechts- und wirtschaftspolitischer Entwicklungsrahmen

A. *Wirtschaftspolitik vor der Verabschiedung des G. 703/77*

Weder aus der früheren noch aus der heute geltenden griechischen *Verfassung 1975/86* läßt sich ein bindendes wirtschaftspolitisches Leitbild herleiten. Man war sich deswegen in Griechenland stets einig, daß dem Gesetzgeber ein weiter Rahmen wirtschaftspolitischer Entscheidungsfreiheit zusteht, soweit er nur die verfassungsmäßig gesicherten Freiheitsverbürgungen einerseits sowie das in der Verfassung verankerte Sozialstaatsprinzip andererseits achtet. Lediglich eine weitgehende Planwirtschaft oder eine extrem liberale Marktwirtschaft scheiden demnach aus[18].

Innerhalb dieses breit abgesteckten Rahmens hatte der Gesetzgeber bis 1977 eine im Grunde stark interventionistische und protektionistisch ausgerichtete Wirtschaftspolitik verfolgt. Die griechische Volkswirtschaft war daher zum Zeitpunkt der Verabschiedung des KartellG durch umfassende obrigkeitliche Überwachungs- und Lenkungsmaßnahmen beherrscht. Der Wirtschaftsablauf unterlag zahllosen direkten Eingriffen, wie Mengen-, Qualitäts- und Preisfestsetzungen, zahlreiche Wirtschaftszweige waren von staatlichen Monopolen (Schienenbeförderung, Rundfunkwesen, Fernmeldewesen, leitungsgebundene Energieversorgung u.a.) oder staatlich privilegierten - etwa durch Gemeinnützigkeit - Privatunternehmen beherrscht, und hohe Import- und Exportzölle, Kontingente, nichttarifäre Handelshemmnisse und Förderungsmaßnahmen zugunsten heimischer Wirtschaftsbereiche

---

auch LIAKOPOULOS, Word Competition 1992/93 (Vol. 16), 17 ff.; KAMBUROGLOU, RIW 1993, 631 ff.

16 G. 2296/95 "Änderung des G. 703/77 über die Kontrolle von Monopolen und Oligopolen und über den Schutz des freien Wettbewerbs", FEK 43 / A / 24.02.1995.

17 Einen Überblick über den Inhalt des Reg.-Entw. der 4. KartellG-Novelle geben PAPATHOMA-BAETGE, RIW 1996, 1014 ff.; SOUFLEROS, EEmpD 1994, 489 ff.; insbesondere zum neuen Rechtsstatus der Wettbewerbskommission DRILLERAKIS, EEmpD 1995, 527 ff.; zu den wichtigsten Änderungen siehe auch den Jahresbericht der *WbK* 1995/1996, S. 3 f.

18 Vgl. KOTSIRIS, Wettbewerbsrecht [2. Aufl.], S. 18 f.; ANTONOPOULOS, Gewerbliches Eigentum [1993], S. 258.

sorgten für eine wirksame Abschottung des griechischen Marktes zum Schutz der inländischen Hersteller vor der ausländischen Konkurrenz[19].

B. *Wirtschaftspolitik in den ersten Jahren nach Inkrafttreten des G. 703/77*

Die parlamentarische Entscheidung für die Erhebung des Wettbewerbs zu einer staatlich geschützten Veranstaltung nach dem Vorbild der westlichen, wirtschaftlich entwickelten Staaten und das Bekenntnis des Gesetzgebers zu der These, daß nicht-kompetitive Marktprozesse mit schädlichen Wirkungen "für die Verbraucher und die Volkswirtschaft" verbunden seien[20] legte die Annahme nahe, daß dem G. 703/77 die Bedeutung eines wirtschaftspolitischen Kurswechsels zukam. Es war zu erwarten, daß der Wettbewerbsmechanismus nunmehr zum zentralen Ordnungsmittel des Marktgeschehens heraufgestuft und an die Stelle des staatlichen Dirigismus treten würde.

In den der Verabschiedung des KartellG folgenden Jahren zeigte sich jedoch, daß es auf politischer Ebene am Willen für eine allgemeine strukturelle Änderung der Wirtschaftspolitik fehlte. Der scharfe Interventionismus des Staates wurde kaum erschüttert. Den kartellrechtlichen Vorschriften wurde gegenüber den staatlichen Preis- und Marktregulierungsvorschriften die "Rolle des armen Verwandten" vorbehalten[21]. Hierin spiegelt sich wider, daß das KartellG hauptsächlich unter dem Druck der Durchführung formaler Institutionsreformen in Griechenland im Hinblick auf die Vollmitgliedschaft in den Europäischen Gemeinschaften vorgenommen worden war[22]. Das Bewußtsein realer Regelungsbedürfnisse des griechischen

---

19 Zur Lage der griechischen Wirtschaft in diesem Zeitraum siehe HASSID, Griechische Industrie und EWG, 2 Bd., passim.

20 Vgl. Begr. zum Reg.-Entw. des G. 703/77, Erwägungen 1 bis 5 und 17.

21 Vgl. die Ausführungen von Handelsminister SIMITIS in der parlamentarischen Debatte anläßlich der 4. KartellG-Novelle, in: DRILLERAKIS, Gesetzestexte und Materialien, S. 208.

22 Griechenland war jedenfalls zu einer Harmonisierung seines Kartellrechts mit den gemeinschaftsrechtlichen Wettbewerbsregeln nicht verpflichtet. Die Gegenmeinung, die mitunter in der Literatur vertreten wird (vgl. ALEXANDRIDOU, WuW 1978, 629), beruht offensichtlich auf einem Mißverständnis. Eine Annäherung der interventionistischen und protektionistischen griechischen wirtschaftsrechtlichen Institutionen an die marktwirtschaftlichen Strukturen der Gemeinschaft (EMMERICH, Kartellrecht [7. Aufl.], S. 500 f.; DERS., in: DAUSES, Hdb. EU-WirtschaftsR, Bd. 2, H. I [EL 4], Rdn. 2) war allerdings geboten, damit Griechenland seinen aus Art. 5, 3f, 85, 86 und 90 EWGV [= Art. 10, 3g, 81, 82 und 86 EGV n.F.] herrührenden wettbewerbsrechtlichen Verpflichtungen (näher dazu VAN DER ESCH, ZHR 1991, 274 ff.; TZOUGANATOS, DEE 1996, 348 ff.) überhaupt gerecht werden kann. Eine andere Frage ist, daß der griechische Gesetzgeber den Weg der Harmonisierung freiwillig ging, um diese Verpflichtungen zu erfüllen. Zur Bedeutung dieser Entscheidung für die Auslegung des G. 703/77 siehe unten im Text, § 3 I.

Marktes, die einen wirtschaftspolitischen und wirtschaftsrechtlichen Kurswechsel erforderten, war noch nicht vorhanden[23].

Es war allerdings offensichtlich, daß dem neuen Gesetz viel von seiner praktischen Relevanz genommen wurde, solange der Staat seinen "wettbewerbsstrangulierenden Aktionismus" unvermindert fortsetzte. Die mit der Anwendung des G. 703/77 betraute Wettbewerbsschutzkommission erkannte dieses Problem bereits in einer ihrer ersten Entscheidungen (WbSK-E 4/80 "Alkoholkartell")[24] an und versuchte, die dadurch entstehenden eklatanten Widersprüche des neuen wirtschaftsrechtlichen Rahmens zugunsten des Wettbewerbs zu lösen. Ihr Versuch scheiterte jedoch am Verwaltungsgericht Athen[25].

Der fraglichen Entscheidung der Wettbewerbskommission lag folgender Sachverhalt zugrunde:

Sämtliche Alkoholhersteller hatten sich darauf geeinigt, die vom Staat zur Verfügung gestellten festen Mengen von Melasse (Rohstoff für die Gewinnung von Alkohol) nach Maßgabe ihrer Kapazitäten unter sich zu verteilen. Diese Vereinbarung war allerdings bloße Ergänzung eines umfassenden Netzes staatlicher Regulierungen, die sowohl die Melasse als auch den daraus produzierten Alkohol erfaßten und hinsichtlich aller wichtigen Marktparameter (Preis, Qualität, Quantität) regelten. Verstöße gegen die staatlichen Regulierungen, die vom Obersten Staatlichen Chemierat durchgeführt und überwacht wurden, standen unter Kriminalstrafe.

Die wegen Quotenvereinbarungen beschuldigten Alkoholhersteller beriefen sich im Rahmen ihres Verteidigungsvorbringens gerade auf dieses weitreichende Netz staatlicher Regulierungen. Sie seien verpflichtet gewesen, sich daran zu halten und anzupassen, weil sie sich sonst der Gefahr einer Bestrafung ausgesetzt hätten. Die Quotenvereinbarungen seien nur die unausweichliche Konsequenz des staatlichen Systems gewesen und hätten keine eigene Bedeutung.

Die griechische Kommission bestritt jedoch die bindende Wirkung der fraglichen, im Alkoholsteuergesetzbuch enthaltenen marktregulierenden Vorschriften. Sie berief sich dabei auf Art. 2 gr. ZGB, der das Prinzip der stillschweigenden Derogation älterer Gesetze normiert, falls diese einem neuen Gesetz inhaltlich widersprechen. Unter Hervorhebung des Umstandes, daß das G. 703/77 das Institut des freien Wettbewerbs in Griechenland eingeführt habe, vertrat die Kommission die Ansicht, "*alle Bestimmungen der geltenden Gesetzgebung sind gemäß Art. 2 gr. ZGB als aufgehoben zu betrachten, soweit sie geeignet sind, den Wettbewerb zu verhindern oder einzuschränken*".

Diese Feststellung hinderte allerdings die Kommission nicht daran, dem Verteidigungsvorbringen der Betroffenen doch Rechnung zu tragen. Die strafbewehrten staatlichen intervenierenden Regelungen, so die Kommission, seien zwar objektiv außer Kraft gesetzt, die Staatsanwaltschaft habe sich jedoch zu dieser Auffassung bislang noch nicht bekannt und verfolge jeden einschlägigen Rechtsverstoß. Unter diesen Umständen könne man nicht von einem Verschulden der Betroffenen ausgehen. Eine Sanktionierung der Betroffenen komme deswegen im konkreten Fall nicht in Betracht. Sanktionen

---

23 Vgl. SCHINAS, in: DERS. (Hrsg.), Schutz des freien Wettbewerbs, S. 17.

24 Bd. A, S. 21 ff.

25 Vgl. TRIANTAFILLAKIS, in: SCHINAS (Hrsg.), Schutz des freien Wettbewerbs, S. 57.

seien jedoch im Fall einer Wiederholung der Verstöße in der neuen Produktionsperiode ohne weiteres zu verhängen, da die Rechtslage nunmehr geklärt sei.

Erwartungsgemäß wurde diese "revolutionäre" Entscheidung vom Verwaltungsgericht Athen aufgehoben[26]. Herangezogen wurde unter anderem Art. 36 KartellG, der alle beim Inkrafttreten des G. 703/77 bereits bestehenden *Zwangskartelle* vom Wirkungsbereich des Kartellverbotes ausklammerte. Das Argument der stillschweigenden Derogation der staatlichen marktregulierenden Vorschriften durch das Inkrafttreten des KartellG wurde damit zurückgewiesen und die Anwendung des Kartellverbots auf das oben geschilderte Verhalten der Alkoholhersteller abgelehnt.

Unter formalrechtlichen Aspekten betrachtet war die Entscheidung der Wettbewerbsschutzkommission im "Alkoholkartell"-Fall in der Tat wenig überzeugend, insbesondere mit Blick auf die Regelung des vom Verwaltungsgericht Athen hervorgehobenen Art 36 KartellG[27]. Es wäre jedoch unangemessen, die fragliche Entscheidung nur anhand juristischer Maßstäbe zu beurteilen; ihr sollte vielmehr eine wettbewerbspolitisch richtungsweisende Bedeutung beigemessen werden, weil sie die Widersprüche des damaligen Systems deutlich zum Ausdruck brachte[28] und der Öffentlichkeit vor Augen führte, daß die größten Hindernisse für den Wettbewerb vom Staat selbst ausgingen.

C. *Wettbewerbsschutzgedanke und wirtschaftspolitisches Konzept nach dem Beitritt zu den Europäischen Gemeinschaften*

Der Beitritt Griechenlands zu den Europäischen Gemeinschaften im Jahr 1981 und der damit verbundene erhöhte Druck der gesamtwirtschaftlichen Anpassung an die europäischen marktwirtschaftlichen Strukturen[29] führte dazu, daß sich der Staat allmählich und nach 1985 verstärkt von der hoheitlichen Steuerung des Marktgeschehens zurückzog und an einer gezielten Förderung des Wettbewerbs als Selbststeuerungsmechanismus der Wirtschaft orientierte[30]. Der neu eingeschlagene wirtschaftspolitische Weg brachte eine Umstrukturierung des griechischen Wirtschaftsrechts mit sich. So wurde das System der staatlichen Preisfestsetzungen stufenweise abgebaut und viele marktpolizeiliche Rechtsverstöße wurden entkriminalisiert[31]. Außerdem wurde der Verbraucherschutz institutionalisiert[32] und die handels-

---

26 *VerwG Athen* 8059/81 "Kartell der Alkoholhersteller", Bd. A, S. 211 ff.

27 Vgl. auch BERNITSAS, Europäisches Wettbewerbsrecht und G. 703/77, S. 24 ff.; TRIANTAFILLAKIS, in: SCHINAS (Hrsg.), Schutz des freien Wettbewerbs, S. 57; KONTOBAZAINITIS, in: SCHINAS (Hrsg.), Schutz des freien Wettbewerbs, S. 83.

28 Ähnlich TZOUGANATOS, in: FS für DELOUKAS, S. 973; vgl. auch BERNITSAS, Europäisches Wettbewerbsrecht und G. 703/77, S. 114 ff.

29 Siehe dazu oben Anm. 22.

30 Vgl. SCHINAS, in: DERS. (Hrsg.), Schutz des freien Wettbewerbs, S. 20.

31 G. 1732/87 "Änderung und Ergänzung der Gesetzesverordnung 10/11.05.1946 über ein marktpolizeiliches Gesetzbuch", FEK 164 / A / 15.09.1987.

rechtlichen Regelungen wurden für eine tiefgreifende Reform vorbereitet[33]. Das Schwergewicht verlagerte sich somit auf die kartellrechtlichen Vorschriften, die die Rolle übernahmen, einen funktionsfähigen Wettbewerb anstelle des obrigkeitlichen Diktats sicherzustellen.

Diese Entwicklung lief darauf hinaus, daß die marktpolizeilichen Eingriffe zur Kontrolle der Preise heute in Griechenland nahezu vollständig[34] von dem zweispurigen Regelungssystem des Rechts zum Schutz des freien Wettbewerbs und des Rechts zum Schutz des Verbrauchers abgelöst worden sind[35].

Die neue wirtschaftspolitische Richtung, die den freien Wettbewerb in den Mittelpunkt des Wirtschaftslebens rückte, erhielt allerdings erst mit dem Wahlsieg und der Regierungssübernahme durch die Partei der Liberalen im Jahr 1989 klare Konturen[36]. In den folgenden Jahren erfuhr aber das der Wettbewerbspolitik zugrundeliegende Leitbild, trotz der Anerkennung des Wertgehaltes des Wettbewerbs, einen gewichtigen Wandel: Das von der Regierung favorisierte neo-liberalistische Wirtschaftskonzept nach dem Thatcher'schen Vorbild war vom Gedanken eines weitestgehenden staatlichen Verzichts auf regulierende Einmischungen in den Wirtschaftsablauf geprägt[37]. Hinzu kam die Überzeugung der Liberalen von den Vorteilen der Vergrößerung der Unternehmen[38]. Aus dieser allgemeinen wirtschaftspolitischen Einstellung entstand als Folge für die Wettbewerbspolitik das Postulat des Abbaus jeglicher staatlicher Kontrolle zum Schutz der Marktstruktu-

32 G. 1961/91 "zum Schutz des Verbrauchers", FEK 132 / A / 13.09.1991.- Siehe heute G. 2251/94 "zum Schutz des Verbrauchers".

33 Siehe dazu ARGYRIADIS (Hrsg.), Sondergesetzgebungskommission - Entwurf eines Handelsgesetzbuches, 1987.

34 Gelegentlich wird allerdings auf (preis)regulierende Maßnahmen immer noch zurückgegriffen. So wurden beispielsweise vom Entwicklungsministerium im Juli 1998 preisdämpfende Maßnahmen bekanntgemacht, die der Beschleunigung des Abbaus der Inflation und damit der Erfüllung des entsprechenden Maastrichtkriteriums für den Eintritt Griechenlands in die WWU dienen sollen; siehe dazu den Artikel "Weiterhin Unklarheit über Zinssenkungen" in der Athener Zeitung v. 10.07.1998; vgl. auch Ta Nea v. 11.07.1998, "Rückkehr zu den... marktpolizeilichen Vorschriften?", S. 50.

35 Vgl. die Ausführungen von SIMITIS in der parlamentarischen Diskussion anläßlich der 4. KartellG-Novelle, in: DRILLERAKIS, Gesetzestexte und Materialien, S. 208.

36 Zur radikalen Abnahme der Verwaltungsakte mit Preisfestsetzungen und damit zur weitgehenden Liberalisierung der Märkte siehe ALOUPOGIANNIS (Hrsg.), Kodifizierung marktpolizeilicher Anordnungen, Ergänzung 1993, Einleitung.

37 Vgl. SCHINAS [in: DERS. (Hrsg.), Schutz des freien Wettbewerbs, S. 339 ff.], der eine scharfe Kritik gegen diese Wirtschaftspolitik ausübt.

38 Vgl. die Ausführungen von LENTAKIS in der parlamentarischen Debatte anläßlich der 4. KartellG-Novelle, in: DRILLERAKIS, Gesetzestexte und Materialien, S. 219.

ren. Dies geschah in der Tat durch die Einführung einer Fusionskontrolle (!) im Jahr 1991[39].

Das neue Rechtsinstitut der *Fusionskontrolle*, nach dem gemeinschaftsrechtlichen Vorbild aufgebaut[40], wurde zwar 1991 von der 2. KartellG-Novelle in der Absicht eingeführt, zur Aufrechterhaltung kompetitiver Marktstrukturen beizutragen[41]. In Wirklichkeit diente jedoch das neue Rechtsinstitut nur als *Vorwand* für den mittelbaren Ausschluß jeder Marktstrukturkontrolle[42]. Denn es schaffte die bis dahin bestehenden (begrenzten) Möglichkeiten zur Kontrolle von Strukturänderungen vollständig ab, ohne dafür praxiswirksame Fusionskontrollvorschriften einzuführen.

Bis zum Jahre 1991[43] war nämlich eine Fusionsunterbindung nach der ständigen Spruchpraxis der Wettbewerbskommission und nach der h.M. in der Literatur insbesondere[44] auf der Grundlage des Art. 2 KartellG (Mißbrauchsverbot) möglich, wenn der Unternehmenszusammenschluß zur Verstärkung einer beherrschenden

---

39 Vgl. SCHINAS, in: DERS. (Hrsg.), Schutz des freien Wettbewerbs, S. 333, 345; DERS., DEE 1995, 153 f.

40 Eine vergleichende Gegenüberstellung der griechischen Vorschriften mit denen der Verordnung (EWG) 4064/89 d. Rates v. 21.12.1989 "über die Kontrolle von Unternehmenszusammenschlüssen" (ABl. 1990, L 257/13; alte Fassung) gibt DELOUKA-IGLESI, EEmpD 1991, 383 ff.

41 Siehe Begr. zum Reg.-Entw. des G. 1934/91, in: KOUTSOUKIS, Gesetzestexte und Materialien, S. 196.

42 SCHINAS, in: DERS. (Hrsg.), Schutz des freien Wettbewerbs, S. 351.

43 Zur Rechtslage und zu den von der griechischen Kommission sowie von der Literatur befürworteten Lösungen bis 1991 eingehend TZOUGANATOS, in: SCHINAS (Hrsg.), Schutz des freien Wettbewerbs, S. 243 ff.; DERS., Anm. zu den *WbK*-S 99/90 und 101/90, EEmpD 1991, 166 ff.; CHRISTOFOROU, in: Competition Law, G.C.-31 ff.

44 Art. 4 Abs. 1 KartellG sah zwar ausdrücklich vor, daß Zusammenschlüsse als solche nicht unter das Kartellverbot fallen. Als Zusammenschluß definierte Art. 4 Abs. 2 KartellG die Gründung eines neuen Unternehmens, die Verschmelzung mehrerer Unternehmen und den Erwerb eines oder mehrerer Unternehmen durch ein anderes Unternehmen. Die so definierten Zusammenschlußtatbestände unterlagen nach Art. 21 Abs. 3 KartellG lediglich einer bußgeldbewehrten Anzeigepflicht. Trotz dieser Rechtslage hatte jedoch die (schwankende) Praxis nicht darauf verzichtet, in vielen Entscheidungen und Stellungnahmen auch die Anwendung des Kartellverbotes zu erwägen, siehe z.B. *WbK* 99/90 "3E I", EEmpD 1991, 159 f.: "Es ist möglich, daß eine Vereinbarung zum Erwerb der Aktien eines anderen Unternehmens unter den Tatbestand des Art. 1 Abs. 1 fällt. Dies geschieht, wenn das investierende und die Aktien erwerbende Unternehmen die rechtliche oder tatsächliche Kontrolle der unternehmerischen Tätigkeit des anderen Unternehmens gewinnt und dadurch dessen Verhalten auf dem Markt in einem Maß beeinflußt, daß der Wettbewerb zwischen beiden Unternehmen verfälscht oder beschränkt wird." Zusammenf. zum Standpunkt der griechischen Literatur und Kartellpraxis KOUTSOUKIS, EEmpD 1988, 1 ff. - Vgl. im europäischen Kartellrecht *EuGH* Urt. v. 17.11.1987, Rs. 142 und 156/84, *BAT und Reynolds*, Slg. 1987, 4487 [Rdn. 38 ff.]; dazu siehe BLANK, Europäische Fusionskontrolle, S. 106 ff.

Stellung auf dem griechischen Markt führte[45]. Die Wettbewerbskommission hatte im Jahr 1990 in einer Stellungnahme dem Handelsminister sogar vorgeschlagen, die von einem marktbeherrschenden Unternehmen vollzogene Übernahme eines Konkurrenten zu verbieten und das marktbeherrschende Unternehmen wegen Machtmißbrauchs mit der in der Entscheidungspraxis bis dahin höchsten Geldbuße (44 Millionen DRM) zu belegen[46].

Als der Gesetzgeber im Jahr 1991 das KartellG novellierte und der Wettbewerbskommission ihre früheren Entscheidungsbefugnisse zurückgab, wollte er wegen seiner oben geschilderten wirtschaftspolitischen Präferenz für "große Unternehmen" vermeiden, daß die Kommission weiter bei Unternehmenszusammenschlüssen eingriff. Er schloß deswegen mit der 2. und 3. KartellG-Novelle die Anwendung des Kartell- und Mißbrauchsverbots auf Fusionen ausdrücklich aus[47]. Zur Kontrolle der Marktstrukturen sollte die an materiellen Kriterien ausgerichtete, neu eingeführte Fusionskontrolle dienen. Über die Tatsache hinaus aber, daß die fragliche Kontrolle nur horizontale Zusammenschlüsse erfassen konnte[48], wurde auch die Festlegung der Wirtschaftszweige, die dieser beschränkten Kontrolle unterfallen sollten, dem Wirtschaftsminister übertragen. Letzterer machte von dieser Ermächtigung nie Gebrauch, so daß in den nachfolgenden Jahren bis 1995 jede Kontrolle von Unternehmenszusammenschlüssen unterblieb[49]. Erst die an die Regierung zurückgekommenen Sozialisten schafften mit der 4. KartellG-Novelle das Erfordernis der vorherigen Einschaltung des Wirtschaftsministers ab und "aktivierten" dadurch zum ersten Mal in Griechenland das Institut der Fusionskontrolle.

---

45 Vgl. *WbSK*-E 17/82 "KARAMBELA", Bd. A, S. 49; *WbK*-S 40/86 "BP / FINA", Bd. A, S. 162; *WbK*-S 55/87 "SHELL COMPANY / MINOGAS", Bd. B, S. 23 f.; *WbK*-S 64/88, Bd. B, S. 70 f.; *WbK*-S 110/91 "GIOULA / KRONOS", Bd. C, S. 58 ff.; siehe dazu auch ROCAS / PERAKIS, in: World Law of Competition, § 3. 05 (2) b; LIAKOPOULOS, Die Wirtschaftsfreiheit, S. 232 ff.; TZOUGANATOS, Zur Rezeption fremden Rechtsguts, S. 72 ff.; DRILLERAKIS, EEN 1977, 610.

46 Siehe die vom Handelsminister (*minist. Entsch.* A1 1129/10.12.1990) nicht übernommene *WbK*-S 101/90 "3E II", EEmpD 1991, 162 ff., die im Anschluß an die Continental-Can-Doktrin die Anwendung des Mißbrauchsverbotes des Art. 2 KartellG auf einen Unternehmenszusammenschluß durch Aktienerwerb befürwortet. Zu dieser im Rahmen des Continental Can-Urteils vom *EuGH* herausgearbeiteten Doktrin (Urt. v. 21.02.1973, Rs. 6/72, *Continental Can*, Slg. 1973, 215 [Rdn. 26]) und im allgemeinen zu der entsprechenden Anwendung des Art. 82 EGV n.F. auf Unternehmenszusammenschlüsse, siehe BLANK, Europäische Fusionskontrolle, S. 104 ff., 190 ff.

47 Vgl. LIAKOPOULOS, World Competition 1992/93 (Vol. 16), 29 ("The Greek legislator obviously preferred that solution in order not to prevent the creation of undertakings of a competitive size").

48 DELOUKA-IGLESI, EEmpD 1991, 389 f.; KAMBUROGLOU, RIW 1993, 638.

49 Vgl. SCHINAS, DEE 1995, 154; SOUFLEROS, EEmpD 1994, 492; KAMBUROGLOU, RIW 1993, 637. Nur die Kontrolle von aggressiven Zusammenschlüssen wurde von der Theorie in diesem Zeitraum für möglich gehalten, vgl. SOUFLEROS, a.a.O., 492 Anm. 8.

Die Wirksamkeit der kartellrechtlichen Vorschriften hatte in den Jahren nach 1977 nicht nur unter dem umstrittenen Stellenwert des Wettbewerbsgedankens und dem Wechsel der wettbewerbspolitischen Konzepte zu leiden. Nicht unerheblich beeinträchtigt wurde die Funktionsfähigkeit des KartellG auch durch die Bindung der Kartellbehörden an die schwerfälligen Strukturen des Handelsministeriums sowie durch den Mangel ausreichender finanzieller Ressourcen für Marktforschungen und Sachverhaltsaufklärungen. Man sollte sich insoweit nicht wundern, daß die meisten der Bußgeldentscheidungen der Kartellbehörden im Rahmen der nachträglichen verwaltungsgerichtlichen Überprüfung wegen Beweismängel aufgehoben wurden[50]. Die äußerst schwierige Situation, in der sich insbesondere die im Handelsministerium eingerichtete Ermittlungsbehörde-Direktion "Marktforschung und Wettbewerb" im Hinblick auf qualifizierten Personalbestand und finanzielle Ressourcen ständig befand, läßt sich deutlich daran ablesen, daß kein Leiter dieser Behörde in den letzten Jahren vor Inkrafttreten der 4. KartellG-Novelle mehr als sechs Monate auf seinem Posten bleiben wollte[51]. Die Schwierigkeiten, denen die Kartellbehörden begegneten, spiegeln sich auch darin wider, daß zahlreiche im Jahr 1995 ergangene Entscheidungen in den Jahren 1990/91 eingelegte Beschwerden betrafen, also mit einer fünf Jahre dauernden Verspätung getroffen wurden[52].

Der Gesetzgeber der 4. KartellG-Novelle war sich dieser Probleme bewußt[53]. Er führte deshalb eine institutionelle Verselbständigung der Wettbewerbskommission ein und erklärte sie zu einer vom Handelsministerium unabhängigen öffentlichen Behörde mit eigenem Budget und eigenem Verwaltungsapparat. Im Hinblick darauf, daß die 4. KartellG-Novelle durch die Aktivierung der Fusionskontrolle auch das rechtliche Eingriffsinstrumentarium der Kartellbehörden nicht unerheblich verbesserte, entstand der Eindruck, daß die Weichen für eine stabile und nach den gesammelten Erfahrungen der vergangenen Jahre auch effektive staatliche Wettbewerbspolitik endgültig gestellt wurden[54].

---

50 Vgl. z.B. *WbK*-S 52/87 "EMI / WIRGIN / WEA", Bd. B, S. 11 ff. und *ObVerwG Athen* 3688/89, Bd. C, S. 251 ff.; *WbK*-S 57/87 "ZETA / FIMI", Bd. B, S. 41 ff. und *VerwG Athen* 12154/88, Bd. B, S. 146 ff. sowie *ObVerwG Athen* 4154/90, Bd. C, S. 266 ff.; *WbK*-S 62/88 "Filme für Röntgenaufnahmen", Bd. B, S. 57 ff. und *VerwG Athen* 3484/89, Bd. B, S. 157 ff. sowie *ObVerwG Athen* 2849/90, Bd. C, S. 254 ff.

51 Vgl. die Angaben von Handelsminister SIMITIS in der parlamentarischen Diskussion über die 4. KartellG-Novelle, in DRILLERAKIS, Gesetzestexte und Materialien, S. 211.

52 Die *WbK*-E 274 / 31.05.1995 "ELLOPAK / TETRAPAK" (Bd. C, S. 179 ff.) betraf beispielsweise die am 11.01.1989 eingelegte Beschwerde von P.B.SALAKOS AE; die *WbK*-E 264 / 22.05.1995 "PROTOPORIA - Preisbindung für Bücher", Bd. C, S. 154 ff. betraf die am 06.05.1991 eingelegte Beschwerde der PROTOPORIA AE.

53 Vgl. Begr. zum Reg.-Entw. der 4. KartellG-Novelle in: DRILLERAKIS, Gesetzestexte und Materialien, S. 111.

54 Vgl. etwa SOUFLEROS, EEmpD 1994, 488.

Die politische Führung ließ jedoch noch einmal ihren Worten keine Taten folgen. Die neue Wettbewerbskommission sah sich somit bereits 5 Monate nach Aufnahme ihrer Tätigkeiten gezwungen, in einer von Bitterkeit geprägten Entscheidung davor zu warnen, daß die Erfüllung ihrer Aufgaben angesichts der fortbestehenden inakzeptablen Umstände hinsichtlich der Unterbringung und der personellen Ausstattung des Sekretariats sowie der Entschädigung der Mitglieder der Kommission in große Gefahr geraten sei, für die sie nicht mehr einzustehen habe[55].

Ob aber dieser ungewöhnliche Appell etwas bewirkt hat, ist zu bezweifeln. Die fortschreitende Liberalisierung der Märkte hatte zwar zur Folge, daß die Wettbewerbskommission bei Marktstörungen zunehmend als das Organ in die Schlagzeilen gerät, von dem Lösungen und Eingriffsmaßnahmen erwartet werden[56]. Die Einleitung eines Verfahrens vor die Wettbewerbskommission wird dementsprechend immer öfter zur Bereinigung von wirtschaftlichen Interessenkonflikten angestrebt, und zwar nicht nur seitens der Unternehmen, die sich durch das Verhalten ihrer Konkurrenten oder Marktpartner als benachteiligt sehen[57], sondern auch seitens der politischen Führung des Entwicklungsministeriums[58]. Die seit dem Jahre 1995 geltenden Vorschriften über die (präventive) Fusionskontrolle zwingen außerdem ohnehin die größten Unternehmen des Landes dazu, sich mit der Wettbewerbskommission und ihrer Kontrollmechanismen vertraut zu machen. Man könnte also insgesamt davon sprechen, daß die Wettbewerbskommission allmählich zu einer im Bewußtsein der Marktteilnehmer etablierten Institution geworden ist. Die in den Jahresberichten der WbK von 1995/1996 und 1996/1997 zum Ausdruck kommenden schwierigen Umstände, unter denen die Wettbewerbskommission und

---

55 *WbK*-E 14/95 "Wettbewerbskommission" (nicht veröff.).

56 Vgl. z.B. NIKOLAOU, "Die einzige Gewährleistung", Ta Nea v. 19.07.1997, S. 57: "Die Regierung muß verstehen, daß das durch den Konflikt zwischen Industrie und Handel entstandene Problem [Stichwort: Nachfragemacht des Handels] keine interne Familienangelegenheit darstellt, die durch den Schiedsspruch der Regierung und die Annahme eines neuen gentlemen's agreement im Rahmen der Wirtschaftspolitik zum Aufhalten der Inflation geregelt werden könnte. - Die einzige Gewährleistung, daß eine irgendwie ausgestaltete Vereinbarung eingehalten wird, ist die Ausstattung der Wettbewerbskommission mit den erforderlichen Kontrollmechanismen. Wie sich durch den Streit herausstellte, verteilten Industrie und Supermärkte [große Handelsketten] jahrelang die hohen monopolistischen Gewinne unter sich. Der Streit ist erst dann ausgebrochen, als Differenzen bei der Verteilung auftraten."

57 Vgl. z.B. Ta Nea v. 07.10.1997, "13 Geflügelzüchtunternehmen beschweren sich über die freigiebigen Regelungen der griechischen Agrarbank zu Gunsten des Unternehmens Mimikos", S. 52.

58 Vgl. TO BIMA v. 09.02.1997, "Entwicklungsministerium: Wir werden den Fall der Wettbewerbskommission vorlegen"; S. D 14; TO BIMA v. 23.02.1997, "Der neue Milchkrieg", S. D/10; Ta Nea v. 08.01.1998, "Vor der Wettbewerbskommission für den Olivenölpreis", S. 53; Ta Nea v. 18.03.1998, "Normallage, aber auch Kontrollen zur Vorbeugung der Spekulation", S. 53; Ta Nea v. 21.03.1998, "Verfolgung wegen der Preise - Einstweilige Maßnahmen gegen Unternehmen", S. 43.

das Sekretariat ihre Aufgaben zu erfüllen haben[59], und die kritischen Stimmen in der Presse[60] geben aber ein beredtes Zeugnis davon, daß mit dem Anwachsen der Ansprüche bezüglich der Leistungen der Wettbewerbskommission keine faktische Verbesserung ihrer inneren Strukturen einhergegangen ist.

So stellt BITROS im Juli 1997 fest[61]: "Im Hinblick auf das geltende Kartellrecht befindet sich Griechenland in einer fortgeschrittenen Phase der Harmonisierung des nationalen Rechts mit den Regelungen der Europäischen Kommission und der Rechtsprechung der Europäischen Gerichte. Es läßt sich also konstatieren, daß es in Griechenland Wettbewerbsregeln gibt, die den modernen Ansichten auf diesem Gebiet entsprechen. Jedoch kann man nicht gleichermaßen mit der Effizienz der Organe zufrieden sein, die mit der Anwendung dieser Regeln vom Staat beauftragt worden sind... Wenden wir uns aber den Gründen dafür zu. - Die Mitglieder der beiden Kammern der Wettbewerbskommission werden mit dem erstaunlichen Betrag von 8.500 DRM [ca. DM 50,-] pro Sitzung entlohnt, wobei die Sitzung einen ganzen Vormittag dauern kann... Der Staat weigert sich, die Fahrt- und sonstigen Kosten für Mitglieder mit Wohnsitz außerhalb von Athen zu übernehmen... Entgegen der gesetzlich vorgesehenen Zusammensetzung aus 40 Personen bestand das Sekretariat der Kommission bis vor einigen Monaten nur aus 5 Personen. Außerdem weisen die 17 Personen, die in letzter Zeit eingestellt wurden, keine Spezialisierung in diesem Bereich auf. - Wegen der geringen Zahl und der mangelnden Spezialisierung des Personals des Sekretariats, das mit den Ermittlungen und der Begründung der Anklage für kartellrechtliche Zuwiderhandlungen beauftragt ist, beschäftigt sich die Kommission nicht mit Fällen der einheitlichen Preisfestsetzung (Price Fixing), der künstlichen Herabsetzung der Preise zur Behinderung des Markteintritts (Predatory Pricing), der Behinderung des Markteintritts mit sonstigen Mitteln (Non-price barriers to entry) u.s.w."

Die in den Jahresberichten der Wettbewerbskommission enthaltenen Angaben und die darauf aufbauenden Ausführungen von BITROS - wie auch der ganze im vorliegenden Abschnitt skizzierte rechts- und wirtschaftspolitische Rahmen der kartellrechtlichen Entwicklung in Griechenland in den letzten 20 Jahren - lassen sich in eindrucksvoller Weise als Beispiel für die tiefe Kluft anführen, die oft zwischen den (inhaltlich und gesetzestechnisch hoch entwickelten) Regelungen eines Gesetzes und dem dahinter steckenden wirklichen politischen Durchsetzungswillen besteht. Mangelndes Wettbewerbsbewußtsein der allgemeinen staatlichen Wirtschaftspolitik in der Anfangsphase, Schwankungen bezüglich der angestrebten wettbewerbspolitischen Ziele in der anschließenden Phase und ständige Vernachlässigung der faktischen Voraussetzungen für die Betreibung einer effektiven Wettbewerbspolitik haben dazu geführt, daß das die im Jahr 1977 im Hinblick auf

59 Vgl. Jahresbericht 1995/1996, S. 5, 7 f., 11, 14 f.; Jahresbericht 1996/1997, S. 7 f., 9 ff.; siehe auch den Entwurf des Jahresberichtes 1997/1998 (noch nicht veröff.), Kapitel 3 B.

60 BITROS, TO BIMA v. 06.07.1997, S. D/7

61 Die Ausführungen von BITROS stützten sich auf den Jahresbericht der *WbK* 1996/1997 bzw. geben in zusammenfassender Form die wichtigsten Probleme, die die Kommission selbst in ihrem Bericht schildert, wieder. Dieselben Probleme werden auch im (Entwurf des noch nicht veröffentlichten) Jahresberichts 1997/1998 der WbK hervorgehoben.

den Vollbeitritt Griechenlands zu den Europäischen Gemeinschaften eingeführten kartellrechtlichen Vorschriften bisher in der Praxis nur mangelhaft durchgesetzt werden konnten. Und es ist letztendlich ein Verdienst der unter widrigen Umständen arbeitenden Beamten des Sekretariats und der Mitglieder der Wettbewerbskommission[62], daß heute über das auf den gemeinschaftsrechtlichen Wettbewerbsregeln beruhende Schutzsystem hinaus noch ein - wenn auch nur schwerfällig funktionierendes - eigenes *griechisches* System zum Schutz des Wettbewerbs entwickelt worden ist.

62 Bzw. der Beamten und Mitglieder der institutionellen Vorgänger der heutigen Wettbewerbskommission.

§ 2 Konzeption des Wettbewerbsschutzes im griechischen Kartellrecht

Das KartellG besteht aus *sieben Kapiteln*. Im *ersten* Kapitel (*Art. 1-6* "Regelungsgegenstand") wird der materielle Regelungsgegenstand des Gesetzes bestimmt. Hier sind das Kartellverbot, die beiden Mißbrauchsverbote und die Vorschriften über die Fusionskontrolle zu finden. Anschließend behandelt das *zweite* Kapitel (*Art. 8-13* "Organe") Fragen im Zusammenhang mit der Organisation, der Verfahrensordnung und den (Sanktions-)Befugnissen der für die Gesetzanwendung zuständigen Behörden. Die möglichen Rechtsmittel gegen die ergehenden Entscheidungen, die Grundzüge des verwaltungsgerichtlichen Rechtswegs und Fragen bezüglich der Rechtskraft werden sodann im *dritten* Kapitel (*Art. 14-18* "Rechtsschutz") geregelt. Im *vierten* Kapitel (*Art. 19-23* "Register und Anmeldungen") finden sich Vorschriften bezüglich des Registers für Kartelle und Unternehmenszusammenschlüsse. Hier werden auch Einzelheiten über die Anmeldepflicht von Kartellen aufgeführt. Im *fünften* Kapitel (*Art. 24-27* "Beschwerden und Untersuchungen") werden dann die gegenüber den Kartellbehörden bestehenden Anzeige-, Informations- und Duldungspflichten sowie die Schweigepflichten der Kartellbehörden dargestellt. Das *sechste* Kapitel (*Art. 28-31* "Sanktionen - Gebühren") enthält kriminalstrafrechtliche, von den Strafgerichten anzuwendende Strafnormen. In den Schlußvorschriften des *siebten* und letzten Kapitels (*Art. 32-37* "Schlußvorschriften") wird schließlich neben sonstigen Fragen (Veröffentlichung von Entscheidungen, Kodifizierung von Vorschriften u.a.) die extrateritorielle Anwendung des KartellG geregelt.

Die einzelnen Vorschriften des KartellG, nach systematischen Gesichtspunkten geordnet, bilden den Gegenstand der folgenden Ausführungen.

I. Materiellrechtliche Ge- und Verbote

Die im Wirtschaftsleben praktizierten und somit als Anknüpfungspunkt für kartellrechtliche Regelungen in Betracht kommenden Arten von Wettbewerbsbeschränkungen lassen sich prinzipiell in fünf Kategorien einteilen[1]:

(a) Wettbewerbsbeschränkungen durch Vereinbarungen oder Verhaltensabstimmungen, die nur einzelne unternehmerische Aktionsparameter zum Gegenstand haben und die grundsätzliche rechtliche und wirtschaftliche Selbständigkeit der beteiligten Unternehmen nicht berühren (*Kartellierungen i.w.S.*, d.h. Kartelle i.e.S., vertikale Absprachen und aufeinander abgestimmte Verhaltensweisen);

(b) Wettbewerbsbeschränkungen durch Verträge (oder sonstige Mittel), die die beteiligten, rechtlich selbständig bleibenden Unternehmen einer einheitlichen Unternehmensplanung unterstellen (*Konzernierungen*);

---

1 Vgl. etwa FIKENTSCHER, Systemfragen, in: FS für BÖHM, S. 265 ff.

(c) Wettbewerbsbeschränkungen durch Verträge (oder sonstige Mittel), die die beteiligten Unternehmen nicht nur wirtschaftlich, sondern auch rechtlich vereinigen (*Fusionen i.e.S.*);

(d) Wettbewerbsbeschränkungen durch die Existenz eines marktdominierenden, zum Monopolisten intern gewachsenen Unternehmens (*marktbeherrschendes Einzelunternehmen*) und

(e) Wettbewerbsbeschränkungen durch die Existenz von Oligopolisten, die eine bewußt parallele, wenn auch nicht abgesprochene Marktstrategie betreiben (*wettbewerbsbeschränkendes Oligopol*).

Gegenüber diesen verschiedenen Formen von Wettbewerbsbeschränkungen nimmt das KartellG i.d.F. der 4. KartellG-Novelle von 1995 eine differenzierende Stellung ein.

Kartellierungen i.w.S. (im folgenden: *Kartelle*) unterliegen einem grundsätzlichen Verbot; daneben sind allerdings zahlreiche Freistellungsmöglichkeiten vorgesehen. Konzernierungen und Fusionen i.e.S. (im folgenden: *Unternehmenszusammenschlüsse*, *Fusionen*) sind dagegen grundsätzlich erlaubt und lediglich einer Meldepflicht unterworfen; eine Untersagung kommt nur in Frage, wenn die durch sie bewirkte Wettbewerbsbeschränkung einen besonderen Intensitätsgrad erreicht ("Entstehung oder Verstärkung einer marktbeherrschenden Stellung"); aber auch in diesem Fall ist die Erteilung einer Genehmigung möglich. Die Marktmonopolisierung durch internes Wachstum und das wettbewerbsbeschränkende Oligopol werden schließlich als solche nicht geregelt und sind somit grundsätzlich erlaubt; für eine Entflechtungsmöglichkeit existiert in diesen Fällen keine rechtliche Grundlage.

Marktbeherrschende Einzelunternehmen und wettbewerbsbeschränkende Oligopole im obigen Sinne sind allerdings einer *Verhaltenskontrolle* unterworfen, die darauf abzielt, die mißbräuchliche Ausnutzung ihrer wettbewerbsbeschränkenden Position zu unterbinden. Diese Kontrolle richtet sich also nicht gegen die *Ursache* des Mißbrauchs - d.h. die wettbewerbsbeschränkende Position der (des) Unternehmen(s) -, sondern nur gegen die *Wirkung* der wettbewerbswidrigen Marktstrukturen - d.h. das Auftreten von mißbräuchlichen Verhaltensweisen. Seit 1991 ist eine Verhaltenskontrolle auch für Unternehmen vorgesehen, von denen die Teilnehmer einer anderen Wirtschaftsstufe wirtschaftlich abhängig sind.

Im folgenden sollen die materiellen Ge- und Verbote des KartellG hinsichtlich ihres Regelungsinhalts näher betrachtet werden.

A. *Kartellverbot und Freistellung*

(1) Kartellverbot

Das in Art. 1 Abs. 1 KartellG normierte Kartellverbot untersagt "alle Vereinbarungen zwischen Unternehmen, Beschlüsse von Unternehmensvereinigungen und aufeinander abgestimmte Verhaltensweisen", welche eine (spürbare[2]) "Verhinderung, Einschränkung oder Verfälschung des Wettbewerbs bezwecken oder bewirken". Ein daran anschließender Katalog von 5 Beispielstatbeständen dient der Veranschaulichung und Präzisierung der Grundnorm. Wettbewerbsbeschränkend sind demnach insbesondere Vereinbarungen sowie abgestimmte Verhaltensweisen, die als Inhalt oder Wirkung u.a. Preisfestsetzungen, Quoten- und Mengenregelungen, Marktaufteilungen, Diskriminierungen und Koppelungsgeschäfte haben.

Diese Regelbeispiele stimmen - bis auf den Diskriminierungstatbestand, der nicht auf die Behinderung der Wettbewerber, sondern auf die des Wettbewerbs abstellt[3] - mit jenen des Art. 81 Abs. 1 EGV n.F. wörtlich überein.

Mit der 3. KartellG-Novelle waren in Art. 1 Abs. 1 KartellG u.a. auch die *Beispielstatbestände der falschen oder irreführenden Warenkennzeichnung* sowie der *unlauteren Werbung* eingefügt worden. Diese Erweiterung dürfte vom Wunsch motiviert gewesen sein, auch die nur den privatrechtlichen Sanktionsmitteln unterliegenden Sachverhalte des Rechts des unlauteren Wettbewerbs dem verwaltungsbehördlichen Kontrollmechanismus des KartellG zu unterwerfen. Nachdem allerdings die Literatur einstimmig darauf aufmerksam gemacht hatte, daß durch die neuen Beispielstatbestände eine unerlaubte dogmatische Verwirrung herbeigeführt werde, weil die Grenzen zwischen dem Verbraucherrecht, dem Recht des unlauteren Wettbewerbs und dem Kartellrecht verwischt würden[4], hob der Gesetzgeber diese Beispielstatbestände mit der 4. KartellG-Novelle wieder auf[5]. Gestrichen wurden aber auch die anderen Beispielstatbestände (Ausschließlichkeitsbindungen zwischen den Mitgliedern einer Unternehmensvereinigung, Verhinderung des freien Warenverkehrs, Konditionenvereinheitlichung), die die 3. KartellG-Novelle normiert hatte, denn diese spezifizierten bereits existierende Beispiele und komplizierten insoweit die Gesetztechnik, ohne aus materieller Sicht zum Verständnis der Vorschrift beizutragen[6].

(2) Freistellung

Das KartellG eröffnet zugleich zahlreiche Möglichkeiten für Ausnahmen bzw. Freistellungen vom umfassenden Kartellverbot. Diese Möglichkeiten lassen sich folgendermaßen systematisieren:

---

2 Das Merkmal der Spürbarkeit wird nach ständiger Praxis in den Kartelltatbestand hineininterpretiert, obwohl es nicht ausdrücklich normiert ist; siehe dazu unten im Text, § 4 I A 5.

3 Vgl. Art. 1 Abs. 1 lit. d KartellG: "Verboten sind alle [wettbewerbsbeschränkenden] Vereinbarungen ..., vor allem diejenigen, die ... in der Anwendung im Handel unterschiedlicher Bedingungen bei gleichwertigen Leistungen, insbesondere in der ungerechtfertigten Verweigerung des An- oder Verkaufs oder sonstiger Geschäftsbeziehungen bestehen, so daß die *Funktion des Wettbewerbs erschwert* wird."

4 Siehe dazu das Gutachten des wissenschaftlichen Ausschusses des Parlaments zum Reg.-Entw. des G. 2000/91 (3. KartellG-Novelle) in: KOUTSOUKIS, Gesetzestexte und Materialien, S. 240 ff.; vgl. auch SCHINAS, in: DERS. (Hrsg.), Schutz des freien Wettbewerbs, S. 349.

5 Vgl. dazu PAPATHOMA-BAETGE, RIW 1996, 1014.

6 Siehe die Hinw. in der Anm. 4.

(a) *Einzelfreistellungen gemäß Art. 1 Abs. 3 KartellG.* Diese betreffen einzelne Kartelle. Formell setzen sie eine *fristgemäße* (binnen 30 Tage nach der Kartellbildung) Antragstellung bei den Kartellbehörden voraus, während sich ihre materiellen Erfordernisse - auch dem Wortlaut nach - mit jenen des Art. 81 Abs. 3 EGV n.F. decken. Die Erteilung der Freistellungserklärung fällt in die ausschließlichen Kompetenz der Wettbewerbskommission.

(b) *Gruppenfreistellungen gemäß Art. 8a Abs. 2* KartellG. Diese - dem gleichnamigen Institut des Gemeinschaftsrechts nachgebildete - Freistellungsmöglichkeit wurde erst durch die 2. KartellG-Novelle in das Gesetz aufgenommen und bezieht sich auf Gruppen von Abreden, die einem konkreten Vertragstyp entsprechen. Hinsichtlich der materiellen Voraussetzungen wird vom Gesetzgeber auf Art. 1 Abs. 3 KartellG verwiesen. Anders als bei der Einzelfreistellung erfolgt aber hier die Freistellung nicht durch eine Entscheidung der Wettbewerbskommission, sondern durch einen von Amts wegen veranlaßten ministeriellen Erlaß. Diesem muß eine zustimmende Stellungnahme der Wettbewerbskommission vorangehen.

(c) *Gruppenausnahmen gemäß Art. 8a Abs. 3 KartellG.* Art. 8a Abs. 3 KartellG ist ebenfalls durch die 2. KartellG-Novelle in das Gesetz eingefügt worden. Hiernach kann der Handelsminister (bzw. nunmehr der Entwicklungsminister) durch Erlaß nach zustimmender Stellungnahme der Wettbewerbskommission Gruppen oder Typen von Kartellen dem Anwendungsbereich des Kartellverbotes entziehen. Anders als bei den Gruppenfreistellungen gemäß Art. 8a Abs. 2 KartellG wird hier hinsichtlich der materiellen Voraussetzungen nicht auf Art. 1 Abs. 3 KartellG Bezug genommen. Wie weit diese Ermächtigung zu Freistellungen reicht und an welche materiellen Mindestvoraussetzungen ihre Ausübung geknüpft werden muß, ist aus diesem Grunde unklar. Das Gesetz schweigt in diesem Punkt und scheint damit den Weg zu einer "Durchlöcherung des Grundverbotes" völlig offen zu lassen.

(d) *Legalausnahme.* Eine gesetzliche Ausnahme findet sich in Art. 6 KartellG für reine Exportkartelle. Sie gilt jedoch unter dem Vorbehalt der internationalen Pflichten des Landes. Die praktische Bedeutung dieser Legalausnahme dürfte deswegen, zumindest hinsichtlich der Handelsbeziehungen zu den EU-Staaten, als gering eingeschätzt werden, denn gegen Exportkartelle greifen in der Regel die Wettbewerbsregeln des EGV ein[7]. Aber auch hinsichtlich der Beziehungen zu Drittstaaten verliert die Legalausnahme von Exportverboten an Bedeutung, wenn der Entwurf eines internationalen Antitrust-Kodexes von Griechenland angenommen wird[8].

(e) *Ausnahmebereiche gemäß Art. 5 KartellG.* Bei dieser Regelung handelt es sich um die einzige Ausnahmemöglichkeit, die sich nicht nur auf das Kartell-, sondern auch auf die Mißbrauchsverbote bezieht. Das griechische Kartellrecht erfaßt zwar zunächst in seiner Grundkonzeption alle auf dem griechischen Markt auftretenden oder sich auswirkenden Kartelle sowie alle wirtschaftsmächtigen Unternehmen ohne sektorale Beschränkungen. Sonderregelungen können jedoch

---

7 LIAKOPOULOS, Gewerbliches Eigentum, Bd. II [3. Aufl.], S. 289.

8 Zu den Regelungen dieses Kodexes bezüglich der Exportkartelle, deren nationalrechtliche Legitimation zahlreiche wettbewerbsrechtliche und handelspolitische Widersprüche entstehen läßt, siehe FIKENTSCHER / IMMENGA (Hrsg.), Draft International Antitrust Code, S. 14 f.

durch Erlaß des jeweils zuständigen Ministers für den *Agrar- und Fischereibereich*[9] sowie für den *Verkehrsbereich*[10] getroffen werden. Auch *Unternehmen des öffentlichen Sektors* (öffentliche und Energieversorgungsunternehmen), die von allgemeiner Bedeutung für die Gesamtwirtschaft sind, dürfen aus dem Anwendungsbereich des Gesetzes ausgenommen werden[11].

(f) *Gruppenfreistellungsverordnungen (GVO) des Gemeinschaftsrechts.* Wegen der Geltung des Vorrang-Prinzips im Verhältnis des europäischen zum griechischen Recht[12] ist davon auszugehen, daß wettbewerbsbeschränkenden Absprachen, welche die Voraussetzungen einer GVO des EG-Rechts erfüllen, die Genehmigung nach griechischem Recht grundsätzlich[13] nicht verweigert werden darf[14]. Die griechischen Kartellbehörden wenden in solchen Fällen die GVO grund-

---

9 Vgl. die (nicht veröff.) *WbSK*-S 8/82, die die Ausnahme verschiedener Vereinigungen von Agrarunternehmen befürwortet.

10 Vgl. die (nicht veröff.) *WbSK*-S 3/79, die die Errichtung eines Ausnahmebereichs für die regelmäßigen Schiffahrtslinien befürwortet. Vgl. dagegen die (nicht veröff.) *WbSK*-S 6/81, die sich gegen die Ausnahme von zahlreichen Verkehrsunternehmen ausspricht.

11 Vgl. die (nicht veröff.) *WbSK*-S 4/80, 5/80, 7/82 und 9/82, die sich für die Ausnahme einer Reihe von öffentlichen und gemeinnützigen Unternehmen im Bereich der Flugzeug- und Waffenindustrie, des Städtebaus, der Wasserversorgung, der Energieversorgung, des Tourismus und des Rundfunkwesens aussprechen. Vgl. dagegen die *WbSK*-S 6/81, die die Errichtung eines Ausnahmebereichs für die öffentlichen Telekommunikationsunternehmen ablehnt.

12 Siehe dazu unten im Text, § 3 I A 2.

13 Es sei denn, die europäische GVO sieht die Möglichkeit einer abweichenden nationalen Regelung vor, vgl. die 19. Begründungserwägung der VO 1984/83 (ABl. 1983, Nr. L 173/1; die Geltungsdauer der GVO wurde durch die VO der Kommission Nr. 1582/97 v. 30.07.97, ABl. 1997 Nr. L 214/2, bis zum 31.12.1999 verlängert) und die 29. Begründungserwägung der (außer Kraft getretenen) VO 123/85 (ABl. 1985, Nr. L 15/16).

14 Vgl. MESTMÄCKER, Europäisches Wettbewerbsrecht [1974], S. 143 f.; WIEDEMANN, Kommentar, Bd. I, S. 135 ff. Im (europäischen) Schrifttum ist dies jedenfalls nicht unumstritten. Im Hinblick darauf, daß nach der Judikatur des EuGH *nur* diejenigen gemeinschaftsrechtlichen *administrativen* Maßnahmen Vorrang vor dem nationalen Recht genießen, die "positive, obgleich mittelbare Eingriffe zur Förderung einer harmonischen Entwicklung des Wirtschaftslebens innerhalb der Gemeinschaft" darstellen (*EuGH* Urt. v. 13.02.1969, Rs. 14/68, *Wilhelm / Bundeskartellamt*, Slg. 1969, S. 1 [Rdn. 5]), wird der allgemeine Vorrang der GVO in Frage gestellt. Bereits die Erörterung der Frage "positiver Eingriff" erscheint aber mit Blick auf die Gruppenfreistellungen zweifelhaft, denn diese Freistellungen ergehen als Verordnungen und sind damit im Unterschied zu den Einzelfreistellungen Maßnahmen legislativen und nicht administrativen Charakters, vgl. dazu TRIANTAFILLAKIS, EEmpD 1987, 521 f. Es wird allerdings auch die Gegenansicht vertreten, nämlich daß die GVO eine Bündelung potentieller Einzelfreistellungen darstellten und dementsprechend nur dann Sperrwirkung gegenüber dem nationalen Recht auslösten, wenn sie einen "positiven Eingriff" der Gemeinschaftsorgane ausdrückten, was wiederum in jedem Fall gesondert zu beurteilen sei. Zu einer eingehenden Darstellung der Problematik und der verschiedenen Ansätze in der Literatur siehe KLOYER, Der Vorrang der GVO, S. 63 ff. m.w.Hinw.; LIAKOPOULOS, Die Wirtschaftsfreiheit, S. 183 ff.; SOUFLEROS, Franchiseverträge, S. 306 ff. Der EuGH hat sich zur Frage des Verhältnisses zwischen den GVO und dem nationalen Recht - soweit ersichtlich - noch nicht geäußert.

sätzlich nicht nur analog über Art. 1 Abs. 3 KartellG, sondern direkt an[15] und betonen: "Ausschließlichkeitsverträge, deren Bedingungen im Einklang mit den europäischen Gruppenfreistellungsverordnungen stehen, können nach der festen Praxis der Wettbewerbskommission nicht als Verträge angesehen werden, die den Wettbewerb in Griechenland beschränken, verhindern oder verfälschen"[16].

Hervorzuheben ist allerdings, daß der geschilderte Standpunkt nur für die materiellrechtliche Beurteilung einer Absprache gilt. Die griechischen Kartellbehörden zeigen sich dagegen nicht bereit, die Unternehmen auch vom formellen Erfordernis der *Anmeldung* zu befreien. Haben somit die an einer Vereinbarung beteiligten Unternehmen diese nicht (fristgemäß) angemeldet, dann können die Unternehmen von den materiellen Vorteilen der europäischen Gruppenfreistellung mit Blick auf den Verstoß gegen das griechische Kartellverbot keinen Gebrauch machen[17]. Anders als mit Blick auf Art. 81 Abs. 1 EGV n.F., wo die GVO ihre Wirkung ohne Anmeldung entfalten, können also die GVO mit Blick auf Art. 1 Abs. 1 KartellG nur dann geltend gemacht werden, wenn die jeweils in Frage stehende Vereinbarung den Kartellbehörden angemeldet worden ist. Hat die Anmeldung allerdings stattgefunden, dann steht den griechischen Behörden kein Ermessen zu, die Vereinbarung zu verbieten.

Keine Klarheit herrscht schließlich darüber, welche Wirkung die GVO entfalten, wenn sie den im konkreten Fall in Frage kommenden Vertragstyp zwar erfassen, jedoch formal nicht zur Anwendung kommen können, weil der konkrete Sachverhalt keine (spürbare) Beeinträchtigung des Zwischenhandelns[18] oder keine (spürbare) Wettbewerbsbeschränkung[19] bewirkt und somit den Tatbestand des Art. 81 Abs. 1 EGV n.F. nicht verwirklicht. Die griechischen Kartellbehörden haben dazu bisher nicht Stellung genommen, so daß es fraglich ist, ob sie die Problematik überhaupt erkennen. Im Hinblick jedenfalls darauf, daß es bislang keine Fälle gegeben hat, in denen die GVO nicht - zumindest analog über Art. 1 Abs. 3 KartellG (griechische Einzelfreistellung) - herangezogen worden

---

15 Vgl. *WbK*-S 56/87 "Mineralölgesellschaften", Bd. B, S. 24 ff.; 108/91 "BP SUPER GAS", Bd. C, S. 53 ff.; *WbK*-E 259/95 "Mineralölgesellschaften und Raffinerien", Teil 3 (nicht veröff.); 248/95 "TOYOTA II", Bd. C, S. 127 ff. Hingewiesen sei auch auf *WbK*-S 75/89 "TOYOTA I" (Bd. B, S. 99 ff.), die von der Möglichkeit einer abweichenden Regelung aufgrund der 29. Begründungserw. der VO 123/85 Gebrauch macht; siehe zu diesem Fall unten im Text, § 4 I B 1.

16 *WbK*-E 248/7/95 "TOYOTA II", Bd. C, S. 127.

17 Vgl. *WbK*-E 272/95 "BP SUPERGAS II", Bd. C, S. 176 ff.

18 Zur Bedeutung der Zwischenstaatlichkeitsklausel vgl. *EuGH* Urt. v. 31.05.1979, Rs. 22/78, *HUGIN*, Slg. 1979, S. 1869 [Rdn. 17]. Auf Vereinbarungen mit rein inländischem Bezug sind die GVO nur dann anwendbar, wenn diese Vereinbarungen (ausnahmsweise) unter das Verbot des Art. 81 Abs. 1 EGV n.F. fallen; siehe *EuGH* Urt. v. 01.02.1977, Rs. 46/76, *Concordia*, Slg. 1977, S. 65 [Rdn. 15 ff., insbes. Rdn. 21]: "Aus diesen Gründen folgt, daß zwischen zwei Unternehmen aus ein und demselben Mitgliedstaat geschlossene Vereinbarungen im Sinne des Art. 1 Absatz 1 Buchstabe b der Verordnung Nr. 67/67 die Voraussetzungen für die Anwendung dieses Artikels erfüllen, soweit sie unter das Verbot des Art. 85 Absatz 1 EWG-Vertrag [= Art. 81 Abs. 1 EGV n.F.] fallen."

19 Siehe zu diesen Fällen WIEDEMANN, Kommentar, Bd. I, S. 138 f.

sind[20], kann man sagen, daß sich auch in den genannten Fallkonstellationen mangelnder Spürbarkeit oder innergemeinschaftlicher Handelsbeeinträchtigung die Wertungen der GVO - wenigstens in Gestalt eines bindenden Leitbilds der griechischen Freistellungspraxis - in der griechischen Rechtsordnung durchsetzen.

B. *Mißbrauchsverbote*

(1) Verbot des Mißbrauchs einer marktbeherrschenden Stellung

Art. 2 KartellG, die Parallelvorschrift zu Art. 82 EGV n.F., verbietet "die mißbräuchliche Ausnutzung einer beherrschenden Stellung auf dem griechischen Markt oder einem wesentlichen Teil desselben durch ein oder mehrere Unternehmen". Dies wird wiederum durch einen - mit dem europäischen Vorbild bis auf den Diskriminierungstatbestand[21] gleichlautenden - Beispielskatalog von vier Mißbrauchsfällen erläutert. Wenn man von der bereits angesprochenen Möglichkeit der Einrichtung von Ausnahmebereichen *gemäß* Art. 5 KartellG absieht, wird hier - im Gegensatz zum Kartellverbot - keine Freistellungsmöglichkeit gewährt.[22]

Die Wettbewerbskommission schlug allerdings in ihrer Stellungnahme zum "L' AIR LIQUIDE / CARBONICA"-Fall[23] im Jahr 1986 eine *analoge Anwendung des Art. 1 Abs. 3 KartellG* (Einzelfreistellung vom Kartellverbot) *im Bereich des Mißbrauchsverbotes* vor[24]. In diesem Fall ging es um einen sog. Strukturmißbrauch, also um eine Fusion, die zur Verstärkung der marktdominierenden Stellung des erwerbenden Unternehmens führte. Im Hinblick darauf, daß die fragliche Fusion auch gewichtige wirtschaftspolitische Vorteile aufwies, gingen die Meinungen in der Kommission weit auseinander. Die Mehrheit nahm schließlich den Standpunkt ein, die Fusion sei zwar als mißbräuchliche Ausnutzung der marktbeherrschenden Position des Erwerbers einzustufen, sie könne jedoch durch analoge Anwendung des Art. 1 Abs. 3 KartellG freigestellt werden. Der damals die Entscheidungsbefugnis tragende Handelsminister verzichtete allerdings auf die kartellrechtliche Beurteilung des Sachverhaltes, so daß eine förmliche kartellbehördliche Entscheidung in diesem Fall - soweit ersichtlich - nicht erging. Der Inhalt der ebenfalls nicht veröffentlichten Stellungnahme der Kommission wurde erst später im Rahmen der Diskussion über die Einführung einer Fusionskontrolle in groben Zügen bekanntgegeben. Wegen der heute geltenden gesetzlichen Ausklammerung der Fusionen vom An-

---

20 Vgl. *WbK*-S 53/87 "BLYTHE COULOURS III", Bd. B, S. 18 f.; *WbK*-S 34/85 "PLAYTEX", Bd. A, S. 145 f.; vgl. auch *WbK*-S 78/89 "EGEA", Bd. B, S. 109 ff.

21 Der Beispielstatbestand der Diskriminierung in Art. 2 KartellG stellt zwar ebenso wie Art. 82 Abs. 2 lit. b EGV n.F. auf die Benachteiligung von Handelspartnern durch die Anwendung unterschiedlicher Bedingungen bei gleichwertigen Leistungen ab. Der griechische Tatbestand enthält jedoch die zusätzliche Erklärung, daß die Diskriminierung insbesondere in der ungerechtfertigten Verweigerung des An- oder Verkaufs oder sonstiger Geschäftsbeziehungen bestehen kann.

22 Dies gilt auch im europäischen Recht. Anders als Art. 81 sieht Art. 82 EGV n.F. keine Möglichkeit einer Freistellung vom Mißbrauchsverbot vor, vgl. *EuGH* Urt. v. 11.04.1989, Rs. 66/86, *Ahmed Saeed Flugreisen*, Slg. 1989, S. 803 [Rdn. 32].

23 *WbK*-S 58/87 (nicht veröff.).

24 Vgl. SCHINAS, DEE 1995, 152, 155.

wendungsbereich des Mißbrauchsverbotes[25] und des auch damals innerhalb der Wettbewerbskommission umstrittenen Inhalts der schließlich abgegebenen Stellungnahme wäre jedenfalls davon auszugehen, daß der lediglich in diesem Einzelfall vorgeschlagenen analogen Anwendung des Instituts der Einzelfreistellung auf das Mißbrauchsverbot für die künftige Rechtspraxis keine Bedeutung beizumessen ist.

(2) Verbot des Mißbrauchs der wirtschaftlichen Abhängigkeit

Art. 2a KartellG[26], der keine Parallele im Gemeinschaftsrecht hat, verbietet einem oder mehreren Unternehmen "die Lage wirtschaftlicher Abhängigkeit zu mißbrauchen, in der sich ihm oder ihnen gegenüber ein drittes Unternehmen befindet, das die Stellung ihres Lieferanten oder Abnehmers hinsichtlich auch nur einer konkreten Art von Waren oder Leistungen innehat und über keine gleichwertige Alternative verfügt". Der Mißbrauch einer solchen "*partner*beherrschenden" Stellung kann nach Satz 2 "insbesondere in der Erzwingung von willkürlichen Geschäftsbedingungen, in der Anwendung diskriminierender Behandlung oder in dem plötzlichen und ungerechtfertigten Abbruch langjähriger Geschäftsbeziehungen" bestehen[27]. Für eine Freistellung von diesem Verbot findet sich - über den allgemeinen, die Schaffung von Ausnahmebereichen ermöglichenden Art. 5 KartellG - keine rechtliche Grundlage im KartellG.

Sowohl die Mißbrauchsverbote, die gegen einzelunternehmerische Mißbräuche von Wirtschaftsmacht i.w.S. (markt- oder partnerbeherrschende Stellung) eingreifen, als auch das Kartellverbot, das sich gegen die wettbewerbsbeschränkende Verhaltensabstimmung zwischen mehreren Unternehmen richtet, gelten unmittelbar. Wie dies auch im europäischen Recht der Fall ist, bedarf es somit keiner vermittelnden konkretisierenden Verwaltungsakte, damit diese Verbote im Einzelfall ihre Rechtsfolgen entfalten; es gilt das Verbotsprinzip.

---

25 Siehe oben im Text, § 1 II C.

26 Das Verbot wurde zunächst als Art. 2 Abs. 2 durch die 2. KartellG-Novelle 1991 in das KartellG eingefügt und später durch die 4. KartellG-Novelle um einige Beispielstatbestände erweitert und als selbständige Vorschrift in Art. 2a KartellG statuiert.

27 Die griechische Literatur hatte wiederholt auf die Erforderlichkeit der Normierung eines Verbotes nach dem deutschen (§ 26 Abs. 2 Satz 2 GWB a.F.: "Satz 1 [Diskriminierungsverbot] gilt auch für Unternehmen und Vereinigungen für Unternehmen, soweit von ihnen kleine oder mittlere Unternehmen als Anbieter oder Nachfrager einer bestimmten Art von Waren oder gewerblichen Leistungen in der Weise abhängig sind, daß ausreichende und zumutbare Möglichkeiten, auf andere Unternehmen auszuweichen, nicht bestehen." - Siehe nunmehr § 20 Abs. 2 Satz 1 GWB) oder dem französischen (Art. 8 Abs. 1 Fall 2 ordonnance no. 86-1243 v. 01.12.1986: "Est prohibée, dans les mêmes conditions, l'exploitation abusive par une entreprise ou un groupe d'entreprises: ... 2. De l'état de dépendance économique dans lequel se trouve, à son égard, une entreprise cliente ou fournisseur qui ne dispose pas de solution équivalente.") Vorbild hingewiesen, vgl. SOUFLEROS, Franchiseverträge, 329 f.; DERS., in: SCHINAS (Hrsg.), Schutz des freien Wettbewerbs, S. 240; TZOUGANATOS, Der Schutz des freien Wettbewerbs, in: FS für DELOUKAS, Bd. II, S. 978. Wie sich leicht feststellen läßt, hat sich schließlich der griechische Gesetzgeber am Wortlaut der französischen Vorschrift orientiert.

C. *Fusionskontrolle*

Vorschriften über die Kontrolle von Unternehmenszusammenschlüssen (Konzernierungen und Fusionierungen) wurden in das KartellG bereits im Jahr 1991 aufgenommen[28]. Eine echte Fusionskontrolle aber, die eine Untersagung der gesetzlich als wettbewerbsschädlich eingestuften Konzentrationen ermöglichte, führte erst die 4. KartellG-Novelle von 1995 ein[29].

Als konzeptionelles Vorbild dienten dem griechischen Gesetzgeber erneut die europarechtlichen Vorschriften[30]. Beeinflußt wurde die Ausgestaltung der griechischen Fusionskontrolle weiterhin vom deutschen Kartellrecht[31].

Die *Legaldefinition* des Fusionsbegriffs (Art. 4 KartellG) stellt, in Anlehnung an die Kriterien der europäischen FKVO, nicht nur auf die Fusion im engeren gesellschaftsrechtlichen Sinne ab, sondern läßt darüber hinaus auch den Kontrollerwerb im Sinne eines bestimmenden Einflusses genügen[32]. Vom gesetzlichen Fusionsbegriff ausgeklammert ist allerdings der Erwerb von Anteilen bloß zum Zwecke der Weiterveräußerung oder durch Beteiligungsgesellschaften[33].

Die auf dem griechischen Markt stattfindenden Fusionen im eben dargestellten Sinne werden dann von Art. 4a ff. KartellG anhand quantitativer Maßstäbe in *3 Gruppen* eingeteilt und dementsprechend differenziert behandelt:

(a) Fusionen, an denen sich Unternehmen beteiligen, die weniger als 10% des relevanten Marktes auf sich vereinigen oder weniger als 10 Millionen ECU

---

28 Eine ausführliche Darstellung der bis 1995 geltenden Vorschriften findet sich in: PYROVETSIS, Fusionskontrolle, S. 132 ff.; LIAKOPOULOS, World Competition 1992/93 (Vol. 16), 23 ff.; KAMBUROGLOU, RIW 1993, 632 ff.

29 Siehe dazu oben im Text, § 1 II C; einen Überblick über die neue Konzeption der Fusionskontrolle gibt auch PAPATHOMA-BAETGE, RIW 1996, 1015 ff.

30 Verordnung (EWG) Nr. 4064/89 des Rates v. 21.12.1989 über die Kontrolle von Unternehmenszusammenschlüssen (FusKontrVO), ABl 1990, Nr. L 395/1 (zuletzt geändert durch VO Nr. 1310/97, ABl. 1997, Nr. L 180/1). Zu einer rechtsvergleichenden Darstellung der griechischen Fusionsvorschriften siehe SCHINAS, DEE 1995, 154 ff.; LIAKOPOULOS, DEE 1995, 826 ff.

31 Das Institut der "nachträglichen ministeriellen Genehmigung" einer von der *WbK* verbotenen Fusion ist beispielsweise eindeutig nach dem Vorbild der sog. "Ministererlaubnis" des § 24 Abs. 3 a.F. GWB (vgl. nunmehr § 42 GWB) gefaßt, siehe dazu unten im Text.

32 Vgl. Art. 3 Abs. 1 und 3 FusKontrVO.

33 Im Sinne der GesVO 608/70 (Art. 1-9) i.V.m. G. 2190/20 "über Aktiengesellschaften". - Vgl. zu dieser Regelung Art. 3 Abs. 5 FusKontrVO. Die Problematik der Gemeinschaftsunternehmen regelt Art. 4 Abs. 5 KartellG in Anlehnung an die alte Fassung des Art. 3 Abs. 2 FusKontrVO.

Gesamtumsatz erzielen[34], sind dem Anwendungsbereich der Vorschriften entzogen (argum. e contrario zu Art. 4a Abs. 1 KartellG).

(b) Fusionen, welche eine der beiden obengenannten Schwellen (10% Marktanteil oder 10 Millionen Gesamtumsatz) erreichen oder überschreiten, sind einer *dem Vollzug nachfolgenden Anzeigepflicht* unterworfen[35]. Die Anzeige muß innerhalb eines Monats *nach* Vollzug des Zusammenschlusses erfolgen (Art. 4a Abs. 1 KartellG). An diese Regelungen knüpft allerdings das Gesetz keine Befugnis der Kartellbehörden, die Entflechtung der fusionierten Unternehmen anzuordnen. Das Ziel der Anzeigepflicht erschöpft sich also darin, den Kartellbehörden einen genauen Überblick über die Konzentrationstendenzen in den verschiedenen Wirtschaftszweigen zu verschaffen[36].

(c) Fusionen, geplant von Unternehmen mit einem Gesamtmarktanteil von mindestens 25% oder mit einem Gesamtumsatz von mindestens 50 Millionen ECU, wobei zumindest zwei der Beteiligten auf dem griechischen Markt jeweils über 5 Millionen Umsatz erwirtschaften müssen, unterliegen einer *dem Vollzug vorangehenden Anmeldepflicht*[37]. Die Anmeldung muß innerhalb von 10 Werktagen nach Vertragsabschluß oder Kontrollerwerb erstattet werden (Art. 4b Abs. 1 KartellG)[38]. Nach der Anmeldung müssen die Beteiligten den

---

34 Die Einzelheiten der Marktanteils- und Umsatzberechnung richten sich nach Art. 4f KartellG und sind weitgehend den Regelungen der FusKontrVO nachgebildet (vgl. dazu PAPATHOMA-BAETGE, RIW 1996, 1017). Hervorzuheben ist die Verbundklausel, aufgrund deren Konzerne in der Fusionskontrolle als Einheit gelten, vgl. Art. 5 Abs. 4 FusKontrVO.

35 Anzeigepflichtig sind die am Zusammenschluß Beteiligten. Das sind bei einer Fusion im gesellschaftsrechtlichen Sinne oder beim Erwerb einer gemeinsamen Kontrolle die unmittelbar beteiligten Unternehmen, beim Erwerb einseitiger Kontrolle nur das beherrschende Unternehmen (Art. 4a Abs. 2 KartellG).

36 Siehe die Begr. zum Reg.-Entw. des G. 1934/91 (2. KartellG-Novelle), in: KOUTSOUKIS, Gesetzestexte und Materialien, S. 198.

37 Die Anwendung letzterer sowie der nachfolgend darzustellenden Vorschriften setzte, wie bereits oben angesprochen (siehe § 2 II C), bis 1995 voraus, daß die Unternehmen mit dem Zusammenschlußvorhaben einem Wirtschaftszweig angehörten, der nach gemeinsamem Beschluß der Minister für Handel und Wirtschaft der präventiven Fusionskontrolle ausdrücklich unterstellt worden war. Solche Wirtschaftszweige mußten sich durch das Merkmal auszeichnen, daß ihr zunehmender Konzentrationsgrad als geeignet erschien, den Wettbewerb auf dem ganzen nationalen Markt oder einem wesentlichen Teil desselben zu verhindern, einzuschränken oder zu verfälschen, insbesondere durch die Gründung oder Verstärkung einer beherrschenden Stellung (vgl. Art. 4d Abs. 1 i.d.F. der 2. KartellG-Novelle). Einschlägige ministerielle Beschlüsse sind nie ergangen.

38 Das KartellG benutzt den Terminus "Anmeldung" auch für die soeben besprochene Anzeigepflicht bei Fusionen, die unter die zweite Gruppe fallen. Um beide Anmeldepflichten voneinander prägnanter unterscheiden zu können, wird in der vorliegenden Arbeit als Anmeldung nur die Anmeldepflicht im Rahmen der dritten Gruppe von Fusionen bezeichnet. Die Anforderungen an die von den Unternehmen zu liefernden Angaben präzisiert das "Muster für die vorherige Anmeldung von Unternehmenszusammenschlüssen gemäß Art. 4b

Vollzug der Fusion aufschieben, bis die Kartellbehörden über die Zulässigkeit des Zusammenschlusses befunden haben (Art. 4e Abs. 1 KartellG)[39]. Kommen die Beteiligten dieser Pflicht nicht nach, können die Kartellbehörden nicht nur Geldbußen verhängen, sondern auch die Rückgängigmachung der unzulässigerweise vollzogenen Fusion anordnen und mit Zwangsgeld durchsetzen (Art. 4e Abs. 4 KartellG)[40]. Die Frist, in der die Kartellbehörden eine Entscheidung treffen müssen, beträgt allerdings höchstens drei Monate (Art. 4d Abs. 3 i.V. m. Abs. 4 u. 6 KartellG). Verlängerung der Frist gegen den Willen der Beteiligten ist nur für den Fall vorgesehen, daß die in der Anzeige enthaltenen Angaben unvollständig oder falsch oder irreführend sind (Art. 4d Abs. 8 KartellG). Anders als in der europäischen FKVO gibt es jedenfalls im KartellG i.d.F. der 4. KartellG-Novelle keine Klausel, die dem Versäumnis der Frist durch die Kartellbehörden die Bedeutung einer Genehmigung der Fusion beimißt[41].

Nach dem einschlägigen *Verbotstatbestand* hängt die Untersagung des geplanten Zusammenschlusses davon ab, ob dieser geeignet ist, "den Wettbewerb auf dem nationalen Markt oder auf einem in bezug auf die Merkmale der betroffenen Waren oder Dienstleistungen wesentlichen Teil desselben erheblich einzuschränken, insbesondere durch die Gründung oder Verstärkung einer beherrschenden Stellung" (Art. 4c Abs. 1 KartellG)[42].

Zu berücksichtigen sind bei der Prüfung der Tatbestandsmäßigkeit der Fusion insbesondere die Struktur der betroffenen Märkte, der tatsächliche oder potentielle Wettbewerb zwischen allen im In- und Ausland ansässigen Unternehmen, die rechtlichen und tatsächlichen Marktzutrittsschranken, die Marktstellung sowie die wirtschaftliche Macht und die Finanzkraft der fusionierenden Unternehmen, deren Zugang zu den Beschaffungs- oder Absatzmärkten, die Wahlmöglichkeiten deren Zulieferer und Abnehmer, die

---

G. 703/77" (Anhang zu *WbK*-E 13/95; zuletzt geändert bzw. den neuen Regelungen der europäischen FusKontrVO angepaßt durch *WbK*-E 109/98). Die von den Unternehmen im Rahmen einer Anmeldung geforderten Informationen gehen dabei im wesentlichen über die Informationen hinaus, die im Rahmen einer Anzeige verlangt werden, vgl. "Muster für die Anzeige von Unternehmenszusammenschlüssen gemäß Art. 4a G. 703/77" (Anhang zu *WbK*-E 10/95; zuletzt geändert bzw. den neuen Regelungen der europäischen FusKontrVO angepaßt durch *WbK*-E 109/98).

39 Die Kommission kann jedenfalls gemäß Art. 4e Abs. 3 KartellG auf Antrag Befreiungen von der Pflicht zum Aufschub des Fusionsvollzugs und der sonstigen Pflichten erteilen, um schweren Schaden von einem oder mehreren an dem Unternehmenszusammenschluß beteiligten Unternehmen abzuwenden; vgl. Art. 7 Abs. 3 FusKontrVO.

40 Vgl. Art. 8 Abs. 4 i.V.m. Art. 15 Abs. 2 lit. b (Zwangsgeld) und Art. 14 Abs. 2 lit. c (Bußgeld) FusKontrVO.

41 Vgl. Art. 10 Abs. 6 FusKontrVO. Das Fristversäumnis führte zur Fiktion einer Genehmigung auch nach Art. 4c Abs. 2 KartellG i.d.F. der 2. KartellG-Novelle. Die 4. KartellG-Novelle hat jedoch von einer einschlägigen Regelung zugunsten der Betroffenen abgesehen.

42 Vgl. die sog. Behinderungsklausel des Art. 2 Abs. 3 FusKontrVO.

Entwicklung des Angebots und der Nachfrage bei den jeweiligen Erzeugnissen und Dienstleistungen, die Interessen der Zwischen- und Endverbraucher und der Beitrag der Fusion zum technologischen und wirtschaftlichen Fortschritt, sofern dieser Fortschritt dem Interesse der Verbraucher dient und den Wettbewerb nicht behindert (Art. 4c Abs. 2 KartellG)[43].

Sollte die Wettbewerbskommission anhand obiger Beurteilungsmaßstäbe die Tatbestandsmäßigkeit der Fusion, d.h. deren Eignung zur Bewirkung einer erheblichen Wettbewerbsbeschränkung verneinen, so erläßt sie eine einschlägige *Erlaubnisentscheidung*, mit der sie die Fusion - eventuell unter Bedingungen und Auflagen - zuläßt (Art. 4d Abs. 4 u.5 KartellG)[44]. Sollte aber die Kartellbehörde die Verwirklichung des Tatbestandes des Fusionsverbotes bejahen, so erläßt sie eine *Verbotsentscheidung*, mit der sie die Fusion untersagt (Art. 4d Abs. 6 KartellG).

Den Betroffenen steht jedoch auch im letzteren Fall die Möglichkeit zur Verfügung, die Minister von Wirtschaft und Handel einzuschalten und bei ihnen eine Ausnahmegenehmigung zu beantragen (Art. 4d Abs. 7 KartellG). Eine solche *nachträgliche ministerielle Genehmigung* eines von der Kommission verbotenen Zusammenschlusses ist nur dann möglich, wenn die durch die Fusion für den Wettbewerb erwachsenden Nachteile durch allgemeinere wirtschaftliche Vorteile aufgewogen werden oder wenn die Fusion als erforderliche Bedingung für die Befriedigung wichtigerer Allgemeininteressen eingeschätzt wird (Art. 4c Abs. 3 KartellG)[45]. Die ministerielle Entscheidung kann die Ausnahmegenehmigung an Voraussetzungen und Auflagen binden, welche den Eintritt der aus der Fusion erhofften Vorteile sicherstellen (Art. 4d Abs. 7 KartellG).

II. Formale Ge- und Verbote

Über die materiellen Ge- und Verbote hinaus, die bislang angesprochen wurden und vorrangig den *freien Wettbewerb* an sich gewährleisten sollen, sind vom Gesetzgeber im KartellG noch eine Reihe formaler Ge- und Verbote statuiert, welche in erster Linie dem Schutz der Ordnung und Effizienz des *Kartellverfahrens* dienen und auf die Erleichterung der aufsichtsrechtlichen Aufgaben der Kartellbehörden durch Erzwingung der Mitwirkung der Marktteilnehmer abzielen. Im Grunde geht

---

43 Vgl. Art. 2 Abs. 1 FusKontrVO.

44 Gelangt der Vorsitzende der *WbK* nach der Prüfung der Anmeldung zu dem Schluß, daß die angemeldete Fusion nicht unter die dritte Gruppe fällt, beispielsweise weil die Fusion die erforderlichen Schwellenwerte nicht erreicht, so erläßt er eine einschlägige Entscheidung (Art. 4d Abs. 3 KartellG).

45 Vgl. die Ministererlaubnis-Klausel in § 24 Abs. 3 a.F. GWB (nunmehr § 42 GWB). Die europäische Fusionskontrolle kennt keine solche nachträgliche Genehmigungsmöglichkeit.

es also dabei um sog. *Verwaltunsgehorsamspflichten*, die im Vorfeld der Bekämpfung von Wettbewerbsbeschränkungen stehen[46].

Die meisten dieser Pflichten sind allerdings nach der konkreten Ausgestaltung des griechischen Systems von erheblicher Bedeutung für ein wettbewerbsschützendes Tätigwerden der Kartellbehörden, so daß die Verletzung dieser Pflichten zu einer (zumindest) abstrakten Gefährdung des Rechtsgutes Wettbewerb führt. Die Grenze zwischen Verwaltungsungehorsam und Wettbewerbsverletzung ist deswegen fließend und läßt sich insgesamt nur schwer ziehen.

A. *Anmelde- und Anzeigepflichten*

Im Vordergrund der formalen Ge- und Verbote stehen diejenigen, die die Unternehmen mit Anmelde- und Anzeigepflichten belasten, wenn die Unternehmen Kartellierungen oder Fusionen vornehmen wollen. Die Anmeldepflichten in bezug auf *Fusionen* wurden bereits oben im Rahmen der allgemeinen Darstellung der Fusionskontrolle skizziert. Hier soll deswegen nur auf die mit *Kartellen* verbundenen Pflichten eingegangen werden.

Um eine wirksame Überwachung der Einhaltung des Kartellverbotes zu gewährleisten, verpflichtet Art. 21 Abs. 1 KartellG die Unternehmen, jede von ihnen nach Inkrafttreten des KartellG getroffene wettbewerbsbeschränkende Absprache[47] binnen einer *dreißigtägigen* Frist bei der Wettbewerbskommission anzumelden. Die für den Gesetzgeber ausschlaggebende Bedeutung dieser Behördenpublizität schlägt sich deutlich in den *Rechtsnachteilen* nieder, welche die Verletzung der Anmeldepflicht auslöst. Der Betroffene hat zunächst die Verhängung einer Geldbuße hinzunehmen[48]. Mit der Vernachlässigung der Anmeldepflicht verliert er aber darüber hinaus endgültig jede Chance für die Erhaltung einer Einzelfreistellung (Art. 21 Abs. 2 lit. a KartellG).

Im Gegensatz zum Gemeinschaftsrecht sind jedenfalls die *Rechtsvorteile* einer fristgemäßen Anmeldung im KartellG nicht so deutlich umrissen. Ordnungsgemäße Anmeldung und gleichzeitige Beantragung einer Freistellungserklärung (oder Negativattestierung) bewirken zwar bis zur Beschlußfassung der Wettbewerbskommission die vorläufige Wirksamkeit der Kartellvereinbarung (Art. 23 Abs. 1 KartellG) sowie die Befreiung der Unternehmensorgane von der kriminalstrafrechtlichen Verantwortung (Art. 30 Abs. 2

---

46 Vgl. die Unterscheidung zwischen sog. Verfahrensverstößen und Verstößen gegen das materielle Recht im europäischen Bußgeldrecht bei DANNECKER, in: I/M EG-WbR [1997], VO 17 Vorb. Art. 15, Rdn. 4 f. und 25; KOCH, in: GRABITZ / HILF [1. Grdlfg.], nach Art. 87, VO 17 Art. 15, Rdn. 2.

47 Geregelt werden somit in Art. 21 KartellG die sog. Neukartelle. Altkartelle werden dagegen nach Art. 20 KartellG gesonderten Anmeldefristen unterworfen.

48 Im griechischen Recht gibt es also eine selbständige, bußgeldbewehrte Anmeldepflicht, die unabhängig vom Antrag eines Negativattestes oder einer Freistellungserklärung ist; vgl. dagegen das europäische Recht, das die Anmeldepflicht nur als formale Voraussetzung für die Erhaltung einer Freistellung nach Art. 81 Abs. 3 EGV n.F. statuiert - siehe Art. 4 Abs. 1 VO 17/62.

Satz 1 KartellG). Die *Bußgeldfreiheit für die Unternehmen* selbst *scheint* aber für die Zwischenzeit *nicht gesichert*, denn gemäß Art. 9 Abs. 5 KartellG darf die Wettbewerbskommission gegen die an einer wettbewerbswidrigen Vereinbarung beteiligten Unternehmen "alle in Art. 9 Abs. 1 vorgesehenen Maßnahmen" ergreifen, "unabhängig davon, ob eine Anmeldung gemäß Art. 21 stattgefunden hat". Im Hinblick darauf, daß der fragliche, in Bezug genommene Art. 9 Abs. 1 KartellG als Maßnahmen nicht nur Empfehlungen, Verbotsentscheidungen mit Abstellungsverfügung und Zwangsgelder, sondern auch Geldbußen vorsieht, scheint eine Bußgeldverhängung auch gegen angemeldete Kartelle zulässig zu sein[49].

Die griechische Literatur, wenn sie sich nicht auf bloße Vorschläge "de lege ferenda" beschränkt[50], versucht diesen rechtspolitisch wenig befriedigenden Befund dadurch zu entkräften, daß sie auf den systematischen *Widerspruch zwischen "vorläufiger Wirksamkeit" und "Bußgeldandrohung"* hinweist[51]. Es ist in der Tat widersprüchlich, daß die Unternehmen für die in der Zwischenzeit stattfindende Abwicklung von (vorläufig) wirksamen und damit einklagbare Ansprüche erzeugenden Verträgen sanktioniert werden dürfen. Es ist allerdings zweifelhaft, ob dieser Widerspruch allein eine Auslegung "contra legem" hinreichend stützen kann. Dafür sind weitere Anhaltspunkte erforderlich.

Einen solchen Anhaltspunkt bietet *Art. 30 Abs. 2 Satz 2 KartellG*, der vorsieht, daß die durch die Anmeldung bewirkte Straffreiheit für die Unternehmensorgane dann wieder aufgehoben wird, "wenn das Unternehmen einer eventuellen, der Anmeldung nachfolgenden Verbotsentscheidung der Kommission mit Abstellungsverfügung nicht innerhalb von 15 Tagen nach der Bekanntgabe Folge leistet". Dieser wichtige Artikel also, der das Problem der Anmeldung (zur Freistellung oder zur Erteilung eines Negativattests) erneut aufgreift, nimmt als gegeben an, daß die Kommission gegen das angemeldete Kartell *nur* eine Verbotsentscheidung mit Abstellungsverfügung erlassen kann. Von Geldbußen oder einer Pflicht der betroffenen Unternehmen (und ihrer Organe), sich der Bußgeldentscheidung zu unterwerfen, ist hier nicht die Rede. Zwangsgelder können dagegen nicht ohne weiteres ausgeschlossen werden, da sie mit der Abstellungsverfügung funktional verbunden sind und deren Zielerreichung fördern.

Nicht nur systematische Gesichtspunkte, sondern auch Argumente aus dem Bereich der grammatischen Auslegung selbst sprechen also dafür, daß der Gesetzgeber implizit auch den Unternehmen für die Zwischenzeit Bußgeldfreiheit einräumen wollte. Berücksichtigt man dazu auch das *europarechtliche Vorbild*[52], das als interpretatorisches Hilfsmittel in solchen umstrittenen Fällen herangezogen werden darf[53], ist man von der Bußgeldfreiheit auszugehen.

---

49 So auch CHRISTOFOROU, in: Competition Law, G.C.-42; KOUTSOUKIS, WissJahr 1988, 134.

50 CHRISTOFOROU, in: Competition Law, G.C.-42, kritisiert aus rechtspolitischer Sicht die Möglichkeit der Ahndung der Unternehmen für die Zwischenzeit und befürwortet auf der de lege ferenda-Ebene die Abschaffung der fraglichen, oben im Text dargestellten Regelung.

51 KOUTSOUKIS, WissJahr 1988, 134.

52 Vgl. Art. 15 Abs. 5 lit. a VO 17/62.

53 Zur Bedeutung des europäischen Kartellrechts für die Auslegung des KartellG siehe näher unten im Text, § 3 I A.

B. Informations- und Duldungspflichten

Neben den Anmelde- und Anzeigepflichten schreibt das KartellG den Unternehmen auch *Auskunfts- sowie Duldungs- und Kooperationspflichten* vor, die dann relevant werden, wenn die Wettbewerbskommission ein schriftliches Auskunftsbegehren an die Unternehmen richtet oder aufgrund eines schriftlichen Prüfungsauftrages durch ihre Bediensteten Ermittlungen vornehmen will. Im ersten Fall sind die Unternehmen und ihre Vertreter zur unverzüglichen, vollständigen und richtigen Erteilung der verlangten Informationen verpflichtet (Art. 25 KartellG). Im zweiten Fall sollen die vorgenommenen Durchsuchungen der Geschäftsräume geduldet, die angeforderten Bücher und Geschäftsunterlagen zur Einsicht vorgelegt und die im Rahmen von Vernehmungen erforderlichen eidlichen oder uneidlichen Aussagen abgegeben werden (Art. 26 KartellG).

Diese Vorschriften lehnen sich im wesentlichen an Art. 11 (Auskunftsverlangen) und 14 (Nachprüfungsbefugnisse der Kommission) der VO 17/62 an[54]. Im Gegensatz zum EG-Recht ist allerdings das Auskunftsverfahren im griechischen Recht nicht zweistufig[55], sondern nur einstufig ausgestaltet: das Unternehmen trägt also die sanktionsbewehrte Auskunftspflicht bereits mit der Empfangnahme des (ersten) Auskunftsbegehrens der Wettbewerbskommission. In der Praxis läßt sich allerdings feststellen, daß die griechischen Kartellbehörden ebenfalls auf der Grundlage eines zweistufigen Verfahrens vorgehen, auf Sanktionen also erst dann zurückgreifen, wenn sie die erforderlichen Auskünfte zumindest zwei Mal ohne Erfolg von dem Unternehmen verlangt haben[56]. Als erstes Auskunftsverlangen wird jedenfalls auch die in persönlichen oder informellen Kontakten gestellte Forderung nach Auskünften angesehen, so daß eine Geldbuße schließlich auch dann verhängt werden kann, wenn nur *ein* Schreiben auf der Grundlage von Art. 25 KartellG an die Unternehmen gerichtet worden ist[57].

III. Sanktionssysteme und entsprechende Verfahrensarten

Nachdem die wichtigsten wettbewerbsschützenden Normen des KartellG skizziert wurden, ist in diesem Abschnitt auf ihre sanktionsrechtliche Bewehrung einzugehen.

Das gegen kartellrechtliche Verstöße eingerichtete Sanktionssystem des KartellG erstreckt sich auf alle sanktionsrechtlichen Ebenen, erfaßt also sowohl zivilrechtliche Sanktionen als auch verwaltungsrechtliche Zwangsgelder und Geldbußen sowie straf-

---

54 Siehe dazu DANNECKER / FISCHER-FRITSCH, S. 47 ff.

55 Vgl. DANNECKER, Strafrecht der EG, S. 106 f.; DERS., in: I/M EG-WbR [1997], VO 17 Art. 15, Rdn. 21 ff.

56 Vgl. *minist. Entsch.* A1-79/91 "SEVEN ISLANDS", Bd. C, S. 194 f.; *minist. Entsch.* A1-93/92 "KOURTAKIS-EKMA", Bd. C, S. 195; *minist. Entsch.* A1-172/92 "MATZOROS", Bd. C, S. 196.

57 Vgl. *WbK*-E 91/97 "DIMON / INTABEX", Teil II und III. - Im EG-Verfahren ist dagegen erforderlich, daß sowohl das Auskunftsverlangen als auch die Auskunftsentscheidung schriftlich abgefaßt und dem Unternehmen formell zugestellt werden, vgl. KOCH, in: GRABITZ / HILF [1. Grdlfg.], nach Art. 87, VO 17 Art. 15, Rdn. 14.

rechtliche Kriminalstrafen. Dieses dreispurige Sanktionsmodell wird im folgenden näher behandelt.[58]

A. *Verwaltungsrechtlicher Sanktionsmechanismus*

(1) Verwaltungssanktionen

(a) Terminologische Vorklärung

Klammert man vorläufig den Aspekt der gesetzlichen Bezeichnung aus und richtet man seinen Blick überwiegend auf die *systematischen Zusammenhänge*, die zwischen den im KartellG vorgesehenen verwaltungsrechtlichen Sanktionen bestehen, so lassen sich diese Sanktionen in zwei Gruppen einteilen. Die erste Gruppe besteht aus Sanktionen, die in materieller Hinsicht entscheidend auf ein *künftiges* Ereignis abstellen (künftige Fortsetzung oder Wiederholung der festgestellten Zuwiderhandlung) und dementsprechend in prozessualer Hinsicht nach einem *zweistufigen* verwaltungsbehördlichem Verfahren festgesetzt werden können (1. Stufe: Sanktionsandrohung - 2. Stufe: Sanktionsfestsetzung). Die zweite Gruppe enthält dagegen Sanktionen, die entscheidend auf ein *vergangenes* Ereignis abstellen (begangene Zuwiderhandlung) und dementsprechend nach einem *einstufigen* verwaltungsbehördlichem Verfahren verhängt werden können (einzige Stufe: Sanktionsverhängung).

Der ersten Gruppe gehören nach der gesetzgeberischen Terminologie "*Geldbußen*" (πρόστιμα) oder "*Geldstrafen*" (χρηματικές ποινές) an, welche die Wettbewerbskommission nach Feststellung einer Gesetzesverletzung kumulativ oder alternativ für den Fall *androhen* kann, daß die Verletzung fortgesetzt oder wiederholt wird[59]. Bestätigt die Kommission in einer neuen Entscheidung, daß eine Fortsetzung oder Wiederholung der Gesetzesverletzung in der Tat stattgefunden hat, so kann sie die angedrohten "Geldbußen" oder "Geldstrafen" kumulativ oder alternativ *festsetzen*[60]. Das Gesetz unterscheidet innerhalb dieser Sanktionsgruppe die "Geldbußen" von den "Geldstrafen" aufgrund der Art ihrer Berechnung: "Geldbußen" sind Summen, die sich prozentual nach dem Umsatz der zuwiderhandelnden Unternehmen berechnen lassen. "Geldstrafen" sind dagegen Tagessätze, die sich innerhalb eines vorgegebenen Rahmens frei bestimmen lassen[61]. Im Gegensatz zu den "Geldbußen", die an das "*Ob*" der Wiederholung oder Fortsetzung der Zuwiderhandlung anknüpfende, feste Beträge darstellen, beziehen sich die "Geldstrafen" auch auf das "*wie lange*", also auf jeden einzelnen Tag, an dem die Zuwiderhand-

---

58 Einen rechtsvergleichenden Überblick über die Sanktionssysteme in den (anderen) Mitgliedstaaten gibt die von der Europäischen Kommission (Generaldirektion IV - Wettbewerb) veröffentlichte Untersuchung, "Surveys of the Member States' Powers to Investigate and Sanction Violations of Competition Laws", Brüssels 1995.

59 Siehe *Art. 9* Abs. 1 lit. c und *Art. 9* Abs. 4 Satz 2 KartellG

60 *Art. 4e* Abs. 4 Satz 2, *Art. 9* Abs. 1 lit. d und *Art. 9* Abs. 4 Satz 2 KartellG.

61 Vgl. *Art. 9* Abs. 2 KartellG: "Die ... angedrohte Geldbuße kann bis zu 15% des Bruttoumsatzes betragen, den das Unternehmen im Jahr der Zuwiderhandlung oder in dem vorangegangen Geschäftsjahr erzielte... Die ... Geldstrafe kann sich bis auf den Betrag von 2.000.000 Drachmen für jeden Tag belaufen, für den das Unternehmen in Verzug ist, der Entscheidung [Verbotsentscheidung mit Abstellungsverfügung] Folge zu leisten."

lung fortgesetzt oder wiederholt wird. Anders als bei den "Geldbußen" ist somit die Gesamthöhe von "Geldstrafen" im Zeitpunkt der Androhung noch nicht bekannt; sie läßt sich erst später nach einer Multiplizierung des Tagesatzes mit der Zahl der Tage der Wiederholung oder Fortsetzung der Zuwiderhandlung errechnen.

Unter die zweite Gruppe fallen nach der gesetzgeberischen Terminologie *"Geldbußen"* (πρόστιμα), welche die Wettbewerbskommission bei Feststellung einer Gesetzesverletzung gegen die dem KartellG zuwiderhandelnden Unternehmen oder Unternehmensvereinigungen *verhängen* kann[62]. Für die meisten "Geldbußen" dieser Gruppe wird vorgesehen, daß ihrer Berechnung eine Quote des Umsatzes der betroffenen Unternehmen zugrunde gelegt werden muß[63]. Nur in einigen Fällen wird vom Gesetz statt dessen ein Bußgeldrahmen in Höhe bestimmter Geldbeträge angegeben[64].

Im Anschluß an die gemeinschaftsrechtliche Terminologie soll in der vorliegenden Arbeit zur Bezeichnung der verwaltungsrechtlichen Sanktionen der ersten Gruppe der Terminus *"Zwangsgeld"* benutzt werden. Der Terminus *"Geldbuße"*, den der Gesetzgeber für Sanktionen beider Gruppen verwendet, soll dagegen hier ausschließlich zur Bezeichnung der Sanktionen der zweiten Gruppe vorbehalten bleiben.

(b) Zwangsgeld

Die *Androhung* von Zwangsgeld kann an eine Verbotsentscheidung mit Abstellungsverfügung bzw. an eine einstweilige Verfügung anknüpfen, welche die Wettbewerbskommission nach vollständiger Beweisführung bzw. nach Glaubhaftmachung eines Verstoßes gegen das Kartellverbot oder gegen die Mißbrauchsverbote erläßt. Mit einem Zwangsgeld kann aber auch die Entscheidung bewehrt werden, mit der die Wettbewerbskommission die Rückgängigmachung einer gesetzwidrig durchgeführten Fusion anordnet.

Das Zwangsgeld richtet sich gegen das dem KartellG zuwiderhandelnde Unternehmen und wird für den Fall angedroht, daß das Unternehmen sein *künftiges* Verhalten der bußgeldbewehrten Entscheidung (Abstellungsverfügung, einstweilige Verfügung, Anordnung der Entflechtung) nicht anpaßt. Verweigert das Unterneh-

---

62 Siehe *Art. 4a* Abs. 4, *Art. 4b* Abs. 4, *Art. 4e* Abs. 1 Satz 3, *Art. 4e* Abs. 4 Satz 2, *Art. 9* Abs. 1 lit. e, *Art. 21* Abs. 2 lit. b, *Art. 25* Abs. 2 lit. a und *Art. 26* Abs. 6 KartellG.

63 Vgl. *Art. 9* Abs. 2 Satz 1 KartellG: "Die ... verhängte ... Geldbuße kann bis zu 15% des Bruttoumsatzes betragen, den das Unternehmen im Jahr der Zuwiderhandlung oder in dem vorangegangen Geschäftsjahr erzielte." *Art. 4a* Abs. 4 KartellG: "Im Fall der schuldhaften Verletzung der Anzeigepflicht verhängt die Wettbewerbskommission eine Geldbuße in Höhe von bis zu 5% des Gesamtumsatzes." Ähnlich *Art. 4b* Abs. 4 (Geldbuße in Höhe bis zu 7% des Gesamtumsatzes), *Art. 4e* Abs. 1 Satz 3 (Geldbuße bis zu 15% des Gesamtumsatzes) und *Art. 4e* Abs. 4 Satz 2 KartellG (Geldbuße bis zu 15% des Gesamtumsatzes).

64 Vgl. *Art. 25* Abs. 2 lit. a KartellG (Geldbuße bis 3.000.000 DRM für jede Zuwiderhandlung); *Art. 26* Abs. 6 KartellG (Geldbuße bis 3.000.000 DRM für jede Zuwiderhandlung). Eine Zwischenkategorie bildet *Art. 21* Abs. 2 lit. b KartellG (Geldbuße bis zu 10% des Bruttoumsatzes, jedoch von mindestens 3.000.000 DRM).

men den Gehorsam, so kann die Wettbewerbskommission mit einer neuen Entscheidung die endgültige *Festsetzung* des Zwangsgeldes vornehmen.

(c) Geldbuße

Die überwiegende Mehrheit der kartellrechtlichen Normen ist durch Geldbußen bewehrt. Die Verhängung einer Geldbuße ist somit als mögliche kartellbehördliche Reaktion nahezu in sämtlichen Fällen vorgesehen, in denen ein kartellrechtlicher Verstoß feststeht. Anders als das Zwangsgeld bezieht sich das Bußgeld nicht auf das künftige Verhalten des dem KartellG zuwiderhandelnden Unternehmens, sondern auf die in der Vergangenheit liegende Rechtsverletzung. Das Bußgeld entfaltet somit (auch) eine *repressiv-ahndende* Funktion[65].

In gesetzestechnischer Hinsicht weisen die Bußgeldtatbestände das gemeinsame Merkmal auf, daß sie nur die Sanktionsnorm vollständig formulieren, während sie bezüglich der ahndbaren Verhaltensweise ganz oder teilweise auf andere Tatbestände des KartellG verweisen. Im Hinblick darauf, daß die in Bezug genommenen Tatbestände Unternehmenspflichten normieren, trifft die Bußgeldandrohung zunächst ausschließlich die Unternehmen(sträger). Immer wenn der Gesetzgeber den Täterkreis erweitern will, nimmt er die ins Auge gefaßten Personen in den einschlägigen Bußgeldtatbestand ausdrücklich auf.

Die Buß- und Zwangsgeldtatbestände, die jeweils entsprechenden Buß- und Zwangsgeldrahmen und die Personen, die die rechtliche Qualifikation zur Tatbestandsverwirklichung besitzen, werden in der folgenden Tabelle zusammengefaßt[66].

ARTIKEL	BUßGELDTATBESTAND	TÄTERKREIS	BUßGELDRAHMEN	ZWANGSGELD-RAHMEN
Art. 4a Abs. 4	Schuldhafte Verletzung der Anzeigepflicht bei Fusionen	Unternehmen[67]	Bis 5% des Gesamtumsatzes der an der Fusion Beteiligten	
Art. 4b Abs. 4	Schuldhafte Verletzung der Anmeldepflicht bei Fusionen	Unternehmen[68]	Bis 7% des Gesamtumsatzes der an der Fusion Beteiligten	

65 Darauf ist im zweiten Teil der Arbeit ausführlich einzugehen (§§ 5 ff.).

66 Sämtliche Wertangaben sind in griechischen Drachmen.

67 Oder (natürliche / juristische) Personen, die - ohne Unternehmen zu sein - bereits die Kontrolle über ein Unternehmen innehaben und in dieser Eigenschaft die Kontrolle über ein anderes Unternehmen erwerben, vgl. Art. 4 Abs. 2 und 4 i.V.m. Art. 4a Abs. 2 KartellG.

68 Oder (natürliche / juristische) Personen, die - ohne Unternehmen zu sein - bereits die Kontrolle über ein Unternehmen innehaben und in dieser Eigenschaft die Kontrolle über ein an-

Art. 4e Abs. 1 Satz 3	Durchführung einer erlaubnispflichtigen Fusion vor der Erteilung der kartellbehördlichen Erlaubnis	Unternehmen[69]	Bis 15% des Gesamtumsatzes der an der Fusion Beteiligten	
Art. 4e Abs. 4 Satz 2	Nichtbefolgung der Anordnung der Rückgängigmachung einer gesetzwidrig durchgeführten Fusion	Unternehmen[69]	Bis 15% des Gesamtumsatzes der an der Fusion Beteiligten	Bis 3.000.000 DRM pro Verzugstag
Art. 9 Abs. 1 lit. c bis lit. e *i.V.m.* Art. 1 Abs. 1	Verstoß gegen das Kartellverbot	Unternehmen / Unternehmensvereinigungen	Bis 15% des Bruttoumsatzes	Bis 15% des Bruttoumsatzes oder bis 2.000.000 DRM pro Verzugstag
Art. 9 Abs. 1 lit. c bis lit. e *i.V.m.* Art. 2	Verstoß gegen das Verbot des Mißbrauchs einer marktbeherrschenden Stellung	Unternehmen / Unternehmensvereinigungen	Bis 15% des Bruttoumsatzes	Bis 15% des Bruttoumsatzes oder bis 2.000.000 DRM pro Verzugstag
Art. 9 Abs. 1 lit. c bis lit. e *i.V.m.* Art. 2a	Verstoß gegen das Verbot des Mißbrauchs der wirtschaftlichen Abhängigkeit	Unternehmen / Unternehmensvereinigungen	Bis 15% des Bruttoumsatzes	Bis 15% des Bruttoumsatzes oder bis 2.000.000 DRM pro Verzugstag
Art. 9 Abs. 4 Satz 2	Nichtbefolgung der einstweiligen Verfügung der Kommission wegen Verstoßes gegen das Kartellverbot oder die Mißbrauchsverbote	Unternehmen / Unternehmensvereinigungen		Bis 1.000.000 DRM pro Verzugstag
Art. 21 Abs. 2 lit. b	Verletzung der Anmeldepflicht bei Kartellierungen	Unternehmen / Unternehmensvereinigungen	Bis 10% des Bruttoumsatzes, jedoch mindestens 3.000.000 DRM	
Art. 25 Abs. 2 lit. a	Verletzung der Informationspflichten bei Auskunftsersuchen der Kartellbehörden	Unternehmen / Unternehmensvereinigungen und deren Angehörige	Bis 3.000.000 DRM für jede einzelne Pflichtverletzung	
Art. 26 Abs. 6	Verletzung der Duldungs- und Mitwirkungspflichten bei Durchsuchungen der Kartellbehörden	Jedermann	Bis 3.000.000 DRM für jede einzelne Pflichtverletzung	

deres Unternehmen erwerben, vgl. Art. 4 Abs. 2 und 4 i.V.m. Art. 4a Abs. 2 und Art. 4b Abs. 3 KartellG.

69 Oder (natürliche / juristische) Personen, die - ohne Unternehmen zu sein - bereits die Kontrolle über ein Unternehmen innehaben und in dieser Eigenschaft die Kontrolle über ein anderes Unternehmen erwerben (Schlußfolgerung aus der systematischen Auslegung des Art. 4e KartellG).

(2) Zuständige Organe

(a) Kartellbehörden

Die Zuständigkeit für die Anwendung des verwaltungsrechtlichen Sanktionsmechanismus gehört ausschließlich der *Wettbewerbskommission*. Diese hat den Status einer vom Handelsminister (bzw. nunmehr vom Entwicklungsministerium) beaufsichtigten *unabhängigen* Behörde[70]. Sie verfügt über Verwaltungsautonomie und einen eigenen Etat. Ihre 9 Mitglieder - nach den gesetzlichen Vorgaben: ein (früheres) Mitglied des staatlichen Rechtsrates, ein (früherer) Richter im Areopag, zwei Universitätsprofessoren, eine Person mit besonderer Erfahrung in Wettbewerbssachen, ein Vertreter der Verbraucher und je ein Vertreter der drei griechischen Dachverbände für Industrie, Handel und Gewerbe - genießen personelle und funktionelle Unabhängigkeit und sind bei der Ausübung ihrer Befugnisse nur an das Gesetz und an ihr Gewissen gebunden (Art. 8 Abs. 1 und 2 KartellG).

In den dreiundzwanzig Jahren seit Inkrafttreten des KartellG erfuhr der Status der Wettbewerbskommission zahlreiche Änderungen. Anfänglich war die Kommission als zentrales, grundsätzlich aus Juristen und Volkswirten bestehendes Anwendungsorgan konzipiert (*Wettbewerbsschutzkommission*: 1977-1982). Dann wurde sie zu einem den Handelsminister beratenden Organ umgeformt[71], welches aus je einem Vertreter der Industrie, des Handels, der Arbeitnehmer, der mittelständischen Unternehmen, des Wirtschaftsministeriums und der Bank von Griechenland bestand und unter der Leitung eines Universitätsprofessors für Handelsrecht seine Stellungnahmen abfaßte (*Wettbewerbskommission*: 1982-1991). Die 2. KartellG-Novelle (1991) verlieh der Wettbewerbskommission wieder die Entscheidungsbefugnisse bis auf die dem Handelsminister vorbehaltene Zuständigkeit bezüglich der Fusionskontrolle und nahm in den Kreis der Kommission statt der Vertreter der Arbeitnehmer und der Mittelstandsunternehmen zwei Richter auf (*Wettbewerbskommission*: 1991-1995). Ihre jetzige Ausgestaltung erhielt die Kommission erst 1995 mit der 4. KartellG-Novelle (*Wettbewerbskommission*: ab 1995).

Die Wettbewerbskommission stellt heute im allgemeinen das für die Überwachung und Gestaltung der griechischen Wettbewerbsordnung zuständige Staatsorgan dar[72] und gilt in den auswärtigen Beziehungen Griechenlands als die *Nationale Wettbe-*

---

70 Näher dazu DRILLERAKIS, EEmpD 1995, 534 f., der auch einen kurzen (rechtsvergleichenden) Überblick über die Grundzüge des Instituts der unabhängigen Verwaltungsbehörden gibt (a.a.O., S. 531 ff.).

71 Zur wettbewerbspolitischen Dimension dieser Reform siehe TZOUGANATOS, NoB 1983, 1139 ff.; vgl. auch BERNITSAS, Europäisches Wettbewerbsrecht und G. 703/77, S. 65 f.

72 Siehe die zusammenfassende Darstellung der Befugnisse der Kommission in Art. 8b KartellG. Die fachliche Kompetenz, die man der Wettbewerbskommission in allen wettbewerbsrechtlichen Fragen zuerkennt, zeigt sich auch darin, daß sie auch als ein offizielles Sachverständigenorgan im Bereich des Wettbewerbsrechts fungiert. Gemäß Art. 8e KartellG ist sie auf Antrag des Parlaments, der Handels- und Wirtschaftsminister, der Industrie- und Handelsverbände und anderer Institutionen zur Erteilung von Gutachten über alle wettbewerbsrechtlichen Fragen zuständig. Auf Antrag des Handelsministers (bzw. Entwicklungsminister) ist sie darüber hinaus befugt, Stellungnahmen zu vorgeschlagenen Änderungen des KartellG abzugeben.

werbsbehörde (Art. 13b KartellG). Sie nimmt alle vom KartellG vorgesehenen Anmeldungen und Anzeigen der Unternehmen entgegen und trifft sämtliche Entscheidungen darüber[73], ob Verstöße gegen das Kartellverbot oder die Mißbrauchsverbote vorliegen, ob Einzelfreistellungen erteilt werden können oder ob angezeigte Unternehmenszusammenschlüsse unter das Fusionsverbot fallen. Untersuchungen leitet sie von Amts wegen, auf Antrag oder auf Beschwerde ein. Zum Zwecke der Sachverhaltsaufklärung darf die Kommission an die Unternehmen Auskunftsersuchen richten und anschließend Überprüfungen einschließlich Durchsuchungen und eidlicher Vernehmungen durchführen. Bei Verneinung eines Gesetzverstoßes kann sie ein Negativattest abgeben; bei Bejahung eines Verstoßes kann sie dagegen Empfehlungen aussprechen, Verbotsentscheidungen mit Abstellungsverfügungen erlassen, Zwangsgelder androhen oder Geldbußen verhängen. Bei gesetzwidrig vollzogenen Fusionen darf sie darüber hinaus Entflechtungsmaßnahmen anordnen. Auf ihre Anordnung kann außerdem das zuwiderhandelnde Unternehmen verpflichtet werden, die verurteilende Entscheidung in der Presse zu veröffentlichen. Die Kommission ist schließlich auch dazu ermächtigt, bei Verletzungen des Kartellverbots oder der Mißbrauchsverbote (zwangsgeldbewehrte) *einstweilige Maßnahmen* zu ergreifen (einstweilige Verfügungen).

Das *Negativattest* ist die auf Antrag der Betroffenen ergehende Entscheidung, mit der die Kommission bestätigt, daß ein bestimmtes Verhalten keinen Verstoß gegen das Kartellverbot oder gegen die Mißbrauchsverbote darstellt (Art. 11 KartellG).

Von der ebenfalls auf Antrag der Betroffenen ergehenden Entscheidungsform der *Einzelfreistellung* (Art. 1 Abs. 3 KartellG) war bereits oben die Rede[74].

Die *Empfehlung* ist eine Entscheidungsform, die keine bindende Wirkung für die Adressaten entfaltet. Die Kommission beschränkt sich in diesem Fall nur darauf, die betroffenen Unternehmen zur Abstellung der Zuwiderhandlung aufzufordern (Art. 9 Abs. 1 lit. a KartellG). Die *Verbotsentscheidung mit Abstellungsverfügung* ist dagegen eine Entscheidungsart mit rechtlich bindender Kraft, d.h. sie kann mit den Mitteln der verwaltungsrechtlichen Zwangsvollstreckung vollzogen werden. Die Kommission verpflichtet mit dieser Entscheidung die Unternehmen, die beanstandete Zuwiderhandlung abzustellen und sie in der Zukunft nicht zu wiederholen (Art. 9 Abs. 1 lit. b KartellG). An die Abstellungsverfügung kann auch ein *Zwangsgeld* geknüpft werden. Der Zwangsgeldbegriff wie auch der Begriff der *Geldbuße* wurden oben erklärt; auf diese Ausführungen sei hier hingewiesen[75].

Die Entgegennahme von Anträgen und Beschwerden, die Einholung von Informationen und die Anstellung von Ermittlungen, aber auch sonstige Aufgaben, wie beispielsweise die Führung des Kartellregisters (Art. 19 KartellG), führt die Wettbewerbskommission über das eigene, aus 40 Personen bestehende *Sekretariat* aus (Art. 8d). Bei den Ermittlungen verfügen die vom Vorsitzenden der Wettbewerbs-

---

73 Seit der 4. KartellG-Novelle (1995) werden diese Entscheidungen im Amtsblatt der Regierung (FEK) veröffentlicht, siehe Art. 13a Abs. 1 KartellG.

74 Siehe oben im Text, I A 2 (a).

75 Siehe oben im Text, III A 1.

kommission schriftlich beauftragten Bediensteten des Sekretariats die Befugnisse eines Steuerprüfers, sie haben damit Einsichts-, Prüfungs-, Durchsuchungs- und Vernehmungsrechte (Art. 26 Abs. 2 und 3 KartellG). Ihnen stehen auch die jeweils örtlich zuständigen Polizeibehörden zur Verfügung, falls sie bei der Wahrnehmung ihrer Aufgaben auf Hindernisse stoßen sollten (Art. 26 Abs. 7 KartellG). Hinsichtlich der durch die Untersuchungen erlangten Kenntnisse über Geschäftsgeheimnisse besteht eine strenge, mit disziplinarischen und strafrechtlichen Sanktionen bewehrte Geheimhaltungspflicht (Art. 27 KartellG). Nach dem Abschluß der Ermittlungen fällt dem Direktor des Sekretariats die Aufgabe zu, den Fall der Kommission mit einer einleitenden Begründung zur Entscheidung vorzulegen (Art. 8 Abs. 4 KartellG).

Nur vereinzelte Entscheidungsbefugnisse sind der Wettbewerbskommission entzogen und dem Handelsminister (bzw. nunmehr dem *Entwicklungsminister*)[76] allein oder diesem in Zusammenarbeit mit anderen Ministern (Wirtschafts-, Agrar- oder Verkehrsminister) überlassen.

Von 1983 bis 1991 war dagegen der Handelsminister das zentrale Anwendungsorgan des KartellG. Zwischen 1992-1995 trug er die Entscheidungsbefugnisse im Rahmen der Fusionskontrolle.

Die ausnahmsweise Ausstattung der genannten Minister mit Entscheidungsbefugnissen zielt in erster Linie darauf ab, der Regierung als Verantwortungsträger für die allgemeine Wirtschafts- und Sozialpolitik zu ermöglichen, in wirtschafts- oder sozialpolitisch bedeutsamen Sachverhalten die letzte Entscheidung zu treffen (Art. 5 KartellG - Errichtung von Ausnahmebereichen, Art. 4c Abs. 3 KartellG - ausnahmsweise Genehmigung von verbotenen Fusionen). In sonstigen Fällen, in denen eine Entscheidungsbefugnis dem Handelsminister (bzw. Entwicklungsminister) statt der Wettbewerbskommission zugewiesen worden ist (Art. 8a - Gruppenfreistellungen und Gruppenausnahmen vom Kartellverbot), bedarf es für eine Beschlußfassung immer der zustimmenden Stellungnahme der Kommission.

Der *Verfahrensablauf* vor der Wettbewerbskommission wird teilweise durch das KartellG (Art. 8), zum wesentlichen Teil aber durch den neuen[77] ministeriellen Erlaß über "die Verfahrensordnung der Wettbewerbskommission" vom 04.05.1995 geregelt[78]. Die hier

---

76 Im Jahr 1996 ist das "Handelsministerium" in "Entwicklungsministerium" umbenannt worden, so daß die fraglichen, nach dem Wortlaut des KartellG dem "Handelsminister" zustehenden Befugnisse nunmehr vom "Entwicklungsminister" ausgeübt werden.

77 Vgl. den alten minist. Erlaß K6-267/83 "über die Verfahrensordnung der Wettbewerbskommission", FEK 49 / B / 1983, der im Zeitraum von 1983 bis 1995 galt.

78 Minist. Erlaß 2914/95, FEK 770 / B / 1995. Siehe auch die *WbK*-E 1/95 "Regelung der Tätigkeit der Kommission in Kammern mit vier Mitgliedern" (FEK 804 / B / 1995), die durch die *WbK*-E 28/96 modifiziert wurde.

nicht näher darzustellenden Regelungen gelten - wie im Gemeinschaftsrecht[79] - einheitlich, d.h. sie differenzieren nicht zwischen Verwaltungs- und Bußgeldverfahren und legen - im Anschluß an die VO 17/62 sowie die VO 99/63[80] - einen großen Wert darauf, daß das Recht auf Gehör der betroffenen Unternehmen sowie dritter Marktbeteiligten, insbesondere des Beschwerdeführers, gewährleistet wird[81]. Allerdings werden durch diese Vorschriften weder das nemo tenetur-Prinzip noch konkrete Beweisverwertungsverbote anerkannt. Darüber hinaus läßt die bisherige Praxis der griechischen Kommission keine konkreten Schlüsse darüber zu, wie weit das Recht auf Akteneinsicht reicht[82].

(b) Verwaltungsgerichte

Zur gerichtlichen Überprüfung der kartellbehördlichen Entscheidungen sind zwei Gerichte zuständig: das Verwaltungsgericht zweiter Tatsacheninstanz in Athen, das über die Zuständigkeit mit unbeschränkter Ermessensnachprüfung verfügt, und der Staatsrat (oberstes griechisches Verwaltungsgericht), dessen Kontrolle sich auf Rechtsfragen beschränkt.

Binnen einer zwanzigtägigen Frist nach Bekanntgabe der kartellbehördlichen Entscheidung kann gegen sie beim *Verwaltungsgericht zweiter Tatsacheninstanz in Athen* (ObVerwG) der Rechtsbehelf der *Anfechtungsklage* erhoben werden (Art. 14 Abs. 1 KartellG). Klageberechtigt sind die Unternehmen, gegen die sich die Entscheidung richtet, der Beschwerdeführer des Verwaltungsverfahrens, der Staat über den Handelsminister (bzw. Entwicklungsminister) und jeder Dritte, der ein rechtliches Interesse an der Aufhebung der Entscheidung hat (Art. 14 Abs. 3 KartellG). Das Gericht besitzt ein Recht zur uneingeschränkten Ermessensnachprüfung und kann bei Bußgeldentscheidungen auch die Höhe der Geldbuße selbst bestimmen[83]. Stellt das Gericht allerdings fest, daß die Wettbewerbskommission zu Unrecht das Vorliegen eines Rechtsverstoßes verneint hat, so kann es nicht selbst Geldbußen verhängen; es muß vielmehr den Fall wieder an die Wettbewerbskommission verweisen, damit letztere die Bußgeldvorschriften anwen-

---

79 Vgl. dazu BLANCO, EC Competition Procedure [1996], S. 222: "The procedure for the imposition of fines for infridgments of Art. 85 and 86 of the EC Treaty [= Art. 81 und 82 EGV n.F.] ist the same as the substantive procedure in every respect."

80 Siehe Verordnung (EWG) der Kommission über die Anhörung nach Artikel 19 Absätze (1) und (2) der Verordnung Nr. 17 des Rates, ABl. 1963, S. 2268, die am 02.01.1999 außer Kraft tritt und durch die Verordnung (EG) Nr. 2842/98 der Kommission über die Anhörung in bestimmten Verfahren nach Artikel 85 und 86 EG-Vertrag, ABl. 1998, Nr. L 345/18 ersetzt wird. - Das griechische Schrifttum erblickt nicht nur in den im Text genannten VO, sondern auch in der allgemeinen Abwicklung des Verfahrens vor der Europäischen Kommission das maßgebende Leitbild für die Ausgestaltung und dogmatische Deutung der Verfahrensstruktur im griechischen Kartellrecht, vgl. das Gutachten des wissenschaftlichen Ausschusses des Parlaments zum Reg.-Entw. des G. 1934/91, in: KOUTSOUKIS, Gesetzestexte und Materialien, S. 205 ff.

81 Siehe vor allem Art. 8 Abs. 14 und 15 KartellG.

82 Die allgemeine Regelung hinsichtlich des Rechts auf Zugang zu Verwaltungsakten findet sich in Art. 5 VerwVerfG.

83 Vgl. z.B. *ObVerwG Athen* 2134/99, DEE 2000, 56 ff. (Bußgeldminderung); *ObVerwG Athen* 3548/99, DEE 1999, 1135 ff. (Bestätigung der von der WbK verhängten Geldbuße).

det und entsprechende Sanktionen verhängt[84]. Gegen das Gerichtsurteil kann anschließend das Rechtsmittel der *Revision* beim *Staatsrat* eingelegt werden (Art. 15 Abs. 1 KartellG). Die Überprüfung beschränkt sich hier aber nur auf eine Rechtsfehlerkontrolle. Weder die Anfechtungsklage noch die Revision haben an sich aufschiebende Wirkung; deren Einlegung kann jedoch, auf entsprechenden Antrag hin und nach Anordnung des jeweils zuständigen Gerichts, eine solche Wirkung erlangen (Art. 14 Abs. 2 bzw. Art 15 Abs. 4 KartellG). Der Auftakt des Prozesses muß innerhalb von 3 Monaten nach Einreichung der Anfechtungsklageschrift bzw. der Revisionsschrift beim jeweils zuständigen Gericht stattfinden. Eine Verlängerung dieser Frist ist nur beim Vorliegen eines gewichtigen Grundes zulässig und darf höchstens einen Monat betragen, es sei denn, eine weitere Verlängerung ermöglicht, daß über mehrere Anfechtungsklagen bzw. Revisionen in einer gemeinsamen Verhandlung entschieden wird (Art. 14 Abs. 4 bzw. Art. 15 Abs. 3 KartellG). Der Prozeßablauf richtet sich sonst nach den allgemeinen, hier nicht näher zu behandelnden Regeln der Finanzprozeßordnung[85] bzw. der Revision beim Staatsrat (Art. 16 KartellG). Von der gesetzlichen Möglichkeit zur Einrichtung spezieller Kartellkammern bei den Verwaltungsgerichten erster oder zweiter Instanz in Athen (Art. 16 Abs. 4 KartellG) haben die Justiz- und Handelsminister (bzw. Entwicklungsminister), von denen der entsprechende Vorschlag für den Erlaß eines Präsidialdekretes ausgehen muß, bisher keinen Gebrauch gemacht.

B. Zivilrechtlicher Sanktionsmechanismus

(1) Zivilrechtliche Sanktionen

Art. 1 Abs. 2 KartellG erklärt alle Vereinbarungen, die gegen das *Kartellverbot* verstoßen, für "absolut nichtig, außer wenn das Gesetz etwas anderes anordnet". Die *Nichtigkeitsfolge* tritt ex lege ein, ohne daß es einer vorherigen Entscheidung der Kartellbehörden bedürfte (Art. 3 KartellG).

Für nicht (fristgemäß) angemeldete Vereinbarungen tritt diese Nichtigkeit bereits ab dem Tage ihres Abschlusses ein (Art. 23 Abs. 4 KartellG). Fristgemäß angemeldete und mit einem Freistellungsantrag versehene Absprachen gelten dagegen bis zur Urteilsfällung durch die Wettbewerbskommission als vorläufig wirksam (Art 23 Abs. 1 KartellG). Bei Ablehnung der Freistellung tritt zwar auch in diesen Fällen absolute Nichtigkeit ex tunc ein. Von der Nichtigkeit bleiben jedoch die ersten 30 Tage der Vereinbarung ausgenommen (Art. 23 Abs. 5 KartellG).

---

84 Vgl. *ObVerwG Athen* 459/97, DEE 1997, 574 ff.; *Staatsrat* 903/98, EEmpD 1998, 669 ff. (mit Anmerkung von KOUTSOUKIS, 674 ff., der auf die fehlende Praktikabilität dieser Regelung hinweist und eine gesetzliche Abänderung vorschlägt, so daß auch dem ObVerwG die Befugnis anerkannt wird, in der genannten Fallkonstelation selbst Sanktionen zu verhängen).

85 Siehe nunmehr die am 17.07.1999 in Kraft getretene Verwaltungsprozeßordnung (G. 2717/99, FEK 97 / A / 17.05.1999), deren sachlicher Geltungsbereich sich gemäß Art. 1 auf alle materiellen verwaltungsrechtlichen Streitigkeiten erstreckt, die durch die ordentlichen Verwaltungsgerichte abgeurteilt werden, und somit auch die durch Anfechtung der Entscheidungen der Kartellbehörden vor dem ObVerwG Athen entstehenden Streitigkeiten erfaßt.

Von der Nichtigkeit werden nur die verbotswidrigen Teile der Vereinbarung getroffen[86]. Ob die Vereinbarung im übrigen aufrechterhalten werden kann, richtet sich nach Art. 181 gr. ZGB[87].

Nichtig sind auch die Verträge, mit denen eine anmeldepflichtige *Fusion* (Fusion i.S. der dritten Gruppe) ohne (vorherige) Erlaubnis durchgeführt wird, vorausgesetzt, daß die Wettbewerbskommission die Entflechtung der zusammengeschlossenen Unternehmen anordnet und die Minister für Handel und Wirtschaft keinen Gebrauch von ihrer Ermächtigung machen, der fraglichen Fusion eine Ausnahmegenehmigung zu erteilen (Art. 4e Abs. 6 KartellG). Die *Nichtigkeit* tritt also im Fall einer Fusion *nicht* ipso jure durch die (kartellbehördliche) Bejahung eines Verstoßes gegen den Verbotstatbestand ein, sondern erst dann, wenn die Kartellbehörden eine Rückgängigmachung der Fusion für zweckmäßig halten und dementsprechend eine Entflechtungsanordnung erlassen[88].

Bezüglich des rechtlichen Status der in Ausführung von Kartellabsprachen oder in mißbräuchlicher Ausnutzung einer Machtstellung abgeschlossenen Verträge (*Zweit- oder Folgeverträge bzw. Mißbrauchsverträge*) findet sich im KartellG keine ausdrückliche Regelung. Ebensowenig geregelt ist die Frage, ob die kartellrechtlichen Vorschriften als direkte Grundlage für die Geltendmachung von privaten *Unterlassungs- und Schadensersatzansprüchen* dienen können[89]. Die h.M. lehnt die Gewährung von privatrechtlichen Unterlassungsanspüchen ab[90] und verweist hinsichtlich der Restitution eines entstandenen Schadens auf Art. 914 gr. ZGB, der die allgemeine Rechtsgrundlage für Schadensersatzansprüche aus rechtswidrigen

86 Vgl. KOTSIRIS, Wettbewerbsrecht [2. Aufl.], S. 272 f.; LIAKOPOULOS, Gewerbliches Eigentum, Bd. II [3. Aufl.], S. 314.

87 Art. 181 gr. ZGB lautet: "Die Nichtigkeit eines Teils zieht die Nichtigkeit des ganzen Rechtsgeschäfts mit sich, wenn gefolgert werden kann, daß das Rechtsgeschäft ohne den nichtigen Teil nicht vorgenommen sein würde." - Vgl. Art. 139 BGB. LIAKOPOULOS (Gewerbliches Eigentum, Bd. II [3. Aufl.], S. 314) schließt allerdings die Anwendung des Art 181 gr. ZGB aus und hält nur die Teilnichtigkeit für angemessen.

88 Eingehend zur gesetzlichen Regelung der Nichtigkeit LIAKOPOULOS, DEE 1995, 828 ff.

89 Vgl. GEORGAKOPOULOS, Handelsrecht, Bd. 1, Heft 1, S. 214 f. Die Literatur und die Praxis behandeln diese Fragen im Rahmen der allgemeinen Diskussion über das Schutzobjekt des KartellG. Die einschlägige Debatte wird unten im Text, § 3 II ausführlich dargestellt.

90 DRILLERAKIS, EEN 1977, 619. Die anderen Autoren lehnen solche Ansprüche stillschweigend ab, indem sie an den relevanten, die zivilrechtlichen Sanktionen behandelnden Stellen ihrer Bücher oder Aufsätze nur von Schadensersatzansprüchen sprechen, siehe die Literaturnachweise in der folgenden Anmerkung. Von Unterlassungsansprüchen geht - ohne nähere Begründung - nur LIAKOPOULOS in bezug auf das Verbot des Mißbrauchs der wirtschaftlichen Abhängigkeit und die Vorschriften über die Fusionskontrolle aus, vgl. DERS., Gewerbliches Eigentum, Bd. II [3. Aufl.], S. 336, 352.

Handlungen darstellt[91]. Man geht auch davon aus, daß die Wirksamkeit von Zweit- und Folgeverträgen nicht berührt wird[92]. Ob dies auch für Mißbrauchsverträge gelten soll, bleibt jedoch nach wie vor umstritten[93].

(2) Zuständige Organe

Die Befugnisse innerhalb des zivilrechtlichen Sanktionsmechanismus werden zwischen den Zivilgerichten und der Wettbewerbskommission aufgeteilt. Der Kommission gehört die Befugnis, über den Erlaß von privatrechtsgestaltenden Akten einzelne Kartellvereinbarungen vom Kartellverbot und somit von der Rechtswidrigkeit und der Nichtigkeitssanktion zu befreien. Außerdem ist die Kommission befugt, durch die Anordnung von Entflechtungsmaßnahmen die Nichtigkeit der gesetzwidrig abgeschlossenen Fusionsverträge ex tunc zu bewirken. Die Zuständigkeit für die Gewährung von Schadensersatzansprüchen wird hingegen von den Zivilgerichten ausgeübt.

C. *Strafrechtlicher Sanktionsmechanismus*

Parallel zu den verwaltungs- und zivilrechtlichen Sanktionen wird vom G.703/77 als Mittel der Reaktion gegen wettbewerbswidrige Praktiken auch die Kriminalstrafe vorgesehen. Art. 29 und 30 KartellG enthalten die einschlägigen Straftatbe-

---

91 Vgl. *Areopag* 2/89, EEmpD 1989, 657 ff. mit Anm. TZOUGANATOS, 663 ff.; ANTONOPOULOS, Gewerbliches Eigentum [1993], S. 435; KOTSIRIS, Wettbewerbsrecht [2. Aufl.], S. 273 f. und 290; LIAKOPOULOS, Gewerbliches Eigentum, Bd. II [3. Aufl.], S. 281, 330 f., 336; DRILLERAKIS, EEN 1977, 618; GEORGAKOPOULOS, Handelsrecht, Bd. 1, Heft 1, S. 215; OEHLER / TZOUGANATOS, RIW / AWD 1978, 723; CHRISTOFOROU, in: Competition Law, G.C.-46 f.

92 SCHINAS, in: GEORGIADIS-STATHOPOULOS, Art. 532, Rdn. 38; LIAKOPOULOS, Gewerbliches Eigentum, Bd. II [3. Aufl.], S. 314; KOTSIRIS, Wettbewerbsrecht [2. Aufl.], S. 273; a.A. (ohne Begründung) KIANTOS, EEmpD 1987, S. 17. Die 3. KartellG-Novelle (G. 2000/91) fügte in das KartellG (Art. 1 Abs. 2) eine Regelung ein, die auch dahingehend interpretiert werden konnte, daß sich die Nichtigkeit der Hauptverträge auch auf die Zweit- und Folgeverträge erstrecken sollte, vgl. dazu das Gutachten des Wissenschaftlichen Ausschusses des griechischen Parlaments zum Reg.-Entw. des G. 2000/91 in: KOUTSOUKIS (Hrsg.), Gesetzestexte und Materialien, S. 242 f. Diese von der Literatur stark kritisierte Regelung (vgl. TZOUGANATOS, EEmpD 1992, S. 528) wurde durch die 4. KartellG-Novelle aufgehoben.

93 Für die Wirksamkeit SCHINAS, in: DERS. (Hrsg.), Schutz des freien Wettbewerbs, S. 29 ff.; DERS., in: GEORGIADIS / STATHOPOULOS, Art. 532, Rdn. 38; KOTSIRIS, Wettbewerbsrecht [2. Aufl.], S. 290. Gegen die Wirksamkeit LIAKOPOULOS, Die Wirtschaftsfreiheit, S. 296 ff.; DERS., Gewerbliches Eigentum, Bd. II [3. Aufl.], S. 331, 336; ROCAS / PERAKIS, in: Law of Competition, § 3.04.(5). Vgl. auch *AmtsG Thessaloniki* 722/83: das AmtsG geht von der Unwirksamkeit eines Mißbrauchsvertrages aufgrund Art. 86 EWGV (unangemessen hohe Gebühren bei Annullierung eines Flugtickets) aus und verpflichtet das marktbeherrschende Unternehmen (die vom griechischen Staat kontrollierte Luftgesellschaft Olympic Airways) zur Rückerstattung der ohne rechtlichen Grund erlangten Bereicherung, vgl. zu diesem Urteil ILIOPOULOS, EuR 1986, 298 f.

stände sowie die Grundregeln für die Zurechnung der strafrechtlichen Verantwortung.

(1) Kartelldelikte und Kriminalstrafen

(a) Sonderdelikte

Gemäß Art. 29 Abs. 1 KartellG wird mit Geldstrafe von 1 bis 5 Millionen Drachmen bzw. von 2 bis 10 Millionen Drachmen im Wiederholungsfall bestraft[94], wer im eigenen Namen und für eigene Rechnung oder als Vertreter einer juristischen Person "Verträge abschließt, Beschlüsse faßt oder aufeinander abgestimmte Verhaltensweisen praktiziert, die das Verbot des Art. 1 Abs. 1 [Kartellverbot] verletzen *oder* Art. 4-4f [Fusionskontrolle] zuwiderhandelt *oder* in Übertretung des Art. 2 KartellG die eigene marktbeherrschende Stellung oder diejenige des vertretenen Unternehmens mißbraucht *oder* in Übertretung des Art. 2a KartellG die wirtschaftliche Abhängigkeit mißbraucht, in der sich ein Dritter gegenüber ihm oder dem von ihm vertretenen Unternehmen befindet [Mißbrauchsverbote]". Unter strafrechtlicher Geldstrafenandrohung stehen somit sämtliche Verstöße gegen die materiellen Ge- und Verbote des KartellG einschließlich der fusionsbezogenen Anzeige- und Anmeldepflichten.

Der zur Begehung dieser Delikte rechtlich *qualifizierte Täterkreis* wird im nächsten Artikel näher bestimmt: "Die für die Einhaltung der Art. 1 Abs. 1 und Art. 2 [sowie der auf die Fusionskontrolle bezogenen Vorschriften][95] des vorliegenden Gesetzes verantwortlichen Personen, gegen die sich die Strafverfolgung richtet und gegen die die Strafe gemäß Art. 29 Abs. 1 verhängt wird, sind die Unternehmer bei individuell geführten Betrieben, die Komplementäre bei Personenhandelsgesellschaften, die Geschäftsführer bei Gesellschaften mit beschränkter Haftung oder bei Genossenschaften und die Verwaltungsratsmitglieder bei Aktiengesellschaften. Eine Delegation dieser Verantwortung auf andere Personen ist nicht möglich. Für Beschlüsse, die mehrheitlich gefaßt wurden, haften diejenigen, die dafür gestimmt haben. Die genannten natürlichen Personen haben auch mit ihrem eigenen Vermögen und durch [Beuge]Haft in gesamtschuldnerischer Weise für die verwaltungsrechtlichen Geldsanktionen einzustehen, die gegen die juristische Person nach diesem Gesetz verhängt werden."

Art. 30 Abs. 2 KartellG stellt anschließend klar, daß "bei Vorliegen der erforderlichen gesetzlichen Voraussetzungen die bezeichneten natürlichen Personen der genannten Haftung unterliegen, ohne daß es auf die Wirksamkeit der fraglichen Verträge, Beschlüsse oder aufeinander abgestimmten Verhaltensweisen ankommt".

---

94 Bis 1991 sah das Gesetz als mögliche Strafe auch Gefängnisstrafe von 3 Monaten bis 5 Jahren vor. Die 2. KartellG-Novelle hat diese Möglichkeit jedoch abgeschafft.

95 Siehe Art. 13 G. 1934/91 (2. KartellG-Novelle).

Art. 30 Abs. 3 KartellG regelt schließlich die schon angesprochene[96] strafbefreiende Wirkung, die die fristgemäße Anmeldung der wettbewerbsbeschränkenden Absprachen entfaltet. Die strafrechtliche Haftung für die Unternehmensorgane wird wieder aktiviert, falls das Unternehmen einer Verbotsentscheidung der Wettbewerbskommission mit Abstellungsverfügung bezüglich des angemeldeten Verhaltens nicht innerhalb von 15 Tagen nach der Bekanntgabe Folge leistet.

(b) Allgemeindelikte

Neben den oben dargestellten Sonderdelikten finden sich im KartellG auch Deliktstatbestände mit offenem tauglichen Täterkreis (Allgemeindelikte). In diesen Tatbeständen ist die Verletzung von *Informations-, Duldungs- und sonstigen Mitwirkungspflichten* vertypt worden, die gegenüber der Wettbewerbskommission und ihren Bediensteten bestehen, wenn diese im Rahmen der Art. 25 und 26 KartellG zur Aufklärung eines kartellrechtlich relevanten Verhaltens Auskunft verlangen oder Ermittlungen anstellen. Unter Strafandrohung steht demnach die Behinderung der Ermittlungen, die Verweigerung oder Verzögerung der Erteilung der verlangten Auskunft, die wissentliche Abgabe von falschen oder die wissentliche Unterdrükkung von wahren Informationen, die Verweigerung der eidlichen oder uneidlichen Aussage sowie die Falschaussage. Insgesamt geht es somit hierbei um die strafrechtliche Bewehrung eines Teils der oben unter dem Stichwort "formale Ge- und Verbote" behandelten kartellrechtlichen Vorschriften. Der Hervorhebung verdient der Umstand, daß der für diese formalen Wettbewerbsverstöße vorgesehene Strafrahmen den für materielle Wettbewerbsverstöße geltenden an Strenge übertrifft. Nicht nur eine *Geldstrafe* von 1 bis 3 Millionen Drachmen (bzw. von 2 bis 6 Millionen im Wiederholungsfall), sondern auch *kumulativ* eine *Freiheitsstrafe* von 3 Monaten bis 5 Jahren ist vorgesehen.

(2) Zuständige Organe

Die ausschließliche Zuständigkeit für die Verhängung der strafrechtlichen Sanktionen tragen die *Strafgerichte*. Die Strafverfolgung wird von der *Staatsanwaltschaft* eingeleitet und vorangetrieben. Spezialisierte Staatsanwaltschaften oder Strafkammern gibt es in Kartellstrafsachen nicht.

---

[96] Siehe oben im Text, II A.

§ 3 Grundfragen im Zusammenhang mit der Auslegung des griechischen Kartellrechts

Bei der Auslegung der im vorangegangenen Kapitel dargestellten materiellen und formellen Regelungen des KartellG erlangen unter methodischen Aspekten vor allem zwei Fragen große Bedeutung: Zum einen der Grad der Bindung der das griechische Kartellrecht anwendenden griechischen Behörden und Gerichte an die von den Gemeinschaftsorganen bei der Anwendung des Gemeinschaftsrechts entwickelten Leitlinien und zum anderen die Frage nach dem Schutzgut des KartellG. Der theoretische und praktische Hintergrund dieser Fragen sowie die in Theorie und Praxis vertretenen Ansätze - einschließlich des eigenen Ansatzes - zur Beantwortung dieser Fragen bilden den Gegenstand der folgenden Ausführungen.

I. G. 703/77 und EG-Wettbewerbsregeln

A. *Rechtsdogmatische Postulate*

(1) Rezeption und Rechtsharmonisierung

Bereits in § 1 wurde hervorgehoben, daß das griechische Kartellrecht übernommenes Recht ist: Seine wichtigsten materiellen Regelungen wurden im Jahr 1977 in wörtlicher Übereinstimmung mit den gemeinschaftsrechtlichen Wettbewerbsregeln formuliert, und auch für die Ausgestaltung des verwaltungsbehördlichen prozeduralen Bereichs dienten die EG-VO 17/62, nebst Durchführungsverordnungen, als Vorbild[1]. Die bewußte Rezeption des Gemeinschaftsrechts wurde gleichzeitig in der Begründung zum Gesetzesentwurf[2] als Verwirklichung des gesetzgeberischen Willens bezeichnet, die griechische mit der europäischen Wirtschaftsordnung in institutioneller Hinsicht zu harmonisieren[3].

In der Literatur wird zutreffend betont, daß das Phänomen der *Rezeption* nicht als bloßer Import eines Gerüstes kodifizierter Normen, sondern als ein auf die Assimilation fremden Gedankenguts abzielender sozialer Prozeß aufgefaßt werden muß[4]. Jede Rechtsübernahme begründet deswegen die Notwendigkeit, die rezipierten Normen im Geist und nach der Methode des "Mutterrechts" zu interpretieren[5].

Die Bindung an das "Mutterrecht" wird sogar noch enger, wenn, wie im Fall des KartellG, die Rezeption vom eindeutigen Willen des Gesetzgebers getragen ist, die

---

1 Vgl. CHRISTOFOROU, in: Competition Law, G.C.-2.

2 Vgl. Erwägungen 5 und 6.

3 Zu diesen Fragen eingehend TZOUGANATOS, Zur Rezeption fremden Rechtsguts, S. 54 ff.

4 Vgl. HIRSCH E., Rezeption als sozialer Prozeß, S. 11 ff.; zum Phänomen der Rezeption im allgemeinen siehe ZAJTAY, AcP 170 (1970), S. 251 ff.

5 Näher dazu TZOUGANATOS, Zur Rezeption fremden Rechtsguts, S. 59 ff.

"Tochter-" mit der "Mutterrechtsordnung" zu harmonisieren[6]. Denn *Rechtsharmonisierung* heißt, daß beide Rechtsordnungen bei der Behandlung von gleichartigen sozialen und wirtschaftlichen Problemen zu gleichartigen Ergebnissen gelangen. Sind die anzuwendenden Normen gleichlautend, dann ist für die angestrebte Gleichheit der Ergebnisse zunächst eine Einheitlichkeit in der Interpretation erforderlich[7].

Die Befolgung einer streng uniformen Auslegung der gleichlautenden Normen kann allerdings mitunter auch gegenläufige Folgen haben: sie kann die Gleichartigkeit der Rechtsergebnisse sowie die Verwirklichung des Gerechtigkeitszwecks des rezipierten Rechts in Gefahr bringen. Dies ist dann der Fall, wenn in der "Mutter-" und "Tochterrechtsordnung" *ungleiche sozioökonomische und politische Strukturen* bestehen. Letzteres trifft für Griechenland - das sich noch in einer wirtschaftlichen Entwicklungsphase befindet - im Vergleich zur EU bzw. zu den hoch industrialisierten Volkswirtschaften der westeuropäischen Staaten ohne weiteres zu. Eine differenzierende Auslegung des griechischen KartellG, die den strukturellen Unterschieden Rechnung trägt, ist insoweit gerechtfertigt[8]. Sie darf allerdings nicht so weit gehen, daß dadurch der Geist und die Methode des europäischen "Mutterrechts" verletzt werden[9].

Für eine differenzierende Auslegung spricht beispielsweise die Tatsache, daß das europäische Wettbewerbsrecht den allgemeinen Zielen der Gemeinschaft verpflichtet ist, insbesondere ein Instrument für die Verwirklichung des *politischen* Zieles der Schaffung eines einheitlichen Binnenmarktes darstellt[10]. Viele Entscheidungen der Europäischen Kommission und des EuGH sind deswegen überwiegend vom Gedanken der gegenseiti-

---

6 Vgl. TZOUGANATOS, EEmpD 1984, S. 383 f.

7 Vgl. TZOUGANATOS, Zur Rezeption fremden Rechtsguts, S. 63.

8 Vgl. TZOUGANATOS, Zur Rezeption fremden Rechtsguts, S. 65.

9 So auch TZOUGANATOS (Zur Rezeption fremden Rechtsguts, S. 68), der hierin die letzte Grenze sieht, die von der Praxis der griechischen Kartellbehörden nicht überschritten werden darf. SCHINAS [in: DERS. (Hrsg.), Schutz des freien Wettbewerbs, S. 27 f.] scheint dagegen diese Ansicht nicht völlig zu teilen, sofern er der Praxis der Gemeinschaftsorgane jede bindende Kraft abspricht und sie nur als Inspirationshilfe im Rahmen der Auslegung und der Anwendung des G. 703/77 verstehen will. Keine eindeutigen Schlüsse läßt schließlich die Stellungnahme von BERNITSAS zu (Europäisches Wettbewerbsrecht und G. 733/77, S. 63), der im allgemeinen von der Notwendigkeit der Anpassung der Auslegung des G. 703/77 an die griechischen Gegebenheiten ausgeht.

10 Vgl. z.B. *EuGH* Urt. v. 25.10.1977, Rs. 26/76, *Metro I*, Slg. 1977, 1875 [Rdn. 20]: "Der in den Artikeln 3 und 85 EWG-Vertrag geforderte unverfälschte Wettbewerb setzt das Vorhandensein eines wirksamen Wettbewerbs (workable competition) auf dem Markt voraus; es muß also soviel Wettbewerb vorhanden sein, daß die grundlegenden Forderungen des Vertrages erfüllt und seine Ziele, insbesondere die Bildung eines einzigen Marktes mit binnenmarktähnlichen Verhältnissen, erreicht werden." Zur integrationspolitischen Aufgabe und zur entsprechenden "politisch-dynamischen Konzeption" des europäischen Rechts vgl. auch die (kritischen) Bemerkungen von RITTNER, JZ 1996, 383 f.; siehe auch ACKERMANN T., Art. 85 Abs. 1 EGV und die rule of reason, S. 97 ff.

gen Durchdringung der nationalen Märkte geprägt[11]. Den interpretatorischen Wegen, die in den fraglichen Entscheidungen eingeschlagen werden, dürfen die griechischen Kartellbehörden bei der Anwendung des KartellG nicht ohne jede Überlegung folgen, da das KartellG den bereits einheitlichen griechischen Markt regelt.

(2) Vorrang des Gemeinschaftsrechts

Das Verhältnis des griechischen zum europäischen Kartellrecht wird jedoch nicht nur von den oben genannten Erkenntnissen geprägt. Bei der Auslegung des KartellG ist auch zu berücksichtigen, daß die gemeinschaftsrechtlichen Wettbewerbsnormen unmittelbar in die griechische Rechtsordnung eindringen und in *Konfliktfällen* nach dem *Vorrangprinzip* die - grundsätzlich parallel geltenden - griechischen Kartellnormen verdrängen[12]. Der Funktionsfähigkeit der griechischen Wett-

---

11 Vgl. aus der Rechtsprechung des Gerichtshofs bereits *EuGH* Urt. v. 13.07.1966, Rs. 32/65, *Italien / Kommission*, Slg. 1966, S. 457 [S. 486]; siehe ferner XXIV. Bericht über die Wettbewerbspolitik 1994, Rdn. 10: "In bezug auf vertikale Vereinbarungen hat die Kommission stets die Position vertreten, daß Verhaltensweisen, die zu einer künstlichen Aufteilung der Märkte führen, untersagt werden müssen und zu verurteilen sind. Die *Sorge um die Schaffung eines Binnenmarktes beherrscht alle anderen Überlegungen*, insbesondere die Tatsache, daß vertikale Vereinbarungen an sich bestimmte Wettbewerbsvorteile bringen können. So ermöglichen sie den Herstellern einen leichteren Zugang zu neuen Märkten. Da im vergangenen Jahr eine weitere Etappe bei der Verwirklichung des Binnenmarktes zurückgelegt worden ist, können derartige Beschränkungen differenziert beurteilt werden." Ähnlich EHLERMANN, EuZW 1994, 648. - Zum neuen gemeinschaftsrechtlichen Konzept für die Behandlung vertikaler Absprachen siehe nunmehr die am 30.09.1998 erlassene *Mitteilung der Kommission* über die Anwendung der EG-Wettbewerbsregeln auf vertikale Beschränkungen [KOM(98) 544 endg.], die konkrete Vorschläge im Anschluß an das Grünbuch zur EG-Wettbewerbspolitik gegenüber vertikalen Wettbewerbsbeschränkungen [KOM(96) 721 endg.] enthält und - mit Ausnahme bestimmter Kategorien von Kernbeschränkungen (z.B. Preisbindungen, Gewährung absoluten Gebietsschutzes) sowie von Absprachen mit horizontalen Effekten - die *gruppenweise* Freistellbarkeit von vertikalen Wettbewerbsbeschränkungen *grundsätzlich* von den Marktanteilen der betroffenen Unternehmen abhängig machen will (vgl. Mitteilung, insbes. Abschnitt I 2, S. 5 f. und Abschnitt V 2 und 3, S. 33 ff.).

12 Vgl. *EuGH* Urt. v. 13.02.69, Rs. 14/68, *Wilhelm / Bundeskartellamt*, Slg. 1969, S. 1 [Rdn. 4 ff., insbes. Rdn. 6]: "Normenkonflikte zwischen Gemeinschafts- und innerstaatlichem Kartellrecht sind nach dem Grundsatz des Vorrangs des Gemeinschaftsrechts zu lösen." Siehe auch *Europäische Kommission*, Grünbuch zur EG-Wettbewerbspolitik gegenüber vertikalen Wettbewerbsbeschränkungen, KOM(96) 721 endg., Rdn. 116: "Die Gesetze der Mitgliedstaaten dürfen nicht im Konflikt mit dem Gemeinschaftsrecht angewandt werden. Bei einer Entscheidung der Kommission über die Nichtanwendbarkeit von Artikel 85 Absatz 1 kann die nationale Behörde feststellen, daß gegen nationales Recht verstoßen worden ist. Erteilt die Kommission hingegen eine Freistellung nach Artikel 85 Absatz 3, so darf die nationale Behörde weder nach dem Gemeinschaftsrecht noch nach nationalem Recht zu einem gegenteiligen Ergebnis gelangen." Vgl. ferner TEMPLE LANG, E.L.Rev. 23 (1998), S. 118 f., der aus der EuGH-Rechtsprechung die Pflicht der nationalen Behörden ableitet, "to avoid substantial conflict, *i.e.* arriving at mutually inconsistent results, even if formally the national authority is only applying national law and the Community institutions, of course, only applying Community law." Zu den mit dem Vorrangprinzip zusammenhängenden Fragen zusammenf. KOCH, in: GRABITZ / HILF [4 EL Juni 90], vor Art. 85, Rdn. 30 ff. m.w.Nachw.;

bewerbsordnung wird am besten gedient, wenn die Gefahr solcher Konfliktsituationen bereits im Vorfeld durch die Anlehnung der Interpretation des KartellG an die Leitlinien der europäischen Praxis abgewendet wird.

Es ist beispielsweise wenig sinnvoll, gegen eine von den europäischen GVO zugelassene Kategorie von Absprachen überhaupt vorzugehen. Dies würde im innerstaatlichen Bereich zu einem kaum zu rechtfertigenden Widerspruch führen. Die Vereinbarungen der fraglichen Kategorie nämlich, die so große Wirkungen (Spürbarkeit) hätten, um sowohl unter den griechischen als auch unter den gemeinschaftsrechtlichen Kartelltatbestand zu fallen, würden legitimiert, da die entsprechende GVO eingreifen und das griechische Kartellverbot verdrängen würde. Die Vereinbarungen dagegen, die wegen schwächerer Wirkungen nur dem griechischen, jedoch nicht dem europäischen Kartelltatbestand (Zwischenstaatlichkeitsklausel, spürbare Wettbewerbsbeschränkung) unterfielen, würden im Hinblick auf das Nichteingreifen der GVO rechtswidrig und somit nichtig bleiben. Am griechischen Markt käme es so zu dem praktischen Ergebnis, daß die Vereinbarungen der fraglichen Kategorie mit den größeren wettbewerbsbeschränkenden Effekten legitim, diejenigen dagegen mit den milderen Effekten rechtswidrig wären. Ein solcher Wertungswiderspruch[13] würde jedoch das Vertrauen der Marktteilnehmer in die Wettbewerbsordnung erschüttern und ließe sich kaum mit den Postulaten der Rechtsgleichheit und der Rechtssicherheit vereinbaren.

B. Rechtstatsächliche Befunde

(1) Parallelitäten

Richtet man seinen Blick auf die bisherige Anwendungspraxis, insbesondere auf die Entscheidungspraxis der Kartellbehörden, so läßt sich konstatieren, daß der Einfluß der gemeinschaftsrechtlichen Praxis auf die Auslegung des KartellG bis heute sehr stark war. Dies gilt in erheblichem Maße für die Tatbestände des Kartellverbotes und des Verbotes des Mißbrauchs einer marktbeherrschenden Stellung. Die griechischen Kartellbehörden definieren oft Merkmale dieser Tatbestände in (wörtlicher) Übereinstimmung mit der Rechtsprechung des EuGH[14]. In anderen Fällen treffen sie *nur* die für die Regelung des in Frage stehenden Sachverhaltes maßgebende Aussage und verweisen für deren Begründung auf die Praxis der Gemeinschaftsorgane[15]. Auf Einzelheiten soll an dieser Stelle nicht eingegangen wer-

---

aus der griechischen Literatur vgl. KOTSIRIS, Wettbewerbsrecht [2. Aufl.], S. 226 ff.; KOUTSOUKIS, EEEurD 1984, S. 513 ff.; SOUFLEROS, Franchiseverträge, S. 306 ff.; zur Bedeutung des Vorrangprinzips für die Auslegung des G. 703/77 siehe KOTSIRIS, a.a.O., S. 236 f.; insb. zur Problematik der GVO siehe oben im Text, § 2 I A 2 (f).

13 Vgl. die Überlegungen von WIEDEMANN, Kommentar, Bd. I, S. 139 Rdn. 411.

14 Vgl. z.B. *WbSK*-E 13/81 "L' AIR LIQUIDE", Bd. A, S. 36 ff.; *WbK*-E 15/81 "Fußböden KARRI", Bd. A, S. 41 ff.

15 So z.B. die Praxis hinsichtlich des ungeschriebenen Merkmals der Spürbarkeit (vgl. z.B. *WbK*-S 34/85 "PLAYTEX", Bd. A, S. 146; *WbK*-E 33/96 "STAMOU / E.PS.A") oder die Praxis zur Vereinbarkeit von selektiven Vertriebssystemen mit dem Kartellverbot (vgl. z.B. *WbSK*-E 19/82 "GUY LAROCHE III", Bd. A, S. 55 f.; *WbK*-S 35/86 "LANCASTER I", Bd. A, S. 147) oder die Praxis über das Verhältnis von Zusammenschlüssen in der Form des

den[16]. Insgesamt verdient der Hervorhebung, daß die Auslegungspraxis des KartellG den oben umrissenen rechtsdogmatischen Erkenntnissen grundsätzlich gerecht wird. Die griechischen Kartellbehörden bemühen sich ernsthaft, eine weitestgehende Einheitlichkeit in der Interpretation herzustellen und Konflikte mit dem "Mutterrecht" möglichst zu vermeiden[17].

Aus diesem Bemühen heraus sind jedoch auf einigen Gebieten der griechischen Kartellpraxis auch *Fehlentwicklungen* entstanden. Der Anlehnung an die Rechtsprechung des EuGH werden nicht immer die angemessenen Grenzen gesetzt. Daraus folgen Ergebnisse, die vom Sinn und Zweck der griechischen kartellrechtlichen Vorschriften kaum mehr erfaßt werden.

Kennzeichnendes Beispiel ist die Entscheidungspraxis hinsichtlich der Exportverbotsklauseln, die Hersteller aus EU-Staaten gegen griechische Alleinimporteure verhängen, um Re-Exporte zu verhindern. Solche Klauseln verstoßen zwar nach gefestigter Judikatur des EuGH gegen EG-Recht[18]. Daraus darf jedoch nicht ohne weiteres die Unvereinbarkeit dieser Klausel mit dem griechischen Kartellrecht gefolgert werden. Das KartellG betrifft nämlich nur Beschränkungen der Wettbewerbsfreiheit, die sich auf den griechischen Markt auswirken[19]. Klauseln mit Exportverboten können eine solche Wirkung für den inländischen Markt entfalten, wenn der ausländische Hersteller diese Klauseln auch in den Alleinimportverträgen benutzt, die er mit Importeuren anderer Länder abschließt (dann wird der griechische Markt abgeschottet, da Parallelimporte nach Griechenland erheblich erschwert werden), oder wenn berechtigterweise davon auszugehen ist, daß die vom griechischen Alleinimporteur reexportierten Waren nach Griechenland

---

Anteilserwerbs zum Kartellverbot (vgl. z.B. *WbK*-S 40/84 "BP / FINA"-Fall, Bd. A, S. 161). In einigen Fällen werden Teile der Begründung wortgetreu übernommen (vgl. z.B. hinsichtlich der Beurteilung von Franchiseverträgen *WbK*-E 271/95 "PIGI II", Bd. C, S. 169 ff.). Auch die Abgrenzung des sachlich relevanten Marktes wird mitunter in Anlehnung an die Wertungen gemeinschaftsrechtlicher Judikate vorgenommen, vgl. z.B. *WbK*-S 274/95 "ELOPAK / TETRAPAK", Bd. C, S. 179 ff.; *WbK*-E 33/96 "KAE / PAPASTRATOS"; *WbK*-E 37/96 "KAE / ROTHMANS"; *WbK*-E 38/96 "KAE / KARELIA". Im Rahmen der Fusionskontrolle werden schließlich oft wettbewerbsbeschränkende Nebenabreden unter Heranziehung der von der europäischen FusKontrVO festgelegten Kriterien beurteilt, vgl. *WbK*-E 88/98 "SARANTIS / KAMEL"; *WbK*-E 8/II/98 "HENKEL / RILKEN" (Teil IV 2a). - Vgl. aus dem Schrifttum SOUFLEROS, in: SCHINAS (Hrsg.), Schutz des freien Wettbewerbs, S. 240 f.; BERNITSAS, Europäisches Wettbewerbsrecht und G. 703/77, S. 225 ff.

16 Insoweit sei auf die entsprechenden Teile der vorliegenden Arbeit hingewiesen, in denen die griechische Kartellpraxis ausführlich dargestellt wird, vgl. insbes. unten im Text § 4 I A 5 und B sowie § 4 II A.

17 Vgl. z.B. die oben im Text (§ 2 I A 2) skizzierte Entwicklung der Entscheidungspraxis hinsichtlich des Wirkungsfeldes der europäischen GVO.

18 Ständige Rspr. nach dem *Consten-Grundig*-Urteil v. 13.07.1966 (Rs. 56-58/64, Slg. 1966, S. 321); vgl. z.B. *EuGH* Urt. v. 1978, Rs. 19/77 *Miller*, Slg. 1978, S. 131 [Rdn. 7]: "... [E]ine Exportverbotsklausel [stellt] schon ihrem Wesen nach eine Beschränkung des Wettbewerbs..." Siehe ferner BELLAMY / CHILD [4. Aufl.], Rdn. 2-112; KECHT, Das EWG-Kartellrecht, S. 66 f.

19 Vgl. Art. 32 KartellG; siehe dazu unten im Text, § 4 IV A.

wieder importiert werden könnten (auch dann wird der griechische Markt betroffen). Die griechischen Kartellbehörden prüfen jedoch diese zusätzlichen Voraussetzungen nicht[20]. Sie begnügen sich statt dessen mit der Tatsache, daß der griechische Alleinimporteur die bezogenen Waren nicht ins Ausland wieder ausführen darf. Klauseln der fraglichen Art werden dann nach griechischem Recht für per se verboten gehalten[21]. Diese mit der Kartellpraxis der EG-Organe wörtlich übereinstimmende Rechtsprechung genügt aus dogmatischer Sicht den Anforderungen des KartellG nicht und müßte von den griechischen Rechtsanwendern sachgemäß revidiert werden[22].

(2) Divergenzen

Es gibt freilich auch Fälle, in denen die griechischen Kartellbehörden Merkmale der Verbotstatbestände des KartellG in einer besonderen Art ausgelegt haben, die von der Praxis der Gemeinschaftsorgane noch nicht vertreten worden ist.

Eine solche Interpretation wurde beispielsweise dem Tatbestandsmerkmal "von mehreren Unternehmen" als Inhabern einer marktbeherrschenden Stellung nach Art. 2 KartellG gegeben.

In den Stellungnahmen WbK 17/84 "UCAR" und WbK 18/84 "SUNLIGHT"[23], in denen es um den mit Verkäufen unter Selbstkosten durchgeführten Vernichtungspreiskampf zwischen zwei starken Oligopolisten auf dem griechischen Batterienmarkt ging, vertrat die griechische Wettbewerbskommission die Ansicht, der Wortlaut des Art. 2 Abs. 1 KartellG ("verboten ist die mißbräuchliche Ausnutzung einer beherrschenden Stellung... durch ein oder mehrere Unternehmen") impliziere, daß auf demselben oligopolistischen Markt mehrere Konkurrenten zugleich und unabhängig voneinander dominierende Positionen einnehmen könnten. Vorausgesetzt sei allenfalls, daß jeder von ihnen einen wesentlichen Marktanteil innehabe und zudem über die reale Möglichkeit der Beeinflussung der Marktverhältnisse verfüge. Auf diese Weise gelang es der Kommission, jedem Konkurrenten im einzelnen eine marktbeherrschende Stellung zuzurechnen. Die Preispolitik jedes einzelnen wurde dann als mißbräuchlich verworfen. Die Kommission begründete dies mit dem Gedanken, daß der Vernichtungspreiskampf eines Tages einen von beiden Oligopolisten in den Ruin treiben werde, und damit zum Entstehen einer monopolistischen Marktstruktur führen werde. Die Abwehr solcher Gefahren gehöre aber gerade zu den Hauptzielen des Art. 2 KartellG. Dagegen hätten beide Unternehmen verstoßen und müßten nun verpflichtet werden, diese Zuwiderhandlung abzustellen. Um die Befriedung auf dem fraglichen Markt zu erzwingen, schlug die Kommission dem Handelsminister den Erlaß einer mit Zwangsgeld bewehrten Verbotsentscheidung vor[24].[25]

---

20 Vgl. CHRISTOFOROU, in: Competition Law, G.C.-18 (=World Competition 1990, S. 54 f.).

21 Vgl. z.B. *WbSK*-E 19/82 "GUY LAROCHE III", Bd. A, S. 54; *WbK*-S 5/83 "ERKA", Bd. A, S. 91 f.; *WbK*-S 14/84 "REVLON", Bd. A, S. 103. Siehe dazu auch unten im Text, § 4 I B 3.

22 Vgl. dazu CHRISTOFOROU, EEEurD 1986, 919 ff.

23 Bd. A, S. 106 ff. bzw. S. 112 ff.

24 Der Handelsminister übernahm allerdings die fraglichen Stellungnahmen der Kommission nicht, weil er aufgrund einer abweichenden wirtschaftlichen Beurteilung der Jahresbilanzen der betroffenen Unternehmen zu dem Ergebnis kam, daß von diesen keine Verkäufe unter Selbstkosten betätigt wurden; siehe *minist. Entsch.* K6-175/85 "UCAR", Bd. A, S. 190 ff. Die Stellungnahme der *WbK* kritisiert TZOUGANATOS (EEmpD 1986, 375 ff.) unter Hinweis

Insgesamt ist allerdings festzustellen, daß im Bereich der Auslegung der Kartellvorschriften keine maßgeblichen Divergenzen der griechischen von der europäischen Kartellpraxis bestehen.

Eine echte *Abweichung* gibt es aber im Bereich der *tatsächlichen Fundierung* der Entscheidungen[26]. Den umfassenden Marktforschungen und ausführlichen Argumenten, auf die die EG-Organe ihre Judikate stützen, standen - zumindest bis Mitte der 90er Jahre - die marginalen marktrelevanten Informationen und die knapp gehaltenen Argumente gegenüber, welche die griechischen Wettbewerbsbehörden zur Untermauerung ihrer Entscheidungen und Stellungnahmen anführten. Erst in den letzten drei Jahren und im Zusammenhang mit der Ausübung der Fusionskontrolle lassen sich beachtenswerte Verbesserungen im Begründungsstil verzeichnen. Diese die Verwirklichung des Gerechtigkeitszweckes des europäischen "Mutterrechts" nicht unerheblich fördernde Wendung ist durchaus zu begrüßen und sollte durch eine angemessene Verstärkung des Sekretariats der Wettbewerbskommission mit ausgebildetem Personal und ausreichenden finanziellen Ressourcen auch für die Zukunft sichergestellt werden.

II. Schutzobjekt des G. 703/77

Über das vom KartellG geschützte Rechtsgut wird in der griechischen Lehre heftig gestritten. Einer kritischen Darstellung dieses Meinungsstreits sind die folgenden Ausführungen gewidmet. Im Hinblick darauf, daß einerseits die bisherigen Stellungnahmen der Kartellorgane und der zivil- und verwaltungsrechtlichen Rechtsprechung zu diesem Problem nicht eindeutig sind und andererseits die Streitpunkte durch die Äußerungen und die Gruppierungen in der Literatur besser erkennbar sind, wird zunächst der Meinungsstand in der Literatur dargestellt. Sodann werden die Stellungnahmen der Kartellorgane und der Gerichte und anschließend der eigene Standpunkt dargelegt, wobei auch eine Deutung der bisherigen Praxis in Anlehnung an die herausgearbeiteten eigenen Kriterien zur Lösung des Problems vorgenommen wird.

---

auf den Begriff des marktbeherrschenden Oligopols in § 22 Abs. 2 a.F. GWB (vgl. nunmehr § 19 Abs. 2 Satz 2 GWB). In seiner Kritik übersieht allerdings TZOUGANATOS, daß die *WbK* gerade vom etablierten Begriff des marktbeherrschenden Oligopols abweichen wollte, um Fälle der sog. ruinösen Konkurrenz in den Griff zu bekommen.

25 Es ist hervorzuheben, daß die Annahme einer kollektiven Marktbeherrschung im Gemeinschaftsrecht nicht nur die Unwirksamkeit des *Außenwettbewerbs*, sondern auch das Fehlen wirksamen *Innenwettbewerbs* voraussetzt, siehe dazu SCHRÖTER, in: G/T/E [4. Aufl.], Art. 86, Rdn. 65 ff.; so auch die neuere Praxis der Wettbewerbskommission, vgl. *WbK*-E 20/96 "E. TASOULAS / BANK OF PIRÄUS u.a.", DEE 1996, 494 ff.; WbK-E 127/98 "Händler von gefrorenen Lebensmitteln".

26 Vgl. etwa TZOUGANATOS, Der Schutz des freien Wettbewerbs, in: FS für DELOUKAS, Bd. II, S. 968.

A. Meinungsstand in der Literatur

Die im Schrifttum vertretenen Positionen lassen sich in drei Gruppen einordnen. Zur ersten Gruppe gehören die Autoren, die das Schutzobjekt des Kartellgesetzes in der "Institution des Wettbewerbs" sehen. Die zweite Gruppe bilden die Verfasser, die die "Wirtschaftsfreiheit der dritten Marktbeteiligten" als geschütztes Rechtsgut annehmen. Eine dritte Gruppe wird schließlich aus Autoren gebildet, die der Ansicht sind, daß sowohl die "Wirtschaftsfreiheit" als auch die "Institution des Wettbewerbs" als gleichrangige Rechtsgüter vom KartellG gewährleistet werden.

(1) Institutionsschutztheorien

SCHINAS betont, daß das G. 703/77 die Institution des Wettbewerbs als Gut der öffentlichen Wirtschaftsordnung und nicht die dritten Marktteilnehmer in Schutz nehmen wolle[27]. Er führt weiter aus, daß deswegen die privatrechtlichen Folgen eines Gesetzverstoßes sehr begrenzt seien. Sie erschöpften sich in der vom Gesetzgeber ausdrücklich normierten Nichtigkeit der wettbewerbsbeschränkenden Verträge. Zweit- und Folge- sowie Mißbrauchsverträge seien dagegen von dieser Nichtigkeit nicht erfaßt[28]. Auch für Schadensersatzansprüche biete das G. 703/77 keine rechtliche Grundlage; es sei allerdings nicht auszuschließen, daß ein Verstoß gegen das KartellG gleichzeitig auch die Voraussetzungen für die Annahme eines Zivildeliktes nach den das letztere bestimmenden Regelungen erfülle[29]. Das kartellbehördliche Verfahren und seine Maximen hätten sich schließlich an der Prozeßordnung der Verwaltungs- und nicht der Zivilgerichte auszurichten[30].

Auch CHRISTOFOROU betrachtet als geschütztes Rechtsgut die Institution des Wettbewerbs[31]. Das Gesetz verfolge an erster Stelle wirtschaftspolitische, nicht gesellschaftspolitische Ziele[32]. Es bezwecke die Förderung der volkswirtschaftlichen Effizienz in der Produktion und der Verteilung der Ressourcen und dadurch die Maximierung des Wohlstandes der Verbraucher. Dementsprechend sei auch die Generalklausel "Wettbewerbsbeschränkung" im Rahmen des Kartellverbotes auszulegen. Es sei geboten, in jedem Einzelfall eine ökonomische Analyse des relevanten Marktes vorzunehmen, um herauszufinden, ob das in Frage kommende Verhalten dem Wettbewerb widerspreche, der für die Maximierung der volkswirtschaftlichen produktiven und allokativen Effizienz geeignet sei. Nur dann sei eine Wettbewerbsbeschränkung im Sinne des Art. 1 G. 703/77 anzunehmen[33].

---

27 SCHINAS, in: DERS. (Hrsg.), Schutz des freien Wettbewerbs, S. 29.

28 SCHINAS, in: GEORGIADIS / STATHOPOULOS, Art. 532 Rdn. 38.

29 SCHINAS, in: DERS. (Hrsg.), Schutz des freien Wettbewerbs, S. 29.

30 SCHINAS, in: DERS. (Hrsg.), Schutz des freien Wettbewerbs, S. 32.

31 CHRISTOFOROU, EEEurD 1986, 893.

32 CHRISTOFOROU, EEEurD 1986, 925.

33 CHRISTOFOROU, EEEurD 1986, 897; DERS., in Competition Law, G.C.-9 f.

(2) Individualschutztheorien

Den zuvor angeführten Ansichten tritt LIAKOPOULOS entgegen[34]. Der Zweck des G. 703/77 bestehe in erster Linie darin, die Wirtschaftsfreiheit der dritten Marktteilnehmer gegen Gefahren zu verteidigen, die aus der Bildung von Kartellen - die als Verträge zu Lasten Dritter systematisch einzuordnen seien[35] - und aus der Entstehung von Oligopolen und Monopolen herrührten[36]. Das Gesetz solle demnach als eine Reihe von Maßnahmen im Kampf gegen die übermäßige private Wirtschaftsmacht aufgefaßt und ausgelegt werden[37]. Die Aufbewahrung und Reproduktion des Systems der Marktwirtschaft müsse vor dieser gesellschaftspolitischen Priorität an eine zweitrangige Stelle verdrängt werden. Den Betroffenen müßten darüber hinaus private Ansprüche zuerkannt werden[38], und zwar auch dort, wo keine ausdrückliche gesetzliche Grundlage bestehe[39].

Auch TZOUGANATOS geht davon aus, daß dem G. 703/77 keine in erster Linie wirtschaftspolitische Zielsetzung zugesprochen werden darf. Zur Begründung seiner These greift er auf drei Argumente zurück. Zunächst fehle es an operationalen Maßstäben, die es ermöglichen könnten, in jedem Einzelfall die Marktstrukturen und das Marktverhalten zu bestimmen, die zur Optimierung der Marktergebnisse führten. Die Wirtschaftstheorie könne zur Zeit nur allgemeingültige Mustervoraussagen aufstellen; auf den Einzelfall zugeschnittene, verläßliche Modelle gebe es nicht. Die Anknüpfung der Auslegung an gewünschte ökonomische Ziele würde somit nur zu willkürlichen, rechtlich unkontrollierbaren Eingriffen führen[40]. Es sei außerdem zu berücksichtigen, daß eine wirtschaftspolitische Ausrichtung der Interpretation des Gesetzes dem staatlichen wirtschaftspolitischen Interventionismus notwendigerweise große Spielräume eröffnen würde. Dies könne jedoch kaum die Absicht des Gesetzgebers gewesen sein, denn das KartellG sei gerade in einer Zeit verabschiedet worden, als dem Gesetzgeber die negativen Folgen des staatlichen Interventionismus völlig bewußt geworden seien[41]. Schließlich dürfe nicht übersehen werden, daß der Gesetzgeber das griechische Wettbewerbsrecht mit dem europäischen harmonisieren wollte. Im Hinblick darauf, daß das europäische "Mutterrecht" eindeutig den Schutz der Wettbewerbsfreiheit in den Vordergrund stelle, solle man auch in Griechenland die gesellschaftspolitischen Funktionen des Wettbe-

---

34 LIAKOPOULOS, Die Wirtschaftsfreiheit, S. 192 ff.; DERS., Gewerbliches Eigentum, Bd. II [3. Aufl.], S. 276 ff.

35 LIAKOPOULOS, Gewerbliches Eigentum, Bd. II [3. Aufl.], S. 299 f. im Anschluß an LUKES (Das Kartell als Vertrag mit Aussenwirkungen, 1959), BIEDENKOPF (Vertragliche Wettbewerbsbeschränkung und Wirtschaftsverfassung, 1959) und MARTENS (Rechtsgeschäft und Drittinteressen, AcP 177 [1977], 113 ff.).

36 LIAKOPOULOS, Gewerbliches Eigentum, Bd. II [3. Aufl.], S. 278, 300 ff., 317 f. und 323 f.

37 LIAKOPOULOS, Gewerbliches Eigentum, Bd. II [3. Aufl.], S. 280 f.

38 LIAKOPOULOS, Die Wirtschaftsfreiheit, S. 298; DERS., Gewerbliches Eigentum, Bd. II [3. Aufl.], S. 281, 314 und 330 f.

39 LIAKOPOULOS, Gewerbliches Eigentum, Bd. II [3. Aufl.], S. 331 f. und 336 (Nichtigkeit der Mißbrauchsverträge, direkter Anspruch des Dritten auf Vertragsabschluß im Fall der Geschäftsverweigerung), S. 336 und 352 (Unterlassungsansprüche im Fall des Verstoßes gegen das Verbot des Mißbrauchs der wirtschaftlichen Abhängigkeit eines dritten Unternehmens oder gegen die Fusionskontrollvorschriften).

40 TZOUGANATOS, NoB 1983, 1142 f.; DERS., EEmpD 1984, 382 f.; DERS., Zur Rezeption fremden Rechtsguts, S. 139 ff.

41 TZOUGANATOS, NoB 1983, 1143; DERS., EEmpD 1984, 383.

werbs fördern und für die Interpretation des G. 703/77 grundsätzlich Kriterien verwenden, die an diesen Funktionen orientiert seien[42]. Es müsse somit davon ausgegangen werden, daß das KartellG vorrangig Privatinteressen schütze und den Marktteilnehmern auch privatrechtliche Ansprüche zubillige. Die Überantwortung der Anwendung des Gesetzes ausschließlich an Zivilgerichte wäre allerdings falsch, denn das G. 703/77 diene - wenn auch nicht primär - auch dem öffentlichen Interesse, so daß bei der jeweiligen Beschlußfassung auch die Beteiligung der Verwaltung erforderlich sei[43].

(3) Vermittelnde Ansichten

Mehrere Autoren nehmen schließlich einen vermittelnden Standpunkt zu diesem Streit ein und sehen in der Institution des Wettbewerbs und in der Wirtschaftsfreiheit zwei gleichrangige, nebeneinander stehende Schutzobjekte des KartellG[44]. In diesen, i.d.R. kurz formulierten Stellungnahmen bleibt jedoch unklar, wie die Konflikte, auf die die Vertreter der anderen zwei Meinungen hinweisen, gelöst werden können.

B. Standpunkt der Rechtspraxis

(1) Kartellbehörden

Es finden sich relativ wenige Entscheidungen und Stellungnahmen der Kartellbehörden, die Äußerungen über das Schutzgut des KartellG enthalten.

In der WbSK-E 4/80, die die Anwendungsmöglichkeit des KartellG auf das staatlich regulierte Zwangskartell der Alkoholhersteller betraf, führt die Wettbewerbsschutzkommission aus, das G. 703/77 habe die "Institution des freien Wettbewerbs" in Griechenland eingeführt; daraus sei die Folgerung zu ziehen, daß alle bislang geltenden staatlichen wettbewerbsbeschränkenden Maßnahmen, wie Preis- und Mengenregulierungen, als automatisch aufgehoben zu betrachten seien[45]. Auch in der WbSK-E 11/81 wird der Schutzgegenstand des Gesetzes in der "Institution des Wettbewerbs" erblickt. Die Wettbewerbskommission macht anläßlich einer Beschwerde wegen Mißbrauchs einer marktbeherrschenden Stellung auf die Tatsache aufmerksam, daß - im Gegensatz zum G. 146/14 [Gesetz gegen den unlauteren Wettbewerb] und der dort eröffneten Möglichkeit, Rechtsschutz vor den ordentlichen Gerichten zu beantragen - das die Institution des Wettbewerbs schützende G. 703/77 keine privatrechtlichen Rechtsschutz vorsehe[46]. In den obiter dicta der WbK-S 17/84 und WbK-S 18/84, in denen es darum geht, das Kartellrecht vom Lauterkeitsrecht systematisch zu unterscheiden, hebt die Wettbewerbskommission die unterschiedliche Rechtsnatur der abzugrenzenden Rechtsgebiete hervor: das Kartellrecht sei Teil der öffentlichen Wirtschaftsordnung und könne, anders als das [privatrechtliche] Lauterkeitsrecht, nur beschränkt im Rahmen der ausdrücklich vorgesehenen Fälle Grundlage für Privatansprüche liefern[47]. Die WbK-E 59/93 betont schließlich anläßlich der Beurteilung einer Geschäftsverweigerung im Rahmen des

---

42 TZOUGANATOS, NoB 1983, 1144; DERS., EEmpD 1984, 383 f.

43 TZOUGANATOS, Schutz des freien Wettbewerbs, in: FS für DELOUKAS, S. 969 f.

44 KOTSIRIS, Wettbewerbsrecht [2. Aufl.], S. 232 ff.; ROCAS / PERAKIS, in World Law of Competition, § 1.05 (2)b; GEORGAKOPOULOS, Handelsrecht, Bd. 1, Heft I, S. 213.

45 "Alkoholkartell"-Fall, Bd. A, S. 15

46 "Wasserverbrauchsmesser"-Fall, Bd. A, S. 35.

47 "UCAR"-Fall, Bd. A, S. 111; "SUNLIGHT"-Fall, Bd. A, S. 115.

Art. 2 KartellG, daß das G. 703/77 "sich in erster Linie für den Schutz des Allgemeininteresses interessiert". Für einen korrigierenden Eingriff in das Marktgeschehen gebe es deswegen nur dann einen Grund, wenn die Funktion des Wettbewerbsmechanismus im relevanten Markt gestört werde, nicht dagegen bei rein privaten Streitigkeiten, die durch die Zivilgerichte gelöst werden könnten. Hätten sich demnach aus faktischen Gründen trotz des beanstandeten Verhaltens des marktbeherrschenden Unternehmens keine Wettbewerbsnachteile für die angeblich diskriminierten Unternehmen ergeben, liege dann auch keine Störung der Wettbewerbsbedingungen am Markt vor und greife Art. 2 KartellG nicht ein[48]. Auch das über das Vorliegen von unangemessenen Geschäftsbedingungen zu fällende Urteil - das wird an anderer Stelle derselben Entscheidung ausgeführt - könne nur auf die Überprüfung eingehen, ob sich das freie unternehmerische Verhalten an die in einem Wettbewerbssystem geltenden Grenzen halte. Der Zweck des KartellG bestehe dagegen nicht darin, in den marktwirtschaftlichen Preismechanismus einzugreifen, um den Unternehmen konkrete Preise oder Preisberechnungsschemata vorzuschreiben. Anliegen des Gesetzes [Art. 2 KartellG] sei nur die Verhinderung von Verhaltensweisen, die der Volkswirtschaft in den jeweils gegebenen ökonomischen, sozialen und sonstigen Verhältnissen unter mißbräuchlicher Ausnutzung einer monopolistischen oder oligopolistischen Marktstellung unzulässige Belastungen auferlegen[49].

(2) Gerichte

Es gibt zwar nicht wenige gerichtliche Urteile, die auf das Schutzobjekt des KartellG Bezug nehmen. Eindeutig sind allerdings diese Urteile nur selten, so daß sich sichere Schlußfolgerungen daraus kaum ziehen lassen[50].

Das LG (Einzelrichter) von Athen führt beispielsweise im Hinblick auf die Boykottmaßnahmen einer Großhändlervereinigung gegen das wichtigste Produkt eines Keksherstellers aus, daß die fragliche Geschäftsverweigerung selbst unter Berücksichtigung der Meinungsdivergenzen zwischen den Parteien über wirtschaftliche Bedingungen und persönliche Fragen nicht zu rechtfertigen sei, denn das vom KartellG geschützte Rechtsgut sei der ungehinderte Warenverkehr und der freie Wettbewerb zwischen den gleichartigen Produkten verschiedener Unternehmen zum Nutzen des Warenaustausches und der Konsumenten. Bei Meinungsdivergenzen zwischen den Marktbeteiligten dürften deswegen keineswegs Beschränkungen des Warenverkehres als Erpressungsmittel zur Durchsetzung der Ansicht der einen oder der anderen Partei verwendet werden, da dies die Beeinträchtigung der Wirtschaft und des freien Wettbewerbs der Produkte und letztendlich die Schädigung der Konsumenten zur Folge habe[51].

---

48 "Verwertungsgesellschaft AEPI II"-Fall, Bd. C, S. 80 und 82.

49 "Verwertungsgesellschaft AEPI II"-Fall, Bd. C, S. 82 f.

50 Über die im folgenden angeführten Urteile hinaus siehe *VerwG Athen* 17209/89 "BLYTHE COLOURS", Bd. C, S. 208 (gleichmäßige Berufung auf die wirtschafts- und gesellschaftspolitischen Ziele des KartellG); *ObVerwG Athen* 3871/92 "Feuerlöscher", Bd. C, S. 284 (Betonung des individualrechtlichen Schutzzieles); *LG (Einzelrichter) Piräus* 2400/93 "LACOSTE", Bd. C, S. 326 (Betonung der institutionellen Schutzaspekte); *LG (Einzelrichter) Athen* 29613/95 "L'OREAL", Bd. C, S. 335 f. (Betonung der individuellen Schutzaspekte).

51 *LG (Einzelrichter)* 6009/85, EEmpD 1985, 726 f. mit Anm. von PERAKIS, 729 ff.

In der bislang einzigen relevanten höchstrichterlichen Entscheidung stellt der *gr. Staatsrat* klar, unmittelbar geschütztes Rechtsgut des KartellG sei der *freie und gesunde Wettbewerb*, nicht der Verbraucher. Die Anwendung der kartellrechtlichen Vorschriften setze somit den Nachweis eines Verbraucherschadens nicht voraus. Der Schutz des freien und gesunden Wettbewerbs schließe allerdings den gleichzeitigen und parallelen Schutz der Verbraucher nicht aus, denn der freie Wettbewerb nutze den Verbrauchern[52].

An den obigen Ausführungen der Kartellbehörden und der Gerichte läßt sich keine deutlich überwiegende Tendenz zu Gunsten des Institutions- oder des Individualschutzes erkennen[53]. Allerdings meint CHRISTOFOROU, insbesondere hinsichtlich der Entscheidungspraxis der Kartellbehörden eine starke Orientierung an gesellschaftspolitischen Zielen nachweisen zu können. Nach seiner Ansicht halten sich die griechischen Behörden sehr oft an den Freiheitsbeschränkungen fest, die der jeweilige Sachverhalt für einzelne Personen bedeutet, und vernachlässigen eingehende Marktanalysen und Abwägungen der ökonomischen Auswirkungen jedes Einzelfalles. Zum Maßstab für die Bejahung einer Wettbewerbsbeschränkung werde demzufolge in der Entscheidungsfindung de facto nicht die Minderung der allokativen und produktiven Effizienz der Volkswirtschaft, sondern die Einschränkung der Freiheit einzelner Marktteilnehmer. Dies stelle einen klaren Beweis dafür dar, daß von den griechischen Behörden - unrichtigerweise - *Schutz der Wettbewerber und nicht des Wettbewerbs* betrieben werde[54].

C. Eigene Stellungnahme

Der Streit über das Schutzobjekt des KartellG ist von Mißverständnissen durchzogen. Ihre Ursache liegt vor allem darin, daß man verschiedene, teilweise voneinander unabhängige Probleme unter Berufung auf ein angebliches Dilemma und mit Hilfe einer unpräzisen Terminologie *pauschal* zu lösen sucht.

Im Grunde sind es folgende Fragenkreise, die einer Aufklärung bedürfen:

(a) Werden freie Wettbewerbsprozesse im objektiven Kartellrecht (in erster Linie) aus Gründen des (wirtschaftlichen) *Allgemeinwohls* oder zum Zwecke der Befriedigung von *privaten* (Freiheits-)*Interessen* geschützt?[55]

52 *Staatsrat* 27/93, Bd. C, S. 317 f.; vgl. auch *ObVerwG Athen* 3688/89, Bd. C, S. 250, 253 f.

53 Vgl. aber auch PERAKIS, EEmpD 1985, 731, der in dem zuvor erwähnten Urteil des *LG (Einzelrichter) Athen* 6009/85 eine mittelbare Bestätigung der Individualschutztheorie sieht.

54 Vgl. CHRISTOFOROU, EEEurD 1986, 910 ff.; DERS., in Competition Law, G.C.-9.

55 Hauptsächlich auf diese Frage, ob nämlich Interessen der Allgemeinheit oder Interessen der im konkreten Fall unmittelbar betroffenen Personen für die Auslegung des objektiven Kartellrechts maßgebend sein müssen, bezieht sich die *WbK*-E 59/93 und das Urteil des *LG (Einzelrichter) Athen* 6009/85. Um diese Frage dreht sich zunächst auch die Kritik von CHRISTOFOROU.

(b) Sofern sich dann aus der Analyse ergibt, daß das *objektive Kartellrecht* freie Wettbewerbsprozesse (auch) zum Zwecke der Befriedigung von privaten Freiheitsinteressen schützt, bedeutet dies konsequenterweise, daß man den jeweils Betroffenen Notwehrrechte sowie *subjektive privat- und öffentlichrechtliche Ansprüche* zubilligen muß? Oder ist davon auszugehen, daß zur Förderung der Privatinteressen die kartellrechtliche Behördenaufsicht völlig ausreicht?[56]

(c) Welche *Arbeitsmethode* sollten die Anwender des KartellG vorziehen, um den Inhalt von freien Wettbewerbsprozessen i.S. der Generalklauseln der kartellrechtlichen Grundverbote zu erschließen: die des *wohlfahrtsökonomischen oder* die des *systemtheoretischen Ansatzes*? Ist m.a.W. die Arbeitsmethode zu bevorzugen, die sich am Schema "Marktstruktur-Marktverhalten-Marktergebnis" orientiert und auf die Einzelfallprüfung und Einzelfallprognose der Marktergebnisse das Schwergewicht legt? Oder ist die Arbeitsmethode vorzugswürdiger, die für die Diagnose von Störungen der freien Wettbewerbsprozesse in erster Linie dahingehend fragt, ob unangemessene Beschränkungen der Wettbewerbsfreiheit der Marktteilnehmer vorliegen?[57]

(d) Bildet der Schutz freier Wettbewerbsprozesse das einzige Ziel des KartellG (*monistische Konzeption*)? Oder berücksichtigt das KartellG auch andere, teilweise konfligierende wirtschafts- und sozialpolitische Zielsetzungen und läßt es aus diesem Grund den Anwendungsorganen die Möglichkeit offen, den Wettbewerb auszuschalten, wenn dieser im konkreten Fall in Konflikt mit jenen anderen Zielsetzungen gerät (*pluralistische, auf den sog. Dilemma-Thesen aufbauende Konzeption*)? Wie sollten die Anwendungsorgane im letzteren Fall von ihrem Ermessensspielraum Gebrauch machen?[58]

---

56 In der Frage der Ablehnung oder Zubilligung von subjektiven Rechten, nicht in der objektiven Ausrichtung des Kartellrechts, liegt der Schwerpunkt der Diskussion bei den meisten Autoren. Dies läßt sich z.B. deutlich an der Anmerkung von TZOUGANATOS zu dem *Areopag*-Urteil 2/89 (EEmpD 1989, S. 663 ff.) erkennen, wo die Option "Wettbewerbsinstitution" mit Ablehnung von privatrechtlichen Ansprüchen und die Option "Wettbewerbsfreiheit" mit Zubilligung von subjektiven Rechten jeweils gleichgesetzt wird. Vor diesem Hintergrund sind auch die Ausführungen von SCHINAS und LIAKOPOULOS sowie die *WbSK*-E 11/81, *WbK*-S 17/84 und *WbK*-S 18/84 zu verstehen.

57 Grundsätzlich nur zu dieser Frage nimmt TZOUGANATOS in seinem Aufsatz in: NoB 1983 Stellung. In späteren Veröffentlichungen setzt der Autor allerdings die Anwendung von "gesellschaftspolitischen Kriterien" i.S. des systemtheoretischen Ansatzes mit der uneingeschränkten Zubilligung von subjektiven Rechten gleich. Auf diese Frage gehen ebenfalls CHRISTOFOROU und LIAKOPOULOS ein.

58 Diese Fragestellung wird von den meisten Autoren - unrichtigerweise - mit den anderen drei Fragenkreisen vermischt.

(1) Schutz überindividueller oder individueller Interessen durch das KartellG?

Wenn die Frage nach dem Schutz von überindividuellen oder individuellen Interessen gestellt wird, läßt sich zunächst konstatieren, daß der Gesetzgeber mit der Erhebung des Wettbewerbs zu einer staatlich geschützten Veranstaltung, d.h. mit der institutionellen Verankerung des Wettbewerbsmechanismus, *überwiegend* das *Interesse der Allgemeinheit* im Auge hatte. Die Begründung zum Gesetzesentwurf läßt keinen Zweifel daran: Wettbewerbsstörungen sollten bekämpft werden, weil sie den Verbrauchern und der Volkswirtschaft Schaden zufügen[59]. Der Ausrichtung am Allgemeinwohl zufolge wurde auch das verwaltungsbehördliche Überwachungssystem eingerichtet.

Aus wettbewerbs*theoretischer und -politischer* Sicht läßt sich allerdings der Schutz des Wettbewerbs ohne Schutz der Entscheidungs- und Handlungsfreiheit der einzelnen Marktteilnehmer im Parallel- oder Austauschprozeß nicht vorstellen[60]. Es ist nämlich gerade die Wahrnehmung von individuellen Freiheiten, die kompetitive Marktprozesse in Gang setzt[61]. Handlungsfreiheiten und Wettbewerb sind daher aufeinander bezogen und grundsätzlich nicht trennbar[62]. In wettbewerbs*rechtlicher* Hinsicht zwingt diese Erkenntnis zu der Schlußfolgerung, daß *jedes* Gesetz zum Schutz des Wettbewerbs seine wirtschaftliche Ordnungsfunktion zugunsten des Allgemeinwohls nur über den Schutz der wirtschaftlichen Betätigungsfreiheit, d.h. der Wettbewerbsfreiheit *aller* Einzelnen, erfüllen kann[63]. Es ist also davon auszugehen, daß auch das KartellG zugleich Institutionsschutz und Individualschutz bezweckt. Institutions- und Individualschutz sind dementsprechend innerhalb des KartellG keine Gegensätze, sondern nur zwei Aspekte des gleichen Schutzzweckes, zwei Seiten derselben Medaille[64]. Es handelt sich letztendlich nicht um zwei

---

59 Vgl. Begr. zum Reg.-Entw. des G. 703/77, Erwägungen 1 und 17.

60 Zu diesen Begriffen siehe HOPPMAN, in: HERDZINA (Hrsg.), Wettbewerbstheorie, S. 236 ff.

61 Vgl. MÖSCHEL, Recht der Wettbewerbsbeschränkungen, § 4 Rdn. 111; siehe auch BAUMBACH / HEFERMEHL, Wettbewerbsrecht [20. Aufl.], Allg. Rdn. 17 [Hervorhebungen im Originale]: "Wettbewerb setzt den *freien Zugang zum Markt* und die *Möglichkeit freier wirtschaftlicher Betätigung* voraus. Anbieter müssen ihre Leistungen in Bezug auf Preis, Güte, Service und andere Aktionsparameter *frei bestimmen*, Nachfrager die ihnen angebotenen Leistungen *frei auswählen* können. Die Freiheit dieser Betätigung erfordert eine selbständige Willensbildung, die sich auf die Werbung, die Wahl des Vertragspartners sowie den Abschluß und die inhaltliche Gestaltung des Vertrages beziehen muß. Ohne *Handlungsfreiheit* kann Wettbewerb weder entstehen noch sich entfalten."

62 IMMENGA, in: I/M GWB [1992], § 1 Rdn. 11.

63 Vgl. EMMERICH, in: I/M GWB [1992], § 35 Rdn. 16.

64 Vgl. vor allem HOPPMANN, in: Wettbewerb als Aufgabe, S. 103 f.; siehe auch EMMERICH, in: I/M GWB [1992], § 35 Rdn. 17; MERZ, in: FS für Böhm, S. 256; MESTMÄCKER, AcP 168 (1968), S. 245; K. SCHMIDT, Kartellverfahrensrecht, S. 62 ff.; GREUNER, in: GLOY, HdWbR [2. Aufl.], § 2 Rdn. 16; MÜLLER-LAUBE, Der private Rechtsschutz, S. 13 f. Die scharfe Ge-

Rechtsgüter, zwischen denen man sich entscheiden muß, sondern um ein *einziges* Rechtsgut, den *Wettbewerb als Koordinationsmechanismus*, dessen Schutz sowohl wirtschaftliche Allgemeininteressen als auch freiheitliche Individualinteressen befriedigt.

Es bedarf der Hervorhebung, daß die Behandlung der sog. Dilemma-Thesen systematisch nicht zu diesem Fragenkomplex gehört, auch wenn dies von vielen Autoren nicht genügend beachtet wird[65]. Die fraglichen Thesen gehen nicht von einem Gegensatz zwischen Wettbewerbsfreiheit und Wettbewerbsinstitution, sondern von einem Konflikt zwischen der Förderung kompetitiver Marktprozesse und der Erzielung sonstiger wirtschafts- und sozialpolitischer Ziele aus. Die Frage, die bei den Dilemma-Thesen aufgeworfen wird, lautet also - stark vereinfacht - nicht "Wettbewerbsfreiheit oder Wettbewerbsinstitution?", sondern "Wettbewerb oder Nicht-Wettbewerb?"[66].

Im Hinblick jedenfalls darauf, daß die durch das KartellG angestrebten und gewährleisteten wettbewerblichen Marktprozesse nach der gesetzgeberischen Intention in erster Linie dem Allgemeinwohl dienen sollen, kann der Einzelne über seine gleichzeitig geschützte Wettbewerbsfreiheit nicht disponieren. Dies gilt sowohl für denjenigen, der durch die freiwillige Beteiligung an einer Absprache die eigene Wettbewerbsfreiheit selbst bindet und somit verletzt, als auch für denjenigen, der in die Beeinträchtigung seiner Auswahlfreiheit (im Austauschprozeß) oder Betätigungsfreiheit (im Parallelprozeß) durch dritte Marktteilnehmer einwilligt. Der *Verzicht auf das Recht auf selbständiges Handeln im Wettbewerb* (Wettbewerbsfreiheit) - durch Selbstverletzung oder Einwilligung in eine Verletzung - ist also prinzipiell[67] für die Bejahung eines Verstoßes gegen das KartellG rechtlich unbedeutsam[68]. Zurückzuweisen ist aber insoweit auch jede Berufung des Marktbeteiligten,

---

genüberstellung zwischen Freiheits- und Institutionsschutz, die in der älteren Literatur vorherrschte, wobei einige Autoren dem Institutionsschutz (Institutionsschutztheorie: siehe vor allem WÜRDINGER, WuW 1953, 721 ff. insb. 726), andere dagegen dem Freiheitsschutz (Individualschutztheorie: siehe SÄCKER, Zielkonflikte und Koordinationsprobleme, S. 24) den Vorzug gaben (siehe Zusammenfassung der Diskussion bei I. SCHMIDT, Wettbewerbspolitik und Kartellrecht [4. Aufl.], S. 75 f.; FIKENTSCHER, Wirtschaftsrecht, Bd. II [1983], S. 152 f., je m.w.Nachw.), gilt im allgemeinen heute als überholt, vgl. IMMENGA, in: I/M GWB [1992], § 1 Rdn. 11.

65 Vgl. dazu zutreffend MÖSCHEL, Recht der Wettbewerbsbeschränkungen, § 4 Rdn. 111.

66 Siehe dazu eingehend unten im Text, II C 4.

67 Rechtliche Relevanz können die fraglichen Verhaltensweisen jedenfalls im Bereich der Bestimmung des subjektivrechtlichen Rechtsschutzes des Betroffenen erlangen, siehe dazu unten im Text, II C 2.

68 Vgl. BAUMBACH / HEFERMEHL, Wettbewerbsrecht [20. Aufl.], Allg. Rdn. 28 [Hervorhebungen im Originale]: "Es besteht *kein Zwang*, sich wirtschaftlich zu betätigen und am Wettbewerb zu beteiligen. Eine andere Frage ist es, ob man auf seine Freiheit, allein und selbständig zu handeln, ganz oder teilweise wirksam *verzichten* kann. In einer Marktwirtschaft, deren Ordnungsprinzip der *Wettbewerb* ist, können solche Verzichte keine rechtliche Anerkennung finden." Insbesondere zum EG-Recht siehe KOCH (in: GRABITZ / HILF [1 Grdlfg.], Art. 85 Rdn. 67): "Das Verbot des Art. 85 Abs. 1 zwingt die Unternehmen zum selbständigen Handeln im Wettbewerb." So auch MESTMÄCKER, Europäisches Wettbewerbsrecht [1974],

der die Wettbewerbsfreiheit eines anderen verletzt, auf einen im Verhältnis zum Verletzten bestehenden *Abwehr- oder Verwirkungseinwand*, zumal die beanstandete Handlung (auch) die Interessen der Allgemeinheit tangiert[69].

Die enge Verknüpfung des KartellG mit dem Allgemeinwohl verpflichtet darüber hinaus dazu, bei der *Auslegung* der kartellrechtlichen Vorschriften das aus der Ausübung der Privatautonomie entstehende Spannungsverhältnis zwischen den unmittelbar Betroffenen nicht isoliert zu betrachten, sondern jeweils den ökonomischen Zusammenhang sowie die *Integration des Einzelverhältnisses in eine Vielzahl von Tauschvorgängen* und damit eben die institutionelle Seite der rechtlich verfaßten Veranstaltung Wettbewerb zu berücksichtigen[70]. Dies soll auch für Vorschriften gelten, die - wie das Verbot des Mißbrauchs der wirtschaftlichen Abhängigkeit - auf den ersten Blick den Eindruck erwecken, daß sie von den allgemeinen Wettbewerbsbedingungen am relevanten Markt unabhängig sind und nur die Interessen bestimmter, in einer nachteiligen Position befindlichen Individuen ins Auge fassen. Ebenso wie in anderen Fällen muß sich auch hier die Interessenabwägung nicht nur auf das Verhältnis der unmittelbar Betroffenen (z.B. wirtschaftsmächtiges - wirtschaftsabhängiges Unternehmen) fokussieren, sondern auch die Interessen weiterer Marktkreise (z.B. Konsumenten, Mitglieder eines Vertriebssystems) mit berücksichtigen, wobei die Gesamtwürdigung des Sachverhalts jeweils im Lichte der Prinzipien und der Funktionsweise des Wettbewerbsmechanismus stattzufinden hat[71].

Freiheitsbeschränkungen, sogar Verdrängungen vom Markt im Parallelprozeß, sollten beispielsweise für kartellrechtlich irrelevant erklärt werden, wenn sie auf eine bessere Leistung eines Konkurrenten zurückzuführen sind und somit den Ausdruck der *Auslesefunktion des Wettbewerbsmechanismus* darstellen. Es wäre falsch, in derart gelagerten Fällen mit dem Argument der Verhältnismäßigkeit die wettbewerbskonforme Ausübung

---

S. 349. Zur Problematik der Einwilligung aus strafrechtlicher Sicht führen MAURACH / ZIPF (Strafrecht, AT, Teilb. 1 [8. Aufl.], § 17 Rdn. 44) aus: "[D]ie Bedeutung der Einwilligung bestimmt sich danach, ob der Schutz der Allgemeinheit oder der individuelle Rechtsschutzaspekt überwiegt. Ist ersteres der Fall, dann schließt die Einwilligung bezüglich des betroffenen Individualrechtsgutes die Anwendbarkeit des Straftatbestandes nicht aus." Siehe auch die Beispiele bei HAFT (Strafrecht AT [8. Aufl.], S. 107), der ebenfalls betont: "Universalrechtsgüter der Allgemeinheit sind nicht verfügbar, auch wenn zugleich Individualrechtsgüter geschützt sind." So auch bezüglich des griechischen Rechts SPINELLIS, in: Systematische Auslegung des gr. StGB [1993], Einl. Bemerkungen zu den §§ 20-25 und 32, Rdn. 31.

69 Vgl. GREUNER, in: GLOY, HdWbR [2. Aufl.], § 2 Rdn. 2.

70 Vgl. etwa MÖSCHEL, Recht der Wettbewerbsbeschränkungen [1983], § 4 Rdn. 111.

71 Bezeichnenderweise wird die Notwendigkeit einer solchen Interpretation vor allem von den Vertretern der Individualschutztheorie betont, vgl. TZOUGANATOS, EEmpD 1992, 532 f., 542 f.; LIAKOPOULOS, Gewerbliches Eigentum, Bd. II [3. Aufl.], S. 336. Es zeigt sich darin, daß der Vorrang des Allgemeininteresses bei der Auslegung des KartellG grundsätzlich nicht in Zweifel gezogen wird. Unzutreffenderweise wird also die erste Fragestellung mit den anderen drei vermischt.

der Freiheit des effizienten Konkurrenten einzuschränken, um den leistungsschwachen Mitbewerber künstlich am Leben zu halten. Nicht mehr das Wettbewerbssystem, sondern einzelne Personenkreise, vor allem leistungsschwache Wettbewerber würden dann zum Schutzgegenstand des Kartellrechts gemacht. Dies läßt sich jedoch keinesfalls mit den Zielsetzungen des KartellG vereinbaren, das die Wettbewerbsfreiheit bzw. den freien Wettbewerb im Namen der Volkswirtschaft und der Verbraucher in Schutz genommen hat[72].

(2) Nur objektivrechtliche Behördenaufsicht oder auch subjektivrechtlicher Rechtsschutz im KartellG?

Die vorrangige Ausrichtung des KartellG an Interessen der Allgemeinheit wirft darüber hinaus die Frage auf, ob es sinnvoll und zweckmäßig ist, neben den Kartellbehörden auch einzelnen Personen die rechtliche Befugnis zu erteilen, das objektive Recht gegen Wettbewerbsbeschränkungen auf eigene Initiative zu verteidigen bzw. durchzusetzen. Damit werden zwei wichtige, in Beziehung zueinander stehende Fragenkreise angesprochen. Einerseits, ob Notwehr gegen Verletzungen der Wettbewerbsfreiheit rechtlich anzuerkennen ist, und andererseits, ob den in deren Wettbewerbsfreiheit verletzten Marktteilnehmern subjektive private (z.B. Unterlassungs- oder Schadensersatzansprüche) oder subjektive öffentliche Ansprüche (z.B. Anspruch auf Einschreiten der Kartellbehörden gegen Wettbewerbsbeschränkungen) zustehen[73].

Im allgemeinen stellt sich somit die Frage, ob man im Bereich des Kartellrechts auch *subjektive (private oder öffentlich-rechtliche) Rechte* der geschützten Individuen anerkennen oder es bei der Feststellung von - auslegungserheblichen - *Rechtsreflexen* belassen sollte. - Von letzteren spricht man, soweit dem Bürger durch Handlungen der öffentlichen Verwaltung Vorteile erwachsen, auf die er keinen Anspruch hat. Die Besonderheit von Rechtsreflexen besteht also darin, daß der einzelne durch eine Norm begünstigt wird, ohne daß er ein *einklagbares* Recht (d.i. subjektives Recht) auf die dort enthaltenen Vorteile hätte.

Die *Notwehrdiskussion* wird überwiegend im strafrechtlichen Bereich ausgetragen. Von der h.M. wird im allgemeinen angenommen, daß zwar Güter der Allgemein-

---

72 Diese These steht im Einklang mit der Ansicht des EuGH, daß Maßstab für das Vorliegen einer Wettbewerbsbeschränkung der "normale Produkt- oder Dienstleistungswettbewerb auf der Grundlage der *Leistung* der Marktbürger" sei, vgl. *EuGH* Urt. v. 13.02.1979, Rs. 85/76, *Hoffmann-La Roche*, Slg. 1979, 461 [Rdn. 91]; *EuGH* Urt. v. 03.07.1991, C-62/86, *AKZO*, Slg. 1991, I-3359 [Rdn. 69].

73 Den Unterschied zwischen beiden Fragenkreisen (objektive, gleichzeitig institutionelle und individuelle Aspekte berücksichtigende Schutzrichtung des Kartellrechts - subjektive Ansprüche einzelner Marktbeteiligter) hat besonders deutlich K. SCHMIDT hervorgehoben, siehe DERS., Kartellverfahrensrecht, S. 62 ff.; DERS., in: FS für HOPPMANN, S. 378.; DERS., Drittschutz, Akteneinsicht und Geheimnisschutz im Kartellverfahren, S. 16 ff.; aus der griechischen Literatur siehe MARINOS, ElDik 1992, 1408. Das griechische Schrifttum sowie die griechische Rechtspraxis halten i.d.R. diese Fragenkreisen nicht deutlich genug auseinander und leiten aus diesem Grund die Diskussion auf falsche Bahnen.

heit nicht notwehrfähig sind[74]. Es wird jedoch zugestanden, daß bei gleichzeitiger Beeinträchtigung von Individualinteressen auch ein Privatmann im Wege der Notwehr vorgehen kann[75]. Es ist indessen zu bezweifeln, ob dieses Ergebnis auch auf das kartellrechtliche Gebiet in seiner konkreten Ausgestaltung durch das KartellG übertragbar ist. Das KartellG eröffnet nämlich jedem Marktteilnehmer die Möglichkeit, im Fall einer Wettbewerbsbeschränkung bei der Wettbewerbskommission eine einstweilige Verfügung gegen das zuwiderhandelnde Unternehmen zu beantragen. Unter Berücksichtigung dieses Rechtsbehelfes ist aber die Anerkennung eines eigenständigen Notwehrrechts des in seiner Wettbewerbsfreiheit Verletzten oder eines anderen (Notwehrhilfe) nur unter engen Voraussetzungen zu bejahen[76].

Schwierigkeiten bereitet auch die zweite, ebenfalls auf der Ebene der Rechtsdurchsetzung liegende Frage nach dem *subjektivrechtlichen Rechtsschutz im KartellG* - also die Frage nach den privat- und öffentlichrechtlichen Ansprüchen einzelner Marktteilnehmer.

Daß ein Gesetz (auch) die Interessen eines bestimmten Personenkreises (mit)schützt, bedeutet noch nicht, daß das Gesetz diesem bestimmten Personenkreis auch subjektive Ansprüche zubilligt. Deutlich zeigt sich dies beispielsweise im Bereich des deutschen Lauterkeitsrechts. Nach h.M. gehören neben den Belangen der Mitbewerber auch die Belange der Verbraucher zu den durch das deutsche *UWG* geschützten Interessen. Die Judikatur geht jedoch davon aus, daß im Unterschied zu den Mitbewerbern den einzelnen Verbrauchern keine eigenen Ansprüche eingeräumt sind. Deren Interessen werden mittelbar, nämlich bei Durchsetzung von Ansprüchen durch gewerbliche Interessenverbände, Verbraucherverbände und Mitbewerber gewahrt[77]. Berücksichtigt man, daß es im Bereich des Kartellrechts eine spezielle Behörde gibt, deren Eingriffe gegen Wettbewerbsbeschränkungen ohne Zweifel neben dem Allgemeinwohl auch den Individualinteressen der einzelnen betroffenen Marktteilnehmer dient[78], dann wird deutlich, daß insbesondere in diesem Rechtsgebiet die Zubilligung von subjektiven Ansprüchen - d.i. einklagbaren Rechten - nicht selbstverständlich ist.

Aus *rechtspolitischer Sicht* ist jedenfalls klarzustellen, daß eine großzügige Haltung, d.h. eine weitgehende Zubilligung von subjektivrechtlichen Ansprüchen und damit eine umfassende Mobilisierung der Interessen der Privaten an der Beachtung des KartellG dessen umfassende Durchsetzung und dessen *Effektivität* in erheblichem Maße fördern würde[79]. Der erstrebte Schutz des Rechtsgutes "Wettbewerb"

---

74 Vgl. zur Diskussion ROXIN, Strafrecht AT, Bd. 1 [3. Aufl.], § 15 Rdn. 36 ff. m.w.Nachw.

75 Vgl. JESCHECK / WEIGEND, Lehrbuch [5. Aufl.], S. 340: "Auch Rechtsgüter der Allgemeinheit sind notwehrfähig, wenn ein einzelner durch den Angriff unmittelbar betroffen ist."

76 Näher dazu PAPAKIRIAKOU, Europäisches Unternehmensstrafrecht, *Dritter Teil* II A 2.

77 Vgl. GREUNER, in: GLOY, HdWbR [2. Aufl.], § 2 Rdn. 7 m.w.Nachw. bezüglich dieses - allerdings umstrittenen - Standpunktes der deutschen Rechtsprechung.

78 MÜLLER-LAUBE, Der private Rechtsschutz, S. 18.

79 Zur engen positiven Korrelation zwischen Zubilligung von privatrechtlichen Ansprüchen und Effektivität des Kartellrechts siehe vor allem EMMERICH, in: I/M GWB [1992], § 35

würde also am besten verwirklicht, wenn neben der öffentlichen auch die private Verfolgung der Rechtsgutverletzungen ermöglicht würde. Diese Erkenntnis reicht allerdings noch nicht aus, um gesetzliche Anspruchsgrundlagen dort zu schaffen, wo sie eindeutig fehlen. Daneben muß berücksichtigt werden, daß insbesondere die Anerkennung einer uneingeschränkten Beteiligung Dritter am verwaltungsbehördlichen Verfahren den Interessen der betroffenen Unternehmen an Bewahrung ihrer Geschäftsgeheimnisse in unverhältnismäßiger Weise schaden könnte[80]. Auch wenn Ausgangspunkt der Überlegungen somit die Zubilligung von subjektiven Rechten sein muß, ist es zugleich erforderlich, einerseits die Möglichkeiten der lex lata und andererseits die legitimen Interessen der Beschuldigten zu beachten.

Insoweit ist zunächst im Bereich des privatrechtlichen Durchsetzungsmechanismus zu bemerken, daß das KartellG anders als das gr. UWG keine rechtliche Grundlage für private Unterlassungs- und Schadensersatzansprüche enthält. Hinsichtlich der Begründung einer Unterlassungsklage erweist sich dieser Mangel sogar als entscheidend, weil es auch an einer allgemeinen privatrechtlichen Grundlage für *Unterlassungsansprüche* fehlt[81]. Derartige Ansprüche sollten deswegen im griechischen Kartellrecht als ausgeschlossen betrachtet werden. Statt ihrer steht dem Betroffenen die Möglichkeit zur Verfügung, den Erlaß einer einstweiligen Verfügung von den Kartellbehörden zu veranlassen.

Schadensersatzansprüche können dagegen auf die allgemeine deliktsrechtliche Klausel des Art. 914 gr. ZGB gestützt werden[82]. Dieser Artikel setzt zwar das Vor-

---

Rdn. 12 ff. m.w.Nachw.; vgl. auch TZOUGANATOS, Anm. zum *Areopag*-Urteil 2/89, EEmpD 1989, 665; MARINOS, ElDik 1992, 1409.

80 K. SCHMIDT, Drittschutz, Akteneinsicht und Geheimnisschutz im Kartellverfahren, S. 19 ff. und passim; MARINOS, ElDik 1992, 1409 f. - Vgl. auch *EuG* Urt. v. 29.06.1995, Rs. T-30/91, *Solvay*, Slg. 1995, II-1775_[Rdn. 88]: "Nach einem allgemeinen Grundsatz, der auf das Verwaltungsverfahren Anwendung findet und in Artikel 214 des Vertrages sowie in verschiedenen Bestimmungen der Verordnung Nr. 17 zum Ausdruck kommt, haben die Unternehmen ein Recht auf Schutz ihrer Geschäftsgeheimnisse. Nach Auffassung des Gerichts muß dieses Recht jedoch mit der Gewährleistung der Verteidigungsrechte in Einklang gebracht werden."

81 Eine stark vertretene Meinung im griechischen Schrifttum leitet allerdings aus einzelnen, im Privatrecht verstreuten Vorschriften über Unterlassungsansprüche ein allgemeines Recht auf Erhebung einer Unterlassungsklage bei Rechtsverstößen ab; siehe dazu ANTONOPOULOS, Gewerbliches Eigentum [1993], S. 157 mit Hinweisen auf STATHOPOULOS (Allgemeines Schuldrecht I, 1978, S. 53 Anm. 20, S. 54 Anm. 23), ZEPOS (Schuldrecht, Bd. II, BT, § 30 VI S. 762 ff.), SIMANTIRAS (Allgemeiner Teil des Zivilrechts, S. 135) und PAPANTONIOU (Allgemeiner Teil des Zivilrechts, S. 157). Richtigerweise sollte man jedoch davon ausgehen, daß das griechische Recht keinen vorbeugenden Unterlassungsanspruch kennt. Eine andere Frage ist, ob diese "Lücke" durch Rückgriff auf das Verfahren des einstweiligen Rechtsschutzes gemäß Art. 682 ff. gr. ZPO "geschlossen" werden kann, vgl. dazu unten im Text, § 4 V A.

82 Art. 914 gr. ZGB lautet: "Wer gesetzwidrig einem anderen schuldhaft Schaden zufügt, ist zum Schadensersatz verpflichtet."

liegen einer "gesetzwidrigen" Handlung voraus, wobei die h.M. restriktiv vorgeht und darunter nur Handlungen versteht, die "Schutzgesetze", d.h. Gesetze zum Schutz der rechtlichen Interessen des Einzelnen, verletzen. Zu den "Schutzgesetzen" werden jedoch durch die h.M. auch diejenigen gezählt, die den Schutz der Allgemeinheit bezwecken, vorausgesetzt, daß sie zugleich die Interessen der Privaten schützen[83]. Daß auch die Interessen Einzelner in den Schutzbereich des KartellG fallen, wurde aber bereits an früherer Stelle nachgewiesen[84]. Im Hinblick auf die ebenfalls soeben dargestellten Vorteile der privatrechtlichen Verfolgung von Kartellrechtsverstößen ist also davon auszugehen, daß für die Verwirklichung des Tatbestandsmerkmals "gesetzwidrig" prinzipiell *jeder* Kartellrechtsverstoß ausreicht. Soweit auch ein direkter Schaden des Klägers, ein Verschulden des Beklagten und ein adäquater Kausalzusammenhang zwischen dem beanstandeten Kartellrechtsverstoß und dem Schaden bestehen[85], kann ein Schadensersatzanspruch geltend gemacht werden. Liegen obige Voraussetzungen vor, so ist für die Bejahung des Schadensersatzanspruches jede Überlegung über die Schutzwürdigkeit der verschiedenen als Kläger in Frage kommenden Personenkreise (Abnehmer, Lieferanten, Konkurrenten des Zuwiderhandelnden) prinzipiell unzulässig. Eine Ausnahme sollte nur für den Fall gemacht werden, daß der Kläger die Verletzung seiner Wettbewerbsfreiheit selbst bewirkte (Selbstverletzung) oder in diese Verletzung einwilligte (Einwilligung)[86]. Andere Beschränkungen des Schadensersatzrechts könnten aber kaum den Vorwurf der Willkür vermeiden. Die Gefahr der Entwicklung der Schadensersatzklage zu einer Popularklage besteht übrigens nicht, denn über den Schadensbegriff (direkter Schaden) sowie den Begriff des Kausalzusammenhangs (causa adaequata) können im Notfall Individualbetroffenheit und bloße Popularbetroffenheit auseinandergehalten werden.

Das oben skizzierte Verständnis des Schadensersatzrechts ist zumindest für die von den griechischen Zivilgerichten anzuwendenden Art. 81 und 82 EGV n.F. unvermeidbar. Der EuGH unternimmt nämlich keine interpretatorische Einschränkung des Kreises der berechtigten Marktbeteiligten. Nach ständiger Rechtsprechung geht er davon aus, daß die in Art. 81 Abs. 1 und 82 EGV n.F. enthaltenen Verbote, da sie ihrer Natur nach geeignet sind, unmittelbare Wirkungen in den Beziehungen zwischen einzelnen Rechtssubjekten zu erzeugen, unmittelbar in deren Person Rechte entstehen lassen, welche die Mitgliedstaaten zu wahren haben[87].

---

83 Vgl. ILIOPOULOS, EuR 1986, 296; POTAMIAS, Der Schutz des einzelnen, S. 4 f., 9 ff., je m.w.Hinw.

84 Siehe oben im Text, II C 1.

85 Vgl. ILIOPOULOS, EuR 1986, 295, 302 m.w.Hinw.

86 Das gilt z.B. für die Mitglieder eines Kartells oder für die gebundenen Partner einer vertikalen Absprache, die die Bindung im eigenen Interesse veranlaßt haben (z.B. Preisbindung zur Sicherstellung einer breiten Gewinnspanne).

87 Vgl. z.B. *EuGH* Urt. v. 30.01.1974, Rs. 127/73, *BTR / SABAM*, Slg. 1974, S. 51 [Rdn. 15/17]; *EuGH* Urt. v. 30.04.1974, Rs. 155/73, *SACCHI*, Slg. 1974, S. 409 [Rdn. 18]; *EuGH* Urt. v. 10.07.1980, Rs. 37/79, *Marty / Lauder*, Slg. 1980, S. 2481 [Rdn. 13]; zum

Im Rahmen des verwaltungsbehördlichen Durchsetzungsmechanismus ist bemerkenswert, daß das KartellG das Recht zur Einlegung einer Beschwerde bei den Kartellbehörden zunächst jedem betroffenen Dritten einräumt. Der Beschwerdeführer wird anschließend vom KartellG mit wichtigen Rechten im Verwaltungsverfahren und mit den gleichen Rechtsbehelfen gegen die ergehende Entscheidung ausgestattet[88], die auch dem beschuldigten Unternehmen zustehen. Das hier Erklärte spricht insgesamt dafür, daß (zumindest) dem *Beschwerdeführer* eine starke verfahrensrechtliche Position sowohl im Rahmen des verwaltungsbehördlichen Verfahrens als auch im Rahmen des daran anschließenden verwaltungsgerichtlichen Prozesses anerkannt werden muß. Was *dritte Marktteilnehmer* anbelangt, die keine Beschwerde eingelegt haben, ist dagegen hinsichtlich der Gewährung von Verfahrensrechten Zurückhaltung geboten, denn das KartellG sieht nur in beschränktem Maße Beteiligungsrechte vor[89].

(3) Orientierung an den Voraussetzungen (Wettbewerbsfreiheit) oder an den Ergebnissen (optimale ökonomische Ergebnisse) des Wettbewerbssystems bei der Auslegung der kartellrechtlichen Verbote?

Kompetitive Marktprozesse setzen Wettbewerbsfreiheit voraus und produzieren volkswirtschaftliche Effizienz. Die Störung dieser Prozesse durch Beschränkungen der Betätigungsfreiheit der Marktbeteiligten führt zur Verschlechterung der volkswirtschaftlichen Effizienz. Eine Verletzung des Wettbewerbs kann somit methodisch auf zwei verschiedenen Wegen erfaßt werden. Man kann entweder auf die Verschlechterung der ökonomischen Ergebnisse oder aber auf die Beschränkung der Wettbewerbsfreiheit abstellen. Während der wohlfahrtsökonomische Ansatz den ersten Weg einschlägt, bevorzugt der systemtheoretische Ansatz die zweite Methode.

Eine auch nur kursorische Darstellung der Zielfunktion, der markttheoretischen Fundierung und des wettbewerbspolitischen Programms, die beiden "*idealtypischen*" wettbewerbspolitischen Grundpositionen zugrunde liegen, kann hier nicht erfolgen[90]. Um so weniger können hier die diversen "*realtypischen*" wettbewerbspolitischen Konzeptionen ausgeführt werden[91], welche i.d.R. aus einer Mischung von Elementen beider Idealtypen bestehen[92]. Kurz wiederzugeben sind jedoch die Unterschiede beider Idealtypen hinsichtlich der Methode, der sie sich für die Festlegung von wettbewerbsbeschränkenden Sachverhalten bedienen. Der Frage nach der geeigneteren Methode kommt nicht nur

Schutzgesetzcharakter der EG-Wettbewerbsregeln vgl. ferner KOCH, in: GRABITZ / HILF [1. Grdlf.], Art. 85 Rdn. 149 und [EL 4 Juni 90] Art. 86 Rdn. 88 m.w.Nachw.

88 Siehe dazu oben im Text, § 2 III A 2 (b).

89 Vgl. MARINOS, ElDik 1992, 1408 ff.

90 Vgl. vor allem HERDZINA, Wettbewerbspolitik [4. Aufl.], S. 114 ff.

91 Siehe dazu den Überblick bei COX / JENS / MARKERT (Hrsg.), Handbuch des Wettbewerbs [1981], S. 1 ff.

92 HERDZINA, Wettbewerbspolitik [4. Aufl.], S. 118 ff.

bei der Ausgestaltung der gesetzlichen Grundlagen der Wettbewerbspolitik eine entscheidende Bedeutung zu (interventionistisch *versus* normativ-funktional)[93]. Die Komplexität und die Entwicklungsoffenheit des kartellrechtlichen Gegenstandes, der Wettbewerbsprozesse, zwingen den Gesetzgeber dazu, die Regelungstechnik der Generalklauseln in weitestgehendem Maße zu benutzen[94]. Es wird dann von erheblicher Relevanz sein, welche Methode der Rechtsanwender bei der Auslegung der generalklauselartigen Tatbestandsmerkmale zugrunde legt. Insbesondere für den letzteren Fall sind die folgenden Ausführungen von Belang.

Der *wohlfahrtsökonomische Ansatz*, der die Analyse auf eine rein ökonomische Perspektive reduziert, arbeitet grundsätzlich mit dem sog. *Struktur-Verhalten-Ergebnis Schema.* In der Überzeugung, daß es eine kausale Verbindung zwischen Marktstruktur, Marktverhalten und Marktergebnissen gebe, wird eine für alle drei Kategorien umfassende Referenzsituation definiert, d.h. es werden zunächst die gewünschten Marktergebnisse, dann das gewünschte Marktverhalten und schließlich die dafür optimale Marktstruktur festgelegt. Diese gewünschten Größen werden dann den realen Ergebnissen, Verhaltensweisen und Strukturmerkmalen gegenübergestellt, die sich am relevanten Markt vorfinden. Werden bei der Gegenüberstellung Abweichungen festgestellt, dann werden die realen Größen als nicht kompetitiv eingestuft und der am Markt herrschende Wettbewerb als nicht *funktionsfähig* und damit korrekturbedürftig bezeichnet. Die Aussagen werden dabei für jeden einzelnen Fall gesondert getroffen, um den Nachteil auszugleichen, daß in der Theorie insbesondere hinsichtlich der als normatives Leitbild zu verwendenden Marktstrukturhypothesen viele divergierende Ansichten bestehen[95].

Der *systemtheoretische Ansatz* verzichtet dagegen auf die Formulierung von Optimalkonstellationen. Er hält die Gleichstellung kompetitiver Marktprozesse mit konkreten Marktergebnissen für sachwidrig, da der Wettbewerb eigentlich ein *Entdeckungsverfahren*, d.h. einen Such-, Informations- und Lernprozeß darstellt, dessen ökonomische Ergebnisse zwar gut, jedoch nie genau vorhersehbar sind[96]. Als Referenzsituation figurieren deswegen im systemtheoretischen Ansatz nicht irgendwelche zu verwirklichende Marktmodelle, sondern kompetitive Marktprozesse, die sich immer dann einstellen, wenn ihre zentrale Voraussetzung, nämlich Wettbewerbsfreiheit, gegeben ist. Bei der Diagnose des realen Marktgeschehens tritt insoweit an die Stelle eines Marktergebnis-, Marktverhaltens- oder Marktstrukturtests ein *Test der Wettbewerbsfreiheit*, wobei auf allgemeingültigen Mu-

---

93 Vgl. dazu HOPPMANN, in: DERS. / MESTMÄCKHER, Normenzwecke und Systemfunktionen, S. 13 ff.

94 MÖSCHEL, Recht der Wettbewerbsbeschränkungen [1983], § 3 Rdn. 80.

95 Vgl. HERDZINA, in: FS für BENISCH, S. 4 f.

96 Vgl. VON HAYEK, Der Wettbewerb als Entdeckungsverfahren, passim.

stervoraussagen begründete per se Verbote den Einzelfallbeurteilungen vorgezogen werden[97].

Die Entstehungsgeschichte und die konkreten Regelungen des KartellG liefern nun kaum eindeutige Argumente für oder gegen einen der beiden Ansätze. Auf die Realisierung konkreter Marktmodelle hat zwar der Gesetzgeber nicht hingewiesen. Er hat jedoch auch darauf verzichtet, klare Definitionen der zentralen Tatbestandsmerkmale "Wettbewerbsbeschränkung", "marktbeherrschende Stellung" oder "Mißbrauch" zu geben. Der Weg für die vom systemtheoretischen Ansatz stark kritisierten wettbewerbsbehördlichen Einzelfallprognosen und Ermessensentscheidungen auf dem Gebiet der Abgrenzung des tatbestandsmäßigen vom erlaubten Verhalten soll somit zunächst als nicht ausgeschlossen betrachtet werden.

Es ist allerdings zu bedenken, daß jede Ausrichtung der Anwendungsorgane an der Arbeitsmethode des wohlfahrtsökonomischen Ansatzes der *Bestimmtheit* und *Justiziabilität* der kartellrechtlichen Grundverbote erhebliche Schäden zufügen würde. Dies liegt nicht nur an der unüberschaubaren Zahl der Marktstrukturmodelle, die sich bei der Berücksichtigung selbst der elementaren empirischen wettbewerbsbedeutsamen Faktoren bilden lassen. Selbst wenn z.B. lediglich sieben Marktstrukturelemente (Marktanteile, Marktschranken, Markttransparenz, Konstenfunktionen, Produktdifferenzierung, Preiselastizität, Einkommenselastizität) mit jeweils nur drei allgemeinen Untergruppen wie klein, mittel und groß berücksichtigt werden, ergeben sich mathematisch bereits 116.280 verschiedene Kombinationsmöglichkeiten und damit Marktstrukturen[98]. Auch die Vorgabe bestimmter Marktergebnisse als nichtwettbewerblich und eine darauf aufbauende Diagnose von fehlendem Wettbewerb ist methodisch wenig gesichert, da Marktergebnisse angesichts des offenen Charakters von Wettbewerbsprozessen grundsätzlich nicht vorhersehbar und somit nicht normierbar sind[99]. Bei fehlenden Marktergebnisnormen sind aber dann auch keine Marktstruktur- und Marktverhaltensnormen ableitbar[100]. Die Annahme schließlich, daß zwischen diesen drei Kategorien bestimmte Korrelationen bestehen, hat sich i.d.R. bisher nicht nachweisen lassen. Insbesondere die exakte Voraussage darüber, welche Wirkungen ein bestimmtes Verhalten haben wird, ist unmöglich, denn die Größen Marktstruktur, Marktverhalten und Marktergebnisse sind zirkulär miteinander verknüpft, d.h. nicht nur Marktverhalten und Marktstruktur wirken auf die Marktergebnisse ein, sondern ebenso die Marktergebnisse

---

97 HERDZINA, in: FS für BENISCH, S. 7 ff.; DERS., Wettbewerbspolitik [4. Aufl.], S. 117. Zum Test der Wettbewerbsfreiheit siehe HOPPMANN, Wirtschaftsordnung und Wettbewerb, S. 263 ff.

98 Vgl. BARTLING, Leitbilder der Wettbewerbspolitik, S. 23.

99 Vgl. HERDZINA, in: FS für BENISCH, S. 6.

100 Vgl. BARTLING, Leitbilder der Wettbewerbspolitik, S. 25 f.

auf die Marktstruktur und das Marktverhalten, wodurch ein vollkommen undurchschaubares Geflecht von Kausalbeziehungen entsteht[101].

An *Rechtsklarheit* und *Rechtssicherheit* gewinnt dagegen die Rechtsanwendung in erheblichem Maße, wenn der Anwender des KartellG auf die am Schema "Marktstruktur-Marktverhalten-Marktergebnis" orientierte Fundierung sowie auf die Einzelfallprüfung oder Einzelfallprognose von Marktergebnissen weitestgehend verzichtet und sein Unwerturteil über die Wettbewerbswidrigkeit einer Verhaltensweise prinzipiell auf die unangemessene Beschränkung der Wettbewerbsfreiheit der Marktteilnehmer stützt.

Hierbei soll keine Rolle spielen, wessen Freiheit beschränkt wird[102]; interner Kartellaspekt, Behinderung von Konkurrenten und Beschneidung der Auswahlmöglichkeiten der Marktgegenseite sollen vielmehr gleichermaßen berücksichtigt werden. Beachtet werden muß jedoch die Eigenartigkeit jeder einzelnen Norm. Während für den Kartelltatbestand z.B. das zugrundeliegende Postulat der eigenständigen Planung der Unternehmenspolitik und das Spürbarkeitserfordernis es nahelegen, die Beschränkung der Wettbewerbsfreiheit der Vertragspartner und die dadurch bewirkte spürbare Beschneidung der Auswahlmöglichkeiten der Marktgegenseite ins Zentrum der Analyse zu rükken, ist für die Mißbrauchstatbestände, die das autonome Verhalten von einzelnen Unternehmen unter Kontrolle stellen, auf machtbedingte Verletzungen der Wettbewerbsfreiheit von Konkurrenten, Lieferanten und Abnehmer abzustellen.

Von entscheidender Bedeutung ist, daß mit der Ausrichtung der Auslegung am Freiheitsbegriff die Generalklauseln der Verbotstatbestände mit einem leichter zu konkretisierenden Inhalt gefüllt werden, der zwar die jeweils durch das Verhalten hervorgerufene Minderung des Wohlstandseffektes anhand von Mustervoraussagen berücksichtigt, von - wissenschaftlich höchst fragwürdigen - konkreten Messungen und Nachweisen dieser Wohlstandsminderung jedoch im Einzelfall unabhängig bleibt. In diesem Sinne läßt sich sagen, daß bei der Auslegung der Grundverbote des KartellG eher *freiheitsbezogene* (unangemessene Freiheitsbeschränkung) als *wohlstandsbezogene Kriterien* (konkrete Verschlechterung der Marktergebnisse) anzuwenden sind[103].

Dies ist keineswegs eine Entscheidung gegen die ökonomischen Funktionen des Wettbewerbs bzw. gegen die institutionelle, dem Allgemeininteresse verpflichtete Deutung des KartellG. Es ist vielmehr nur eine realistische Folgerung aus dem beschränkten Kenntnisstand der modernen Wettbewerbstheorie, die die kompetitiven Marktprozesse heute adäquater und überzeugender über den Freiheitsbegriff - und somit die gesellschaftlichen Dimensionen des Wettbewerbs - als über die Festle-

---

101 Vgl. EMMERICH, Kartellrecht [7. Aufl.], S. 13.

102 Zur Diskussion über diese Frage im deutschen Kartellrecht siehe VON GAMM, Kartellrecht [2. Aufl.], Einf. A Rdn. 21 und 28 m.w.Nachw.

103 Soweit die Stellungnahme von TZOUGANATOS (siehe oben im Text, II A 2) diesen Aspekt des Problems anspricht, ist sie zu begrüßen.

gung konkreter Wirtschaftsergebnisse und Marktmodelle erfassen vermag. Der überindividuelle Aspekt des geschützten Rechtsgutes darf indessen nicht aus den Augen verloren werden. Weder darf die (relative Wettbewerbs-)Freiheit des einzelnen Betroffenen deswegen isoliert betrachtet werden, noch darf die Auslegung der Grundverbote von den Prinzipien und der ökonomischen Funktionsweise (z.B. Auslesefunktion) des Wettbewerbssystems entbunden werden[104].

(4) Schutz des Wettbewerbssystems als einziges oder als eines neben anderen Zielen des KartellG?

Der Schutz kompetitiver Marktprozesse ist ohne Zweifel das vorrangige Ziel *jedes* Kartellrechts. Bereits die Existenz eines Kartellrechts bringt damit den Gedanken zum Ausdruck, daß im freien Wettbewerb, in dem sich die individuelle Wettbewerbsfreiheit manifestiert, ein zuverlässiger Steuerungs- und Ordnungsmechanismus zu erblicken ist, der die bestmögliche Produktion und Verteilung der Güter sicherstellt und damit den Wohlstand der Verbraucher maximiert. Hält man dieses Ziel, also den Schutz des freien Wettbewerbs und der *dadurch* verwirklichten ökonomischen Effizienz, für das einzige Ziel des Kartellrechts, dann setzt man sich für eine *monistische Konzeption* der kartellrechtlichen Gesetzgebung ein. Meint man dagegen, daß ein Konzept umfassender Wettbewerbsförderung auf allen Ebenen falsch sei, da es zahlreiche Fälle gebe, in denen die Förderung freier Wettbewerbprozesse in Konflikt mit anderen vorrangigen Zielsetzungen ökonomischer und metaökonomischer Art gerate (Dilemma-Thesen)[105], und fordert dementsprechend, daß das Kartellrecht notfalls durch Hinnahme von Wettbewerbsbeschränkungen auch diesen konfligierenden Zielsetzungen Rechnung trage (z.B. Realisierung von Kostenersparnissen, technischer Fortschritt, internationale Wettbewerbsfähigkeit, Mittelstandsschutz, Schutz traditioneller Vertriebsstrukturen, Schutz von Schlüsselindustrien vor Überfremdung, Erhaltung von Arbeitsplätzen, Industrieansiedlung, Sicherstellung der Gleichheit der Lebensbedingungen durch Vorsorge für Tarifeinheit im Telefonwesen oder in der Stromversorgung, Gesundheitsschutz), dann tritt man für eine *pluralistische Konzeption* der kartellrechtlichen Gesetzgebung ein[106].

Auch das KartellG zielt vorrangig auf den Schutz freier Wettbewerbsprozesse ab. Die grundsätzlichen Verbote von Kartellen, von Mißbräuchen wirtschaftlicher Macht und von mit schwerwiegenden wettbewerbsbeschränkenden Effekten verbundenen Fusionen liefern eindeutige Beweise dafür. Die Ermächtigung zur Er-

---

104 Siehe dazu bereits oben im Text, II C 1.

105 Vgl. den Überblick bei I. SCHMIDT, Wettbewerbspolitik und Kartellrecht [4. Aufl.], S. 77 ff.; EMMERICH, Kartellrecht [7. Aufl.], S. 20.

106 Eine allgemeine Darstellung der konkurrierenden Zielsetzungen im Rahmen der grundsätzlich pluralistisch konzipierten Wettbewerbsordnungen der europäischen Staaten gibt MÖSCHEL, in: FS für RITTNER, S. 407 ff. m.w.Nachw.

richtung von Ausnahmebereichen, die Normierung der zahlreichen Freistellungsmöglichkeiten vom Kartellverbot und die statuierte Ministererlaubnis bezüglich verbotener Fusionen lassen jedoch auch keinen Zweifel daran, daß den zuständigen Organen im Einzelfall die Möglichkeit offen steht, gegen das Wettbewerbsprinzip zu entscheiden und andere Ziele zu fördern. Der Wettbewerb darf somit partiell ausgeschaltet werden, wenn er aus gesamtwirtschaftlichen oder anderen Gründen nicht sinnvoll erscheint. Die griechische Kartellrechtsordnung wird eindeutig von einer pluralistischen Lehre dominiert[107].

Es drängt sich allerdings die Frage auf, ob der Entscheidungsspielraum der Anwendungsorgane, aber auch des Gesetzgebers in der Zukunft, auf gewisse Grenzen stößt. Diese ist nicht nur eine Auslegungsfrage bezüglich der Ausnahmetatbestände, sondern auch eine rechtspolitische Frage, die eng mit dem Verständnis und dem *Stellenwert des Wettbewerbsprinzips* innerhalb der griechischen Wirtschafts- und Verfassungsordnung zusammenhängt. Es fragt sich insbesondere, ob der Wettbewerb lediglich als ein frei austauschbares Mittel der Wirtschaftspolitik oder im Gegenteil als ein Rechtsprinzip mit eigenem Wert und somit als Ziel an sich aufgefaßt werden muß[108].

Erst im Zusammenhang mit den Ausnahmetatbeständen erlangt die soeben gestellte Frage erhebliche praktische Bedeutung. Der Streit, ob die kartellrechtlichen Grundverbote "im Dienste der gesellschaftspolitischen Freiheitsidee oder des pragmatischen Wohlstandsarguments" stehen, ist dagegen nicht fruchtbar, wenn man gleichzeitig davon ausgeht, daß zwar die Auslegung z.B. des Kartellverbots der Freiheitsidee verpflichtet sein müsse, jedoch im Rahmen des Instituts der Freistellung ökonomische Zielsetzungen zu Lasten des Wettbewerbsschutzes verwirklicht werden dürften[109]. Freie Wettbewerbsprozesse - und die sich in ihnen manifestierende Freiheitsidee - sind in der Rechtsanwendung nur dann gewährleistet, wenn in erster Linie den Freistellungsmöglichkeiten Grenzen gesetzt werden. Plastisch läßt sich dies z.B. am ausgehöhlten deutschen Kartellverbot veranschaulichen, das wegen der vielen Ausnahmeregelungen im Laufe der Zeit erheblich an Wirksamkeit und praktischer Relevanz verloren hat.

---

107 Dies gilt übrigens auch für die europäische Kartellrechtsordnung, siehe dazu *EuGH* Urt. v. 25.10.1977, Rs. 26/76, *Metro I*, Slg. 1977, S. 1875 [Rdn. 20]: "Die der Kommission in Artikel 85 Absatz 3 eingeräumten Zuständigkeiten zeigen, daß die Erfordernisse der Aufrechterhaltung eines wirksamen Wettbewerbs mit der Wahrung andersartiger Ziele in Einklang gebracht werden können und daß zu diesem Zweck bestimmte Beschränkungen des Wettbewerbs zulässig sind, wenn sie für die Verwirklichung dieser Ziele unerläßlich sind und nicht zu einer Ausschaltung des Wettbewerbs für einen wesentlichen Teil des Gemeinsamen Marktes führen." Insbesondere zur theoretischen und wettbewerbspolitischen Problematik im Rahmen der europäischen Fusionskontrolle (Competition *versus* Industrial Policy) und zu den Tendenzen der Gemeinschaftsorgane bei der Anwendung der Fusionskontrollvorschriften, siehe zusammenf. COOK / KERSE, E.C. Merger Control [1996], S. 127 ff.

108 Vgl. etwa MERZ, in: FS für BÖHM, S. 250 f.

109 So aber SÄCKER, Zielkonflikte und Koordinationsprobleme, S. 26 ff.

Aus der Betrachtung des Wettbewerbsprinzips im Lichte der griechischen Verfassungsordnung, wie sie von der griechischen Verfassung vorgegeben wird, ergibt sich, daß dieses Prinzip einen hohen Wertgehalt besitzt[110]. - Zunächst gewährleistet eine auf dem Wettbewerbsprinzip fußende volkswirtschaftliche Organisationsform den Bürgern einen Höchstmaß an *normativer* Wirtschaftsfreiheit. Indem die staatliche Zentralplanung und der obrigkeitliche Dirigismus zurückweichen und an ihre Stelle eine von der Privatinitiative geprägte Wirtschaftsordnung tritt, wird der Einzelne an der Entfaltung seiner Freiheitsrechte vom Staat weitestgehend ungehindert gelassen[111]. Dadurch wird das *Rechtsstaatsgebot der staatlichen Bindung an die Grundrechte* optimal erfüllt. Beschränkt sogar der Staat seine Eingriffe in die gewährte normative Wirtschaftsfreiheit nur auf das erforderliche Maß, um "asoziales Verhalten" seitens wirtschaftsmächtiger Unternehmen abzuwehren[112], also um die faktische Handlungs- und Entscheidungsfreiheit aller Marktteilnehmer und damit das Wettbewerbssystem als Institution gegen die systemimmanenten, aus Zusammenballungen privater Wirtschaftsmacht ausgehenden Gefahren zu verteidigen, dann wird gleichzeitig auch ein Höchstmaß an *faktischer* Wirtschaftsfreiheit innerhalb der Gesellschaft hergestellt. Dadurch wird das *Sozialstaatsgebot des Ausgleichs von Machtgefällen* in der Gesellschaft erfüllt und die für die innere Legitimation der gesamten Privatrechtsordnung erforderliche gegenseitige Unabhängigkeit (relative Machtlosigkeit) und Wahlfreiheit der Vertragspartner verbürgt[113].

Der Gesetzgeber ist zwar im Rahmen seiner *sozialstaatlichen Aufgabe zur Steuerung der Wirtschaft*[114] berechtigt, auf obige Vorteile des Wettbewerbsprinzips teil-

---

110 Aus der geltenden griechischen Verfassung läßt sich zwar ein bindendes wirtschaftspolitisches Leitbild *nicht* herleiten, vgl. dazu bereits oben im Text, § 1 II A. Wie jedoch die folgenden Ausführungen zeigen, kann eine am Wettbewerbsprinzip orientierte Wirtschaftsordnung eine optimal abgestimmte Verwirklichung der Gebote erreichen, die den in der griechischen Verfassung verankerten Prinzipien des Rechts- und Sozialstaates zu entnehmen sind. Dem Wettbewerbsprinzip kommt insoweit mittelbar ein hoher Stellenwert in der verfassungsrechtlichen Wertordnung zu. - Zur verfassungsrechtlichen Gebotenheit einer fruchtbaren Synthese der Prinzipien des Sozial- und des Rechtsstaates vgl. RIZOS, ToS 1984, 169 f.

111 Zur Wirtschaftsfreiheit und insbesondere zur Wettbewerbsfreiheit als staatsgerichtetem subjektivem Abwehrrecht, siehe DÜRIG, in: MAUNZ / DÜRIG, Komm. z. GG, Art. 2 Abs. 1 Rdn. 48 ff. [Lief. 1958]; MANESIS, Individuelle Freiheiten [4. Aufl.], S. 151 ff.

112 Vgl. DÜRIG, in: MAUNZ / DÜRIG, Komm. z. GG, Art. 2 Abs. 1 Rdn. 58 [Lief. 1958].

113 MESTMÄCKER, AcP 168 (1968), S. 235 ff.; MERZ, in: FS für Böhm, S. 230 ff.; MÖSCHEL, Recht der Wettbewerbsbeschränkungen [1983], § 4, Rdn. 115; SÄCKER, Zielkonflikte und Koordinationsprobleme, S. 21 ff., je m.w.Nachw.

114 Zum sozialstaatlichen Charakter der staatlichen wirtschaftspolitischen Aufgaben siehe BENDA, Der soziale Rechtsstaat, in: BENDA / MAIHOFER / VOGEL, Hdb. des VerfassungsR, § 17 Rdn. 175 ("Für den Gesamtzustand der Wirtschaft trägt der Staat Mitverantwortung. Erst Stabilität und beständige Arbeit der Wirtschaft liefern die notwendigen Voraussetzungen für die Erfüllung sozialer Gestaltungsaufgaben. Daher kann der Soziale Staat nicht lediglich Gesellschafts-, sondern muß auch Wirtschaftspolitik betreiben... Der Sozialstaat muß

weise zu verzichten. Auch die Kartellbehörden dürfen im Rahmen der Ausnahmetatbestände des KartellG solche Verzichte vornehmen. Es darf jedoch nicht übersehen werden, daß es hier gerade um *sichere* und *wertvolle* Gesellschaftsvorteile geht. Deren Aufopferung dürfte deswegen nur dann für zulässig gehalten werden, wenn durch die Ausschaltung des Wettbewerbs mit dem sicheren Eintritt genauso schwerwiegender wirtschaftspolitischer oder anderer gesellschaftspolitscher Vorteile gerechnet werden kann. Was zumindest den ökonomischen Aspekt anbelangt, lassen sich jedoch anhand des derzeitigen Erkenntnisstandes der Volkswirtschaftslehre solche Vorteile nur selten mit Sicherheit planen. In der überwiegenden Mehrheit der Fälle kann sich dagegen die Ausschaltung des Wettbewerbsprinzips zwecks Verwirklichung von wirtschaftlichen Zielen auf andere Art und Weise kaum dem Vorwurf der Spekulation entziehen. Vor allem die These, daß im Interesse einer umfassenden Förderung von Forschung und Entwicklung notfalls Großunternehmen auch auf Kosten des Wettbewerbsschutzes hingenommen werden müßten, läßt sich kaum halten. Das gesamte vorliegende empirische Material zeigt, daß nach wie vor nichts so sehr technischen Fortschritt und wirtschaftliches Wachstum fördert wie möglichst viel Wettbewerb auf möglichst vielen Märkten[115]. Auch der Aufgabe der Steuerung der Wirtschaft werden somit der Gesetzgeber und die Wirtschaftsbehörden nur dann am besten gerecht, wenn sie freie Wettbewerbsprozesse so weit wie möglich fördern.

Es ist also so, daß *sowohl* die Eigenschaft des Wettbewerbs als unverzichtbare Voraussetzung für das Funktionieren der freiheitlich-rechtsstaatlichen Verfassung und der auf dem Institut des gegenseitigen Austauschvertrages aufbauenden Privatrechtsordnung *als auch* die prinzipielle Tauglichkeit kompetitiver Marktprozesse für die Verwirklichung der erstrebten Wohlstandsmaximierung eindeutig dafür sprechen, daß das Wettbewerbsprinzip innerhalb der griechischen Rechtsordnung nicht als frei austauschbares Instrument der Wirtschaftsverwaltung, sondern als *Rechtsprinzip mit eigenem Wert* verstanden werden muß[116]. Dementsprechend sollte davon ausgegangen werden, daß die gesetzlichen Ermächtigungen zur Einrichtung von Ausnahmebereichen und zur Erteilung von Freistellungen und Genehmigungen für Wettbewerbsbeschränkungen nur innerhalb enger Grenzen ausgeübt werden dürfen.

Bestand, Stabilität und Wachstum der Wirtschaft fördern und sichern. Sonst könnte er nur den Mangel").

115 EMMERICH, Kartellrecht [7. Aufl.], S. 20.

116 Vgl. etwa RITTNER, Wettbewerbs- und Kartellrecht [5. Aufl.], § 5, Rdn. 41: "Der Wettbewerb soll als rechtliches Ordnungsprinzip, als Teil der durch die Prinzipien der Freiheit und Gleichheit aller Rechtspersonen verfassungsrechtlich statuierten Ordnung, gewährleistet werden, innerhalb deren er und die Privatautonomie sich gegenseitig bedingen und ergänzen, somit komplementäre Größen sind."

(5) Vereinbarkeit der griechischen Rechtspraxis mit dem eigenen Standpunkt über das geschützte Rechtsgut als Zusammenfassung

Überprüft man nun die Aussagen und die Arbeitsmethode der bisherigen kartellrechtlichen Praxis anhand der Systematik der oben behandelten Fragenkreise und im Lichte der dort gewonnenen Erkenntnisse, so lassen sich im Grunde folgende Feststellungen treffen.

Die griechischen Rechtsanwender pflegen zutreffenderweise den engen Bezug der kartellrechtlichen Vorschriften zu den *Interessen der Verbraucher und der Allgemeinheit* hervorzuheben[117]. In diesem Sinne sprechen sie vom Schutz des Wettbewerbs als Institution. Diese Formulierung ist insoweit zu begrüßen, als dadurch zum Ausdruck gebracht wird, daß in der jeweiligen Interessenabwägung die Interessen eines breiten Personenkreises und nicht nur die der unmittelbar Betroffenen berücksichtigt werden müssen.

Nicht überzeugend ist es allerdings, wenn die Praxis durch den Terminus "Institution des Wettbewerbs" ihre Zurückhaltung hinsichtlich der *Zubilligung subjektiver Ansprüche* zu rechtfertigen versucht[118]. Im Hinblick darauf, daß institutionelle Deutung des KartellG und Drittschutz keine Gegensätze darstellen, ist jeder Versuch des Ausschlusses von subjektiven Ansprüchen Dritter unter Berufung auf den Terminus "Institution" unbegründet. Deswegen könnte man berechtigterweise nur darauf hinweisen, daß der Gesetzgeber auf die Schaffung von besonderen Anspruchsgrundlagen, wie dies z.B. beim gr. UWG der Fall ist, verzichtet hat. Das heißt allerdings noch nicht, daß die Befriedigung von Privatinteressen ausschließlich auf die kartellbehördliche Aufsicht angewiesen sein muß. Insbesondere Schadensersatzansprüche können ohne weiteres aufgrund der allgemeinen deliktsrechtlichen Klausel des gr. ZGB geltend gemacht werden.

Verfährt die Praxis bezüglich der Zuerkennung von subjektiven Rechten restriktiv, so ist sie gleichwohl auf den Schutz der Freiheitsinteressen Einzelner sehr bedacht, wenn es darum geht, die Generalklauseln der kartellrechtlichen Verbote zu konkretisieren. An der *Arbeitsmethode* läßt sich eine starke Ausrichtung an gesellschaftlichen Maßstäben i.S. des systemtheoretischen Ansatzes erkennen. In den Entscheidungen und Stellungnahmen der Kartellbehörden ist zwar oft vom "funktionsfähigen Wettbewerb" die Rede. Die Spruchpraxis zeigt jedoch keine Tendenz, diesen funktionsfähigen Wettbewerb mit konkreten Marktmodellen und konkreten, quantifizierbaren Marktergebnissen gleichzusetzen. Störungen der freien Wettbewerbsprozesse werden prinzipiell anhand des Kriteriums der Wettbewerbsfreiheit er-

---

117 *WbSK*-E 9/81 "Verlegerkartell", Bd. A, S. 32.

118 *WbSK*-E 11/81 "Wasserverbrauchsmesser", Bd. A, S. 33 f.; *WbK*-S 17/84 "UCAR", Bd. A, S. 111 und *WbK*-S 18/84 "SUNLIGHT", Bd. A, S. 115. Siehe zu diesen Fällen bereits oben im Text, § 3 I B 2.

mittelt. Das Unwerturteil wird auf Einschränkungen der Handlungs- und Entscheidungsfreiheiten der Marktteilnehmer gestützt[119]. Nicht selten werden auch freiheitsbeschränkende Praktiken als per se rechtswidrig behandelt (Preisbindungen, Gebietsaufteilungen, Diskriminierungen)[120]. Das Urteil wird dann auf allgemeine Mustervoraussagen über die negativen Wirkungen dieser Praktiken gestützt; eine (über die quantitative Spürbarkeit hinausgehende) Marktanalyse, insbesondere eine einzelfallbezogene Marktergebnisprognose wird nicht vorgenommen. Angesichts der Vorteile der methodischen Orientierung am Freiheitsbegriff ist die relevante Anwendungspraxis zu begrüßen.

Es hat allerdings auch Fälle gegeben, in denen der Blick künstlich so stark eingeengt wurde, daß letztendlich nur die *Freiheit eines einzelnen Marktteilnehmers für maßgebend erklärt* wurde ("Blythe Colours"-Fall)[121].

Das englische Chemieunternehmen Blythe Colours Ltd. (BL) exportierte jahrelang Grundstoffe für Keramikarbeiten nach Griechenland. Als Vermittlungsstelle für die Bestellungen der griechischen Kunden fungierte ein in Griechenland ansässiger Handelsvertreter der englischen Firma. Die Abnehmer von BL teilten sich in zwei Gruppen. Auf der einen Seite waren Industrie- und Handwerksunternehmen, welche größere Mengen der keramischen Grundstoffe zur weiteren Verarbeitung direkt von BL bezogen, und auf der anderen Seite waren zwei Händler, die Zania und der A.T., welche die Grundstoffe zum Wiederverkauf an kleine Handwerksunternehmen abnahmen.

Im Jahr 1983 entschied sich BL, mit Zania einen Alleinimport- und -vertriebsvertrag abzuschließen. BL übernahm dabei die Verpflichtung, in Zukunft direkte Verkäufe auf dem griechischen Gebiet zu unterlassen. Dementsprechend verwies die englische Firma alle ihre bisherigen Kunden, einschließlich des A.T., an die neue Alleinimporteurin. Besonders für A.T. war dies aber sehr problematisch, weil er zugleich Konkurrent von Zania war. Diese verweigerte ihm zwar nicht die Belieferung, verlangte von ihm aber dieselben Preise wie von ihren eigenen Abnehmern, so daß A.T. nicht mehr wettbewerbsfähig war. Die Ausweichmöglichkeiten auf andere Hersteller waren für ihn beschränkt, weil er schon über einen großen Vorrat von Grundstoffen der BL verfügte, den er mit Grundstoffen einer anderen Firma aus technischen Gründen nicht mischen konnte. Auch aus subjektiven Gründen war es ihm schwer, auf eine andere Bezugsquelle umzusteigen, da er schon 15 Jahre lang Geschäftsbeziehungen mit BL unterhielt.

Es stand allerdings fest, daß BL einen geringen Anteil am griechischen Markt für keramische Grundstoffe besaß. Über ein Exportverbot zu Lasten vor Zania hinaus enthielt

---

[119] Vgl. *WbK*-S 98/90 "YBONNI", Bd. C, S. 25 ("Aufhebung der unternehmerischen Autonomie der an der Abrede Beteiligten"); *WbK*-S 91/90 "CHANEL IV", Bd. C, S. 15 ("Einschränkung der unternehmerischen Tätigkeit des Einzelhändlers"); *WbK*-S 98/90 "YBONNI", Bd. C, S. 25 ("Ausschluß oder Verhinderung des Dritten vom Eintritt in den relevanten Markt"); *WbK*-S 97/90 "Friseurvereinigung", Bd. C, S. 22 ("erhebliche Beschränkung der Auswahlmöglichkeiten des Verbrauchers ").

[120] Siehe dazu unten im Text, § 4 I A 4.

[121] *WbK*-S 39/86 "BLYTHE COLOURS I" und *WbK*-S 51/87 "BLYTHE COLOURS II", Bd. A, S. 154 ff. bzw. Bd. B, S. 9 ff.; vgl. auch die daran anschließenden *minist. Entsch.* K6-578/86, Bd. A, S. 200 f. bzw. K6-267/87 (unveröff.). Nur die zweite von diesen minist. Entscheidungen bekennt sich zu der von der Kommission vertretenen Ansicht.

außerdem der Alleinimportvertrag keine andere Klausel, aus der man auf die Gewährleistung eines absoluten Gebietsschutzes zu Gunsten von Zania schließen könnte. Die Einfuhr der BL-Produkte aus anderen Quellen außer der englischen Firma war insoweit - auf der bloßen Grundlage des beanstandeten Vertrages - nicht für unmöglich zu halten.

Die Wettbewerbskommission erkannte trotzdem in der konkreten Fallkonstellation eine spürbare Wettbewerbsbeschränkung im Sinne des Kartellverbotes. Die Spürbarkeit begründete die Kommission damit, daß sie die BL-Produkte als nicht substituierbar für A.T. einstufte und den relevanten Markt somit im Ergebnis mit ihnen gleichsetzte. Die Bejahung der Wettbewerbsbeschränkung wurde dann auf die Verletzung der Interessen von A.T. gestützt, nämlich darauf, daß er die fraglichen Produkte nicht mehr direkt von BL beziehen durfte. Gegen BL und Zania erließ der Handelsminister eine Verbotsentscheidung mit Zwangsgeldandrohung[122].

In anderen Fällen wurde im Gegenteil der *Aspekt der Wettbewerbsfreiheit völlig verdrängt* und die Interpretation der Kartellvorschriften wurde politischen Zweckmäßigkeiten unterworfen.

So sprach der Handelsminister im "Ölraffinerien von Thessaloniki"-Fall gegen die Stellungnahme der WbK ein bald zu verstaatlichendes marktbeherrschendes Unternehmen vom Vorwurf der Diskriminierung seiner Abnehmer frei. Die ministerielle Entscheidung schloß zwar die Möglichkeit, daß einige Abnehmer diskriminiert worden seien, nicht aus, hielt aber diesen Umstand deshalb für unbeachtlich, weil es auf dem relevanten Markt noch viele andere konkurrierende Abnehmer gegeben hätte, so daß der Wettbewerb durch die beanstandeten Handlungen des marktdominierenden Unternehmens nicht beeinträchtigt worden sei[123]. Zutreffenderweise sah jedoch die Literatur darin nur eine willkürliche Anwendung des Art. 2 KartellG, die gezielt auf die aus politischen Gründen (bevorstehende Verstaatlichung) motivierte Inschutznahme des wirtschaftsmächtigen Unternehmens gerichtet war[124].

Sowohl der eine Auslegungsweg, der den relevanten Markt und die Verletzung des Wettbewerbs mit den Interessen eines einzelnen Marktteilnehmers identifiziert, als auch der andere, der das KartellG zu einem nach Gutdünken zu interpretierenden Maßnahmegesetz degradiert, sind falsch. Die Einwände dagegen wurden bereits oben dargestellt und können hier nur noch einmal hervorgehoben werden[125]. Die beiden erwähnten Fälle sollten als Beispiele dafür in die "Geschichte" der Rechtspraxis eingehen, wie das KartellG *nicht* ausgelegt werden darf.

---

122 Die Entscheidung wurde zunächst vom VerwG Athen und dann vom ObVerwG Athen unter Berufung auf den geringen (unter 5%) Marktanteil von Blythe Colours und die De minimis-Regel aufgehoben; siehe *VerwG Athen* 17209/89, Bd. C, S. 207 ff.; *ObVerwG Athen* 1422/91, Bd. C, S. 270 ff.

123 *Minist. Entsch.* K6-1051/83, Bd. A, S. 186.

124 So auch TZOUGANATOS, in: FS für Deloukas, Bd. II, 968 f.; DERS., EEmpD 1984, 396 f.

125 Kritisch gegenüber beiden Entscheidungen auch TZOUGANATOS, Der Schutz des freien Wettbewerbs, in: FS für Deloukas, S. 968 f. und 977. Den Blythe-Colours-Fall kritisiert auch CHRISTOFOROU, EEEurD 1986, 921 f. - Es mag an der vorliegenden Stelle offenbleiben, ob dieser in den Jahren 1986-1987 von den Kartellbehörden behandelte Fall heute unter den im Jahr 1991 ins KartellG eingefügten Art. 2a (Verbot des Mißbrauchs der wirtschaftlichen Abhängigkeit) fällt.

Hinsichtlich der kartellbehördlichen *Handhabung der Ausnahmetatbestände* ist schließlich eine eher restriktive Haltung zu verzeichnen. Die Ermächtigungen zur Errichtung von Ausnahmebereichen wurden nicht erschöpfend ausgenutzt[126], und Beschlüsse über Gruppenfreistellungen und Gruppenausnahmen vom Kartellverbot blieben aus. Die Wettbewerbskommission gab sich außerdem von Anfang an große Mühe, den Staat und die Marktteilnehmer vom Wertgehalt des Wettbewerbsprinzips zu überzeugen. Ihr ist dies aber nicht immer gelungen. So mangelt seit Inkrafttreten des KartellG die allgemeine Wirtschaftspolitik oft an wettbewerbskonformen Grundzügen. Darüber hinaus wurde die Durchsetzung der kartellrechtlichen Verbote aus verschiedenen Gründen nicht immer intensiv betrieben. Schließlich gab es in wenigen Fällen auch Entscheidungen, die die Freistellungsinstrumente willkürlich einsetzten.

Die Vermutung, daß Erwägungen politischen Charakters in die Rechtsfindung mit einflossen, ist insbesondere im Fall-"PYRKAL" (WbK-S 10/84)[127] nicht ganz von der Hand zu weisen[128]. In diesem Fall hatten die marktführenden Munitions- und Sprengstoffunternehmen mehrere Absprachen über Preise, Konditionen und Mengen miteinander abgeschlossen und meldeten diese 1978 bei den Kartellbehörden zwecks Freistellung an. Die griechische Kommission befaßte sich damit erst 1984 und erteilte schließlich die beantragte Freistellung. Für die Urteilsbegründung sah sie sich allerdings gezwungen, verschiedenartige Kriterien in Anspruch zu nehmen. Zunächst berief sie sich auf ministerielle Erlasse und Präsidialdekrete, welche die fraglichen Unternehmen als gemeinnützig und von besonderem Belang für die Verteidigung Griechenlands auszeichneten. Daraus läßt sich schließen, daß die Kommission Parallelen zwischen diesen Unternehmen und denjenigen der Ausnahmebereiche des Art. 5 KartellG zu ziehen suchte. Diese Parallelen machte sie sich anschließend zunutze, indem sie diese der Prüfung der Freistellungsfähigkeit zugrunde legte, ohne jedoch die dogmatische Richtigkeit dieses Vorgehens näher zu erörtern und zu begründen. Sie fügte bloß die vage Feststellung hinzu, daß auf dem relevanten Markt auch andere ähnliche Hersteller tätig seien, und bejahte damit die materiellen Voraussetzungen für eine Freistellungserklärung, allerdings mit der Bemerkung, es handle sich dabei um eine "extensive" Auslegung. Der Handelsminister bestätigte mit seinem Beschluß diese Sichtweise[129]. - Auch wenn die Natur der Tätigkeit der begünstigten Unternehmen (Herstellung von Munitions- und Sprengstoffen) und ihre besondere Stellung im System der nationalen Verteidigung Griechenlands das Ergebnis der Freistellung als vertretbar erscheinen lassen, ist vor der im konkreten Fall praktizierten "extensiven" Auslegung des Instituts der Freistellung zu warnen, weil dadurch ein Präzedenzfall geschaffen wird, der zur praktischen Bedeutungslosigkeit der materiellen Kriterien der Freistellung führen kann.

---

126 Vgl. z.B. die *WbSK*-S 6/81, die sich gegen die Errichtung eines Ausnahmebereichs für die öffentlichen Telekommunikationsunternehmen und zahlreiche staatlich privilegierte Verkehrsunternehmen ausspricht.

127 Bd. A, S. 95 ff.

128 Vgl. DRILLERAKIS, in: SCHINAS (Hrsg.), Schutz des freien Wettbewerbs, S. 179 f.; kritisch auch TRIANTAFILLAKIS in: SCHINAS (Hrsg.), Schutz des freien Wettbewerbs, S. 71 f.

129 *Minist. Entsch.* K6-734/84, Bd. A, S. 187 f.

Noch bedenklicher (und gefährlicher) erscheint die Spruchpraxis bezüglich der Bedeutung, die die Kartellbehörden manchmal staatlichen *Preisregelungen* und sonstigen *staatlichen Interventionen in den Wirtschaftsablauf* für den Wirkungsbereich der Kartellnormen beimessen. Klammert man nämlich den im Alkoholkartell-Fall eingenommenen Standpunkt[130] aus, der in keiner anderen späteren Entscheidung auftritt, stellt man fest, daß die griechischen Kartellbehörden zu der Annahme neigen, daß das Kartellverbot außer Kraft gesetzt wird, wenn der Staat mit intervenierenden Maßnahmen, insbesondere Preisfestsetzungen, in einen Markt eingreift.

In ihrer Stellungnahme 9/84 ("STOCKFISCH")[131]sollte die griechische Kommission zum Fall einer Einkaufskooperation Stellung nehmen. Zweiundzwanzig Handelsunternehmen, die 60% des griechischen Stockfischmarktes auf sich vereinigten, schlossen sich zu einer GmbH zusammen, die als gemeinsame Einkaufs- bzw. Importstelle dienen sollte. Die Belieferung der Mitglieder sollte aufgrund von Preisen erfolgen, deren Bestimmung den Geschäftsführern der GmbH überlassen blieb. Eine Bezugspflicht für die Mitglieder der Einkaufsgemeinschaft wurde allerdings nicht in den Gesellschaftsvertrag aufgenommen. Die streitgegenständliche Ware unterlag zudem der staatlichen marktpolizeilichen Mißbrauchsaufsicht und die Gewinnspanne auf der Großhandelsstufe durfte demnach die Grenze von 11% des Einfuhrpreises nicht übersteigen. - Die Wettbewerbskommission nahm letztere Gegebenheit als ausschlaggebend an und, obwohl sie im Gesellschaftsvertrag einen Kartellverstoß erblickte, erteilte sie schließlich mit einer knapp gehaltenen Begründung ein Negativattest für die Einkaufskooperation, "weil für das fragliche Erzeugnis ein marktpolizeilicher [preisregelungsrechtlicher] Status galt"[132].

Tatbestandsausschließende Wirkung wird sogar manchmal der bloßen *informellen Genehmigung* des in Frage kommenden Unternehmensverhaltens durch die politische Führung des Handelsministeriums zuerkannt.

Das Milchunternehmen Delta verteidigte sich so beispielsweise im gleichnamigen "DELTA"-Fall gegen den erhobenen Vorwurf eines Preismißbrauchs gemäß Art. 2 KartellG mit dem Argument, die von ihm festgesetzten Verkaufspreise für Milch seien vorher vom Handelsministerium genehmigt worden, und hatte damit Erfolg. Der die entscheidenden Befugnisse tragende Handelsminister sprach nämlich aus diesem Grund das Unternehmen frei. Die zu diesem Fall ergangene Stellungnahme der Kommission hatte allerdings das einschlägige Verteidigungsvorbringen ignoriert und das Unternehmen für schuldig befunden.

Der Wettbewerb bezieht sich nicht nur auf den Preis, so daß kaum nachvollziehbar ist, warum staatliche Preisregelungen als Rechtfertigungsgrund für die von den Unternehmen eigeninitiierte Ausschaltung auch anderer Aktionsparameter fungieren sollen[133]. Ebensowenig verständlich ist die Auffassung, daß eine wettbewerbswidrige Verhaltensweise bereits deswegen legitimiert werden kann, weil das Handelsministerium (bzw. nunmehr das Entwicklungsministerium) informell sie ge-

---

[130] Vgl. zu diesem Fall oben im Text, § 1 II B.

[131] Bd. A, S. 94 f.

[132] Eine *minist. Entsch.* erging in diesem Fall nicht.

[133] So auch MARINOS, in: SCHINAS (Hrsg.), Schutz des freien Wettbewerbs, S. 287 Fußn. 38.

nehmigt hat. Eine solche Einstellung, die die Geltung der Kartellnormen von *tagespolitischen* Entscheidungen des Handelsministers (bzw. des Entwicklungsministers) abhängig macht, verstößt gegen den Sinn und Zweck der Wettbewerbsnormen und stellt das Rechtsstaats- sowie Gleichheitsprinzip in Frage.

Berücksichtigt man auch den noch anhaltenden Streit im griechischen Schrifttum über die Zweckmäßigkeit einer Fusionskontrolle in Griechenland[134], so kann von einer Etablierung des Wettbewerbsprinzips als Rechtsprinzip mit eigenem Wert in der griechischen Rechtsordnung (noch) nicht gesprochen werden.

134 Vgl. dazu unten im Text, § 4 III.

§ 4 Schwerpunkte der griechischen (verwaltungsstrafrechtlichen) Kartellpraxis

Die Entwicklung des materiellen Kartellrechts in Griechenland wird bislang in erster Linie von den *Kartellbehörden* vorangetrieben.

Der Beitrag der verwaltungsgerichtlichen Judikatur in materiellrechtlichen Fragen ist dagegen nur von begrenzter Bedeutung, auch wenn sich feststellen läßt, daß wichtige kartellbehördliche Entscheidungen inzwischen von den *Verwaltungsgerichten* aufgehoben worden sind. Prinzipiell liegt dies nicht an einer unterschiedlichen materiellrechtlichen Auslegung seitens der Verwaltungsgerichte[1], sondern daran, daß die Beweisführung durch die Kartellbehörden oft mangelhaft durchgeführt wird[2].

An der bisherigen Entwicklung haben auch die *Zivilgerichte* positiv mitgewirkt. Die Zahl der relevanten Urteile ist aber noch begrenzt. Die *Strafgerichte* haben schließlich während der 23jährigen Geltung des KartellG keine Rolle gespielt; die kriminalstrafrechtlichen Vorschriften sind - soweit ersichtlich - noch nicht zur Anwendung gekommen.

Unter den Kartellbehörden ist nach wie vor die *Wettbewerbskommission* diejenige, die die dogmatische Gestaltung der Kartellrechts prägt. Dies blieb auch so im Zeitraum von 1982 bis 1991, als die Entscheidungsbefugnisse vom *Handelsminister* ausgeübt wurden. Die Stellungnahmen der Kommission wurden nämlich auch dann in den meisten der behandelten Fälle vom Minister übernommen.

Im folgenden ist auf die Schwerpunkte der bisherigen Praxis einzugehen. Dem oben Gesagten entsprechend wird die Aufmerksamkeit in erster Linie den Entscheidungen und Stellungnahmen der Wettbewerbskommission zu widmen sein. Ministerielle Entscheidungen, verwaltungsgerichtliche Judikate und zivilgerichtliche Urteile werden allerdings immer wieder heranzuziehen sein, wenn sie einen von der Spruchpraxis der Kommission abweichenden Standpunkt einnehmen. Damit sollen insgesamt die Leitlinien, die von den griechischen Kartellbehörden und Gerichten in den wichtigsten Problembereichen entwickelt worden sind, aufgezeigt werden. Im Hinblick auf die bereits in § 3 I dargestellten engen funktionalen Verknüpfungen zwischen dem griechischen und dem euro-

---

1 Siehe aber beispielsweise *ObVerwG Athen* 459/97, DEE 1997, 574 ff. (578), das sowohl bei der Marktabgrenzung als auch bei der Feststellung des zur Annahme einer kollektiven Marktbeherrschung erforderlichen Umfangs gleichförmigen Verhaltens der Oligopolisten von der *WbK*-E 20/96 "E. TASOULAS / BANK OF PIRÄUS u.a." (DEE 1996, 494 ff.) erheblich abweicht; *VerwG Athen* 10404/90 (Bd. C, S. 219 f.), das entgegen der *WbK*-S 77/89 ("Feuerlöscher", Bd. B, S. 106 ff.) den Begriff des Behinderungsmißbrauchs von der Behinderungsabsicht des marktbeherrschenden Unternehmens abhängig macht - der Standpunkt des erstinstanzlichen Gerichts wurde allerdings vom *ObVerwG Athen* 3871/92 (Bd. C, S. 283) verworfen; *ObVerwG Athen* 3197/93 (Bd. C, S. 287 ff. insb. 292), das die Tatbestandsmäßigkeit von Klauseln in einem selektiven Vertriebssystem entgegen der *WbK*-S 66/89 ("Clinique II", Bd. B, S. 74 ff.) verneint.

2 Vgl. z.B. *VerwG Athen* 12154/88, Bd. B, S. 146 ff. und *ObVerwG Athen* 4154/90, Bd. C, S. 266 ff. (Aufhebung der im Anschluß an die *WbK*-S 57/87 "ZETA-FIMI", Bd. B, S. 41 ff. ergangene *minist. Entsch.* K6-346/87); *VerwG Athen* 3484/89, Bd. B, S. 157 ff. und *ObVerwG Athen* 2849/90, Bd. C, S. 254 ff. (Aufhebung der im Anschluß an die *WbK*-S 62/88 "Filme für Röntgenaufnahmen", Bd. B, S. 57 ff. ergangene *minist. Entsch.* K6-387/16.06.1988).

päischen Kartellrecht verfolgt die Darstellung zugleich das Ziel, durch rechtsvergleichende Hinweise auf die Spruchpraxis der Gemeinschaftsorgane Parallelitäten und Divergenzen zwischen der griechischen und der europäischen Anwendungspraxis deutlich zu machen. - Hingewiesen sei schließlich darauf, daß im Mittelpunkt der Ausführungen die Anwendung des Kartellverbots sowie der Mißbrauchsverbote (Art. 1, 2 und 2a KartellG) steht. Das Gebiet der Fusionskontrolle, das auch im Gemeinschaftsrecht als ein gegenüber den Wettbewerbsregeln der Art. 81 und 82 EGV n.F. systematisch selbständiger Bereich der Wettbewerbspolitik gilt, wird - hinsichtlich der rein wettbewerbsrechtlichen Aspekte[3] - nur rudimentär behandelt.

I. Anwendung des Kartellverbots

A. *Allgemeines*

(1) Unternehmen

(a) Unternehmenstätigkeiten

Die absolut h.M. im Schrifttum verselbständigt den Unternehmensbegriff des Kartellrechts gegenüber jenem anderer Rechtsgebiete und bezeichnet diesen als *Zweckbegriff*, der gegenüber kartellrechtlichen Wertungen nicht autonom sein kann, weil sonst durch eine Vorwegdefinition über wettbewerbsrechtliche Fragen stillschweigend mitentschieden würde[4].

Zu dieser Ansicht bekannte sich von Anfang an auch die griechische kartellrechtliche Praxis. Die Rechtsform[5] und die Eigentumsverhältnisse[6] sowie das Vorliegen von Gewinnerzielungsabsicht[7] werden dementsprechend als irrelevant für die Be-

---

3 Die verwaltungsstrafrechtliche Dimension des Fusionsrechts wird hingegen in vollem Umfang in die Darstellung einbezogen.

4 MÖSCHEL, Recht der Wettbewerbsbeschränkungen [1983], § 4 Rdn. 99; MESTMÄCKER, Europäisches Wettbewerbsrecht [1974], S. 195; TZOUGANATOS, EEmpD 1984, 230 ff.

5 Einzelunternehmen, Verbände, Personengesellschaften, Gesellschaften mit beschränkter Haftung, Aktiengesellschaften, Personenvereinigungen ohne juristische Persönlichkeit u.s.w. werden nach der bisherigen Praxis ohne Unterschiede unter den Unternehmensbegriff des Kartelltatbestandes subsumiert.

6 Auch gemeinnützige Unternehmen und Unternehmen der öffentlichen Hand, wie beispielsweise die Griechische Organisation für den Fremdenverkehr EOT, das staatliche Telekommunikationsunternehmen OTE, das Nationale Wasserversorgungsunternehmen EYDAP und die Nationale Fahrbahngesellschaft OSE sind Unternehmen i.S. des KartellG, siehe *WbK*-E 91/94 "EOT II", Bd. C, S. 87 ff.; *WbK*-E 229/95 "OTE", Bd. C, S. 122 f.; *WbK*-E 123/2/94 "EYDAP", Bd. C, S. 89 ff.; *WbK*-E 53/97 "KTEL von Euböa / OSE".

7 So wurde beispielsweise auch die "Privatschule Sankt Johannes", die dem Katholischen Erzbischof von Corfu gehört, als Unternehmen i.S. des KartellG eingestuft, siehe *WbSK*-E 24/82, Bd. A, S. 66; vgl. auch die sogleich im Text darzustellende *WbK*-E 9/80 "Zeitungsverleger". - Der Gewinnzweck ist auch im europäischen Recht keine erforderliche Voraussetzung für die Begründung des Unternehmensbegriffs, vgl. z.B. *EuGH* Urt. v. 16.11.1995, Rs. C-244/94, *Fédération française des sociétés d'assurance u.a.*, Slg. 1995, I-4013 [Rdn. 15 ff.]: Danach sei eine Einrichtung ohne Gewinnerzielungsabsicht, die ein zur Ergän-

gründung der Unternehmenseigenschaft eingestuft. Zur maßgebenden Voraussetzung für die Erfüllung des Tatbestandsmerkmals "Unternehmen" wird dagegen (nur) die *selbständige Ausübung einer wirtschaftlichen Tätigkeit* erhoben[8] und somit die tatsächliche Möglichkeit der Beeinflussung der Wettbewerbsbedingungen am Markt.[9]

Die Grundlagen für diesen *funktionalen Unternehmensbegriff* stellte die WbSK-E 9/80 im "Zeitungsverleger"-Fall[10] auf.

Sämtliche Verleger der politischen Tageszeitungen Athens einigten sich darauf, den Preis für die nach griechischem Handelsrecht obligatorischen Veröffentlichungen von Unternehmen (Bilanzen, Bekanntmachungen, Einladungen u.s.w.) auf ein Niveau festzulegen, das im Vergleich zu dem bis dahin unter Wettbewerbsbedingungen herausgebildeten dreimal so hoch war. Anschließend trafen die Zeitungsverleger auch Vereinbarungen über Zahlungsbedingungen, die Umverteilung eines Teils der Erlöse über eine gemeinsam eingerichtete Kasse u.ä. Als die schriftlich formulierte Absprache von der Wettbewerbsschutzkommission beanstandet wurde, trugen die Verleger die Behauptung vor, sie würden vom Anwendungsbereich des Gesetzes nicht erfaßt. Sie seien lediglich Presseunternehmen, die keine Gewinne zu erzielen suchten, sondern in erster Linie hochrangige sozialpolitische und demokratische Aufgaben wahrnähmen. Deswegen würden sie auch vom Staat finanziell gefördert.

Die Kommission machte jedoch klar, daß für die Begründung der Unternehmenseigenschaft im kartellrechtlichen Sinne jede wirtschaftliche Betätigung ausreiche, unabhängig davon, ob sie Gewinn anstrebe oder im Ergebnis Gewinn erziele. *Ausschlaggebendes Kriterium sei nur der Wille des Gesetzgebers, den reibungslosen Ablauf des Wettbewerbsprozesses auf jedem einzelnen Markt*, also auch auf demjenigen der obligatorischen Veröffentlichungen, *abzusichern.* Diese Auslegung wurde von allen Instanzen der verwaltungsrechtlichen Gerichtsbarkeit bestätigt[11].

---

zung einer Grundpflichtversicherung durch Gesetz geschaffenes, auf Freiwilligkeit beruhendes Rentenversicherungssystem verwaltet, das insbesondere hinsichtlich der Beitrittsvoraussetzungen, der Beiträge und der Leistungen aufgrund einer Verordnung nach dem Kapitalisierungsprinzip arbeitet, ein Unternehmen im Sinne der Artikel 85 ff. EG-Vertrag [= Art. 81 ff. EGV n.F.]. Denn obgleich eine derartige Einrichtung ohne Gewinnerzielungsabsicht tätig sei und das von ihr verwaltete System bestimmte begrenzte und mit dem Solidarcharakter der Pflichtsysteme der sozialen Sicherheit nicht vergleichbare Elemente der Solidarität aufweise, übe sie im Wettbewerb mit Lebensversicherungsgesellschaften eine wirtschaftliche Tätigkeit aus.

8 Über die bereits zitierten Entscheidungen hinaus vgl. *WbSK*-E 12/81 "Vereidigte Bücherrevisoren", Bd. A, S. 35; *WbK*-S 62/88 "Filme für Röntgenaufnahmen", Bd. B, S. 62; *WbK*-S 83/89 "Aufzügetechnikerverband", Bd. B, S. 132 f.

9 Vgl. im Gemeinschaftsrecht *EuGH* Urt. v. 23.04.1991, Rs. C-41/90, *Höfner und Elser*, Slg. 1991, S. 1979 [Rdn. 21]: "Im Rahmen des Wettbewerbsrechts umfaßt der Begriff des Unternehmens jede eine wirtschaftliche Tätigkeit ausübende Einheit, unabhängig von ihrer Rechtsform und der Art ihrer Finanzierung."

10 Bd. A, S. 30 ff.

11 *VerwG Athen* 7638/82, Bd. A, S. 216 ff.; *ObVerwG Athen* 631/83, Bd. A, S. 247 ff.; *Staatsrat* 2984/86, Bd. A, S. 263 ff.

Im Hinblick darauf beschränkt sich heute der Unternehmensbegriff auf eine negative *Abgrenzung*[12]. Dadurch sollen vor allem die Betätigung der *Arbeitnehmer*, das Verhalten der *Endverbraucher* sowie das *hoheitliche Handeln*[13] vom Anwendungsbereich des Kartelltatbestandes ausgeklammert werden.[14]

Die *Angehörigen der freien Berufe* werden dagegen vom Kartelltatbestand erfaßt[15]. Unternehmen sind somit beispielsweise auch die unter staatlicher Aufsicht tätig werdenden vereidigten Bücherrevisoren (Wirtschaftsprüfer)[16]. Davon zu trennen ist die Problematik, daß die Abstimmung des Verhaltens solcher "Unternehmen" im Rahmen von Berufsverbänden i.d.R. außerhalb des Anwendungsbereichs des Art. 1 Abs. 1 KartellG liegt, soweit diese Abstimmung vom Standesrecht oder sonstigen rechtlichen Vorschriften gedeckt ist. In diesen Fällen greift - analog - Art. 36 KartellG ein, der die Zwangskartelle vom Anwendungsbereich des KartellG ausnimmt. Aus demselben Grund sind auch die unter verfassungsrechtlichem Schutz (Art. 22 Abs. 2 gr. Verfassung) stehenden kollektiven Vereinbarungen der *Tarifpartner im Arbeitsmarkt* keine "Vereinbarungen" i.S. des Kartelltatbestandes, soweit sie sich zumindest auf die unmittelbare Regelung der Arbeitsvertragsbedingungen beschränken[17].

(b) Konzerne

Dem Tatbestandsmerkmal "Unternehmen" kommt im Kartellrecht nicht nur die Bedeutung zu, die *Tätigkeiten* abzugrenzen, die ein soziales Subjekt gleich zum Adressaten der Kartellnormen machen. Vielmehr dient dieses Tatbestandsmerkmal auch als Bezugspunkt für die Bestimmung der Struktureigenschaften, die erforderlich sind, um ein kollektives soziales Gebilde als *Handlungs- und Zurechnungssubjekt* im Sinne des Kartellrechts anzuerkennen[18]. Die Stellungnahme der griechischen Praxis zum ersten Fragenkreis wurde soeben dargestellt. Im folgenden wird dagegen eine kurze Darstellung des Standpunkts der griechischen Kartellbehörden zum zweiten Fragenkreis gegeben. Eine Vertiefung der mit diesem Fragenkreis zusammenhängenden äußerst komplexen Probleme kann allerdings hier nicht erfolgen - was bereits dadurch bedingt ist, daß die griechische Praxis (anders als die EG-Bußgeldpraxis) kein ausreichendes diesbezügliches Entschei-

---

12 Vgl. die ähnliche Funktion des Unternehmensbegriffs im GWB, IMMENGA, in: I/M GWB [1992], § 1, Rdn. 35 ff.

13 Zum Ausschluß des hoheitlichen Handelns vom Anwendungsbereich des Kartellverbots (sowie der Mißbrauchsverbote) siehe *WbK*-E 182/94 "DOMIKI KRITIS AE", Bd. C, S. 112.

14 Auf die Fragen, die sich im Zusammenhang mit dem Unternehmen als Handlungs- und Zurechnungssubjekt des Kartell(bußgeld)rechts stellen, siehe ausführlich PAPAKIRIAKOU, Europäisches Unternehmensstrafrecht, *Vierter Teil*.

15 Vgl. MARINOS, in: SCHINAS (Hrsg.), Schutz des freien Wettbewerbs, S. 290. So auch im Gemeinschaftsrecht, vgl. *KOME* v. 30.06.1993, ABl. 1993 Nr. L 203/27 [Rdn. 40].

16 *WbSK*-E 12/81 "Vereidigte Bücherrevisoren", Bd. A, S. 35.

17 Ob die darüber hinausgehenden Vereinbarungen zwischen den Tarifpartnern (z.B. Öffnungszeiten von Geschäften) ebenfalls vom Anwendungsbereich des Kartellrechts auszunehmen sind, mag hier offenbleiben. Die Meinungen in der Literatur gehen jedenfalls weit auseinander, siehe z.B. dagegen EMMERICH, Kartellrecht [7. Aufl.], S. 38 f.; dafür LIAKOPOULOS, Gewerbliches Eigentum, Bd. II [3. Aufl.], S. 292.

18 Eingehend zu dieser Unterscheidung PAPAKIRIAKOU, Europäisches Unternehmensstrafrecht, *Viertel Teil* I.

dungsmaterial bietet. Gerade auf diese Beschränktheit des Entscheidungsmaterials ist außerdem zurückzuführen, daß die Darstellung fragmentarischen Charakter trägt und nur einen geringen Anteil der relevanten Probleme einbezieht, nämlich die Anwendbarkeit des Kartellverbots im Konzern-Innenverhältnis. Die mit der Anwendung des Kartellverbots auf das Konzern-Außenverhältnis sowie die mit den Rechtsnachfolgefällen zusammenhängenden Probleme werden hingegen - mangels einer entsprechenden Stellungnahme der griechischen Kartellpraxis - ausgeklammert[19].

Die griechische Kartellpraxis zeigt sich bereit, die Anwendbarkeit des Kartellverbots auf konzerninterne Absprachen (unter Umständen) zu verneinen. Begründet wird dieses Ergebnis unter Hinweis auf die "wirtschaftliche Einheit", die die handelnden konzernverbundenen Unternehmen bilden[20]. In dieser Praxis sieht die Literatur einen Beweis dafür, daß die griechischen Kartellwächter die juristische Selbständigkeit als Grundlage des Unternehmensbegriffs durchbrechen und bewußt das Gewicht für die Bestimmung der Adressaten der kartellrechtlichen Normen von rechtlichen auf wirtschaftliche Kriterien verlagern[21].

So führt beispielsweise die *WbK* in ihrer Stellungnahme *29/85* ("MISKO")[22] aus, daß die M-GmbH (Industrieunternehmen) und die B-GmbH (Handelsunternehmen) "trotz ihrer getrennten juristischen Persönlichkeiten im Grunde ein einheitliches Unternehmen darstellen". Die griechische Wettbewerbsbehörde stützt diese Wertung auf die weitgehende *Identität der Gesellschafter* (80% der Gesellschaftsanteile der B-GmbH war im Besitz der Gesellschafter der M-GmbH) sowie auf die Tatsache, daß die Gesellschaften aus diesem Grund und im Hinblick auf ihre bisherige Tätigkeit einer *einheitlichen Leitung* unterlägen und *gemeinsame Interessen* verfolgten, indem sie die verschiedenen *Tätigkeitsbereiche* des Unternehmens (Produktion und Vertrieb) unter sich *aufgeteilt* hätten. Die Möglichkeit der Anwendung des Art. 1 Abs. 1 KartellG auf die von beiden GmbH angeblich abge-

19 Eine systematische Darstellung der aktuellen Behandlung dieser Problemkreise in der europäischen Bußgeldpraxis findet sich in PAPAKIRIAKOU, Europäisches Unternehmensstrafrecht, *Viertel Teil* II und III.

20 Vgl. auch den unten im Text (IV A) dargestellten "SIKKENS"-Fall, in dem die Kommission das Verhalten eines Handelsvertreters unter Berufung auf seine mangelnde wirtschaftliche Autonomie dem holländischen Hersteller SIKKENS BV zurechnet. Der Begriff der "wirtschaftlichen Einheit" wurde allerdings in diesem Fall von den griechischen Kartellbehörden nicht benutzt.

21 Vgl. DOUVLIS, in: SCHINAS (Hrsg.), Schutz des freien Wettbewerbs, S. 41 ff. Gegen diese Tendenz SOUFLEROS [in: SCHINAS (Hrsg.), Schutz des freien Wettbewerbs, S. 188 insbs. Fußn. 10], der ausschließlich auf das Kriterium der rechtlichen Autonomie abstellen will und das anschließend im Text geschilderte Urteil MISKO als unrichtig bezeichnet. Im allgemeinen ist aber die Frage umstritten, siehe KOTSIRIS, Wettbewerbsrecht [2. Aufl.], S. 242 ff. Die Möglichkeit der Zurechnung des Verhaltens einer weisungsgebundenen Tochtergesellschaft zu der Muttergesellschaft wird allerdings gesondert behandelt und im Ergebnis von den meisten Autoren bejaht, siehe BERNITSAS, Europäisches Wettbewerbsrecht und G. 703/77, S. 206 ff.; ROCAS / PERAKIS, in: World Law of Competition, Greece, § 3.02 (1); SOUFLEROS, a.a.O.

22 Bd. A, S. 134 ff.; siehe auch die bestätigende *minist. Entsch.* K6-310/85 (unveröff.).

sprochene und betriebene diskriminierende Rabattpolitik wird vor diesem Hintergrund verneint[23].

Auf die *Kapitalbeteiligung* in Höhe von 45%, die *Identität der Hauptaktionäre* und die *funktionelle Integration der Tätigkeiten* (Herstellung / Vertrieb) der zwei griechischen Aktiengesellschaften A-AE und E-AE beruft sich außerdem die Stellungnahme *WbK* 45/86 ("ANELOR-ELEPEL")[24], um die Nichtanwendbarkeit des Kartellverbots auf die geplante Fusionierung beider Unternehmen (Absorption der E-AE durch die A-AE) zu begründen.

Die Privilegierung der konzerninternen Absprachen wird schließlich auch durch die jüngst ergangene Entscheidung *WbK* 107/98 ("OLYMPIK / DDBO") bestätigt. Das von den Werbeunternehmen Olympik und DDBO gegründete Gemeinschaftsunternehmen wird zwar in dieser Entscheidung nicht als Zusammenschluß, sondern als horizontale Vereinbarung zum Zwecke der Koordinierung des Verhaltens der Gründungsunternehmen auf dem Werbesektor gewertet und daher unter Heranziehung der Kriterien des Art. 1 Abs. 1 KartellG beurteilt. Im Hinblick auf die mittels *Kapitalverflechtung* hergestellte Zugehörigkeit beider Mutterunternehmen zu dem weltweit tätigen, von der US-amerikanischen Gesellschaft Omnicom Group Inc. geleitete Konzern und der Einstufung der Vereinbarung als Mittel der *konzerninternen Organisation und Verteilung der Aufgaben* wird aber das Kartellverbot für unanwendbar erklärt.

Ob die soeben geschilderte, im griechischen Schrifttum vertretene Deutung der *konkreten* bislang entschiedenen Fälle richtig ist, kann hier offenbleiben. - Hinzuweisen ist nur darauf, daß das bisherige Entscheidungsmaterial auch eine andere Deutung zuläßt. Bei näherem Hinsehen ergibt sich nämlich, daß den griechischen Kartellbehörden in den fraglichen Entscheidungen und Stellungnahmen nicht das spezifische Problem der Normadressateneigenschaft der einzelnen Konzernglieder, sondern nur das Problem der Verwirklichung des Kartelltatbestandes beschäftigt. Insoweit läßt sich auch die Ansicht vertreten, daß die griechischen Kartellbehörden die Anwendung des Kartellverbotes im Konzernverhältnis nicht am Tatbestandsmerkmal "Unternehmen", sondern an diesem der "Wettbewerbsbeschränkung" scheitern lassen.

Diese alternative Deutung der fraglichen Praxis findet auch in den Ausführungen der *WbK-E* 25/96 im "MOTOR OIL / SAUDI ARAMCO"-Fall Anhaltspunkte. - Anläßlich einer den Bezug von Erdöl betreffenden Ausschließlichkeitsvereinbarung zwischen der griechischen Gesellschaft *Motor Oil* (gemeinsame, jeweils zu 50% beherrschte Tochtergesellschaft des Bardinogiannis-Konzerns und der saudi-arabischen Gesellschaft Saudi Aramco) und der *Saudi Aramco* führt nämlich die Kommission dort aus: "Die Verträge, mit denen die Deckung des gesamten Bedarfs eines Unternehmens durch ein anderes vereinbart wird, können die Einschränkung des Wettbewerbs in der Gestalt der Aufteilung der Versorgungsquellen im Sinne des Art. 1 Abs. 1 Buchst. c G. 703/77 zur Folge haben, *auch wenn die Vereinbarung mit der Tochtergesellschaft abgeschlossen wird* und diese verpflichtet, ihren gesamten Bedarf bezüglich eines Produkts bei den Muttergesellschaften zu decken. Die wettbewerbseinschränkenden Ergebnisse betreffen zum einen den

23 *WbK*-S 29/85 ("MISKO"), Bd. A, S. 135.

24 Bd. A, S. 168 ff.; ähnlich die *minist. Entsch.* K6-711/86 (unveröff.).

Zutritt von dritten Lieferanten in den relevanten Markt und zum anderen die Auswahlfreiheit des Abnehmers"[25].

Angesichts der Tatsache, daß sich Motor Oil unter der *gemeinsamen* Kontrolle vom Bardinogiannis-Konzern und von Saudi Aramco befand, kann man zwar im konkreten Fall nicht davon sprechen, daß Motor Oil und Saudi Aramco eine "wirtschaftliche Einheit" bildeten. Der Anwendung des Kartellverbots stand insoweit unter diesem Aspekt kein Hindernis entgegen. Die - im Rahmen der Auslegung des Art. 1 Abs. 1 KartellG getroffenen - Ausführungen der Kommission weisen jedoch über den konkreten Fall hinaus und deuten an, daß unter Umständen auch Vereinbarungen zwischen Mutter- und Tochtergesellschaften vom Kartellverbot erfaßt werden können, vorausgesetzt, daß sie wettbewerbsbeschränkende *Drittwirkungen* entfalten. Zieht man in Betracht, daß die bisherige Praxis die Nichtanwendung des Art. 1 Abs. 1 KartellG auf konzerninterne Absprachen nicht nur unter Hinweis auf die "wirtschaftliche Einheit", sondern zusätzlich mit dem Argument der funktionellen Beschränkung der Absprachen auf die konzerninterne Aufgabenverteilung begründet, so liegt die Annahme nahe, daß die Nichtanwendung des Kartellverbots nicht an der Betrachtung der Glieder der "wirtschaftlichen Einheit" als ein Unternehmen - sonst müßte *jede* Konzernabsprache, unabhängig von ihrem Inhalt vom Anwendungsbereich des Kartellverbots ausscheiden -, sondern an der (bedingten) Einstufung der Absprachen zwischen den Konzerngliedern als nicht *wettbewerbsbeschränkend* im Sinne von Art. 1 Abs. 1 KartellG liegt.

Ob eine solche Deutung bzw. ob die Berücksichtigung von Drittwirkungen konzerninterner Absprachen angesichts der Entwicklungen im Kartell(bußgeld)recht der Gemeinschaft[26] (noch) zweckmäßig ist, sollte allerdings bezweifelt werden. Im Hinblick nämlich darauf, daß sich das europäische Modell immer deutlicher zu einem an das Tatbestandsmerkmal "Unternehmen" anknüpfenden Verständnis bei der Ausgestaltung der bußgeldrechtlichen Zurechnungsregeln bekennt - und damit auch den Weg zu einem modernen, auf das Unternehmen (und nicht den Unternehmensträger) als Handlungs- und Zurechnungssubjekt abstellende Unternehmensstrafrecht geht -, verschiebt sich zwangsläufig auch der Schwerpunkt der Argumentation bei rein materiellen kartellrechtlichen Fragen. Gegen Absprachen, die innerhalb von (bewiesenermaßen vorliegenden) "wirtschaftlichen Einheiten" ge-

---

25 *WbK*-E 25/96 "MOTOR OIL / SAUDI ARAMCO".

26 *EuGH* Urt. v. 24.10.1996, Rs. C-73/95 P, *Viho*, Slg. 1996, I-5447: "[Rdn. 16] ... Die Firma Parker und ihre Tochtergesellschaften bilden somit eine wirtschaftliche Einheit, in deren Rahmen die Tochtergesellschaften ihr Vorgehen auf dem Markt nicht wirklich autonom bestimmen können, sondern die Anweisungen der sie kontrollierenden Muttergesellschaft befolgen... [Rdn. 17] Deshalb führt der Umstand, daß die Verweisungspolitik der Firma Parker, die hauptsächlich in einer Aufteilung verschiedener nationaler Märkte auf ihre Tochtergesellschaften besteht, Auswirkungen außerhalb des Bereichs des Parker-Konzerns haben kann, die die Wettbewerbsposition Dritter zu beeinträchtigen geeignet sind, nicht zur Anwendbarkeit des Artikels 85 EG-Vertrags [= Art. 81 EGV n.F.], selbst wenn man ihn in Verbindung mit den Artikeln 2 und 3 Buchstaben c und g EG-Vertrag liest. Ein solches *einseitiges* Verhalten könnte jedoch unter Artikel 86 EG-Vertrag [= Art. 82 EGV n.F.] fallen, wenn dessen Tatbestandsmerkmale erfüllt sind." - Näher zur aktuellen Entwicklung der Gemeinschaftspraxis in diesem Zusammenhang PAPAKIRIAKOU, Europäisches Unternehmensstrafrecht, *Vierter Teil* III A 2.

troffen werden, dürfte aber damit unter Berufung auf das Kartellverbot kaum mehr berechtigt vorgegangen werden - mag auch dies zur Folge haben, daß die Wettbewerbsfreiheit dritter Marktteilnehmer erheblich eingeschränkt wird. Es ist vielmehr heute davon auszugehen, daß es eine Aufgabe der Fusionskontrolle darstellt, der Gefahr solcher Absprachen bereits im Vorfeld durch die Verhinderung der Entstehung von wirtschaftsmächtigen "wirtschaftlichen Einheiten" vorzubeugen.

(2) Maßnahmen der Verhaltenskoordinierung

Der Kartelltatbestand kennt drei Kategorien von verbotenen Maßnahmen: Vereinbarungen, Beschlüsse und aufeinander abgestimmte Verhaltensweisen.

Angesichts dieser Rechtslage ist man sich darüber einig, daß einseitige unternehmerische Handlungen vom Kartelltatbestand nicht erfaßt werden. *Verträge* im zivilrechtlichen Sinne[27] und sog. *Gentlemen's Agreements*[28] zwischen Unternehmen sowie *bindende Beschlüsse* von Unternehmensvereinigungen[29] lassen sich dagegen ohne Bedenken unter den Kartelltatbestand subsumieren.

Dem Kartellverbot unterfallen nach ständiger Praxis auch unverbindliche *Empfehlungen* von Unternehmen oder Unternehmensvereinigungen, die zu einer faktischen Abstimmung des Verhaltens der Empfehlungsadressaten führen (können).[30]

Die Kartellbehörden bezeichnen Preisempfehlungen und ähnliche Aktionen von Unternehmensvereinigungen als "Beschlüsse" i.S. des Art. 1 Abs. 1 KartellG und verbieten sie, auch wenn feststeht, daß diese Empfehlungen weder als rechtlich bindende Maß-

27 Nicht nur schriftlich, sondern auch mündlich oder stillschweigend abgeschlossene Verträge werden unter das Tatbestandsmerkmal "Vereinbarung" subsumiert, vgl. *WbSK*-E 15/81 "Fußböden KARRI", Bd. A, S. 42; *WbSK*-E 8/80 "IMATHIA-PELLI Syndikat I", Bd. A, S. 29. So auch *EuGH* Urt. v. 20.06.1978, Rs. 28/77, *Tepea*, Slg. 1978, S. 1391 [Rdn. 40/45] (mündliche Vereinbarungen); *EuGH* Urt. v. 25.10.1983, Rs. 107/82, *AEG*, Slg. 1983, S. 3151 [Rdn. 38] (stillschweigend getroffene Vereinbarungen).

28 Trotz der fehlenden rechtlich bindenden Wirkung werden Gentlemen's Agreements ebenfalls als "Vereinbarung" aufgefaßt, vgl. *WbSK*-E 4/80 "Alkoholkartell", Bd. A, S. 17.

29 Vgl. *WbSK*-E 8/80 "IMATHIA-PELLI Syndikat I", Bd. A, S. 27 ff.; *LG (Einzelrichter) Athen* 6009/85, EEmpD 1985, 725 ff.; siehe auch KOTSIRIS, Wettbewerbsrecht [2. Aufl.], S. 250.

30 So auch *EuGH* Urt. v. 08.11.1983, Rs. 96-102/82 u.a., *IAZ*, Slg. 1983, S. 3369: "[Rdn. 20] ... [E]ine Empfehlung [einer Unternehmensvereinigung ist], selbst wenn sie nicht verbindlich ist, der Anwendung des Art. 85 Abs. 1 [= Art. 81 Abs. 1 EGV n.F.] nicht entzogen ..., wenn die Annahme der Empfehlung durch die Unternehmen, an die sie gerichtet ist, einen spürbaren Einfluß auf den Wettbewerb auf dem betreffenden Markt ausübt." *EuGH* Urt. v. 20.10.1980, verb. Rs. 209-215 und 218/78, *Van Landewyck*, Slg. 1980, S. 3125 [LS 9; vgl. S. 3250]: "Eine Empfehlung, die von einer Unternehmensvereinigung ausgesprochen wird und die der getreue Ausdruck des Willens der Mitglieder dieser Vereinigung ist, sich auf dem Markt der als verbindlich angesehenen Empfehlung entsprechend zu verhalten, erfüllt die Voraussetzungen für die Anwendung von Artikel 85 Absatz 1 EWG-Vertrag."

nahmen konzipiert noch von allen Adressaten faktisch befolgt worden sind[31]. Preisempfehlungen dagegen, die Hersteller an die Vertragshändler ihrer Vertriebssysteme richten, gelten nur dann als verboten, wenn sich eine tatsächliche Abstimmung des Verhaltens der Vertragshändler hinsichtlich der Preisfestsetzung feststellen läßt[32].

Nicht eindeutig geklärt war in der Entscheidungspraxis lange Zeit die Frage, welche Sachverhalte genau mit dem Begriff "*aufeinander abgestimmte Verhaltensweisen*" gemeint sind. Dabei ging es nicht ausschließlich um die erheblichen Unzulänglichkeiten, die im Bereich der Beweisführung immer wieder auftraten[33]. Auch die Festlegung der Reichweite des fraglichen Tatbestandsmerkmals schien in den 80er Jahren von falschen Vorstellungen geprägt zu sein. Die griechischen Kartellbehörden hatten zwar bereits im Jahr 1981 zur Auslegung des griechischen Tatbestandsmerkmals auf die Ausführungen des EuGH im "Farbstoffe"-Fall[34] verwiesen[35]. Jedoch fehlte es in der anschließenden Zeit nicht an Entscheidungen und Stellungnahmen, die den starken Eindruck hinterließen, daß im Gegensatz zum EuGH die griechischen Wettbewerbshüter nicht nur das koordinierte Unternehmensverhalten, sondern darüber hinaus jede bewußte Parallelität im Handeln als kartellrechtlich relevant erfassen wollten.

Ein kennzeichnendes Beispiel dafür gibt die WbK-S 21/84 im "KIM"-Fall[36], die das gleichförmige Verhalten auf einem oligopolistischen Markt, in dem sich ein Preisführer kraft überlegener Marktmacht heraushob, zum Gegenstand hatte.

Auf dem relevanten Markt für Elektromotoren besaß das führende Unternehmen einen 65%igen Anteil, während die übrigen vier Konkurrenten etwa 30% auf sich vereinigten.

---

31 Vgl. *WbK*-E 219/95 "Mähdrescher" (Preisempfehlungen von Mähdrescherverbänden), Bd. C, S. 117 f.; *WbK*-E 145/94 "POBEAM-OBEAM" (Annahme und Weiterleitung oder Aufstellung von Preislisten durch die Dachorganisationen der Auto- und Maschinenwerkstätten), Bd. C, S. 103 f. Die (faktische) Befolgung der von den Gewerbeverbänden festgesetzten Preisen war anscheinend der Fall in der *WbK*-E 133/94 "Bäckerverband von Korinthe", Bd. C, S. 98 f.; *WbK*-E 134/94 "Griechische Bäckervereinigung", DEE 1995, 175 mit Anm. GEORGAKOPOULOS; *WbK*-E 135/94 "Bäckerverband von Thiva", DEE 1995, 176.

32 Vgl. *WbK*-E 270/18/95 "LUMBERJACK & ANTONINI", Bd. C, S. 164 f.

33 Vgl. vor allem *WbK*-S 62/88 "Filme für Röntgenaufnahmen" (Bd. B, S. 57 ff.) und die daran anschließende *minist. Entsch.* 387/88 (nicht veröff.), die vom *VerwG Athen* 3484/89 (Bd. B, S. 157 ff.) aufgehoben wurde - das erstinstanzliche Urteil wurde anschließend vom *ObVerwG Athen* 2849/90, Bd. C, S. 254 ff. bestätigt; zu diesem Fall siehe ausführlich unten im Text, I C 2. Die Literatur kritisiert scharf die mangelhafte Beweisführung, vgl. KONTOBAZAINITIS, in: SCHINAS (Hrsg.), Schutz des freien Wettbewerbs, S. 84 ff. (insb. 87); CHRISTOFOROU, in: Competition Law, G.C.-8.

34 EuGH Urt. v. 14.07.1972, Rs. 48, 49, 51-59/69, *ICI*, Slg. 1972, S. 619 [Rdn. 64/67].

35 *WbSK*-E 15/81, Bd. A, S. 42.

36 Bd. A, S. 119 f. Siehe auch die Stellungnahme *WbK* 52/87, Bd. B, S. 11 ff., in der eine Verhaltensabstimmung nur auf die zeitliche Parallelität und die Ausrichtung des Verhaltens auf denselben objektiven Zweck (Verhinderung des Exports von in Griechenland hergestellten Schalplatten) gestützt wird (S. 16). Ähnlich auch *VerwG Athen* 17745/88, Bd. B, S. 150 ff. (155).

Die griechischen Kartellbehörden stellten nach den Ermittlungen fest, daß sämtliche Unternehmen drei Jahre lang anhand von Preislisten ihre Produkte vertrieben, die keine nennenswerten Abweichungen voneinander aufwiesen. Die Endpreise variierten allerdings wesentlich, weil die Unternehmen ihren einzelnen Abnehmern unterschiedliche Rabatte gewährten, die bis zu 30% des auf der Liste aufgeführten Preises betrugen.

Die Kommission ging davon aus, daß die kleineren Unternehmen wegen höherer Produktionskosten naturgemäß höhere Preise als ihr großer Konkurrent verlangen müßten. Die Preisübereinstimmungen könnten deswegen nur dadurch erklärt werden, daß die vier kleineren Wettbewerber ihre Preise ständig und bewußt an diejenigen des großen Konkurrenten angepaßt und diese damit künstlich nach unten gedrückt hätten. Eine irgendwie geartete Abmachung oder zumindest eine Fühlungnahme zwischen den Unternehmen zu dem Zweck der Verhaltensabstimmung wurde jedenfalls nicht nachgewiesen. Offensichtlich ging es also nur um ein bewußt paralleles Verhalten der Oligopolisten. Der fragliche Sachverhalt wurde trotzdem von der Kommission als "teilweise aufeinander abgestimmte Praktik" bezeichnet[37]. Dem Handelsminister wurde vorgeschlagen, eine Empfehlung an die vier Unternehmen zu richten, die beanstandete konzertierte Wettbewerbsbeschränkung zukünftig zu unterlassen. Die ministerielle Entscheidung akzeptierte die Stellungnahme zwar nicht, sprach sich jedoch auch nicht gegen die fragliche Auslegung des Kartelltatbestandes aus. Sie stützte sich vielmehr auf den Umstand, daß die Endpreise frei und aufgrund unterschiedlicher Rabattquoten gebildet worden seien, und somit darauf, daß eine Wettbewerbsbeschränkung nie bewirkt worden sei[38].

Der Anwendung des Kartellverbotes auf jedes *bewußte Parallelverhalten* von Konkurrenten[39] stößt auf erhebliche Bedenken. Dagegen spricht nicht nur der Wortlaut des Kartellverbotes, der eine "Abstimmung" fordert und somit Verhaltensweisen, die auf keiner Koordinierungsmaßnahme beruhen, offensichtlich ausschließt. Zu berücksichtigen ist auch, daß ein bewußtes - aber nicht koordiniertes - gleichförmiges Verhalten die unternehmerische Autonomie der Betroffenen nicht trifft und somit auch vom Sinn und Zweck des Kartellverbotes nicht erfaßt wird[40]. Dieser Befund ist auch unter normlogisch-rechtspolitischen Aspekten kaum zu beanstanden, denn es ist letztlich sinnlos, marktwirtschaftlichen Phänomenen entgegentreten zu wollen, die in der "Natur der Sache" begründet liegen. Die Anwendbarkeit des Kartelltatbestandes auf bewußte - aber nicht abgestimmte - parallele Verhaltensweisen ist daher zu verneinen.

---

37 Mit dem Wort "teilweise" wollte die Kommission anscheinend den Umstand zum Ausdruck bringen, daß die Endpreise voneinander unterschieden; so auch KONTOBAZAINITIS, in: SCHINAS (Hrsg.), Schutz des freien Wettbewerbs, S. 85.

38 K6-119/85, Bd. A, S. 188 f.

39 Zu einer systematischen Darstellung der Formen gleichförmigen Verhaltens siehe SANDROCK, Grundbegriffe, S. 336 ff. m.w.Hinw.

40 Vgl. *EuGH* Urt. v. 16.12.1975, Rs. 40-48/73 u.a., *Suiker Uni*, Slg. 1975, S. 1663 [Rdn. 173/174] ("Recht der Unternehmen, sich dem festgestellten oder erwarteten Verhalten ihrer Mitbewerber mit wachem Sinn anzupassen"); vgl. auch GLEISS / HIRSCH [4. Aufl.], Bd. 1, Rdn. 101 f.; ZÄCH, Wettbewerbsrecht der EU, S. 13 ff.

Um die - unter *beweismäßigen* Aspekten schwierige - Grenzziehung zwischen bewußtem Parallelverhalten und Verhaltensabstimmung durchzuführen, ist übrigens von der wettbewerbstheoretischen Erkenntnis auszugehen, daß bewußtes Parallelverhalten und aufeinander abgestimmtes Verhalten prinzipiell allein dadurch unterscheiden, daß sich die Unternehmen im ersten Fall unabhängig voneinander, also gleichsam spontan dazu entschlossen haben, ihr Verhalten abzustimmen, während diese Koordination im zweiten Fall Konsequenz einer zuvor erfolgten Verständigung, also einer gemeinsamen Willensbildung ist. Die *Erscheinungsformen* beider Verhaltensweisen und ihre *ökonomischen Effekte* sind also oft identisch[41]. Nur ihre *Entstehungsart* unterscheidet sich erheblich. Die Annahme eines abgestimmten Verhaltens setzt deswegen zwingend voraus, daß (auch) der schlüssige Nachweis einer in irgendeiner Weise erfolgten *gegenseitigen Verständigung* der Unternehmen erbracht worden ist, die jedem Beteiligten einigermaßen Sicherheit für ein bestimmtes, koordiniertes Verhalten der anderen Beteiligten verschafft hat[42]. Der Indizienbeweis soll zwar dabei nicht ausgeschlossen werden[43]. Ein Parallelverhalten darf jedoch nur dann als Beweis für das Vorliegen einer gegenseitigen Verständigung angesehen werden, wenn es sich *allein* durch die Annahme einer solchen Verständigung plausibel erklären läßt[44]. In sämtlichen anderen Fällen ist davon auszugehen, daß sich das gleichförmige unternehmerische Verhalten im kartellrechtsfreien Raum bewegt[45].

---

41 BERG, in: Vahlens Kompendium der Wirtschaftstheorie, Bd. 2 [6. Aufl.], S. 266 f.

42 Vgl. GLEISS / HIRSCH [4. Aufl.], Bd. 1, Rdn. 97 f. (mit Nachw. aus der Praxis der Gemeinschaftsorgane): "Nötig ist ein Minimum an gegenseitigem Kontakt. Die Beteiligten müssen sich über ihre Absichten irgendwie verständigen oder unterrichten... Die vom EuGH in den Vordergrund gestellte 'bewußte praktische Zusammenarbeit' bedeutet keinen Verzicht auf das Erfordernis der gegenseitigen Verständigung."

43 GLEISS / HIRSCH [4. Aufl.], Bd. 1, Rdn. 104 ff.

44 Vgl. *EuGH* Urt. v. 31.03.1993, Rs. C-89/85 u.a., *Ahlström II*, Slg. 1993, I-1307 [Rdn. 71].

45 Es kann allerdings in diesem Fall um ein marktbeherrschendes Oligopol gehen, dessen Verhalten aufgrund Art. 2 KartellG kontrolliert und - beim Vorliegen eines Mißbrauchs - sanktioniert werden kann; siehe diesbezüglich die *WbK*-E 20/96 "E. TASOULAS / BANK OF PIRÄUS u.a.", DEE 1996, 494 ff. (496), in der der Begriff der kollektiven marktbeherrschenden Stellung allerdings aus dem Grund verneint wird, daß die betroffenen Unternehmen (Banken, die von den kapitalerhöhenden Unternehmen mit der Durchführung des öffentlichen Verfahrens der Zeichnung der Aktien beauftragt worden waren) kein im erforderlichen Umfang gleichförmiges Verhalten gezeigt hätten; anders entschied jedoch in diesem Fall das *ObVerwG Athen* 459/97, DEE 1997, 574 ff. (578), das den Begriff der kollektiven Marktbeherrschung bejaht hat. Dem (schließlich wegen mangelnder Begründung der vorgenommen Marktabgrenzung vom Staatsrat 909/98, EEmpD 1998, 659 ff., aufgehobenen) verwaltungsgerichtlichen Urteil läßt sich allerdings nicht eindeutig entnehmen, ob die kollektive Marktbeherrschung lediglich auf die Annahme eines bewußten Parallelverhaltens gestützt wurde, oder ob das Gericht vielmehr von einem abgestimmten Verhalten der betroffenen Unternehmen ausging. Zu der im Rahmen des Gemeinschaftsrechts umstrittenen Frage, ob das auf bloßer Reaktionsverbundenheit der Mitglieder eines Oligopols beruhende Paral-

Die geschilderten Erkenntnisse über die Teleologie des Kartelltatbestandes und das Erfordernis einer vorherigen Verständigung zur Annahme einer Verhaltensabstimmung scheinen inzwischen auch die griechischen Kartellbehörden zu respektieren. Dies deutet sich bereits in einer Stellungnahme aus dem Jahre 1990 an, in der die Wettbewerbskommission die aufeinander abgestimmte Praktik als gleichförmiges "Verhalten mit gewichtigem Umfang und Dauer" definiert und hinzufügt, daß die "unternehmerische Autonomie der Betroffenen" dadurch aufgehoben werden müsse[46]. Von einer echten Wende im Verständnis und in der praktischen Handhabung des Merkmals der Verhaltensabstimmung kann aber erst *ab Mitte der 90er* Jahre gesprochen werden. Es ist nicht nur, daß die griechischen Kartellbehörden mit der Annahme einer aufeinander abgestimmten Praktik viel vorsichtiger und zurückhaltender geworden sind[47]. In den Entscheidungen wird bei der Definition der Verhaltensabstimmung nunmehr auch ausdrücklich auf das Erfordernis einer vorherigen Verständigung verwiesen[48], wobei hervorzuheben ist, daß diese definitorische Vorgabe keine rein kosmetische Rolle spielt, sondern tatsächlich überprüft wird und zum Freispruch von Unternehmen führt[49].

---

lelverhalten eine marktbeherrschende Stellung i.S.v. Art. 82 EGV n.F. begründen kann vgl. KOCH, in: GRABITZ / HILF [EL 4 Juni 90], Art. 86, Rdn. 18 m.w.Hinw.

46 *WbK*-S 98/90 "YBONNI", Bd. C, S. 25.

47 Vgl. *WbK*-E 259/95 "Mineralölgesellschaften und Raffinerien", Teil 1 (nicht veröff.): "Auch auf einem Markt, auf dem sich mehrere, zueinander offensichtlich im Wettbewerb stehende Unternehmen betätigen, kann es vorkommen, daß in einem gegebenen Zeitraum von allen Unternehmen eine parallele Praktik angewendet wird. Ist diese Praktik nicht das Ergebnis einer Vereinbarung zwischen den Unternehmen, dann verstößt sie nicht zwangsläufig gegen Art. 1 Abs. 1 G. 703/[77], insbesondere dann nicht, wenn der fragliche Zeitraum einen Übergangscharakter hat."

48 Vgl. *WbK*-E 20/96 "E. TASOULAS / BANK OF PIRÄUS u.a.", DEE 1996, 494 ff. (495): "Im Hinblick darauf, daß keine Art von Vereinbarung zwischen den Betroffenen bezüglich ihres einheitlichen Verhaltens ... nachgewiesen worden ist, kann ein Verstoß gegen Art. 1 Abs. 1 G. 703/77 nur dann angenommen werden, wenn glaubhaft gemacht werden kann, daß das fragliche Verhalten nicht das Ergebnis des autonomen unternehmerischen Vorgehens der Betroffenen und ihrer Anpassung an neue wirtschaftliche Gegebenheiten, sondern das Ergebnis einer Verständigung oder mindestens eines Austausches von Informationen ist, durch den jeder der Betroffenen über die Absichten unternehmerischer Tätigkeit der anderen in Kenntnis gesetzt wurde; vgl. auch *WbK*-E 19/96 "SKLAVENITIS / ECOTECH ITALIA", DEE 1996, 267.

49 Vgl. vor allem *WbK*-E 42/96 "Bäckereien von Kavala", wo das parallele Verhalten der Bäkkereien des Verwaltungsbezirks Kavala (einheitliche Preise für bestimmte Sorten von Brot) zwar als bewußt eingestuft wird, jedoch nicht auf eine Verständigung der Betroffenen, sondern auf die starke Homogenität der betroffenen Produkte, die engen Gewinnspannen der Bäckereien und die frühere Geltung von preisrechtlichen Regelungen zurückgeführt, und aus diesem Grund nicht als Verstoß gegen Art. 1 KartellG beurteilt wird; überzeugend (und vorbildlich) ist ebenfalls die zuletzt ergangene *WbK*-E 127/98 ("Händler von gefrorenen Lebensmitteln"), die die gleichzeitig, nach der Abwertung der griechischen Drachme von mehreren Händlern gefrorener Lebensmittel vorgenommenen Preiserhöhungen ebenfalls auf den

Die im europäischen Recht insbesondere im Polypropylen-Fall aktuell gewordene (und von den Gemeinschaftsorganen - wenn auch unter Zugrundelegung unterschiedlicher Konzepte - im Ergebnis bejahte) Frage, ob bereits die Abstimmung (Verständigung) als solche den Tatbestand des Art. 81 Abs. 1 EGV n.F. verwirklichen und daher (ohne den Nachweis eines *parallelen* Marktverhaltens) geahndet werden kann[50], ist in der griechischen Anwendungspraxis bisher nicht behandelt worden. Ebensowenig ist von den griechischen Kartellbehörden und Gerichten die Frage der gegenseitigen Abgrenzung der Tatbestandsmerkmale der Vereinbarung und der Verhaltensabstimmung problematisiert worden[51].

(3) Wettbewerbsbeschränkung

Um eine Wettbewerbsbeschränkung i.S. des Kartellverbotes zu bejahen, stellen die griechischen Kartellbehörden, wie oben ausgeführt, grundsätzlich auf die *Einengung der Handlungs- und Entscheidungsspielräume der Marktbeteiligten* ab. Ausgegangen wird in der Entscheidungspraxis von der Feststellung, daß "die Handlungsunabhängigkeit tatsächlicher oder potentieller Wettbewerber untereinander notwendigerweise zur Verbesserung der Bedingungen der angebotenen Leistungen und zur Unterdrückung der Kosten im Interesse der Verbraucher und der Allgemeinheit führt"[52]. Einschränkungen oder Verfälschungen dieser Handlungsunabhängigkeit müßten deswegen bekämpft werden. Zur Fundierung des Unwerturteils wird allerdings nicht immer auf die Handlungsunabhängigkeit derselben Kategorie von Marktteilnehmern abgestellt. Während einige Urteile auf die "Aufhebung der unternehmerischen Autonomie"[53] oder die "Beschränkung des Wettbewerbs zwischen den Beteiligten"[54] Wert legen, betonen andere die "Verhinderung der Dritten vom Eintritt in den relevanten Markt"[55], oder die "Einschränkung der unternehmerischen Betätigung der Einzelhändler"[56] als maßgebendes Kriterium. Einige Urteile

wirtschaftlichen Sachzusammenhang zurückführt und damit eine Verhaltensabstimmung wegen mangelnder vorheriger Verständigung verneint. - Kritisch anzumerken ist allerdings dabei, daß das Sekretariat der Kommission in seiner einleitenden Stellungnahme in beiden erwähnten Fällen von einem kartellrechtlichen Verstoß ausgegangen ist und die Androhung eines Zwangsgeldes (im ersteren Fall) bzw. die Verhängung einer Geldbuße (im letzteren Fall) vorgeschlagen hat.

50 Vgl. zur europäischen Praxis PAPAKIRIAKOU, Europäisches Unternehmensstrafrecht, *Zweiter Teil* III A 1 (b).

51 Vgl. zur europäischen Praxis PAPAKIRIAKOU, Europäisches Unternehmensstrafrecht, *Zweiter Teil* III A 2 (b).

52 *WbK*-E 263/16/95 "Schiffahrtsagentur IRAKLIS", Bd. C, S. 152.

53 *WbK*-S 98/90 "YBONNI", Bd. C, S. 25.

54 *WbSK*-E 8/80 "IMATHIA-PELLI Syndikat I", Bd. A, S. 28.

55 *WbK*-S 98/90 "YBONNI", Bd. C, S. 25; vgl. auch *WbK*-E 25/96 "Motor Oil / Saudi Aramco".

56 Vgl. z.B. *WbK*-S 91/90 "CHANEL IV", Bd. C, S. 15; *WbK*-S 66/89 "CLINIQUE", Bd. B, S. 76 f.

stellen schließlich die "Beeinträchtigung der Interessen"[57] oder die "Einschränkung der Auswahlmöglichkeiten"[58] der (End-)Verbraucher in den Vordergrund, die auch dann vorliegt, wenn eine Verhaltensweise "die Schaffung von oligopolistischen Strukturen" auf irgendeiner Marktebene begünstigt[59]. Ähnlich wie im europäischen Kartellrecht[60] werden also auch in Griechenland der *interne Kartellaspekt* und die *Außenseiterproblematik* bei der Urteilsfindung im Rahmen des Art. 1 Abs. 1 KartellG gleichermaßen berücksichtigt[61].

Die im europäischen Recht umstrittene Frage[62], ob es für die Annahme einer Wettbewerbsbeschränkung genügt, daß *nur* die Wettbewerbsfreiheit Dritter beeinträchtigt wird[63], ist in der griechischen Kartellrechtspraxis - soweit ersichtlich - noch nicht aktuell geworden. In allen bislang behandelten Fallkonstellationen war nämlich die Veränderung der Betätigungsmöglichkeiten dritter Marktteilnehmer *durch* die Beschränkung der Handlungs- und Entscheidungsfreiheit der an der Vereinbarung oder Verhaltensabstimmung Beteiligten herbeigeführt worden. Die griechischen Kartellbehörden hatten deswegen bislang noch nicht die Möglichkeit, sich zu der fraglichen Problematik zu äußern. In dogmatischer Hinsicht ist jedenfalls davon auszugehen, daß die bloße Veränderung der Marktstellung der Außenseiter noch nicht ausreicht, um eine Wettbewerbsbeschränkung i.S. des Kartellverbotes zu begründen. Das Art. 1 Abs.1 KartellG zugrundeliegende Postulat der autonomen Planung der Unternehmenspolitik wird nämlich nur dann verletzt, wenn (auch) die Handlungs- und Entscheidungsfreiheit der an der Vereinbarung beteiligten Marktteilnehmer eingeschränkt wird[64].

In der Entscheidungspraxis läßt sich übrigens eine Tendenz feststellen, die wettbewerbsbeschränkenden Verhaltensweisen in "per se verbotene" und in "nicht per se verbotene" (stillschweigend) zu unterscheiden. Von einem "*per se-Verbot*" wird i.d.R. ausgegangen, wenn entscheidende Aktionsparameter der unternehmerischen Tätigkeit - vor allem die Freiheit zur Preisfestsetzung - tangiert werden[65] oder wenn

---

57 *WbSK*-E 9/81 "Verlegerkartell", Bd. A, S. 31.

58 *WbK*-S 97/90 "Friseurvereinigung", Bd. C, S. 21.

59 *WbK*-S 90/90 "CHANEL III", Bd. C, S. 12.

60 Vgl. *EuGH* Urt. v. 13.07.1966, Rs. 56 u. 58/64, *Consten / Grundig*, Slg. 1966, S. 321 [S. 387]; *EuGH* Urt. v. 14.12.1983, Rs. 319/82, *Société de Vente de Ciments et Bétons*, Slg. 1983, S. 4173 [Rdn. 6].

61 Siehe z.B. *WbK*-E 25/96 ("MOTOR OIL / SAUDI ARAMCO"), in der bezüglich einer Alleinbezugsvereinbarung die Einschränkung des freien Markteintritts von Dritten und die Einschränkung der Auswahlfreiheit des gebundenen Vertragspartners gleichermaßen betont werden.

62 Zu einer ausführlichen Darstellung der Diskussion siehe KOCH, in. GRABITZ / HILF [1. Grdlfg.], Art. 85 Rdn. 53 ff.

63 So z.B. SCHRÖTER, in: G/T/E [4. Aufl.], Art. 85 Rdn. 14.

64 Siehe dazu bereits oben im Text, § 3 C 3; vgl. im europäischen Kartellrecht KOCH, in: GRABITZ / HILF [1. Grdlfg.], Art. 85 Rdn. 65 ff.; GLEISS / HIRSCH [4. Aufl.], Bd. 1, Rdn. 136.

65 Vgl. *WbSK*-E "Verlegerkartell", Bd. A, S. 30 ff.; *WbK*-S 57/87 "ZETA-FIMI", Bd. B, S. 44 ff.; *WbK*-S 80/89 "FA CA D' ORO", Bd. B, S. 117; *WbK*-E 264/95 "PROTOPORIA", Bd. C, S. 155.

der griechische Markt aufgeteilt oder von alternativen Bezugsquellen eines Produktes - vor allem durch Verhinderung der Parallelimporte - abgeschnitten wird[66]. In diesen Fällen wird das Vorliegen einer "Wettbewerbsbeschränkung" immer bejaht, unabhängig vom Grund, auf dem die fragliche Verhaltensweise beruht. Die Verwirklichung des Kartelltatbestandes kann allerdings noch am Erfordernis der quantitativen Spürbarkeit scheitern[67]. Als "*nicht per se verboten*" werden dagegen von der Praxis koordinierte Verhaltensweisen behandelt, die den Einsatz von zweitrangigen unternehmerischen Aktionsparametern - beispielsweise die gemeinsame Benutzung von Lagereinrichtungen[68] - zum Gegenstand haben, oder die Beschränkung der Vertriebsstellen eines Produktes - beispielsweise durch die Errichtung eines selektiven Vertriebssystems[69] - bewirken. Die Prüfung der Wettbewerbswidrigkeit berücksichtigt in diesen Fällen auch die Gründe, die die Unternehmen zur fraglichen Praktik veranlassen. Sind diese Gründe sachlich und halten sich die fraglichen Verhaltensweisen im Rahmen des Erforderlichen und Verhältnismäßigen, kann es bereits zur Verneinung einer "Wettbewerbsbeschränkung" i.S. des Kartelltatbestandes kommen (*qualitative Rule of Reason* bzw. *Erforderlichkeitsregel*[70]). Mitberücksichtigt wird dabei i.d.R. auch der gesamte rechtliche und ökonomische Zusammenhang, insbesondere die Existenz von gleichartigen Praktiken am relevanten Markt und die Gefahr der Entstehung von kumulativen Effekten[71]. Die *Prüfung der (quantitativen) Spürbarkeit verliert* insoweit ihre *eigenständige Bedeutung*[72].

---

66 Vgl. z.B. *WbSK*-E "GUY LAROCHE I" (Ausschließlichkeitsvereinbarung), Bd. A, S. 10; *WbK*-S 62/88 "Filme für Röntgenaufnahmen" (Verhaltensabstimmung zur Aufteilung der Märkte), Bd. B, S. 57 ff.

67 So z.B. im "CASTROL HELLAS"-Fall, *WbK*-S 95/90, Bd. C, S. 17 f. Preisbindungen sind allerdings verboten, auch wenn der Marktanteil des bindenden Herstellers die Schwelle der quantitativen Spürbarkeit nicht überschreitet, vgl. z.B. *WbK*-S 103/91 "PHAS", Bd. C, S. 49 f.

68 Vgl. z.B. *WbK*-S 76/89 "SHELL-MOBIL-BP", Bd. B, S. 102 ff.

69 Vgl. z.B. *WbSK*-E 20/82 "LOVABLE", Bd. A, S. 57; *WbK*-S 73/89 "FENDI", Bd. B, S. 97.

70 Den Begriff "Rule of Reason" sollte man sowohl in der griechischen wie auch in der gemeinschaftsrechtlichen Diskussion wegen seines Ursprungs im US-amerikanischen antitrust-Recht (vgl. dazu zuletzt ACKERMANN T., Art. 85 Abs. 1 EGV und die rule of reason, S. 11 ff.) besonders vorsichtig verwenden, vgl. etwa BELLAMY / CHILD [4. Aufl.], Rdn. 2-062 f.; FRITZCHE, ZHR 160 (1996), 32 Anm. 1. Aus diesem Grund wird zur Bezeichnung der oben skizzierten Tendenz der griechischen Anwendungspraxis im folgenden grundsätzlich neben dem Begriff "qualitative Rule of Reason" auch der (im Schrifttum nicht verbreitete) Terminus "Erforderlichkeitsregel" benutzt.

71 Vgl. z.B. *WbK*-S 66/89 "CLINIQUE"; Bd. B, S. 75 ff.; *WbK*-S 67/89 "CHANEL I", Bd. B, S. 80 ff.; *WbK*-S 102/91 "Apothekenvertrieb I", Bd. C, S. 45 f.; *WbK*-S 103/91 "LAVIFARM", Bd. C, S. 49 f.; *WbK*-E 218/95 "Apothekenvertrieb II", Bd. C, S. 116 f.

72 Unverhältnismäßige Lagerhaltungs- und Mindestabnahmepflichten (vgl. z.B. *WbK*-S "LANCASTER", Bd. A, S. 147 f.) oder sonstige Bindungen der Vertriebshändler in selektiven Vertriebssystemen (vgl. z.B. *WbK*-S 66/89 "CLINIQUE"; Bd. B, S. 75 ff.) werden so für

Dogmatisch klare Trennlinien zwischen beiden Kategorien sind von der griechischen Praxis allerdings noch nicht gezogen worden. Es geht nur um eine grobe Tendenz, wie diese auch in der Praxis der Gemeinschaftsorgane bei der Anwendung des Art. 81 Abs. 1 EGV n.F. auftritt[73]. Dadurch wird ermöglicht, daß einige "vernünftige" oder "notwendige" Wettbewerbsbeschränkungen bereits im Rahmen des Art. 1 Abs. 1 KartellG zugelassen werden, ohne daß sie einer Freistellung nach Art. 1 Abs. 3 KartellG bedürften[74].

Hervorzuheben ist jedenfalls, daß letztendlich jede "Wettbewerbsbeschränkung" im Sinne des Art. 1 Abs. 1 KartellG ein Negativattest wegen fehlender quantitativer Spürbarkeit[75] oder (theoretisch) eine Freistellung wegen Erfüllung der Voraussetzungen des Art. 1 Abs. 3 KartellG erhalten kann[76]. Vom ökonomischen Zusammenhang abgetrennte, sozusagen "*absolut verbotene*" Wettbewerbsbeschränkungen gibt es also im Ergebnis *nicht*.

(4) Zweck oder Wirkung

Nach der Entscheidungspraxis der Gemeinschaftsorgane fallen unter Art. 81 Abs. 1 EGV n.F. alle Vereinbarungen, die auf eine Wettbewerbsbeschränkung gerichtet sind, auch wenn sie von den Beteiligten nicht angewendet werden[77].

Im griechischen Recht ist es dagegen zumindest einmal vorgekommen, daß die Verwirklichung des Kartelltatbestandes wegen der *Nichtpraktizierung der abgeschlossenen wettbewerbsbeschränkenden Vereinbarung* ausdrücklich verneint wurde[78]. Die offizielle Definition des Merkmals "Zweck" i.S. des Art. 1 Abs. 1 KartellG, die von vielen anderen Entscheidungen und Stellungnahmen gegeben wird, lehnt sich allerdings eindeutig an jene des Gemeinschaftsrechts an. Es sollte deswegen davon ausgegangen werden, daß bereits der wettbewerbsbeschränkende Zweck einer Abrede ausreicht, um einen Verstoß gegen das Kartellverbot zu be-

---

verboten erklärt, auch wenn der bindende Hersteller einen Marktanteil hat, der die Schwelle der quantitativen Spürbarkeit nicht überschreitet. Wegen der Einzelheiten siehe unten im Text, I B 1.

73 Zu einer eingehenden Analyse dieser Praxis siehe BELAMY / CHILD, Rdn. 2-062 ff.; ACKERMANN T., Art. 85 Abs. 1 EGV und die rule of reason, S. 167 ff.; vgl. auch ZÄCH, Wettbewerbsrecht der EU, S. 27 ff.; KOCH, in GRABITZ / HILF [1. Grdlfg.], Art. 85 Rdn. 103 ff.; GRILL, in: LENZ, EGV-Kommentar, Art. 85, Rdn. 20 ff.; FRITZSCHE, ZHR 160 (1996), 34 ff.

74 Zur dogmatischen Einordnung und zu den praktischen Folgen dieses Abwägungsverfahrens siehe PAPAKIRIAKOU, Europäisches Unternehmensstrafrecht, *Dritter Teil* IV B.

75 Vgl. *WbK*-S 95/90 "CASTROL HELLAS", Bd. C, S. 17 f.; *WbK*-E 31/92 "SWATCH", Bd. C, S. 76 f. Dies gilt jedenfalls nicht für Preisbindungen (siehe oben, Anm. 65 und 67).

76 Vgl. z.B. *minist. Entsch.* K6-734/84 "PYRKAL" (Freistellung eines Preis- und Quotenkartells), Bd. A, S. 187 f.

77 Vgl. BELLAMY / CHILD [4. Aufl.], Rdn. 2-107 m.w.Nachw.; vgl. dazu auch PAPAKIRIAKOU, Europäisches Unternehmensstrafrecht, *Zweiter Teil* III A 4 (c).

78 *Minist. Entsch.* K6-122/85 "IMATHIA-PELLI-Syndikat III", Bd. A, S. 190; vgl. auch *WbK*-E 91/94 "EOT II", Bd. C, S. 88.

gründen[79]. Eine andere Frage ist jedoch, ob dadurch auch die Rechtsfolgen des Kriminal- und des Verwaltungsstrafrechts ausgelöst werden oder dafür auch andere Voraussetzungen, insbesondere die Ausführung der Absprache und damit die *faktische* Beeinflussung der Marktverhältnisse vorliegen müssen[80].

(5) Quantitative Spürbarkeit

Europäische Kommission und EuGH fordern als Voraussetzung für die Anwendung des Art. 81 Abs. 1 EGV n.F., daß sowohl die bezweckte oder bewirkte Wettbewerbsbeschränkung als auch die Eignung zur Beeinträchtigung des zwischenstaatlichen Handels "spürbare" Auswirkungen auf die Marktverhältnisse haben (De minimis-Regel)[81].

Die durch die Europäische Kommission erlassene sog. Bagatellbekanntmachung, deren erste Fassung von 1970[82] stammt und die - nach den Änderungen in den Jahren 1977[83], 1986[84] und 1994[85]- zuletzt 1997[86] vollständig neu gefaßt wurde, konkretisiert den Spürbarkeitsbegriff - nunmehr ausschließlich - durch das quantitative Kriterium des "Marktanteils" der an der Vereinbarung beteiligten Unternehmen[87], wobei zugleich einerseits zwischen horizontalen und vertikalen Absprachen unterschieden wird und andererseits

---

79 Vgl. z.B. *WbK*-E 263/16/95 "Schiffahrtsagentur IRAKLIS", Bd. C, S. 153.

80 Vgl. im allgemeinen zu dieser Problematik, die sich insbesondere bei ambivalenten Normen auftritt (sog. *Normspaltung*), PAPAKIRIAKOU, Europäisches Unternehmensstrafrecht, *Zweiter Teil.*

81 Näher dazu KOCH, in: GRABITZ / HILF [1. Grdlfg.], Art. 85 Rdn. 98 ff.; DANNECKER / FISCHER-FRITSCH, S. 15 ff.

82 Bekanntmachung v. 27.05.1970, ABl 1970, Nr. C 64/1.

83 Bekanntmachung v. 19.12.1977, ABl 1977, Nr. C 313/3.

84 Bekanntmachung v. 03.09.1986, ABl 1986, Nr. C 231/2.

85 Bekanntmachung v. 1994, ABl. 1994, Nr. C 368/20.

86 Bekanntmachung der Kommission über Vereinbarungen von geringer Bedeutung, ABl. 1997, Nr. C 372/13.

87 Vor ihrer neuen Fassung im Jahr 1997 konkretisierte die Bagatellbekanntmachung den Spürbarkeitsbegriff zusätzlich durch das quantitative Kriterium des Umsatzes der an der Vereinbarung beteiligten Unternehmen. Der Marktanteil durfte bei dem betroffenen Erzeugnis nicht höher als 5% liegen, die Gesamtumsätze aller beteiligten Unternehmen durften zusammen 300 Mio. ECU nicht übersteigen (7. Erwäg. der Bagatellbekanntmachung v. 1986). Wenn die genannten Werte überschritten wurden, konnte sich die Geringfügigkeit der Wettbewerbsbeschränkung gleichwohl aus anderen Gründen ergeben (3. Erwäg. der Bagatellbekanntmachung v. 1986). Zum Zweck der Abschaffung des Umsatzkriteriums (Begünstigung von großen Unternehmen mit geringen Marktanteilen, die früher zu Unrecht von der Anwendung der De minimis-Regel ausgenommen wurden), siehe XXVII. Bericht über die Wettbewerbspolitik 1997, Rdn. 37. Eine Gleichstellung von kleinen und großen Unternehmen erfolgt allerdings nicht, denn die Bekanntmachung von 1997 enthält weiter im Anschluß an die Empfehlung der Kommission betreffend die Definition der kleinen und mittleren Unternehmen (ABl. 1996, Nr. L 107/4) vorteilhafte Regelungen für Vereinbarungen zwischen kleinen und mittleren Unternehmen, bezüglich deren sich die Kommission nur in Ausnahmefällen ein Interventionsrecht vorbehält, siehe XXVII. Bericht über die Wettbewerbspolitik 1997, Rdn. 40.

eine sog. schwarze Liste eingeführt wird. Die Marktanteilsschwelle beträgt danach 5% für horizontale Vereinbarungen und 10% für vertikale Vereinbarungen[88]. Art. 81 Abs. 1 EGV n.F. kann jedoch weiter auf unterhalb dieser Schwellenwerte liegende Vereinbarungen Anwendung finden, wenn diese Vereinbarungen schwerwiegende Wettbewerbsbeschränkungen nach sich ziehen. Diese Wettbewerbsbeschränkungen sind in der Bekanntmachung in einer "schwarzen Liste" aufgeführt (z.B. Festsetzung von Preisen, Produktions- oder Lieferquoten; Aufteilung der Märkte und Versorgungsquellen). Die Europäische Kommission stellt allerdings klar, daß sie gegenüber solchen Vereinbarungen nur ausnahmsweise einschreiten werde, wenn es nämlich es das Gemeinwohl der Europäischen Gemeinschaft erfordere, und insbesondere in den Fällen, in denen die Funktionsweise des Binnenmarktes beeinträchtigt würde. Denn an erster Stelle obliegt es nach der Ansicht der Europäischen Kommission den Behörden und Gerichten der Mitgliedstaaten sich mit schweren Wettbewerbsbeschränkungen unterhalb der Aufgreifschwellen zu befassen[89].

Der EuGH lehnt seinerseits bisher ab, feste Schwellenwerte zu nennen. Seine Entscheidungspraxis ist von einer Gesamtschau des Einzelfalles getragen, für die es "insbesondere [auf die] Art und Menge der den Gegenstand der Vereinbarung bildenden Erzeugnisse ... [und auf die] Stellung und Bedeutung ... [der] Parteien auf dem Markt dieser Erzeugnisse" sowie darauf ankommt, "ob die Vereinbarung für sich allein steht oder Bestandteil einer Gesamtheit von Vereinbarungen ist"[90]. Im Hinblick jedenfalls darauf, daß der Gerichtshof die von der Europäischen Kommission in ihren Bagatellbekanntmachungen genannten Schwellenwerte nicht in Frage stellt[91], wird der unter dem Aspekt der Rechtssicherheit große Wert der von der Europäischen Kommission aufgestellten quantitativen Kriterien beibehalten.

Die "quantitative Spürbarkeit" wird auch von den griechischen Wettbewerbsbehörden als ungeschriebenes Tatbestandsmerkmal dem Kartelltatbestand des G. 703/77 zugeordnet[92]. Somit wird ebenso in Griechenland eine erhebliche, immanente Reduzierung des Wirkungsbereichs des Kartellverbotes in Anlehnung an die Regel "de minimis non curat praetor" bewirkt[93].

---

88 Der Grund für diese Differenzierung der Schwellenwerte liegt nach den Angaben der Kommission darin, daß sich eine wettbewerbswidrige Verhaltensweise innerhalb einer vertikalen Beziehung minder schwer auf die Märkte auswirke als im Rahmen einer horizontalen Vereinbarung; siehe XXVII. Bericht über die Wettbewerbspolitik 1997, Rdn. 37.

89 Vgl. XXVII. Bericht über die Wettbewerbspolitik 1997, Rdn. 11 und 39.

90 *EuGH* Urt. v. 10.07.1980, Rs. 99/79, Slg. 1980, *Lancôme / ETOS*, Slg. 1980, S. 2511 [Rdn. 24].

91 Vgl. nur GLEISS / HIRSCH [4. Aufl.], Bd. 1, Rdn. 260.

92 Vgl. *WbK*-E 33/96 "STAMOU / E.PS.A": "Sowohl im Gemeinschafts- als auch im griechischen Recht hat sich die Ansicht durchgesetzt, daß das Verbot des Art. 81 EGV n.F. und das entsprechende Verbot des Art. 1 Abs. 1 G. 703/77 auf Bagatellabsprachen, d.h. auf Absprachen, die den Wettbewerb auf dem relevanten Markt nicht spürbar beschränken, keine Anwendung finden." Vgl. ferner *WbK*-E 19/96 "SKLAVENITIS / ECOTECH ITALIA"; *WbK*-E 45/96 "SPORTMAN / LCL", Teil III.a.

93 Vgl. BERNITSAS, Europäisches Wettbewerbsrecht und G. 703/77, S. 126 ff.; LIAKOPOULOS, Gewerbliches Eigentum, Bd. II [3. Aufl.], S. 304 f.; KOTSIRIS, Wettbewerbsrecht [2. Aufl.], S. 258.

Die tragende Rolle, die dem Merkmal der "quantitativen Spürbarkeit" innerhalb der griechischen Praxis zuerkannt wird, läßt sich deutlich daran erkennen, daß die fehlende Spürbarkeit auch in solchen Fällen *subsidiär* in Betracht gezogen wird, in denen die Anwendbarkeit des Kartellverbotes schon aus anderen Gründen ausscheidet.

Obwohl die Wettbewerbskommission so beispielsweise die getroffene Vereinbarung zwischen dem englischen Unternehmen Rothmans International PLC und einem griechischen Hersteller, welche die Auftragsfertigung von Zigaretten für ersteren durch den zweiten auf dem griechischen Gebiet zum Gegenstand hatte, als bloßen, kartellrechtlich irrelevanten Werkvertrag einstufte, berief sie sich subsidiär auch auf den kleinen Anteil (unter 5%) der Firma Rothmans auf dem griechischen Markt, um das erteilte Negativattest zu begründen (WbK-S 41/86 "ROTHMANS")[94].

Wann die *Schwelle* der "quantitativen Spürbarkeit" überschritten ist und somit die Wettbewerbsbeschränkung kartellrechtlich relevant wird, läßt sich allerdings an den einschlägigen Entscheidungen oder Stellungnahmen nicht immer deutlich ablesen. Als maßgebendes Kriterium wird zwar (nur)[95] der *Marktanteil* der an der Abrede beteiligten Unternehmen herangezogen. In den angegebenen Werten lassen sich aber *Schwankungen* konstatieren, die die Literatur dazu veranlassen, von einer Gefährdung der Rechtssicherheit zu sprechen[96].

Bei einer genauen Betrachtung der Einzelfälle kann man allerdings die wenigen Stellungnahmen und Entscheidungen, die (den Eindruck erwecken) die quantitative Spürbarkeit trotz eines erheblich über 5% liegenden Marktanteils (zu) verneinen, bzw. trotz eines erheblich unter 5% liegenden Marktanteils zu bejahen sachgemäß systematisch erfassen.

Zu Unrecht geht so ein Teil der Literatur davon aus, daß im *Biolignit-Fall* (WbK-S 2/83)[97], der das gemeinsame Vertriebssystem von zwei Braunkohleproduzenten betraf, der Verneinung der Spürbarkeit ein Marktanteil von 12% zugrunde lag[98]. Diesen Marktanteil besaßen zwar die Produzenten im Jahr 1981. Dem gemeinsamen Vertriebssystem, das von einem dritten Unternehmen organisiert werden sollte, wollten jedoch die Hersteller lediglich einen Marktanteil von 4,32% überlassen[99]. Darüber hinaus verdient Aufmerksamkeit, daß der Marktanteil in der fraglichen Stellungnahme im Rahmen der Prüfung der - bejahten - Voraussetzungen der Freistellung in Betracht gezogen wurde. Die Kommission schlug zwar schließlich die Abgabe eines Negativattestes vor. Dies könnte jedoch andere Gründe als die Verneinung der quantitativen Spürbarkeit haben. Es könnte beispielsweise daran liegen, daß die Betroffenen in diesem Fall nur

---

94 Bd. A, S. 165. Vgl. auch *WbK*-S 100/91 "Verbraucherclub", Bd. C, S. 32 f.

95 Vgl. allerdings auch *WbK*-E 15/95 ("Makler von Grundstücken"), in der zur Begründung des Urteils der fehlenden Spürbarkeit eines Franchisingsystems neben dem geringen Marktanteil auch der geringe Jahresumsatz des Franchisegebers herangezogen wird.

96 Vgl. z.B. CHRISTOFOROU, EEEurD 1986, 888 Anm. 30.

97 Bd. A, S. 80 ff.

98 Vgl. TRIANTAFILLAKIS, in: SCHINAS (Hrsg.), Schutz des freien Wettbewerbs, S. 62.

99 Siehe dazu DRILLERAKIS, in: SCHINAS (Hrsg.), Schutz des freien Wettbewerbs, S. 183 Anm. 30.

einen Antrag auf Negativattest gestellt hatten. Es liegt insoweit die Vermutung nahe, daß die Kommission aus verfahrensrechtlichen Gründen (ne eat iudex ultra petita partium) vermeiden wollte, den Antragsgegenstand durch die Erteilung einer Freistellung umzuwandeln, solange ein Negativattest noch vertretbar war[100].

Zu Unrecht wird außerdem in der Literatur die Ansicht vertreten, daß im *Blythe Colours-Fall* die Kartellbehörden von einem Marktanteil von 1% ausgegangen seien[101]. In Wirklichkeit setzten die Kartellbehörden (zu Unrecht) das streitgegenständliche Produkt mit dem relevanten Markt gleich, so daß sie die Spürbarkeit angesichts eines Marktanteils von 100% bejahten[102].

Man sollte schließlich berücksichtigen, daß in dem ein selektives Vertriebssystem betreffenden *Revlon-Fall*[103] keine Anmeldung stattgefunden hatte und demnach eine Freistellung, trotz des Vorliegens sämtlicher materieller Voraussetzungen, aus formellen Gründen ausgeschlossen war. Hätte die Kommission also die Tatbestandsmäßigkeit bejaht, wäre sie verpflichtet gewesen, das von REVLON betriebene Vertriebssystem zu verbieten. Die Verneinung der Spürbarkeit, trotz des ziemlich hohen Marktanteils (8-10%) der betroffenen Firma, könnte deswegen auch als Ausweg verstanden werden, der das angestrebte Ziel der Erteilung einer Erlaubnis unter praktischen Gesichtspunkten ebenso effizient wie gesetzmäßig erreichen konnte. Hinzu kam die Tatsache, daß sich REVLON im Hinblick auf die Streichung beanstandeter Klauseln des Vertrags mit dem griechischen Alleinimporteur (Exportverbote) als besonders kooperationsbereit gezeigt hatte und demzufolge auch die griechische Kommission guten Grund dazu hatte, den Fall weniger streng zu behandeln.

Man kann deswegen, insbesondere nach 1985, auch in Griechenland davon ausgehen, daß eine *Anteilsquote um die 5%* den entscheidenden Maßstab für die Prüfung der quantitativen Spürbarkeit darstellt[104] - was auch durch die Rechtsprechung der Verwaltungsgerichte bestätigt wird[105].

Es muß allerdings darauf aufmerksam gemacht werden, daß diese Anteilsquote grundsätzlich für *horizontale* Absprachen gilt. Die Bedeutung dieser Anteilsquote

---

100 Die Umwandlung des Antragsgegenstandes von Amts wegen im Kartellrechtsverfahren wird von der Literatur als unzulässig betrachtet; vgl. KOUTSOUKIS, EEmpD 1987, 670 ff.; KOUSOULIS, in: SCHINAS (Hrsg.), Schutz des freien Wettbewerbs, S. 298 Fußn. 29.

101 Vgl. CHRISTOFOROU, in: Competition Law, G.C.-10, Anm. 3.

102 Siehe dazu oben im Text, § 3 II C 5.

103 *WbK*-S 14/84, Bd. A, S. 101 ff.

104 Vgl. z.B. *WbK*-S 34/85 "PLAYTEX", Bd. A, S. 146; *WbK*-S 47/86 "CACHAREL", Bd. A, S. 172; *WbK*-E 31/92 "SWATCH", Bd. C, S. 76 f.; *WbK*-S 102/91 "Apothekenvertrieb I", Bd. C, S. 46; *WbK*-E 218/95 "Apothekenvertrieb II", Bd. C, S. 116 f.; *WbK*-S 117/98 "TSEVAS / A. PERRI - SWATSCH". Im EGEA-Fall (*WbK*-S 78/89, Bd. B, S. 110) erteilte allerdings die Kommission für das einfache Alleinvertriebssystem eines Produktes mit einem Marktanteil unter 5% kein Negativattest, sondern eine Freistellung.

105 Zu einer ausdrücklichen Festlegung der Marktanteilsschwelle auf den Prozentsatz von 5% vgl. vor allem *VerwG Athen* 17209/89 "Blythe Colours", Bd. C, S. 208 f. und 213; *ObVerwG Athen* 1422/91 "Blythe Colours", Bd. C, S. 272 und 274.

bei der Beurteilung von vertikalen Bindungen ist dagegen begrenzt, und zwar unter zwei Aspekten.

Zum einen kann der Schwellenwert bei *vertikalen* Absprachen, wie der Revlon-Fall - trotz der oben geschilderten interpretatorischen Einschränkungen - zeigt, viel höher liegen bzw. Marktanteilsquoten *bis 10%* erreichen.

Die *Revlon*-Entscheidung kann damit - im Hinblick auch auf die neue Bagatellbekanntmachung der Europäischen Kommission - als wichtiger Präzedenzfall, jedoch nicht als sichere Anerkennung des 10%igen Schwellenwertes für vertikale Absprachen in Griechenland angesehen werden.

Zum anderen ist zu beachten, daß bei vertikalen Bindungen neben dem Marktanteil des einzelnen, im konkreten Fall in Frage kommenden Herstellers auch die Marktanteile sämtlicher Hersteller, die in ihren Absatzsystemen gleichartige Bindungen verwenden, berücksichtigt werden. Dadurch wird - wie im europäischen Kartellrecht[106] - der Möglichkeit einer *kumulativen Störung des Marktes* oder einer *Überforderung der Vertriebshändler* durch mehrere Hersteller Rechnung getragen[107].

Unter diesem Aspekt wurde z.B. im *Clinique-Fall*[108] das Negativattest widerrufen, das die Kommission dem selektiven Vertriebssystem der Firma FIMI AE erteilt hatte. Das betroffene Unternehmen (Alleinimporteur der Clinique-Produkte in Griechenland) verpflichtete u.a. seine Vertragshändler, einen in absoluten Ziffern festgesetzten Raum im Schaufenster und im Inneren des Ladens für die Präsentation der Clinique-Kosmetika vorzubehalten und ein Kundenprotokol nach den Anweisungen des Alleinimporteurs zu führen. Als Bonus für die Erfüllung dieser (fakultativen) Pflichten (Präsentationsraum,

---

106 Vgl. die 18. und die 20. Erwäg. der Bekanntmachung der Kommission über Vereinbarungen von geringer Bedeutung, ABl. 1997, Nr. C 372/13; siehe auch *EuGH* Urt. v. 10.07.1980, Rs. 99/79, *Lancôme*, Slg. 1980, S. 2511 [Rdn. 19 ff.]; *EuGH* Urt. v. 28.02.1991, Rs. C-234/89, Delimitis, I-935 [Rdn. 13 ff.]. Es ist allerdings zu beachten, daß die sog. *"Bündeltheorie"* von den europäischen Gerichten im Rahmen der Prüfung des Tatbestandsmerkmals der "Bewirkung" einer Wettbewerbsbeschränkung angewandt wird, während in den griechischen Entscheidungen das Schwergewicht eher auf das ungeschriebene Tatbestandsmerkmal der "Spürbarkeit" gelegt wird. Im Rahmen der "Spürbarkeit" berücksichtigt die kumulativen Effekte mitunter auch die Europäische Kommission, vgl. *KOME* v. 21.03.1991, *Vichy*, ABl. 1991, Nr. L 75/57 [Rdn. 19].

107 So ausdrücklich *WbK*-S 66/89 "CLINIQUE", Bd. B, S. 75 ff.; *WbK*-S 67/89 "CHANEL I", Bd. B, S. 80 ff.; *WbK*-S 68/89 "CHANEL II", Bd. B, S. 83 ff.; *WbK*-S 69/89 "YVES SAINT LAURENT II", Bd. B, S. 87 ff.; *WbK*-S 70/89 "LANCASTER", Bd. B, S. 91 f.; *WbK*-S 71/89 "ARDEN", Bd. B, S. 94 f.; *WbK*-S 102/91 "Apothekenvertrieb I", Bd. C, S. 45 f.; *WbK*-S 103/91 " PHAS ", Bd. C, S. 49 f.; *WbK*-E 218/1/95 "Apothekenvertrieb II", Bd. C, S. 116 f. Vgl. auch die Praxis bezüglich unverhältnismäßiger Lagerhaltungs- und Mindestabnahmepflichten in selektiven Vertriebssystemen, die offensichtlich - wenn auch stillschweigend - vom diesem Gedanken geleitet wird; siehe z.B. *WbK*-S 35/86 "LANCASTER I", Bd. A, S. 147 f. Aus der Literatur siehe SOUFLEROS, EEmpD 1990, 328 ff.

108 *WbK*-S 66/88, Bd. B, S. 74 ff.; siehe anschließend *minist. Entsch.* A1-368/12.04.1989 (nicht veröff.).

Kundenprotokol) bot der Alleinimporteur einen 10%igen Rabatt im Wert der bezogenen Waren an. Die Vertriebshändler wurden außerdem verpflichtet, sich an den Werbekosten zu beteiligen, wenn dies vom Alleinimporteur für erforderlich gehalten würde. Die Wettbewerbskommission bejahte zwar die wettbewerbsbeschränkende Wirkung der genannten Vertragsklauseln, erklärte jedoch - da es nur um den Einzelfall eines Produktes mit geringem Marktanteil ging - das Kartellverbot wegen fehlender Spürbarkeit für nicht anwendbar. Nach der Erteilung des Negativattests suchten aber alle konkurrierenden Firmen gleichlautende Bindungen in ihren eigenen Vertriebssystemen durchzusetzen. Die Kommission griff deswegen den fraglichen Sachverhalt erneut auf und erklärte diesen diesmal für kartellrechtswidrig. Ausschlaggebendes Argument war dabei, daß die einzelnen Händler über begrenzte Raum- und Finanzmöglichkeiten verfügten und somit nicht in der Lage seien, den raum- und werbekostenrelevanten Anforderungen sämtlicher Hersteller gleichzeitig gerecht zu werden. Viele Händler würden aus diesem Grund notwendigerweise gezwungen, auf die selektiven Vertriebssysteme von Kosmetikaherstellern oder auf die gewährten Rabattvorteile zu verzichten. Die Kommission erblickte darin eine Quelle von Diskriminierungen. Sie forderte deswegen als Voraussetzung für die Zulassung der räumlichen Bindungen die Beachtung insbesondere des Grundsatzes der Verhältnismäßigkeit mit Blick auf den insgesamt zur Verfügung stehenden freien Raum, so daß auch Händlern mit beschränktem Geschäftsraum ermöglicht werde, sich an die verschiedenen Vertriebssysteme anzuschließen. Außerdem sollte die Teilnahme an den Werbekosten dem freiem Ermessen des Vertriebshändlers gestellt werden. Die Regelung bezüglich des Kundenprotokols wurde schließlich wegen Verletzung der Geschäftsgeheimnisse des Vertriebshändlers und der sich dadurch eröffnenden Möglichkeiten zur Beeinflussung seiner autonomen Politik für unzulässig erklärt[109].

Die Frage der "kumulativen Effekte" von vertikalen wettbewerbsbeschränkenden Absprachen wurde auch im *Apothekenvertrieb-Fall* ausführlich diskutiert[110]. In diesem Fall wurden die Kartellbehörden u.a. mit dem Absatzsystem der französischen Firma VICHY konfrontiert, die für den Vertrieb ihrer Kosmetika auf dem griechischen Gebiet ausschließlich Apotheken autorisierte und andere Absatzkanäle ausschloß. Das in mehreren europäischen Staaten praktizierte System von VICHY wurde 1991 von den Ge-

---

109 Die im Clinique-Fall vom Handelsminister ergangene Entscheidung wurde allerdings von den Verwaltungsgerichten aufgehoben. Das *VerwG Athen* 5169/90 (Bd. C, S. 214 f.) wies darauf hin, daß die minist. Entscheidung versäumt hatte, die für den Widerruf eines Negativattestes gemäß Art. 11 Abs. 2 und Art. 13 KartellG erforderlichen Voraussetzungen zu erfüllen, sich nämlich auf neuere, im Zeitpunkt der Erteilung des Negativattestes nicht vorliegende oder den Kartellbehörden nicht bekannte Tatsachen zu berufen. Die bloße Einreichung von gleichlautenden Negativattestanträgen von konkurrierenden Unternehmen wurde dabei nicht als eine solche "neue Tatsache" gewertet, weil sie sich weder auf das betroffene Unternehmen individuell bezogen habe noch eine von diesem Unternehmen begangene Wettbewerbsbeschränkung habe beweisen können. Letztere Ansicht teilte zwar grundsätzlich auch das *ObVerwG Athen* 3197/93 (Bd. C, S. 287 ff., 291). Das zweitinstanzliche Gericht ging aber in seinem Urteil auch darüber hinaus und verneinte unter Berufung auf den fakultativen Charakter der meisten beanstandeten Vertragsbindungen und den aus den Bindungen resultierenden Nutzen für beide Vertragsseiten bereits die Verwirklichung des Tatbestandsmerkmals der Wettbewerbsbeschränkung (a.a.O., S. 291 f.). Die Frage der Spürbarkeit, die im Mittelpunkt der Entscheidung der Kartellbehörden stand, verlor aber dadurch ihre Bedeutung und der Widerruf des Negativattestes konnte für rechtswidrig erklärt werden.

110 *WbK*-S 102/91 "Apothekenvertrieb I", Bd. C, S. 41 ff.; *WbK*-S 103/91 "PHAS", Bd. C, S. 46 ff.; *WbK*-E 218/1/95 "Apothekenvertrieb II", Bd. C, S. 113 ff.

meinschaftsorganen gemäß Art. 85 EGV a.F. als wettbewerbswidrig und nicht freistellungsfähig eingestuft[111]. Die griechischen Kartellbehörden gingen auch davon, daß das System der Apothekenexklusivität eine "Wettbewerbsbeschränkung" i.S. des griechischen Kartellverbotes darstellt, erteilten aber schließlich nach griechischem Recht ein Negativattest, weil der Anteil der auf diesem Vertriebsweg im *griechischen* Kosmetikamarkt abgesetzten Produkte nur bei 4,5% bis 5,5% lag und somit das Tatbestandsmerkmal der Spürbarkeit nicht verwirklicht war. Die europäischen Wettbewerbsbehörden hatten dagegen bei der Anwendung des Art. 85 Abs. 1 EGV a.F. festgestellt, daß von der beanstandeten Vertriebsform 5% bis 40% des *europäischen* Kosmetikmarktes erfaßt seien und somit die Wettbewerbsbeschränkung auf europäischer Ebene bereits spürbar sei[112].

B. Vertikale Absprachen und abgestimmte Verhaltensweisen

Bereits in ihrer ersten Entscheidung (WbSK-E 1/79 "GUY LAROCHE I")[113] wurde die Wettbewerbsschutzkommission mit einer vertikalen Absprache zwischen einer ausländischen Kosmetikfirma und einem griechischen Importeur konfrontiert. Der fragliche Vertrag, eine Alleinimport- und Alleinvertriebsvereinbarung, enthielt zwar Verbote von Reexporten der Vertragswaren durch den griechischen Importeur sowie von Parallelverkäufen durch den ausländischen Hersteller, gewährte jedoch dem griechischen Importeur keinen absoluten Gebietsschutz. Zugleich sah dieser Vertrag hinsichtlich der Weiterverteilung der Kosmetika auf dem griechischen Markt die Errichtung eines selektiven Vertriebssystems vor, das von Preisbindungen der zweiten Hand sowie von subjektiven Auswahlkriterien gekennzeichnet war. Die Wettbewerbsschutzkommission erblickte in den Beschränkungen der Aus- und Einfuhren sowie in der konkreten Ausgestaltung des selektiven Vertriebssystems klare Verstöße gegen das Kartellverbot und verhängte, ohne eine Marktanalyse oder den Versuch einer Bestimmung des Anteils der beteiligten Unternehmen am relevanten Markt für nötig zu halten, gegen beide Unternehmen Geldbußen[114].

Ausschließlichkeitsbindungen sowie Vertriebssysteme haben seitdem *mehr als irgendein anderer Wettbewerbssachverhalt die griechischen Kartellbehörden beschäftigt*, was insbesondere auf die Wirtschaftsverhältnisse auf dem griechischen Markt zurückzuführen ist[115].

---

111 *KOME* v. 21.03.1991, *Vichy*, ABl. 1991, Nr. L 75/57 [Aufhebung der Bußgeldfreiheit bezüglich des von Vichy angemeldeten Vertriebssystems der Apothekenexklusivität für 10 Mitgliedstaaten aufgrund vorläufiger Prüfung nach Art. 15 Abs. 6 der VO 17]; bestätigt vom *EuG*, Urt. v. 27.02.1992, Rs. T-19/91, *Vichy*, Slg. 1992, II-415.

112 *KOME* v. 21.03.1991, *Vichy*, a.a.O. [Rdn. 19].

113 Bd. A, S. 9 ff.

114 Wegen verfahrensrechtlicher Fehler, die in der ersten Verhandlung begangen wurden, befaßte sich die Wettbewerbskommission wieder mit dem Fall und erließ eine in materieller Hinsicht ähnliche Entscheidung (*WbSK*-S 6/79 "GUY LAROCHE II", Bd. A, S. 18 ff.), in der die fraglichen Verträge erneut als wettbewerbswidrig beurteilt wurden. Das nach der Anfechtungsklage der Betroffenen angerufene *VerwG Athen* 1040/84 (Bd. A, S. 233 ff.) schätzte allerdings das Beweismaterial anders ein und weigerte sich, in den beanstandeten Vertragsklauseln Export- und Parallelimportverbote zu sehen. Die Geldbußen für die Ausschließlichkeitsabsprache wurden deswegen aufgehoben. Bestätigt wurde dagegen die Sichtweise der Kommission in der Frage des selektiven Vertriebssystems.

115 LIAKOPOULOS, Die Wirtschaftsfreiheit, S. 164, 166; BERNITSAS, Europäisches Wettbewerbsrecht und G. 703/77, S. 167.

Die daraus resultierende reichhaltige Spruchpraxis, in der inzwischen auch das ungeschriebene Tatbestandsmerkmal der quantitativen Spürbarkeit sowie die Erforderlichkeitsregel eine erhebliche Rolle spielen, und die stark von der Spruchpraxis der Gemeinschaftsorgane beeinflußt ist[116], liefert heute zahlreiche - auch wenn nicht immer konstante - Kriterien für die Beurteilung dieser Art vertikaler Absprachen.

---

116 Zusammenf. zur *bisherigen Praxis* der Gemeinschaftsorgane hinsichtlich vertikaler Absprachen, *Europäische Kommission*, Grünbuch zur EG-Wettbewerbspolitik gegenüber vertikalen Wettbewerbsbeschränkungen, KOM(96) 721 endg. (von der Kommission angenommen am 22.01.1997), Kapitel IV, S. 38 ff. (Rdn. 117 ff.). Zum geplanten *neuen* gemeinschaftsrechtlichen Konzept bezüglich vertikaler Wettbewerbsbeschränkungen siehe die *Mitteilung der Kommission* über die Anwendung der EG-Wettbewerbsregeln auf vertikale Beschränkungen [Brussels, 30.09.1998, KOM(98) 544 endg.], die konkrete Vorschläge im Anschluß an das Grünbuch enthält und - mit Ausnahme bestimmter Kategorien von Kernbeschränkungen (z.B. Preisbindungen, Gewährung absoluten Gebietsschutzes) sowie von Absprachen mit horizontalen Effekten (z.B. Vereinbarungen zwischen aktuellen oder potentiellen Wettbewerbern, es sei denn, es geht um nicht gegenseitige Vereinbarungen, bei denen keine Partei einen Jahresumsatz von mehr als 100 Mio. ECU erzielt; vertikale Beschränkungen von Zusammenschlüssen unabhängiger Einzelhändler sollen allerdings erfaßt werden, wenn diese KMU entsprechend der Definition in der Empfehlung 96/280/EG der Kommission sind) - die *gruppenweise* Freistellbarkeit von vertikalen Wettbewerbsbeschränkungen *grundsätzlich* von den Marktanteilen der betroffenen Unternehmen abhängig machen will - wobei die Kommission entweder ein System mit einem Schwellenwert (Marktanteil zwischen 25 und 35%) oder ein System mit zwei Schwellenwerten (erste Marktanteilsobergrenze etwa 20%; zweite Obergrenze von rund 40%) in Aussicht stellt (vgl. Mitteilung, insbes. Abschnitt I 2, S. 5 f. und Abschnitt V 2 und 3, S. 33 ff.). Nach dem Plan der Kommission sollen alle zur Verwirklichung des neuen Konzepts erforderlichen legislativen Änderungen bis zum Jahr 2000 abgeschlossen sein (vgl. Mitteilung, Abschnitt VI 2, S. 42). Die Kommission hat bereits zwei Vorschläge für eine *Verordnung (EG) des Rates zur Änderung der Verordnung (EWG) Nr. 19/65/EWG* (über die Anwendung von Artikel 85 Absatz 3 des Vertrages auf Gruppen von Vereinbarungen und aufeinander abgestimmten Verhaltensweisen) und für eine *Verordnung (EG) des Rates zur Änderung der Verordnung Nr. 17* (Erste Durchführungsverordnung zu den Artikeln 85 und 86 des Vertrages) vorgelegt (Brussels, 30.09.1998, KOM (98) 546 endg.). Die Kommission soll danach zum einen vom Rat (durch Erweiterung des Anwendungsbereichs der VO 19/65) zum Erlaß der genannten einheitlichen, *alle* Kategorien von vertikalen Wettbewerbsbeschränkungen (vertikale Vereinbarungen, "die zwei oder mehr jeweils auf verschiedenen Wirtschaftsstufen tätige Unternehmen geschlossen haben und die die Lieferung und/oder den Bezug von zum Weiterverkauf oder zur Verarbeitung bestimmten Waren sowie die Vermarktung von Dienstleistungen betreffen einschließlich der Alleinvertriebs-, Alleinbezugs- und Franchisevereinbarungen, der Vereinbarungen über selektiven Vertrieb sowie deren Mischformen"; siehe 10. Erwäg. des ersten VO-Entwurfs) erfassenden Gruppenfreistellung ermächtigt werden. Zum anderen soll (durch Änderung des Art. 4 Abs. 2 VO 17) die Anmeldepflicht gemäß Art. 4 Abs. 1 VO 17 für die genannten Kategorien von vertikalen Absprachen (siehe 8. Erwäg. des zweiten VO-Entwurfs) wegfallen. - Die folgenden Ausführungen nehmen auf die bisherige Praxis der Gemeinschaftsorgane und die bestehenden - noch gültigen - europäischen GVO Bezug. Hingewiesen sei außerdem darauf, daß auch nach dem neuen Ansatz die neue GVO keine Anwendung findet, wenn Artikel 85 Absatz 1 nicht greift, weil der Handel zwischen den Mitgliedstaaten oder der Wettbewerb nicht spürbar beeinträchtigt wird (vgl. dazu bereits oben im Text, § 2 I A 2). Darüber hinaus zieht die Kommission in Erwägung, die nationalen Behörden zu ermächtigen, anhand klarer, genau definierter Kriterien den Vorteil der gruppenweisen Freistellung für das betreffende

(1) Selektive Vertriebssysteme

Die vergleichsweise größte Zahl von Entscheidungen der griechischen Kartellbehörden[117] hatte Systeme vertikaler Parallelverträge zum Gegenstand, die verschiedene Hersteller (oder Alleinimporteure) im Rahmen einer selektiven Absatzpolitik der Zusammenarbeit mit ihren Vertriebshändlern zugrunde legten.

Selektive Vertriebssysteme (Fachhandelsbindungen) führen zwar einerseits wegen der begrenzten Zahl der Wiederverkäufer sowie wegen der oft strengen Bindung ihrer Wettbewerbsfreiheit zu einer Beschränkung des (insbesondere Preis-)Wettbewerbs für das Produkt des bindenden Herstellers auf der Händlerebene (sog. *Intrabrand-Wettbewerb*)[118]. Derartige Absatzsysteme können jedoch andererseits zu einer Steigerung der Leistungen der zugelassenen Fachhändler[119] sowie zu einer Belebung des Wettbewerbs unter den Herstellern konkurrierender Produkte (sog. *Interbrand-Wettbewerb*) führen und somit die Einschränkung des Intrabrand-(Preis-)Wettbewerbs ausgleichen[120]. Ob solche positiven Wirkungen zu erwarten sind, hängt allerdings maßgebend von der Art des jeweiligen Produktes sowie von der konkreten Ausgestaltung des selektives Vertriebssystems in jedem Einzelfall ab.

Wenn nun die griechischen Kartellbehörden in ständiger Praxis betonen, daß selektive Absatzsysteme unter bestimmten Voraussetzungen ein mit Art. 1 Abs. 1 KartellG vereinbarter Bestandteil des Wettbewerbs sind[121] und somit gegen das

Staatsgebiet zu entziehen (siehe *Mitteilung*, a.a.O., Abschnitt V 2, S. 34). Die von den griechischen Kartellbehörden im Zusammenhang mit vertikalen Absprachen entwickelten Regeln behalten also auch nach der Verwirklichung des gemeinschaftsrechtlichen neuen Konzepts ihre Bedeutung, und zwar nicht nur im Hinblick auf griechische, sondern auch im Hinblick auf Unternehmen aus den anderen Mitgliedstaaten, die sich auf dem griechischen Markt betätigen.

117 Von den insgesamt 349 Entscheidungen und Stellungnahmen der Wb(S)K, die seit dem Inkrafttreten des KartellG bis zum 15.11.1998 ergangen sind, befassen sich mehr als 60 mit selektiven Vertriebssystemen.

118 *EuGH* Urt. v. 25.10.1983, Rs. 107/82, AEG, Slg. 1983, S. 3151: "[Rdn. 42] Eine Beschränkung des Preiswettbewerbs ist freilich allen selektiven Vertriebssystemen eigen..."

119 *EuGH* Urt. v. 25.10.1983, Rs. 107/82, *AEG*, Slg. 1983, S. 3151: "[Rdn. 42] ... Diese Beschränkung [des Preiswettbewerbs] wird durch den Wettbewerb hinsichtlich der Qualität der für die Kunden erbrachten Leistungen aufgewogen..." Siehe auch *KOME* v. 10.12.1984, *Ideal-Standard*, ABl. 1985, L 20/38 [Rdn. 27].

120 *EuGH* Urt. v. 25.10.1977, Rs. 26/76, *Metro I*, Slg. 1977, S. 1875 [Rdn. 21 und Rdn. 22]: "Die ... angeführten Zahlen gestatten zwar die Feststellung einer gewissen Starrheit der Preisstruktur, sie rechtfertigen jedoch insbesondere wegen des Vorhandenseins anderer Faktoren des Wettbewerbs zwischen Erzeugnissen derselben Marke (intra-brand) sowie des Vorhandenseins eines wirksamen Wettbewerbs zwischen verschiedenen Marken nicht die Schlußfolgerung, daß der Wettbewerb ... beschränkt ... sei." Vgl. auch *EuGH* Urt. v. 22.10.1986, Rs. 75/84, *Metro II*, Slg. 1986, S. 3021 [Rdn. 40]; *EuGH* Urt. v. 25.10.1983, Rs. 107/82 *AEG*, Slg. 1983, S. 3151 [Rdn. 42].

121 Vgl. z.B. *WbK*-S 35/86 "LANCASTER I", Bd. A, S. 147; *WbK*-S 36/86 "PACO RABANNE & CLARINS", Bd. A, S. 149; *WbK*-S 48/86 "CACHAREL II", Bd. A, S. 174; *WbK*-S 49/86

Kartellverbot nicht per se verstoßen, kann man davon ausgehen, daß diese Aussage auf obigen Überlegungen beruht[122]. Es wird also auf die Leistungssteigerung des Fachhandels sowie den geförderten Interbrand-Wettbewerb abgestellt und aufgrund dieser Gewichtsverlagerung die Beschränkung des Intrabrand-(Preis-)Wettbewerbs hingenommen[123], woraus sich wiederum auf die Anwendung einer qualitativen Rule of Reason (Erforderlichkeitsregel) bereits im Rahmen des Art. 1 Abs. 1 KartellG schließen läßt.

Vor diesem Hintergrund lassen sich die "Voraussetzungen", von denen die Praxis die Rechtmäßigkeit eines selektiven Vertriebssystems abhängig macht, in zwei Kategorien einteilen. Zum einen geht es um die Voraussetzungen, die mit der Natur des jeweiligen Produktes zusammenhängen und die Frage beantworten, wann dessen selektiver Absatz *überhaupt zulässig* ist[124]. Zum anderen dreht es sich um die Voraussetzungen, die mit der *konkreten Gestaltung* des jeweiligen selektiven Systems zusammenhängen und die Frage entscheiden, wann die einzelnen Klauseln der Verträge zwischen dem Hersteller und den Vertriebshändlern rechtmäßig sind.

Erfüllt ein Produkt oder die konkrete Ausgestaltung seines selektiven Vertriebs die grundsätzlichen Voraussetzungen nicht, dann wird eine "*Wettbewerbsbeschränkung*" i.S. des Art. 1 Abs. 1 KartellG bejaht. Die Anwendung des Kartellverbotes läßt sich allerdings noch vermeiden, wenn die Schwellenwerte des *Spürbarkeitserfordernisses* nicht überschritten sind. Liegt auch die quantitative Spürbarkeit vor, so ist als letzte Legitimierungsmöglichkeit die Erteilung einer *Freistellung* in Betracht zu ziehen.

Hinsichtlich der *Natur des Produktes* als Voraussetzung für die Errichtung eines selektiven Vertriebssystems hat die Entscheidungspraxis einen Wandel erfahren, der sich auf den starken Einfluß der EG-Praxis zurückführen läßt. Die griechische Wettbewerbskommission hatte Fachhandelsbindungen anfangs nicht nur für Produkte hochentwickelter Technologien[125] oder hoher Qualität und Prestigewirkung

---

"CHRISTIAN DIOR", Bd. A, S. 175; *WbK*-S 60/88 "FIMI", Bd. B, S. 52; *WbK*-S 61/88 "ELLENIT I", Bd. B, S. 55.

122 Die griechischen Kartellbehörden berufen sich ausdrücklich auf die Praxis der Gemeinschaftsorgane, ohne eine eigene, nähere wettbewerbstheoretische Untermauerung der Entscheidungen vorzunehmen.

123 So lassen sich auch die in der Entscheidungspraxis anzutreffenden Formulierungen erklären: "Es trifft *zwar* zu, daß das selektive Vertriebssystem den Wettbewerb beschränkt; wenn es *jedoch* auf qualitativ-objektiven Kriterien beruht, dann wird von der Kommission wegen des Schutzes des guten Rufes der Produkte in gefestigter Praxis angenommen, daß das System gegen das G. 703/77 nicht verstößt" (*WbSK*-E 20/82 "LOVABLE", Bd. A, S. 57); oder: "Mit dem konkreten Vertrag wird *zwar* ein selektives Vertriebssystem errichtet, die Auswahl der Wiederverkäufer wird *jedoch* nur aufgrund qualitativer Kriterien gemacht, die diskriminierungsfrei auf alle Wiederverkäufer angewendet werden" (*WbK*-S 73/89 "FENDI", Bd. B, S. 97; siehe auch *WbK*-S 107/91 "LACOSTE" (nicht veröff.); *WbK*-S 105/91 "LAGERFELD" (nicht veröff.); *WbK*-S 104/91 "UNGARO", Bd. C, S. 50 f.; vgl. MARINOS, in: SCHINAS (Hrsg.), Schutz des freien Wettbewerbs, S. 123, 139; BERNITSAS, Europäisches Wettbewerbsrecht und G. 703/77, S. 58.

124 Vgl. *EuGH* Urt. v. 11.12.1980, Rs. 31/80, *L' Oréal*, Slg. 1980, S. 3775 [Rdn. 16].

125 Vgl. *WbK*-S 75/89 "TOYOTA", Bd. B, S. 99 ff. (Autos).

(Luxusartikel)[126], sondern auch für normale Produkte (z.B. PVC-Rohre) für möglich gehalten, soweit die derartige absatzpolitische Entscheidung des bindenden Herstellers von sachgerechten Erwägungen getragen wurde (z.B. Bonität der Vertragshändler)[127]. Diese Praxis wurde jedoch später unter Hinweis auf die EG-Rechtslage und auf Druck der Direktion des Handelsministeriums "Marktforschung und Wettbewerb" vom Handelsminister geändert[128]. Im Anschluß an die Praxis der Gemeinschaftsorgane[129] ist deswegen heute davon auszugehen, daß Fachhandelsbindungen grundsätzlich nur für hochwertige und technisch hochentwickelte Verbrauchsgüter sowie für Markenartikel mit Geltungsnutzen und Prestigewert (Luxusartikel) zulässig sind[130].

Hinsichtlich der *Anforderungen an die konkrete Ausgestaltung* des selektiven Vertriebssystems gilt nach ständiger Praxis der Grundsatz, daß die Vereinbarkeit mit dem Kartellverbot nur dann gewährleistet ist, wenn unter den möglichen Wiederverkäufern nach *objektiv-qualitativen Gesichtspunkten* und *ohne Diskriminierungen* ausgewählt wird[131]. Bereits durch diesen Grundsatz wird Klarheit darüber verschafft, daß subjektive, d.h. vage formulierte und damit nicht objektiv kontrollier-

---

126 Vgl. z.B. *WbSK*-E 19/82 "GUY LAROCHE III", Bd. A, S. 55 (Luxuskosmetika); *WbK*-S 80/89 "FA. CA. D' ORO", Bd. B, S. 113 ff. (Schmuck); *WbK*-S 63/86 "BOREOPOULOS", Bd. B, S. 66 (Optikartikel).

127 *WbK*-S 61/88 "ELLENIT I", Bd. B, S. 56; *WbK*-S 84/90 "ELLENIT II", Bd. C, S. 9 f. (=EEmpD 1990, 549 f. mit kritischer Anm. MARINOS, EEmpD 1990, 550 ff.); zur WbK-S 61/88 vgl. auch *European Commission*, Survey of the Member States National Laws Governing Vertical Distribution Agreements, S. 51 Rdn. 28 (wo die fragliche Stellungnahme versehentlich als Stellungnahme Nr. 63 zitiert wird).

128 *Minist. Entsch.* A1-718/31.07.1990 (unveröff.)

129 Vgl. z.B. *KOME* v. 18.04.1984, *IBM*, ABl. 1984 Nr. L 118/24 [Rdn. 14] (Computer); *KOME* v. 05.12.1983, *Murat*, ABl.1983 Nr. L 348/20 [Rdn. 14] (hochwertiger Schmuck); *KOME* v. 16.12.1991, *Yves Saint Laurent Parfums*, ABl. 1992 Nr. L 12/24 [Rdn. 5] (Luxuskosmetika).

130 *WbK*-S 98/90 "YBONNI", Bd. C, S. 25 (in obiter dicta: "Produkte hoher Qualität oder Technologie").

131 Ständige Praxis; vgl. z.B. *WbK*-S 35/86 "LANCASTER I", Bd. A, S. 147; *WbK*-S 36/86 "PACO RABANNE u. CLARINS I", Bd. A, S. 149; *WbK*-S 65/89 "PALOMA", Bd. B, S. 74; *WbK*-S 72/89 "BENETTON", Bd. B, S. 96; *WbK*-S 73/89 "FENDI", Bd. B, S. 97; *WbK*-E 45/96 "SPORTMAN / LCL", Teil III. b; *VerwG Athen* 459/90 EEmpD 1990, 158 mit Anm. SOUFLEROS. - Vgl. im Gemeinschaftsrecht *EuGH* Urt. v. 25.10.1977, Rs. 26/76, *Metro I*, Slg. 1977, S. 1875: "[Rdn. 20] ... [D]ie Kommission [hat] zu Recht anerkannt, daß selektive Vertriebssysteme neben anderen ein mit Artikel 85 Absatz 1 vereinbarer Bestandteil des Wettbewerbs sind, sofern die Auswahl der Wiederverkäufer aufgrund objektiver Gesichtspunkte qualitativer Art erfolgt, die sich auf die fachliche Eignung des Wiederverkäufers, seines Personals und seiner sachlichen Ausstattung beziehen, und sofern diese Voraussetzungen einheitlich für alle in Betracht kommenden Wiederverkäufer festgelegt und ohne Diskriminierung angewendet werden." Weitere Nachw. bei GLEISS / HIRSCH [4. Aufl.], Bd. 1, Rdn. 1664.

bare[132] sowie ausdrücklich quantitative Selektionskriterien[133] einen Verstoß gegen das Kartellverbot begründen. Aufgrund dieses Leitprinzips wird aber auch deutlich, daß jede diskriminierende Anwendung der sonst sachlichen Auswahlkriterien ebenfalls die Wettbewerbswidrigkeit des Vertriebssystems i.S. des Art. 1 Abs. 1 KartellG bewirkt[134].

Alle anderen Auswahlkriterien - einschließlich der den Vertragshändlern auferlegten Bindungen - werden von den griechischen Kartellbehörden nicht per se verworfen, sondern jeweils am Maßstab des Verhältnismäßigkeitsprinzips auf ihre *Erforderlichkeit* für den sachgerechten Vertrieb des fraglichen Erzeugnisses hin überprüft[135]. Kennzeichnend für die Prüfung ist das Bemühen der Kartellbehörden, sowohl den legitimen Interessen des Herstellers am Schutz des Ansehens seines Markenartikels[136] hinreichend Rechnung zu tragen als auch die Wettbewerbsfreiheit der Vertragshändler[137] und im Zusammenhang damit ein Mindestmaß an Intrabrand-Wettbewerb innerhalb des Systems[138] zu bewahren. Große Aufmerksamkeit wird dabei auch darauf gelegt, daß das System keine Ausschlußeffekte für Konkurrenz-

---

132 Vgl. *WbSK*-E 1/79 "GUY LAROSCHE II", Bd. A, S. 20; *WbK*-S 84/89 "ELLENIT II", Bd. C, S. 10.

133 Vgl. z.B. *WbK*-S 61/88 "ELLENIT I", Bd. B. S 56; *WbK*-S 84/89 "ELLENIT II", Bd. C, S. 10 (Bestimmung der Einwohnerzahl, die auf jeden Vertriebshändler entfallen muß); siehe auch *WbK*-S 57/87 "ZETA / FIMI", Bd. B, S. 43 f. Trifft der Hersteller unter den Fachhändlern, die alle qualitativen Voraussetzungen erfüllen, eine zahlenmäßige Auswahl, dann liegt eine Wettbewerbsbeschränkung auch nach Gemeinschaftsrecht vor, selbst wenn die quantitative Selektion auf sachlichen Erwägungen beruht; vgl. GLEISS / HIRSCH [4. Aufl.], Bd. 1, Rdn. 1695 mit Nachw.

134 Durch die diskriminierende Anwendung erhalten die Auswahlkriterien letztlich subjektive Grundzüge, vgl. *WbK*-S 57/87 "ZETA / FIMI", Bd. B, S. 41 ff. Es ist unerheblich, ob die diskriminierende Behandlung der Vertragshändler bereits bei Vertragsabschluß vorliegt oder erst in einem späteren Zeitpunkt beginnt, vgl. *LG (Einzelrichter) Athen* 458/90, EEmpD 1990, 154 f. mit Anm. SOUFLEROS, EEmpD 1990, 158. Zu dem Gleichbehandlungsgrundsatz im europäischen Wettbewerbsrecht siehe GLEISCH/HIRSCH, Art. 85 (1) Rdn. 1697 ff.

135 Das Kriterium der Verhältnismäßigkeit und Erforderlichkeit der jeweiligen Bindung wird besonders deutlich in der *WbK*-E 45/96 ("SPORTMAN / LCL", Teil III. d) hervorgehoben: "Die Rechtmäßigkeit des ... Systems hängt letztlich davon ab, ob die Bedingungen, die es den Wiederverkäufern auferlegt, gegenüber den qualitativen Bedürfnissen des Produktes (Ansehen, Ruf, Promotion u.s.w.) verhältnismäßig sind, d.h. die für die Befriedigung dieser Bedürfnisse erforderlichen Grenzen nicht überschreiten (die Bedingungen müssen also die am wenigsten beschränkend sein)."

136 Vgl. vor allem *WbK*-S 63/88 "BOREOPOULOS", Bd. B, S. 66.

137 Vgl. vor allem *WbK*-S 80/89 "FA CA D' ORO", Bd. B, S. 117 f. (=EEmpD 1990, 168 ff. mit Anm. TZOUGANATOS).

138 Vgl. KARIDIS, EEmpD 1994, 151 ff.

produkte und somit keine Nebenwirkungen für den Interbrand-Wettbewerb zwischen den Herstellern entfaltet[139].[140]

So sind *Auswahlkriterien* zulässig, die sich an der *fachlichen Eignung* des Händlers und seines Verkaufspersonals[141], an seiner *Bonität*[142] sowie an der *sachlichen Ausstattung* und der *Lage* seines Geschäfts[143] orientieren, denn solche Selektionsmaßstäbe dienen i.d.R. der Wahrung der Qualität, des Rufs und des Images des Produktes. An die fachlichen Qualifikationen des Händlers müssen jedoch keine überhöhten Anforderungen gestellt werden, wenn dies für den Vertrieb des fraglichen Produktes nicht erforderlich ist, was beispielsweise aber geschieht, wenn für die Zulassung zum Vertrieb von Kosmetika der Betrieb einer Apotheke verlangt wird[144]. Der Hersteller darf auch nicht den Anspruch erheben, daß der Händler in seinem Geschäft ausschließlich Produktarten absetzt, zu denen die Vertragswaren gehören[145]. Eine dem Händler auferlegte Verpflichtung, für die Vertragswaren einen Platz sowohl im inneren als auch im äußeren Raum und im Schaufenster des Geschäfts zu schaffen, der dem Ansehen der Marke entspricht und die Waren herausstellt, darf schließlich nicht die Größe dieses Platzes in absoluten Ziffern bestimmen, sondern muß an das "Prinzip der Verhältnismäßigkeit der Raumes" gebunden sein, so daß auch Händlern mit beschränktem Geschäftsraum ermöglicht wird, sich am selektiven Vertriebssystem zu beteiligen[146]. Der Hersteller darf allerdings darauf bestehen, daß den Vertragswaren die gleiche Behandlung und Ausstellungsfläche vorbehalten wird, die der Händler den konkurrierenden Waren anderer Produzenten gewährt[147].

---

139 Vgl. vor allem *WbK*-S 46/86 "YVES SAINT LAURENT", Bd. A, S. 171.

140 Zu den ähnlichen Abwägungen in der Praxis der Gemeinschaftsorgane vgl. z.B. *KOME* 16.12.1985, *Villeroy & Boch* ABl. Nr. L 376/15 [Rdn. 22 ff.]; *KOME* v. 16.12.1991, *Yves Saint Laurent Parfums*, ABl. 1992 Nr. L 12/24 [Rdn. 4 ff.].

141 Ständige Praxis, siehe z.B. *WbSK*-E 19/82, Bd. A, S. 55; *WbK*-S 42/86, Bd. A, S. 166; *WbK*-S 49/86 "CHRISTIAN DIOR", Bd. A, S. 175; *WbK*-S 65/89 "PALOMA PICASSO", Bd. B, S. 72.

142 Vgl. z.B. *WbK*-E 270/18/95 "LUMBERJACK & ANTONINI", Bd. C, S. 163.

143 Ständige Praxis, vgl. z.B. *WbK*-S 60/88 "FIMI", Bd. B, S. 52; *WbK*-S 63/86 "BOREOPOULOS", Bd. B, S. 66; *WbK*-E 270/18/95 "LUMBERJACK & ANTONINI", Bd. C, S. 163.

144 *WbK*-S 102/91 "Apothekenvertrieb I", Bd. C, S. 45 f.; *WbK*-S 103/91 "PHAS", Bd. C, S. 49 f.; *WbK*-E 218/95 "Apothekenvertrieb II", Bd. C, S. 116 f.

145 *WbK*-S 106/91 "GIORGIO BEVERLY HILLS II", Bd. C, S. 52.

146 *WbK*-S 66/89 "CLINIQUE", Bd. B, S. 76; *WbK*-S 67/89 "CHANEL I", Bd. B, S. 80; *WbK*-S 68/89 "CHANEL II", Bd. B, S. 84; *WbK*-S 69/89 "YVES SAINT LAURENT II", Bd. B, S. 87 f.; *WbK*-S 70/89 "LANCASTER", Bd. B, S. 91; *WbK*-S 71/89 "ARDEN", Bd. B, S. 94.

147 Vgl. z.B. *WbK*-S 91/90 "CHANEL IV", Bd. C, S. 14; *WbK*-S 92/90 "LANCASTER [IV]" (nicht veröff.); *WbK*-S 93/90 "E. ARDEN [II]" (nicht veröff.); *WbK*-S 94/90 "YVES SAINT LAURENT [V]" (nicht veröff.).

Die Aufnahme in das Vertriebssystem darf auch davon abhängig gemacht werden, ob sich der Händler gewissen *Interessenwahrnehmungs-* und *Absatzförderungs-* sowie *marketingpolitischen Bindungen* unterwirft. Dem Händler darf demnach beispielsweise aufgegeben werden, ein "funktionelles" [148] oder "befriedigendes"[149] Lager zu unterhalten, die Produkte nur in den originellen Verpackungen anzubieten[150] und unter angemessenen Bedingungen aufzubewahren[151], keine Werbung ohne die schriftliche Genehmigung des Herstellers zu betreiben[152], keine anderen vergleichbaren Waren zu verkaufen, die wegen ihrer erwiesenermaßen verminderten Qualität dem Ruf der Vertragswaren schaden könnten[153] und keine Verkäufe unter Selbstkostenpreis[154] oder in einem das Prestige der Waren herabsetzenden Preis[155] zu tätigen. Auch das Gebot einer "sinnvollen" Preisgestaltung[156] sowie Preisempfehlungen[157] sind zulässig. Übermäßige Mindestabnahme- und Lagerhaltungspflichten[158] sowie Turn-over-Klauseln[159] stellen jedoch eine Wettbewerbsbeschränkung im Sinne des Kartellverbotes dar, weil der Händler dadurch veranlaßt werden könnte, die Waren des bindenden Unternehmens in besonderem Maße zu fördern,

---

148 Vgl. z.B. *WbK*-S 65/89 "PALOMA PICASSO", Bd. B, S. 73; *WbK*-E 270/95 "LUMBERJACK & ANTONINI", Bd. C, S. 164; *WbK*-E 46/96 "MANTZOURIS / BPH PARFUMS ET BEAUTE HELLAS".

149 Vgl. z.B. *WbK*-S 106/91 "GIORGIO BEVERLY HILLS II", Bd. C, S. 52.

150 Vgl. z.B. *WbK*-S 37/86 "BIOTHERM", Bd. A, S. 151.

151 Vgl. z.B. *WbK*-S 106/91 "GIORGIO BEVERLY HILLS II", Bd. C, S. 51.

152 Vgl. z.B. *WbK*-S 106/91 "GIORGIO BEVERLY HILLS II", Bd. C, S. 52; *WbK*-E 270/95 "LUMBERJACK & ANTONINI", Bd. C, S. 164.

153 Vgl. z.B. *WbK*-S 84/89 "ELLENIT II" (Verbot des parallelen Verkaufs von mangelhaften Waren oder Waren, die von den Mindeststandards abweichen), Bd. C, S. 10.

154 *WbK*-E 270/95 "LUMBERJACK & ANTONINI", Bd. C, S. 165.

155 Vgl. z.B. *WbK*-S 106/91 "GIORGIO BEVERLY HILLS II", Bd. C, S. 52; siehe auch *WbK*-E 46/96 "MANTZOURIS / BPH PARFUMS ET BEAUTE HELLAS", in der die vom Vertriebshändler betätigten Verkäufe mit einem Rabatt von 40-50% als Verhalten eingestuft werden, das den Bestand des Vertriebsnetzes und das Prestige der Produkte gefährden könne. Die Kommission betont allerdings, daß der Hersteller nicht mit einer sofortigen Vertragskündigung auf solche Verkäufe reagieren dürfe, denn dies würde einen Verstoß gegen das Verhältnismäßigkeitsprinzip darstellen.

156 Vgl. z.B. *WbK*-S 67/89 "CHANEL I", Bd. B, S. 79.

157 Vgl. *WbK*-S 80/89 "FA CA D' ORO", Bd. B, S. 117; *WbK*-E 248/95 "TOYOTA II", Bd. C, S. 129. Preisempfehlungen sind allerdings verboten, wenn sie zu einer Abstimmung des Verhaltens der Vertriebshändler in Bezug auf die Preisfestsetzung führen, vgl. *WbK*-E 270/95 "LUMBERJACK & ANTONINI", Bd. C, S. 164 f.

158 Vgl. z.B. *WbK*-S 35/86 "LANCASTER", Bd. A, S. 146 f.; *WbK*-S 36/86 "PACO RABANNE & CLARINS I", Bd. A, S. 149 f.; *WbK*-S 46/86 "YVES SAINT LAURENT", Bd. A, S. 170 f.; *WbK*-S 61/88 "ELLENIT I", Bd. B, S. 55 f.

159 Vgl. z.B. *WbK*-S 46/86 "YVES SAINT LAURENT", Bd. A, S. 170 f.; *WbK*-S 61/88 "ELLENIT I", Bd. B, S. 55 f.

was für die Konkurrenten dieses Unternehmens Ausschlußeffekte zur Folge haben könnte[160]. Unzulässig sind auch Klauseln, die den Vertriebshändlern eine nach dem Ermessen des Herstellers zu bestimmende Beteiligungspflicht an den Werbekosten auferlegen[161]. Die Kartellbehörden wollen damit allerdings in erster Linie nicht die Konkurrenten des bindenden Herstellers, sondern die Vertragshändler vor Ausnutzung schützen[162].

Wettbewerbsbeschränkungen sind auch die *Preisbindungen* der zweiten Hand[163] und die umfangreichen *Informationsbindungen* hinsichtlich der Namen der belieferten Verbraucher[164]. Offensichtlich wird hier dafür Sorge getragen, daß der Intrabrand-Wettbewerb durch Bindung des Aktionsparameters Preis oder durch Offenlegung der Geschäftsgeheimnisse des Vertriebshändlers nicht völlig lahmgelegt wird. Von dieser Sorge getragen ist auch die restriktive Praxis hinsichtlich der Bindungen des Vertriebshändlers zu verstehen, die sich auf den *freien Warenlauf* beziehen. Als unzulässige Wettbewerbsbeschränkung betrachten demnach die Kartellbehörden alle Verbote von *Sprung- und Querlieferungen* zwischen den anerkannten Wiederverkäufern[165], während bis 1989 auch die Untersagung der *Weiter-*

---

160 Vgl. in diesem Zusammenhang auch *WbK*-E 49/97 "KOURKOULOS / LUXOTTICA", Teil VII.

161 Vgl. z.B. *WbK*-S 66/89 "CLINIQUE", Bd. B, S. 76 f.; *WbK*-S 67/88 "CHANEL I", Bd. B, S. 81. Ist die Beteiligung an den Kosten für gemeinsame Werbung dem freien Ermessen des Vertriebshändlers überlassen, dann gibt es keinen Verstoß gegen das Kartellverbot, siehe *WbK*-E 270/95 "LUMBERJACK & ANTONINI", Bd. C, S. 164; vgl. auch *WbK*-E 45/96 ("SPORTMAN / LCL", Teil III. d), in der die griechische Kommission den Standpunkt vertritt, daß eine angemessene, als Prozentsatz der Käufe oder des Umsatzes des Wiederverkäufers ausgedrückte Pflicht zur Beteiligung an den Werbekosten wegen der mit der Werbung verbundenen Vorteile des Wiederverkäufers bereits im Rahmen des Art. 1 Abs. 1 KartellG als legitim angesehen werden können.

162 Vgl. insbes. *WbK*-S 80/89 "FA CA D' ORO", Bd. B, S. 117 f.: "Die Pflicht der autorisierten Händler zur Beteiligung an den Werbekosten als zwingende und nach Betrag bestimmte Vertragsbedingung ohne gleichzeitige Festsetzung des Nutzens jedes Händlers aus dieser Beteiligung verstößt gegen Art. 1 Abs. 1 G. 703/77." Kritisch gegenüber dieser Stellungnahme TZOUGANATOS, EEmpD 1990, 171 ff.

163 Vgl. z.B. *WbK*-S 57/87 "ZETA-FIMI", Bd. B, S. 44 ff.; *WbK*-S 80/89 "FA CA D' ORO", Bd. B, S. 117; *WbK*-E 45/96 "SPORTMAN / LCL", Teil III. b; *LG (Einzelrichter) Athen* 458/90, EEmpD 1990, 155 mit Anm. SOUFLEROS. Zum Verbot der Preisbindungen im Gemeinschaftsrecht vgl. GLEISS / HIRSCH [4. Aufl.], Bd. 1, Rdn. 1689 ff. m.w.Nachw.; *Europäische Kommission*, Grünbuch zur EG-Wettbewerbspolitik gegenüber vertikalen Wettbewerbsbeschränkungen, KOM(96) 721 endg., Kap. IV Rdn. 160.

164 Vgl. z.B. *WbK*-S 66/89 "CLINIQUE", Bd. B, S. 77; *WbK*-S 67/89 "CHANEL I", Bd. B., S. 81.

165 Vgl. *WbK*-S 80/89 "FA CA D' ORO", Bd. B, S. 117. So auch die ständige Praxis der EG-Organe, siehe GLEISS / HIRSCH [4. Aufl.], Bd. 1, Rdn. 1704; *Europäische Kommission*, Grünbuch zur EG-Wettbewerbspolitik gegenüber vertikalen Wettbewerbsbeschränkungen, KOM(96) 721 endg., Kap. IV Rdn. 141.

veräußerung der Vertragswaren an Dritte, d.h. an Händler, die dem System nicht angehören, als wettbewerbswidrig galt[166].

Handelt es sich allerdings um einen Hersteller mit kleinem Marktanteil und gibt es viele konkurrierende, substituierbare Waren anderer Produzenten am relevanten Markt[167], dann können sich auch wettbewerbsbeschränkende Vertragsklauseln wegen fehlender quantitativer *Spürbarkeit* dem Anwendungsbereich des Kartelltatbestandes entziehen[168], vorausgesetzt, daß keine "*kumulativen Effekte*" durch das Vorliegen gleichartiger Bindungen auch in anderen Vertriebssystemen entstehen[169].

Anders als die EG-Praxis[170] zeigt jedenfalls die Praxis der griechischen Kartellbehörden bislang keine Bereitschaft, den Fachhandelsbindungen mit "überschießenden" Anforderungen oder mit sachlich begründeter quantitativer Auswahl, Einzelfreistellungen nach Art. 1 Abs. 3 KartellG zu erteilen[171].

Auch in der Stellungnahme 75/89 untersagte die Wettbewerbskommission das selektive, Autos und Autoersatzteile betreffende Vertriebssystem vom Autohersteller TOYOTA, der in Anlehnung an die GVO 123/85[172] quantitative Selektionskriterien verwendete

---

166 Verbote des Weiterverkaufs an unabhängige Händler wurden allerdings immer wegen fehlender Spürbarkeit zugelassen, vgl. z.B. *WbK*-S 37/86 "BIOTHERM", Bd. A, S. 151; *WbK*-S 42/86 "CHARLES OF THE RITZ", Bd. A, S. 166; *WbK*-S 48/86 "CACHAREL II", Bd. A, S. 174; *WbK*-S 49/86 "CHRISTIAN DIOR", Bd. A, S. 176. Seit der *WbK*-S 60/89 "FIMI", Bd. B, S. 52 wird davon ausgegangen, daß solche Verbote nicht unter den Kartelltatbestand fallen, siehe auch *WbK*-S 65/89 "PALOMA PICASSO", Bd. B, S. 73; *WbK*-S 67/89 "CHANNEL", Bd. B, S. 79; *WbK*-S 68/89 "CHANNEL II", Bd. B, S. 83; *WbK*-S 72/89 "BENETTON"; *WbK*-S 73/89 "FENDI", Bd. B, S. 97; *WbK*-S 74/89 "DAVIDOFF", Bd. B, S. 98; *WbK*-S 80/89 "FA CA D' ORO", Bd. B, S. 117; *WbK*-S 107/91 "LACOSTE", Bd. C, S. 51 f.; *WbK*-E 270/18/95 "LUMBERJACK & ANTONINI", Bd. C, S. 164.

167 Vgl. *WbSK*-E 20/82 "ZETA I", Bd. A, S. 57.

168 Vgl. die Hinweise oben, in der Anm. 166.

169 Siehe dazu bereits oben im Text, I A 5; aus der Entscheidungspraxis vgl. *WbK*-S 66/89 "CLINIQUE", Bd. B, S. 75 ff.; *WbK*-S 67/89 "CHANEL I", Bd. B, S. 80 ff.; *WbK*-S 68/89 "CHANEL II", Bd. B, S. 83 ff.; *WbK*-S 69/89 "YVES SAINT LAURENT II", Bd. B, S. 87 ff.; *WbK*-S 70/89 "LANCASTER", Bd. B, S. 91 f.; *WbK*-S 71/89 "ARDEN", Bd. B, S. 94 f.; *WbK*-S 102/91 "Apothekenvertrieb I", Bd. C, S. 45 f.; *WbK*-S 103/91 "PHAS", Bd. C, S. 49 f.; *WbK*-E 218/1/95 "Apothekenvertrieb II", Bd. C, S. 116 f. Aus der Literatur vgl. SOUFLEROS, EEmpD 1990, 328 ff.

170 Vgl. dazu GLEISS / HIRSCH [4. Aufl.], Bd. 1, Rdn. 1694.

171 Kritisch gegenüber der griechischen Praxis CHRISTOFOROU, World Competition 1990, S. 61 f.

172 Verordnung Nr. 123/85 (EWG) der Kommission v. 12.12.1984 über die Anwendung von Art. 85 Abs. 3 des Vertrages auf Gruppen von Vertriebs- und Kundendienstvereinbarungen über Kraftfahrzeuge, ABl. 1985, Nr. L 15/16. - Siehe nunmehr Verordnung (EG) Nr. 1475/95 der Kommission v. 28.06.1995 über die Anwendung von Artikel 85 Absatz 3 des Vertrages auf Gruppen von Vertriebs- und Kundendienstvereinbarungen über Kraftfahrzeuge, ABl. 1995 Nr. L 145/25.

und den Vertriebshändlern Marktverantwortungsgebiete zuwies[173]. Die griechische Kartellbehörde lehnte zwar die Anwendung der GVO nicht ab, berief sich aber auf deren 29. Begründungserwägung[174]. Dadurch nahm die Wettbewerbskommission für sich das Recht in Anspruch, das Vertriebssystem von TOYOTA im Hinblick auf die Besonderheiten des griechischen Marktes für Autos (höhere Preise; erheblich längere durchschnittliche "Lebenszeit" eines Autos in Griechenland im Vergleich zum europäischen Durchschnitt) und Autoersatzteile (große Nachfrage nach Autoersatzteilen wegen der genannten Besonderheiten der Märkte für Autos und dementsprechend große Zahl von unabhängigen Händlern, die durch die Vertragsklauseln von TOYOTA von der Beschaffung von Autoersatzteilen ausgeschlossen wurden) an strengeren Beurteilungsmaßstäben als an denen der europäischen GVO zu messen und auf diese Art und Weise auch hinsichtlich der vom Gemeinschaftsrecht zugelassenen Teile zu verbieten[175]. Sechs Jahre später allerdings, als die fraglichen Besonderheiten des griechischen Marktes wegen einer gesetzlichen Änderung für beendet erachtet wurden, griff die Kommission den Sachverhalt wieder auf und ging diesmal ohne Umwege zur direkten *Anwendung der* GVO über, *um die Vereinbarkeit des Vertriebssystems mit dem griechischen Kartelltatbestand zu beurteilen*[176]. Die Kommission stellte dabei diesmal klar, daß die mit der GVO vereinbaren Vertragsklauseln nicht als Verstoß gegen das griechische Kartellrecht betrachtet werden können und somit - dies läßt sich der Entscheidung entnehmen - den Tatbestand des Art. 1 Abs. 1 KartellG nicht verwirklichen. Der Antrag von TOYOTA auf ein Negativattest (oder auf Freistellung) wurde aber erneut abgelehnt, denn der Vertriebsvertrag enthielt auch Klauseln über mittelbare Exportkontrollen[177] und Kündigungsbedingungen[178], die der GVO zuwiderliefen. Die Kommission schloß zwar die allgemeine Möglichkeit der Freistellung solcher Klauseln nach Art. 1 Abs. 3 KartellG nicht aus. Sie stellte jedoch für den konkreten Fall fest, daß der Antragsteller TOYOTA

---

173 *WbK*-S 75/89 "TOYOTA I", Bd. B, S. 99 ff.

174 "Diese Verordnung steht Gesetzen und Verwaltungsmaßnahmen der Mitgliedstaaten, mit denen diese im Hinblick auf besondere Verhältnisse einzelne wettbewerbsbeschränkende Verpflichtungen einer nach dieser Verordnung freigestellten Vereinbarung verbieten oder ihnen den Rechtsschutz versagen, nicht entgegen."

175 Zu einer kritischen Darstellung dieser Stellungnahme siehe CHRISTOFOROU, World Competition 1990 (Vol. 14), S. 62; PLIAKOS, in: SCHINAS (Hrsg.), Schutz des freien Wettbewerbs, S. 265 ff. Die im Anschluß an die Stellungnahme der *WbK* ergangene *minist. Entsch.* A1-333/28.03.1989 wurde durch das *VerwG Athen* 3254/91 (Bd. C, S. 220 ff.) und das *ObVerwG Athen* 3579/92 (Bd. C, S. 275 ff.) bestätigt. Anders als das erstinstanzliche Urteil, das auf die Sachfragen eingeht und den materiellen Standpunkt der *WbK*-S teilt (a.a.O., insb. S. 226 f.), begnügt sich allerdings das zweitinstanzliche Urteil mit dem bloßen Hinweis darauf, daß TOYOTA nur ein Negativattest beantragt habe, was aber im konkreten Fall ohnehin nicht hätte erteilt werden können, weil die europäische GVO einer Freistellung gleichkomme und somit sowohl mit Blick auf das europäische als auch mit Blick auf das griechische Kartellrecht nur im Rahmen eines Antrags auf Freistellung berücksichtigt werden könne (a.a.O., insb. S. 281 f.).

176 *WbK*-E 248/7/95 "TOYOTA II", Bd. C, S. 127 ff.

177 Es ging um die Pflicht des Vertriebshändlers, den Hersteller (bzw. Alleinimporteur) über die Absicht von Kunden zum Export der Autos zu informieren, siehe a.a.O., Bd. C, S. 130.

178 Es ging um das Recht des Herstellers (bzw. Alleinimporteurs), den Vertrag einseitig zu kündigen, falls er den Bestellungen des Vertriebshändlers nicht gerecht werden könnte, siehe a.a.O., Bd. C, S. 130 f.

keine sachlichen Gründe vorgelegt habe, die eine Freistellung nach griechischem Recht rechtfertigen könnten und wies damit den Antrag zurück[179].

Es verdient der Erwähnung, daß die griechischen Kartellbehörden in den meisten Fällen, in denen die Rechtslage bezüglich der einzelnen Klauseln des Vertriebssystems unklar ist, sehr kooperativ vorgehen. Sie beschränken sich nicht nur auf eine Ablehnung des Negativattest- oder Freistellungsantrages oder auf den Erlaß einer Verbotsentscheidung, sondern fordern die Unternehmen ausdrücklich auf, die strittigen Vertragsteile zu streichen[180] oder deutlicher zu formulieren[181] und wieder einen neuen Antrag einzureichen. In der Regel enthalten sogar die Urteile selbst im Rahmen von obiter dicta die erforderlichen Hinweise dafür, wie eine legitime neue Ausgestaltung des Mustervertrages aussehen sollte[182].

(2) Franchising

Beim (Vertriebs-)Franchising handelt es sich um eine Vertriebsform, die dem Hersteller (Frachisegeber) die wirtschaftliche Verwertung der mit seinen Produkten entwickelten Gesamtkonzeption ermöglicht, und dem Vertriebsunternehmen (Franchisenehmer) die Chance gibt, gegen entsprechende Gebühren aus dem eingeführten Namen und der Reputation eines Produkts oder Markennamens entsprechende Vorteile zu ziehen. In seinen Charakteristika ist es - von der ausgeprägten Leistungs-Gegenleistungs-Philosophie abgesehen - dem selektiven Vertriebssystem ähnlich, das Ziel liegt neben der Marktdurchdringung auch in der Wahrung einer Gesamtidee, die ein ähnliches Erscheinungsbild aller Franchisenehmer, ähnlich ausgestattete Geschäftsräumlichkeiten, insgesamt ein einheitliches corporate design verlangt[183].

Die qualitative Rule of Reason (Erforderlichkeitsregel), die zunächst bei der Beurteilung der Rechtmäßigkeit von selektiven Vertriebssystemen herangezogen wurde, wird von der neueren Praxis noch deutlicher auf die Franchisingsysteme angewandt[184]. Im Anschluß an das Pronuptia-Urteil des EuGH[185] und die europäische

---

179 Bd. C, S. 131.

180 *WbK*-S 35/86 "LANCASTER", Bd. A, S. 148; *WbK*-S 36/86 "PACO RABANNE & CLARINS", Bd. A, S. 150; *WbK*-S 46/86 "YVES SAINT LAURENT", Bd. A, S. 171.

181 *WbK*-S 61/88 "ELLENIT I", Bd. B, S. 56.

182 *WbK*-S 66/89 "CLINIQUE", Bd. B, S. 74 ff.; *WbK*-S 67/89 "CHANNEL I", Bd. B, S. 78 ff.; *WbK*-S 68/89 "CHANEL II", Bd. B, S. 82 ff.; *WbK*-S 69/89 "YVES SAINT LAURENT II", Bd. B, S. 85 ff.; *WbK*-S 70/89 "LANCASTER", Bd. B, S. 89 ff.; *WbK*-S 71/89 "ARDEN", Bd. B, S. 92 ff.; siehe dazu auch SCHINAS, in: DERS. (Hrsg.), Schutz des freien Wettbewerbs, S. 25 f.

183 Eine gute Zusammenfassung und Kontrastierung mit anderen Vertriebssystemen aus dem Blickwinkel des Wettbewerbsrechts bietet der Schlußantrag des GA VerLoren van Themaat im *Pronuptia*-Fall (Rs. 161/84, Slg. 1986, S. 355 [S. 358 ff.]) - Zur oben angeführten Definition siehe FISCHER / KÖCK, Europarecht [2. Aufl.] S. 564.

184 Franchisevereinbarungen waren im Zeitraum vom Inkrafttreten des KartellG bis zum 15.11.1998 der Gegenstand von 9 der insgesamt 349 Entscheidungen und Stellungnahmen der Wb(S)K.

GVO 4087/88[186] gehen die griechischen Kartellbehörden heute[187] davon aus, daß die einzelnen Klauseln eines Vertriebsfranchisingsystems[188] trotz ihrer möglichen wettbewerbsbeschränkenden Effekte nicht unter Art. 1 Abs. 1 KartellG fallen, wenn sie nur darauf abzielen, einerseits die Gefahr abzuwenden, daß das vermittelte Know-how auch Konkurrenten zugute kommt, und andererseits die Kontrolle zu sichern, die zum Schutz der Identität und des Rufes des Vertriebsnetztes erforderlich ist[189]. Klauseln in Franchiseverträgen, die über diese Zwecke hinausgehen, indem sie z.B. jedem Franchisenehmer ein Marktverantwortungsgebiet zuweisen oder ihm Alleinbezugsbindungen auferlegen, verwirklichen zwar den Kartelltatbestand (Aufteilung der Absatzgebiete oder der Bezugsquellen), lassen sich jedoch i.d.R. freistellen[190]. Lediglich Preisempfehlungen, die zur faktischen Abstimmung der Preisfestsetzung zwischen den Franchisenehmern führen[191], Verbote des Bezugs der Vertragswaren von anderen Franchisenehmern oder autorisierten Vertriebshändlern[192], Koppelungsbindungen[193], übermäßige Wettbewerbsverbote[194], übermä-

185 Urt. v. 28.01.1986, Rs. 161/84, Slg. 1986, 353 (Vertriebsfranchising).

186 Verordnung (EWG) Nr. 4087/88 der Kommission v. 30.11.1988 über die Anwendung von Artikel 85 Absatz 3 des Vertrages auf Gruppen von Franchisevereinbarungen; ABl. 1988, Nr. L 359/46 (Die GVO gilt nur für Vertriebs- und Dienstleistungsfranchising); zusammenf. zur Philosophie der GVO *Europäische Kommission*, Grünbuch zur EG-Wettbewerbspolitik gegenüber vertikalen Wettbewerbsbeschränkungen, KOM(96) 721 endg., Kap. IV Rdn. 130.

187 Die *WbSK*-E 22/82 "TSEKLENIS" (Bd. A, S. 59 ff.), und die *WbK*-S 50/86 "PIGI", (Bd. A, S. 176 ff.) hatten zwar auch Franchisevereinbarungen zum Gegenstand, setzten sich jedoch mit den Besonderheiten dieser absatzpolitischen Organisationsform nicht eingehend auseinander, sondern behandelten diese eher wie die üblichen selektiven Vertriebssysteme, vgl. dazu CHRISTOFOROU, Competition Law, G.C.-20 f. Erst in der *WbK*-E 252/95 "XITIROGLOU" (Bd. C, S. 134 ff.) hat sich die erforderliche Änderung in der Sichtweise der griechischen Wettbewerbsbehörde vollzogen.

188 Mit Fällen von Produktions- und Dienstleistungsfranchising haben sich die griechischen Kartellbehörden - soweit ersichtlich - noch nicht befaßt. Die bisherige Praxis ist allerdings auch auf das Dienstleistungsfranchising übertragbar. Zu den verschiedenen Formen des Franchising vgl. GLEISS / HIRSCH [4. Aufl.], Bd. 1, Rdn. 1542 ff.

189 Vgl. *WbK*-E 252/95 "XITIROGLOU", Bd. C, S. 139 ff.; *WbK*-E 271/95 "PIGI II", Bd. C, S. 169 ff.; *WbK*-E 51/97 "HONDOS CENTER", DEE 1997, 956 f.

190 Vgl. *WbK*-E 271/95 "PIGI II", Bd. C, S. 170, 172 ff.; *WbK*-E 51/97 "HONDOS CENTER", DEE 1997, 955 f., 957. Hingewiesen sei übrigens darauf, daß eine Freistellung nur dann notwendig ist, wenn das Spürbarkeitsmerkmal vorliegt. Greift dagegen wegen geringen Marktanteils und geringen Umsatzes die De-minimis Regel ein, dann ist bereits der Verstoß gegen Art. 1 Abs. 1 KartellG zu verneinen, vgl. *WbK*-E 15/95 "Makler von Grundstücken".

191 Vgl. *WbK*-E 252/95 "XITIROGLOU", Bd. C, S. 143; 271/19/95 "PIGI II", Bd. C, S. 172, 174 f.

192 *WbK*-E 252/95 "XITIROGLOU", Bd. C, S. 142, 146 f.; *WbK*-E 51/97 "HONDOS CENTER", DEE 1997, 957.

193 Vgl. *WbK*-E 271/19/95 "PIGI II" (Verpflichtung des Franchisenehmers, eine Versicherung bei dem vom Franchisegeber ausgewählten Versicherungsinstitut abzuschließen), Bd. C, S. 174 f.

ßige Geltungsdauer der Verträge[195] oder vage Formulierungen bezüglich der Vertragswaren und der Freiheit des Franchisenehmers zur selbständigen Werbung[196] sind bislang als tatbestandsmäßige und nicht freistellungsfähige Wettbewerbsbeschränkungen eingestuft worden.

(3) Ausschließlichkeitsbindungen

(a) Alleinvertriebsvereinbarungen

Typisch für den griechischen Markt sind Alleinimportverträge, die zwischen ausländischen Herstellern und inländischen Händlern abgeschlossen werden und durch die sich der ausländische Lieferant verpflichtet, in Griechenland ausschließlich den bestimmten Abnehmer zu beliefern (einfache Alleinimportvereinbarung). Verknüpft werden derartige Absprachen i.d.R. mit der Bindung des griechischen Alleinimporteurs, die Interessen des Herstellers in der von diesem diktierten marketingpolitischen Weise wahrzunehmen (z.B. durch die Errichtung eines selektiven Vertriebssystems) und mit allen Kräften den Absatz der Vertragswaren innerhalb des Vertragsgebiets zu fördern. Im Hinblick auf diesen Zweck verspricht der griechische Importeur auch oft, außerhalb von Griechenland weder Niederlassungen zu unterhalten noch Aufträge zu akquirieren oder zu werben (Verbot der aktiven Verkaufstätigkeit außerhalb des Vertragsgebiets oder sogar Exportverbot). Der ausländische Hersteller übernimmt dann häufig als Gegenleistung gegenüber dem griechischen Importeur besondere Pflichten, die über die einfache Alleinbelieferungspflicht hinausgehen. Er verspricht beispielsweise, daß er selbst auf direkte Verkäufe an Endverbraucher innerhalb des Vertragsgebiets verzichten wird oder daß er sich darüber hinaus darum bemühen wird, die Vertragshändler anderer Vertragsgebiete an der Entfaltung aktiver Verkaufstätigkeit in Griechenland zu hindern (Alleinimportvereinbarung mit einfachem Gebietsschutz). Möglicherweise geht der ausländische Hersteller auch die Verpflichtung ein, Maßnahmen gegen die Belieferung von griechischen Parallelimporteuren zu ergreifen (Alleinimportvereinbarung mit absolutem Gebietsschutz).

Ausschließlichkeitsbindungen hinsichtlich des Warenvertriebs sind auch in Vereinbarungen mit rein inländischen Bezügen häufig, d.h. in Vereinbarungen, die zwischen griechischen Herstellern (oder Alleinimporteuren) und griechischen Händlern getroffen werden. Dann geht es jedenfalls um Allein*vertriebs*vereinbarungen, für deren Klassifizierung mutatis mutandis die für Allein*import*vereinbarungen angewendeten Kriterien gebraucht werden können.

Gegenüber Ausschließlichkeitsbindungen im soeben dargestellten Sinne, die zwar einerseits in jeweils unterschiedlichem Ausmaß Marktzutrittsschranken für die

194 *WbK*-E 252/9/95 "XITIROGLOU" (ein sich auf alle Familienangehörige des Franchisenehmers erstreckendes Wettbewerbsverbot), Bd. C, S. 142, 144, 147; Zulässig ist dagegen eine Klausel, die die Ausübung einer Konkurrenztätigkeit vom Vertriebshändler selbst oder durch Strohmänner verbietet, a.a.O., S. 144; zum zulässigen Maß von Wettbewerbsverboten vgl. auch *WbK*-E 51/97 "HONDOS CENTER", DEE 1997, 957.

195 Vgl. WbK-E 126/98 "HONDOS", in der die Kommission die in den Franchiseverträgen vorgesehene 20jährige Geltungsdauer beanstandet und statt dessen eine Dauer von 9 Jahren mit Verlängerungsmöglichkeit alle drei Jahre als verhältnismäßig ansieht.

196 Vgl. *WbK*-E 51/97 "HONDOS CENTER", DEE 1997, 957.

Konkurrenten des bindenden Unternehmens errichten und die Auswahlmöglichkeiten der Marktgegenseite im Intrabrand-Wettbewerb einschränken können, jedoch andererseits besondere, intensive Bemühungen der Händler um Markterschließung und kontinuierlichem Absatz der Vertragswaren und somit Intensivierung des Interbrand-Wettbewerbs ermöglichen[197], nimmt die griechische Praxis eine differenzierende Stellung ein[198].

Die Eigenschaft der per se verbotenen und prinzipiell nicht freistellungsfähigen Wettbewerbsbeschränkung wird lediglich[199] den *Vereinbarungen mit absolutem Gebietsschutz* sowie den *Vereinbarungen mit Exportverboten zu Lasten des (griechischen) Abnehmers* zugeschrieben[200]. Die Praxis beruft sich dabei auf die durch solche Klauseln heraufbeschwörende Gefahr einer verfestigten Abschottung bzw. Aufteilung des griechischen Marktes. Dieser Ansatz beruht auf einer unkritischen Übernahme des Wortlauts der europäischen Wettbewerbspraxis[201] und ist aus diesem Grund - wie bereits früher ausgeführt wurde - zumindest mit Blick auf die Beurteilung der Exportverbote verfehlt[202].

Indem sich die griechischen Kartellbehörden an den Wortlaut der EuGH-Rechtsprechung anlehnen, gelangen sie unbewußt zu dem Ergebnis, die Wirkungen der Exportverbote mit den Wirkungen der Verhinderung von Parallelimporten (Abschottung des nationalen Marktes) gleichzusetzen. Der Wortlaut der EuGH-Rechtsprechung bezieht

---

197 Vgl. die 5.-7. Begründungserwäg. der Verordnung 1983/83 (EWG) der Kommission v. 22.06.1983 über die Anwendung von Artikel 85 Absatz 3 des Vertrages auf Gruppen von Alleinvertriebsvereinbarungen, ABl. 1983, Nr. L 173/1 (Die Geltungsdauer der GVO wurde durch die EG-VO Nr. 1582/97 der Kommission v. 30.07.1997, ABl. 1997 Nr. L 214/2, bis zum 31.12.1999 verlängert).

198 Mit Alleinimport- und Alleinvertriebsabsprachen befaßten sich im Zeitraum vom Inkrafttreten des KartellG bis zum 15.11.1998 mindestens 36 der insgesamt 349 Entscheidungen und Stellungnahmen der Wb(S)K.

199 Verboten sind freilich auch hier, wie im allgemeinen bei allen Vertriebssystemen, die Preisbindungen, vgl. *WbK*-S 103/91 "PHAS", Bd. C, S. 49 f. So auch im Gemeinschaftsrecht, vgl. die 8. Begründungserwägung der GVO 1983/83 sowie *Europäische Kommission*, Grünbuch zur EG-Wettbewerbspolitik gegenüber vertikalen Wettbewerbsbeschränkungen, KOM(96) 721 endg., Kap. IV Rdn. 157.

200 Vgl. z.B. *WbSK*-E 19/82 "GUY LAROCHE III", Bd. A, S. 54 (Alleinimport); *WbK*-S 2/83 "BIOLIGNIT", Bd. A S. 83 (Alleinvertrieb); *WbK*-S 14/84 "REVLON" (Alleinimport), Bd. A, S. 103; *WbK*-S 95/90 "CASTROL HELLAS" (Alleinvertrieb).

201 Vgl. z.B. *EuGH* Urt. v. 01.10.1975, Rs. 25/75, *Van Vliet Kwastenfabriek / Dalle Crode*, Slg. 1975, S. 1103 [Rdn. 12/15]; *EuGH* Urt. v. 21.02.1984, Rs. 86/82, *Hasselblad*, Slg. 1984, S. 883 [Rdn. 35]; *EuGH* Urt. v. 08.02.1990, Rs. C-279/87, *Tipp-Ex*, Slg. 1990, I-261 f.; *KOME* v. 18.03.1992, *Newitt / Dunlop Slazenger*, ABl. 1992, L 131/32 [Rdn. 63]; *Europäische Kommission*, Grünbuch zur EG-Wettbewerbspolitik gegenüber vertikalen Wettbewerbsbeschränkungen, KOM(96) 721 endg., Kap. IV Rdn. 135. - Zum Verbot solcher Absprachen auch im Rahmen des künftigen gemeinschaftsrechtlichen Freistellungskonzepts siehe oben, Anm. 116.

202 Vgl. dazu bereits oben im Text, § 3 I B 1.

sich aber auf die mehrere Mitgliedstaaten umfassenden Netze von Exportverboten, die notwendigerweise in eine Verhinderung von Parallelimporten bezüglich jedes einzelnen Staates umschlagen[203]. Aus griechischer Sicht ist die fragliche Gleichstellung verkehrt, soweit das dem griechischen Händler auferlegte Exportverbot *isoliert* geprüft wird.

Besitzt allerdings das streitgegenständliche Produkt einen geringen Marktanteil und gibt es auf dem relevanten Markt viele substituierbare Waren anderer Hersteller, die von den Verbrauchern hinsichtlich der Eigenschaften, des Baumaterials, des Preises, des Gebrauchszweckes u.a. als gleichartig betrachtet werden, dann ist die Praxis bereit, auch den fraglichen Ausschließlichkeitsbindungen ein Negativattest wegen fehlender quantitativer *Spürbarkeit* zur erteilen[204].

Sonstige Ausschließlichkeitsabreden werden nicht per se verworfen, sondern auf ihre Vereinbarkeit mit dem Kartellverbot hin im jeweiligen konkreten rechtlichen und ökonomischen Zusammenhang überprüft. Hierbei werden oft Negativatteste erteilt. Aus der Studie der relevanten Entscheidungspraxis läßt sich allerdings nicht immer eindeutig darauf schließen, ob eine stillschweigende qualitative Abwägung (Erforderlichkeitsregel)[205] oder die Annahme des Vorrangs der europäischen GVO 1983/84[206] oder bloß der Gedanke der quantitativen Aussonderung von Bagatell-

---

203 Vgl. z.B. *EuGH* Urt. v. 13.07.1966, Rs. 56 und 58/64, *Consten und Grundig*, Slg. 1966, S. 321 [S. 391]: "Ein Ausfuhrverbot ist nicht nur der Klägerin Consten, sondern auch allen anderen Alleinvetriebsberechtigten der Klägerin Grundig sowie allen deutschen Großhändlern auferlegt worden... Der oben festgestellte Sachverhalt bewirkt eine Abriegelung des französischen Marktes..." Siehe auch *EuGH* Urt. v. 10.12.1985, Rs. 31/85, *ETA / DK Investment*, Slg. 1985, S. 3933: "[Rdn. 10] ... [D]ie Klägerin [hat] im Gemeinsamen Markt ein Vertriebsnetz aufgebaut, das jedem Vertragshändler in dem ihm zugeteilten Gebiet das Alleinvertriebsrecht ... gewährleistet, wobei ihm jedoch Lieferungen außerhalb dieses Gebietes untersagt sind; die auf diese Weise bewerkstelligte Abschottung der Märkte stellt eine Einschränkung des Wettbewerb im Sinne von Artikel 85 Absatz 1 EWG-Vertrag dar [= Art. 81 Abs. 1 EGV n.F.]."

204 Vgl. die *WbK*-S "31/92 "SWATCH" (Alleinimport - Bd. C, S. 76 f.); ähnlich *WbK*-S 117/98 "TSEVAS / A. PERRI - SWATSCH"; vgl. darüber hinaus *WbK*-S 95/90 "CASTROL HELLAS" (Alleinvertrieb - Bd. C, S. 17 f.). In diesem Fall wird jedenfalls die Spürbarkeit auch deswegen verneint, weil das in Frage kommende Alleinvertriebssystem, das jedem Händler ein vom Wettbewerb des Herstellers und der anderen Vertriebshändler absolut geschütztes Marktverantwortungsgebiet zuwies, keine Regelung zur Unterbindung der Exporte oder der Parallelimporte aus dem Ausland enthielt und immerhin mit 15 Mitarbeitern bereits das ganze griechische Gebiet abdeckte. Zu dieser Verflechtung quantitativer und qualitativer Kriterien im Rahmen der Beurteilung von wettbewerbsbeschränkenden Vereinbarungen siehe bereits oben im Text, I A 4 und 5.

205 Vgl. z.B. *WbSK*-E 19/82 "GUY LAROCHE III", Bd. A S. 54, 56 (Alleinbelieferungspflicht - Verbot der Errichtung von Filialen oder Lagerräumen außerhalb von Griechenland); *WbSK*-S 7/84 "BIANE" (Alleinbelieferungspflicht - Verbot der aktiven Verkaufstätigkeit außerhalb von Griechenland) Bd. A, S. 93. In beiden Fällen wird bereits das Vorliegen einer "Wettbewerbsbeschränkung" verneint.

206 *WbK*-S 103/91 "PHAS", Bd. C, S. 49 f. In diesem Fall (Alleinimport- und -vertriebsertrag zwischen LAVIFARM und SHDY hinsichtlich der Kosmetika VICHY) erteilte die *WbK* u.a.

fällen (De minimis-Regel)[207] für den jeweiligen Ausschluß der Anwendung des Kartelltatbestandes maßgebend ist. Jedenfalls gibt es für solche Ausschließlichkeitsabreden sehr gute Chancen, auch wenn sie als wettbewerbsbeschränkend beurteilt werden, durch Einzelfreistellungen vom Kartellverbot ausgenommen zu werden, insbesondere wenn sie vom Wortlaut der GVO 1983/83 gedeckt sind[208].

Der Standpunkt der Wb(S)K (Negativattest wegen fehlender Wettbewerbsbeschränkung, Negativattest wegen fehlender quantitativer Spürbarkeit, Freistellung) weist in diesem Zusammenhang bemerkenswerte Schwankungen auf, die durch die häufig anzutreffenden terminologischen Ungenauigkeiten der Entscheidungen und Stellungnahmen verschärft werden[209]. Charakteristisches Beispiel der dogmatisch ziemlich verworrenen Lage ist die Stellungnahme 2/82 "BIOLIGNIT", die im Hinblick auf eine Alleinbelieferungspflicht zunächst aufgrund der Kriterien der Freistellung argumentiert, um schließlich die Erteilung eines Negativattests vorzuschlagen[210]. Im Bereich der Ausschließlichkeitsbindungen, aber auch der vertikalen Absprachen im allgemeinen, liegt deswegen die Vermutung nahe, daß für die griechischen Kartellbehörden die dogmatischen Beurteilungsmaßstäbe fließende Grenzen im Verhältnis zueinander aufweisen, mit der Folge,

---

einer Alleinbelieferungspflicht und einem Verbot der aktiven Verkaufstätigkeit außerhalb vom Vertragsgebiet ein Negativattest; maßgebender Gesichtspunkt - soweit dies der diffusen Begründung entnehmen läßt - dürfte die Vereinbarkeit der fraglichen Vertragsklauseln mit der EG-GVO 1983/83 sein.

207 Vgl. z.B. *WbK*-S 15/84 "WRANGLER", Bd. A, S. 104 f. (Bindungen, wie Alleinbelieferungspflicht, Verbot des Verkaufs von Konkurrenzprodukten oder Verbot der aktiven Verkaufstätigkeit außerhalb des Vertragsgebiets, werden ohne Differenzierungen, nur unter Berufung auf den kleinen Marktanteil der Betroffenen - unter 1% - vom Kartelltatbestand ausgenommen); *WbSK*-E 15/81 "Fußböden KARRI", Bd. A, S. 44 (Eine einfache Alleinbelieferungspflicht wird nur wegen des geringen Marktanteils des betroffenen Produktes - unter 1% - zugelassen).

208 Vgl. *WbK*-S 34/85 "PLAYTEX", Bd. A, S. 145 f. In diesem Fall wurde zwar wegen fehlender Spürbarkeit ein Negativattest erteilt. Die Kommission stellte jedoch zugleich klar, daß die im beurteilten Vertrag enthaltenen Klausen (u.a. Alleinbelieferungspflicht, Verbot aktiver Verkaufstätigkeit außerhalb von Griechenland und Verbot des Verkaufs von Konkurrenzprodukten) freistellungsfähig sind. Dies wurde im "BLYTHE-COLOURS III"-Fall (*WbK*-S 53/87, Bd. B, S. 18 ff.) bestätigt, als eine gleichgelagerte Alleinvertriebsvereinbarung aufgrund des Art. 1 Abs. 3 KartellG freigestellt wurde. In beiden Fällen beriefen sich die griechischen Kartellbehörden auf die europäische GVO 1983/83.

209 In der *WbSK*-S 7/84 "BIANE" (Bd. A S. 93), die u.a. eine Alleinbelieferungspflicht zum Gegenstand hat, wird bereits die Erfüllung des Tatbestandsmerkmals "Wettbewerbsbeschränkung" verneint. Im "Fußböden KARRI"-Fall (*WbK*-E 15/81, Bd. A, S. 41 ff.) wird dagegen für die Verneinung der Anwendung des Art. 1 Abs. 1 KartellG auf eine ähnliche Alleinbelieferungspflicht für notwendig gehalten, auf die fehlende "quantitative Spürbarkeit" der Absprache zurückzugreifen. Die *WbK*-S 78/89 "EGEA" (Bd. B, S. 109 f.) bejaht schließlich das Eingreifen des Kartellverbots bei einer Alleinbelieferungspflicht, auch wenn zugleich angenommen wird, daß die betroffene Ware nur einen Marktanteil unter 5% besitzt. Die fragliche Stellungnahme erteilt allerdings der beanstandeten Absprache ohne Bedenken eine Freistellung; vgl. auch die Anm. 205, 206, 207 und 208.

210 Bd. A, S. 80 ff.; kritisch gegenüber dieser Stellungnahme TRIANTAFILLAKIS, in: SCHINAS (Hrsg.), Schutz des freien Wettbewerbs, S. 61 f.

daß es mitunter zu Verwechslungen kommt. Eine Erklärung dafür ist zunächst in dem Umstand zu sehen, daß die *qualitative Rule of Reason (Erforderlichkeitsregel)* - die für das Vorliegen einer Wettbewerbsbeschränkung entscheidet - und die *quantitative Spürbarkeit* - als eigenständiges, ungeschriebenes Tatbestandsmerkmal - im Hinblick auf die Beurteilung von vertikalen Abreden notwendigerweise eng miteinander verflochten sind[211]. Darüber hinaus ist festzustellen, daß die qualitative Rule of Reason (Erforderlichkeitsregel), die im Rahmen des Art. 1 Abs. 1 KartellG zur Anwendung kommt, und die *Freistellungskriterien*, die im Rahmen des Art. 1 Abs. 3 KartellG berücksichtigt werden, in dogmatischer Hinsicht viel Gemeinsames haben[212]. Von Bedeutung für die Erklärung der fraglichen Verwechslungen ist schließlich die Tatsache, daß man sich noch unsicher ist, ob die europäischen GVO bereits den griechischen Kartelltatbestand ausschließen - dann ist aus formeller Sicht ein Negativattest angebracht - oder nur den Art. 1 Abs. 3 KartellG aktivieren - dann ist eine Freistellung zu erteilen[213].

Voraussetzung für die Zulassung einer Ausschließlichkeitsbindung ist allerdings, daß sie nicht zu absoluten *Marktzutrittssperren für dritte Unternehmen* führt, wie dies beispielsweise der Fall ist, wenn ein Unternehmen sämtliche Zulieferer der Marktgegenseite bindet und somit den eigenen Konkurrenten den Weg zu den Versorgungsquellen absperrt[214]. Eine prinzipiell nicht freistellungsfähige Alleinvertriebsabsprache kann aber auch dann vorliegen, wenn die zunächst ohne absoluten Gebietsschutz vereinbarte Alleinbelieferungspflicht *aus tatsächlichen Gründen* in eine solche mit *absolutem Gebietsschutz* zu Gunsten des bindenden Vertragspartners umschlägt. Mit einem solchen Sachverhalt befaßte sich die Wettbewerbskommission im Boreopoulos-Fall (WbK-S 63/88)[215].

Der Alleinimporteur von optischen Artikeln bekannter ausländischer Firmen B verfolgte eine Absatzpolitik, die auf zwei verschiedenen Vertriebsformen beruhte. Für das ganze Land - bis auf die Insel Rhodos - wandte B ein auf objektiven, qualitativen Kriterien aufgebautes selektives Vertriebssystem an. Nur auf der fraglichen Insel hatte er eine Alleinvertriebsvereinbarung mit dem Händler K abgeschlossen, wobei er sich verpflichtete, direkten Vertrieb oder Belieferung anderer Händler auf diesem Gebiet zu unterlassen. Die Insel wies den Vorteil auf, daß dort für eingeführte Waren ein privilegierter Steuerstatus galt und auch die Nachfrage an den streitgegenständlichen Produkten wegen des starken Fremdenverkehrs besonders hoch war. Die übrigen Optikerhändler auf Rhodos hatten zwar die theoretische Möglichkeit, die (Sonnen-)Brillen von Vertriebs-

---

211 Siehe dazu bereits oben im Text, I A 4 und 5.

212 Vgl. dazu PAPAKIRIAKOU, Europäisches Unternehmensstrafrecht, *Dritter Teil* IV B und V B.

213 Siehe dazu bereits oben im Text, § 2 I A 2.

214 Vgl. *WbK*-E 7/80 "LARKO", Bd. A, S. 21 ff., 26 (Bindung beider ausschließlichen Produzenten eines Grundstoffes); vgl. auch den oben im Text (§ 3 II C 5) dargestellten Blythe Colours-Fall, in dem die Alleinbelieferungspflicht der englischen Firma Blythe Colours gegenüber der griechischen Wiederverkäuferin Zania als Wettbewerbsbeschränkung eingestuft wurde. Die Wettbewerbskommission setzte in diesem Fall den relevanten Markt mit den Blythe Colours-Produkten (keramische Grundstoffen) gleich. Verboten wurde deswegen der Sache nach nicht eine übliche, sondern eine das "monopolistische" Blythe Colours-Unternehmen bindende Alleinvertriebsabsprache.

215 Bd. B, S. 65 ff.

händlern anderer griechischen Verwaltungsbezirke zu beziehen. Bezahlen mußten sie aber Einzelhandelspreise, während K sich von B mit steuerbegünstigten und anhand von Großhandelspreisen berechneten Waren beliefern ließ. De facto war also die Möglichkeit von "Parallelimporten" als nicht realisierbar - weil wirtschaftlich unvorteilhaft - zu betrachten.

In ihrer Stellungnahme geht die Wettbewerbskommission angesichts dieser Sachlage methodisch in zwei Schritten vor. Sie nimmt zunächst den Optikermarkt von Rhodos als geographisch relevanten Markt an, weil sie in diesem trotz der relativ kleinen Größe einen selbständigen Markt mit besonderem Handelsinteresse erblickt[216]. Anschließend verneint sie die tatsächliche Möglichkeit des Imports der fraglichen Waren in diesen Markt aus anderen Quellen, womit sie implizit zum Ausdruck bringt, daß sie der beanstandeten Ausschließlichkeitsabsprache zwischen K und B die Wirkung einer absolut gebietsschützenden Maßnahme beimißt. Da dies nach ihrer Ansicht zur Diskriminierung der Konkurrenten von K und zur Benachteiligung der Verbraucher auf Rhodos, die von einem einzigen Händler abhängig gemacht würden, führe[217], lehnt sie den Antrag auf eine Negativattesterteilung ab und zieht die Möglichkeit einer Freistellung nicht in Betracht[218].

(b) Alleinbezugsvereinbarungen

Die griechischen Kartellbehörden wurden bisher nur in wenigen Fällen mit Alleinbezugsvereinbarungen, die nicht von marktbeherrschenden Unternehmen abgeschlossen werden - dann handelt es sich i.d.R. um einen Mißbrauch der marktbeherrschenden Stellung[219] - konfrontiert[220]. Dies mindert allerdings die Vorhersehbarkeit der Entscheidungspraxis bezüglich dieser Vertragstypen nicht in erheblichem Maße, denn wegen der Ähnlichkeit der wettbewerbspolitischen Problematik ist davon auszugehen, daß auch diesem Gebiet die soeben dargelegten Grundprinzipien der Spruchpraxis hinsichtlich der Alleinvertriebsabsprachen zugrunde zu legen sind. Eine richtungsweisende Funktion für das Verhalten der Unternehmen ist außerdem den Vorschriften der europäischen GVO 1984/83[221] beizumessen, die von den griechischen Kartellbehörden bereits 1987 im Mineralölgesellschaften-

216 Bd. B, S. 66.

217 Bd. B, S. 67.

218 So auch die *minist. Entsch.* K6-315/13.05.1988 (nicht veröff.).

219 Siehe dazu unten im Text, II A.

220 *WbK*-S 50/86 "PIGI", Bd. A, S. 176 ff.; *WbK*-S 56/87 "Tankstellenpächter / Ölgesellschaften", Bd. B, S. 24 ff.; *WbK*-S 108/91 "BP SUPER GAS", Bd. C, S. 53 ff. Siehe auch *WbK*-S 111/91 "EOT I", Bd. C, S. 65 ff.; *WbK*-E 91/94 "EOT II", Bd. C, S. 87 ff.; *WbK*-E 259/95 "Mineralölgesellschaften und Raffinerien" (nicht veröff.); *WbK*-E 272/20/95 "BP SUPERGAS u.a.", Bd. C, S. 176 ff.; *WbK*-E 25/96 "MOTOR OIL / SAUDI ARAMCO".

221 Verordnung (EWG) Nr. 1984/83 der Kommission v. 22.06.1983 über die Anwendung von Artikel 85 Absatz 3 des Vertrages auf Gruppen von Alleinbezugsvereinbarungen, ABl. 1983, Nr. L 1737/5 (Die Geltungsdauer der GVO wurde durch die VO der Kommission Nr. 1582/97 v. 30.07.1997, ABl. 1997 Nr. L 214/2, bis zum 31.12.1999 verlängert).

Fall[222] zum direkten Maßstab für die Beurteilung von exklusiven Bezugsabsprachen in Griechenland erhoben worden sind[223].

Die Kartellbehörden, die auf eine Beschwerde der Tankstellenpächter hin ein Verfahren gegen die Ölgesellschaften einleiteten, stützten sich für die Beurteilung der beanstandeten Klauseln in den Alleinbezugsvereinbarungen zwischen ersteren und letzteren ausschließlich auf die einschlägigen europäischen GVO. Dabei wendeten sie auf die Alleinbezugsabsprachen, die bis 31.12.1983 getroffen worden waren, die GVO 67/67, und auf die nach diesem Zeitpunkt abgeschlossenen Alleinbezugsverträge die GVO 1984/83 an[224]. Die Freistellungsvorschriften der GVO wurden nicht bloß analog herangezogen, sondern *direkt* angewandt. Auf eine Auseinandersetzung mit den Einzelheiten der Entscheidung kann hier deswegen verzichtet werden. Von Interesse ist aber, daß die unter die "schwarze Liste" der GVO 1984/83 (Art. 12 Abs. 1 a und b) fallenden Klauseln auch nach griechischem Recht untersagt wurden; die Möglichkeit einer Freistellung wurde nicht in Betracht gezogen.

(4) Agenturen

Ausschließlichkeits- und Vertriebsbindungen werden gesondert beurteilt, wenn sie Personen auferlegt werden, die nicht (in vollem Umfang) eigenunternehmerisch tätig sind, sondern sog. Absatzmittler darstellen, wie z.B. Handelsvertreter und Kommissionäre. Die griechische Praxis[225] schließt sich dabei im wesentlichen den Leitlinien an, die die Europäische Kommission und der EuGH in diesem Bereich entwickelt haben[226]. Demnach sei das Kartellverbot auf Verträge mit *echten* Handelsvertretern zunächst nicht anwendbar[227].

Die Wettbewerbskommission bekannte sich bereits 1984 zu dieser Ansicht und schilderte zugleich die Kriterien, von denen sie das Vorliegen eines echten Handelsvertreters abhängig macht. Der Handelsvertreter habe *keine Entscheidungsbefugnisse* und übe keine autonome Handelstätigkeit aus, sondern fungiere als bloßes *weisungsgebundenes* Organ des vertretenen Unternehmens und führe dessen Befehle und Politik gegen *Provision* durch[228].

---

222 *WbK*-S 56/87, Bd. B, S. 24 ff.

223 Vgl. auch *WbK*-S 108/91 "BP SUPER GAS", Bd. C, S. 53 ff.; *WbK*-E 259/95 "Mineralölgesellschaften und Raffinerien" (nicht veröff.).

224 Art. 15 Abs. 2 VO 1984/83.

225 Im Zeitraum seit dem Inkrafttreten des KartellG bis zum 11.15.1998 befaßten sich 7 von den insgesamt 349 Entscheidungen und Stellungnahmen der Wb(S)K mit Systemen von Handelsvertretern.

226 Vgl. *EuGH* Urt. v. 16.12.1975, Rs. 40-48/73 u.a., *Suiker Union*, Slg. 1975, S. 1663 [Rdn. 537 ff.]; *EuGH* Urt. v. 13.07.1966, Rs. 32/65, *Italien / Rat und Kommission*, Slg. 1966, S. 457 [485 f.]; *EuGH* Urt. v. 01.10.1987, Rs. 311/85, *Vlaamse Reisbureaus*, Slg. 1987, S. 3801 [Rdn. 20].

227 Vgl. die Bekanntmachung der Kommission "über Alleinvertriebsverträge mit Handelsvertretern", ABl. 1962, S. 2921.

228 Damit wurde die Beschwerde zurückgewiesen, die gegen die Vereinbarung zwischen dem holländischen Unternehmen SIKKENS B.V. und dessen in Griechenland ansässigen Vertre-

Die Anwendung des Art. 1 Abs. 1 KartellG ist allerdings nicht immer auszuschließen. Vermittelt der Handelsvertreter den Absatz von Produkten nur des Vertretenen, dann greift das Kartellverbot nicht ein. Wird der Absatzmittler jedoch zugleich als selbständiges Unternehmen für den Vertrieb auch anderer Produkte tätig, dann kann - nach Ansicht der Wettbewerbskommission[229] - das Kartellverbot zum Zuge kommen.[230] Die griechische Kartellbehörde zeigt sich im letzteren Fall großzügig in der wettbewerbsrechtlichen Beurteilung der Verpflichtungen, die der Absatzmittler bezüglich des Produkts des vertretenen Unternehmens eingeht. Solange nämlich das vertretene Unternehmen das *wirtschaftliche Risiko* des Warenabsatzes, die Serviceleistungen, die Werbungskosten und sonstigen relevanten Pflichten trägt, darf es auch die Politik des Absatzmittlers hinsichtlich der Angebotsgestaltung und des Warenlaufs diktieren[231]. Die Kommission hat allerdings die äußersten Grenzen der Möglichkeit einer derartigen Bindung der Absatzmittler bislang nicht scharf gezogen und stößt deswegen in der Literatur insbesondere im Hinblick auf das Bedürfnis nach Freihaltung der Absatzkanäle für dritte Unternehmen und nach freier Gestaltung der Preise auf Bedenken[232].

C. *Horizontale Absprachen und abgestimmte Verhaltensweisen*

(1) Allgemeine Darstellung der bisherigen Praxis

Die griechischen Kartellbehörden befaßten sich mit horizontalen wettbewerbsbeschränkenden Absprachen vergleichsweise selten[233]. Dieser Befund überrascht,

---

ter eingelegt worden war. Beanstandet hatte der Beschwerdeführer die in dieser Vereinbarung festgelegte Absatzpolitik des holländischen Unternehmens (Marktaufteilung, Diskriminierungen, Preisfestsetzungen), die über den Handelsvertreter in Griechenland betrieben wurde, siehe *WbK*-S 19/84 "SIKKENS I", Bd. A, S. 116 ff.

229 So die *WbK*-S 79/89 "ESTEE LAUDER / ARAMIS", Bd. B, S. 111 ff.; *WbK*-S 87/90 "LANCASTER IV", Bd. C, S. 11 f.; *WbK*-S 88/90 "NINA RICCI" (nicht veröff.); *WbK*-S 89/90 "YVES SAINT LAURENT IV" (nicht veröff.); *WbK*-S 90/91 "CHANEL III" (nicht veröff.). Die *minist. Entscheidungen* (A1-996/90 bis 1001/90, letztere ist abgedruckt in Bd. C, S. 192 f.) gingen allerdings auch in diesen Fällen - ohne Begründung - davon aus, daß die Verträge mit den Handelsvertretern keine solche i.S. des Kartelltatbestandes seien.

230 Die Anwendbarkeit des Art. 81 Abs. 1 EGV n.F. auf Verhältnisse "derartiger Doppelprägung" bejaht auch der *EuGH* Urt. v. 16.12.1975, Rs. 40-48/73 u.a., *Suiker Unie*, Slg. 1975, S. 1663 [Rdn. 541 ff.].

231 *WbK*-79/89 "ESTEE LAUDER / ARAMIS", Bd. B, S. 111 ff.; siehe auch die Hinw. in der Anm. 229.

232 Vgl. MARINOS, EEmpD 1989, 507.

233 Nur 17 von den insgesamt 349 Entscheidungen und Stellungnahmen der Wb(S)K, die im Zeitraum vom Inkrafttreten des KartellG bis zum 11.15.1998 ergingen, befassen sich mit horizontalen Absprachen und aufeinander abgestimmten Verhaltensweisen zwischen wirtschaftlich unabhängigen Unternehmen. In anderen 8 Fällen werden allerdings Preisempfehlungen von Gewerbeverbänden an ihre Mitglieder behandelt, während in vielen anderen Ur-

wenn man in Erwägung zieht, daß solche Absprachen angesichts der fehlenden kartellrechtlichen Tradition gerade in Griechenland sehr beliebt und verbreitet unter den Marktteilnehmern sein dürften. Es soll allerdings zugleich nicht übersehen werden[234], daß bis in die späten 80er Jahre der griechische Markt von staatlichen preisregelnden Maßnahmen überzogen war. Dies minimalisierte die Bedeutung von Preiskartellen und führte die Unternehmen dazu, die Verbesserung ihrer Marktstellung grundsätzlich über die Errichtung von effektiven Vertriebssystemen und somit über die Bindung von Unternehmen der Marktgegenseite zu verfolgen[235]. Die Kartellbehörden zeigten sich außerdem bezüglich der Anwendung des Kartelltatbestandes auf horizontale Absprachen in regulierten Märkten im allgemeinen sehr zurückhaltend[236].

Die bisherige Entscheidungspraxis ist jedenfalls repräsentativ[237] und läßt trotz ihres beschränkten Umfangs deutlich werden, daß zumindest in staatlich nicht regulierten Märkten die Kartellabsprachen von den Wettbewerbsbehörden mißbilligt werden, insbesondere wenn sie die Abstimmung von zentralen Aktionsparametern der beteiligten Unternehmen zum Gegenstand haben[238]. Als verboten sind danach vor allem Submissionskartelle[239], Syndikate[240], allgemeine Preiskartelle[241] und koordinierte Diskriminierungen[242] anzusehen. Wenn die Abstimmung bestimmter zentraler Aktionsparameter aus Gründen der Rationalisierung und Verbesserung des Warenvertriebs oder der Warenerzeugung erfolgt oder zur Unterdrückung der Kosten

---

teilen die Anwendbarkeit des Kartellverbots im Hinblick auf konzerninterne Absprachen und auf Fusionen geprüft wird.

234 Hingewiesen sei außerdem auf die Ausführungen in § 1 bezüglich der Schwierigkeiten, denen die Wettbewerbs(schutz)kommission wegen mangelnden (ausgebildeten) Personals und finanzieller Ressourcen im Hinblick auf die Durchführung von Marktuntersuchungen und die Sammlung vom Beweismaterial begegnet.

235 Vgl. CHRISTOFOROU, Competition Law, G.C.-14.

236 Vgl. dazu bereits oben im Text, § 3 II C 5 ("Stockfisch"-Fall).

237 Vgl. *WbSK*-E 9/81 "Zeitungsverleger" (Preiskartell); *WbSK*-E 4/80 "Alkoholkartell" (Quotenkartell); *WbK*-S 62/88 "Filme für Röntgenaufnahmen" (aufeinander abgestimmte Marktaufteilung); *WbK*-S 57/87 "ZETA / FIMI" (aufeinander abgestimmte Diskriminierung).

238 Vgl. TRIANTAFILLAKIS, in: SCHINAS (Hrsg.), Schutz des freien Wettbewerbs, S. 51 ff.

239 *WbK*-S 62/88 "Filme für Röntgenaufnahmen"; siehe zu diesem Fall unten im Text, I C 2.

240 *WbSK*-E 8/80 "IMATHIA-PELLI I"; *WbK*-E 23/82 "IMATHIA-PELLI II"; *WbK*-S 24/85 "IMATHIA-PELLI III"; siehe zu diesem Fall unten im Text, I C 3.

241 Vgl. z.B. *WbSK*-E 9/81 "Zeitungsverleger", Bd. A, S. 30 ff.; *WbK*-S 21/84 "Elektromotoren KIM", Bd. A, S. 119 f.; *WbK*-S 83/89 "Aufzugstechniker", Bd. B, S. 129 ff.; *WbK*-S 109/91 "Optiker", Bd. C, S. 56 ff.; *WbK*-E 133/94 "Bäckerverband von Korinthe", Bd. C, S. 98 f.; *WbK*-E 134/94 "Griechische Bäckervereinigung", DEE 1995, 175 mit Anm. GEORGAKOPOULOS; *WbK*-E 135/94 "Bäckerverband von Thiva", DEE 1995, 176.

242 *WbK*-S 57/87 "ZETA / FIMI", Bd. B, S. 41 ff. Zu den einzelnen Voraussetzungen für die Bejahung einer Diskriminierung siehe CHRISTOFOROU, Competition Law, G.C.-15 f.

zu Gunsten des Verbrauches führt, gibt es allerdings die Möglichkeit einer Freistellung gemäß Art. 1 Abs. 3 KartellG[243]. Absprachen, die die Koordinierung zweitrangiger Aktionsparameter[244] oder die Bildung von Arbeitsgemeinschaften betreffen[245], können bereits im Rahmen des Art. 1 Abs. 1 KartellG ein Negativattest bekommen[246]. Außerhalb des Anwendungsbereichs des Kartellverbotes liegen prinzipiell auch die Werkverträge, die zwischen Konkurrenten abgeschlossen werden[247].

Von der Frage der starken Mißbilligung bestimmter Erscheinungsformen horizontaler kartellrechtlicher Delinquenz ist die Frage der ordnungsgemäßen Beweisführung bei der Ermittlung und Subsumtion von Sachverhalten unter diese Formen wettbewerbswidrigen Verhaltens zu unterscheiden. Mängel in der Beweisführung oder Schwankungen in der Einschätzung der Sachlage hatten so zur Folge, daß bereits die zwei wichtigsten Entscheidungen der Kartellbehörden, in denen jeweils Geldbußen gegen ein Submissionskartell und ein Syndikat verhängt wurden, am Ende aufgehoben wurden.

---

243 Vgl. die Begründung in *WbK*-S 2/83 "BIOLIGNIT", Bd. A, S. 80 ff. (gemeinsamer Vertrieb von Braunkohle); *WbK*-E 31/96 "PETROLINA / EKO" (Gemeinschaftsunternehmen für die Abfüllung und Lagerung von Gasflaschen, das als kooperatives eingestuft und gemäß Art. 1 Abs. 3 KartellG freigestellt wird); siehe auch *WbK*-S 33/85 "AMSTEL / LÖWENBRÄU" (Bd. A, S. 142 ff.). Eine Freistellung wurde auch im "PIRKAL"-Fall (Preis- und Quotenkartell) erteilt (*WbK*-E 10/84, Bd. A, S. 95 ff.); die Kartellbehörden berufen sich dabei allerdings auf eine "extensive Auslegung" des Art. 1 Abs. 3 KartellG im Hinblick auf den gemeinnützigen Charakter und die Bedeutung der Betroffenen Sprengstoff- und Munitionsunternehmen im Bereich der nationalen Verteidigung Griechenlands (siehe näher zu diesem Fall oben im Text, § 3 II C 5). Mit Spezialisierungs- sowie mit F&E Vereinbarungen hat sich die griechische Kartellpraxis bislang nicht beschäftigt. Zur Regelung dieser Art von Absprachen im Gemeinschaftsrecht, siehe VO 417/85 (EWG) der Kommission v. 19.12.1984 über die Anwendung von Artikel 85 Absatz 3 des Vertrages auf Gruppen von Spezialisierungsvereinbarungen, ABl. 1985, Nr. L 53/1 (zuletzt geändert durch Verordnung (EG) Nr. 2236/97 der Kommission v. 10.11.1997, ABl. 1997, Nr. L 306/12); VO 418/85 (EWG) der Kommission v. 19.12.1984 über die Anwendung von Artikel 85 Absatz 3 des Vertrages auf Gruppen von Vereinbarungen über Forschung und Entwicklung, ABl. 1985, Nr. L 53/5 (zuletzt geändert durch Verordnung (EG) Nr. 2236/97 der Kommission v. 10.11.1997, ABl. 1997, Nr. L 306/12).

244 Errichtung gemeinsamer Lagerräume von Ölgesellschaften, vgl. *WbK*-S 76/89 "SHELL / MOBIL / BP", Bd. B, S. 102 ff..

245 *WbSK*-E 14/81 "ESSO PAPAS"; *WbK*-S 8/84 "ANEK". In beiden Fällen kann man allerdings nur vermuten, daß der Gedanke der Bildung einer Arbeitsgemeinschaft zur Erteilung des Negativattestes geführt hat, denn die Entscheidungen selbst enthalten keine Begründung; vgl. dazu TRIANTAFILLAKIS, in: SCHINAS (Hrsg.), Schutz des freien Wettbewerbs, S. 67.

246 Vgl. im Gemeinschaftsrecht die Bekanntmachung der Kommission über Vereinbarungen, Beschlüsse und aufeinander abgestimmte Verhaltensweisen, die eine zwischenbetriebliche Zusammenarbeit betreffen, ABl. 1968, Nr. C 75/3.

247 Vgl. *WbK*-S 41/86 "ROTHMANS", Bd. A, S. 165.

(2) Der "Filme für Röntgenaufnahmen"-Fall

(a) Tatsachenfeststellung durch die Kartellbehörden

Auf dem eng oligopolistischen Markt der von Krankenhäusern veranstalteten öffentlichen Ausschreibungen zum Zwecke der Beschaffung von Filmen für Röntgenaufnahmen war das Phänomen aufgetreten, daß jeder der zwei größten Lieferanten es für einen Zeitraum von mindestens 3 Jahren stets vermied, bei den Verfahren, bei denen jeweils der andere traditionell den Zuschlag erhielt, diesen zu unterbieten. Damit hatten beide Lieferanten, die zusammen einen Marktanteil von 60-70% auf sich vereinigten, erreicht, einen wesentlichen Teil des Marktes unter sich fest aufzuteilen. Die anderen Unternehmen, die auf demselben Markt tätig waren und sich an den fraglichen Ausschreibungen mitunter beteiligten, bildeten für die fragliche Marktaufteilung keine Bedrohung, weil diese Unternehmen entweder aus mangelndem Interesse oder aus unterlegener Finanzkraft kaum in der Lage waren, einen günstigeren Preis als den der zwei Großlieferanten anzubieten. Erst 1985 geriet die Marktaufteilung zum ersten Mal in Gefahr, denn ein neues Unternehmen drang dynamisch in den Markt ein und versuchte, die Vergaben für sich zu entscheiden. Beide Großlieferanten wurden dann gezwungen, ihre Preispolitik zu modifizieren und ihr bisheriges Preisniveau um bis zu 20% zu senken, ohne daß dies auf Kostensenkungen zurückgeführt werden konnte.

Die Kommission erblickte in dem konkreten Sachverhalt eine abgestimmte Verhaltensweise der Lieferanten[248]. Nach der Ansicht der griechischen Wettbewerbsbehörde ging es dabei um einen schweren Kartellrechtsverstoß, denn die Ausschaltung des Wettbewerbs und der dadurch bedingten Unsicherheit bei den Ausschreibungen habe die Durchsetzung eines unrealistischen Preisniveaus ermöglicht. Den Beweis für letztere Annahme sah die Kommission in der radikalen Senkung der Preise, die durch das Auftreten des neuen Konkurrenten ausgelöst wurde. Angesichts des Marktanteils der Betroffenen, der Schwere und der Dauer der Zuwiderhandlung schlug die Kommission anschließend relativ hohe Geldbußen vor, die vom Handelsminister in der Folge bestätigt wurden[249].

(b) Tatsachenfeststellung durch das Verwaltungsgericht Athen

Das Verwaltungsgericht erster Instanz in Athen, vor dem die ministerielle Entscheidung angefochten wurde, teilte die obige Einschätzung der Sachlage nicht[250]. Es betrachtete das von den Kartellbehörden gesammelte Beweismaterial als nicht hinreichend, um die erhobenen Vorwürfe eindeutig zu begründen. Die belastenden Befunde hätten sich nur auf 7 Krankenhäuser und 7 Ausschreibungen gestützt, während sich die Gesamtzahl von Krankenhäusern und Ausschreibungen in dem fraglichen Zeitraum auf 130 bzw. 400 belaufen habe. An den Ausschreibungen seien auch andere Unternehmen mit Dekkofferten beteiligt gewesen, für die sich die Krankenhäuser hätten frei entscheiden können. Die Senkung der Preise könne als durchaus normale Reaktion auf die offensive Preispolitik des neuen Rivalen interpretiert werden. Die Marktanteile der zwei Großlieferanten hätten schließlich im Vergleich zueinander ganz gegenläufige Tendenzen gezeigt. Der Anteil des ersten habe in der fraglichen Periode um 10% (von 32% auf 42%) zugenommen, während der des zweiten um dengleichen Prozentsatz (von 25% auf 15%) zurückgegangen sei. Dies widerspreche jedoch offensichtlich der Vermutung einer

248 *WbK*-S 62/88, Bd. B, S. 57 ff.

249 *Minist. Entsch.* K6-387/88 (unveröff.).

250 *VerwG Athen* 3484/89 "Filme für Röntgenaufnahmen", Bd. B, S. 157 ff.

Marktaufteilung unter den beschuldigten Unternehmen denn eine Aufteilung sollte zumindest auf die Absicherung der am Anfang bestehenden Marktanteile der Betroffenen abzielen.

Das Gericht erklärte deswegen den ihm vorgelegten Sachverhalt damit, daß sich auf oligopolistischen Märkten das Verhalten der konkurrierenden Unternehmen naturgemäß gegenseitig beeinflusse. Aus diesem Grund komme es oft zu gleichförmigen Verhaltensweisen, die zwar den Gewinnmaximierungszielen der Konkurrenten entsprächen, jedoch nicht zwangsläufig eine Gefährdung der legitimen Verbraucherinteressen bedeuteten[251].

(3) Der "Imathia-Pelli-Syndikat"-Fall

(a) Tatsachenfeststellung durch die Kartellbehörden im Jahr 1980

Die mit der Anfertigung von Kisten für Pfirsiche beschäftigten Unternehmen des Landbezirkes Imathia-Pelli gründeten eine Ein- und Verkaufsgemeinschaft (*Syndikat*) in der Rechtsform einer GmbH. Aufgrund der Gesellschaftssatzung verpflichteten sich die Syndikatsmitglieder, das für die Kistenproduktion erforderliche Bauholz fortan nur von der gemeinsamen Einkaufsstelle zu beziehen (*Bezugspflicht*) und die hergestellten Kisten ausschließlich über die gemeinsame Verkaufsstelle abzusetzen (*Andienungspflicht*), wobei die Preisfestsetzung der Versammlung sowie dem Geschäftsführer der Gesellschaft überlassen blieb. Das Syndikat traf zugleich eine stillschweigende *Alleinvertriebsvereinbarung* mit dem fast exklusiven Importeur (95%) einer für die fraglichen Kisten geeigneten rumänischen Holzart, so daß andere Hersteller vom Bezug solchen Holzes ausgeschlossen wurden. Eine Anmeldung der Satzung der GmbH oder der Ausschließlichkeitsbindung bei den Kartellbehörden fand nicht statt.

Die Wettbewerbsschutzkommission sah sowohl in dem Syndikat als auch in der Alleinvertriebsvereinbarung klare Verstöße gegen das Kartellverbot und belegte sämtliche an den Absprachen beteiligten Unternehmen, d.h. die Syndikatsmitglieder, die GmbH und den Holzimporteur mit Geldbußen (IMATHIA-PELLI I)[252].

Damit war aber der Fall noch nicht abschließend geklärt. Die Kommission hatte nämlich nur die GmbH zur Verhandlung eingeladen, nicht jedoch die mitbestraften Gesellschafter. Das Urteil wurde deswegen im Hinblick auf die letzteren widerrufen (IMATHIA-PELLI II)[253], und der Fall kam erneut vor die Wettbewerbskommission.

(b) Tatsachenfeststellung durch die Kartellbehörden im Jahr 1985

Die tatsächlichen Feststellungen, die in der neuen Verhandlung gemacht wurden, wichen wesentlich von denen der ersten Verhandlung im Jahr 1980 ab. Der Marktanteil des Holzimporteurs wurde nun als gering eingeschätzt - für die Abgrenzung des relevanten Marktes wurde anscheinend nicht nur die rumänische Holzart, sondern sämtliche für die Anfertigung von Pfirsichkisten geeigneten Holzarten als substituierbare Produkte mitberücksichtigt. Dann wurde die Alleinvertriebsvereinbarung in Zweifel gezogen, denn es ließ sich beweisen, daß der Importeur im fraglichen Zeitraum zugleich neben

---

251 Das erstinstanzliche Urteil wurde anschließend vom *ObVerwG Athen* 2849/90 bestätigt (Bd. C, S. 254 ff.), das ebenfalls davon ausging, daß den Kartellbehörden der Beweis einer Verständigung zwischen den betroffenen Unternehmen nicht gelang.

252 *WbSK*-E 8/80 "IMATHIA-PELLI I", Bd. A, S. 27 ff.

253 *WbSK*-E 23/82 "IMATHIA-PELLI II", Bd. A, S. 61 ff.

der GmbH auch andere Abnehmer belieferte. Die Bedeutung des Syndikats selbst wurde schließlich erheblich heruntergespielt, denn es wurde angenommen, daß für die fraglichen Waren staatliche Preisfestsetzungen galten und daß die GmbH letztlich keine reale wirtschaftliche Betätigung entfaltete, sondern kurz nach ihrer Gründung aufgelöst wurde.

Angesichts der neuen Sachlage verzichtete die Wettbewerbskommission in ihrer Stellungnahme auf Geldbußen und schlug nur den Erlaß einer Verbotsentscheidung vor (IMATHIA-PELLI III)[254]. Der Handelsminister stimmte dem jedoch nicht zu. Er verneinte in seiner Entscheidung bereits das Vorliegen eines kartellrechtlichen Verstoßes und wies damit die Beschwerde, die den Anlaß für die Einleitung dieses Verfahrens gegeben hatte, zurück[255].

D. Absprachen über gewerbliche Schutzrechte

(1) Allgemeine Darstellung der bisherigen Praxis

Die griechische Kommission wurde zwar verhältnismäßig häufig mit Veräußerungs- und Lizenzverträgen hinsichtlich gewerblicher Schutzrechte (insbesondere Patente[256] und Warenzeichen[257]) sowie nicht geschützter Leistungen von besonderem Wert (insbesondere Know-how[258]) und mit den damit verbundenen Wettbewerbsbeschränkungen konfrontiert[259]. Die meisten Fallkonstellationen waren allerdings einfach gelagert. Es ging um ausländische Lizenzgeber, welche die Verwertung ihrer Warenzeichenrechte sowie ihres Know-how auf dem griechischen Gebiet an griechische *Exklusivlizenznehmer* abtraten[260]. Ohne Bedenken erteilen die griechischen Kartellbehörden in solchen Fällen Negativatteste und verneinen einen kartellrechtlichen Verstoß[261], auch wenn sich der griechische Lizenznehmer zugleich dazu verpflichtet, die Grundstoffe für die Herstellung der einschlägigen Produkte ausschließlich oder zum größten Teil vom ausländischen Lizenznehmer zu

---

254 *WbK*-S 24/85 "IMATHIA-PELLI III", Bd. A, S. 124 ff.

255 *Minist. Entsch.* K6-122/85, Bd. A, S. 189 f.

256 Das zentrale Gesetzeswerk in diesem Bereich ist das am 01.01.1988 in Kraft getretene G. 1733/87 "Transfer von Technologie, Erfindungen, technische Innovation und Einrichtung einer Kommission für Atomenergie", FEK 171 / A / 22.04.1987; vgl. ANTONOPOULOS, Gewerbliches Eigentum [1993], S. 148.

257 Maßgebendes Gesetzeswerk ist das mehrmals geänderte (vgl. ANTONOPOULOS, Gewerbliches Eigentum [1993], S. 151 f.) NotG 1998/39 "über Warenzeichen" (WarenZeichenG).

258 Die maßgebende Regelung für das Know-how ist in Art. 16-18 gr. UWG enthalten; vgl. dazu ANTONOPOULOS, Gewerbliches Eigentum [1993], S. 156 f.

259 Mit solchen Fragen befaßten sich im Zeitraum vom Inkrafttreten des KartellG bis zum 15.11.1998 mindestens 13 von den insgesamt 323 Entscheidungen und Stellungnahmen der Wb(S)K.

260 So auch MARINOS, in: SCHINAS (Hrsg.), Schutz des freien Wettbewerbs, S. 158; vgl. auch BERNITSAS, Europäisches Wettbewerbsrecht und G. 703/77, S. 252 und 261.

261 Vgl. z.B. *WbSK*-E 2/79 "LEVIS STRAUS", Bd. A, S. 12 ff.; *WbK*-E 26/82 "LOVABLE", Bd. A, S. 68 f.

beziehen. In dieser *Koppelungsvereinbarung* und *Alleinbezugsbindung* wird nur ein legitimer Schutz des Rufes des lizensierten Warenzeichens erblickt[262]. Auch Vertragsklauseln, die dem Lizenznehmer die Pflicht auferlegen, seine *Verkaufstätigkeit auf bestimmte (geographische) Märkte zu beschränken*, werden prinzipiell als legitim angesehen[263]. Im übrigen werden auf exklusive Lizenzverträge die bei den vertikalen Absprachen und insbesondere den Ausschließlichkeitsbindungen geltende Prinzipien angewandt (z.B. Verbot der *Preisbindungen*)[264]. Auch wenn eine grundsätzliche Auseinandersetzung der Kartellbehörden mit den (inzwischen außer Kraft getretenen) europäischen GVO 2349/84[265] und GVO 556/89[266] oder mit der neuen GVO 240/96[267] bislang nicht stattgefunden hat[268], geht man außerdem im Schrift-

---

262 *WbSK*-E 19/82 "GUY LAROCHE III", Bd. A, S. 54 f.; *WbK*-E 25/82 "PHILLIP MORRIS", Bd. A, S. 68. Vgl. die ähnliche Praxis im Gemeinschaftsrecht, *KOME* v. 23.03.1990, *Moosehead / Whitbread*, ABl. 1990 Nr. L 100/32 [Rdn. 15] (Gewährleistung der übereinstimmenden Qualität der unter dem Warenzeichen vertriebenen Waren).

263 Vgl. *WbK*-E 33/96 "KAE / PAPASTRATOS"; *WbK*-E 37/96 "KAE / ROTHMANS"; *WbK*-E 38/96 "KAE / KARELIA" (Ausschluß der griechischen duty free shops vom Gebiet, das der jeweilige exklusive griechische Lizenznehmer und Alleinimporteur der Zigaretten der Firmen Marlboro, Rothmans und Camel beliefern darf). Auch das Verbot der Unterhaltung von Filialen und Lagerräumen im Ausland stellt ebenfalls keine Wettbewerbsbeschränkung dar, vgl. *WbSK*-E 19/82 "GUY LAROCHE III", Bd. A, S. 56. Der bisherigen Praxis läßt sich übrigens nicht deutlich entnehmen, ob Exportverbote zu Lasten des exklusiven Lizenznehmers zulässig sind. Entscheidungen und Stellungnahmen, die solche Verbote anscheinend für unzulässig betrachten (vgl. *WbK*-S 5/83 "ERKA", Bd. A, S. 90 f.; *WbK*-S 14/84 "REVLON", Bd. A, S. 103), erteilen schließlich aufgrund der de-mimimis-Regel ein Negativattest. Zieht man die *WbK*-E 33/96 "KAE / PAPASTRATOS" heran, die das ausdrückliche Exportverbot zu Lasten des griechischen Lizenznehmers der Zigaretten Marlboro nicht beanstandet, dann ist davon auszugehen, daß in Vereinbarungen über gewerbliche Schutzrechte auch Exportverbote zulässig sind. - Hingewiesen sei darauf, daß Art. 21 Abs. 2 lit. b G 1733/87 (PatentG) die exportbeschränkenden Klauseln in Vereinbarungen bezüglich des Transfers von *Technologie*, bis auf einige Ausnahmen, für nichtig erklärt.

264 Es sei deswegen auf die einschlägigen Ausführungen oben im Text (I B 3) verwiesen. Zur Bedeutung des G. 703/77 im Rahmen der staatlichen Kontrolle des Technologietransfers siehe MARINOS, EEmpD 1984, 549 ff., insbes. 577 ff.; zu der Beurteilung von Nichtangriffsklauseln und Klauseln zur Kontrolle der Erzeugung in Patentlizenzverträgen im Rahmen des G. 703/77 siehe MARINOS, NoB 1984, 1695 ff. (insbes. 1702 ff.) und DERS., EEmpD 1985, 385 ff. (insbes. 417 ff.). Die griechische Praxis hat sich mit solchen Klauseln noch nicht befaßt.

265 Verordnung (EWG) Nr. 2349/84 der Kommission v. 23.07.1984 über die Anwendung von Artikel 85 Absatz 3 des Vertrages auf Gruppen von Patentlizenzvereinbarungen" ABl. 1984, Nr. L 219/15.

266 Verordnung (EWG) Nr. 556/89 der Kommission v. 30.11.1988 zur Anwendung von Artikel 85 Absatz 3 des Vertrages auf Gruppen von Know-how-Vereinbarungen", ABl. 1989, Nr. L 61/1.

267 Verordnung (EG) Nr. 240/96 der Kommission v. 31.01.1996 zur Anwendung von Artikel 85 Absatz 3 des Vertrages auf Gruppen von Technologietransfer-Vereinbarungen, ABl. 1996, Nr. L 32/2.

tum davon aus, daß den Wertungen der VO hinsichtlich der vom Inhalt bzw. vom spezifischen Gegenstand des Schutzrechts gedeckten Beschränkungen und derjenigen, die darüber hinausgehen[269], eine maßgebende Rolle beizumessen ist[270].

(2) Der LARKO-Fall

Eine der wenigen Entscheidungen, die dogmatisch brisante Aspekte aufweisen, erging im Jahr 1980 im LARKO I-Fall (WbSK-E 7/80)[271].

Streitgegenständliches Produkt war der *Grundstoff* eines chemischen Erzeugnisses, das sich für die äußere Reinigung von Schiffen eignete. Der fragliche Stoff (Resultat aus der Verbrennung von Blei und Nickel) war in Griechenland nur bei zwei Bergwerksunternehmen erhältlich (ML und LARKO).

Das chemische Erzeugnis beruhte auf einer patentrechtlich geschützten *Herstellungsmethode*. Das Recht des Patentinhabers K erstreckte sich nur auf diese Methode und nicht auf das *Endprodukt*. Auf dem relevanten Markt waren deswegen auch andere Hersteller aufgetreten, die sich unter Berufung auf den Gebrauch einer abweichenden Methode im Bereich der Herstellung und des Vertriebs des chemischen Erzeugnisses ebenfalls betätigten und mit K konkurrierten.

Der Patentinhaber K traf, nachdem seine ersten gerichtlichen Schritte erfolglos blieben, eine *Ausschließlichkeitsvereinbarung* mit den Bergwerken ML und LARKO, also mit den einzigen Bezugsquellen des Grundstoffes, und stellte damit sicher, daß die Belieferung seiner Konkurrenten eingestellt wurde. Zugleich gab er dem Unternehmen LARKO eine Lizenz zur Ausnutzung der patentierten Herstellungsmethode. LARKO verpflichtete sich allerdings, die produzierten Waren nur außerhalb von Griechenland abzusetzen. Der inländische Markt sollte ausschließlich dem K vorbehalten bleiben. K übernahm dafür die Pflicht, jeden Export zu unterlassen.

Die Wettbewerbsschutzkommission beanstandete aufgrund des Kartellverbotes sowohl die Alleinbelieferungsabsprache als auch die exklusive Lizenzvereinbarung und verhängte gegen die beteiligten Unternehmen Geldbußen. Das Unwerturteil über die Lizenzabsprache wurde auf das Argument gestützt, daß diese eine unzulässige Trennung des griechischen vom ausländischen Markt bewirke und dadurch den inländischen Wettbewerb verfälsche und die Preisgestaltung der Willkür der Vertragspartner anheimstelle[272]. Gesondert mißbilligt wurde zudem das Verhalten des Bergwerksunternehmens

---

268 Siehe allerdings *WbK*-E 33/96 "KAE / PAPASTRATOS", die zur Beurteilung von Gebietsbeschränkungen auf den 16. Erwägungsgrund der GVO 556/89 hinweist.

269 Eingehend zu dieser Unterscheidung im Rahmen des Gemeinschaftsrechts KOCH, in: GRABITZ / HILF [2. Grdlf.], Art. 85, Rdn. 208 ff.

270 Vgl. MARINOS, in: SCHINAS (Hrsg.), Schutz des freien Wettbewerbs, S. 159; vgl. auch Art. 21 Abs. 2 lit. a PatentG, der die Klauseln eines Patentlizenzvertrages für nichtig erklärt, die gegen die Vorschriften des Art. 3 der europäischen GVO 2349/84 verstoßen.

271 Bd. A, S. 21 ff.

272 Dieser Teil der Entscheidung wurde zunächst vom *VerwG Athen* (Urt. 1280/82 "LARKO" und 1281/82 "KAROUSATOS", Bd. A, S. 223 ff. bzw. 229 ff.) aufgehoben mit der Begründung, daß die beanstandete Klausel und die damit verbundenen Einschränkungen bezüglich des Absatzortes des aufgrund der patentierten Methode herzustellenden Produktes vom Inhalt des gewerblichen Schutzrechtes erfaßt würden und demzufolge als erlaubt anzusehen seien. Das *ObVerwG Athen* (Urt. 2281 und 2282/83, Bd. A, S. 250 ff. bzw. 254 ff.) bestritt

LARKO, das die Geschäftsbeziehungen mit einem Konkurrenten des K abgebrochen hatte. Im Hinblick auf die marktbeherrschende Stellung von LARKO wurde diese Lieferverweigerung als Machtmißbrauch i.S. des Art. 2 KartellG eingestuft und mit einer Geldbuße belegt. Dem Vorbringen des Grundstofflieferanten, er habe geglaubt, rechtmäßig zu handeln, weil er das griechische Patentgesetz anders ausgelegt habe und dementsprechend sich gesetzlich verpflichtet gefühlt habe, nur den anerkannten Patentinhaber zu beliefern, folgte die Kommission nicht. Die griechische Kartellbehörde begnügte sich damit, den Inhalt der Einlassung objektiv als patentrechtlich falsche Interpretation zu bezeichnen. Auf den realen Einfluß des *Rechtsirrtums* auf das Verhalten des Lieferanten und letztendlich auf dessen Ahndbarkeit wurde nicht eingegangen.

II. Anwendung der Mißbrauchsverbote

A. *Mißbrauch einer marktbeherrschenden Stellung*

Das in Art. 2 KartellG normierte Mißbrauchsverbot wird zwar in der kartellrechtlichen Praxis ständig im Rahmen der Überprüfung von Beschwerden herangezogen. Wegen der mit dem Nachweis seiner Voraussetzungen (marktbeherrschende Stellung, mißbräuchliches Verhalten) zusammenhängenden Schwierigkeiten ist jedoch bislang nur in einer beschränkten Zahl von Entscheidungen und Stellungnahmen ein Verstoß dagegen bejaht worden[273].

(1) Marktbeherrschung

(a) Begriff

Ein Unternehmen[274] gilt als marktbeherrschend, wenn es sein Verhalten (relativ) unabhängig, ohne (große) Rücksicht auf seine Konkurrenten, Lieferanten oder Abnehmer bestimmen kann[275] und dadurch in der Lage ist, die Marktverhältnisse einseitig zu beeinflussen[276] und seinen Kunden Geschäftsbedingungen aufzuzwingen,

---

jedoch die Richtigkeit der erstinstanzlichen Urteile und bestätigte die von der *WbSK* vertretene Auffassung, indem es den fraglichen Vertrag für wettbewerbswidrig erklärte.

273 Unter den bis zum 15.11.1998 ergangenen Entscheidungen und Stellungnahmen gibt es lediglich 14 Fälle, in denen eine Verletzung des Mißbrauchsverbots festgestellt wird.

274 Der funktionale Unternehmensbegriff, der für das Kartellverbot gilt, wird von der Praxis auch dem entsprechenden Tatbestandsmerkmal des Art. 2 KartellG zugrunde gelegt, vgl. SOUFLEROS, in: SCHINAS (Hrsg.), Schutz des freien Wettbewerbs, S. 188. Es sei deswegen auf die Ausführungen im Rahmen des Art. 1 KartellG hingewiesen.

275 Die Möglichkeit unabhängigen Verhaltens war der vorherrschende Prüfungsmaßstab für die Ermittlung einer marktbeherrschenden Stellung in den ersten Jahren der Anwendung des G. 703/77, siehe *WbSK*-E 13/81 "L' AIR LIQUIDE", Bd. A, S. 37 und *WbSK*-E 15/81 "Fußböden KARRI", Bd. A, S. 43. Im Rahmen der späteren Praxis siehe *WbK*-S 59/87 "DELTA", Bd. B, S. 47; *WbK*-S 101/90 "3E II", EEmpD 1991, 162; *WbK*-E 49/97 "KOURKOULOS / LUXOTTICA", Teil V.

276 Die unternehmerische Möglichkeit zur einseitigen Beeinflussung der Marktbedingungen wird zum ersten Mal in der *WbSK*-E 24/82 "Privatschule SANKT JOHANNES" (Bd. A, S. 65) indirekt angesprochen und seit der *WbK*-S 17/84 "UCAR", Bd. A, S. 110 in Verbindung mit dem Erfordernis des Besitzes eines wichtigen Marktanteils zum maßgebenden Kriterium für die Bejahung einer marktbeherrschenden Stellung im Rahmen des Art. 2 KartellG

die nicht immer den Bedingungen entsprechen, die unter intensivem Wettbewerb am Markt herrschen würden[277],[278]

Eine *absolut dominierende Position* i.S. des Fehlens (wesentlichen) Wettbewerbs ist für die Bejahung einer marktbeherrschenden Stellung, ebenso wie im europäischen und im deutschen Kartellrecht[279], nicht erforderlich. Dies läßt sich bereits aus der inzwischen herausgearbeiteten, oben dargestellten Definition der marktbeherrschenden Stellung herleiten, wurde jedoch von Anfang an auch ausdrücklich von den Kartellbehörden klargestellt. Für die Annahme einer Marktbeherrschung reicht demnach auch eine *relativ dominierende Position* aus. Eine solche liegt vor, wenn das Unternehmen trotz Preissteigerungen seine Nachfrage stabil halten kann, was grundsätzlich davon abhängt, ob die bereits am Markt bestehenden Konkurrenten ihre Produktivität schnell steigern können, ob neue Rivalen in den Markt eintreten können und ob es die Möglichkeit der Zunahme des Angebots von substituierbaren Produkten gibt, an die sich zumindest ein Teil der Kunden wenden könnte[280].

(b) Nachweis

Das Vorliegen des unabhängigen, die Marktverhältnisse einseitig beeinflussenden Verhaltens wird hauptsächlich aufgrund markt- und unternehmensstruktureller Kriterien ermittelt. Dabei spielte bis Ende der 80er Jahre i.d.R. nur der absolute *Marktanteil* des Unternehmens[281] sowie der Abstand dieses Anteils von dem Ge-

---

erhoben; vgl. *WbK*-S 18/84 "SUNLIGHT", Bd. S. 114; *WbK*-S 28/85 "TASTY FOODS", Bd. A, S. 132; *WbK*-S 29/85 "MISKO", Bd. A, S. 135; *WbK*-S 30/85 "KOURTAKIS", Bd. A, S. 137; *WbK*-S 31/85 "DOW", Bd. A, S. 140; *WbK*-S 38/86 "SIKKENS II", Bd. A, S. 153; *WbK*-S 77/89 "Feuerlöscher", Bd. B, S. 108 (in dieser Stellungnahme werden die Kriterien des unabhängigen Verhaltens und der einseitigen Beeinflussung der Marktbedingungen abwechselnd benutzt); *WbK*-S 81/89 "FELDENE", Bd. B, S. 122; *WbK*-S 82/89 "ZANTAC", Bd. B, S. 128.

277 Vgl. *WbK*-S 101/90 "3E II", Bd. C, S. 37 (=EEmpD 1991, 162); *WbK*-S 110/90 "GIOULA / KRONOS", Bd. C, S. 62; *WbK*-E 111/98 "BIOLEX / DURACELL"; die jüngere Praxis spricht auch von der Möglichkeit einer Beeinflussung der Preise von Produkten oder Diensten zum Nachteil der im Text genannten Personenkreise, vgl. *WbK*-E 49/97 "KOURKOULOS / LUXOTTICA", Teil V.

278 Zu dem Inhalt und dem systematischen Verhältnis der zwei Definitionselemente der "beherrschenden Stellung" im Gemeinschaftsrecht (Möglichkeit unabhängigen Verhaltens - Möglichkeit zur Verhinderung wirksamen Wettbewerbs), die trotz ihrer unterschiedlichen Formulierung mit den Definitionselementen der "beherrschenden Stellung" im griechischen Recht grundsätzlich übereinstimmen (vgl. SOUFLEROS, in: SCHINAS (Hrsg.), Schutz des freien Wettbewerbs, S. 191) siehe KOCH, in: GRABITZ / HILF [4 EL Juni 90], Art. 86, Rdn. 14 ff.

279 Zum Gemeinschaftsrecht vgl. KOCH, in: GRABITZ / HILF [1. Grdlfg.], Art. 85, Rdn. 16; zum deutschen Recht vgl. § 22 Abs. 1 Nr. 2 a.F. und nunmehr § 19 Abs. 2 Nr. 2 GWB ("überragende Marktstellung").

280 Vgl. *WbSK*-E 13/81 "L' AIR LIQUIDE", Bd. A, S. 37; *WbK*-E 15/81 "Fußböden KARRI", Bd. A, S. 43; siehe dazu TZOUGANATOS, EEmpD 1984, S. 234 ff.

281 *WbSK*-E 13/81 "L' AIR LIQUIDE" (80%), Bd. A, S. 36 ff.; *WbK*-S 22/84 "LAUREOTIKI" (67% - 71% - 85,84% bei verschiedenen Produkten), Bd. A, S. 120 ff.; *WbK*-S 33/85

samtanteil aller anderen wichtigen Konkurrenten[282] die ausschlaggebende Rolle[283]. Erst nach 1988[284] hat sich in der Entscheidungspraxis die Tendenz entwickelt, über dieses statische Kriterium hinaus ständig auch andere, teilweise *dynamische Referenzgrößen* heranzuziehen.[285] Zur Begründung der Marktmacht wird somit heute im Anschluß an die Praxis der Gemeinschaftsorgane[286] u.a. auch der Wirtschafts- und Finanzkraft, der Rentabilität, den Umsätzen, dem technologischen Fortschritt, der technischen Betriebsausstattung, dem Grad der vertikalen Integration, der Einflußnahme auf die vor- und nachgelagerten Märkte, der Diversifikation und der Beliebtheit der Produkte des in Betracht kommenden Unternehmens im Vergleich zu den entsprechenden Daten anderer Konkurrenten und im Zusammenhang mit bestehenden tatsächlichen oder juristischen Marktzutrittsschranken Bedeutung beigemessen[287]. Zur Methode, die Marktmacht überwiegend durch das Ressourcenpotential einer Unternehmung und die daraus resultierenden Handlungsmöglichkeiten zu erfassen (Konzept einer ressourcenorientierten Erfassung wirtschaftlicher

---

"AMSTEL / LÖWENBRÄU" (60%), Bd. A, S. 142 ff.; *WbK*-S 77/89 "Feuerlöscher" (76,5%), Bd. B, S. 106 ff.

282 *WbK*-S 28/84 "TASTY FOODS" (50 - 52% im Vergleich zu 44% der drei folgenden Konkurrenten), Bd. A, S. 130 ff.; *WbK*-S 30/85 "KOURTAKIS" (40% im Vergleich zu 15,5% der vier folgenden Konkurrenten), Bd. A, S. 136 ff.

283 Vgl. TZOUGANATOS, EEmpD 1989, 140.

284 Zu den wenigen Ausnahmen der früheren Zeit, die auch andere Kriterien als dieses des Marktanteils ernsthaft berücksichtigen, zählen die *WbK*-S 28/84 "TASTY FOODS" (Umsatz - technische Betriebsausstattung), Bd. A, S. 133; *minist. Entsch.* K6-147/86 "SIKKENS II" (Finanzmacht des Unternehmens im Hinblick auf seine Zugehörigkeit zu einem auf dem europäischen Markt führenden Konzern - Macht zur Bestimmung der Preise), Bd. A, S. 198; siehe auch *WbK*-S 59/87 "DELTA" (technische Betriebsausstattung - Vertriebsnetz), Bd. B, S. 51.

285 Auch die europäische Kartellpraxis geht davon aus, "daß ein beträchtlicher Marktanteil sicherlich ein erhebliches Indiz für das Vorliegen einer beherrschenden Stellung sein kann, daß er aber für sich genommen nicht notwendigerweise entscheidend ist, sondern im Zusammenhang mit anderen Faktoren gesehen werden muß", vgl. *EuGH* Urt. v. 05.10.1988, Rs. 247/87, *Alsatel / Novasam*, Slg. 1988, S. 5987 [Rdn. 19].

286 Eine systematische Darstellung der Gemeinschaftspraxis liefert SCHRÖTER, in: G/T/E [4. Aufl.], Art. 86 Rdn. 71 ff.; vgl. auch KOCH, in: GRABITZ / HILF [EL 4 Juni 90], Art. 86 Rdn. 20 ff.

287 Vgl. *WbK*-S 64/88 "KARTONPAK", Bd. B, S. 71 f. (=EEmpD 1989, 136 ff. m. Anm. TZOUGANATOS); *WbK*-S 99/90 "3E I", EEmpD 1991, S. 160 f.; *WbK*-S 101/90 "3E II", EEmpD 1991, S. 162 (beide Stellungnahmen mit Anm. TZOUGANATOS); *WbK*-S 110/91 "GIOULA / KRONOS", Bd. C, S. 63; *WbK*-E 49/97 "KOURKOULOS / LUXOTTICA", Teil V. - Bezüglich der Pluralität der herangezogenen Kriterien vgl. auch die im Rahmen der Fusionskontrolle ergangenen WbK-E 55/97 "SOLVAY / SODI" (Teil 4.3.3) und WbK-E 115/95 "SARANTIS / TRYLET" (Teil 3 vii und viii), in denen trotz der hohen gemeinsamen Marktanteile der fusionierenden Unternehmen (87% im ersten Fall und 58,9%, 78,2% sowie 76,1% im zweiten Fall) die Entstehung bzw. Verstärkung einer marktbeherrschenden Stellung verneint wird.

Macht)[288], sind allerdings die griechischen Kartellbehörden nie übergegangen. Es wird am *Marktmachtkonzept* und somit an der herkömmlichen Betrachtung einzelner Märkte und dem grundsätzlichen Abstellen auf das Kriterium des Marktanteils festgehalten.

(c) Relevanter Markt

Bei der Abgrenzung des *sachlich* relevanten Marktes folgen zwar die griechischen Behörden auf theoretischer Ebene und im Anschluß an die gemeinschaftsrechtliche Praxis[289] dem sog. *Bedarfsmarktkonzept*[290]. Es kommt danach in erster Linie darauf an, welche Produkte oder Dienstleistungen nach Preislage, Eigenschaften und Verwendungszweck aus der Sicht der Marktgegenseite ohne weiteres austauschbar sind (Kriterium der subjektiven, funktionellen Substituierbarkeit der Produkte)[291]. Auf rechtstatsächlicher Ebene läßt sich allerdings konstatieren, daß in der Vergangenheit die sachliche Marktabgrenzung nicht selten willkürlich, ohne jegliche Marktanalyse und sachliche Begründung durchgeführt worden ist[292]. Erst in den 90er Jahren läßt sich eine erhebliche Verbesserung in diesem Bereich feststellen, die auch damit zusammenhängen dürfte, daß die Anmelde- und Anzeigepflichten der Fusionskontrolle den Kartellbehörden nunmehr einen besseren Marktüberblick ermöglichen.

Bei der *räumlichen* Marktabgrenzung wurde in der überwiegenden Mehrheit der bislang behandelten Fälle davon ausgegangen, daß sich der räumlich relevante Markt mit dem griechischen Hoheitsgebiet deckt[293]. Nicht selten wurden allerdings auch engere

---

288 BERG, in: Vahlens Kompendium für Wirtschaftstheorie, Bd. 2 [6. Aufl.], S. 291 ff.

289 Vgl. EMMERICH, Kartellrecht [7. Aufl.], S. 559 f.

290 Zum erweiterten, das sog. SSNIP-Test ("small but significant non-transitory increase in prices") einführenden Konzept der Kommission für die Bestimmung des relevanten Marktes, siehe nunmehr die Bekanntmachung der Kommission über die Definition des relevanten Marktes im Sinne des Wettbewerbsrechts der Gemeinschaft, ABl. 1997 Nr. C 372/5; vgl. dazu die kritischen Bemerkungen von ARNULL, E.L.Rev 23 (1998), 1 f. - Die Bagatellbekanntmachung der Kommission v. 1997 (ABl. 1997, Nr. C 372/13, Erwäg. 14) nimmt weiterhin auf das Bedarfsmarktkonzept Bezug (14. Erwäg.), weist jedoch zugleich auf die Bekanntmachung über die Bestimmung des relevanten Marktes hin (16. Erwäg.).

291 Vgl. *WbK*-E 11/95 "Kristalle ORREFORS", DEE 1995, 1067; *WbK*-E 53/97 "KTEL von Euböa / OSE"; vgl. auch die Definition des relevanten Marktes in den neuen Fusionskontrollvorschriften des KartellG (Art. 4a Abs. 1 lit. a und, Art. 4b Abs. 1 lit. a).

292 Gegen diese Praxis übt die Literatur berechtigterweise scharfe Kritik, vgl. dazu CHRISTOFOROU, in: Competition Law, G.C.-29.

293 Im Rahmen der Fusionskontrolle werden allerdings nunmehr immer öfter internationale Märkte als räumlich relevante Märkte angesehen; siehe z.B. *WbK*-E 29/96 "EMPORIKI BANK / METROLIFE" sowie *WbK*-E 85/97 "ALIANZ Lebensversicherung / ALIANZ Allgemeine Versicherung" (Rückversicherungsdienste); *WbK*-E 41/96 "CONSOLIDATED EUROFINANCE / INTERBANK", *WbK*-E 97/97 "PIRÄUS BANK / CHASE MANHATTAN BANK" und *WbK*-E "PIRÄUS BANK / MAZEDONIEN UND THRAZIEN

Marktabgrenzungen vorgenommen[294], während in einigen Entscheidungen, welche Unternehmenszusammenschlüsse zum Gegenstand hatten, die griechischen Kartellbehörden gesondert auf die Wirkungen der Fusion sowohl auf den lokalen als auch den nationalen Markt eingingen[295].

Fälle mit besonderem Interesse aus der Sicht der *zeitlichen* Marktabgrenzung sind bislang nicht entschieden worden[296].

(2) Machtmißbrauch

Anders als Art. 1 KartellG, der den noch funktionierenden Wettbewerb vor koordinierten Maßnahmen der Marktbeteiligten schützt, betrifft Art. 2 KartellG "vermachtete" Märkte, die von der "unsichtbaren Hand" des Lenkungs- und Kontrollverfahrens "Wettbewerb" nicht mehr (wirksam) gesteuert sind. Die negativen Wirkungen dieses Mangels will Art. 2 KartellG dadurch beheben, daß er die "sichtbare Hand" der Wettbewerbsbehörden und der verschiedenen gesetzlichen Sanktionsmechanismen in den Blick der Marktbeteiligten rückt und somit auf die marktbeherrschenden Unternehmen Druck ausübt, nach Möglichkeit ein wettbewerbsanaloges Verhalten zu zeigen[297]. Dabei verbietet Art. 2 KartellG, wie auch der gleichlautende Art. 82 EGV n.F.[298], den Unternehmen nicht, den Markt zu monopolisieren - zumindest dann nicht, wenn die Marktmonopolisierung als Folge internen Unternehmenswachstums oder staatlicher Gewährung von ausschließlichen Rechten eintritt[299]. Art. 2 KartellG bildet auch kein Instrument, das es den Kartellbehörden ermöglicht, das Verhalten der Unternehmen zu diktieren und diesen insbesondere konkrete Preise oder Preisberechnungsschemata vorzuschreiben. In der (neueren) Entscheidungspraxis sehen sich deswegen die Kartellbehörden nur zur Überprüfung dessen befugt, ob sich das freie unternehmerische Verhalten jeweils an die in einem Wettbewerbssystem geltenden *Grenzen* hält[300].

BANK" (Geld- und Finanzdienste); WbK-E 94/97 "LOCKHEED / NORTHROP" (Kampfflugzeuge und Radar).

294 Siehe z.B. *WbSK*-S 24/82 "Privatschule SANKT JOHANNES" (Insel Corfu), Bd. A, S. 64 ff.; *WbK*-S 1/83 "Raffinerien von Thessaloniki" (Nordgriechenland), Bd. A, S. 73 ff.; *WbK*-S 59/87 "DELTA" (Bezirk von Athen), Bd. B, S. 42 ff.; *WbK*-S 76/89 "SHELL / BP / MOBIL" (Bezirk von Thessalia).

295 Vgl. *WbK*-S 64/88 "KARTONPAK" (Insel Kreta), Bd. B, S. 68 ff.; 101/90 "3E II" (Insel Kreta), EEmpD 1991, 162 ff.

296 Einen zeitlich begrenzten Markt (die Bücherausstellung in Athen im Zeitraum 12.05.1995-28.05.1995) betrifft die E-246/95 "Bücherausstellung", Bd. C, S. 125 ff..

297 Vgl. etwa BERG, in: Vahlens Kompendium der Wirtschaftstheorie, Bd. 2 [6. Aufl.], S. 282. Siehe auch KOCH, in: GRABITZ / HILF [4 EL Juni 90], Art. 86 Rdn. 2 (Art. 82 EGV n.F. "ersetzt den Wettbewerb durch hoheitliche Lenkung").

298 Vgl. z.B. *EuGH* Urt. v. 03.10.1985, Rs. 311/84, *GBEM / CLT und IPB*, Slg. 1985, S. 3261 [Rdn. 17]. Daß Art. 82 EGV n.F. kein allgemeines Monopolverbot enthält, ist auch die ganz einhellige Meinung in der Literatur, siehe dazu KOCH, in: GRABITZ / HILF [4 EL Juni 90], Art. 86, Rdn. 1 m.w.Hinw.

299 Zur Anwendung des Art. 2 KartellG auf Veränderungen der Marktstruktur durch Fusionen (sog. Marktstrukturmißbrauch) bis 1992 siehe die Ausführungen und die Nachweise oben im Text, § 1 II C.

300 *WbK*-E 59/93 "Verwertungsgesellschaft AEPI II", Bd. C, S. 82.

In diesem theoretischen Rahmen wird von der Kartellpraxis als mißbräuchlich jedes Verhalten (Tun oder Unterlassen) des marktbeherrschenden Unternehmens eingestuft, das im Einsatz von Mitteln und Praktiken besteht, die von denjenigen eines *normalen* Wettbewerbs zwischen den am relevanten Markt tätigen Unternehmen abweichen und die normalen funktionalen Marktbedingungen derart ändern, daß die anderen Unternehmen entweder vom Markt verdrängt werden, oder in ihrer Fähigkeit, den Wettbewerbsbedingungen gerecht zu werden, erhebliche Einschränkungen erfahren[301]. Beim mißbräuchlichen Verhalten geht es übrigens um ein Verhalten, das im Fall der Existenz auch anderer Konkurrenten nicht zu erwarten wäre, sondern seine *Ursache* darin habe, daß sich das Unternehmen sicher fühle, sowohl wegen der monopolistischen oder oligopolistischen Marktlage als auch wegen der Ohnmacht des Verbrauchers, mangels Alternativen eine andere Versorgungsquelle für die Befriedigung seiner Bedürfnisse zu finden (*Kausalzusammenhang zwischen Machtstellung und Mißbrauch*)[302].

Insoweit sind unter den Mißbrauchsbegriff bislang neben *Diskriminierungen* auf vertikaler Ebene[303] auch solche Sachverhalte subsumiert worden, in denen das dominierende Unternehmen seine Macht einsetzt, um seine Konkurrenten auf horizontaler Ebene vom Markt zu verdrängen (*Behinderungsmißbrauch*), entweder durch Verkäufe unter Selbstkostenpreis[304] oder durch den Abschluß von Alleinbe-

---

301 Vgl. *WbK*-E 111/98 "BIOLEX / DURACELL".

302 *WbK*-E 229/95 "OTE", Bd. C, S. 122 f. Die Erforderlichkeit eines Kausalzusammenhangs zwischen der Marktmacht und dem mißbräuchlichen Verhalten im Rahmen des Art. 82 EGV n.F. ist umstritten, siehe GRILL, in: LENZ, EG-Vetrag Kommentar, Art. 86 Rdn. 25; KOCH, in: GRABITZ / HILF [4 EL Juni 90], Art. 86 Rdn. 45 ff., je m.w.Nachw.

303 *WbK*-E 7/80 "LARKO", Bd. A, S. 21 ff. (Geschäftsverweigerung); *WbK*-S 1/83 "Raffinerien von Thessaloniki", Bd. A, S. 73 ff. (diskriminierende Geschäftsbedingungen); *WbK*-S 22/84 "LAYREOTIKI", Bd. A, S. 120 ff. (diskriminierende Rabattpolitik); *WbK*-S 77/89 "Feuerlöscher", Bd. B, S. 106 ff. (Lieferverweigerung); *WbK*-S 101/90 "3E II", EEmpD 1991, 162 ff. (diskriminierende Rabattpolitik). Eine Diskriminierung liege jedenfalls nur dann vor, wenn das als diskriminierend beanstandete Verhalten des marktbeherrschenden Unternehmens die Betroffenen in der Tat in eine nachteilige wettbewerbliche Situation versetzt habe. Sei dieses Ergebnis aus irgendwelchen Gründen nicht eingetreten, würden also die angeblich diskriminierten Unternehmen am Wettbewerb nicht tatsächlich gehindert, dann sei der Tatbestand des Mißbrauchsverbots nicht erfüllt, siehe *WbK*-E 59/93 "Verwertungsgesellschaft AEPI II", Bd. C, S. 80 und 82 bezüglich einer angeblich ungerechtfertigten Geschäftsverweigerung.

304 Siehe *WbK*-S 17/84 "UCAR" (Bd. A, S. 106 ff.) und *WbK*-S 18/84 "SUNLIGHT" (Bd. A, S. 112 ff.). Zur Bejahung eines Verkaufs unter Selbstkostenpreis müssen die Verkaufspreise zumindest niedriger als die durchschnittlichen Gesamtkosten des Unternehmens sein. Entgegen den Annahmen der Stellungnahme der *WbK* galt dies im UCAR-Fall nicht und aus diesem Grund sprach die minist. Entsch. das beschuldigte Unternehmen "UCAR" vom Vorwurf des Behinderungsmißbrauchs frei; siehe *minist. Entsch.* K6-175/85, Bd. A, S. 190 ff. Die Kartellbehörden haben allerdings nicht klargestellt, ob im Fall der Anwendung von Preisen, die zwar unter den durchschnittlichen Gesamtkosten, jedoch über den durchschnittlichen variablen Kosten liegen, von Verkäufen unter Selbstkostenpreis auszugehen ist. Der *EuGH* hat im *AKZO-Fall* entschieden, daß bei einer solchen Fallkonstellation ein Machtmißbrauch

zugsvereinbarungen und die Gewährung von Treuerabatten an die Teilnehmer der Marktgegenseite[305].

Auch wenn die Behinderung von Konkurrenten inzwischen nach der Entscheidung im UKAR-Fall einen wichtigen Maßstab für die Bejahung eines Machtmißbrauchs darstellt[306], pflegen die griechischen Kartellbehörden doch noch in den meisten Fällen, in denen ein marktbeherrschendes Unternehmen Umsatz- und Treuerabatte sowie sonstige absatzpolitische Maßnahmen zur direkten oder indirekten exklusiven Bindung seiner Abnehmer einsetzt, die diskriminierenden Effekte der jeweiligen Maßnahme für die Marktgegenseite und nicht die für die Konkurrenz errichteten Marktzutrittsschranken in den Mittelpunkt der Analyse zu rücken[307]. Im Hinblick allerdings darauf, daß der Beweis für das Vorliegen der einzelnen Voraussetzungen einer Diskriminierung, insbesondere der der Gleichwertigkeit der Leistungen der Abnehmer mitunter kaum erbracht werden kann, wäre es angemessen, daß zumindest in Zweifelsfällen die Absatz- und insbesondere die Rabattpolitik des marktbeherrschenden Unternehmens überwiegend unter dem Aspekt der Behinderung der Konkurrenten beurteilt wird[308].

Eine mißbräuchliche Ausnutzung von Marktmacht wird darüber hinaus in Fällen gesehen, in denen der Marktbeherrscher sachlich ungerechtfertigte[309] Preissteigerungen auf dem Markt durchsetzt[310] oder im allgemeinen seine Geschäftspartner zur

vorliege, wenn die fraglichen Verkaufspreise im Rahmen eines Plans zur Ausschaltung eines Konkurrenten festgesetzt würden, vgl. Urt. v. 03.07.1991, Rs. C-62/86, Slg. 1991, I-3359 [Rdn. 72].

305 *WbK*-S 28/84 "TASTY-FOODS", Bd. A, S. 130 ff. So auch die in diesem Fall erlassene *minist. Entsch.* K6-302/85 (unveröff.) sowie das nach einer Anfechtungsklage ergangene Urteil des *VerwG Athen* 5629/86, Bd. A, S. 241 ff.; vgl. auch *WbK*-E 57/96 "TANISKIDI / ELITE", in der die erste Kammer der Wettbewerbskommission auf die Unvereinbarkeit von Turn-Over-Klauseln und Preisbindungen der zweiten Hand mit Art. 2 KartellG aufmerksam macht und den konkreten, unter beweisrechtlichen Aspekten noch nicht völlig geklärten Fall auf eine Plenarsitzung verweist.

306 Zum Sachverhalt, der dieser Entscheidung zugrunde lag, siehe bereits oben im Text, § 3 I B 2.

307 Vgl. SOUFLEROS, in: SCHINAS (Hrsg.), Schutz des freien Wettbewerbs, S. 223 und 228.

308 Vgl. SOUFLEROS, in: SCHINAS (Hrsg.), Schutz des freien Wettbewerbs, S. 228 f.; aus der Praxis der Gemeinschaftsorgane zu dieser Problematik vgl. *EuGH* Urt. v. 13.02.1979, Rs. 85/76, *Hoffmann-La Roche*, Slg. 1979, S. 461 [Rdn. 90]; *EuGH* Urt. v. 09.11.1983, Rs. 322/81, *Michelin*, Slg. 1983, S. 3461 [Rdn. 71]; *KOME* v. 19.12.1990, *Solvay*, ABl. 1991 Nr. L 152/21 [Rdn. 51].

309 Zum Kriterium der sachlichen Rechtfertigung der Bedingungen, die das marktbeherrschende Unternehmen gegenüber seinen Marktpartnern anwendet, vgl. *WbK*-E 49/97 "KOURKOULOS / LUXOTTICA", Teil V.

310 *WbK*-S 59/87 "DELTA", Bd. B, S. 47 ff.; die daran anschließende *minist. Entsch.* K6-238/88 (Bd. B, S. 140) folgte allerdings der Stellungnahme der Kommission nicht und erklärte die vom Milchunternehmen DELTA durchgeführten Preissteigerungen für gesetzmäßig, denn letztere seien in Absprache mit dem Handelsministerium vorgenommen worden. Zur Problematik mißbräuchlicher Preiserhöhungen vgl. auch *WbK*-E 232/95 "LABROPOULOS", Bd. C, S. 123 f.

Annahme von unangemessenen Geschäftsbedingungen zwingt (*Ausbeutungsmißbrauch*)[311].

Eine Erzwingung von unangemessenen Preisen und Geschäftsbedingungen liege jedenfalls nach der Ansicht der griechischen Kartellbehörden nur dann vor, wenn der Vertragspartner die als unangemessen beanstandeten Konditionen unter dem Druck der Wirtschaftsmacht des marktbeherrschenden Unternehmens und im Hinblick auf den Mangel an alternativen Bezugsquellen oder Lösungen angenommen habe. Die vom marktdominierenden Unternehmen ausgehende Forderung einer hohen Gegenleistung stelle hingegen an sich noch keine Erzwingung dar, wenn sie nicht mit weiteren Handlungen und Umständen verknüpft sei, welche die Annahme der unangemessenen Forderung erforderlich oder unausweichlich für den Betroffenen machten[312].

Unter ständiger Berufung auf die Continental-Can-Doktrin des Gemeinschaftsrechts[313] ist schließlich die Praxis bis zur Einführung des selbständigen Instituts der Kontrolle von Unternehmenszusammenschlüssen im Jahr 1992 immer davon ausgegangen, daß auch fusionsbedingte Veränderungen der Marktstruktur, die von einem marktbeherrschenden Unternehmen bewirkt werden und zur Ausschaltung des Restwettbewerbs durch Verstärkung der marktdominierenden Position führen, einen Mißbrauch darstellen können (*Marktstrukturmißbrauch*)[314]. Die 3. KartellG-Novelle schloß allerdings die Möglichkeit der Anwendung des Art. 2 KartellG auf Fusionen ausdrücklich aus, so daß diese Entscheidungspraxis heute überholt ist[315].

B. Mißbrauch der wirtschaftlichen Abhängigkeit

Das Verbot des Mißbrauchs der wirtschaftlichen Abhängigkeit wurde zwar im Jahr 1991 in das G. 703/77 eingefügt, angewendet wurde es jedoch von den griechischen Kartellbehörden zum ersten Mal im Jahr 1995. Das darauf bezogene Entscheidungsmaterial ist dementsprechend noch verhältnismäßig gering.

Im soeben angedeuteten, ersten Anwendungsfall ging es um einen Kristallhändler in Korinth, der bei der Wettbewerbskommission den Erlaß einer einstweiligen Anordnung nach Art. 9 Abs. 4 KartellG beantragte, weil der griechische Alleinimporteur der schwedischen Qualitätskristalle "Orrefors" aufhörte, ihn mit diesen Kristallen zu beliefern. Die griechische Kartellbehörde wies den Antrag zurück, nachdem sie festgestellt

---

311 Vgl. z.B. *WbK*-S 6/84 "ESSO PAPAS / P.K." (Bindungen hinsichtlich der Verwendung der Vertragsware), Bd. A, S. 91 f.

312 Vgl. *WbK*-E 59/93 "Verwertungsgesellschaft AEPI II", Bd. C, S. 81.

313 *EuGH* Urt. v. 21.02.1973, Rs. 6/72, *Continental Can*, Slg. 1973, S. 215 [Rdn. 26].

314 *WbK*-S 40/86 "BP / FINA", Bd. A, S. 157 ff.; *WbK*-S 64/88 "KARTONPAK", Bd. B, S. 68 ff.; *WbK*-S 99/90 "3E I", EEmpD 1991, 159 ff.; *WbK*-S 101/90 "3E II", EEmpD 1991, 162 ff. Ein Strukturmißbrauch wurde von der *WbK* im "3E II"-Fall bejaht, als das den nationalen Markt für Säfte und Erfrischungsgetränke beherrschende Unternehmen "3E" den wichtigsten Hersteller dieser Produkte auf der Insel Creta erwarb, und somit eine erhebliche Verstärkung der eigenen dominierenden Position bewirkte. Der Handelsminister folgte allerdings - ohne Begründung - der Stellungnahme der Kommission nicht.

315 Zu den (Hinter-)Gründen dieser Novellierung siehe bereits oben im Text, § 1 II C.

hatte, daß der Antragsteller über alternative Lösungen verfügte. Die Wettbewerbskommission hob dabei hervor, daß weder die streitgegenständliche Ware zu den Markenartikeln gehöre, die jeder Händler aus Imagegründen unbedingt in seinem Sortiment führen müsse, noch das Unternehmen des Antragstellers in einem Maße auf das Unternehmen des Lieferanten ausgerichtet sei, daß das Umsteigen auf einen anderen Lieferanten nur unter gewichtigen wirtschaftlichen Opfern möglich wäre[316]. Damit wurde eine in diesem Fall in Betracht kommende *sortiments- oder unternehmensbedingte Abhängigkeit* verneint[317]. Die Kommission brachte dabei klar ihre rechtliche Einschätzung zum Ausdruck, daß das Beharren eines Unternehmens auf den Handel mit einer konkreten Ware keine wirtschaftliche Abhängigkeit vom Lieferanten dieser Ware begründen könne, soweit es um eine übliche (nicht einmalige) Ware gehe und das Unternehmen über gleichwertige Alternativen verfüge[318].

Die bei der Wettbewerbskommission eingehenden Beschwerden und Anträge auf einstweilige Maßnahmen stützen sich allerdings in den letzten Jahren immer öfter auf Art. 2a KartellG. Dies läßt die Voraussage zu, daß alsbald eine reichhaltige Verwaltungspraxis hinsichtlich der Auslegung des Verbots des Mißbrauchs der Wirtschaftsabhängigkeit vorliegen wird. - Die Inhaltskonkretisierung des Verbots durch die Entscheidungspraxis der Wettbewerbskommission könnte auch dazu beitragen, den Rückgriff der Marktteilnehmer auf Art. 2a KartellG zu rationalisieren. Aus einer Zusammenschau der bisherigen relevanten WbK-Entscheidungen ergibt sich nämlich, daß der fragliche Artikel und die mit ihm verbundenen prozeduralen Möglichkeiten - unter denen die Möglichkeit der Beantragung einer einstweiligen Verfügung der Wettbewerbskommission hervorragt - von den Marktteilnehmern oft als Druckmittel im Rahmen rein privatrechtlicher Streitigkeiten mißverstanden und eingesetzt werden. Damit hängt auch die Feststellung zusammen, daß die meisten bisher wegen Verletzung von Art. 2a KartellG eingereichten Be-

---

316 Die Kommission begründet das Urteil der fehlenden unternehmensbedingten Abhängigkeit vor allem unter Hinweis auf die Tatsache, daß die fraglichen Produkte nur 2% des Umsatzes des Beschwerdeführers ausmachten. - Auch die nachfolgende Entscheidungspraxis nimmt auf das "Umsatzkriterium" regelmäßig Bezug. Im Mittelpunkt steht auch die Höhe der Investitionen, die das angeblich abhängige Unternehmen im Hinblick auf die speziellen Bedürfnisse der Zusammenarbeit mit dem beherrschenden Unternehmen getätigt hat, vgl. *WbK*-E 24/96 "CROCODILINO". Läßt sich feststellen, daß die getätigten Investitionen auch für die künftige Zusammenarbeit mit anderen Unternehmen ohne Probleme eingesetzt werden können, dann wird die fragliche Form der Abhängigkeit verneint, vgl. *WbK*-E 19/96 "SKLAVENITIS / ECOTECH ITALIA"; *WbK*-E 34/96 "Tafelwasser SOUROTI".

317 Die Überprüfung der Existenz einer sortiments- oder unternehmensbedingten Abhängigkeit findet seitdem in fast allen Entscheidungen statt, die die Anwendung des Art. 2a KartellG zum Gegenstand haben, vgl. *WbK*-E 24/96 "CROCODILINO". Im Anschluß an die Auslegung von § 26 Abs. 2 Satz 2 a.F. GWB (vgl. nunmehr § 20 Abs. 2 Satz 1 GWB) durch die deutsche Literatur macht die griechische Literatur darüber hinaus auf die "nachfragebedingte" und die "mangelbedingte" Abhängigkeit aufmerksam; siehe SOUFLEROS, in: SCHINAS (Hrsg.), Schutz des freien Wettbewerbs, S. 237; TZOUGANATOS, in: FS für DELOUKAS, Bd. 2, S. 967 ff. (978); LIAKOPOULOS, Gewerbliches Eigentum, Bd. II [3. Aufl.], S. 335 f. - Vgl. dazu im deutschen Recht EMMERICH, Kartellrecht [7. Aufl.], S. 291 ff.

318 *WbK*-E 11/95 "Kristalle ORREFORS", DEE 1995, 1067.

schwerden der erforderlichen rechtlichen und tatsächlichen Fundierung entbehrten. Angesichts dessen sollte man sich nicht wundern, daß von den auf Art. 2a KartellG gestützten Beschwerden bislang lediglich einer stattgegeben wurde.

Es geht hierbei um den "KARELIA"-Fall[319], in dem die Wettbewerbskommission auf der Grundlage eines Antrags auf einstweilige Maßnahmen einen Zigarettenhersteller unter Zwangsgeldandrohung zur Weiterbelieferung von 5 Großhändlern aus den Verwaltungsbezirken Messinia und Ilia für die Dauer von einem Jahr verpflichtete[320]. - Die Kommission bejahte in diesem Fall das Vorliegen einer sortimentsbedingten Abhängigkeit und sah den Mißbrauch dieser Abhängigkeit in der fristlosen, die wirtschaftliche Existenz der Großhändler gefährdenden Kündigung der zwischen ihnen und dem Zigarettenhersteller bestehenden jahrzehntelangen Vertragsbeziehungen. Der Zigarettenhersteller erklärte die Kündigung der Verträge unter Hinweis auf die Umgestaltung seines Vertriebssystems, die durch den starken Wettbewerbsdruck seiner Konkurrenten in den fraglichen Verwaltungsbezirken veranlaßt worden sei und darin bestehe, daß der Absatz seiner Produkte zukünftig nicht mehr über Großhändler, sondern über einen ausschließlich dafür bestimmten Handelsvertreter erfolge. Der fragliche Handelsvertreter weigerte sich seinerseits nicht, die Großhändler zu beliefern, verlangte aber dafür viel höhere Preise. Die Wettbewerbskommission erkannt zwar das Recht des Herstellers an, seine Absatzorganisation frei zu gestalten[321], und forderte angesichts der geschilderten Situation nicht die Aufrechterhaltung des alten Vertriebssystems. Sie hob jedoch die starke Gefährdung der Geschäftsinteressen der Großhändler hervor und verlangte unter Berufung auf das Verhältnismäßigkeitsprinzip[322], daß die Großhändler für noch ein weiteres Jahr direkt vom Zigarettenhersteller beliefert werden, und zwar unter Zugrundelegung der Verkaufspreise, die in den (mißbräuchlich gekündigten) Verträgen vorgesehen waren. Damit sollte den Großhändlern die Möglichkeit gegeben werden, sich schrittweise an die neuen Marktbedingungen anzupassen.

Trotz der soeben geschilderten nahezu Null-Erfolgsquote der auf Art. 2a KartellG gestützten Beschwerden läßt sich jedenfalls der bisherigen Spruchpraxis entnehmen, daß dem fraglichen Artikel ein beachtenswertes Anwendungspotential zukommt, und zwar vor allem im Hinblick auf sachlich ungerechtfertigte Liefersperren und sonstige Diskriminierungen innerhalb der Absatzorganisationen von *nicht* marktbeherrschenden Unternehmen. Das Bemühen der Kartellbehörden in den 80er Jahren, solche Sachverhalte über das Kartellverbot in den Griff zu bekommen, führte manchmal zu einer unangemessenen Anwendung des Art. 1 KartellG[323].

---

319 *WbK*-E 100/98 "KARELIA I".

320 Das Unternehmen kam dieser Pflicht nicht nach bzw. verlangte von den Großhändlern als Voraussetzung für die Weiterbelieferung die Zahlung derselben Preise, die für Einzelhändler galten (vgl. zum Sachverhalt sogleich im Text), so daß das Zwangsgeld (150.000 DRM) anschließend aufgrund eines neuen Antrags der Großhändler endgültig festgesetzt wurde (55 Verzugstage x 150.000 DRM); vgl. *WbK*-E 21/II/98 "KARELIA II", deren verfügender Teil allerdings unklar formuliert ist.

321 *WbK*-E 100/98 "KARELIA I", Teil D.

322 *WbK*-E 100/98 "KARELIA I", Teil E.

323 Vgl. z.B. *WbK*-S 39/86 "BLYTHE COLOURS I", Bd. A, S. 154 ff.; *WbK*-S 51/87 "BLYTHE COLOURS II", Bd. B, S. 9 ff.

Art. 2a KartellG bietet nunmehr den Kartellbehörden die rechtlich geeignete Handhabe, um den fraglichen Verhaltensweisen sachgerecht entgegentreten zu können.

III. Anwendung der Fusionskontrollvorschriften

Die zunächst im Jahr 1991 eingeführten[324] und dann im Jahr 1995 nach dem europäischen Vorbild ausgestalteten Fusionskontrollvorschriften haben eine bedeutsame Gewichtsverlagerung in der griechischen Anwendungspraxis bewirkt. In der Anfangszeit (1991-1995) und im Hinblick auf die beschränkte Konzeption der Fusionskontrolle hält sich zwar diese Gewichtsverlagerung noch in Grenzen. Die statistische Auswertung der Entscheidungen der Kartellbehörden ergibt nämlich, daß erst 15 von den insgesamt 51 zwischen dem 01.01.1992 und dem 31.05.1995 ergangenen WbK-Entscheidungen und Stellungnahmen die Fusionsvorschriften zum Gegenstand hatten. In der anschließenden Zeit aber, in der die neuen, erheblich erweiterten und auch eine präventive Kontrolle vorsehenden fusionsrelevanten Vorschriften in Kraft getreten sind, läßt sich konstatieren, daß sich die Tätigkeit der Kartellbehörden überwiegend auf die Anwendung dieser Vorschriften konzentriert hat. Von den insgesamt 136 Entscheidungen, die im Zeitraum zwischen dem 01.06.1995 und dem 15.11.1998 im Zusammenhang mit kartellrechtlichen Fragen ergingen[325], beschäftigen sich nämlich 104 mit Fragen der Fusionskontrolle.

Die erhebliche Zunahme der fusionsrelevanten Entscheidungen und die Konzentration der Aufmerksamkeit der Kartellbehörden auf dieses neue Gebiet der Wettbewerbspolitik - und zwar in dem soeben geschilderten, den Eindruck einer Vernachlässigung der anderen Gebiete erweckenden Umfang - ist vor allem darauf zurückzuführen, daß die 4. KartellG-Novelle nicht nur (präventive) sanktionsbewehrte Anmeldepflichten zu Lasten von fusionierenden Unternehmen einführte, sondern auch strenge Fristen zur Überprüfung der angemeldeten Fälle von den Kartellbehörden normierte. Der daraus resultierende Druck zur zügigen Erledigung der angemeldeten Fälle in Verbindung mit dem ohnehin aus wirtschaftlichen Gründen entstehenden, dringenden Charakter der meisten Fusionsvorhaben führt aber angesichts des permanenten Personalmangels des Sekretariats der Wettbewerbskommission dazu, daß die zur Verfügung stehenden Arbeitskräfte fast vollständig an die Bearbeitung der Fälle von Unternehmenszusammenschlüssen gebunden werden.

---

324 Zu den (beschränkten) Möglichkeiten der Kontrolle von Unternehmenszusammenschlüssen bis 1991 siehe bereits oben im Text, § 1 II C. Einen Überblick über die Diskussion bis 1990 gibt CHRISTOFOROU, in: Competition Law, G.C.-31.

325 Im genannten Zeitraum sind zwar insgesamt 150 Entscheidungen der Wettbewerbskommission ergangen. Nur 136 davon betreffen aber kartellrechtliche Fragen im engeren Sinne. Die übrigen 14 Entscheidungen behandeln Fragen im Zusammenhang mit den Mitgliedern der Wettbewerbskommission (Vereinbarkeit der Rechtsanwaltstätigkeit mit der *WbK*-Mitgliedschaft), mit der Verfahrensordnung (Regelung der Tätigkeit der Kommission in Kammern, Formulare für die Anmeldung von Fusionen) sowie mit sonstigen internen Angelegenheiten.

Was die materiellen Aspekte der Fusionskontrolle betrifft[326], deren Entstehungsgeschichte und deren materiellen Maßstäbe früher skizziert wurden und hier nicht weiter verfolgt werden sollen[327], ist vor allem darauf hinzuweisen, daß das fragliche Institut in Griechenland nach wie vor umstritten bleibt. Im Hinblick auf die prinzipiell geringe Größe der griechischen Unternehmen und die dauernden Anstrengungen des griechischen Gesetzgebers, durch geeignete Subventionsprogramme und Entwicklungsgesetze zur fusionsbedingten Entstehung international wettbewerbsfähiger Unternehmenseinheiten zu motivieren, wird nämlich oft die Zweckmäßigkeit der nach dem Vorbild der fortgeschrittenen westlichen Volkswirtschaften konzipierten umständlichen Fusionskontrolle in Zweifel gezogen[328]. Die Wettbewerbskommission hat allerdings bereits zwei Verbotsentscheidungen für geplante oder vollzogene Zusammenschlüsse erlassen und zeigt damit, daß sie die geschilderten Bedenken nicht teilt[329]. Die bisherige Praxis der Kartellbehörden zeichnet sich außerdem durch das Bemühen aus, die Anzeige- und Anmeldepflichten auf dem Markt durchzusetzen und den Marktteilnehmern damit zur Herstellung der erforderlichen Behördenpublizität zu zwingen. Zahlreiche Entscheidungen der Wettbewerbskommission haben deswegen gerade die Sanktionierung der Verletzung von

---

[326] Die erste Entscheidung erging im Jahr 1995 und betraf die Übernahme des griechischen Kaffeeunternehmens "BRAVO" durch die ausländischen Gesellschaften SARA LEE DE N.V. und DOUWE EGBERTS N.V. Der Zusammenschluß wurde als vereinbar mit den kartellrechtlichen Vorschriften beurteilt, denn es ließ sich - nach einer vorbildlichen Marktanalyse - keine Beeinträchtigung der Wettbewerbsbedingungen auf dem relevanten Kaffeemarkt nachweisen (*WbK*-E 12/95 "Kaffee BRAVO", DEE 1995, S. 1067 ff.).

[327] Zu den für die Fusionskontrolle maßgeblichen Begriffe des relevanten Marktes und der marktbeherrschenden Stellung vgl. auch die Ausführungen im Rahmen der Darstellung der Praxis zu Art. 2 KartellG. - Einen Überblick über die letzten Entwicklungen im Bereich der Fusionskontrolle unter Berücksichtigung des gemeinschaftsrechtlichen Regelungsrahmens und der Praxis der Gemeinschaftsorgane geben die Referate, die im Rahmen des 3. Panhellenischen Kongresses der griechischen Gesellschaft für Wettbewerbs- und Kartellrecht (Kefalonia, September 1997) gehalten und nunmehr in einem entsprechenden Sammelband veröffentlicht wurden, siehe GRIECHISCHE GESELLSCHAFT FÜR WETTBEWERBS- UND KARTELLRECHT (Hrsg.), Die Kontrolle von Unternehmenszusammenschlüssen im Kartellrecht, 1998. Zu den einzelnen Regelungen des KartellG siehe auch KOUTSOUKIS, Unternehmenszusammenschlußkontrolle - Kommentar zu den Artikeln 4-4f G. 703/77, 1997.

[328] Vgl. vor allem die kritische Anmerkung von DRILLERAKIS zu der *WbK*-E 23/96 "KRAFT / CHIPITA", DEE 1996, 607 ff. sowie die Ausführungen desselben Autors, DEE 1997, 553; mit zutreffenden Argumenten wendet sich gegen diese Kritik TZOUGANATOS, DDE 1996, 611 ff.

[329] *WbK*-E 23/96 "KRAFT / CHIPITA", DEE 1996, 604 ff.; *WbK*-E 40/96 "KAMARI / BOSINAKIS", DEE 1997, 159 ff. Zur letzten Entscheidung, die auch die Entflechtung der bereits fusionierten Unternehmen anordnet, siehe KARIDIS, EEmpD 1997, 142 ff. Dieser von der Kommission gemäß Art. 4c Abs. 1 KartellG verbotene Zusammenschluß zwischen Kamari (Philippou-Grouppe) und Bosinakis wurde anschließend durch die gemeinsame Entscheidung der Minister für Wirtschaft und Entwicklung Nr. 1/20.02.1997 gemäß Art. 4d Abs. 7 KartellG unter Berufung auf Gründe des öffentlichen Interesses genehmigt; ausführlich zum Inhalt dieser Genehmigung DRILLERAKIS, DEE 1997, 553 f.

fusionsrelevanten Anzeige- und Anmeldepflichten zum Gegenstand. Die auf diesem Gebiet bislang verhängten Geldbußen gehören mit Abstand zu den schwersten der Bußgeldpraxis[330].

IV. Extraterritoriale Anwendung des griechischen Kartellrechts und Anwendung des Gemeinschaftsrechts durch die griechischen Kartellbehörden

A. Extraterritoriale Anwendung

Der Anwendungsbereich des griechischen Kartellrechts richtet sich nach dem sog. *Auswirkungsprinzip*, erstreckt sich also auf sämtliche Wettbewerbsbeschränkungen, die sich im Inland auswirken, selbst wenn sie im Ausland veranlaßt wurden und die betroffenen Unternehmen keine Niederlassungen in Griechenland haben. Dies ist gesetzlich vorgesehen (Art. 32 KartellG)[331] und wird auch von der h.M. in der Literatur angenommen[332]. Allerdings macht das Schrifttum die zutreffende Einschränkung, daß im Hinblick auf die völkerrechtlichen Schranken in der Anwendbarkeit nationalen Rechts auf ausländische Unternehmen die extraterritoriale Anwendung des KartellG in solchen Fällen nur dann sinnvoll ist, wenn eine unmittelbare, sofortige, hinreichend vorhersehbare und wesentliche Auswirkung vorliegt[333].

---

330 Vgl. dazu unten im Text (V C 1) sowie den tabellarischen Überblick im Anhang I.

331 Art. 32 KartellG lautet: "Dieses Gesetz findet Anwendung auf alle Wettbewerbsbeschränkungen, die sich im Inland auswirken oder auswirken können, auch wenn [a] die betreffenden Vereinbarungen zwischen Unternehmen, Beschlüsse von Unternehmensvereinigungen, aufeinander abgestimmten Verhaltensweisen zwischen Unternehmen oder Unternehmensvereinigungen oder Unternehmenszusammenschlüsse im Ausland durchgeführt oder getroffen werden, oder [b] die betroffenen Unternehmen oder Unternehmensvereinigungen keine Niederlassung im Inland haben. Das Gesetz findet ebenfalls Anwendung auf jede mißbräuchliche Ausnutzung einer beherrschenden Stellung oder eines wirtschaftlichen Abhängigkeitsverhältnisses, die sich im Inland manifestiert."

332 Vgl. DRILLERAKIS, EEN 1977, 613 f.; MARINOS, in: SCHINAS (Hrsg.), Schutz des freien Wettbewerbs, S. 282 f.; CHRISTOFOROU, in Competition Law, G.C.-40.

333 Vgl. CHRISTOFOROU, in: Competition Law, G.C.-40; MARINOS, in: SCHINAS (Hrsg.), Schutz des freien Wettbewerbs, S. 228 f ("spürbare Auswirkung"); KALOGERAS, in: FS für Tsirintanis, S. 208 f. ("unmittelbare und spürbare" Auswirkung). - Bezüglich der extraterritorialen Anwendung des Gemeinschaftsrechts siehe die Schlußanträge des GA DARMON, v. 25.05.1988, Rs. 89/85 u.a., *Ahlström I*, Slg. 1988, S. 5214 [S. 5214 ff., insb. Rdn. 57 f.]; zum Auswirkungsprinzip im obigen, qualifizierten Sinne als der einzig sinnvollen Anknüpfung des internationalen Kartellrechts siehe ferner KOCH, in: GRABITZ / HILF [4 EL Juni 90], Vor Art. 85, Rdn. 14.

Die Geltung des Auswirkungsprinzips wurde von den Kartellbehörden bereits in den 80er Jahren durch die Anwendung des Mißbrauchsverbotes gegen die holländische Firma SIKKENS BV im gleichlautenden Fall bekräftigt[334].

SIKKENS BV, ein in den Niederlanden ansässiges Unternehmen, das dem weltweit tätigen Konzern AKZO gehört, tätigte jahrelang Exporte von Autofarbstoffen nach Griechenland. Als Vermittlungsstelle für die Empfangnahme und die Weiterleitung der Aufträge der griechischen Importeure fungierte dabei ein von der holländischen Gesellschaft bestellter Handelsvertreter. Die Produkte von SIKKENS BV rangierten in den Jahren 1983-1984 an erster Stelle auf dem griechischen Markt mit einem Anteil von jeweils 40% und 33% unter den importierten Farbstoffen, die ihrerseits 2/3 des Gesamtmarktes ausmachten.

Das holländische Unternehmen praktizierte im fraglichen Zeitraum über seinen Handelsvertreter eine umstrittene Absatzpolitik. Es veranlaßte nämlich seine Abnehmer, ausschließlich seine Produkte zu vertreiben und auf konkurrierende Waren zu verzichten. Die Vertragspartner, die diesem Diktat Folge leisteten, wurden mit Treuerabatten belohnt, während die nicht "gefügigen" Abnehmer systematisch von weiteren Belieferungen ausgeschlossen wurden. Daneben versuchte das ausländische Unternehmen seinen Abnehmern einerseits Gebietsschutz zu gewähren und andererseits feste Vertriebspreise vorzuschreiben. Einige der benachteiligten Händler des relevanten Marktes wandten sich deswegen an die griechischen Kartellbehörden und legten Beschwerde ein. Beanstandet wurde die Vereinbarung zwischen dem holländischen Hersteller und seinem ausschließlichen Handelsvertreter, in der jeweils die Grundsätze der Absatzpolitik festgelegt wurden.

Die Wettbewerbsbehörden weigerten sich jedoch, diese Vereinbarung als eine solche i.S. des Kartelltatbestandes einzustufen. Der Handelsvertreter sei nach ihrer Ansicht kein selbständiges Unternehmen, sondern ein bloßes weisungsgebundenes Organ gewesen, das gegen Provision die Befehle und Politik von SIKKENS BV durchgeführt habe. Sein Verhalten solle somit nicht getrennt behandelt, sondern dem die Entscheidungsbefugnisse tragenden niederländischen Unternehmen zugerechnet werden. An einer verbotenen Koordinierungsmaßnahme habe es also gefehlt. Die sich auf das Kartellverbot stützende Beschwerde wurde aus diesem Grund abgewiesen[335].

Die Kartellbehörden griffen jedoch wenig später denselben Sachverhalt erneut auf und beurteilten ihn diesmal unter dem Aspekt des Mißbrauchsverbots[336]. Dabei wurde den Ausführungen vorangestellt, daß der ausländische Sitz von SIKKENS BV einer solchen Prüfung nicht entgegenstehe. Wie die in diesem Fall ergangene ministerielle Entscheidung betont, sei nämlich das G. 703/77 immer dann anwendbar, wenn sich ein Unternehmensverhalten mißbräuchlich in Griechenland auswirke, auch wenn das marktbe-

334 Allerdings hätte die Anwendbarkeit des griechischen Kartellrechts auf den fraglichen Fall auch unter Berufung auf das Territorialitätsprinzip erzielt werden können, weil das beanstandete Verhalten - wie im folgenden dargestellt wird - über den im griechischen Territorium niedergelassenen Handelsvertreter des ausländischen Unternehmens ausgeführt wurde, so daß es für die Begründung der Verantwortung nach griechischem Recht auch einen Anknüpfungspunkt im Sinne des Territorialitätsprinzips gab.

335 *WbK*-S 19/84 "SIKKENS I", Bd. A, S. 116 ff.

336 *WbK*-S 38/86 "SIKKENS II", Bd. A, S. 152 ff. und *minist. Entsch.* K6-147/86, Bd. A, S. 197 ff.

herrschende Unternehmen auf dem griechischen Hoheitsgebiet keine Niederlassungen habe[337].

Der relativ hohe Marktanteil des holländischen Unternehmens, seine Mitgliedschaft im AKZO-Konzern - dessen Dominanz auf europäischer Ebene bereits durch die einschlägige Entscheidung der Europäischen Kommission feststand - und die Möglichkeit des Unternehmens, die Vertriebspreise für seine Waren unabhängig festzusetzen, wurden dann als ausreichende Kriterien für die Begründung der marktbeherrschenden Stellung von SIKKENS BV betrachtet. Ebenfalls bejaht wurde eine mißbräuchliche Ausnutzung der Wirtschaftsmacht von SIKKENS BV angesichts der diskriminierenden Behandlung ihrer Abnehmer, der Marktaufteilungen und der Preisbindungen. Gegen die holländische Gesellschaft erging deswegen eine Verbotsentscheidung mit Abstellungsverfügung.

Der Hervorhebung verdient allerdings der Umstand, daß - im Gegensatz zu der Praxis gegenüber griechischen Unternehmen hinsichtlich vergleichbarer Verstöße[338] - auf die Verhängung einer Geldbuße oder die Androhung eines Zwangsgeldes gegen das holländische Unternehmen verzichtet wurde. Zieht man in Betracht, daß kein besonderer Grund für eine privilegierende Behandlung des ausländischen Unternehmens ersichtlich war, läßt sich die Zurückhaltung der griechischen Behörden eindeutig auf Praktikabilitätserwägungen, vor allem auf die Berücksichtigung der Vollstreckungsschwierigkeiten einer Bußgeldentscheidung zurückführen, denn SIKKENS BV hatte keine Vermögenswerte in Griechenland.

Ob derartige Überlegungen berechtigt sind, kann dahingestellt bleiben[339]. Die griechischen Behörden lassen sich nämlich inzwischen kaum von solchen Erwägungen aufhalten. Dies manifestiert sich vor allem in der Praxis der 90er Jahre auf dem Gebiet der Fusionskontrolle. In Griechenland tätige ausländische Unternehmen, die sich im Ausland zusammenschließen, und dabei die Anzeige-, Anmelde- und Wartepflichten des griechischen Rechts nicht einhalten, werden nicht geschont, sondern mit genau so schweren Geldbußen sanktioniert wie die in Griechenland ansässigen Unternehmen[340].

---

337 *Minist. Entsch.* K6-147/86, Bd. A, S. 199.

338 In einem früheren, gleich gelagerten Fall, in dem ein griechisches marktbeherrschendes Unternehmen diskriminierende Rabatte praktizierte und einige von seinen Abnehmern mit Alleinbezugspflichten zu binden trachtete, war hingegen eine Geldbuße verhängt worden, siehe *WbK*-S 22/84 "LAYREOTIKI", Bd. A, S. 120 ff. und *minist. Entsch.* K6-109/85 (unveröff.).

339 Zu den in diesem Zusammenhang auftauchenden Schwierigkeiten siehe TIEDEMANN, NJW 1979, 1851 f.

340 Zur Geltung des Auswirkungsprinzips vgl. vor allem *WbK*-S 223/95 "THE LION / A.B. BASILOPOULOS", Bd. C, S. 120 und *WbK*-E 123/98 "GILBARCO / DEUTSCHE GERÄTEBAU GmbH": "Wie sich aus den Akten des Falles, dem einschlägigem Vertrag und der einleitenden Stellungnahme des Sekretariats ergibt, wurde die in Frage stehende Fusion bereits vollzogen, was einen Verstoß gegen die geltende Fassung von Art. 4e Abs. 1 G. 703/77 darstellt. Die Wirkung dieser Vorschrift wird nicht wegen der Tatsache aufgehoben, daß die fragliche Fusion im Ausland stattfand, denn gemäß der ausdrücklichen Regelung von Art. 32 des erwähnten Gesetzes finden seine Vorschriften unter anderem auch auf den im Ausland

B. Anwendung des Gemeinschaftsrechts durch die griechischen Kartellbehörden[341]

Bei dem soeben geschilderten SIKKENS-Fall war nicht nur das griechische Kartellrecht relevant. Man hätte auch Art. 82 EGV n.F. in Anwendung ziehen können, denn es ging um einen Sachverhalt mit eindeutig gemeinschaftsrechtlichen Bezügen. Die griechischen Kartellbehörden haben jedoch diese Möglichkeit - die auch die Vollstreckung einer Bußgeldentscheidung innerhalb des holländischen Hoheitsgebiets hätte erleichtern können[342] - nicht genutzt[343].

Auch wenn der Rückgriff auf die materiellen Wettbewerbsregeln des EGV im Sikkens-Fall unterblieb, wird ein solcher Rückgriff in Griechenland für möglich gehalten, und zwar nicht erst nach der entsprechenden Bekanntmachung der Europäischen Kommission über die Zusammenarbeit zwischen der Kommission und den Wettbewerbsbehörden der Mitgliedstaaten[344]. Die griechischen Kartellbehörden waren nämlich ihrer Zuständigkeit zur Anwendung der gemeinschaftsrechtlichen Vorschriften bereits von Anfang an bewußt[345]. Dies haben sie im EMI / VIRGIN /

verwirklichten Zusammenschluß von dort ansässigen Unternehmen Anwendung, vorausgesetzt, daß sich der vollzogene Zusammenschluß im Inland auswirkt oder auswirken kann. Daher muß gemäß Art. 43 Abs. 3 G. 703/77 gegen das die Kontrolle erwerbende [US-amerikanische] Unternehmen Gilbarco eine Geldbuße in Höhe von 3.000.000 DRM verhängt werden." - *WbK*-Entscheidungen, die gegen ausländische Unternehmen Geldbußen verhängen, sind u.a.: E 41/97 "CONSOLIDATED EUROFINANCE / INTERBANK"; E 43/96 "CONCRETUM / TSIMENTA CHALKIDOS"; E 50/97 "SKW TROSTBERG / SANDOZ"; E 60/97 "HENKEL / LOCTITE"; E 64/97 "FINCANTIERI / NEW SULZER DIESER"; E 74/97 "SKANDINAVISK TOBASKSKOMPANI / HENRI WINTERMANS"; E 76/97 "BERKELEY SQUARE / KEMAKO / JWT ITALIA"; E 81/97 "HEWLETT PACKARD / VERIFONE"; E 84/B/97 "PARTEK / SISU"; E 91/97 "DIMON / INTABEX"; E 92/97 "AMERSHAM INTERNATIONAL / NYCOMED"; E 103/98 "FRESENIUS MEDICAL CARE / W.R. GRACE"; E 110/98 "FRIESLAN / COBERCO / TWEE PROVINCIEN / Z.O.H.".

341 Zur Anwendung der gemeinschaftsrechtlichen Wettbewerbsregeln durch die griechischen Verwaltungs- und Zivilgerichte unter Berücksichtigung der Entscheidungspraxis der griechischen Kartellbehörden siehe nunmehr ausführlich ILIOPOULOS, Die Anwendung des europäischen Kartellrechts in Griechenland [1999], S. 70 ff.

342 So auch TZOUGANATOS, EEmpD 1986, 384.

343 Zur Befugnis der Mitgliedstaaten, Sanktionsmaßnahmen bei Verstößen gegen Art. 81 und 82 EGV n.F. zu ergreifen - allerdings auf der Grundlage nationaler Vorschriften und nicht des Art. 15 VO 17/62 -, vgl. DANNECKER, in: I/M EG-WbR [1997], VO 17 Vorb. Art. 15, Rdn. 74.

344 Bekanntmachung über die Zusammenarbeit zwischen der Kommission und den Wettbewerbsbehörden der Mitgliedstaaten bei der Bearbeitung von Fällen im Anwendungsbereich der Artikel 85 und 86 EG-Vertrag [= Art. 81 und 82 EGV n.F.], ABl. 1997 Nr. C 313/3; siehe dazu ZINSMEISTER, WuW 1997, 5 ff.

345 Dies gilt auch für die Gerichte von Griechenland, siehe dazu ILIOPOULOS, EuR 1986, 292 ff.; vgl. auch den allgemeinen Überblick über den rechtlichen Regelungsrahmen in Griechenland und die Anwendung der europäischen Wettbewerbsregeln durch die griechischen Gerichte (und Behörden) in der von der Europäischen Kommission veröffentlichten Untersuchung

WEA-Fall demonstriert[346], der das mißbräuchliche Verhalten und die aufeinander abgestimmten Praktiken zwischen drei großen Schallplattenherstellern zum Gegenstand hatte.

COLUMBIA-EMI AE, VIRGIN GmbH und WEA AE, in Griechenland ansässige Tochtergesellschaften weltweit bekannter Schallplattenfirmen (EMI Overseas Holding Ltd, VIRGIN Records Ltd, WEA International Inc), hatten von ihren Muttergesellschaften die Urheberrechte erworben, um Schallplatten berühmter und sehr beliebter ausländischer Künstler der Popmusik auf dem griechischen Gebiet herzustellen und zu vertreiben. Im Hinblick darauf, daß die Produktionskosten in Griechenland im Vergleich zu denjenigen anderer europäischer Staaten erheblich niedriger waren, betrieben die griechischen Schallplattengroßhändler in weitreichendem Maße gewinnträchtige Exporte in diese Staaten. Anfang 1986 begannen aber plötzlich die drei Tochtergesellschaften damit, in kurzem Abstand nacheinander die Hüllen der in Griechenland produzierten und in der internationalen Hitparade hochplazierten Schallplatten entweder mit griechischen Buchstaben oder mit griechischen Flaggen sowie der auffallenden Inschrift "made in Greece - ελληνικής κατασκευής" zu drucken. Das führte zwangsläufig zu einem radikalen Einbruch der Ausfuhren, denn der Aufdruck auf den Hüllen der Schallplatten bzw. die Titel der Lieder waren für das ausländische Publikum nicht mehr lesbar.

Als diese Aktion von den Wettbewerbsbehörden beanstandet wurde, versuchten die drei Tochtergesellschaften, ihr Verhalten auf verbraucherfreundliche Motive zurückzuführen. Zum einen wollten sie dem griechischen Publikum bei dem Verständnis der fremdsprachigen Titel helfen, denn dieses verfügte zum größten Teil über keine Englischkenntnisse. Zum anderen bezweckten sie die Aufklärung und damit den wirksamen Schutz der ausländischen Verbraucher vor Irreführung im Hinblick darauf, daß die Qualität der (aufgrund der analogen Technologie) in Griechenland hergestellten Schallplatten spürbar schlechter als die der (aufgrund der digitalen Technologie) produzierten ausländischen Schallplatten sei. Viele im Ausland irregeführte Verbraucher hätten aus diesem Grund bereits bei den Muttergesellschaften reklamiert. Es müßten somit Maßnahmen ergriffen werden, um die griechische Herkunft der Schallplatten erkennbar zu machen.

Die griechischen Kartellbehörden sprachen diesen Behauptungen jede Überzeugungskraft ab[347]. Sie erblickten in den parallel durchgeführten Aktionen der Betroffenen unter den gegebenen Umständen eine Verhaltensabstimmung, der die Absicht zugrunde gelegen habe, die Exportchancen der griechischen Großhändler zunichte zu machen. Damit wurde den Unternehmen ein Verstoß gegen das griechische Kartellverbot zur Last gelegt.

Zugleich vertraten die griechischen Wettbewerbshüter unter Berufung auf die Judikatur des EuGH im "Deutsche Grammophon"-Fall[348] die Ansicht, daß der Inhaber eines Ex-

---

"The Application of Article 85 & 86 of the EC-Treaty by National Courts in the Member States", 1997 (Landesbericht von I. GRAMMATOPOULOU); siehe ferner in diesem Sachzusammenhang die Bekanntmachung der Europäischen Kommission "über die Zusammenarbeit zwischen der Kommission und den Gerichten der Mitgliedstaaten bei der Anwendung der Art. 85 und 86", ABl. 1993 Nr. C 39/6.

346 *WbK*-S 52/87, Bd. B, S. 11 ff.

347 *Minist. Entsch.* K6-447/87 (unveröff.).

348 *EuGH* Urt. v. 08.06.1971, Rs. 78/80, Slg. 1971, S. 487 ff.

klusivrechts zur Reproduktion von Schallplatten eine marktbeherrschende Position einnehmen könne, wenn die fraglichen Schallplatten von Künstlern seien, die sich auf dem relevanten Markt besonderer Beliebtheit erfreuten. Damit betrachteten die Kartellbehörden jedes einzelne Unternehmen im konkreten Fall als dominant bezüglich der diesem jeweils exklusiv gehörenden Urheberrechte. Im Hinblick darauf, daß der griechische Markt einen wesentlichen Teil des Binnenmarktes darstelle und daß das mißbräuchliche Verhalten der Unternehmen den zwischenstaatlichen Handel in der EG beeinträchtigt habe, erklärten schließlich die griechischen Kartellbehörden auch Art. 86 EWGV [= Art. 82 EGV n.F.] für anwendbar. Beide Zuwiderhandlungen (gegen Art. 1 KartellG und Art. 86 EWGV) wurden anschließend mit einer einheitlichen Geldbuße sanktioniert. Angedroht wurde auch ein hohes Zwangsgeld für den Fall der Fortsetzung der Verstöße. Die griechischen Kartellbehörden verwiesen schließlich den Sachverhalt zur weiteren Aufklärung an die Europäische Kommission. Die offensichtliche Einflußnahme der ausländischen Muttergesellschaften auf das Verhalten ihrer griechischen Töchter wurde jedenfalls überhaupt nicht in Betracht gezogen und bußgeldrechtlich gewürdigt.

Gegen diese Entscheidung erhob nur das Unternehmen WEA eine Anfechtungsklage, die zunächst vom VerwG Athen abgewiesen wurde[349]. Das ObVerwG Athen, das anschließend angerufen wurde, schätzte jedoch die Sachlage anders ein und hob die Entscheidung der Kartellbehörden auf[350]. Das Gericht verneinte nämlich die negative Auswirkung der von WEA ergriffenen Maßnahmen auf die Exporte von Schallplatten, denn den Kartellbehörden gelang nicht der Beweis eines Rückgangs der Produktion und des Absatzvolumens von WEA in der fraglichen Periode. Maßgebende Rolle für die Aufhebung der Entscheidung der Kommission spielte aber vor allem der vom zweitinstanzlichen Gericht eingenommene Standpunkt, daß *Maßnahmen zur Aufklärung der Verbraucher keine Wettbewerbsbeschränkung oder mißbräuchliche Ausnutzung einer marktbeherrschenden Stellung begründen können*. Das anschließend vom gr. Staatsrat[351] bestätigte Urteil des ObVerwG führte aus: "Den Vorschriften des G. 703/77 und den Art. 85, 86 EGV [= Art. 81, 82 EGV n.F.] ist zu entnehmen, daß diese außer der Sicherstellung der Voraussetzungen freien Wettbewerbs auf dem griechischen und dem gemeinschaftlichen Markt und des Schutzes vor mißbräuchlichen Verhaltensweisen marktbeherrschender Unternehmen schließlich auf den Schutz des griechischen und des gemeinschaftlichen Verbrauchers mittels des unverfälschten Funktionierens des freien Wettbewerbs abzielen. Daraus ist zu schließen, daß eine Verhaltensabstimmung oder eine ausdrückliche Vereinbarung zwischen Unternehmen mit dem Zweck der Unterscheidung der von ihnen angebotenen Produkte je nach ihrer geographischen Herkunft oder Produktionsmethode weder die Voraussetzungen freien Wettbewerbs verletzt noch den ahndbaren Mißbrauch der möglicherweise marktbeherrschenden Stellung eines dieser Unternehmen darstellen, denn durch die Verhaltensabstimmung oder Vereinbarung wird die Gesamtheit der Verbraucher besser informiert und damit geschützt. Ein Verstoß liegt deswegen auch dann nicht vor, wenn durch diese Abstimmung oder Vereinbarung die Verkaufszahlen eines der koordinierenden Unternehmen zu Gunsten eines anderen geschmälert werden oder wenn die Exporte eines Mitgliedstaates (einschließlich Griechenland) zurückgehen."

---

349 *VerwG Athen* 17745/88, Bd. B, S. 150 ff.

350 *ObVerwG Athen* 3688/89, Bd. C, S. 251 ff.

351 *Staatsrat* 27/93, Bd. C, S. 314 ff.

V. Praktische Relevanz der einzelnen Sanktionsarten

Die Untersuchung der Anwendungshäufigkeit der Sanktionsvorschriften des griechischen Kartellrechts ergibt ein ungleiches Bild. Es zeigt sich nämlich, daß unter den vom Gesetzgeber statuierten Sanktionssystemen grundsätzlich nur das verwaltungs(straf)-rechtliche intensiv von der Rechtspraxis in Anspruch genommen wird. Dem zivilrechtlichen und vor allem dem kriminalstrafrechtlichen Sanktionssystem kommt dagegen bei der Durchsetzung der Kartellnormen nur eine begrenzte praktische Bedeutung zu.

A. *Zivilrechtliche Sanktionen*[352]

Schadensersatzklagen haben bisher in der kartellrechtlichen Praxis nur eine minimale Rolle gespielt[353]. Größere praktische Relevanz kam dagegen dem Institut der gerichtlichen einstweiligen Anordnungen zu, die gemäß Art. 682 ff. gr. ZVO von den Zivilgerichten im Rahmen der "Absicherungsgerichtsbarkeit" zur Regelung von dringenden Notsituationen getroffen werden können[354].

Im Hinblick darauf, daß als Maßnahme zur vorläufigen Regelung der Notsituation auch die Einstellung und die Nichtwiederholung der jeweils beanstandeten Tat angeordnet werden kann, läßt sich das fragliche Institut einigermaßen als Substitut der im Kartellrecht fehlenden Möglichkeit einer zivilrechtlichen Unterlassungsklage betrachten und wird in der Praxis oft - mit Erfolg - als solches eingesetzt[355].

B. *Kriminalstrafrechtliche Sanktionen*[356]

Die strafrechtlichen Vorschriften wurden bis heute nicht angewendet[357]. Die Organe der Strafrechtspflege haben damit noch nicht von der Möglichkeit Gebrauch gemacht, bei der inhaltlichen Ausgestaltung und Konkretisierung der Kartellnormen mitzuwirken.

Die praktische Unwirksamkeit des kriminalstrafrechtlichen Sanktionssystems kann auf vielerlei Gründe zurückgeführt werden. - Zunächst ist der Umstand in Betracht zu ziehen, daß die *sozialethische Werthaftigkeit des Wettbewerbsgedankens* im

---

352 Zur Struktur des zivilrechtlichen Sanktionsmechanismus siehe bereits oben im Text, § 2 III B.

353 Siehe z.B. *Areopag* 2/89, Bd. B, S. 177 ff.

354 Einen kürzen Überblick über die Merkmale der "Absicherungsgerichtsbarkeit" (Ασφαλιστικά Μέτρα) der griechischen ZPO gibt MUCHTARIS, in: Schotthöfer (Hrsg.), Wettbewerbsrecht in den EU-Staaten [2. Aufl.], S. 308 Rdn. 17.

355 Vgl. z.B. *LG (Einzelrichter) Athen* 6009/85 "PTI-BER 16", Bd. A, S. 267 ff.; *LG (Einzelrichter) Athen* 15808/86 "PEAT", Bd. A, S. 272 ff.; *LG (Einzelrichter) Larisa* 557/87 "STIGMES", Bd. B, S. 186 ff.; *LG (Einzelrichter) Athen* 18743/92 "Optikartikel", Bd. C, S. 323 ff.; *LG (Einzelrichter) Piräus* 2400/93 "LACOSTE", Bd. C, S. 325 ff.

356 Zur Struktur des kriminalstrafrechtlichen Sanktionsmechanismus und zum Inhalt der einzelnen Straftatbestände siehe bereits oben im Text, § 2 III C.

357 Weder in Zeitschriften noch in Aufsätzen, Monographien oder Lehrbüchern sind Hinweise auf strafgerichtliche Urteile vorhanden.

Bewußtsein der Marktteilnehmer, zumindest am Anfang, gering war. Der Grund dafür ist nicht nur darin zu sehen, daß bis 1977 gegenüber Kartellen von Privatunternehmen große Toleranz gezeigt worden war. Es war die staatliche Wirtschaftspolitik selbst, die in ihrer Gesamtheit auch nach Inkrafttreten des neuen Kartellgesetzes kaum den Eindruck erweckte, als ob sie dem Wettbewerbsmechanismus einen hohen Stellenwert innerhalb des Wirtschaftslebens zuerkennt. In der so ausgestalteten griechischen Wirtschaftsordnung könnte man ohne weiteres auch die *Sozialschädlichkeit von Wettbewerbsbeschränkungen*[358] ernsthaft bestreiten.

Einen bedeutsamen Grund für die praktische Vernachlässigung der strafrechtlichen Normen, insbesondere in den nachfolgenden Jahren, die sich durch eine Aufwertung des Wettbewerbsschutzgedankens auszeichnen, dürfte man außerdem in der *schlechten gesetzestechnischen Fassung* und in der *mangelhaften kriminalpolitischen Konzeption* der Strafvorschriften erblicken.

Zu bemängeln ist vor allem, daß als taugliche Täter der materiellen Kartellrechtsverstöße nur Organmitglieder genannt werden. Zugleich - und angesichts des Mangels an einer ausdrücklichen Typisierung der Fahrlässigkeit als Schuldform - wird nach den allgemeinen strafrechtlichen Regeln die Strafbarkeit auf Vorsatzhandlungen beschränkt[359]. Auch wenn in Anlehnung an die Regeln des Allgemeinen Teils[360] angenommen wird, daß die Kartelldelikte auch durch Unterlassung begangen werden können, bleibt letztlich in jedem Einzelfall erforderlich, wenn nicht die unmittelbare Verwicklung in das wettbewerbswidrige Geschehen, dann doch zumindest die diesbezügliche Kenntnis und die Eingriffsmöglichkeiten eines Organmitglieds zu beweisen. Nur dann können die Strafvorschriften "aktiviert" werden und nicht nur die betroffenen Organmitglieder (als Täter gemäß Art. 49 Abs.1 Satz 2 gr. StGB), sondern auch die untergeordneten Personen, welche die Vereinbarungen abschließen und ausführen, die Mißbräuche begehen oder die Anmelde- und Anzeigepflichten der Fusionskontrolle mißachten, (als Teilnehmer gemäß Art. 49 Abs. 1 Satz 2 gr. StGB) erfaßt werden. Den erwähnten Nachweis zu führen, dürfte aber in der Regel (zumindest was die Verstöße gegen das Kartellverbot und die Mißbrauchsverbote anbelangt) schwierig sein.

Nicht zuletzt sind die *defizitäre Organisation* der Verfolgungsbehörden und der zuständigen Gerichte und deren *Mangel an Spezialkenntnissen* als Ursachen für die Nichtanwendung der Strafvorschriften des KartellG zu betrachten. Dieser hemmende Faktor erfaßt allerdings das ganze griechische Wirtschaftsstrafrecht und bildet daher keine Besonderheit des Kartellstrafrechts.

---

358 Bezüglich der Grundsätze moderner Kriminalpolitik, siehe TIEDEMANN, Kartellrechtsverstöße, S. 95 ff.

359 Art. 26 i.V.m. Art. 18 gr. StGB.

360 Art. 12 i.V.m. Art. 15 gr. StGB. Für die Anerkennung einer besonderen Pflicht zur Abwendung der Verwirklichung des tatbestandsmäßigen Ergebnisses (Abschluß einer Absprache, Begehung eines Mißbrauchs u.s.w.) spricht vor allem die gesetzliche Regelung, die eine Abwälzung der kartellrechtlichen Pflichten auf andere Personen verbietet.

Die voreilige Pönalisierung der Kartellrechtsverstöße in der konkreten Tatbestandsform war somit rechtspolitisch verfehlt. Es ist zu hoffen, daß dieser, u.a. durch die rechtssoziologische Feststellung der Nichtanwendung der Straftatbestände eindeutig nachgewiesene Fehltritt im Rahmen der zukünftigen auf das Wirtschaftsstrafrecht bezogenen Entscheidungen des griechischen Gesetzgebers als lehrreiches (negatives) Beispiel dienen wird.

C. *Verwaltungs(straf)rechtliche Sanktionen*[361]

(1) Grundzüge der Verwaltungssanktions- und Bußgeldpolitik

Die führende Rolle als Mittel zur Durchsetzung der Kartellnormen wurde von Anfang an den verwaltungs(straf)rechtlichen Sanktionen beigemessen. Abstellungsverfügungen, Zwangsgelder und Geldbußen wurden dementsprechend faktisch zum Hauptinstrument der Kartellpraxis erhoben. In diesem Zusammenhang erfuhr die Bedeutung der Geldbuße im Laufe der inzwischen 20jährigen Praxis der griechischen Wettbewerbsbehörden große Wandlungen.

(a) Ahndung materieller Verstöße[362]

(i) Funktionen und Bedeutung der Geldbuße in der bisherigen Praxis

Die anfängliche zweijährige Kartellpraxis (*1979-1980*)[363] setzte die *Geldbuße als abschreckendes Mittel* ein, um die Aufmerksamkeit der Marktteilnehmer auf die neueingeführten Regeln zum Schutz des Wettbewerbs zu lenken. Auf diesem, vom Gedanken der generalpräventiven Abschreckung geprägten Hintergrund läßt sich erklären, warum bereits die erste kartellbehördliche Entscheidung die betroffenen Unternehmen wegen eines bis zum Inkrafttreten des KartellG zulässigen und für griechische Marktverhältnisse üblichen Verhaltens (Ausschließlichkeitsvereinbarung - diskriminierendes selektives Vertriebssystem) ohne vorherige Warnung und theoretische Auseinandersetzung mit Geldbußen belegte[364]. Auf diesem Hintergrund wird auch deutlich, warum 4 der ersten 8 kartellrechtlichen Verfahren mit einer Bußgeldentscheidung endeten[365].

In den folgenden Jahren (*1981-1986*) ging die Bedeutung der Geldbuße als Instrument zur Durchsetzung der materiellen Kartellvorschriften zurück. Nur selten er-

---

[361] Zur Struktur des verwaltungs(straf)rechtlichen Sanktionsmechanismus und zum Inhalt der einzelnen Sanktionstatbestände siehe bereits oben im Text, § 2 III A.

[362] Damit werden Verstöße gegen Art. 1 (Kartellverbot) und Art. 2-2a (Mißbrauchsverbote) sowie gegen Art. 4b-4e KartellG (präventive Fusionskontrolle) gemeint.

[363] Das KartellG wurde zwar im Jahr 1977 verabschiedet, die erste Entscheidung der Kartellbehörden erging aber erst im Jahr 1979.

[364] *WbK*-E 1/79 "GUY LAROSCHE I".

[365] Siehe den Überblick im Anhang I.

gingen in diesem Zeitraum Bußgeldentscheidungen[366]. An deren Stelle wurden bei Wettbewerbsverstößen grundsätzlich die rein verwaltungsrechtlichen Mittel der Empfehlung, der Verbotsentscheidung, der Untersagungsverfügung und der Zwangsgeldandrohung verwendet[367]. Um die Wettbewerbsordnung zu festigen, schlugen die griechischen Wettbewerbshüter den Weg der *Kooperation* und der intensiven *Aufklärung* der Wirtschaftssubjekte ein, und vermieden damit die durch den Einsatz der ahndenden Geldbuße bedingte Verschlechterung der Vertrauensbeziehung zu der Wirtschaft.

Die Geldbuße gewann aber im Laufe der Zeit, insbesondere *ab Mitte 1986*, wieder an Bedeutung. Dieser Zugewinn war zwar nicht zahlenmäßig. Die Anzahl der Bußgeldbescheide blieb auch in dieser neuen Phase verhältnismäßig gering. Die Geldbuße wurde jedoch zum zentralen Instrument für die Herausstellung derjenigen Kartellrechtsverstöße, die vor den Augen der Wettbewerbshüter als besonders schwerwiegend erschienen. Mit Geldbußen wurden deswegen in diesem Zeitraum hauptsächlich Submissionsabsprachen[368], koordinierte Diskriminierungen von Marktteilnehmern[369], Marktaufteilungen[370] sowie mißbräuchliche Verhaltensweisen von marktdominierenden Unternehmen, sei es in Form des Ausbeutungs[371]- oder des Behinderungsmißbrauchs[372] sanktioniert. Die Bußgeldentscheidungen wurden damit zum *Spiegel der schweren Kartelldelinquenz*. Mit fortschreitender Bußgeldpraxis nahm auch stufenweise die Höhe der verhängten Geldbußen zu[373]. Die Sanktionshöhe erreichte ihren Gipfelpunkt im Jahr 1991, als von der Wettbewerbskommission zum ersten Mal eine Geldbuße von 44.000.000 DRM gegen das Unternehmen 3E vorgeschlagen wurde[374]. Es schien, als ob eine Politik hoher Geldbußen eingeleitet würde.

---

366 *WbK*-S 22/84 "LAUREOTIKI"; *WbK*-S 28/85 "TASTY FOODS".

367 Vgl. *WbK*-E 9/81 "Verlegerkartell"; *WbK*-S 1/83 "Raffinerien von Thessaloniki"; *WbK*-S 6/84 "ESSO PAPAS / P.K."; *WbK*-S 17/84 "UCAR"; *WbK*-S 18/84 "SUNLIGHT"; *WbK*-S 21/84 "Elektromotoren KIM"; *WbK*-S 24/85 "Imathia-Pelli Syndikat III"; *WbK*-S 30/85 "KOURTAKIS"; *WbK*-S 38/86 "SIKKENS II"; *WbK*-S 39/86 "BLYTHE COLOURS I".

368 Vgl. *WbK*-S 62/88 "Filme für Röntgenaufnahmen".

369 Vgl. *WbK*-S 52/87 "EMI / VIRGIN / WEA"; *WbK*-S 57/87 "ZETA / FIMI".

370 Vgl. *WbK*-S 50/86 "PIGI".

371 Vgl. *WbK*-S 59/87 "DELTA".

372 Vgl. *WbK*-S 52/87 "EMI / VIRGIN / WEA".

373 Vgl. dazu die Feststellung von CRISTOFOROU (in: Competition Law, Greece, G.C.45): "[S]ince 1986, there appears to be a tendency to impose much higher fines than previously for more or less the same type of violations."

374 Siehe *WbK*-S 101/90 "3E II", Bd. C, S. 33 ff.; die Geldbuße für die materiellen Verstöße wurde anschließend vom Handelsminister auf 11.000.000 DRM herabgesetzt, siehe *minist. Entsch.* A1-1129/90, Bd. C, S. 193 f.

Die gesetzliche *Reform von 1991* erweckte den Anschein, sich ebenfalls in diese Richtung zu bewegen. Die Bußgeldrahmen wurden erheblich erhöht. Der Gesetzgeber legt sogar das Mindestmaß auf den Betrag von 60.000.000 DRM fest. Nur dieser Mindestbetrag an sich übertraf das von den Kartellbehörden bis zu jenem Zeitpunkt verhängte höchste Bußgeld[375].

Gerade diese Reform führte jedoch zu einer extremen *Minimalisierung der Bedeutung der Geldbuße für die Rechtsanwendungspraxis*. Das für griechische Verhältnisse exorbitante Mindestmaß der Geldbuße wurde für die Kartellbehörden zum unüberwindbaren Hemmungsfaktor für die Verhängung von Geldbußen. Innerhalb der darauffolgenden vier Jahre erging dementsprechend keine einzige auf die *neuen* Regelungen gestützte Bußgeldentscheidung[376] bezüglich *materieller* Wettbewerbsverstöße. Gegen (schwere) Kartellrechtsverstöße wurde bloß mit Untersagungsverfügungen und Zwangsgeldandrohungen vorgegangen[377].

Im Hinblick auf dieses Ergebnis führte die tiefgreifende *Reform von 1995* wieder die alten Bußgeldrahmen ein. In der Zwischenzeit deutet alles daraufhin, daß die Praxis der Geldbuße die gleiche Rolle wie im Zeitraum vor 1991 zuweisen will. Die bereits geschilderte intensive Hinwendung der griechischen Kartellbehörden zu den Zusammenschlußfällen und die damit einhergehende Vernachlässigung der anderen Gebiete, auf denen die Bußgeldpolitik in den 80er Jahren ihre Grundzüge erhielt, macht zwar die Formulierung von allgemeingültigen Schlüssen schwierig. Die hohen Geldbußen, die insbesondere Verstöße gegen Art. 4e Abs. 1 Satz 3 KartellG (Durchführung einer erlaubnispflichtigen Fusion vor der Erteilung der kartellbehördlichen Erlaubnis) bislang nach sich gezogen haben[378], setzen aber ein unmißverständliches Zeichen für eine strenge Bußgeldpolitik gegen materielle Kartellrechtsverstöße.

So wurde im Jahr 1996 der verfrühte, d.h. vor einer Entscheidung der Kommission vorgenommene Vollzug von zwei Fusionen - wobei die erstere im nachhinein von der Kommission wegen wettbewerbsbeschränkender Wirkungen auch als unvereinbar mit dem griechischem Fusionsrecht beurteilt wurde -, durch die bislang höchsten Geldbußen von jeweils ca. 120.000.000 und 117.000.000 DRM geahndet[379].

---

375 Siehe die soeben erwähnte *WbK*-S 101/90 im "3E II"-Fall.

376 Es ergingen allerdings zwei Bußgeldentscheidungen, die unter Berufung auf die Begehung der Verstöße in der Zeit vor der Verschärfung der Bußgeldvorschriften auf den alten Bußgeldrahmen zurückgreifen, siehe *WbK*-E 263/95 "Schiffahrtsagentur IRAKLIS", Bd. C, S. 152 ff.; *WbK*-E 264/95 "PROTOPORIA", Bd. C, S. 154 ff.

377 Vgl. *WbK*-E 133/94 "Bäckerverband von Korinthe"; *WbK*-E 134/94 "Griechische Bäckervereinigung"; *WbK*-E 135/94 "Bäckerverband von Thiva"; *WbK*-E 142/94 "Schiffahrtsagenturen"; *WbK*-E 145/94 "POBEAM / OBEAME"; *WbK*-E 219/95 "Mähdrescher".

378 Siehe den tabellarischen Überblick im Anhang I.

379 Siehe *WbK*-E 40/96 "KAMARI / BOSINAKIS": 109.001.800 DRM gegen Kamari AE (0,5% des Gesamtumsatzes von Pikermi, Kris-Kris und EEM der Filippou-Groupe) und 10.693.000

(ii) Kriterien und Methode der Bußgeldbemessung

Hinsichtlich der Bußgeldbemessung ist im voraus darauf hinzuweisen, daß es im griechischen Kartellrecht - anders als im Gemeinschaftsrecht - weder *sentencing guidelines*[380] noch eine *Kronzeugenregelung*[381] gibt.

Außerdem besteht - soweit ersichtlich - noch keine Stellungnahme der Rechtspraxis zu der Frage, ob von anderen (EG- oder außerhalb der EG liegenden) Staaten verhängte Sanktionen auf nationale Sanktionen angerechnet werden können. Ein solches "*Anrechnungsprinzip*" wurde bisher von der Wettbewerbskommission lediglich hinsichtlich der von der Europäischen Kommission verhängten Geldbußen anerkannt[382].

Die einzelnen Kriterien und die Methode, an denen sich die Bußgeldbemessung bei der Ahndung materieller Kartellrechtsverstöße orientiert, lassen sich erst aus einer systematischen Auswertung des bisherigen Entscheidungsmaterials bestimmen. Hierbei erscheint es als zweckmäßig, das Gebiet des Kartellverbotes und der Mißbrauchsverbote vom Gebiet der Fusionskontrolle zu unterscheiden.

Bußgeldbemessung bei Verstößen gegen das Kartellverbot oder gegen die Mißbrauchsverbote

Bei den auf *Verstöße gegen Art. 1 und 2 KartellG*[383] bezogenen Entscheidungen findet man nur selten Bemessungskriterien für die Bestimmung der Bußgeldhöhe. Die Kartellbehörden begnügen sich hier in der Regel mit der Festsetzung eines absoluten Betrages, ohne besondere Begründung oder Versuch einer prozentualen Korrelierung dieses Betrages mit den Umsätzen der betroffenen Unternehmen[384].

Aus den wenigen Urteilen, die auf Bemessungskriterien eingehen, läßt sich der Schluß ziehen, daß vor allem die (vom Marktanteil der Betroffenen sowie von der Bedeutung des relevanten Produktes abhängige) *Schwere*[385] sowie die *Dauer* des Verstoßes[386] im

---

DRM gegen I. Boutaris & Sohn AE (0,5% des Gesamtumsatzes von Bosinakis AE); *WbK*-E 43/96 "CONCRETUM / TSIMENTA": 105.000.000 DRM gegen Concretum S.A. (0,05% des Gesamtumsatzes der Calcestruzzi-Gruppe) und 12.000.000 DRM gegen Tsimenta Chalkidos AE (0,05% des Gesamtumsatzes der Gruppe).

380 Siehe die von der Kommission erlassenen "Leitlinien für das Verfahren zur Festsetzung von Geldbußen, die gemäß Artikel 15 Absatz 2 der Verordnung Nr. 17 und gemäß Artikel 65 Absatz 5 EGKS-Vertrag festgesetzt werden", ABl. 1998 Nr. C 9/3.

381 Siehe die vor der Kommission erlassene "Mitteilung vom 18. Juli 1996 über die Nichtfestsetzung oder die niedrigere Festsetzung von Geldbußen", ABl. 1996, Nr. C 207/4.

382 *WbK*-E 274/95 "ELOPAK-TETRA PAK", Bd. C, S. 186 f.

383 Auf der Grundlage von Art. 2a KartellG ist bislang keine Bußgeldentscheidung ergangen.

384 Die einzige Ausnahme auf dem Gebiet des Kartellverbots sowie der Mißbrauchsverbote stellt die *WbK*-E 264/95 "PROTOPORIA" dar, in der eine Geldbuße in Höhe von 2% des Bruttoumsatzes der wegen einer Lieferverweigerung sowie Preisbindungen der zweiten Hand auf dem Büchermarkt beschuldigten Unternehmen bzw. Unternehmensverbände verhängt wurde.

385 *WbK*-E 62/88 "Filme für Röntgenaufnahmen", Bd. B, S. 64; *WbK*-E 263/95 "Schiffahrtsagentur IRAKLIS", Bd. C, S. 154.

Vordergrund des Bemessungsverfahrens stehen. Einen hohen Wert legen außerdem die griechischen Kartellbehörden auf die Bereitschaft der Unternehmen, den Verstoß - auch nach Einschreiten der Kommission, jedoch bevor einer Entschlußfassung - *freiwillig abzustellen*[387]. Vereinzelt wird auch auf den - für die Begründung der Ahndbarkeit nicht vorausgesetzten - *Grad des Verschuldens* der Beteiligten[388] Bezug genommen. Diese Faktoren dürften auch den Prozentsatz des (Vorjahres-)Umsatzes des Unternehmens bestimmen, anhand dessen sich die endgültige Geldbuße errechnet. Eine Quantifizierung dieses Prozentsatzes ist allerdings bislang prinzipiell[389] unterblieben, so daß letztlich als zweifelhaft erscheint, ob die griechischen Behörden zur Bestimmung der Bußgeldhöhe überhaupt auf diese Berechnungsmethode zurückgreifen und feste Prozentsätze ihrer Praxis zugrunde legen. Das bisherige Entscheidungsmaterial deutet eher darauf hin, daß der Umsatz zwar als maßgebliche Orientierungsgröße dient[390], daß die jeweils zu verhängende Geldbuße jedoch nicht als fester Prozentsatz dieses Umsatzes, sondern frei bestimmt wird.

Konkrete Angaben hinsichtlich der Quote des Umsatzes, an der sich die Bemessung ausrichtet, finden sich in *Zwangsgeld*entscheidungen[391]. Über die Tatsache hinaus aber, daß es dabei gerade um Zwangsgeld- und nicht um Bußgeldentscheidungen geht, ist zu berücksichtigen, daß die fraglichen Entscheidungen Unternehmensverbände mit sehr geringen Umsätzen betrafen[392]. Die von den griechischen

---

386 *WbK*-E 62/88 "Filme für Röntgenaufnahmen", Bd. B, S. 64.

387 Siehe *WbK*-28/85 "TASTY FOODS", Bd. A, S. 133, wo die freiwillige Abstellung der Zuwiderhandlung als mildernder Umstand berücksichtigt wird; mildernd wird auch die Kooperationsbereitschaft von 3E im gleichnamigen Fall eingeschätzt, vgl. *WbK*-S 101/90, Bd. C, S. 40; vgl. dagegen *WbK*-E 263/95 "Schiffahrtsagentur IRAKLIS", Bd. C, S. 154, wo die Gleichgültigkeit des betroffenen Unternehmens und die im Anschluß an den Verstoß gegen Art. 1 Abs. 1 KartellG begangene Zuwiderhandlung gegen Art. 2 KartellG als erschwerender Umstand hervorgehoben wird.

388 Vgl. *WbK*-S 101/90 "3E II", Bd. C, S. 40, in der die Kommission darauf hinweist, daß das Unternehmen aller Wahrscheinlichkeit nach nur aus Fahrlässigkeit die diesem zugerechnete Rechtsverstöße beging.

389 Siehe aber die oben zitierte *WbK*-E 264/95 "PROTOPORIA", Bd. C, S. 154 ff.

390 Vgl. *WbK*-28/85 "TASTY FOODS", Bd. A, S. 133; *WbK*-S 101/90 "3E II", Bd. C, S. 40.

391 Vgl. *WbK*-S 83/89 "Vereinigung der Aufzügetechniker", Bd. B, S. 134 - Zwangsgeld in Höhe von 10% des Bruttoumsatzes der Vereinigung; *WbK*-S 109/91 "Panhellenische Optikervereinigung", Bd. C, S. 57.

392 Anders als die Kommission und die europäischen Gerichte bestimmen die griechischen Kartellbehörden die gegen Unternehmensverbände verhängten Geldbußen und Zwangsgelder (noch) auf der Grundlage des *Umsatzes der Verbände* selbst. Die Umsätze der Mitglieder, die die wirtschaftliche Kraft der Verbände mitbestimmen, werden nicht in Betracht gezogen, vgl. dagegen *EuG* v. 23.02.1994, Verb. Rs. T-39/92 und T-40/92, *CB und Europay*, Slg. 1994, II-49: "[Rdn. 136] Die Verwendung der Gattungsbezeichnung 'Verstoß' in Artikel 15 Absatz 2 der Verordnung Nr. 17 umfaßt ohne Unterscheidung die Vereinbarungen, die abgestimmten Verhaltensweisen und die Beschlüsse von Unternehmensvereinigungen. Daraus ergibt sich, daß die dort genannten Höchstgrenzen für Vereinbarungen und abgestimmte Verhaltensweisen in derselben Weise gelten wie für Beschlüsse von Unternehmensvereinigungen. Die Höchstgrenze von 10% des Umsatzes ist somit nach dem Umsatz jedes der Un-

Kartellbehörden in diesen Fällen verwendete Quote von 10%, die den damaligen gesetzlichen Zwangsgeldrahmen ausschöpfte, dürfte deswegen kaum als richtungsweisend betrachtet werden[393].

Gegen die skizzierte, insgesamt kaum durchschaubare Praxis[394] sind viele Bedenken zu erheben, weil damit die Nachprüfung der Urteile unter dem Aspekt des Verhältnismäßigkeits- sowie Gleichheitsgrundsatzes erheblich erschwert wird[395].

Bußgeldbemessung bei Verstößen gegen die Vorschriften der präventiven Fusionskontrolle

Anders als die Praxis zum Kartell- und Mißbrauchsverbot, erweckt die (junge) Praxis auf dem Gebiet der präventiven Fusionskontrolle (*Verstöße gegen Art. 4b und 4e KartellG*) den Eindruck, daß die Kartellbehörden Anstrengungen anstellen, um die jeweilige Bußgeldhöhe auf im voraus festgelegte Kriterien und Umsatzquoten

---

ternehmen zu berechnen, die Parteien der Vereinbarungen und abgestimmten Verhaltensweisen sind, oder *nach den Umsätzen aller Unternehmen, die Mitglieder solcher Unternehmensvereinigungen sind*, jedenfalls soweit die Vereinigung kraft ihrer Satzung ihre Mitglieder verpflichten kann. [Rdn. 137] Die Richtigkeit dieser Auffassung wird durch den Umstand bestätigt, daß bei der Festsetzung der Geldbußen unter anderem der *Einfluß*, den das Unternehmen insbesondere kraft seiner Größe und seiner Wirtschaftskraft, für die der Umsatz des Unternehmens ein Hinweis ist, ausüben kann..., sowie der *Abschreckungseffekt* berücksichtigt werden können, den die Geldbußen erzielen müssen... Der Einfluß, den eine Unternehmensvereinigung auf den Markt ausüben kann, hängt nämlich nicht von ihrem eigenen 'Umsatz' ab, der weder ihre Größe noch ihre Wirtschaftskraft aufzeigt, sondern vom Umsatz ihrer Mitglieder, der ein Hinweis auf ihre Größe und ihre Wirtschaftskraft ist." - Siehe auch die "Leitlinien für das Verfahren zur Festsetzung von Geldbußen, die gemäß Artikel 15 Absatz 2 der Verordnung Nr. 17 und gemäß Artikel 65 Absatz 5 EGKS-Vertrag festgesetzt werden" (ABl. 1998 Nr. C 9/3, Teil 5 c), die davon ausgehen, daß bei Zuwiderhandlungen von Unternehmensvereinigungen - falls (aus praktischen Gründen, z.B. bei mehreren Tausend Mitgliedsunternehmen) nicht die Verhängung von einzelnen Geldbußen gegen die einzelnen Mitgliedsunternehmen verhängt werden können - gegenüber der Vereinigung eine Gesamtgeldbuße festzusetzen ist, "die dem Gesamtbetrag der Einzelgeldbußen entspricht, die gegenüber jedem einzelnen Mitgliedsunternehmen hätten festgesetzt werden müssen". Es sei darauf hingewiesen, daß die Leitlinien den Umsatz der betroffenen Unternehmen nunmehr lediglich als Kriterium für die Bestimmung der Obergrenze (10% des Vorjahresumsatzes) der zu verhängenden Geldbuße betrachten (a.a.O., Teil 5 a) und zur Bemessung der Geldbußen auf eine Reihe anderer Kriterien zurückgreifen; vgl. zusammenf. dazu PAPAKIRIAKOU, Europäisches Unternehmensstrafrecht, *Zweiter Teil* III B 2 (b).

393 Eine niedrigere Quote (2% des Bruttoumsatzes) wurde in der bereits zitierten *WbK*-E 264/95 ("PROTOPORIA"), in der für die Zwangsgeldandrohung derselbe Prozentsatz wie für die Berechnung der verhängten Geldbuße herangezogen wurde.

394 Vgl. dazu CHRISTOFOROU, in Competition Law, Greece, G.C.-44.

395 Vgl. bezüglich des Gemeinschaftsrechts DANNECKER, in: I/M EG-WbR [1997], VO 17 Art. 15, Rdn. 247: "Der Gleichheitsgrundsatz wird ... zu einem Programmsatz degradiert, wenn seine Einhaltung nicht überprüfbar ist. Daher haben die betroffenen Unternehmen ein Recht zu erfahren, wie ihr Wettbewerbsverhalten im Verhältnis zu vergleichbaren Fällen eingeordnet wird und worauf etwaige Abweichungen beruhen."

zu stützen. Zum Zwecke der Bemessung werden so beispielsweise Kriterien wie die Art der Zuwiderhandlung, die Bedeutung und die Struktur des betroffenen Marktes, die Stellung des Zuwiderhandelnden auf diesem Markt sowie sein Verhalten bzw. der Grad seines Verschuldens im Hinblick auf den konkreten Rechtsverstoß genannt[396]. Bedeutung wird auch der Frage beigemessen, ob der nicht angemeldete und/oder vor der gebotenen Entscheidung der Kommission vollzogene Zusammenschluß wettbewerbsbeschränkende Wirkungen entfaltet und damit den materiellen Zielsetzungen der Fusionskontrolle zuwiderläuft. Ist das nicht der Fall, so wird eine mildere Geldbuße verhängt[397]. Im Zusammenhang mit der Bemessung werden auch die Gründe überprüft, die die Unternehmen für ihre Entlastung vorbringen. Auch wenn sich die Kommission dabei prinzipiell weigert, eine Rechtfertigung der Zuwiderhandlung oder zumindest einen Wegfall des Verschuldens anzunehmen, zeigt sie sich doch oft bereit, diese Gründe als mildernde Umstände anzuerkennen und sich dementsprechend auf eine milde, angemessene Geldbuße zu beschränken[398]. In den Entscheidungstexten der Fusionskontrolle wird schließlich viel öfter auf die Umsätze der betroffenen Unternehmen Bezug genommen, wobei das Bemühen der Kartellbehörden erkennbar ist, die jeweils festgesetzte Geldbuße auch als Quote des Umsatzes der fusionsbeteiligten Unternehmen auf dem Welt- oder auf dem nationalen (Produkt-)Markt darzustellen.

Man kann allerdings auch auf dem Gebiet der Fusionskontrolle kaum davon sprechen, daß es feste, voraussehbare Bemessungskriterien und Bemessungsmethoden gibt, die auf jeden Einzelfall angewendet werden. In zahlreichen Entscheidungen fehlt es nämlich an jeder Angabe hinsichtlich der Bemessungsfaktoren oder der zugrunde gelegten Umsatzquote[399]. Die Entscheidungen, in denen eine auf Umsatzquoten gestützte Bußgeldbemessung praktiziert wurde, weisen außerdem erhebliche Unterschiede zueinander auf, denen keine Erklärung beigefügt worden ist. Im Rahmen des Art. 4b KartellG schwanken so beispielsweise die maßgeblichen Prozentsätze von 0,00037% des Gesamtumsatzes aller Fusionsbeteiligten[400] bis 0,0025% des Gesamtumsatzes der erwerbenden Unternehmensgruppe[401]. Im Rahmen des Art. 4e KartellG erstreckt sich die entsprechende Skala von 0,019% des Gesamtumsatzes der in Griechenland tätigen Tochtergesellschaft des erwerbenden Unternehmens[402] bis auf 0,5% des Gesamtumsatzes der am relevanten Produkt-

---

396 Siehe nur *WbK*-43/96 "CONCETUM S.A. / TSIMENTA CHALKIDOS", Teil XI.3.iii.; *WbK*-E 81/97 "HEWLETT PACKARD / VERIFONE".

397 Vgl. *WbK*-E 76/97 "BERKELEY SQUARE / KEMAKO / JWT ITALIA", Teil 6.3.

398 Vgl. z.B. *WbK*-E 60/97 "HENKEL / LOCTITE", Teil VI.

399 Vgl. den tabellarischen Überblick im Anhang I.

400 Vgl. *WbK*-E 76/97 "BERKELEY SQUARE / KEMAKO / JWT ITALIA", Teil 6.3.

401 Vgl. *WbK*-E 43/96 "CONCRETUM / TSIMENTA CHALKIDOS", Teil XI.2.i.

402 Vgl. *WbK*-E 41/96 "CONSOLIDATED EUROFINANCE / INTERBANK".

markt tätigen Unternehmen der erwerbenden Gruppe[403]. Nahe liegt deswegen die - auch in der Praxis zu Art. 4a KartellG Anhaltspunkte findende - Vermutung, daß die Wettbewerbskommission nicht von der Umsatzquote auf die Bußgeldhöhe schließt, sondern umgekehrt verfährt: der frei bestimmte Bußgeldbetrag wird nämlich anschließend in prozentuale Verbindung zum Umsatz gebracht und dadurch (zusätzlich) als Umsatzquote ausgedrückt.

Diese Praxis dürfte daran liegen, daß der Gesetzestext den Bußgeldrahmen in den Fusionsbußgeldvorschriften nur als Prozentsatz des Umsatzes der betroffenen Unternehmen umschreibt. Die griechische Kommission fühlte sich aus diesem Grund anscheinend am Anfang verpflichtet, entsprechende prozentuale Angaben zu machen. In den Entscheidungen der letzteren Zeit finden sich allerdings solche Angaben nicht mehr.

(b) Ahndung formeller Verstöße[404]

Im Gegensatz zu der oben geschilderten, durch starke Schwankungen gekennzeichneten Entwicklung der Bußgeldpraxis im Bereich der materiellen Wettbewerbsverstöße weist die Bußgeldpolitik der griechischen Kartellbehörden auf dem Gebiet der formellen Wettbewerbsverstöße (Verletzung von Anmelde-, Anzeige-, Informations-, Duldungs- und Mitwirkungspflichten) eine beeindruckende Konsistenz auf. Äußerst selten[405] haben die griechischen Kartellbehörden davon abgesehen, die Vernachlässigung der Anmeldepflicht für Kartelle mit Geldbußen zu belegen. Ebenso konstant wurden bis heute Verstöße gegen formelle Auskunftsentscheidungen sanktioniert. Verletzungen der für Fusionen eingeführten Anzeigepflichten werden schließlich gleichermaßen mit hohen Geldbußen sanktioniert. - Die Geldbuße war und bleibt somit in der griechischen Kartellpraxis das Hauptmittel zur Realisierung des von den Kartellbehörden hochgeschätzten Zieles der *Behördenpublizität*.

Die Voraussehbarkeit des Vorgehens der griechischen Kartellbehörden bei der Bemessung der wegen formeller Kartellrechtsverstöße festgesetzten Geldbußen fällt bei den verschiedenen Vorschriften unterschiedlich hoch aus. Am meisten durchschaubar ist die Bemessungspraxis bezüglich Verletzungen der kartellbezogenen Anmeldepflicht und der Auskunftspflicht gemäß Art. 25 KartellG. Hier wird in der Regel ein fester Betrag pro Verstoß festgesetzt. Dieser betrug Anfang der 90er Jahre prinzipiell[406] 500.000 DRM[407] und beläuft sich heute - nach der Modifi-

---

403 Vgl. *WbK*-E 40/96 "KAMARI / BOSSINAKIS", Verfügender Teil.

404 Damit werden Verstöße gegen Art. 4a (Nachträgliche Anzeigepflicht für Fusionen), 20-21 (Anmeldepflicht für Alt- und Neukartelle) und 25-26 KartellG (Informations-, Duldungs- und Mitwirkungspflichten bei Untersuchungen der Kartellbehörden).

405 *WbK* 17/82 "KARAMBELAS", Bd. A, S. 47 ff.; In diesem Fall hatte zwar die Anmeldung stattgefunden, jedoch ohne Einhaltung der gesetzlichen Frist.

406 Abweichungen nach unten gab es beispielsweise in der *WbK*-E 130/94 "FOINIX", Bd. C, S. 96 (300.000 DRM); *WbK*-E 142/94 "POBEAM / OBEAME", Bd. C, S. 104 (150.000 DRM).

zierung des Bußgeldrahmens[408] - auf 2.000.000 DRM[409]. Hinsichtlich der Verstöße gegen die fusionsbezogene Anzeigepflicht gemäß Art. 4a KartellG wurde Anfang der 90er Jahre vom Handelsminister ein Prozentsatz von 0,05% des Umsatzes der unmittelbar an der Fusion beteiligten Unternehmen als Bemessungsgrundlage praktiziert. Die heutige Praxis verwendet keine solche feste Umsatzquote mehr[410], was die Voraussehbarkeit der Bußgeldhöhe erheblich mindert[411].

(2) Materiellrechtliche Grundsätze der Bußgeldpraxis

Die Anwendung der Sanktionsvorschriften des verwaltungs(straf)rechtlichen Sanktionssystems wird nicht nur dadurch gekennzeichnet, daß sie in einem einheitlichen verwaltungsrechtlich geprägten Verfahren stattfindet, sondern auch dadurch, daß sie sich einheitlich an verwaltungsrechtliche Grundsätze und Kategorien anlehnt. Reine Verwaltungssanktionen (Zwangsgelder) und Geldbußen werden damit hinsichtlich ihrer Anwendungsvoraussetzungen gleichgestellt. Auf strafrechtliche Rechtsinstitute *als solche* wird dabei nicht Bezug genommen.

(a) Auslegungsprinzipien

Im Hinblick auf die Auslegung der Bußgeldvorschriften gibt es (noch) kein deutliches Anzeichen dafür, daß sich die Kartellbehörden verpflichtet fühlen, die straf-

---

407 Vgl. *WbK*-S 101/90 "3E II", Bd. C, S. 41 sowie *minist. Entsch.* A1 1229/90, Bd. C, S. 194 (Verletzung der Anmeldepflicht); *minist. Entsch.* 79/91 "SEVEN ISLANDS", Bd. C, S. 1995; *minist. Entsch.* 93/92 "KOURTAKIS / EKMA", Bd. C, S. 195; *minist. Entsch.* 172/92 "MATZOROS", Bd. C, S. 196; *WbK*-E 131/94 "ALMA SPORT", Bd. C, S. 97; *WbK*-E 136/94 "BALIS u.a.", Bd. C, S. 99 (jeweils Verletzungen der Auskunftspflicht).

408 CRISTOFOROU (in: Competition Law, Greece, G.C.-44 f.) trifft in diesem Zusammenhang die Feststellung, "both the CC [Wb(S)K] and the Minister of Commerce tend now to impose the maximum fine provided for non-notification of restrictive agreements." Dies läßt sich allerdings insbesondere dadurch erklären, daß die seit 1977 unverändert gebliebenen Bußgeldvorschriften sehr niedrige Geldbußen für die Verletzung der Anmeldepflicht vorsahen (von 100.000 bis zu 500.000 DRM), und deshalb selbst die Ausschöpfung des gesetzlichen Rahmens am Ende der 80'er Jahren nicht zu einer für den Betroffenen fühlbaren Sanktionierung führen konnte. Nunmehr, nach der vierten KartellG-Novelle von 1995, beläuft sich die Bußgeldandrohung von 3.000.000 DRM bis zu 10% des Bruttoumsatzes des Unternehmens, so daß die von CRISTOFOROU getroffene Feststellung als überholt betrachtet werden kann.

409 Vgl. *WbK*-E 84/97 "PARTEK / SISU"; *WbK*-E 91/97 "DIMON / INTABEX".

410 In der *WbK*-E 64/97 "FICANTIERI / NEW SULZER DIESEL" wird beispielsweise der Bemessung eine Quote von 0,000875% des Gesamtumsatzes der Fusionsbeteiligten auf dem Weltmarkt zugrunde gelegt (Ergebnis: 4.000.000 DRM). Die *WbK*-E 83/97 "MOCHLOS / AMBRAKIA" geht dagegen von einer Quote in Höhe von 0,0012% des Gesamtumsatzes der Fusionsbeteiligten aus (Ergebnis: 10.150.000 DRM).

411 Zur Höhe der bislang festgesetzten Geldbußen vgl. den tabellarischen Überblick im Anhang I.

rechtlichen Auslegungsprinzipien (Analogieverbot, Gebot der engen Auslegung von Generalklauseln)[412] in Anwendung zu bringen. Die Auslegungspraxis vermittelt vielmehr oft den Eindruck, von einem weitreichenden *Pragmatismus* durchzogen zu sein. Die griechischen Kartellbehörden scheuen sich danach nicht davor, die Kartellvorschriften über ihren "natürlichen" Anwendungsbereich[413] oder ihren "natürlichen" Wortsinn hinaus zu dehnen[414], wenn sie meinen, daß Gerechtigkeitsbedürfnisse des Einzelfalles oder Zweckmäßigkeitsbelange der Wettbewerbspolitik damit besser befriedigt werden können.

Auch wenn sich die oben geschilderte pragmatische Vorgehensweise prinzipiell auf das Gebiet der Abgrenzung zwischen verbotenem und erlaubtem Verhalten beschränkt und nicht auf den Bereich der Ausübung der Bußgeldbefugnisse erstreckt - es lassen sich nämlich kaum Stellungnahmen bzw. Entscheidungen finden, die in solchen Fällen auf repressive Sanktionen zurückgreifen -, ist zu beachten, daß dadurch die strafrechtlichen Auslegungsregeln *nicht* in Geltung gebracht werden. Es ist nur das *Opportunitätsprinzip*, das in solchen Fällen als *Gegengewicht* zugunsten des beanstandeten Verhaltens eingesetzt wird und die Verhängung von Geldbußen "im letzten Moment" abwendet.

Nicht zu übersehen sind allerdings auch die *erhöhten Bestimmtheitsanforderungen*, die bereits in der Vergangenheit vereinzelt im Hinblick auf die Anwendung des Kartellverbotes auf Einzelfälle geltend gemacht wurden[415], und sich vor allem in den letzten Jahren

---

[412] Näher zu diesen strafrechtsspezifischen Auslegungsregeln PAPAKIRIAKOU, Europäisches Unternehmensstrafrecht, *Zweiter Teil* I B 1.

[413] Vgl. die bereits dargestellten Fälle "BLYTHE COLOURS" : Einsatz des Kartellverbots im Fall eines Produkts mit geringem Marktanteil und im Hinblick auf Vertragsklauseln ohne (eindeutigen) wettbewerbsbeschränkenden Charakter zum Schutz eines wirtschaftlich abhängigen Marktpartners (siehe oben im Text, § 3 II C 5); "UCAR / SUNLIGT": Einsatz des Mißbrauchsverbots zur Unterbindung vom ruinösen Wettbewerb zwischen zwei Oligopolisten (siehe oben im Text, § 3 I B 2); "Elektromotoren KIM": Einsatz des Kartellverbotes in einem Fall bewußten Parallelverhaltens (siehe oben im Text, § 4 I A 2).

[414] Vgl. die ebenfalls oben im Text (§ 4 I A 2) dargestellte Praxis bezüglich der Preisempfehlungen von Unternehmensvereinigungen, die davon auszugehen scheint, daß auch unverbindliche und in Wirklichkeit nicht befolgte Preisempfehlungen als "Beschlüsse von Unternehmensvereinigungen" unter das Kartellverbot fallen. Hingewiesen sei des weiteren auf die (gegen den Wortlaut des Kartellverbotes verstoßende) Einstufung von Verbänden aus Unternehmensvereinigungen (Dachverbände) als "Unternehmensvereinigungen", vgl. *WbK*-E 97/90 "Friseurvereinigung", Bd. C, S. 21 f.

[415] So hat beispielsweise die griechische Wettbewerbskommission im AEPI-Fall den (für zu Wettbewerbsbeschränkungen gezwungene Marktteilnehmer vorteilhaften) Standpunkt eingenommen, daß auch ein *Vertrag* als einseitige Handlung (und damit als nicht tatbestandsmäßiges Verhalten im Sinne des Kartellverbots) aufzufassen sei, wenn der Vertragspartner zwar der Wettbewerbsbeschränkung unterworfen werde, diese jedoch nicht selbst verursache; vgl. *WbK*-E 59/93 "AEPI", Bd. C, S. 83: "Art. 1 Abs. 1 bezieht sich auf Konzertierungen mit wettbewerbsbeschränkenden Effekten, d.h. auf gemeinsame Handlungen..., nicht dagegen auf einseitige Handlungen, die als Erzwingung oder in anderer Form oder auch als Verträge

im Bereich der Fusionskontrolle bemerkbar machen. - Insbesondere die fusionsbezogenen interpretatorischen Einschränkungen lassen sich in zwei Fallgruppen einteilen: Zum einen geht es um die Entscheidungspraxis bezüglich der *Anzeigepflicht für (vollzogene) Fusionen im Zeitraum 1992-1995*. Die beiden Gesetzesnovellen von 1991 haben zwar eine solche Pflicht eingeführt (Art. 4a a.F. KartellG), jedoch zugleich vorgesehen, daß die Einzelheiten der Anzeige durch Ministerbeschluß zu regeln sind[416]. Der dafür zuständige Handelsminister erließ aber keinen solchen Beschluß, obwohl die Wettbewerbskommission ihm einen diesbezüglichen Beschlußentwurf vorgelegt hatte[417]. Im Hinblick darauf weigerte sich die Wettbewerbskommission in ihren mit Mehrheit gefaßten Stellungnahmen im Zeitraum 1992-1995, gegen nicht (fristgemäß) angezeigte Fusionen Geldbußen zu verhängen. Sie berief sich darauf, daß angesichts des Versäumnisses des Handelsministers die Anzeigevorschrift noch nicht genügend bestimmt sei, um angewendet werden zu können[418]. Der Handelsminister, der im gleichen Zeitraum die entscheidenden Befugnisse für die Fusionskontrolle besaß, folgte allerdings dieser restriktiven Auslegung der Mehrheit der Mitglieder der WbK nicht und belegte unter Berufung auf die *Selbständigkeit und ausreichende Bestimmtheit der im Gesetzestext vorgeschriebenen Anzeigepflicht* die dagegen verstoßenden Unternehmen mit Geldbußen[419].

Die zweite Fallgruppe restriktiver Auslegung bezieht sich auf die Verstöße gegen die *Anmelde- und Wartepflichten der Fusionskontrolle nach geltendem Recht*. Die restriktive Auslegung zeigt sich darin, daß nur solche Unternehmen verantwortlich gemacht und mit Geldbußen belegt werden, die an einer nicht (fristgemäß) angemeldeten oder verfrüht vollzogenen Fusion *unmittelbar beteiligt* sind[420]. Werden diese Unternehmen zum Verstoß gegen die Anmelde- und Wartepflichten durch dritte Unternehmen gezwungen

---

in Erscheinung treten, in denen der Vertragspartner zwar der Wettbewerbsbeschränkung ... unterworfen wird, diese jedoch nicht selbst verursacht." - Des weiteren hat der Handelsminister als entscheidendes Kartellorgan im Imathia-Pelli-Fall die Ansicht vertreten, daß *nicht durchgeführte* Vereinbarungen wegen fehlender "materieller Wirkung" nicht tatbestandsmäßig seien; siehe den oben im Text (§ 4 I C 3) dargestellten "Imathia-Pelli"-Fall. - Hervorzuheben ist jedenfalls, daß es dabei um Ansichten geht, die in vereinzelten Entscheidungen vertreten wurden und keinen festen Bestandteil der Praxis darstellen.

416 Vgl. Art. 4a Abs. 4 a.F. KartellG.

417 Siehe *WbK*-S 80/1/93 "Anmeldung von Fusionen gemäß Art. 4a".

418 Vgl. *WbK*-S 127/94 "MASOUTIS", Bd. C, S. 94 f.; *WbK*-S 128/94 "BERRY BROS & RUDD / KAROULIAS" (nicht veröff.); *WbK*-S 129/94 "NIKI / MICHAILIDIS" (nicht veröff.); *WbK*-S 137/94 "TRESKO / R. MARKET", Bd. C, S. 100; *WbK*-S 145/94 "ATLANTIK / KYPSELI", Bd. C, S. 105; *WbK*-S 167/94 "RECKITT & COLMAN / DR. MICHALIS", Bd. C, S. 106; *WbK*-S 223/95 "THE LION / A.B. BASILOPOULOS", Bd. C, S. 119; *WbK*-S 226/95 "IBS / KEM / ANTISTAL", Bd. C, S. 121.

419 Siehe *minist. Entsch.* A1-522/95 "MASOUTIS", Bd. C, S. 202 f.; *minist. Entsch.* A1-1091/94 "NIKI / MICHAILIDIS", Bd. C, S. 196 f.; *minist. Entsch.* A1-1092/94 "TRESKO / R. MARKET", Bd. C, S. 197 f.; *minist. Entsch.* A1-411/95 "ATLANTIK / KYPSELI", Bd. C, S. 200 f.; *minist. Entsch.* A1-65/95 "RECKITT & COLMAN / DR. MICHALIS", Bd. C, S. 201 f.; *minist. Entsch.* A1-283/95 "THE LION / A.B. BASILOPOULOS", Bd. C, S. 198 f.; *minist. Entsch.* A1-410/95 "IBS / KEM / ANTISTAL", Bd. C, S. 199 f.; im Fall "BERRY BROS & RUDD / KAROULIAS" erging - soweit ersichtlich - keine ministerielle Bußgeldentscheidung.

420 Siehe z.B. *WbK*-E 43/96 "CONCRETUM / TSIMENTA CHALKIDOS", Teil 3.i; vgl. auch *WbK*-E 102/98 "MÜHLEN SANKT GEORGEN / STELLA", Teil IV.

bzw. "angestiftet" - was beispielsweise der Fall ist, wenn Banken in der Eigenschaft des Gläubigers den fusionierenden Unternehmen den schnellen Vollzug der Fusion aufzwingen -, bleiben trotzdem nur die fusionierenden Unternehmen für den Verstoß verantwortlich. Das Verhalten der dritten Unternehmen wird zwar von der griechischen Wettbewerbskommission stark mißbilligt. Angesichts der fehlenden Typisierung des fraglichen Verhaltens weigert sich aber die griechische Wettbewerbsbehörde, den dritten Unternehmen bußgeldrechtliche Verantwortung zuzuschreiben[421] - was als Beweis dafür herangezogen werden kann, daß die griechischen Kartellbehörden den extensiven Täterbegriff bzw. das Modell der Einheitstäterschaft mangels einer ausdrücklichen Typisierung im Gesetzestext ablehnen[422].

Ob die soeben geschilderten Fallgruppen bereits als bewußte Hinwendung zum dogmatischen Instrumentarium des Strafrechts zu deuten sind, muß jedenfalls bezweifelt werden. Die griechischen Kartellbehörden berufen sich nämlich auf dieses Instrumentarium nicht. Vielmehr scheinen sie, den Versuch eines gezielten Einsatzes des verwaltungsrechtlichen Gesetzesvorbehaltes vorzunehmen, um die Anwendung der Bußgeldvorschriften bereits mit dem Instrumentarium des Verwaltungsrechts zu verhindern. Daß dies aber nicht ausreicht, zeigt sich nicht zuletzt darin, daß - wie bereits dargelegt - die Verfahren der ersten Fallgruppe schließlich mit einer (vom Handelsminister erlassenen) Bußgeldentscheidung endeten.

(b) Rechtfertigungsgründe

Des weiteren ist zu konstatieren, daß die griechischen Kartellbehörden keine Bereitschaft zeigen, Rechtfertigungsgründe anzuerkennen, die über die im KartellG fixierten verwaltungsrechtlichen Ausnahmeregeln (z.B. Einzelfreistellung vom Kartellverbot, Befreiung von der Wartepflicht der Fusionskontrolle in dringenden Fällen auf der Grundlage eines diesbezüglichen Antrages der betroffenen Unternehmen) hinausgehen. Dies hat konsequenterweise zur Folge, daß die Anwendung strafrechtlich geprägter Institute, wie der *Notwehr* oder des *Notstands*, bislang in keiner Entscheidung oder Stellungnahme in Erwägung gezogen worden ist.

Der soeben geschilderte Befund ließe sich zwar auch dadurch erklären, daß kein von den bislang betroffenen Unternehmen einen solchen Einwand ausdrücklich erhoben hat. Allerdings hat es auch Fälle gegeben, in denen das Verteidigungsvorbringen der betroffenen Unternehmen möglicherweise in Verbindung mit solchen klassischen Rechtfertigungsgründen hätte geprüft werden können. Die Kartellbehörden beschränken aber ihre Prüfung auch in solchen Fällen nur auf die im KartellG vorgesehenen verwaltungsrechtlichen "Rechtfertigungsmöglichkeiten". Liegen ihre Voraussetzungen nicht vor, so hat das Verteidigungsvorbringen der Unternehmen keine Erfolgschancen.

So wurden beispielsweise im LARCO-Fall[423] die vom Träger eines angeblich verletzten gewerbliches Schutzrechtes in Anspruch genommenen Selbsthilfemaßnahmen gegen

---

421 Siehe *WbK*-E 43/96 "CONCRETUM / TSIMENTA CHALKIDOS", Teil 3.i.

422 Vgl. zur Problematik im Gemeinschaftsrecht PAPAKIRIAKOU, Europäisches Unternehmensstrafrecht, *Zweiter Teil* III A 4 (a).

423 Siehe oben im Text, I D 2.

seine "angreifenden" Konkurrenten nur unter dem Aspekt der gesetzlich vorgesehenen kartellrechtlichen Ausnahmesituationen überprüft. Notwehr wurde nicht in Betracht gezogen. - Auch im EMI / WEA-Verfahren[424] wurde das Verteidigungsvorbringen der Schallplattenunternehmen EMI und WEA, die ihr für die griechischen Exporteure von Schallplatten schädliches Marktvorgehen (Aufdrücken der Umschläge der in Griechenland hergestellten Schallplatten berühmter ausländischer Popmusiker mit griechischen Buchstaben, so daß die Absatzmöglichkeiten der fraglichen Produkte im Ausland erheblich eingeschränkt wurden) auf ihren Willen zum Schutz der berechtigten Interessen von ausländischen Verbrauchern vor der schlechten Qualität der in Griechenland hergestellten Schallplatten zurückführten, von den griechischen Kartellbehörden ohne besondere Begründung abgewiesen[425]. - Auf die Möglichkeit der Beantragung einer Genehmigung für den Vollzug des Zusammenschlusses vor der endgültigen Entscheidung der Kommission (Art. 4e Abs. 3 KartellG) verweist außerdem nach ständiger Praxis die Wettbewerbskommission, wenn Unternehmen den Verstoß gegen die fusionsrechtliche Wartepflicht unter Berufung auf wirtschaftliche Notsituationen zu rechtfertigen versuchen. Machen die Unternehmen von dieser spezifischen kartellrechtlichen Möglichkeit keinen Gebrauch, so kann der Verstoß gegen Art. 4e Abs. 1 KartellG (verfrühter Fusionsvollzug) - unabhängig von der materiellrechtlichen Zulässigkeit des Zusammenschlusses - nicht gerechtfertigt werden[426].

Das oben skizzierte Verständnis der griechischen Behörden prägt nicht nur Entscheidungen und Stellungnahmen, die sich mit der Anwendung der materiellen Bußgeldvorschriften auseinandersetzen - und damit über die Auslegung von Tatbestandsmerkmalen wie das des Mißbrauchs die materiellen Gedanken der klassischen Rechtfertigungsgründe möglicherweise noch berücksichtigen können -, sondern auch solche, die Verstöße gegen das Verfahrensrecht (Anmelde- und Anzeigepflichten) betreffen und keine interpretatorischen Möglichkeiten zur sachgemäßen Berücksichtigung von Notsituationen anbieten.

So wurde beispielsweise im "HENKEL / LOCKTITE"-Fall das Vorbringen der deutschen Gesellschaft Henkel KGaA, sie habe den Erwerb der Kontrolle über die Gesellschaft Loctite Corporation durch Aktienaufkauf deshalb mit einer Verspätung von 8 Arbeitstagen bei den griechischen Wettbewerbsbehörden angemeldet, weil der Erwerb der Aktien durch öffentliches Angebot vorgenommen wurde und eine frühe Durchsikkerung der einschlägigen Information die Preise künstlich in die Höhe getrieben und den Zusammenschluß verhindert hätte, von der Wettbewerbskommission zwar als stichhaltig betrachtet, jedoch bei der Entscheidung für die Verhängung einer Geldbuße lediglich als Bemessungsfaktor berücksichtigt. Die Kommission führte nämlich aus[427]: "Auch wenn das Vorbringen des Betroffenen der Stichhaltigkeit nicht entbehrt, zumal einerseits die Wahl der Nichtanmeldung zur unternehmerischen Verwirklichung des in

---

424 Siehe oben im Text IV B.

425 Das Argument von WEA wurde allerdings vom ObVerwG Athen bei der Auslegung der Begriffe "Wettbewerbsbeschränkung" und "Mißbrauch" berücksichtigt und führte zum Freispruch des Unternehmens; vgl. *ObVerwG Athen* 3688/89, Bd. C, S. 251 ff. (bestätigt durch *Staatsrat* 27/93, Bd. C, S. 314 ff.).

426 Vgl. dazu *WbK*-E 110/98 "FRIESLAND / COBERCO / TWEE PROVINCIEN / Z.O.H", Teil VI und *WbK*-E 120/98 "SARANTIS / SANITAS-SANITAS".

427 *WbK* 60/97, Teil IV.

Frage stehenden Zusammenschlusses beitrug, und andererseits die Verspätung als nicht groß angesehen werden kann, ist zu bemerken, daß das Gesetz keine unterschiedliche Behandlung für solche Fälle vorsieht. Folglich liegt die verspätete Anmeldung der Fusion am Verschulden der Anmeldepflichtigen und ihr muß eine Geldbuße in Höhe von 2.000.000 Drachmen auferlegt werden, die ... von der Kommission angesichts der oben dargelegten Gründe der Verspätung als angemessen und billig beurteilt wird."[428]

Klarzustellen ist jedenfalls, daß es hier nicht darum geht, die Legitimität des Ausschlusses bzw. der Einschränkung des Anwendungsbereichs der klassischen strafrechtlichen Rechtfertigungsgründe im Kartellbußgeldrecht (bzw. im Verwaltungsstrafrecht) zu beurteilen. Auch wenn gute Gründe dafür sprechen, das klassische strafrechtliche Denken hinsichtlich der Strukturierung von Rechtfertigungsinstituten im Bereich des Verwaltungsstrafrechts (unter Berücksichtigung der - überindividuellen - Natur der geschützten Rechtsgüter[429] oder des Vorliegens spezifischer verwaltungsrechtlicher Institute) bestimmten Modifizierungen zu unterwerfen[430], ist hervorzuheben, daß diese Modifizierungen erst dann zulässig sind, wenn man die Geltung der klassischen strafrechtlichen Rechtfertigungsgründe *zunächst* zumindest im Ansatz anerkannt hat. Gerade auf die fehlende Bereitschaft der griechischen Rechtsanwender, diesen rechtsstaatlich gebotenen Schritt zu vollziehen, soll hier aufmerksam gemacht werden.

(c) Schulderfordernisse

Die grundsätzliche Distanzierung der kartellrechtlichen Praxis gegenüber den Grundlagen der Strafrechtsdogmatik kommt aber vor allem bei Schuldfragen zum Vorschein. Im Anschluß an die gegenwärtige positivrechtliche Ausgestaltung der Bußgeldvorschriften, die keine subjektiven Merkmale unter ihren Tatbestandsvoraussetzungen enthalten - die einzige Ausnahme bilden die Art. 4a Abs. 4 und Art. 4b Abs. 4 KartellG, die nur die "verschuldete" Verletzung der Anzeige- und Anmeldepflichten bei Fusionen unter Bußgeldandrohung stellen - halten auch die griechischen Rechtsanwender jede Überprüfung der inneren Tatseite für entbehrlich. Die Verantwortung der Unternehmen wird danach im Text der griechischen Entscheidungen und Stellungnahmen nur unter Hinweis auf die objektiv-äußeren Elemente der Zuwiderhandlung begründet. Dadurch werden auch die jeweils betroffenen Unternehmen dazu gezwungen, ihre Verteidigungstaktik prinzipiell auf

---

428 Vgl. auch *WbK*-E 50/97 "SKW TROSTBERG / SANDOZ": "Bezüglich der um einen Monat verspäteten Anmeldung beruft man sich nicht auf außerordentliche Gründe, sondern auf die Tatsache, daß die bei mehreren nationalen Behörden zu erstattenden Anmeldung der Fusion die Sammlung der erforderlichen Daten schwierig machte. Dieses Vorbringen kann aber nicht als angemessen betrachtet werden... *Außerdem sieht das Gesetz keine unterschiedliche Behandlung für die Fälle mehrfacher Anmeldungen vor.*"

429 Vgl. z.B. die Ausführungen oben im Text (§ 3 III C 1) bezüglich der gebotenen Einschränkungen des Anwendungsbereichs der (mutmaßlichen) Einwilligung und der Notwehr im Kartell(bußgeld)recht.

430 Ausführlich dazu PAPAKIRIAKOU, Europäisches Unternehmensstrafrecht, *Dritter Teil.*

die Bestreitung der Verwirklichung des objektiven Bußgeldtatbestandes oder auf das Vorliegen von "Ausnahmesituationen" auszurichten und jede Berufung auf subjektive Vorstellungen und Irrtümer hinsichtlich der Bedeutung der beanstandeten Tat und der Rechtslage zu vermeiden.

SCHINAS, der wiederholt und insgesamt für lange Zeit Vorsitzender der Wettbewerbskommission war, vertritt zwar die Auffassung, daß bei der Entscheidungsfindung die subjektiven Vorstellungen der (Organmitglieder der) zur Verantwortung gezogenen Unternehmen doch berücksichtigt werden. Sieht man aber vom Alkoholkartell-Fall ab[431], in dem es in erster Linie um die Entsendung eines wirtschaftspolitischen Signals ging und die Berufung auf das Vorsatzelement letztlich nur einen Ausweg darstellte, um den wirtschaftspolitischen Meinungsstreit nicht auf dem Rücken der betroffenen Unternehmen auszutragen, findet die Ansicht von SCHINAS im Text der Stellungnahmen und Entscheidungen der griechischen Kartellbehörden grundsätzlich[432] keinen Niederschlag. Auch bei den - wie bereits dargelegt - lapidaren Ausführungen hinsichtlich der Bemessungsfaktoren lassen sich nur selten Bezugnahmen auf subjektive Elemente finden[433].

So wurde beispielsweise das Vorbringen des Grundstofflieferanten im LARCO-Verfahren[434], er habe geglaubt, rechtmäßig zu handeln, weil er das griechische Patentgesetz anders ausgelegt habe und dementsprechend sich gesetzlich verpflichtet gefühlt habe, nur den anerkannten Patentinhaber zu beliefern, von der Kommission in seiner Substanz ignoriert. Die griechische Kartellbehörde begnügte sich nämlich damit, den Inhalt der Einlassung objektiv als patentrechtlich falsche Interpretation zu bezeichnen. Der reale Einfluß des *Rechtsirrtums* auf das Verhalten des Lieferanten und letztlich die Bedeutung des Irrtums für die Bejahung der Ahndbarkeit und für die Bestimmung der Bußgeldhöhe wurden nicht überprüft.

Hierbei verdient der Aufmerksamkeit, daß die skizzierte Vernachlässigung der subjektiven Tatseite bei der Entscheidungsbegründung weniger an der Überzeugung der griechischen Kartellbehörden liegt, daß die Schuldfrage bei Unternehmen bzw. juristischen Personen als Handlungssubjekten ohnehin keine befriedigende dogmatische Antwort finden kann, als daran, daß der Gesetzestext - wie bereits dargelegt - die Bußgeldverantwortung im Hinblick auf Verstöße gegen das Kartell-

---

431 Siehe zu diesem Fall ausführlich oben im Text, § 1 II B.

432 Vgl. allerdings *WbK*-S 97/90 "Friseurvereinigung", Bd. C, S. 22, wo die *WbK* von Gutgläubigkeit des Dachverbandes der Inhaber von Friseurgeschäften mit Blick auf die beanstandete Verhaltensweise (Preisempfehlungen an Verbandsmitglieder, die in der Praxis weitgehend befolgt wurden) spricht und nur eine Verbotsentscheidung vorschlägt. Die Gutgläubigkeit wird dabei darauf gestützt, daß der Verband die empfohlenen Preislisten dem Handelsministerium zur Genehmigung eingereicht und zudem die Verbandsmitglieder von der Möglichkeit der Zurückziehung der Preislisten benachrichtigt hatte. Ob die "Gutgläubigkeit" den für den Bußgeldverzicht maßgeblichen Grund darstellte, ist allerdings zu bezweifeln, weil auch in anderen, auf Preisempfehlungen bezogenen Fällen - und unabhängig von der Gutgläubigkeit der die Preisempfehlungen aussprechenden Gewerbeverbände - die Wettbewerbskommission nur Zwangsgelder androht und keine Geldbußen verhängt.

433 Vgl. *WbK*-E 101/90 "3E II", Bd. C, S. 40 (Hinweis auf das eher fahrlässige Handeln des betroffenen Unternehmens).

434 Siehe oben im Text, I D 2.

und das Mißbrauchsverbot (d.h. die Hauptfelder der Betätigung der Kartellbehörden bis 1995) ohne Bezugnahme auf Schuldelemente regelt. Das Entscheidungsmaterial zu Verstößen gegen die Anzeige- und Anmeldefristen der Fusionskontrolle zeigt dagegen, daß sich die Kartellbehörden in den Fällen, in denen das Verschulden als Ahndungsvoraussetzung in den Gesetzestext aufgenommen worden ist, durchaus eine Schuld von Unternehmen vorstellen können. Das einschlägige Entscheidungsmaterial beschränkt sich jedenfalls auf einen kleinen Teil der Bußgeldvorschriften und läßt noch keine ausreichend strukturierte Dogmatik erkennen.

Im Anschluß an den Gesetzestext, der im allgemeinen vom "Verschulden" spricht und damit zwischen Vorsatz und Fahrlässigkeit als Schuldformen nicht unterscheidet, beschränken sich regelmäßig auch die griechischen Kartellbehörden bei ihren Ausführungen auf die Feststellung des Verschuldens, ohne näher zu differenzieren. Als Verschulden des Unternehmens wird dabei dieses seiner *rechtmäßigen Vertreter* verstanden[435].

Vereinzelt wird in den Entscheidungen der Begriff der *Fahrlässigkeit* benutzt, wobei nach Ansicht der Kartellbehörden auch leichte Fahrlässigkeit zur Begründung des Verschuldens ausreicht[436]. Dabei fällt es auf, daß die griechischen Behörden - obwohl sie zur Begründung des Fahrlässigkeitsvorwurfs weiterhin auf die (rechtmäßigen) Vertreter des jeweils betroffenen Unternehmens abstellen - ausschließlich Maßstäbe anlegen, die sich an den Eigenschaften und dem Potential des jeweils betroffenen Unternehmens orientieren[437]. - Daß nicht nur Fahrlässigkeit, sondern auch *Vorsatz* die Voraussetzungen des

---

435 Deutlich wird dies u.a. in der jüngst ergangenen *WbK*-E 120/98 im "SARANTIS / SANITAS-SANITAS"-Fall: "Wie sich aufgrund der vorerwähnten Beweise herausstellte, hat die erwerbende Gesellschaft SARANTIS AE im vorliegenden Fall beide ihrer oben genannten Pflichten verletzt [Verstoß gegen die Anmeldepflicht des Art. 4b Abs. 4 KartellG; Verstoß gegen das Verbot des Vollzugs der Fusion vor der endgültigen Entscheidung der Kommission gemäß Art. 4e Abs. 1 KartellG]... Diese Zuwiderhandlungen sind auf das Verschulden ihrer rechtmäßigen Vertreter zurückzuführen, die vom Vorliegen der einschlägigen Gesetzesvoraussetzungen, nämlich der des Umsatzes und des Marktanteils Kenntnis hatten... Daher müssen von der Kommission die oben vorgesehenen Geldbußen verhängt werden."

436 Vgl. *WbK*-E 81/97 "HEWLETT PACKARD / VERIFONE".

437 Um den erhobenen Fahrlässigkeitsvorwurf bezüglich des Verstoßes gegen Art. 4b Abs. 4 KartellG zu begründen, führt die WbK-E 81/97 im "HEWLETT PACKARD / VERIFONE"-Fall aus: "Insbesondere 'Hewlett Packard' [das übernehmende Unternehmen] hat eine im Staat Kalifornien der Vereinigten Staaten ansässige Tochtergesellschaft und eine Filiale in Griechenland sowie eine starke wirtschaftliche Organisation. Somit war es leicht, Kenntnis von den im Gesetz vorgesehenen Fristen zu erlangen. Außerdem war es für sie aus denselben Gründen leicht, die zur genauen Berechnung der Marktanteile von VeriFone [dem übernommenen Unternehmen] erforderlichen Daten zu sammeln, zumal letztere in den letzten Jahren eine marktbeherrschende Stellung auf dem griechischen Markt innehat." - Dasselbe Argumentationsmuster findet sich auch in der WbK-E 92/97 ("AMERSHAM INTERNATIONAL / NYCOMED"), die ebenfalls einen Verstoß gegen Art. 4b Abs. 4 KartellG zum Gegenstand hat: "... Aus den vorerwähnten Daten ergibt sich, daß die obige Verspätung auf das Verschulden, und zwar auf die Fahrlässigkeit der Vertreter der Gesellschaft Amersham International Plc zurückzuführen ist. Letztere ist eine große Gesellschaft mit internationaler Tätigkeit und mit starker Präsenz auf dem griechischen Markt, und die Vorschriften des KartellG sind der Gesetzgebung der anderen Mitgliedstaaten der EU vergleichbar. Somit muß gegen die genannte Gesellschaft die in der relevanten Vorschrift vorgesehene

Verschuldens erfüllt, sollte zwar als Selbstverständlichkeit betrachtet werden. Der Begriff des Vorsatzes bzw. konkrete Angaben über seinen Inhalt tauchen aber im Text der Entscheidungen nicht auf.

Was die (im Rahmen der klassischen strafrechtlichen Schulddogmatik eine bedeutsame praktische Rolle spielende) Frage nach der Behandlung von Irrtümern anbelangt, fällt vor allem ins Gewicht, daß der Einwand der Unternehmen, die jeweils maßgebliche Rechtsvorschrift nicht gekannt oder falsch ausgelegt zu haben, von den Kartellbehörden nicht bloß mit dem Argument zurückgewiesen wird, daß die Rechtsunkenntnis nicht entschuldigt werden kann. Vielmehr überprüfen die Kartellbehörden die Vermeidbarkeit solcher Irrtümer und weisen ausdrücklich auf die Möglichkeiten hin, über die die betroffenen Unternehmen zur Vermeidung des Rechtsverstoßes verfügten[438]. Die Bestimmung des Umfangs dieser Möglichkeiten erfolgt dabei - wie dies oben für die Fahrlässigkeit dargelegt wurde - unter Heranziehung der Eigenschaften und des Potentials des jeweils betroffenen Unternehmens[439].

Im systematischen Rahmen des subjektiven Tatbestandserfordernisses des Verschuldens überprüfen schließlich die griechischen Behörden auch Einwände der Unternehmen, die nicht mit der Kenntnis oder Erkennbarkeit der tatsächlichen und rechtlichen Lage, sondern mit der allgemeinen (objektiven und subjektiven) Vermeidbarkeit des Versto-

---

Geldbuße verhängt werden, die unter Berücksichtigung des vorerwähnten Umsatzes der an der Fusion beteiligten Unternehmen, des Grades der Fahrlässigkeit der Vertreter der genannten Gesellschaft und der vorliegenden Umstände auf den Betrag von 5.000.000 DRM festzusetzen ist." - Vgl. auch (die in der Anm. 438 zitierten) WbK-E 88/97 "SARANTIS / KAMEL.

438 Der Irrtumseinwand der betroffenen Unternehmen, sie seien von der Nichtanwendbarkeit der Fusionsvorschriften ausgegangen, weil sich das erwerbende Unternehmen auf dem Markt des erworbenen Unternehmens nicht betätigte und somit durch die Fusion keine Addition von Marktanteilen - wie dies für die Entstehung von fusionsbezogenen (Anmelde-)Pflichten vorausgesetzt sei - stattgefunden habe, wird so von der WbK-E 88/97 ("SARANTIS / KAMEL) folgendermaßen zurückgewiesen: "Diese Zuwiderhandlungen [Verspätete Anmeldung und verfrühter Vollzug einer erlaubnispflichtigen Fusion] sind auf das Verschulden der rechtmäßigen Vertreter der Unternehmen [SARANTIS AE und ELSA AE] zurückzuführen, die in Kenntnis des Vorliegens der Gesetzesvoraussetzungen bzw. der Tatsache waren, daß der Marktanteil des übertragenen Unternehmens KAMEL AE in erheblichem Maße über der 25%-Schwelle lag [Marktanteil von 65%]. Außerdem kann nach Ansicht der Kommission der [von den Unternehmen vorgetragene, angeblich] wegen der fehlenden Addition von Marktanteilen bewirkte Irrtum bezüglich der Subsumtion des fraglichen Vertrags [Erwerb von Aktien des Unternehmens KAMEL AE in Höhe von 94,91% des Aktienkapitals] unter die erwähnten [Fusions-]Vorschriften nicht gerechtfertigt werden, insbesondere wenn man die große Wirtschaftskraft und die Organisation der betroffenen Unternehmen sowie den völlig eindeutigen Wortlaut der fraglichen Vorschriften berücksichtigt." - Auch der Einwand des Unternehmens Mitilinaios in der WbK-E 105/98 ("MITILINAIOS / GIAMAS"), sein Verstoß gegen Art. 4a Abs. 4 (Anzeigepflicht bei Fusionen) sei nicht schuldhaft gewesen, da dieser Verstoß durch eine abweichende Auslegung der einschlägigen Vorschrift veranlaßt worden sei, wird von den Kartellbehörden nicht nur mit dem Hinweis auf den objektiv fehlerhaften Charakter der vorgeschlagenen Auslegung, sondern auch unter Berufung darauf zurückgewiesen, daß Mitilinaios in Kenntnis der anzuwendenden Rechtsvorschriften und der vorgesehenen Anmeldefristen gewesen sei und durch eine unter Vorbehalt gemachte rechtzeitige Anmeldung den Rechtsverstoß hätte vermeiden können.

439 Vgl. dazu die soeben zitierte WbK-E 88/97 "SARANTIS / KAMEL.

ßes zusammenhängen. Den Ausführungen der Wettbewerbskommission läßt sich dabei entnehmen, daß das Verschulden verneint werden kann, wenn konkrete Gründe vorliegen, die die Verletzung der Anmelde- und Wartefristen als Ergebnis einer Ausnahmesituation erscheinen lassen. Auf eine Konkretisierung dieser Gründe in *positiver* Hinsicht ist allerdings die griechische Wettbewerbsbehörde bislang nicht eingegangen. Sie hat sich prinzipiell nur darauf beschränkt, einzelne Gründe zu nennen, die das Verschulden *nicht* berühren[440].

(d) Zusammenfassung

Die insbesondere in den letzteren Jahren (in einzelnen Fragen) zu konstatierenden Fortschritte der verwaltungsstrafrechtlichen Kartellbußgeldpraxis auf dem Weg zu einer rechtsstaatlicher ausgestalteten Ahndungspraxis sollte nicht den Blick dafür verstellen, daß die Geldbußen des griechischen KartellG grundsätzlich als verwaltungsrechtliche Sanktionen verstanden werden und daß eine bewußte Hinwendung der Kartellbehörden zum dogmatischen Instrumentarium des Strafrechts nicht stattfindet. Der Weg zu dogmatischen

440 Keinen Grund zur Verneinung des Verschuldens für einen Verstoß gegen Art. 4b Abs. 4 KartellG stellt so beispielsweise die Tatsache dar, daß das bei den griechischen Behörden nicht (fristgemäß) angemeldete Zusammenschlußvorhaben gleichzeitig bei mehreren nationalen Behörden anzumelden war, was Schwierigkeiten bei der Sammlung der auf den griechischen Markt bezogenen Daten zur Folge hatte. So führte die *WbK*-E 50/97 im "SKW TROSTBERG / SANDOZ"-Fall aus: "Bezüglich der um einen Monat verspäteten Anmeldung beruft man sich nicht auf außerordentliche Gründe, sondern auch auf die Tatsache, daß die bei mehreren nationalen Behörden vorzunehmenden Anmeldung der Fusion die Sammlung der erforderlichen Daten schwierig machte. Dieses Vorbringen kann aber nicht als stichhaltig betrachtet werden, denn (a) die Verspätung war besonders groß, (b) die [für die anderen Anmeldungen] erforderlichen Daten bezogen sich auch auf den griechischen Markt, und für die Erstattung der mehrfachen Anmeldung genügte somit zum größtem Teil die Reproduktion derselben Akte, und (c) die spezifischen, auf den griechischen Markt bezogenen Daten waren der in Griechenland tätigen Gesellschaft der übernommen Gruppe mit Sicherheit nicht unbekannt. Außerdem sieht das Gesetz keine unterschiedliche Behandlung für die Fälle *mehrfacher Anmeldungen* vor." - Ebensowenig kann als Entlastungsgrund für einen Verstoß gegen Art. 4e Abs. 1 KartellG die Tatsache betrachtet werden, daß die Verschiebung des Fusionsvollzugs bis auf die endgültige Entscheidung der Kommission angesichts *bevorstehender steuerrechtlicher Reformen* eine erhebliche Zunahme der Steuerbelastung des Fusionsvorganges zur Folge gehabt hätte. Mit Recht verweist die Wettbewerbskommission in solchen Fällen die Unternehmen auf die (nicht ausgenutzte) Möglichkeit, eine provisorische Erlaubnis zum Vollzug des Zusammenschlusses gemäß Art. 4e Abs. 3 KartellG zu beantragen; vgl. *WbK*-E 120/98 "SARANTIS / SANITAS-SANITAS". Anders stellt sich der sachliche Zusammenhang für die Beurteilung der Verschuldensfrage dar, wenn sich das jeweils betroffene Unternehmen rechtzeitig darum bemüht hat, über Voraussetzungen und Inhalt der Anmeldepflicht bei den Kartellbehörden zu erkundigen, rechtzeitig die ersten fusionsrelevanten Informationen einreichte und möglichst schnell die Absendung der übrigen erforderlichen Daten vervollständigte. Unter solchen, den guten Willen und die *Kooperationsbereitschaft* des betroffenen Unternehmens unterstreichenden Umständen zeigen sich die Kartellbehörden bereit, die Verspätung auf objektive unvermeidliche Gründe zurückzuführen, das Verschulden zu verneinen und den Fall zu den Akten zu legen; siehe nur *WbK*-E 74/97 "SKANDINAVISK TOBASKSKOMPNANI / HENRI WINTERMANS" (In diesem, einen Verstoß gegen Art. 4a Abs. 4 KartellG betreffenden Fall ging es allerdings um eine Verspätung von nur 3 Tagen bei der Vervollständigung der Anmeldeunterlagen).

Denkstrukturen und Verantwortungsmaßstäben des Verwaltungsrechts bleibt insoweit den griechischen Rechtsanwendern weiterhin vollständig offen. Die Aufstellung der Forderung nach weitergehenden Fortschritten wird aber im Rahmen dieses dogmatischen Verständnisses ebenso schwierig, wie die Möglichkeit, zukünftige, durch Praktikabilitätserwägungen veranlaßte Rückschritte effektiv zu verhindern.

Die Anwendung der (prinzipiell)[441] gegen *Unternehmen* - und damit in der Praxis vor allem gegen juristische Personen als Unternehmensträger - gerichteten Bußgeldvorschriften in Anlehnung an verwaltungsrechtliche Kategorien und somit in Anlehnung an die ebenfalls für die reinen Verwaltungssanktionsvorschriften geltenden Regeln stößt angesichts der bereits in § 2 bei der Darstellung der Sanktionssysteme hervorgehobenen Unterschiede zwischen den reinen (zukunftsorientierten) Verwaltungssanktionen und den (repressivahndenden) Geldbußen auf große Bedenken. Sie entspricht jedoch der ständigen Praxis in Griechenland, die in allen verwaltungsrechtlichen Sanktionen - unabhängig davon, ob dadurch natürliche oder juristische Personen betroffen sind - Institute des Verwaltungsrechts erblickt, die dementsprechend anzuwenden sind. Auf diese Praxis und ihre (zweifelhafte) dogmatische und rechtsstaatliche Berechtigung ist im folgenden ausführlich einzugehen.

---

441 Eine Ausnahme bilden die Verstöße gegen die Anzeige-, Anmelde- und Wartepflichten der Fusionskontrolle sowie die Verstöße gegen die Informations-, Duldungs- und Mitwirkungspflichten im Rahmen eines von den griechischen Kartellbehörden durchgeführten Ermittlungsverfahrens, die nicht nur von Unternehmen, sondern auch von anderen (natürlichen) Personen begangen werden können, vgl. dazu die Tabelle oben im Text, § 2 III A 1 (c). - Es ist allerdings hervorzuheben, daß bislang auch die aufgrund der genannten Vorschriften ergangenen Entscheidungen nur Unternehmen (oder Unternehmensvereinigungen) als Entscheidungsadressaten hatten.

Zweiter Teil
Verwaltungsstrafrecht in Griechenland

(1) Um die Durchsetzung der kartellrechtlichen Normen abzusichern, errichtete der griechische Gesetzgeber, wie im ersten Teil der Arbeit dargestellt, *drei* formal getrennte Sanktionssysteme gegen Normverstöße (zivilrechtliches, verwaltungsrechtliches und strafrechtliches Sanktionssystem) und wies die entsprechenden Sanktionsbefugnisse den Zivilgerichten, den Kartellbehörden in Zusammenarbeit mit den Verwaltungsgerichten und den Strafgerichten zu[1]. Das Ziel des folgenden zweiten Teils der Arbeit besteht darin, von den Sanktionen dieser Systeme diejenigen zu bestimmen, deren Anwendung den strafrechtsdogmatischen Maßstäben zu unterwerfen ist. Kurz gesagt geht es also hierbei um die Frage nach der *Reichweite der strafrechtsdogmatischen Durchdringung* des kartellrechtlichen Sanktionsbereichs.

(2) Ginge man von der heute in Griechenland - zumindest in der Rechtsprechung - herrschenden Rechtsauffassung aus, dann sollten *nur* die vom Gesetzgeber formal - insbesondere durch die Zuständigkeitszuweisungen - gezogenen Grenzen für die Beantwortung der soeben gestellten Frage maßgebend sein[2]. Die Reichweite der strafrechtsdogmatischen Prinzipien und Begriffskategorien wäre danach ausschließlich auf die kartellrechtlichen Sanktionen zu beschränken, die der Gesetzgeber als strafrechtlich bezeichnet und geregelt hat.

Aufgrund dieser *formellen Betrachtungsweise* wären der Kategorie des "Strafrechtlichen" nur diejenigen Sanktionen des KartellG zuzurechnen, die unter der Bezeichnung "strafrechtliche Sanktionen" stehen und an die in Art. 29 und 30 KartellG umschriebenen Deliktstatbestände anknüpfen. Die strafrechtliche Natur dieser Sanktionen steht außer Zweifel. Die Art. 29 und 30 KartellG sind unumstritten systematisch dem Nebenstrafrecht zuzuordnen[3] und hinsichtlich ihrer rechtlichen Behandlung den Regeln des Allgemeinen Teils des gr. StGB und den verfahrensrechtlichen Bestimmungen der gr. StPO zu unterwerfen[4].

Andere Zwangsmittel und Sanktionen, wie beispielsweise die in Art. 9 Abs. 1 KartellG vorgesehenen Verbotsentscheidungen, Abstellungsverfügungen, Zwangsgelder und Geldbußen, die der Gesetzgeber als Instrumente zur Durchsetzung der Kartellnormen den Kartellbehörden an die Hand gibt und im Anschluß daran einheitlich, rein verwaltungsrechtlich regelt, schieden hingegen nach der herrschenden Ansicht von der Kategorie des "Strafrechtlichen" und damit vom Wirkungsfeld der strafrechtlichen Grundsätze gänzlich aus.

(3) Wie neuere Erkenntnisse sowohl der griechischen als auch - vor allem - der internationalen (Straf-)Rechtslehre zeigen, eignet sich aber diese überkommene *formalistische* Sichtweise nur in beschränktem Maße zur Bestimmung des Wirkungskreises der Strafga-

---

1 Siehe oben im Text, § 2 III.

2 Eingehend dazu unten im Text, II A.

3 Siehe z.B. Manoledakis, in: Griechische Gesellschaft für Strafrecht (Hrsg.), Wirtschaftsdelikte, S. 100, 104 und 115.

4 Art. 12 gr. StGB: "Nebenstrafgesetze - Die Vorschriften des Allgemeinen Teils des StGB werden auch auf die in Nebenstrafgesetzen vorgesehenen Straftaten angewendet, soweit diese Gesetze nichts anderes ausdrücklich anordnen."

rantien und der darauf aufbauenden Strafrechtsdogmatik im modernen Rechtsstaat. Die kartellrechtlichen Sanktionen, auf die strafrechtliche Grundsätze und Garantien einen Geltungsanspruch erheben, und die somit der Behandlung in Anlehnung an strafrechtliche Maßstäbe und Kategorien bedürfen, sind vielmehr auf der Grundlage von *materiellen*, auf die Natur der jeweiligen Sanktion abstellenden Kriterien abzugrenzen.

Die Heranziehung materieller Kriterien im obigen Sinne, wie solche Kriterien vorwiegend in der Rechtsprechung des EGMR, der Rechtspraxis der EG-Organe und den Entschließungen von internationalen Kongressen Ausdruck finden, legen aber die Annahme nahe, daß der Geltungsbereich der Strafgarantien und der allgemeinen strafrechtsdogmatischen Grundsätze über die vom Gesetzgeber als (Freiheits- und Geld-)Strafen bezeichneten und dem Justizprinzip unterworfenen Sanktionen hinaus auf die im KartellG vorgesehenen verwaltungsrechtlichen Geldbußen erstreckt werden muß[5].

(5) Bei der kartellrechtlichen Geldbuße handelt es sich allerdings *nicht* um eine Einzelerscheinung innerhalb der griechischen Rechtsordnung, deren dogmatische Einordnung mit Geltung ausschließlich für das kartellrechtliche Gebiet ohne weitere Auswirkungen unternommen werden könnte. Die kartellrechtliche Geldbuße gehört vielmehr zu dem (repressiven) Instrumentarium des griechischen Verwaltungsstrafrechts, das vom Gesetzgeber auch in vielen anderen Rechtsgebieten eingesetzt wird. Damit kann die Beurteilung der kartellrechtlichen Geldbuße nicht isoliert, sondern nur im Zusammenhang mit dem weiteren strukturellen Bereich, dem sie zugehört, und auf den sich die wichtigsten Aussagen der Rechtsprechung und der Literatur beziehen, unternommen werden. Dem *spezifischen* Urteil über die Natur und die dogmatische Behandlung der kartellrechtlichen Geldbuße muß mit anderen Worten ein *allgemeines* Urteil über die Natur und die dogmatische Behandlung der griechischen Verwaltungsstrafen vorangehen.

Deswegen wird im vorliegenden Teil der Arbeit der verwaltungsstrafrechtliche Bereich Griechenlands in seiner Gesamtheit dargestellt. Zunächst wird auf seine heutigen positivrechtlichen Charakteristika, also auf seine *"Ist"-Darstellung* eingegangen (§ 5). Dieser Bestandsaufnahme folgt dann eine *Würdigung im Lichte grundlegender rechtsstaatlicher Prinzipien*, wie des Gewaltenteilungsprinzips und des Gebots der Bindung der Strafen an bestimmte Garantien (§ 6). Darauf aufbauend werden schließlich Vorschläge für die künftige Entwicklung des Verwaltungsstrafrechts unterbreitet, es wird sich also um seine *"Soll"-Darstellung* bemüht (§ 7 I und II), in dessen Rahmen auch die Fragen nach der materiellen Natur und der künftigen dogmatischen "Soll"-Entwicklung des kartellrechtlichen Bußgeldbereichs endgültig entschieden werden (§ 7 III).

(6) Um die Darstellung zu erleichtern, werden im vorliegenden Teil bestimmte Termini verwendet, über die und dessen Bedeutung an dieser Stelle ein kürzer Überblick gegeben wird.

Der Begriff "*Zwangsmittel*" umfaßt sämtliche Maßnahmen, welcher sich eine Rechtsordnung in den einzelnen Rechtsgebieten (Zivil-, Verwaltungs- und Strafrecht) bedient, um sich Autorität zu verschaffen und ihre Durchsetzung zu gewährleisten[6]. Der Begriff "*Sanktion*" hat eine engere, speziellere Bedeutung. Es steht für *Rechtsnachteile, die als Folge einer begangenen Normverletzung oder eines begangenen Institutionsmißbrauchs vorgese-*

---

5 Siehe - über den soeben erwähnten *Art. 9* Abs. 1 lit. e i.V.m. Art. 1 bis 2a KartellG hinaus - *Art. 4a* Abs. 4, *Art. 4b* Abs. 4, *Art. 4e* Abs. 1 Satz 3, *Art. 4e* Abs. 4 Satz 2, *Art. 21* Abs. 2 lit. b, *Art. 25* Abs. 2 lit. a sowie *Art. 26* Abs. 6 KartellG.

6 MAURACH / ZIPF, Strafrecht AT, Teilbd. 1 [8. Aufl.], § 2 Rdn. 11 ff.

hen sind[7]. Insoweit läßt sich aus *formeller* Sicht die Existenz von zivilrechtlichen, verwaltungsrechtlichen und strafrechtlichen Sanktionen konstatieren, je nach dem, ob der Rechtsnachteil an eine zivil-, verwaltungs- oder strafrechtliche Normverletzung bzw. einen Institutionsmißbrauch knüpft. Eine "*Verwaltungssanktion*" im vorstehenden formellen Sinne setzt demnach *immer* einen Rechtsverstoß voraus. Aus *materieller* Sicht kann man aber folgende Unterscheidung treffen: Nimmt die Verwaltungssanktion den Rechtsverstoß nur "vorausblickend" zum Anlaß, um künftige Rechtsverstöße zu verhindern, oder zielt sie (überwiegend) darauf ab, den Normübertreter zur Abstellung des (noch andauernden) Rechtsverstoßes zu zwingen, geht es im allgemeinen um eine *präventive* Verwaltungssanktion, oder, differenzierter ausgedrückt, um eine "*präventive Verwaltungsmaßnahme*" (Verhinderung eines neuen, künftigen Rechtsverstoßes) oder eine "*verwaltungsrechtliche Zwangsmaßnahme*" bzw. "*Beugestrafe*" (Abstellung des gegenwärtigen, andauernden Rechtsverstoßes). Stellt die Verwaltungssanktion zwar (überwiegend) auf die Vergangenheit ab, will sie jedoch damit lediglich einen Schadens- oder Bereicherungsausgleich herbeiführen, so handelt es sich um eine *restitutive* Verwaltungssanktion bzw. eine "*verwaltungsprivatrechtliche Maßnahme*". Will schließlich die Verwaltungssanktion zugleich "rückblickend" den Rechtsverstoß repressiv ahnden, geht es um eine repressiv-ahndend wirkende, also eine *vergeltende* Verwaltungssanktion, oder, spezifischer ausgedrückt, um eine "*verwaltungsstrafrechtliche Sanktion*" bzw. eine "*Verwaltungsstrafe*". Der Terminus "Verwaltungsstrafe" wird im folgenden als Oberbegriff für die Gesamtheit der verwaltungsstrafrechtlichen Sanktionen benutzt.

§ 5 Positivrechtliche Grundlagen des griechischen Verwaltungsstrafrechts

I. Positivrechtliche Charakteristika

A. Grundbegriffe

Unter den dem geltenden griechischen Verwaltungsrecht zur Verfügung stehenden Zwangsmitteln, die von Verwaltungsbehörden nach verwaltungsrechtlichen Prinzipien zur Durchsetzung von Verwaltungsnormen eingesetzt werden können, sind auch solche anzutreffen, die nach ihren äußerlichen strukturellen Merkmalen denen des Kriminalstrafrechts sehr stark ähneln: Sie stellen ebenso wie die Kriminalstrafen staatliche *Eingriffe* in Rechtsgüter des Betroffenen als *Reaktion* auf eine in der *Vergangenheit* liegende, von ihm begangene *rechtswidrige* Handlung dar, entfallen nicht bereits mit der (freiwilligen) *Beendigung* dieser Handlung oder mit der (freiwilligen) *Wiedergutmachung* des dadurch angerichteten Schadens, und ihre Verhängung setzt weder eine Prognose über die *künftige Gefährlichkeit* des Betroffenen noch den Nachweis einer irgendwie gearteten, durch den Rechtsverstoß bedingten *Bereicherung* des Betroffenen oder eines Dritten (zwingend) voraus. Im Vergleich zu anderen verwaltungsrechtlichen Zwangsmitteln, die überwiegend

[7] Vgl. dazu und zu den folgenden Ausführungen VOGEL, in: DANNECKER (Hrsg.), Bekämpfung des Subventionsbetrugs, S. 171 und 178; HEITZER, Punitive Sanktionen, S. 6 m.w.Nachw.; siehe auch SIEBER, in: FS für GEERDS, S. 115 ff.; BÖSE, S. 46 ff.; APPEL, S. 301.

präventive (oder restitutive) Zwecke verfolgen[8] - auch wenn sie mitunter ebenfalls an Rechtsverletzungen anknüpfen und Rechtsnachteile für den Betroffenen mit sich bringen[9] -, zeichnen sich diese vom (zivilrechtlichen) Gedanken der Schadensrestitution und vom (verwaltungsrechtlichen) Gedanken der Schadensvorbeugung abgekoppelten Maßnahmen durch ihre (überwiegend) repressiv-ahndende, d.h. vergeltende Natur aus und heben sich somit *logisch-theoretisch* ohne Schwierigkeiten als eine besondere Kategorie des verwaltungsrechtlichen Instrumentariums ab[10]. Man spricht insoweit in Griechenland von *Verwaltungsstrafen*[11] und *Verwaltungsstrafrecht*[12].

Zu beachten ist jedenfalls, daß im griechischen Schrifttum zur Abgrenzung des verwaltungsstrafrechtlichen Gebiets nicht alle soeben genannten Kriterien herangezogen werden, so daß von den meisten Autoren unter dem Begriff der "Verwaltungsstrafen" möglicherweise auch Verwaltungssanktionen mit überwiegend präventivem oder restitutivem Charakter (im Sinne der in der Einleitung erfolgten terminologischen Vorklärung) verstanden werden. Zu der begrifflichen Unklarheit trägt auch die Tatsache bei, daß sowohl die repressiv-ahndenden als auch die der Verwaltungsvollstreckung dienenden (präventiven) Geldsanktionen im Gesetzestext einheitlich als "Geldbuße" bezeichnet

---

8 Rein präventive Zwecksetzung haben beispielsweise die Verwaltungsmaßnahmen der Gefahrenabwehr, die auch dann ergriffen werden dürfen, wenn dem Betroffenen kein Rechtsverstoß zur Last gelegt werden kann, da sie nur das Vorliegen einer "Gefahr" voraussetzen, wobei der Gefahrenbegriff unabhängig von der Frage eines Normverstoßes bestimmt wird; siehe dazu VOGEL, GA 1990, 258 f., m.w.Hinw.; aus der griechischen Literatur vgl. PAPANIKOLAIDIS, Verwaltungsstrafen, S. 5 f., der diese Maßnahmen unter der Bezeichnung "Maßnahmen des Verwaltungszwanges" oder "Verwaltungsmaßnahmen" behandelt.

9 So die verwaltungsvollstreckungsrechtlichen Maßnahmen - wie beispielsweise die bis 1989 zulässige verwaltungsbehördliche Anordnung einer Beugehaft im Rahmen des Verwaltungsvollstreckungsverfahrens zur Eintreibung der staatlichen Einkünfte (siehe dazu unten Anm. 79) -, die zur Durchsetzung des Inhalts eines konkreten Verwaltungsaktes gegen den den Gehorsam verweigernden Pflichtigen verhängt werden; dazu PAPANIKOLAIDIS, Verwaltungsstrafen, S. 6 ff. m.w.Nachw.

10 Auch wenn ihre gesetzliche Regelung und ihre Handhabung in der Praxis eher dahin geht, sie als eine mit den üblichen verwaltungsrechtlichen Zwangsmaßnahmen identische Kategorie aufzufassen; dazu unten im Text.

11 Vgl. z.B. PAPANIKOLAIDIS, Verwaltungsstrafen, S. 3 ff.; DAGTOGLOU, Allg. Verwaltungsrecht [3. Aufl.], Rdn. 868. Von der griechischen Literatur werden aber zur Bezeichnung der Verwaltungsstrafen auch andere Wörter benutzt, wie "Verwaltungssanktionen" - so z.B. PAPACHATZIS, System des Verwaltungsrechts [6. Aufl.], S. 792; TACHOS, Wirtschaftsverwaltungsrecht [6. Aufl.], S. 130 - oder "Ordnungsstrafen", sowie "unechte Strafen", so z.B. CHORAFAS, Strafrecht [9. Aufl.], S. 84 Anm. 2; KATSANTONIS, Strafrecht AT, Bd. 2, S. 10.

12 Mit dem Begriff des Verwaltungsstrafrechts ist in der vorliegenden Arbeit also eine Kompetenzzuweisung in dem Sinne gemeint, daß die Behörden bzw. Organwalter der staatlichen oder kommunalen Verwaltung selbst Sanktionen verhängen, die zwar - zumindest formell - keinen (kriminellen) Strafcharakter haben, jedoch strafähnliche Merkmale aufweisen, weil sie repressiv-ahndend wirken; zu den möglichen Inhalten des Begriffs des Verwaltungsstrafrechts siehe TIEDEMANN, Wirtschaftsstrafrecht, Bd. I, S. 115 f.

werden[13], was dazu führt, daß die Literatur beide Sanktionsarten (ohne Differenzierungen) als einheitliche Kategorie auffaßt und oft im systematischen Zusammenhang mit den (verwaltungsvollstreckungsrechtlichen) Instituten der Ersatzvornahme und des unmittelbaren Verwaltungszwangs behandelt[14].

Als systematischer Unterfall der Verwaltungsstrafen (und im allgemeinen der Verwaltungssanktionen) wurden zwar in Griechenland herkömmlicherweise auch die *Sanktionen des Disziplinarrechts* verstanden, die Sanktionen also, die vom Staat als *Dienstherr* oder von manchen Körperschaften des öffentlichen Rechts gegen (insbesondere) Beamte und Soldaten bzw. gegen ihre Mitglieder (Ärzte, Rechtsanwälte u.s.w.) verhängt werden. Im Hinblick jedoch darauf, daß die fraglichen (punitiven) verwaltungsrechtlichen Zwangsmittel (im Gegensatz zu den übrigen Verwaltungsstrafen) prinzipiell einen klar abgegrenzten Kreis von *natürlichen* Personen betreffen, die in einem *Dienstverhältnis* zum Staat stehen und / oder einem besonderen *Pflichtenverhältnis* unterliegen und aus diesem Grund einer besonderen Disziplin unterworfen sind, wurde allmählich das Disziplinarrecht gegenüber dem übrigen Verwaltungsstrafrecht in materieller und prozessualer Hinsicht verselbständigt. Diese Verselbständigung erwies sich für das Disziplinarrecht und insbesondere das *Beamtendisziplinarrecht* insoweit als segensreich, als es zur gründlicheren Auseinandersetzung der einschlägigen Literatur und Rechtsprechung mit rechtsstaatlichen Fragen und zur anschließenden intensiveren Berücksichtigung der Verteidigungsrechte der betroffenen Personen fuhr. Im disziplinarrechtlichen Gebiet setzte sich so bald die Ansicht durch, daß bei der Bestimmung der geforderten Disziplin und der damit einhergehenden besonderen Verantwortungsstellung die jeweils verfassungsrechtlich verankerten Grundrechte der Betroffenen nicht außer acht bleiben dürfen[15]. Dieser Standpunkt fand schließlich auch auf gesetzgeberischer Ebene Beachtung. So wurde durch das am 09.04.1999 in Kraft getretene neue *Beamtengesetzbuch*[16] das Recht der Disziplinarsanktionen für Beamte auf neue Grundlagen gestellt, die erheblich von den geltenden, später im Text näher darzustellenden Grundlagen des Verwaltungsstrafrechts abweichen. Das neue Gesetzbuch sieht insbesondere in Art. 108 Abs. 1 vor, daß "strafrechtliche Regeln und Prinzipien des Strafrechts und des Strafprozeßrechts[17] analog auch auf das *Disziplinarrecht* Anwendung finden, soweit sie den Regelungen des vorliegenden Gesetzes nicht widersprechen und mit der Natur und dem Zweck des Diszipli-

---

13 Siehe dazu bereits oben im Text, § 2 III A 1 a.

14 Vgl. z.B. DAGTOGLOU, Allg. Verwaltungsrecht [3. Aufl.], Rdn. 856 ff.

15 Vgl. bereits DARZENTAS, EDD 1989, 6.

16 G. 2683/99 "Sanktionierung des Gesetzbuches über den Stand der öffentlichen zivilen Verwaltungsbeamten und der Beamten der juristischen Personen des öffentlichen Rechts sowie sonstige Vorschriften", FEK 19 / A / 09.02.1999.

17 Art. 108 Abs. 2 BeamtenGB enthält eine *beispielhafte* Aufzählung solcher Regeln und Prinzipien, wie: a) Die Gründe für den Ausschluß des Verschuldens und der Schuldfähigkeit. b) Die mildernden und erschwerenden Umstände hinsichtlich der Sanktionsbemessung. c) Die tätige Reue. d) Das Recht auf Schweigen. e) Den Tatbestands- und Verbotsirrtum. f) Den Grundsatz der Unschuldsvermutung. g) Das Prinzip der Milde zugunsten des Betroffenen. h) Den Schutz der berechtigten Interessen als Grund für die Aufhebung der disziplinarrechtlichen Relevanz von ungünstigen Urteilen, Ausdrücken und sonstigen Offenbarungen, es sei denn, diese verwirklichen die disziplinarische Verfehlung des besonders ungehörigen Benehmens.

narprozesses im Einklang stehen"[18]. Die analoge Anwendung der klassischen strafrechtlichen Garantien und Prinzipien ist aber gerade der rechtsstaatliche Schritt, den sich der griechische Gesetzgeber und die griechische Rechtsprechung beharrlich zu vollziehen weigern, wenn es um die Verwaltungsstrafen und das Verwaltungsstrafrecht geht. - Wegen der zahlreichen Besonderheiten der Materie wird in der vorliegenden Arbeit das griechische Disziplinarrecht nicht näher behandelt[19].

B. Regelungsbereich und Reaktionsmittel

Das verwaltungsstrafrechtliche Instrumentarium wird vom griechischen Gesetzgeber heute in zahlreichen Sachgebieten eingesetzt, richtet sich sowohl gegen natürliche als auch gegen juristische Personen und umfaßt verschiedenartige Sanktionsmittel, die allerdings - trotz ihrer Unterschiede hinsichtlich ihrer terminologischen Bezeichnung und ihrer Intensität - hauptsächlich finanzieller und wirtschaftlicher Natur sind.

Klassische Bereiche der Ausübung verwaltungsstrafrechtlicher Repression sind zunächst die des *Steuerrechts* und des *Zollrechts*. Die Normierung und Verhängung von Verwaltungsstrafen auf diesen Rechtsgebieten hat eine lange Tradition, die sich bis in das vorige Jahrhundert zurückverfolgen läßt[20]. Die im Zusammenhang mit der hier anzutreffenden intensiven Sanktionsbetätigung der Behörden auftretenden Probleme waren das beliebte Thema der älteren Literatur[21] und gaben Anlaß für wesentliche Stellungnahmen der Rechtsprechung zum Verwaltungsstrafrecht insgesamt[22].

---

18 Näher zur Auslegung dieser Vorschrift TACHOS / SIMEONIDIS, Auslegung des Beamtengesetzbuches [1999], S. 788 ff.

19 Den Versuch einer Festsetzung der Grenzen des disziplinalrechtlichen Bereichs in Griechenland unternimmt LYTRAS, Das disziplinarische Phänomen im modernen griechischen öffentlichen Recht, 1989; zusammenf. zu den Problemen, die insbesondere im Rahmen der Bearbeitung des griechischen Beamtendisziplinarrechts auftreten, DARZENTAS, ElDik 1991, 1199 ff.

20 Vgl. z.B. Art. 19-24 und 26 G. ΑΣΞ / 1885 "über die Tabakbesteuerung". - Eine genauso lange Tradition weist die Normierung und Verhängung von punitiven Sanktionen auf dem Gebiet des *Disziplinarrechts* auf, vgl. z.B. Art. 1 G. ΧΛΔ / 1877 "über die Disziplinargewalt im Amt des Wirtschaftsministeriums".

21 Vgl. z.B. ROUMBIS, TE 1939, 454 ff.; SOULTANIS, DFN 1952, 362 ff.; REPANAS, DFN 1952, 282 ff.; ANAGNOSTOPOULOS, TE 1955, 293 ff.; KRIPPAS, FE 1968, 485 ff.; LOLIS, TE 1968, 265 ff.; DERTILIS, EDD 1970, 132 ff., 233 ff.

22 Bedeutsame (ältere) höchstrichterliche Urteile ergingen auch im Zusammenhang mit den (bereits vor dem zweiten Weltkrieg normierten) verwaltungssanktionsrechtlichen Vorschriften des Arzneimittelrechts, siehe dazu zusammenf. LYTRAS, Die Verfassungsmäßigkeit, S. 13 Anm. 26, S. 72 ff.

In den letzten Jahrzehnten allerdings, insbesondere nach 1960[23], überschritt der Regelungskreis des Verwaltungsstrafrechts diese traditionellen Grenzen und erfuhr eine gewaltige Ausbreitung: Straßenverkehrsrecht[24], Städtebau- und Raumordnungsrecht[25], Wettbewerbsrecht[26], Lebensmittel- und Preisregelungsrecht[27], Arbeitsrecht[28], Verbraucherrecht[29], Umweltrecht[30] und Rundfunkrecht[31] sind nur einige von den durch diese Entwicklung betroffenen Rechtsgebieten[32]. Die quantitative Vermehrung der verwaltungsstrafrechtlichen Sanktionsnormen, deren *Adressaten* nicht nur Menschen, wie im Kriminalstrafrecht, sondern auch juristische Personen sind, wurde zugleich, insbesondere in Gesetzeswerken der letzten 20 Jahre, mit einer gravierenden Verschärfung der *Eingriffsintensität* der vorgesehenen Verwaltungsgeldstrafen verbunden. Letztere können nunmehr in Einzelfällen Millionenhöhe erreichen und damit die Geldstrafen des Kriminalstrafrechts um ein Vielfaches übersteigen.

---

23 Vgl. LYTRAS, Die Verfassungsmäßigkeit, S. 2 f.; SPINELLIS, RevIntDrPén 59 (1988), S. 217; DERS., in: DANNECKER (Hrsg.), Lebensmittelstrafrecht und Verwaltungssanktionen, S. 108.

24 Siehe z.B. Art. 4 Abs. 11, Art. 13 Abs. 7, Art. 20 Abs. 13 Satz 1, Art. 34 Abs. 10, Art. 42 Abs. 6 dritter Fall, Art. 53 Abs. 6, Art. 103 G. 2696/99 "Sanktionierung des Gesetzbuches über den Straßenverkehr" - im folgenden *StrVerkG.*

25 Siehe z.B. Art. 18 G. 1337/83 "Ausweitung der Städtebaupläne, Förderung der Ansiedlungsentwicklung und zusammenhängende Regelungen" (m. Änd.) - im folgenden *StädtebauG.*

26 Siehe die Bußgeldvorschriften des KartellG, oben im Text § 2 III A 1 (c).

27 Siehe z.B. Art. 30 Abs. 19-20 und Art. 38 Abs. 8 i.V.m. Art. 57e sowie Art. 57a GesVO 136/46 "über Bestätigung, Änderung und Ergänzung der GesVO vom 10-11 Mai über das Marktpolizeigesetzbuch" (m. Änd.) - im folgenden *MarktG;* näher zu diesen Sanktionsvorschriften SPINELLIS, in: DANNECKER (Hrsg.), Lebensmittelstrafrecht und Verwaltungssanktionen, S. 112 f.

28 Siehe z.B. Art. 24 G 2224/94 "Regelung von Fragen über die Arbeit, die gewerkschaftlichen Rechte, die Hygiene und Sicherheit der Arbeitnehmer, die Organisation des Arbeitsministeriums und der von diesem beaufsichtigten juristischen Personen sowie sonstige Vorschriften" - im folgenden *ArbSicherheitG*; Art. 12 G. 1414/84 "Anwendung des Grundsatzes der Gleichberechtigung von Mann und Frau auf die Arbeitsverhältnisse und sonstige Vorschriften" - im folgenden *ArbGleichberechtigungG.*

29 Siehe z.B. Art. 14 Abs. 3 G. 2251/94 "zum Schutz des Verbrauchers" - im folgenden *VerbSchG.*

30 Siehe z.B. Art. 13 Abs. 1 lit. b G. 743/77 "über den Schutz der Meeresumwelt und die Regelung zusammenhängender Fragen" (in der neuen kodifizierten Fassung der PrVO 55/98 "Schutz der Meeresumwelt", FEK 58 / A / 20.03.1998) - im folgenden *MeeresUmwG*; Art. 30 G. 1650/86 "zum Schutz der Umwelt" - im folgenden *UmwG.*

31 Siehe z.B. Art. 4 Abs. 1 N. 2328/95 "Rechtsstatus der privaten Fernsehsender und der örtlichen Rundfunksender, Regelung von Fragen im Zusammenhang mit dem Rundfunk- und Fernsehmarkt und sonstige Vorschriften" - im folgenden *RundfunkG.*

32 Siehe weitere Beispiele bei KROUSTALAKIS, in: The system of administrative and penal sanctions, S. 123 und 126.

Der in Art. 4 Abs. 1 *RundfunkG* für Verstöße von Fernsehsendern gegen fernsehrechtliche Vorschriften vorgesehene Bußgeldrahmen beläuft sich von 5.000.000 bis auf 500.000.000 Drachmen. Nach Art. 13 Abs. 1 lit. (b)-(i) Satz 4 *MeeresUmwG* können schwere Meeresverschmutzungen mit Geldbußen bis zu 250 Millionen Drachmen geahndet werden. Die kartellrechtlichen Geldbußen des Art. 9 Abs. 1 Fall e *KartellG* können bis zu 15% des Umsatzes des betroffenen Unternehmens betragen. Besonders schwer können im Einzelfall auch die Geldbußen ausfallen, die von einigen (vor allem Steuer-)Gesetzen im prozentualen Verhältnis zu dem durch die Zuwiderhandlung hervorgerufenen Schaden bestimmt werden, so z.B. Art. 2 Abs. 4 lit. b *SteuerStrafG*[33], der zur Ahndung der Zuwiderhandlung der unterlassenen Abgabe bzw. der Abgabe einer unrichtigen Steuererklärung die Verhängung von Zuschlägen bis zu 300% des Betrags der Steuern zuläßt, die der Betroffene durch die Zuwiderhandlung hätte hinterziehen können.

Das verwaltungsstrafrechtliche Gebiet kann deswegen heutzutage in Griechenland als ein seinem Umfang und seiner Bedeutung nach dem Kriminalstrafrecht gleichrangiges Gebiet betrachtet werden, in dem staatliche Sanktionstätigkeit ebenso intensiv wie im kriminalstrafrechtlichen Bereich ausgeübt wird[34]. Die *Sanktionsmittel*, über die das verwaltungsstrafrechtliche Arsenal verfügt, greifen allerdings im Gegensatz zu denen des Kriminalstrafrechts nur in das *Vermögen* (z.B. Geldsanktionen)[35], die *wirtschaftlichen Interessen* (z.B. Ausschluß von Subventionsprogrammen[36] oder öffentlichen Ausschreibungen[37], negative Beeinflussung des unternehmerischen Images und damit der produktbezogenen Verkaufschancen durch Veröffentlichung der Zuwiderhandlung in der Presse[38], Verlust von Rechten im Zusammenhang mit der Ausnutzung von Vermögenswerten[39]) oder das *Recht auf freie (wirtschaftliche) Betätigung* des Betroffenen (z.B. Verbot der Ausübung von bestimmten Tätigkeiten[40], Entzug von staatlichen Lizenzen[41], Betriebsschließung[42])

---

33 G. 2523/97 "über verwaltungs- und strafrechtliche Sanktionen in der Steuergesetzgebung und sonstige Vorschriften" - im folgenden *SteuerStrafG*.

34 So auch LYTRAS, Begriff und Grundunterscheidung der Sanktionen, S. 141; DERS., Die Verfassungsmäßigkeit, S. 260 f.

35 Vgl. die soeben im Text aufgeführten Beispiele.

36 Vgl. z.B. den Fünften Artikel des G. 2656/98 "Sanktionierung des Vertrags zur Bekämpfung der Bestechung von ausländischen öffentlichen Funktionären in internationalen Geschäftsbeziehungen" (FEK 265 / A / 01.12.1998).

37 Vgl. z.B. Art. 8 Abs. 4 lit. b G. 936/79 "zur Änderung und Ergänzung der Vorschriften über den Außenhandel und zur Aufhebung relevanter Vorschriften" (FEK 144 / A / 30.06.1979).

38 Vgl. z.B. Art. 19 Abs. 11 lit. b GesVO 96/73 "zum Handel im allgemeinen mit pharmazeutischen, diätetischen und kosmetischen Waren" (FEK 172 / A / 08.08.1973).

39 Vgl. z.B. Art. 10 SteuerStrafG.

40 Vgl. z.B. Art. 8 Abs. 4 lit. a G. 936/79 "zur Änderung und Ergänzung der Vorschriften über den Außenhandel und zur Aufhebung relevanter Vorschriften" (FEK 144 / A / 30.06.1979).

41 Vgl. z.B. Art. 6 Abs. 3 G. 2194/94 "Wiederherstellung des Nationalen Gesundheitssystems und sonstige Vorschriften" (FEK 74 / A / 16.03.1994).

42 Vgl. z.B. Art. 57a Abs. 1 und 6 MarktG.

ein[43], bringen also im Prinzip *finanzielle* oder *wirtschaftliche* Nachteile mit sich. Sanktionen und ehrenrührige Maßnahmen gegen die Person, insbesondere Freiheitsentzug, kommen dagegen im verwaltungsstrafrechtlichen Bereich - sieht man von dem hier nicht zu behandelnden militärischen Disziplinarrecht ab - als *vergeltende* Maßnahmen[44] nicht in Betracht.

Für die verwaltungsstrafrechtlichen Sanktionen existiert keine einheitliche *Terminologie*. Insbesondere hinsichtlich der Geldsanktionen werden je nach Rechtsgebiet und Gesetzeswerk *unterschiedliche* Bezeichnungen verwendet, wie (verwaltungsrechtliche) Geldbuße, (verwaltungsrechtliche) Geldsanktion, (verwaltungsrechtliche) Geldstrafe, Zuschlag, zusätzliche Abgabe, zusätzliche Steuer u.a.[45]. Eine scharfe terminologische Abgrenzung der Verwaltungsstrafen von rein verwaltungsrechtlichen Rechtsfolgen[46] einerseits und von kriminalstrafrechtlichen Sanktionen andererseits[47] ist demnach nach geltendem Recht nicht möglich. Die dadurch entstehende Unklarheit wird sogar noch größer, weil im positiven Recht auch für die Tatbestandsseite der verwaltungsstrafrechtlichen Sanktionsnormen, also für die unter Verwaltungsstrafdrohung stehenden Zuwiderhandlungen, kein eigener, spezieller Terminus gebraucht wird.

---

43 Ein gutes Beispiel zur Vielfalt der möglichen Erscheinungsformen der Sanktionen des Verwaltungsstrafrechts liefert Art. 10 ff. SteuerStrafG.

44 Beugehaft wird jedoch als Mittel zur Absicherung der Vollstreckung von einigen Verwaltungsgeldstrafen eingesetzt, siehe dazu Anm. 9 sowie Anm. 79.

45 Vgl. dazu LYTRAS, Die Verfassungsmäßigkeit, S. 28, 49 und 149 Anm. 247 mit Beispielen aus der geltenden Gesetzgebung.

46 Wie z.B. die öffentlichen Abgaben (Steuer, Gebühren, Beiträge), die den Finanzbedarf der öffentlichen Hand decken.

47 Im griechischen Strafrecht sind folgende Strafarten vorgesehen (Hauptstrafen): lebenslange Zuchthausstrafe und Zuchthausstrafe von 5 bis 20 Jahren (Art. 52 gr. StGB), Zuchthausstrafe unbestimmter Dauer (Art. 90-92 gr. StGB; diese betrifft wiederholt rückfällige Täter, die als für die öffentliche Sicherheit gefährliche Wiederholungs- oder gewerbsmäßig handelnde Verbrecher eingestuft werden), Einweisung in eine Erziehungsanstalt (Art. 54 und 127 StGB; für Jugendliche im Alter von 13 bis 17 Jahren), Einweisung in eine psychiatrische Anstalt (Art. 38 gr. StGB; diese betrifft für die öffentliche Sicherheit gefährliche Täter, die eine verminderte Schuldfähigkeit aufweisen), Gefängnisstrafe von 10 Tagen bis 5 Jahren (Art. 53 gr. StGB), *Geldstrafe* (Art. 57 gr. StGB; ihr normaler Rahmen ist 50.000 bis 5.000.000 DRM, einzelne Strafvorschriften dürfen aber das Mindest- und / oder Höchstmaß auf eine andere Höhe festlegen), Haft von 1 bis 30 Tagen (Art. 55 gr. StGB) und *Geldbuße* (Art. 57 gr. StGB; es handelt sich um eine geringere Geldstrafe, die i.d.R. 10.000 bis 200.000 DRM beträgt, falls das Gesetz im konkreten Fall nicht etwas anderes anordnet). Es sei darauf hingewiesen, daß die bis 1993 in Art. 50 gr. StGB vorgesehene Todesstrafe durch Art. 33 Abs. 1 G. 2172/93 auch de jure abgeschafft wurde - de facto war diese Vorschrift schon seit langem ohne praktische Bedeutung, da seit 1972 keine Todesstrafe vollstreckt worden war. Je nach Art der angedrohten Strafe unterscheiden sich ferner die Strafdelikte im gr. StGB in Verbrechen (Zuchthausstrafe), Vergehen (Gefängnisstrafe oder Geldstrafe oder Einweisung in eine Erziehungsanstalt) und Übertretungen (Haft oder Geldbuße), siehe Art. 18 gr. StGB.

Im Rahmen der vorliegenden Arbeit werden diese Zuwiderhandlungen als "*Verwaltungsdelikte*" oder "Verwaltungsübertretungen" bezeichnet und die einschlägigen Tatbestände, in denen sie vertypt werden, als "Verwaltungsstraftatbestände" oder "*Bußgeldtatbestände*", wenn die angedrohte Rechtsfolge eine als "*Geldbuße*" bezeichnete Verwaltungsstrafe ist.

C. *Materielle und verfahrensrechtliche Prinzipien*

(1) Allgemeines

Aufgrund seiner heutigen *positivrechtlichen* Ausgestaltung stellt das Verwaltungsstrafrecht innerhalb der griechischen Rechtsordnung keinen eigenständigen Rechtszweig dar[48], für den zwar Verwaltungsbehörden zuständig wären, in dem jedoch besondere, an seine logisch-theoretische Eigenständigkeit angepaßte Grundsätze gelten würden, sondern nur ein *Teilgebiet des Verwaltungsrechts*. Materiell- und verfahrensrechtlich unterliegt das Verwaltungsstrafrecht deswegen den allgemeinen verwaltungsrechtlichen Gesetzgebungs- und Rechtsanwendungsprinzipien.

Strafrechtliche Grundsätze und Garantien *als solche* haben dagegen nach der Auffassung der Rechtsprechung *keine Geltung* im verwaltungsstrafrechtlichen Bereich[49]. Einige strafähnliche Garantien finden zwar im Ergebnis als Ausprägung allgemeingültiger öffentlich-rechtlicher Grundsätze (z.B. Verhältnismäßigkeitsprinzip[50], verwaltungsrechtlicher Gesetzesvorbehalt[51], Vertrauensschutzprinzip bzw. Prinzip der tüchtigen Verwaltung[52], Grundsatz der höheren Gewalt[53], Sicher-

---

48 Vgl. KROUSTALAKIS, in: The system of administrative and penal sanctions, S. 121.

49 Siehe z.B. *Staatsrat* 2322/83: "Die Regelung des Art. 7 Abs. 1 gr. Verfassung [Gesetzlichkeitsprinzip] ... bezieht sich nur auf die vom Strafgesetz vorgesehenen Strafen und nicht auf verwaltungsrechtliche Strafen und Sanktionen, wie diejenigen, die von Art. 9 G. 1288/82 vorgesehen sind." - Insoweit trifft die Feststellung von SPINELLIS [in: DANNECKER (Hrsg.), Lebensmittelstrafrecht und Verwaltungssanktionen, S. 110: "In bezug auf die Anwendung der Strafrechtsprinzipien kann man im allgemeinen sagen, daß diese, und insbesondere der Grundsatz nullum crimen, nulla poena sine lege, auch bei den VWS gelten"] nicht zu. Eine andere Frage ist, daß auch das Verwaltungsrecht den Grundsatz des Gesetzesvorbehaltes kennt und damit Funktionen des strafrechtlichen Gesetzlichkeitsprinzips (teilweise) durch diesen Grundsatz erfüllt werden, siehe dazu soeben im Text und ausführlicher unten, § 6 III A. - Vgl. auch *Staatsrat* 1100/1995: "... die für Kriminaldelikte geltenden Verjährungsvorschriften finden keine Anwendung auf Fragen im Zusammenhang mit der Verhängung von Verwaltungssanktionen".

50 Siehe z.B. *Staatsrat* 2403/1997; vgl. aus der Literatur SIMEONIDIS, DiDik 1992, S. 495 ff. (496) m.w.Nachw.; zum Inhalt des Verhältnismäßigkeitsprinzips und zu seiner (mittelbaren) verfassungsrechtlichen Verankerung siehe DAGTOGLOU, Allg. Verwaltungsrecht [3. Aufl.], Rdn. 394 ff.

51 Vgl. KROUSTALAKIS, in: The system of administrative and penal sanctions, S. 127.

52 Vgl. dazu DAGTOGLOU, Allg. Verwaltungsrecht [3. Aufl.], Rdn. 388 ff. - Die Steuerbehörden dürfen so beispielsweise keine Geldbuße verhängen, wenn sie selbst durch schriftliche irreführende Gesetzinterpretationen und Darstellungen einen Irrtum des betroffenen steuerpflichtigen Bürgers erregt haben und diesen damit zu einem Verstoß gegen das Steuerrecht

stellung des Anhörungsrechts[54] und Begründungszwang[55] in bezug auf belastende Verwaltungsakte) auf das Verwaltungsstrafrecht Anwendung[56]. Dessen materiellrechtliche und prozessuale Grundzüge weichen jedoch prinzipiell in erheblichem Maße von denen des Kriminalstrafrechts ab.

Darüber hinaus läßt sich feststellen, daß angesichts der *fehlenden Kodifizierung* oder zumindest einer allgemein anerkannten und geltenden Definition des Verwaltungsdelikts und der Verwaltungsstrafe[57] die materiellrechtlichen und prozessualen Merkmale des Verwaltungsstrafrechts von Sachgebiet zu Sachgebiet stark variieren können.

Im folgenden wird deswegen ein grober Überblick über diese Merkmale verschafft, wobei der Schwerpunkt der Darstellung darauf gelegt wird, die Abweichungen des Verwaltungsstrafrechts von den Prinzipien des Kriminalstrafrechts deutlich zu machen.

---

veranlaßt haben, vgl. dazu *Staatsrat* 3278/1992, der unter Berufung auf das Prinzip der tüchtigen Verwaltung die Möglichkeit der Verhängung einer Geldbuße in solchen Fällen verneint. So (nunmehr) auch Art. 1 Abs. 8 Satz 1 SteuerStrafG.

53 Kann beispielsweise der Betroffene seinen Rechtsverstoß auf Umstände zurückführen, die "höhere Gewalt" darstellen, so hat er viele Chancen, von einer Bußgeldverhängung verschont zu bleiben, vgl. *Staatsrat* 1616/1993; 3693/1992; 1753/1993.

54 Art. 20 Abs. 2 gr. Verfassung lautet: "Das Recht auf vorherige Anhörung gebührt dem Betroffenen auch hinsichtlich jeder verwaltungsrechtlichen Handlung oder Maßnahme, die zu Lasten seiner Rechte oder Interesse ergriffen wird." Siehe dazu DAGTOGLOU, Allg. Verwaltungsrecht [3. Aufl.], Rdn. 615 ff.; TACHOS, Wirtschaftsverwaltungsrecht [6. Aufl.], S. 132. Eingehend zu den Verteidigungsrechten des Betroffenen im Verwaltungsverfahren STASINOPOULOS, Das Verteidigungsrecht gegenüber den Verwaltungsbehörden, S. 120 ff.; vertiefend insbesondere zum Anhörungsrecht LAZARATOS, Das Recht auf Gehör im Verwaltungsverfahren, 1992. Aus der umfangreichen Rechtsprechung vgl. *Staatsrat* 1181 bis 1199/1993, 2405/1994, 5067/1995. - Die mit der Ausübung des Rechts auf Gehör zusammenhängenden verfahrensrechtlichen Modalitäten sowie die Fälle, in denen die Verwaltung ausnahmsweise von einer vorherigen Anhörung des Betroffenen absehen darf, werden nunmehr in Art. 6 VerwVerfG geregelt.

55 Siehe dazu DAGTOGLOU, Allg. Verwaltungsrecht [3. Aufl.], Rdn. 636 ff.; TACHOS, Wirtschaftsverwaltungsrecht [6. Aufl.], S. 132 ff. je m.w.Nachw. - Die Begründungspflicht der Verwaltungsbehörden im Zusammenhang mit dem Erlaß von Verwaltungsakten wird nunmehr auch in Art. 17 VerwVerfG geregelt.

56 Vgl. zusammenf. KROUSTALAKIS (in: The system of administrative and penal sanctions, S. 127), der davon ausgeht, daß auch das verwaltungsrechtliche Prinzip der Ausübung der Verwaltungsbefugnis innerhalb einer angemessenen Zeit ("principe du délai raisonable") auf die Verhängung von Verwaltungsstrafen Anwendung findet.

57 Vgl. SPINELLIS, RevIntDrPén 59 (1988), S. 217 u. 219; DERS., in: DANNECKER (Hrsg.), Lebensmittelstrafrecht und Verwaltungssanktionen, S. 108 f.

(2) Materiellrechtliche Prinzipien

(a) Dem *nullum crimen / nulla poena sine lege-Satz* wird von der Rechtsprechung, vor allem hinsichtlich der Tatbestandsseite der verwaltungsstrafrechtlichen Sanktionsnormen, *keine* verbindliche Geltung zugesprochen[58]. Der Hinweis darauf, daß der Gesetzgeber oder das mit der Sanktionsbefugnis betraute Verwaltungsorgan bei der Normierung bzw. bei der Anwendung der verwaltungsstrafrechtlichen Tatbestände das Bestimmtheitsgebot (durch Normierung von zu unbestimmten Gesetzesbegriffen) bzw. das Analogieverbot (durch Überschreitung der durch den konkreten Tatbestandswortlaut gesetzten Grenzen) verletzt haben, stellt daher keinen effektiven Verteidigungseinwand im verwaltungsstrafrechtlichen Prozeß dar[59].

(b) Das *Rückwirkungsverbot* sowie der *lex-mitior-Grundsatz* finden in der Verwaltungspraxis und in der Rechtsprechung nur *beschränkte* Anerkennung[60].

(c) Das *Schuldprinzip* herrscht weder im materiell- noch im verfahrensrechtlichen Bereich[61]. Die *schuldunabhägige* Haftung oder *Schuldvermutungen* sind demnach - vor allem im Steuer- und Zollverwaltungsstrafrecht[62] sowie in

---

58 Das strafrechtliche Gesetzlichkeitsprinzip und alle seine Ausprägungen werden bei Kriminalstrafen in vollem Umfang anerkannt und expressis verbis in Art. 7 Abs. 1 gr. Verfassung und in Art. 1 gr. StGB verankert; siehe dazu MANOLEDAKIS, Studien, S. 102 ff.; MANGAKIS, in: Systematische Auslegung des gr. StGB [1993], Art. 1 Rdn. 1 ff. und insbes. (bezüglich der einzelnen Ausprägungen des Grundsatzes: Lex Scripta, Lex Certa, Lex Stricta, Lex Praevia) Rdn. 20 ff.

59 Vgl. PAPANIKOLAIDIS, Verwaltungsstrafen, S. 21 Anm. 32 m.w.Nachw.

60 Siehe PAPACHATZIS, System des Verwaltungsrechts [6. Aufl.], S. 793; KROUSTALAKIS, in: The system of administrative and penal sanctions, S. 124 m.w.Nachw. ("Enfin, si une sanction administrative est infligée, le principe selon lequel il n'y a pas de délit, et selon lequel une sanction ne peut être infligée que si une loi était en vigueur avant que cet acte ne soit commis ne s'applique pas"). - Im Steuerrecht (und somit auch im Steuerverwaltungsstrafrecht) wird allerdings das Rückwirkungsverbot verfassungsrechtlich in Art. 78 Abs. 2 verankert; siehe dazu nur DAGTOGLOU, Grundrechte, Bd. 1 [1991], Rdn. 434. Zur Rückwirkungskraft des milderen steuerrechtlichen Verwaltungsstrafgesetzes siehe *Staatsrat* 1525/55; zu diesem Urteil eingehend KONIDAS, DFN 1991, 1673 ff.

61 Das *Schuldprinzip* wird dagegen bezüglich des Kriminalstrafrechts nicht nur auf der Ebene des einfachen Gesetzes (vgl. Art. 14 und 26 ff. gr. StGB), sondern auch verfassungsrechtlich gewährleistet. Die Geltung des nullum crimen sine culpa-Grundsatzes wird nämlich von der h.M. teleologisch (vor allem) aus Art. 2 Abs. 1 gr. Verfassung abgeleitet, der das an den Staat gerichtete Gebot der Beachtung und des Schutzes der menschlichen Würde enthält; siehe PARASKEVOPOULOS, Verteidigung 1993, 1263 ff.; MANESIS, Individuelle Freiheiten [4. Aufl.], S. 112; MANOLEDAKIS, Studien, S. 139 ff.; MARGARITIS / PARASKEVOPOULOS, Pönologie [2. Aufl.], S. 140; GIANNIDIS, in: Systematische Auslegung des gr. StGB [1997], Art. 14 Rdn. 72; vgl. auch COURAKIS, Wirtschaftsdelikte [1982], S. 207 Anm. 25.

62 Siehe z.B. Art. 73 Abs. 6 GesVO 118/73 "Gesetz zur Besteuerung von Erbschaften, Schenkungen, Mitgift und Gewinnen aus Lotterien"; aus der Rspr. siehe z.B. *Staatsrat* 1562/79: "[D]ie nicht ordnungsgemäße Einhaltung der erwähnten Vorschriften stellt eine formale

Fällen, in denen Kollektivpersonen sanktioniert werden[63] - häufige Erscheinungsformen. Die grundsätzliche Nichtbeachtung des Schuldprinzips zeigt sich auch deutlich darin, daß viele Gesetzte bei Beteiligung mehrerer am Verwaltungsdelikt eine *solidarische* verwaltungsstrafrechtliche Verantwortung vorsehen[64].

(d) Mit Verwaltungsstrafen werden auch *juristische Personen* belegt[65].

(3) Verfahrensrechtliche Prinzipien

(a) Die Zuständigkeiten zur *Ermittlung* des Sachverhalts und zur *Verhängung* von Verwaltungsstrafen werden in der Regel *demselben* Verwaltungsorgan zugewiesen[66]. Dabei handelt es sich um gewöhnliche Organe der öffentlichen Verwaltung, die in eine hierarchische Ordnung eingegliedert sind (Polizeibehörde, Präfektur, Ministerien und nachgeordnete Behörden) und damit über keine besondere personelle und funktionelle Unabhängigkeit verfügen. - In den letzten Jahren ist jedenfalls in vielen Rechtsgebieten die Tendenz erkennbar, das zuständige Verwaltungsorgan in Anlehnung an das französische Vorbild der *Autorités Administratives Indépendantes* als unabhängige Behörde zu konzipieren, die zwar formell an ein Ministerium angeschlossen, jedoch zugleich mit Garantien personeller und funktioneller Unabhängigkeit

---

Übertretung dar und zieht die einschlägigen Sanktionen nach sich, ohne daß es für die Begründung der Haftung des Betroffenen erforderlich wäre, daß auch andere Voraussetzungen wie der Vorsatz des Betroffenen oder die Herbeiführung eines Schadens des Staates wegen der Übertretung vorliegen." Vgl. auch *Staatsrat* 3953/85; *Staatsrat* 4583/87, NoB 1989, 505. Zur objektiven Haftung im Zollverwaltungsstrafrecht siehe KONTAXIS, Zollgesetzbuch [2. Aufl.], S. 155 f.; zu w. Nachw. aus der griechischen Gesetzgebung und Judikatur siehe LYTRAS, Die Verfassungsmäßigkeit, S. 103 Anm. 142, S. 104 Anm. 144, S. 159; SIMEONIDIS, DiDik 1992, 498 Anm. 20.

63 Siehe z.B. *Staatsrat* 1867/78, ToS 1978, 555 ff.

64 Eingehend dazu mit vielen Beispielen KROUSTALAKIS, in: The system of administrative and penal sanctions, S. 124 f. - Im Kriminalstrafrecht gilt dagegen das Prinzip, daß jeder Beteiligte nach seiner eigenen Schuld zu bestrafen ist, vgl. Art. 48 gr. StGB.

65 Siehe z.B. Art. 9 Abs. 1 SteuerStrafG; vgl. ferner KROUSTALAKIS, in: The system of administrative and penal sanctions, S. 124. - Das griechische Kriminalstrafrecht wird dagegen herkömmlicherweise von dem Grundsatz "societas delinquere non potest" beherrscht, siehe dazu CHORAFAS, Strafrecht [9. Aufl.], S. 112 f.; COURAKIS, Wirtschaftsdelikte [1982], S. 206; MANOLEDAKIS, Strafrecht AT [4. Aufl.], Rdn. 172; VOUJOUCAS, Wirtschaftsstrafrecht [5. Aufl.], S. 121 ff.

66 So z.B. im Zoll- und Steuerrecht, im Straßenverkehrsrecht, im Städtebaurecht, im Arbeitsrecht u.a.; Beispiele im Hinblick auf die jeweils zuständige Verwaltungsbehörde finden sich bei KROUSTALAKIS, in: The system of administrative and penal sanctions, S. 126; insbesondere zu den Sanktionen des MarktG siehe SPINELLIS, in: DANNECKER (Hrsg.), Lebensmittelstrafrecht und Verwaltungssanktionen, S. 112.

ausgestattet und somit von Dienstanweisungen der vorgesetzten Stellen unabhängig ist[67].

(b) Verfolgung und Ahndung der verwaltungsstrafrechtlichen Zuwiderhandlungen unterliegen (grundsätzlich) dem *Opportunitätsprinzip*[68].

(c) Die Aburteilung der beanstandeten Verhaltensweisen auf den verschiedenen Sachgebieten erfolgt nicht nach einheitlichen *Verfahrensregeln,* sondern nach der dem jeweils zuständigen Verwaltungsorgan eigenen verwaltungsrechtlichen Prozedur[69]. Das Verfahren ist im Prinzip ein inquisitorisches, schriftliches und nichtöffentliches[70], das mit i.d.R. eingeschränkten prozessualen Garantien durchgeführt wird[71].

---

67 Vgl. dazu bereits die Ausführungen oben im Text (§ 2 III A 2 a) bezüglich des Rechtsstatus der griechischen Wettbewerbskommission; zu ähnlichen Tendenzen in anderen Gebieten (Rundfunk- und Fernsehwesen, Fernmeldewesen, Börsenaufsicht, u.s.w.) siehe OIKONOMOU (ElDik 1996, 1251 m.w.Nachw.), der sich am Beispiel der (reformierten) unabhängigen Aufsichtsbehörde für Fernseh- und Rundfunksender in Griechenland kritisch mit dem Institut der unabhängigen Verwaltungsbehörden bzw. mit der Art der (widersprüchlichen) Handhabung dieses Instituts in der griechischen Praxis auseinandersetzt (a.a.O., 1262 ff.); vgl. dazu die im Hinblick auf die griechische Wettbewerbskommission getroffenen Feststellungen oben im Text, § 1 II.

68 Die zuständigen Behörden "*können*" bei Feststellung der Zuwiderhandlung eine Verwaltungsstrafe verhängen, sind jedoch dazu nicht verpflichtet, vgl. z.B. die Formulierung des Art. 9 Abs. 1 KartellG. Diese Formulierung ("kann") findet sich jedoch nicht in allen Gesetzestexten, vgl. z.B. Art. 89 Abs. 2 Zollgesetzbuch, Art. 24 Abs. 1 ArbSicherheitG, Art. 13 Abs. 1 lit. b MeeresUmwG, Art. 30 Abs. 1 UmwG. In einigen Fällen wird sogar vom Gesetz angeordnet, daß die verwaltungsstrafrechtliche Ahndung der Zuwiderhandlung unbedingt stattfinden muß; siehe z.B. Art. 60 Abs. 1 G. 947/79 ("über Ansiedlungsgebiete"): "Gegen die Verantwortlichen für die Verletzung der Vorschriften des vorliegenden Gesetzes....wird unbedingt von der städtebaurechtlichen Behörde die Verwaltungsstrafe der Geldbuße verhängt." Vgl. auch Art. 57e Abs. 3 MarktG, der das Absehen von der Verhängung einer Verwaltungsstrafe nur in Ausnahmefällen zuläßt.

69 Vgl. SPINELLIS, RevIntDrPén 59 (1988), S. 222; KROUSTALAKIS, in: The system of administrative and penal sanctions, S. 126 mit Beispielen. - Das Verwaltungsverfahren auf allen Sachgebieten muß allerdings bestimmten Mindestanforderungen genügen, die durch das am 09.03.1999 in Kraft getretene VerwVerfG näher geregelt werden.

70 Vgl. dazu PAPACHATZIS, System des Verwaltungsrechts [6. Aufl.], S. 794. - Zum nichtöffentlichen Charakter des Verfahrens vor kollektiven Verwaltungsorganen, wenn das jeweils einschlägige spezielle Verwaltungsgesetz keine abweichende Regelung trifft, vgl. nunmehr auch Art. 14 Abs. 10 VerwVerfG.

71 Siehe dazu PAPANIKOLAIDIS, Verwaltungsstrafen, S. 18. - Durch das VerwVerfG werden allerdings bestimmte Mindeststandards (vgl. z.B. Art. 5: "Zugang zu Dokumenten", Art. 6: "Vorherige Anhörung des Betroffenen", Art. 7: "Unparteilichkeit der Verwaltungsorgane") gewährleistet, an die das für die Durchführung des Verfahrens jeweils zuständige Verwaltungsorgan gebunden ist.

(d) Das *nemo tenetur-Prinzip* hat im verwaltungsstrafrechtlichen Verfahren *keine* Geltung[72].

(e) Gegen die verwaltungsstrafrechtlichen Verwaltungsakte ist der Rechtsweg zu den *Verwaltungsgerichten* eröffnet[73].

(f) Die mit ordentlichen Rechtsbehelfen nicht (rechtzeitig) angefochtene Sanktionsentscheidung der Verwaltungsbehörde wird zwar bestandskräftig, erwächst jedoch *nicht* in *Rechtskraft*, wie dies bei Gerichtsurteilen der Fall ist[74]. Die Entscheidung entfaltet deswegen nur für den Betroffenen eine - vorbehaltlich außerordentlicher Rechtsbehelfe - endgültig bindende Wirkung. Die *ausstellende* Behörde kann dagegen die Sanktionsentscheidung frei - im Rahmen der für Verwaltungsakte im allgemeinen geltenden Bestimmungen - (ex tunc) zurücknehmen oder (ex nunc) widerrufen[75]. Von Bedeutung ist es außerdem, daß die Zivil-, Verwaltungs- und Strafgerichte den der Sanktionsentscheidung zugrundeliegenden Sachverhalt jede Zeit anders beurteilen dürfen.

(g) Die Ahndung des Betroffenen mit einer Verwaltungsstrafe wird *nicht* in das *Strafregister* eingetragen[76].

(h) Die verhängte verwaltungsstrafrechtliche *Geld*sanktion wird nach den allgemeinen Regelungen des Gesetzbuches "über die Eintreibung der staatlichen Einkünfte"[77] vollstreckt[78]. Bei Uneinbringlichkeit der Geldsanktion und so-

---

72 Siehe z.B. SCHINAS in: DERS. (Hrsg.), Schutz des freien Wettbewerbs, S. 34, der diese Feststellung in Bezug auf das kartellrechtliche Verwaltungsstrafverfahren trifft.

73 Je nach dem vorgesehenen Rechtsbehelf sind entweder die *ordentlichen Verwaltungsgerichte* oder der *Staatsrat* zuständig; siehe z.B. *Staatsrat* 532/91, DiDik 1992, 38; 494/92, DiDik 1992, 420; vgl. ferner KROUSTALAKIS, in: The system of administrative and penal sanctions, S. 128. - In einigen Fällen ist aber möglich, daß gegen dieselbe verwaltungsbehördliche Sanktionsentscheidung beide Arten von den oben erwähnten Gerichten angerufen werden können; einen solchen Fall behandelt der *Staatsrat* 1442/91, Armenopoulos 1991, 725 ff. Die Komplikationen, die durch die oft unklare gesetzliche Regelung der Zuständigkeitsfrage entstehen können, werden exemplarisch im Garyfallou-Urteil des EGMR veranschaulicht, siehe *EGMR*-Urt. v. 24.09.1997, *Garyfallou AEBE*, Reports of Judgements and Decisions 1997-V, 1821 (= Armenopoulos 1998, 238 ff. mit Anmerkung SIMEONIDIS, 242 ff.).

74 Vgl. ANDROULAKIS, Die Grundlagen [1985], S. 21.

75 Siehe TACHOS, Wirtschaftsverwaltungsrecht [6. Aufl.], S. 134 f.

76 Vgl. Art. 574 gr. StPO.

77 GesVO 356/74 (m. Änd.).

78 Vgl. z.B. Art. 57e Abs. 8 MarktG; Art. 18 Abs. 1 MeeresUmwG; Art. 30 Abs. 3 UmwG. - Dasselbe Gesetzbuch gilt auch für die Vollstreckung der kriminellen Geldstrafen, die vom Anfang an als solche verhängt wurden, soweit in speziellen Vorschriften nichts anderes vorgesehen ist; vgl. Art. 553 Abs. 2 gr. StPO.

weit bestimmte Schwellenwerte überschritten werden, kann - nunmehr ausschließlich von einem Gericht - eine *Beugehaft* angeordnet werden[79].

(i) Der *ne bis in idem-Grundsatz* gilt *weder* im Verhältnis der Verwaltungsstrafen zu den Kriminalstrafen[80], *noch* im Verhältnis der Verwaltungsstrafen zueinander[81].

(j) Zwischen Verwaltungsstrafrecht und Kriminalstrafrecht sind *keine* materiellrechtlichen und prozessualen *Übergänge* vorgesehen[82].

II. Abgrenzung zum Kriminalstrafrecht

Ob eine im Gesetz vorgesehene vergeltende Sanktion systematisch dem verwaltungsstrafrechtlichen oder dem kriminalstrafrechtlichen Sanktionssystem zuzuordnen ist, stellt demzufolge eine Frage von äußerst großer Tragweite dar, da diese Zuordnung letztendlich nicht nur dafür entscheidend ist, welches Organ für die Sanktionsverhängung zuständig sein wird (Organ der Exekutive *oder* Organ der Judikative), sondern

---

79 Bis 1989 durfte eine (Beuge-)Haft als verwaltungsvollstreckungsrechtliches Zwangsmittel im Rahmen des Verfahrens zur Eintreibung der gegenüber dem Staat bestehenden fälligen Schulden (einschließlich derjenigen, die aus der Verhängung von Geldbußen oder sonstigen finanziellen Sanktionen entstanden waren) von der jeweils für die Eintreibung zuständigen Verwaltungsbehörde angeordnet werden. Diese Regelung, die von der griechischen Wissenschaft scharf kritisiert worden war - eine zusammenfassende Darstellung der Problematik liefert PAPACHRISTOU, Die neue Institution der Personalhaft wegen Schulden gegenüber dem Staat, S. 3 ff. m.w.Nachw. -, wurde allerdings durch das G. 1867/89 ("Personalhaft in Anwendung der Vorschriften des Gesetzbuches über die Eintreibung der öffentlichen Einkünfte", FEK 227 / A / 09.10.1989) abgeschafft. Nach dem neuen, inzwischen mehrfach novellierten Regelungsrahmen (G. 1687/89, geändert durch Art. 46 G. 2065/92, Art. 33 G. 2214/1994 und Art. 22 G. 2523/97) kann nunmehr eine Haft ausschließlich durch ein Gericht angeordnet werden, das auf Antrag der für die Eintreibung jeweils zuständigen Verwaltungsbehörde (im Regelfall des Finanzamtes) hin zu entscheiden hat. In materieller Hinsicht und soweit es um Schulden geht, die ihren Ursprung in der Verhängung von finanziellen Sanktionen durch den Staat haben, ist es erforderlich, daß der geschuldete fällige Gesamtbetrag den Schwellenwert von 3.000.000 DRM (umgerechnet ca. 17.650,- DM) überschreitet. Kommen juristische Personen als (ursprüngliche Sanktionssubjekte und anschließend als) zahlungsunwillige Schuldner in Betracht, so kann die Beugehaft gegen ihre rechtmäßigen Vertreter angeordnet werden.

80 Vgl. z.B. Art. 13 Abs. 2 MeeresUmwG; Art. 21 Abs. 6 SteuerStrafG; Art. 12 Abs. 1 Satz 3 ArbGleichberechtigungG; Art. 25 Abs. 2 und Art. 26 Abs. 6 KartellG; aus der Rechtsprechung vgl. z.B. *Staatsrat* 2728/87; aus der Literatur siehe PAPACHATZIS, System des Verwaltungsrechts [6. Aufl.], S. 794; KROUSTALAKIS, in: The system of administrative and penal sanctions, S. 130 mit vielen Beispielen. - Siehe dagegen für das Kriminalstrafrecht Art. 56 gr. StPO.

81 Siehe z.B. *Staatsrat* 3002/86 DFN 1987, 635; *Staatsrat* 4583/87 NoB 1989, 504 f.; KROUSTALAKIS, in: The system of administrative and penal sanctions, S. 130.

82 Vgl. dazu SPINELLIS, RevIntDrPén 59 (1988), 223; KROUSTALAKIS, in: The system of administrative and penal sanctions, S. 124 und 130.

auch dafür, ob bei der Anwendung der Sanktionsnorm der Rechtsanwender auf verwaltungsrechtliche *oder* strafrechtliche dogmatische Beurteilungsmaßstäbe zurückgreifen wird.

A. *Die Rechtsanwendungsebene*

Die griechische Rechtspraxis führt die systematische Zuordnung zum Verwaltungsstrafrecht oder zum Kriminalstrafrecht rein *formal* durch. Die Grenzziehung zwischen Verwaltungsstrafen und Kriminalstrafen, Verwaltungsdelikten und Kriminaldelikten erfolgt danach ausschließlich in Anlehnung an die *gesetzgeberische Einordnung*, welche anhand von zwei Kriterien ermittelt wird: die gesetzliche Bezeichnung der Sanktion und die prozessuale Regelung ihrer Verhängung.

(1) Bezeichnung der Sanktion als erstes Abgrenzungskriterium

Dem Verwaltungsstrafrecht wird demnach vom griechischen Rechtsanwender jede Sanktionsnorm zugeordnet, deren Rechtsfolge der Gesetzgeber ausdrücklich als *verwaltungsstrafrechtliche* Sanktion *bezeichnet.*

An einer solchen eindeutigen terminologischen Angabe im Gesetzestext kann es jedoch fehlen. Dies liegt daran, daß die für Verwaltungsstrafen verwendeten Termini, wie oben dargestellt, auch im Kriminalstrafrecht gebraucht werden. Das Wort "Geldbuße" beispielsweise, die am häufigsten in den Gesetzestexten auftretende Bezeichnung für verwaltungsstrafrechtliche Geldsanktionen, ist im Kriminalstrafrecht der Terminus, der für die Rechtsfolge der dritten Kategorie von Strafdelikten, der Übertretungen, steht[83]. Solche Probleme ergeben sich jedenfalls - der vorgenannten Fälle einschließlich - dann nicht, wenn der Gesetzgeber sämtliche Verwaltungssanktionen in einem entsprechend betitelten Kapitel des Gesetzes zusammenstellt oder die fragliche Sanktion auf irgendeine andere Weise mit dem verwaltungsstrafrechtlichen Bereich in Verbindung bringt (z.B. durch die nicht seltene Voranstellung des Adjektivs "verwaltungsrechtlich")[84].

(2) Prozessuale Regelung der Sanktion als zweites Abgrenzungskriterium (Die Problematik des Art. 96 Abs. 2 gr. Verfassung)

Dem Verwaltungsstrafrecht wird vom griechischen Rechtsanwender aber auch jede Sanktion zugerechnet, für die der Gesetzgeber *Verwaltungsorgane* als zuständig bestimmt, während er anschließend für die entstehenden Streitfälle auf die *Verwaltungsgerichtsbarkeit* verweist. Hervorzuheben ist dabei, daß *beide* Voraussetzungen vorliegen müssen (verwaltungsbehördliches Verfahren, Verwaltungsgerichtsbarkeit), um auf die gesetzgeberische Klassifizierung der Sanktion als verwaltungsstrafrechtlich berechtigt schließen zu dürfen.

Dies liegt daran, daß in der griechischen Rechtsordnung aufgrund *Art. 96 Abs. 2 gr. Verfassung* - die eine Ausnahme zum verfassungsrechtlichen Richtervorbehalt

---

83 Siehe oben Anm. 47.

84 Siehe z.B. Art. 30 UmwG.

für Kriminalstrafen einführt[85] - der Gesetzgeber befugt ist, die Zuständigkeit zur Aburteilung von Kriminaldelikten polizeilichen Charakters ("polizeiliche Übertretungen" sowie Übertretungen im Bereich der "feldpolizeilichen Ordnung") *im ersten Schritt* den Strafgerichten zu entziehen und auf *Polizeibehörden* zu übertragen. Gegen die von letzteren erlassenen Entscheidungen ist aber dem Betroffenen immer das Recht vorzubehalten, Berufung - mit aufschiebender Wirkung - bei den *Strafgerichten* einzulegen[86].

Nach absolut herrschender Meinung in der Rechtsprechung und Literatur gehören die Bereiche des positiven Rechts, die sich auf diese verfassungsrechtliche Ausnahmeregelung stützen, also im ersten Schritt die (Polizei-)Behörden für zuständig erklären und anschließend dem Betroffenen den Rechtsweg zu den Strafgerichten eröffnen[87], systematisch dem Kriminalstrafrecht an[88]. Es wird angenommen, daß den (Polizei-)Behörden in diesen Fällen *echte* (kriminelle) Strafbefugnis zugewiesen wird. Deswegen wird auch davon ausgegangen, daß sie im Rahmen ihrer Tätigkeit der Strafverhängung nicht mehr als Organe der rechtsvollziehenden Gewalt (*Exekutivorgane*), sondern als Organe der Judikative (*Organe der Rechtspflege*) handeln[89], wenn auch sie nicht als Gerichte organisiert sind.[90]

Auf die gesetzgeberische Einstufung einer Sanktionsnorm als verwaltungsstrafrechtliche darf also nur dann geschlossen werden, wenn der Gesetzgeber über die verwaltungsbehördliche Zuständigkeit im ersten Schritt hinaus die Verwaltungsge-

---

85 Art. 96 Abs. 2 gr. Verfassung stellt eine Ausnahmeregelung dar. Die Grundregel wird im Abs. 1 aufgestellt. Diese ordnet an, daß die Bestrafung sämtlicher Delikte sowie die Verhängung sämtlicher in Strafgesetzen vorgesehenen Maßnahmen ausschließlich den Strafgerichten vorbehalten werden müssen.

86 Ähnliche Regelungen enthielten die griechischen Verfassungen seit 1927; vgl. Art. 94 Abs. 2 gr. Verfassung 1927, Art. 89 Abs. 2 gr. Verfassung 1952 sowie Art. 113 Abs. 1 der von der Militärdiktatur aufgestellten "Verfassung" von 1968. - Zur Geschichte dieser Regelung zusammenf. LYTRAS, Die Verfassungsmäßigkeit, S. 162 Anm. 269, S. 166 Anm. 276 und S. 284 Anm. 25.

87 Siehe z.B. Art. 3 Abs. 4, Art. 4 Abs. 12, Art. 5 Abs. 10, Art. 6 Abs. 3, Art. 7 Abs. 3, Art. 12 Abs. 11, Art. 13 Abs. 6, Art. 14 Abs. 5, Art. 15 Abs. 4, Art. 16 Abs. 8 u.s.w. i.V.m. Art. 104 und Art. 105 StrVerkG; Art. 26 G. 1080/80 "über die Änderung und Ergänzung der die Einnahmen von Kommunen betreffenden Gesetzgebung und anderer zusammenhängender Vorschriften" i.V.m. Art. 1 GesVO 805/71 "über Übertretungen, die durch Polizeiorgane festgestellt werden"; Art. 6 GesVO 2843/54 (i.d.F. v. G. 937/79) "über den Verkauf von Zeitungen und Zeitschriften".

88 PSAROUDA-BENAKI, PoinChr 1967, 78.

89 Siehe dazu PAPANIKOLAIDIS, Verwaltungsstrafen, S. 10; PAPACHATZIS, System des Verwaltungsrechts [6. Aufl.], S. 793; LYTRAS, Die Verfassungsmäßigkeit, S. 166 ff. und 176 ff., jeweils m.w.Hinw.

90 Vgl. aus deutscher Sicht die polizeiliche (echte) Strafgewalt durch Strafverfügung, die bis in die Zeit nach dem zweiten Weltkrieg galt; dazu zusammenf. BOHNERT, Jura 1984, 13 f., m.w.Nachw.

richtsbarkeit begründet. Die Möglichkeit der Einschaltung von Strafgerichten gegen die Sanktionsentscheidung der Verwaltungsbehörde spricht hingegen dafür, daß sich der Gesetzgeber im Rahmen der Regelung des Art. 96 Abs. 2 gr. Verfassung bewegt und demzufolge die geschaffene Sanktionsnorm als kriminalstrafrechtlich klassifiziert.

B. Die rechtsdogmatische Ebene (theoretische Durchdringung der lex lata)

Aus rechtsdogmatischer Sicht erhebt sich die Frage, ob über diese rein formellen Abgrenzungskriterien hinaus *de lege lata* materielle Merkmale existieren, die das Sanktionssystem "Verwaltungsstrafrecht" *wesensmäßig* auszeichnen und seine substantielle Abgrenzung vom Sanktionssystem "Kriminalstrafrecht" innerhalb der griechischen Rechtsordnung ermöglichen.

(1) Auf die Natur der Verwaltungsstrafe als Beugestrafe abstellende Abgrenzungstheorien

(a) Darstellung

Die Frage nach der materiellen Abgrenzung ließe sich leicht beantworten, wenn die in der Rechtsprechung und einem Teil der verwaltungsrechtlichen Literatur vertretenen Auffassung zutreffend wäre, die Verwaltungsstrafen seien bloße *verwaltungsrechtliche Zwangsmaßnahmen*, die ausschließlich der Vollziehung der Verwaltungsnormen durch Beugung des Ungehorsams des Pflichtigen dienten und damit das reibungslose Funktionieren der öffentlichen Verwaltung förderten[91]. Unter Zugrundelegung dieser Ansicht bereitet nämlich die materielle Grenzziehung zwischen Verwaltungsstrafrecht und Kriminalstrafrecht keine besonderen Schwierigkeiten, denn man hat nicht mehr vergeltende Sanktionssysteme, sondern andersartige Größen miteinander zu vergleichen.

(b) Ablehnung

Der in der Judikatur herrschenden Auffassung, die die Verwaltungsstrafen letztlich in ihrer Gesamtheit unter die theoretische Kategorie der *Beugestrafen* bringen will[92], widersprechen jedoch eindeutig die positivrechtlichen Gegebenheiten. Nach diesen kann nicht daran gezweifelt werden, daß die Verwaltungsstrafen des griechischen Rechts keinen bloßen Unterfall des präventiven Verwaltungszwanges darstellen, weil sie auch dann verhängt werden können - und in der Tat verhängt wer-

---

[91] Vgl. z.B. *Staatsrat* 433/36; *Staatsrat* 406/44; *Staatsrat* 671/55; *Areopag* 148/59, in der von BAKOULAS hrsg. Sammlung, Bd. 13, 39 f.; *Staatsrat* 2930/74, Die Verfassung 1975, 702; *Staatsrat* 2570/81; aus der Literatur siehe insb. STASINOPOULOS, ArNom 1950, 89 ff.; PAPACHATZIS, System des Verwaltungsrechts [6. Aufl.], S. 792 ff.; vgl. auch KROUSTALAKIS, in: The system of administrative and penal sanctions, S. 123 f.

[92] So auch LYTRAS, Die Verfassungsmäßigkeit, S. 82 Anm. 95; näher dazu unten im Text, § 6 I B 2.

den -, wenn das rechtswidrige Tun, an das sie anknüpfen, vom Betroffenen bereits freiwillig abgestellt worden ist und keine *konkrete* Wiederholungsgefahr besteht[93]. Beugestrafen sind dagegen - trotz ihrer Anknüpfung an eine Zuwiderhandlung - bloße Zwangsmittel, die ein bestimmtes, zukünftiges Wohlverhalten des Betroffenen (d.h. die Abstellung der andauernden Zuwiderhandlung) erzwingen wollen, und deswegen mit der (zeitgerechten) Beendigung des Verstoßes notwendigerweise entfallen.

Dies läßt sich am *Beispiel des deutschen Zwangsgeldes* verdeutlichen[94]. Dieses darf nach seiner positivrechtlichen Ausgestaltung[95] und nach absolut herrschender Meinung in der deutschen Literatur und Rechtsprechung[96] nicht mehr festgesetzt (und beigetrieben) werden, falls nach seiner Androhung - der Festsetzung des Zwangsgeldes muß immer die Androhung vorangehen[97] - der Betroffene den ihm gestellten Verhaltensanforderungen nachkommt[98] - falls also die bloße Androhung den Zweck der Beugung des Willens des Pflichtigen bewirkt. Die deutsche Rechtsprechung geht sogar noch weiter, und leugnet die Möglichkeit der Festsetzung eines angedrohten Zwangsgeldes auch dann, wenn die zu erzwingende Handlung oder Unterlassung auf einem befristeten Gebot beruhte und die Frist inzwischen verstrichen ist, mit der Begründung, daß das Zwangsgeld nie in eine Strafmaßnahme verkehrt werden dürfe[99].

---

93 Siehe z.B. aus der kartellrechtlichen Bußgeldpraxis *WbK*-S 28/84 "TASTY-FOODS", Bd. A, S. 132 und die daran anschließende *minist. Entsch.* K6-302/85 (unveröff.); ebenso *VerwG Athen* 5629/86, Bd. A, S. 244.

94 Einen Überblick über die Geschichte und die Grundfragen des Zwangsgeldes als Mittel des Verwaltungszwanges im deutschen Recht liefert HENNEKE, Jura 1989, 7 ff., 64 ff.

95 Vgl. Art. 11 ff. Verwaltungs-Vollstreckungsgesetzt (VwVG) v. 27.04.1953.

96 Siehe dazu FORSTHOFF, Verwaltungsrecht, Bd. I [10. Aufl.], S. 299; MAURER, Allg. Verwaltungsrecht [11. Aufl.], § 20 Rdn. 15; GIEMULLA / JAWORSKY / MÜLLER-URI, Verwaltungsrecht [6. Aufl.], Rdn. 544.

97 Siehe FORSTHOFF, Verwaltungsrecht, Bd. I [10. Aufl.], S. 299. Dies gilt übrigens für alle Mittel des Verwaltungszwanges, vgl. BUCHHOLZ, System des Verwaltungsrechts, Bd. 3 [1997], S. 272 ff.; ERICHSEN / RAUSCHENBERG, Jura 1998, 38 ff.; MAURER, Allg. Verwaltungsrecht [11. Aufl.], § 20 Rdn. 20 ff.; GIEMULLA / JAWORSKY / MÜLLER-URI, Verwaltungsrecht [6. Aufl.], Rdn. 560 ff.; ERICHSEN, in: DERS. (Hrsg.), Allgemeines Verwaltungsrecht [11. Aufl.], § 21 Rdn. 16 f.

98 Die Festsetzung wird gleichermaßen ausgeschlossen, wenn der geforderte Zustand inzwischen ohne Zutun des Pflichtigen eingetreten ist (z.B. Beseitigung der Überbelegung eines Camping-Platzes durch Wetterumschlag); vgl. dazu GIEMULLA / JAWORSKY / MÜLLER-URI, Verwaltungsrecht [6. Aufl.], Rdn. 544.

99 OVG Lüneburg, Beschluß v. 17.03.1967, DVBl. 1969, 119 f.; kritisch zu dieser Entscheidung HENNEKE, Jura 1989, 71 f.; eingehend (und bejahend) zur Frage, ob die Behörde bei Unterlassungsgeboten nach einer Zuwiderhandlung das angedrohte Zwangsgeld noch festsetzten und beitreiben darf, wenn die Gefahr weiterer Verstöße nicht mehr besteht, weil das ausgesprochene Verbot etwa wegen Fristablaufs oder aufgrund der Zuwiderhandlung gegenstandslos geworden ist, ERICHSEN / RAUSCHENBERG, Jura 1998, 35 f. mit zahlreichen Hinweisen sowohl auf die mit dem oben genannten OVG Lüneburg-Beschluß übereinstimmende Rechtsprechung und Judikatur (vgl. a.a.O., Anm. 76) als auch auf die Gegenansicht (vgl. a.a.O., Anm. 78).

Eine ähnliche (überwiegend präventive) Funktion erfüllt auch das *europäische Zwangsgeld*, wie dieses u.a. in Art. 16 VO 17 institutionalisiert wird. Seine Verhängung vollzieht sich ebenfalls in einem zweistufigen Verfahren (erste Stufe: "Festsetzung" des Zwangsgeldes im Sinne der *Androhung* durch eine erste Kommissionsentscheidung - zweite Stufe: *endgültige Festsetzung* des vollstreckbaren Gesamtbetrags durch eine neue Kommissionsentscheidung)[100] und sein (primärer) Zweck besteht gleichermaßen nicht in der Ahndung vergangenen Verhaltens, sondern in der Erzwingung zukünftigen Wohlverhaltens des Betroffenen bzw. in der Verhinderung der Fortsetzung der (in der ersten Entscheidung) festgestellten Zuwiderhandlung[101].

Zu beachten ist allerdings, daß das europäische Zwangsgeld - im Gegensatz zum deutschen Zwangsgeld - aufgrund der vom Gemeinschaftsgesetzgeber ausdrücklich getroffenen Regelung des Art. 16 Abs. 2 VO 17 auch dann endgültig festgesetzt werden darf, wenn "die Unternehmen ... der Verpflichtung nachgekommen [sind], zu deren Erfüllung das Zwangsgeld ... festgesetzt [=angedroht] worden war". Wegen dieser Regelung stellt KOCH den rein präventiven Charakter des europäischen Zwangsgeldes in Frage. KOCH weist vor allem darauf hin, daß angesichts der von der fraglichen Regelung vorausgesetzten Befolgung der zwangsgeldbewehrten Anordnung nicht mehr die Rede davon sein könne, daß das endgültig festzusetzende (und einzuziehende) Zwangsgeld den Willen des betroffenen Unternehmens beugen und es zur Beachtung der Anordnung veranlassen wolle. Der Vollzug des Zwangsgelds habe vielmehr unter diesen Umständen Strafcharakter und seine Wirkung gleiche derjenigen einer Strafmaßnahme[102]. – Hiergegen wendet DANNECKER ein, der Rechtsgrund für die endgültige Festsetzung des Zwangsgeldes sei auch in den genannten Fällen der Festsetzung nach verspäteter Befolgung der zwangsgeldbewehrten Anordnung bereits *vor* der Abstellung der Zuwiderhandlung entstanden. "Die endgültige Festsetzung der Höhe des Zwangsgeldes bezieht sich also lediglich auf die Durchsetzung eines der Sache nach bereits entstandenen Anspruchs und hat deshalb keinen Strafcharakter"[103]. Das Zwangsgeld sei danach immer als Beugemittel aufzufassen.

KOCH stellt zwar eine Tatsache fest, die nicht geleugnet werden kann: Das europäische Zwangsgeld kann in der zweiten Verfahrensphase auch eine abgestellte Zuwiderhandlung zum Gegenstand haben und damit punitive Elemente in sich tragen. Die von KOCH vorgenommene Deutung des europäischen Zwangsgelds ist jedoch insofern angreifbar, als sie ausschließlich auf die zweite Verfahrensphase abstellt. Die Methode von DANNECKER ist hingegen dadurch gekennzeichnet, daß sie beide Verfahrensphasen als funktionale Einheit betrachtet. DANNECKER fördert auf diese Weise die richtige Erkenntnis zu tage, daß die zweite Verfahrensphase beim Einsatz des Instituts des europäischen Zwangsgeldes einen *akzessorischen* Charakter hat bzw. der Wahrung der Effektivität der in der ersten Verfahrensphase verfolgten *rein* präventiven Zwecke dient. Die zweite Verfahrensphase zielt nämlich vor allem darauf ab, der ersten Verfahrensphase, insbesondere dem auf den Entscheidungsadressaten ausgeübten normativen Zwang zur *unmittelbaren* Befolgung der Anordnung Nachdruck zu verleihen. Insoweit muß aber die zweite Phase auch jede *zeitliche* Verzögerung berücksichtigen und sanktionieren können.

---

100 DANNECKER, in: I/M EG-WbR [1997], VO 17 Art. 16, Rdn. 18 ff.; KOCH, in: GRABITZ / HILF [1. Grdlf.], nach Art. 87, VO 17 Art. 16, Rdn. 5 f.

101 DANNECKER, in: I/M EG-WbR [1997], VO 17 Art. 16, Rdn. 3.

102 KOCH, in: GRABITZ / HILF [1. Grdlf.], nach Art. 87, VO 17 Art. 16, Rdn. 3 f. und 8.

103 DANNECKER, in: I/M EG-WbR [1997], VO 17 Art. 16, Rdn. 36; DANNECKER / FISCHER-FRITSCH, S. 76.

Sonst verliert die Aufforderung zu einer *unverzüglichen* Befolgung der Anordnung jede Überzeugungskraft. - Auch wenn es zuzugeben ist, daß das europäische Zwangsgeld unter Umständen in der zweiten Verfahrensphase *auch* repressiv-ahndende Elemente in sich tragen kann, ist dieses Institut wegen der engen funktionalen Verknüpfung der beiden Verfahrensphasen seiner Verhängung insgesamt – d.h. auch in den erwähnten umstrittenen Fällen - der Kategorie der präventiven Sanktionen zuzuordnen.

Die Verwaltungsstrafen des griechischen Rechts sind jedenfalls keine Beugestrafen, und zwar weder im Sinne des deutschen noch im Sinne des europäischen Zwangsgeldes. Sie setzen weder eine andauernde Zuwiderhandlung noch (zumindest) die Prognose über die künftige Wiederholung einer Zuwiderhandlung voraus, sondern stellen grundsätzlich auf die Vergangenheit ab und gehen auf Prognosen über zukünftige Ereignisse nicht ein. Es läßt sich daher nicht bestreiten, daß ihnen auf der Ebene der Sanktionsverhängung überwiegend eine repressiv-ahndende Zielsetzung zukommt. *Nur* anhand der mit der Sanktionsverhängung verfolgten Zwecke ist insoweit eine Abgrenzung des Verwaltungsstrafrechts zum Kriminalstrafrecht nicht möglich. Das materielle Unterscheidungskriterium ist somit anderswo zu ermitteln.

(2) Auf das Wesen des Verwaltungsunrechts abstellende Abgrenzungstheorien

(a) Darstellung

Der größte Teil - vorwiegend der strafrechtlichen - Literatur geht nicht auf den (vergeblichen) Versuch ein, die repressiv-ahndende Natur der Verwaltungsstrafen zu bestreiten. Die hierzu gehörenden Autoren betrachten trotzdem die Verwaltungsstrafen prinzipiell als ein aliud zu den Kriminalstrafen. Die Verwaltungsstrafen werden insbesondere als Sanktionen aufgefaßt, die an der besonderen Mißbilligung, dem im sozialen Bereich wurzelnden höchstpersönlichen Vorwurf und der sozial brandmarkenden Kraft der Kriminalstrafen keinen Anteil haben, sondern bloß der Durchsetzung der Verwaltungsnormen und somit der Förderung der Verwaltungstätigkeit dienen[104].

Zu der Wesensverschiedenheit der Verwaltungsstrafen gelangen allerdings die meisten Autoren *nur* deswegen, weil sie der gemeinsamen Überzeugung sind, daß auch die Verwaltungsdelikte ein qualitativ verschiedenes Wesen im Vergleich zu den Kriminalstraftaten haben (*Anhänger der qualitativen Abgrenzungstheorie*)[105]. Die Meinungen gehen jedenfalls auseinander, wenn es darum geht, den qualitativen Unterschied zwischen Verwaltungs- und Kriminaldelikten näher zu bestimmen.

---

104 ANDROULAKIS, Die Grundlagen, S. 21; MANGAKIS, PoinChr 1958, 466 ff.; MANOLEDAKIS, Strafrecht AT [4. Aufl.], Rdn. 66; siehe auch DAGTOGLOU, Grundrechte, Bd. 1 [1991], Rdn. 435.

105 Diese methodische Annäherung an das Problem ist besonders deutlich bei MANGAKIS, PoinChr 1958, 396 und 466.

MANOLEDAKIS[106] erblickt in den Verwaltungsdelikten bloße Ordnungsverstöße (mala prohibita), die im Gegensatz zu den echten Kriminalstraftaten (mala in se) keine Rechtsgüter, sondern nur sozialethisch unbedeutsame verwaltungsrechtliche Ge- und Verbote verletzten.

MANGAKIS[107] meint dagegen, auch die Verwaltungsdelikte verletzten Rechtsgüter. Das von ihnen betroffene Rechtsgut sei das reibungslose Funktionieren der Verwaltung[108]. Dieses Rechtsgut werde allerdings im Rahmen eines liberalen Staates als sozial weniger bedeutsam im Vergleich zu den kriminalstrafrechtlichen Rechtsgütern bewertet[109]. Die unterschiedliche soziale Bewertung des Rechtsgutes schlage im Bereich des Unrechts und der Schuld durch. Die Verwaltungsdelikte würden damit auf der Unrechtsebene axiologisch aufgefaßt, nicht als "unmittelbar sozialschädliche Handlungen", die die elementaren Bedingungen für die Erhaltung und Gedeihung des menschlichen Zusammenlebens in der Gesellschaft störten, sondern als Handlungen, die eine "bloße Störung des reibungslosen Funktionierens der Verwaltung" ohne weitere konkrete soziale Schäden hervorriefen. Dem materiellen Unrechtsgehalt der Tat entsprechend werde auch die Schuld des Täters inhaltlich gefüllt: Sie bestehe in einem bloßen "Ungehorsam gegen Verwaltungsbefehle". Der Schuldvorwurf sei demnach kein im sozialen Bereich wurzelnder Vorwurf, der sich gegen die sozialfeindliche oder unsoziale Persönlichkeit des Täters richtet, sondern bringe nur zum Ausdruck, daß "der Täter wegen seines Ungehorsams gegenüber der Verwaltung die rechtliche Pflicht hat, sich einer Sanktion zu unterwerfen"[110].

PSAROUDA-BENAKI[111] schließlich, die allerdings eher auf der de lege ferenda-Ebene argumentieren will, erblickt das entscheidende Merkmal, das Verwaltungs- von Kriminalstraftaten wesensmäßig unterscheidet, in der Natur der dadurch verletzten Rechtsgüter. Die Verwaltungsstraftaten verstießen gegen Normen, welche Rechtsgüter schützten, die "in unmittelbarem Zusammenhang mit der sozialen Organisation und Ordnung stehen". Die Verletzung dieser Normen beeinträchtige also (nur) "das ordnungsgemäße Funktionieren von sozialen Institutionen". Dadurch werde aber noch nicht die Grenze erreicht, welche die Ahndung mit einer Kriminalstrafe gebiete. "Weniger einschneidende Sanktionen, die einen leichteren Vorwurf enthalten und nach einem flexibleren Verfahren verhängt werden können, sind ausreichende oder wirksamere Mittel zum Schutz der betroffenen Rechtsgüter"[112].

Es gibt allerdings auch Autoren, die die Existenz von qualitativen Unterschieden zwischen Verwaltungs- und Kriminalunrecht ablehnen (*Anhänger der quantitativen Abgrenzungstheorie*).

Typischer Vertreter dieser Theorie ist ANDROULAKIS, der die aliud-Natur der Verwaltungsstrafen bejaht, obwohl er davon ausgeht, daß die verwaltungsstrafrechtlichen Normen oft dieselben individuellen Rechtsgüter (Leben, Gesundheit, Vermögen u.a.)

---

106 Strafrecht AT [4. Aufl.], Rdn. 26 f.

107 PoinChr 1958, 385 ff., 465 ff.

108 MANGAKIS, PoinChr 1958, 394.

109 MANGAKIS, PoinChr 1958, 394 f.

110 MANGAKIS, PoinChr 1958, 395 f.

111 PoinChr 1967, 65 ff.

112 PSAROUDA-BENAKI, PoinChr 1967, 70.

wie die Kriminalstrafnormen des gr. StGB schützen[113]. Was beide Normensysteme in diesem Fall unterscheide, sei nach der Ansicht von ANDROULAKIS nur, daß die Verwaltungsstrafnormen prinzipiell zu einem früheren Zeitpunkt eingriffen, indem sie sich mit einer "abstrakten Gefährdung" des Rechtsgutes begnügten, und damit einen vorverlagerten Rechtsgüterschutz sicherstellten. Aber auch dann, wenn die Verwaltungsstrafnormen nur den reibungslosen Ablauf und den Erfolg der Verwaltungstätigkeit zum Schutzgegenstand hätten, könne man aufgrund der heute herrschenden Auffassung nicht daran zweifeln, daß es sich dabei um ein durchaus schutzwürdiges Rechtsgut handelte. Unter diesen Umständen bleibe aber insgesamt auch kein Raum für die Annahme einer sozialethischen Irrelevanz der Verwaltungsdelikte als Verhaltensweisen[114]. Somit könne die Rede nur davon sein, daß der Unterschied zwischen Verwaltungs- und Kriminalunrecht ein quantitativer sei[115]. Dies lasse sich deutlich am Beispiel des Steuerrechts (G. 820/78) demonstrieren: Die Steuerhinterziehung bis zu 500.000 Drachmen werde vom griechischen Gesetzgeber als Verwaltungsdelikt, über diesen Betrag hinaus dagegen als Kriminalstraftat (Art. 431) eingestuft[116].

Damit gelangt ANDROULAKIS zu denselben Erkenntnissen im Hinblick auf das griechische Recht, zu denen auch die deutsche Dogmatik heute im Hinblick auf das deutsche Recht kommt. Entgegen der ursprünglichen Annahme, daß die die Unterscheidung zwischen Ordnungswidrigkeiten und Straftaten auf ein qualitativ eigenes Unrecht und eine qualitativ eigene Schuld gegründet sei[117], geht nämlich heute die durchaus h.M. in Deutschland anhand der Gegebenheiten des geltenden positiven Ordnungswidrigkeitenrechts davon aus, daß die Differenz zwischen ordnungswidrikeitenrechtlichem und strafrechtlichem Unrecht *überwiegend quantitativer*, nicht qualitativer Art sei[118].

Trotz der Annahme bloßer quantitativer Unterschiede, verzichten jedenfalls die Anhänger der quantitativen Theorie nicht darauf, die Verwaltungsstrafen als aliud zu den Kriminalstrafen einzustufen. Das deutet aber darauf hin, daß sie eine andere als die *Methode* der Anhänger der qualitativen Theorie anwenden. Die Vertreter der qualitativen Abgrenzung schließen nämlich, wie dargestellt, vom Wesen des Unrechts auf die Natur der Rechtsfolge. Die Vertreter der quantitativen Abgrenzung

---

113 ANDROULAKIS, Die Grundlagen, S. 9.

114 ANDROULAKIS, Die Grundlagen, S. 9.

115 ANDROULAKIS, Die Grundlagen, S. 9; zustimmend KATSANTONIS, Strafrecht AT, Bd. 2, S. 11 ff.; CHORAFAS, Strafrecht [9. Aufl.], S. 146. - Vgl. auch MYLONOPOULOS (Anwendungen, S. 29 f.), der im Anschluß an das deutsche Schrifttum eine gemischte, qualitativ-quantitative Betrachtungsweise für richtig hält.

116 ANDROULAKIS, Die Grundlagen, S. 9.

117 GOLDSCHMIDT, Das Verwaltungsstrafrecht, S. 529 ff.; E. WOLF, in: Festgabe für Frank, Bd. II, S. 516 ff.; E. SCHMIDT, Das neue westdeutsche Wirtschaftsstrafrecht, S. 21 ff.; umfassende Nachw. bei MATTES, Untersuchungen, Halbband 1, S. 141 ff., 158 ff. und 175 ff.

118 Näher dazu JESCHECK / WEIGEND, Lehrbuch [5. Aufl.], S. 59; ROXIN, Strafrecht, Bd. I [3. Aufl.], § 2 Rdn. 50 f.; MAURACH / ZIPF, Strafrecht AT, Teilbd. 1 [8. Aufl.], § 1 Rdn. 33 f.; BAUMANN / WEBER, Strafrecht AT [9. Aufl.], S. 40 (vgl. auch 10. Aufl., § 4 Rdn. 16); JAKOBS, Strafrecht AT [2. Aufl.], 3. Abschn. Rdn. 8; GÖHLER, OWiG Kommentar [12. Aufl.], Vor § 1 Rdn. 5; REBMANN / ROTH / HERMANN, OWiG Kommentar [3. Aufl., 7. Lief.], vor § 1 Rdn. 8 f.; MATTES, ZStW 82 (1970), 27 ff., 119 ff.; R. SCHMITT, Ordnungswidrigkeitenrecht, S. 14 f.; WEBER, ZStW 92 (1980), 316 f.

machen dies offensichtlich nicht. Sonst hätten sie - angesichts der Annahme bloßer gradueller Unterschiede zwischen Verwaltungs- und Kriminalunrecht - zu dem Ergebnis kommen müssen, daß sich die Verwaltungsstrafe von der Kriminalstrafe lediglich in der Intensität ihrer Wirkung, nicht aber wesensmäßig unterscheidet. Die Verwaltungsstrafe sollte dann als Kriminalstrafe minderen Grades eingestuft werden, mit allen theoretischen Konsequenzen, die eine solche Schlußfolgerung nach sich ziehen würde.

So führt im Hinblick auf die Beantwortung der Grundfragen des deutschen Ordnungswidrigkeitenrechts EHRHARDT aus[119]: "Was die Geldbuße angeht, so stellt sie ihrer Rechtsnatur nach eine echte Strafe dar; aufgrund ihrer positivrechtlichen Ausgestaltung unterscheidet sie sich von der Kriminalstrafe lediglich in der Intensität ihrer Wirkung, nicht aber wesensmäßig. Beiden Sanktionen kommen im wesentlichen dieselben Aufgaben zu: sie wirken präventiv, repressiv, enthalten einen sozialethischen Vorwurf und bieten dem Täter die Möglichkeit der Sühne." - MATTES zieht daraus die verfassungsrechtlichen Konsequenzen[120]: "Als Ergebnis bleibt mithin festzuhalten, daß der Ausspruch einer Geldbuße wegen einer Ordnungswidrigkeit schon als solcher ein Akt der rechtsprechenden Gewalt ist und deshalb die Zuständigkeit der Verwaltungsbehörden zum Erlaß von Bußgeldbescheiden gegen Art. 92 GG verstößt." Und JESCHECK fügt schließlich hinzu[121]: "Mag die Frage, wie weit der materielle Begriff der Rechtsprechung in Art. 92 GG reicht, auch zweifelhaft sein, sicher erscheint mir jedenfalls, daß die Aburteilung von Ordnungswidrigkeiten in den Rahmen dieses Begriffes fällt, weil sie der Strafrechtspflege sehr ähnlich ist... Die Lösung liegt in einem summarischen Verfahren vor dem ordentlichen Gericht... Endlich sollte die Geldbuße gegen Verbände wieder abgeschafft werden."

Das Festhalten der Anhänger der quantitativen Theorie an der aliud-Natur der Verwaltungsstrafe gegenüber der Kriminalstrafe[122] zeigt jedoch, daß die fraglichen Autoren - wenn auch mittelbar - die Verbindlichkeit des methodischen Schlusses vom Wesen des Unrechts auf die Natur der daran anschließenden rechtlichen Sanktion in Zweifel ziehen. Statt dessen erkennen sie dem Gesetzgeber die Macht zu, den materiellen (nicht besonders mißbilligenden - nicht stigmatisierenden) Inhalt einer (repressiven) Sanktion relativ unabhängig vom Wesen der unter sie gestellten Verhaltensweise zu bestimmen[123].

---

119 EHRHARDT, Unternehmensdelinquenz, S. 71.

120 MATTES, Untersuchungen, 2. Halbband, S. 456 ff. (465).

121 JESCHECK, JZ 1959, 462.

122 ANDROULAKIS, Die Grundlagen [1985], S. 21; CHORAFAS, Strafrecht [9. Aufl.], S. 180; KATSANTONIS, Strafrecht AT, Bd. 2, S. 10 ff.; MYLONOPOULOS, Anwendungen, S. 30.

123 Allerdings behält diese literarische Meinung für sich das Recht vor, die Entscheidung des Gesetzgebers ausnahmsweise nachzuprüfen und eventuell für unverbindlich zu erklären, vor allem wenn das Übel, das dem Betroffenen durch die Verhängung der Verwaltungsstrafe zugefügt wird, besonders groß ist. Dies könne nämlich ein Indiz dafür sein, daß unter dem Deckmantel der "Verwaltungsstrafe" eine echte Kriminalstrafe befinde, die dann auch als solche - trotz ihrer Bezeichnung - rechtlich behandelt werden müsse; siehe ANDROULAKIS, Die Grundlagen, S. 22; vgl. auch GRAVARIS, in: STRANGAS, Arten von Sanktionen und

Das ist beispielsweise im Rahmen der deutschen bußgeldrechtlichen Literatur die Methode GÖHLERS, der trotz der Annahme, daß im geltenden positiven Recht Ordnungswidrigkeit und Kriminalstraftat nach Art der Rechtsgutsverletzung nur graduelle Unterschiede aufweisen[124], die aliud - sozialethisch neutrale - Natur der Geldbuße im Vergleich zur Kriminalstrafe nicht in Frage stellt[125], sondern gerade darauf die *materielle* Eigenständigkeit des Rechtszweigs "Ordnungswidrigkeitenrecht" gegenüber dem Kriminalstrafrecht innerhalb der deutschen Rechtsordnung gründet: "Mit dem Verzicht auf das Reaktionsmittel 'Strafe' stuft der hierzu berufene Gesetzgeber bestimmte Verhaltensweisen durch eine positive Willensentscheidung bewußt anders als Straftaten ein. Diese an der gesetzlichen Bewertung ausgerichtete Betrachtungsweise muß für die richtige Einordnung in das System der Rechtsordnung maßgebend sein. Der materielle Gehalt eines Verstoßes gegen geschriebene oder ungeschriebene Normen kann im Grenzbereich nicht entscheidend sein. Wäre dies der Fall, so müßte eine Verhaltensweise, die verwerfliches Unrecht darstellt, auch dann als eine Straftat angesehen werden, wenn sie - wegen einer fehlenden kriminalpolitischen Notwendigkeit - nicht mit Strafe bedroht, obwohl verboten ist"[126]. Ähnlich argumentiert auch TIEDEMANN. Er vertritt die Ansicht[127], daß die quantitative Abgrenzung von Straftat und Ordnungswidrigkeit nur für den Gesetzgeber gilt, der Rechtsanwender dagegen bei der Ordnungswidrigkeit vor einer auch qualitativ vom Strafrecht unterschiedenen Erscheinung steht: "Die besondere Rechtsfolge (Geldbuße) als aliud zur kriminellen Geldstrafe prägt zugleich mit dem Unwerturteil, welches in ihrer Verhängung liegt, auch das relevante Unrecht, welches daher nicht nach seiner gleichsam vor-bußgeldrechtlichen Eigenart, sondern erst in seiner gesetzgeberischen Ausgestaltung als Ordnungswidrigkeit den Charakter des nicht-sozialethisch Bedeutsamen erhält"[128].

Unter angemessener Berücksichtigung des das soziale Geschehen wertenden und gestaltenden gesetzgeberischen Willens läßt sich also eine Wertdifferenz zwischen Verwaltungs- und Kriminalstrafrecht auch dann gewinnen, wenn man von der Annahme ausgeht, daß Verwaltungs- und Kriminaldelikte zunächst nur quantitative Unterschiede im Verhältnis zueinander aufweisen. Die Begründung der Wertdiffe-

Rechtszweige, S. 273; MYLONOPOULOS, Anwendungen, S. 25 f., 31 f. und 38 f. - Derselben Meinung sind übrigens auch Autoren, die theoretisch von einem Wesensunterschied zwischen Verwaltungs- und Kriminaldelikten (unechte bzw. echte Delikte) ausgehen; siehe COURAKIS, Verteidigung 1992, 274 ff. insbes. S. 276: "Sanktionen, die an 'Delikte' im echten-materiellen Sinne des Art. 7 Abs. 1 Verfassung [Gesetzlichkeitsprinzpiz] knüpfen und die demzufolge ihrer Natur nach weder hinsichtlich des Unwerts noch hinsichtlich des ethischen Vorwurfs hinter den echten Strafen des Strafrechts zurückbleiben, sollen als echte Strafen behandelt werden und mit den entsprechenden Garantien zugunsten des Gesetzesübertreters ausgestattet werden, auch wenn sie formell als 'verwaltungsrechtliche' Strafen oder sonst bezeichnet werden."

124 GÖHLER, OWiG Kommentar [12. Aufl.], vor § 1 Rdn. 5.

125 GÖHLER, OWiG Kommentar [12. Aufl.], vor § 1, Rdn. 6 und 8.

126 GÖHLER, OWiG Kommentar [12. Aufl.], vor § 1 Rdn. 8 m.w.Nachw.

127 TIEDEMANN, ZStW 83 (1971), 795 f. und 799; DERS., Wirtschaftsstrafrecht, Bd. I, S. 127 ff.; DERS.; Kartellrechtsverstöße und Strafrecht, S. 101; DERS., in: I/M GWB [1992], Vor § 38, Rdn. 8.

128 TIEDEMANN, in: I/M GWB [1992], Vor § 38, Rdn. 8.

renz erscheint freilich als noch unproblematischer, wenn auch ein wesensmäßiger Unterschied zwischen Verwaltungs- und Kriminalunrecht angenommen werden sollte.

Diese Erkenntnisse haben allerdings für das griechische Verwaltungsrecht nur de lege ferenda richtungsweisende Bedeutung. Den entscheidenden Schritt zur wesensmäßigen Differenzierung des geltenden griechischen Verwaltungsstrafrechts im Vergleich zum Kriminalstrafrecht können sie nicht leisten.

(b) Ablehnung unter besonderer Berücksichtigung der Fälle der "Doppeltypisierung"

Die soeben skizzierten Ansätze im Schrifttum, die sich um eine "qualitative" ("bloße Übertretungen von Verwaltungsnormen"[129], "Störungen des reibungslosen Ablaufs der Verwaltung"[130], "Beeinträchtigungen des ordnungsgemäßen Funktionierens sozialer Institutionen"[131]) oder zumindest "quantitative" ("abstrakte Gefährdungsdelikte" [132]) Abgrenzung der Verwaltungsdelikte gegenüber den Kriminaldelikten bemühen, müssen sich den Vorwurf gefallen lassen, daß sie das Bild des positiven griechischen Rechts im wesentlichen unberücksichtigt lassen[133].

Die fraglichen Ansätze betrachten nämlich das Verwaltungs- und das Kriminalstrafrecht als Rechtsgebiete mit prinzipiell unterschiedlichen Regelungsbereichen. Gerade deswegen befassen sich alle Autoren mit dem Wesen und den Merkmalen der Verwaltungsdelikte. Die Grundfrage lautet: Aufgrund welcher Maßstäbe wird i.d.R. vom Gesetzgeber eine konkrete Zuwiderhandlung in das kriminal- oder das verwaltungsstrafrechtliche System eingeordnet? Einige Verfasser glauben, diese Maßstäbe seien qualitative (MANGAKIS, MANOLEDAKIS, PSAROUDA-BENAKI), andere dagegen meinen, diese Maßstäbe seien quantitative (ANDROULAKIS, CHORAFAS, KATSANTONIS). Das Verwaltungsstrafrecht wird jedenfalls als Bereich verstanden, der prinzipiell andere Rechtsverstöße im Vergleich zum Kriminalstrafrecht typisiert und sanktioniert.

---

129 MANOLEDAKIS, Strafrecht AT [4. Aufl.], Rdn. 26 f.

130 MANGAKIS, PoinChr 1958, 385 ff., 465 ff.

131 PSAROUDA-BENAKI, PoinChr 1967, 65 ff.

132 ANDROULAKIS, Die Grundlagen, 1985, S. 9; vgl. auch KATSANTONIS, Strafrecht AT, Bd. 2, S. 11 ff.

133 Es ist allerdings hervorzuheben, daß die meisten der dargestellten Ansätze bereits zu Zeiten entwickelt worden sind, als der Wirkungsbereich des griechischen Verwaltungsstrafrechts noch begrenzt war. Man könnte insoweit auch davon ausgehen, daß es den meisten Autoren in erster Linie nicht - wie im vorliegenden Text - um die dogmatische Durchdringung des geltenden Rechts, sondern um die Formulierung von Vorschlägen auf de lege ferenda-Ebene ging.

Typisch für das griechische positive Recht sind aber die zahlreichen Fälle, in denen dieselben Normverletzungen vom Gesetzgeber absichtlich doppelt eingestuft worden sind, nämlich sowohl als Verwaltungsdelikte als auch als Kriminaldelikte[134]. In einigen Sachgebieten, wie denen des Wirtschafts-, Steuer- und Umweltrechts, läßt sich sogar heute konstatieren, daß dieses Phänomen der "*Doppeltypisierungen*" keine Ausnahmserscheinung mehr, sondern eher die Regel der gesetzgeberischen Praxis darstellt[135].

Die "Doppeltypisierungen" werden aus *gesetzestechnischer* Sicht prinzipiell in zwei Weisen durchgeführt. Entweder werden zur Umschreibung des Verwaltungs- und des Kriminaldelikts vom Gesetzgeber ähnliche Tatbestandsformulierungen verwendet, oder werden die Verwaltungs- und Kriminalstrafvorschriften als (echte oder unechte) Blankettgesetze[136] ausgestaltet, die hinsichtlich der ge- oder verbotenen Verhaltensweise auf dieselbe Verhaltensnorm (Ausfüllungsnorm) Bezug nehmen. Die Übertretung letzterer wird somit zur gemeinsamen Tatbestandshandlung beider Sanktionsgesetze gemacht und bringt dementsprechend sowohl verwaltungs- als auch kriminalstrafrechtliche Rechtsfolgen mit sich.

Abweichend wird allerdings oft der *Adressatenkreis* der Sanktionsvorschriften geregelt. Während der Gesetzgeber die Verwaltungsstrafnormen an "natürliche und juristische Personen" richtet, ohne dabei einen Unterschied zu machen, ist der Adressatenkreis der gleichlautenden Kriminalstrafnormen ausschließlich auf natürliche Personen beschränkt. Aber auch dadurch wird nicht vermieden, daß sich die Adressatenkreise von Verwaltungs- und Kriminalstrafnormen überschneiden, und zwar nicht nur, wenn das Gesetz dieselben natürlichen Personen ausdrücklich als

---

134 AMIGDALOU, PoinChr 1986, 221 ff.; LYTRAS, Die Verfassungsmäßigkeit, S. 231 ff.; SIMEONIDIS, DiDik 1992, 497; PAPANEOFITOU, Verteidigung 1994, 553 f.; KROUSTALAKIS, in: The system of administrative and penal sanctions, S. 130 und 133 f.

135 Vgl. z.B. Art. 4a Abs. 4, Art. 4b Abs. 4, Art. 4e Abs. 1 Satz 3, Art. 4e Abs. 4 Satz 2, Art. 9 Abs. 1 lit. e, Art. 25 Abs. 2 lit. a und Art. 26 Abs. 6 *mit* Art. 29 KartellG; vgl. Art. 57a Abs. 1 *mit* Art. 31 Abs. 4 u. 5, Art. 32 Abs. 4 und Art. 38 Abs. 1, 7 u. 8 MarktG; vgl. Art. 24 Abs. 1 *mit* Art. 25 Abs. 1 ArbSicherheitG; vgl. Art. 13 Abs. 1 lit. b *mit* Art. 13 Abs. 1 lit. a MeeresUmwG; vgl. Art. 30 Abs. 1 *mit* Art. 28 Abs. 1-3 UmwG; aus dem Sachgebiet des Steuer- und Zollrechts vgl. unter anderem Art. 89 Abs. 2 *mit* Art. 102 des Zollgesetzbuches (G. 1165/18); aus dem Sachgebiet des Straßenverkehrsrechts siehe z.B. Art. 42 Abs. 6 dritter Fall StrVerkG; siehe ferner die Beispiele von KROUSTALAKIS, in: The system of administrative and penal sanctions, S. 130.

136 Unter dem Begriff "Blankettstrafgesetz" werden hier nicht nur die Sanktionsgesetze verstanden, die bezüglich der Verhaltensnorm auf Vorschriften verweisen, welche von einer anderen Instanz als der die Strafdrohung setzenden erlassen werden (sog. *echte Blankettgesetze*: Außenverweisung - Bezugnahme auf Rechts- oder Verwaltungsverordnungen oder auch auf Einzelakte der Verwaltung, vgl. TIEDEMANN, Artikel "Blankettgesetz", in: HdWiStR, 1990, S. 1), sondern auch die Sanktionsgesetze, die bezüglich der Verhaltensnorm auf Vorschriften desselben oder eines anderen Gesetzes Bezug nehmen (*unechte Blankettgesetze*); zu Fragen der Terminologie und zu den mit den Blankettgesetzen zusammenhängenden verfassungsrechtlichen und strafrechtsdogmatischen Problemen siehe den Überblick in PAPAKIRIAKOU, Europäisches Unternehmensstrafrecht, *Zweiter Teil* I B 2.

Adressaten beider Kategorien von Sanktionsnormen nennt *(eindeutige Fälle echter Doppeltypisierung)*[137], sondern auch dann, wenn das Gesetz von verschiedenen Normadressaten auszugehen scheint.

Dies läßt sich am folgenden typischen Beispiel aus dem KartellG - dessen Sanktionsvorschriften als unechte Blankettgesetze ausgestaltet sind - veranschaulichen[138]:

Der Gesetzgeber richtet die kartellrechtlichen Bußgeldnormen an alle "Unternehmen(sträger)"[139], ohne Rücksicht darauf zu nehmen, ob diese natürliche oder juristische Personen sind. Die gleichlautenden Kriminalstrafnormen richtet er dagegen an die Unternehmensträger nur insoweit, als eine natürliche Person das Unternehmen besitzt; für den Fall dagegen, in dem eine juristische Person Inhaber des Unternehmens ist, bestimmt er die natürlichen Personen als Normadressaten, die in der Eigenschaft des Unternehmensorgans tätig werden[140].

Zwei Fallkonstellationen sind nun denkbar:

- Der Unternehmensträger ist eine juristische Person

In diesem Fall haben verwaltungs- und kriminalstrafrechtliche Normen zwar einen identischen Inhalt, jedoch verschiedene Adressaten: Erstere richtet sich an die juristische Person, letztere an ihre Organe. Dies bedeutet folgendes:

Eine Pflicht zur Beachtung der - beiden Sanktionsnormen zugrundeliegenden - materiellen Kartellnorm haben zunächst im Rahmen der wirtschaftlichen Betätigung des Unternehmens sowohl die juristische Person - als Unternehmensträger - als auch die als Unternehmensorgane tätigen natürlichen Personen. Bei einer etwaigen gemeinsamen Verletzung der materiellen Kartellnorm werden aber vom Gesetzgeber diese Personen nicht einheitlich beurteilt. Während der Gesetzgeber die Handlung (den Tatbeitrag zum Unrechtsgeschehen) der juristischen Person als Verwaltungsunrecht einstuft, wird die Handlung (der Tatbeitrag zum Unrechtsgeschehen) der als Unternehmensorgane tätigen natürlichen Personen als Kriminalunrecht eingeordnet *(unechte Fälle der Doppeltypisierung)*.

- Der Unternehmensträger ist eine natürliche Person

In diesem Fall haben verwaltungs- und kriminalstrafrechtliche Norm nicht nur einen identischen Inhalt, sondern auch identische Adressaten: Beide richten sich gegen die natürliche Person, die als *Einzelunternehmer* tätig ist. Dies bedeutet aber, daß der Gesetzgeber *ein und dieselbe* konkrete Pflichtverletzung, begangen von *derselben* Person, gleich-

---

137 Vgl. z.B. Art. 25 Abs. 2 lit. a *mit* Art. 29 Abs. 2 lit. b und lit. c KartellG. - Daß dieselben natürlichen Personen Adressaten sowohl der Verwaltungs- als auch der Kriminalstrafnormen sind, läßt sich außerdem deutlich daran erkennen, daß der Gesetzgeber oft ausdrücklich die Klarstellung trifft, daß die Verwaltungsstrafen "unabhängig von den kriminalstrafrechtlichen Sanktionen" vom zuständigen Verwaltungsorgan zu verhängen sind, vgl. z.B. Art. 24 Abs. 1 *ArbSicherheitG*. Im Hinblick darauf, daß eine kriminalstrafrechtliche Inanspruchnahme von juristischen Personen de lege lata nicht möglich ist, kann diese Regelung nur die Bedeutung haben, daß einer *kumulativen* Bestrafung derselben natürlichen Person nichts entgegensteht.

138 Vgl. auch Art. 57a Abs. 1 lit. b MarktG (der ausdrücklich auf den Unternehmensträger Bezug nimmt) *mit* Art. 281 gr. StGB

139 Siehe z.B. Art. 9 Abs. 1 und Art. 21 Abs. 2 KartellG.

140 Art. 29 Abs. 1 i.V.m. Art. 30 Abs. 1 KartellG.

zeitig als Verwaltungs- und Kriminalunrecht bewertet und typisiert (*verdeckte Fälle echter Doppeltypisierung*)[141].

Die Fälle, in denen Verwaltungs- und Kriminalstrafnormen hinsichtlich ihres Inhalts übereinstimmen und sich hinsichtlich ihres Adressatenkreises überschneiden, sind nicht selten. Daß sich darüber auch der Gesetzgeber im Klaren ist, wird aus Vorschriften deutlich, in denen er ausdrücklich anordnet, daß die verwaltungsstrafrechtliche Haftung von der parallel bestehenden kriminalstrafrechtlichen Haftung derselben Person für dieselbe Tat ganz *unabhängig* ist, nämlich weder sie beeinflußt noch von ihr beeinflußt wird[142].

Das geltende Verwaltungsstrafrecht ist somit ein Rechtsgebiet, das zwar auch eigene Normverstöße umfaßt, sich jedoch zugleich nach dem gesetzgeberischen Willen hinsichtlich seines Regelungsbereichs in nicht unerheblichem Maße mit dem Regelungsbereich des Kriminalstrafrechts überschneidet und deswegen oft dieselben Sachverhalte wie das Kriminalstrafrecht abdeckt und regelt. Das Verwaltungs*unrecht* bietet somit *kein taugliches Kriterium* zur Abgrenzung des Verwaltungs- vom Kriminalstrafrecht an.

---

141 In einem dogmatisch fortgeschrittenen Unternehmensstrafrecht, das nicht auf den Unternehmensträger bzw. auf die rechtliche Organisationsform des Unternehmens abstellt, sondern konsequent das Unternehmen in den Vordergrund stellt (siehe dazu unten im Text, § 8 I), wäre zwar die These vertretbar, daß es sich auch in den Fällen des Einzelunternehmens um verschiedene Normadressaten handelt. Der griechische Gesetzgeber ist aber weit von einem solchen Modell entfernt, so daß die fraglichen Fälle - wie auch die anderen, früher im Text erwähnten Fälle identischer Normadressaten - als Fälle echter Doppeltypisierung aufzufassen sind.

142 Siehe z.B. *Art. 21 Abs. 6 SteuerStrafG* ("Die [Kriminal]Strafen des vorliegenden Gesetzes werden unabhängig von den in den einschlägigen Vorschriften vorgesehenen zusätzlichen Steuern und den Geldbußen verhängt"); *Art. 13 Abs. 2 MeeresUmwG* ("Soweit die gesetzlichen Voraussetzungen vorliegen, werden die oben vorgesehenen [kriminalstrafrechtlichen, verwaltungsstrafrechtlichen und disziplinarischen] Sanktionen kumulativ verhängt"); siehe auch *Art. 57a MarktG*: Anläßlich der Begehung bestimmter, in Kriminalstraftatbeständen typisierter lebensmittelrechtlicher Verstöße (unter anderem Lebensmittelverfälschung jeder Art oder Inverkehrbringen von für die öffentliche Gesundheit gefährlichen Lebensmitteln), kann die zuständige Verwaltungsbehörde (der Handelsminister oder der jeweilige örtlich zuständige Präfekt nach übereinstimmender Stellungnahme einer marktpolizeilichen Kommission), unabhängig von der etwaigen strafrechtlichen Verfolgung, den verantwortlichen Betriebsinhaber mit einer Geldbuße belegen. In schweren Fällen kann aber die Behörde zusätzlich, je nach Umständen der Begehung, der Art und Folgen der Tat und unter der Voraussetzung des eingeleiteten Strafverfahrens, die Maßnahme der Betriebsschließung bis zu 30 Tagen anordnen. Diese Sanktion darf bis auf eine Dauer von 6 Monaten erstreckt werden, falls eine rechtskräftige Strafverurteilung zur Gefängnisstrafe über 3 Monate erfolgt. Die kann aber auch zur endgültigen Betriebsschließung führen, im Fall des Rückfalles binnen 3 Jahre. Alle einschlägigen Beschlüsse der Verwaltungsorgane müssen daneben in der täglichen Presse veröffentlicht werden.

Dem oben gesagten entsprechend kann man die innerhalb der griechischen Rechtsordnung in einem Deliktstatbestand typisierten und unter der Androhung einer vergeltenden Sanktion stehenden rechtswidrigen Verhaltensweisen in drei Gruppen einteilen:

(a) rechtswidrige Verhaltensweisen, für die nur Kriminalstrafe angedroht wird (z.B. Tötungsdelikte, Art. 299 ff. gr. StGB),

(b) rechtswidrige Verhaltensweisen, für die nur Verwaltungsstrafe angedroht wird - z.B. Art. 17 G. 1483/84 "Schutz und Erleichterung der Arbeitnehmer mit familiären Verpflichtungen" oder Art. 4 Abs. 11, Art. 34 Abs. 10 sowie Art. 53 Abs. 6 StrVerkG und

(c) rechtswidrige Verhaltensweisen, für die sowohl Kriminal- als auch Verwaltungsstrafe angedroht wird (so die oben erwähnten Beispiele aus den Sachgebieten des Kartell-, Preisregelungs-, Lebensmittel-, Arbeits-, Umwelt-, Rundfunk-, Steuer- und Zollrechts). Diese Gruppe läßt sich weiter - je nach der konkreten Pflichtstellung - unterteilen in:

   i) Fälle, in denen sich die Kriminal- und die Verwaltungsstrafnorm an unterschiedliche Personen richten, und

   ii) Fälle, in denen sich die Kriminal- und die Verwaltungsstrafnorm an dieselbe Person richten.

(3) Die nicht stigmatisierende Natur der vergeltenden Verwaltungsstrafe als maßgebliches Abgrenzungskriterium

Trotz der soeben getroffenen Feststellungen, die sich auf die Gegebenheiten des positiven Rechts stützen, läßt sich kaum bestreiten, daß in der *griechischen* Rechtsordnung die Verwaltungsstrafe eine essentiell verschiedene Sanktionsart im Vergleich zur Kriminalstrafe darstellt.

Der *Gesetzgeber* zeigt nämlich eindeutig, indem er die Verwaltungsstrafe absichtlich parallel zur Kriminalstrafe gegen dieselben Rechtsverletzungen normiert und ihre Verhängung ausschließlich Organen, materiellen Prinzipien und Verfahrensregeln des Verwaltungsrechts unterwirft, ohne zugleich irgendwelche materiellrechtliche und prozessuale Übergänge zwischen Verwaltungsstrafrecht und Kriminalstrafrecht herzustellen[143], daß er die Verwaltungsstrafe und die Kriminalstrafe für Sanktionen erachtet, die sich hinsichtlich ihrer Natur und Zwecksetzung deutlich voneinander unterscheiden. Die Kriminalstrafe *will* er als eine besonders mißbilligende, *stigmatisierende Reaktion der Gesellschaft* haben, die nach dem Legalitätsprinzip über die Strafgerichte erfolgt. Die Verwaltungsstrafe *will* er dagegen als eine neutrale, eher an Zweckmäßigkeitserwägungen ausgerichtete *Reaktion der Verwaltung innerhalb ihres Verantwortungs- und Betätigungskreises* verstanden wissen.

Dementsprechend unterschiedlich werden vom Gesetzgeber alle Sanktionsparameter geregelt, die das Eintreten von Stigmatisierungseffekten mitprägen. Aus den

---

143 Siehe oben im Text, I C 3.

geltenden Modalitäten der Verhängung und des Vollzugs der Verwaltungsstrafen läßt sich schließen, daß durch die Verwaltungsstrafen grundsätzlich *keine institutionalisierte Stigmatisierung des Betroffenen angestrebt* wird. Es steht nämlich fest, daß die Verwaltungsstrafe:

(a) von einem Verwaltungsorgan und nicht von einem Strafgericht verhängt wird, also der Betroffene vom *Makel* einer *strafgerichtlichen Verurteilung* verschont bleibt,

(b) *wirtschaftlichen* oder *finanziellen* Charakter hat[144] und nicht in die - nach sozialethischen Maßstäben im Vergleich zum Vermögen hochwertigere - Sphäre der persönlichen Freiheit des Betroffenen eingreift, und

(c) in das *Strafregister* nicht eingetragen wird[145], also den künftigen sozialen und beruflichen Status der Person unter diesem Gesichtspunkt nicht beeinflußt.

Aus der Gesamtbetrachtung des Regelungskreises des Verwaltungsstrafrechts geht außerdem deutlich hervor, daß bei der Funktionsbestimmung der Verwaltungsstrafe der Gesetzgeber das *präventive Element* stärker in den Vordergrund stellt , als dies bei der Kriminalstrafe der Fall ist. Die Verwaltungsstrafe wird nämlich vom Gesetzgeber dem Opportunitätsprinzip unterworfen und grundsätzlich *nur* dort eingesetzt, wo sich intensiv das Bedürfnis nach Durchsetzung einer konkreten staatlichen Ordnungsvorstellung durch die Verwaltung aufdrängt, beispielsweise im Rahmen der staatlichen Finanzordnung, Marktordnung, Straßenverkehrsordnung, Raum- und Städtebauordnung. Dies deutet darauf hin, daß die Verwaltungsstrafe hinsichtlich ihrer Zwecksetzung nicht so sehr als Mittel der Vergeltung für die unter sie gestellten begangenen Normverletzungen gedacht wird. Vielmehr wird ihr die Aufgabe zugewiesen, die jeweiligen Betroffenen durch einen an rechtlichen Kriterien orientierten Vorwurf dazu zu veranlassen, herbeigeführte Ordnungsstörungen abzustellen und in der Zukunft *nicht* zu *wiederholen.*

Die soeben beschriebene, bei der Schaffung und bei dem Einsatz der Verwaltungsstrafe herrschende gesetzgeberische Intention ist nun offensichtlich auch vom *Rechtsbewußtsein der griechischen Gesellschaft und Wissenschaft* aufgenommen worden. Dies läßt sich nahezu an allen literarischen Stellungnahmen ablesen. Trotz der Meinungsverschiedenheiten hinsichtlich der Unrechtsqualität der Verwaltungsdelikte[146] stimmen nämlich die meisten Autoren bei der Frage nach der Natur der Verwaltungsstrafen zumindest darin überein, daß die Verwaltungsstrafe eine andere Sanktionsart ist, die im Gegensatz zu der Kriminalstrafe keine *besondere so-*

---

144 Siehe oben im Text, I B.

145 Siehe oben im Text, I C 3.

146 Siehe oben im Text, II B 2.

ziale Mißbilligung ausdrückt und demzufolge auch keine *stigmatisierende* Kraft entfaltet:

"Das Übel, das sie enthält, wird dem Geahndeten nicht als solches und nicht als Ausdruck besonderer Mißbilligung zugefügt, sondern bloß zur Erzwingung seines rechtmäßigen Verhaltens"[147]. "Die Kriminalstrafe bringt eine rechtlich-soziale Mißbilligung und einen Vorwurf gegen den Täter als Persönlichkeit zum Ausdruck", während "die Verwaltungsstrafe bloßes Zwangsmittel zur Erfüllung der gegenüber der Verwaltung bestehenden Pflichten darstellt und nichts weiteres bedeutet"[148]. Die Verwaltungsstrafe zielt auf die "bloße verwaltungsrechtliche Ahndung der Unaufrichtigkeit oder des Ungehorsams des Bürgers" ab[149]. Ihr fehle die in der Kriminalstrafe innewohnende stigmatisierende Kraft, auch wenn sie im konkreten Fall ihrer Höhe nach schwerer als eine kriminelle Geldstrafe ausfalle[150].

Gerade in der besonderen Natur der Verwaltungsstrafen erblickt außerdem das griechische Schrifttum übereinstimmend den Grund, warum die Verwaltungsstrafen im Gegensatz zu den kriminellen Strafen zulässigerweise auch gegen juristische Personen angedroht und verhängt werden dürfen[151]. Und die Tatsache, daß der Gesetzgeber gegen die Rechtsverstöße von juristischen Personen immer höher werdende Verwaltungsstrafen einsetzt, wird sogar oft mit Erleichterung unter dem Leitgedanken zugebilligt, daß damit die Normierung von Kriminalstrafen gegen juristische Personen entbehrlich werde[152].

Das *Zusammenwirken* der gesetzgeberischen Intention und des gesellschaftlichen und wissenschaftlichen Entgegenkommens zu dieser Intention bilden nun einen ausreichenden Faktor zur *dogmatischen* Begründung der besonderen Natur der Verwaltungsstrafen[153] als vergeltende Sanktionen ohne sozialethische Bezüge und gesellschaftlich brandmarkende Wirkung - und dies *unabhängig* vom Wesen des Verwaltungsunrechts.

---

147 ANDROULAKIS, Die Grundlagen, S. 21.

148 MANGAKIS, PoinChr 1958, 466 ff.

149 CHORAFAS, Strafrecht [9. Aufl.], S. 84 Anm. 2.

150 MANOLEDAKIS, Strafrecht AT [4. Aufl.], Rdn. 66; vgl. auch GRAVARIS, in: STRANGAS (Hrsg.), Arten von Sanktionen und Rechtszweige, S. 270.

151 Siehe z.B. COURAKIS, Wirtschaftsdelikte [1982], S. 206 ff.; MANOLEDAKIS, Strafrecht AT [4. Aufl.], Rdn. 172, S. 143; MANGAKIS, PoinChr 1958, 467 f.; PSAROUDA-BENAKI, PoinChr 1967, 73; VOUJOUCAS, Wirtschaftsstrafrecht [5. Aufl.], S. 125.

152 Siehe dazu PAPANEOFITOU, Verteidigung 1994, 561.

153 TIEDEMANN, Wirtschaftsstrafrecht, Bd. I, S. 130, bemerkt zutreffend in bezug auf das deutsche Bußgeldrecht und die Natur der Geldbuße: "Letztlich wird der Streit ... allerdings erst als erledigt bezeichnet werden können, wenn die Allgemeinheit den Sinngehalt der Geldbuße in ihrem gewollten Gegensatz zur Geldstrafe akzeptiert hat, wenn also die normative Intention des Gesetzgebers gesellschaftlich anerkannt ist." - Daß die Verwaltungsstrafe im Bewußtsein der griechischen Gesellschaft seit langem als aliud zur Kriminalstrafe etabliert worden ist, kann heutzutage in Griechenland kaum bestritten werden; vgl. SPINELLIS, RevIntDrPén 59 (1988), 217: "The distinction between penal sanctions or penalties on the one hand and administrative ones on the other is generally accepted and even considered as self understood in the Greek legal system."

Gerade diese (relative) Unabhängigkeit der sozialen Auswirkungen einer Sanktion von dem unter sie gestellten Unrecht bringt MANOLEDAKIS zum Ausdruck, wenn er zutreffend betont[154], daß die Kriminalstrafe immer eine stigmatisierende Wirkung gegen den Betroffenen entfalte und seinen sozialen Status mitbestimme, auch wenn sie sich - zu Unrecht - gegen eine Verhaltensweise richte, die keine Rechtsgüter verletze, sondern eine bloße Übertretung von Verwaltungsnormen und damit bloßes Verwaltungsunrecht darstelle[155]. Die Verwaltungsstrafe löse hingegen keine solche sozial negative Wirkungen für den Betroffenen aus, auch wenn sie sich - darauf sollte konsequenterweise der Gedankenweg des Autors hinauslaufen - gegen eine Verhaltensweise richte, die nicht bloßes Verwaltungsunrecht darstelle, sondern echte Rechtsgüter verletze[156].

(4) Endergebnis zur Abgrenzungsfrage

Festzuhalten ist daher, daß sich das positive griechische Verwaltungsstrafrecht durch eigene besondere Merkmale kennzeichnet, die ihm eine materielle Eigenartigkeit gegenüber dem Kriminalstrafrecht verleihen. Seine Eigenartigkeit beruht allerdings nicht auf der Art des Unrechts, das es vertypt, sondern vorwiegend auf der besonderen Art des ihm einheitlich durchziehenden Sanktionsmittels, der Verwaltungsstrafe. Diese ist zwar keine bloße präventive Verwaltungssanktion, weil sie auch dann verhängt werden kann - und in der Tat verhängt wird -, wenn das rechtswidrige Verhalten, an das sie anknüpft, vom Betroffenen freiwillig abgestellt wird und eine Wiederholungsgefahr nicht ernsthaft in Betracht kommt[157]; zu den strukturellen Merkmalen der Verwaltungsstrafe gehört also (auch) die Ahndung des Betroffenen für die begangene Normverletzung. Bei der Konstruktion der Verwaltungsstrafe sind jedoch vom Gesetzgeber die Schwerpunkte im Vergleich zur Kriminalstrafe anders verteilt worden: Das vergeltende Element ist im wesentlichen abgeschwächt worden, indem der Verwaltungsstrafe die ehrenrührende, stigmatisierende Wirkung abgenommen wurde; und das präventive Element ist stärker in den Vordergrund gerückt worden, indem die Verwaltungsstrafe in einen engen funktionellen Zusammenhang mit der Durchsetzung staatlicher Ordnungsvorstellungen gesetzt wurde.

---

154 Strafrecht AT [1. Aufl.], S. 40.

155 Strafrecht AT [1. Aufl.], S. 14 ff., 35 f.

156 MANOLEDAKIS vertritt zwar seit der 4. Aufl. seines Lehrbuchs die Auffassung, daß es sich bei hohen Zivil- und Verwaltungssanktionen, die die Grenze der bloßen Restitution in erheblichem Maße überschreiten, um "verkappte Strafen" handle, die vom Gesetzgeber in dieser von den Strafgarantien losgelösten Gestalt unzulässigerweise normiert würden und die unter Umständen gegen das Verhältnismäßigkeitsprinzip und Art. 18 EMRK verstießen. Er betont jedoch weiterhin, daß diese Befunde gelten, "obwohl diese Sanktionen keinen stigmatisierenden Charakter haben". An der im Text dargestellten Meinung des Autors ändert sich also nichts; vgl. DERS., Strafrecht AT [4. Aufl.], Rdn. 27 und Rdn. 66.

157 Siehe z.B. aus der kartellrechtlichen Bußgeldpraxis *WbK* 28/84 "TASTY-FOODS", Bd. A, S. 130 ff. (132 f.) und die daran anschließenden min. Entsch. K6-302/85 (unveröff.) und *VerwG Athen* 5629/86, Bd. A, S. 241 ff. (244).

III. Einblick in die rechtspolitische Konzeption des geltenden Rechts und Überleitung zu dessen rechtsstaatlicher Würdigung

A. Analyse des Modells

Wie bereits aufgezeigt wurde, können die Verwaltungsdelikte, nämlich Normverstöße, an die die Verwaltungsstrafe als einheitliche, zwar vergeltende, jedoch von der Kriminalstrafe essentiell verschiedene Rechtsfolge anknüpft, nach geltendem Recht weder qualitativ noch quantitativ, weder auf der Ebene der Realität noch auf der der Normativität von den Kriminalstrafdelikten abgegrenzt werden. Weder die "*qualitative*", noch die "*quantitative*" Abgrenzungstheorie vermögen also angesichts der positivrechtlichen Befunde sachlich richtige Einblicke in die rechtspolitische Konzeption des geltenden Rechts zu verschaffen.

Eine wesensmäßige Unterscheidung im Sinne der Anhänger der qualitativen Theorie scheitert nicht nur an den Fällen der "Doppeltypisierung", sondern bereits an den zahlreichen Verwaltungsstrafdelikten im Bereich des Umwelt-, des Lebensmittel- und des Arzneimittelrechts, die konkrete oder abstrakt-konkrete Gefährdungsdelikte gegen individuelle, i.d.R. höchstpersönliche Rechtsgüter darstellen[158]. Die qualitative Theorie findet ferner keine Bestätigung im geltenden Recht, weil die "Ordnungsverstöße" oder die "Störungen des reibungslosen Ablaufs der Verwaltung wegen des Ungehorsams des Pflichtigen" oder die "Beeinträchtigungen des ordnungsgemäßen Funktionierens sozialer Institutionen" vom Gesetzgeber nicht überwiegend - nicht einmal tendenziell - dem Verwaltungsstrafrecht vorbehalten worden sind, sondern zum größten Teil - i.d.R. gleichzeitig - auch als Kriminaldelikte im StGB oder in Nebenstrafgesetzen vertypt sind.

Auch die "*quantitativ-qualitative*" Betrachtungsweise im Sinne TIEDEMANNS[159] kann im Fall des griechischen Verwaltungsstrafrechts nicht weiter helfen. Diese normativistische Sichtweise gesteht zwar dem Gesetzgeber die Macht zu, auf der Rechtsebene den (rechts)ethischen Wert oder Unwert und damit das Wesen jedes - relativ mindergewichtigen - rechtswidrigen Verhaltens durch die jeweils von ihm ausgewählte Sanktion zu bestimmen. Damit eröffnet der Ansatz von TIEDEMANN die Möglichkeit, auch Fälle von überindividuellem Vorfeldschutz oder individueller Bagatellkriminalität in das Gebiet des Verwaltungsstrafrechts aufzunehmen, ohne daß dadurch die qualitative Homogenität dieses Gebietes gestört wird. Das Problem der Fallgruppe "echte Doppeltypisierungen" wird aber trotzdem nicht bewältigt. Man kann nämlich nicht schon daraus folgern, daß die Verwaltungsdelikte dieser Fallgruppe wesensmäßig andere Grundzüge im Vergleich zu den Kriminalstraftaten aufweisen, weil sie angeblich durch ihre Verknüpfung mit (rechts)ethisch neutralen Sanktionen in (rechts)ethisch irrelevante Verhaltensweisen umgeschlagen sind. Denn angesichts der Tatsache, daß in der fraglichen Fallgruppe ein und derselbe Rechtsverstoß zugleich unter Verwaltungs- und Kriminalstrafdrohung steht, soll man dann zwangsläufig annehmen, daß innerhalb einer einheitlichen Rechtsordnung ein und dieselbe Pflichtverletzung vom Gesetzgeber gleichzeitig als (rechts-) ethisch irrelevant und (rechts)ethisch relevant beurteilt und sanktioniert wird. Letzeres

---

158 Vgl. z.B. Art. 30 Abs. 2 UmwG oder Art. 57a lit. b und lit. c MarktG. - Zur Untauglichkeit des Rechtsgutsbegriffs als Kriterium für die Unterscheidung zwischen Verwaltungs- und Kriminalunrecht zu dienen, vgl. GIANNIDIS, in: Systematische Auslegung des gr. StGB [1997], Art. 14 Rdn. 6.

159 Wirtschaftsstrafrecht, Bd. I, S. 127 ff.

kann aber im Hinblick auf das Postulat nach Widerspruchlosigkeit der Rechtsordnung nicht hingenommen werden.

Über festere Anhaltspunkte im geltenden Recht und daher größere Überzeugungskraft verfügt dagegen die graduelle Unterscheidung im Sinne der Anhänger der quantitativen Theorie. Auch dieser Abgrenzungsansatz scheitert aber an der Fallgruppe der " echten Doppeltypisierungen", innerhalb derer Verwaltungs- und Kriminalunrecht übereinstimmen[160].

Der Mangel beider Erklärungsansätze besteht vor allem darin, daß sie *zu einseitig vom Gedanken der Entkriminalisierung getragen* sind und das griechische Verwaltungsstrafrecht dementsprechend tendenziell als Rechtsgebiet auffassen, das dem Kriminalstrafrecht anhängt, geringfügiges Unrecht in sich vereinigt und im Prinzip dazu beiträgt, den Kreis strafrechtlicher Tatbestände einzuengen und das Strafrecht auf die wirklich strafwürdigen Fälle zu beschränken. Das mag zwar richtig sein, was einige Gesetzeswerke der zwei letzten Jahrzehnte anbelangt, welche bisher als Vergehen eingestufte Rechtsverstöße aus dem Strafrecht herauslösten und in Verwaltungsdelikte umwandelten[161]. Es darf jedoch nicht übersehen werden, daß die überwiegende Mehrheit der in den letzten Jahrzehnten vom Gesetzgeber vorgenommenen Reformen im Bereich des griechischen Sanktionsrechts keinen solchen Entkriminalisierungscharakter hatten. Das große Anwachsen der Verwaltungsstrafnormen und der Ahndungsbefugnisse der Verwaltungsbehörden brachte nämlich keine entsprechende Reduzierung der Kriminalstrafnormen und der Strafbefugnisse der Strafgerichte mit sich[162], sondern führte i.d.R. nur dazu, daß die Fälle der "Doppeltypisierung" vermehrt werden[163].

Dem griechischen Gesetzgeber ging es also offensichtlich bei der Schaffung und Weiterentwicklung des Verwaltungsstrafrechts *nicht* überwiegend um die Ver-

---

160 Eine quantitative Unterscheidung scheitert jedoch nicht unbedingt an den sehr hohen Geldbußen, die in einigen Sachgebieten des geltenden (insbes. Wirtschafts-)Verwaltungsstrafrechts anzutreffen sind. Unerläßliche Voraussetzung für die systemkonforme Erklärung dieser Fälle im Rahmen einer quantitativen Betrachtungsweise ist allerdings, daß man diesen Geldbußen (auch) eine gewinnabschöpfende Funktion zuerkennt; vgl. dazu unten im Text, § 7 I B 4.

161 Damit sind insbesondere die im Jahr 1987 (G. 1732/87 "über die Änderung und Ergänzung der GesVO 10/11.05.1946 über ein Marktpolizeigesetzbuch", FEK 164 / A / 13.09.1991) im Gebiet des Preisregelungsrechts stattgefundenen Reformen gemeint, bei denen bisher als Strafdelikte (Vergehen) eingestufte Zuwiderhandlungen in Verwaltungsübertretungen umgewandelt wurden; vgl. dazu SPINELLIS, in: DANNECKER (Hrsg.), Lebensmittelstrafrecht und Verwaltungssanktionen, S. 108 und 112. Um Entkriminalisierung ging es aber auch im Fall des G. 1512/85 "über die Änderung und Ergänzung von städtebaurechtlichen Vorschriften u.a.", mit dem die in Art. 15 Abs. 1 des Straßenverkehrsgesetzes (G. 614/77 wie geändert durch G. 894/79) vorgesehenen Kriminalstrafen durch Verwaltungsstrafen ersetzt wurden.

162 So auch SIMEONIDIS, DiDik 1992, 497 f.

163 So z.B. im MeeresUmwG (1977), im KartellG (1977), im ArbGleichberechtigungG (1984), im UmwG (1986), im ArbSicherheitG (1994).

wirklichung des Entkriminalisierungsgedankens, also nicht darum, das Strafrecht nach Strafwürdigkeits- und Strafbedürftigkeitskriterien auf einen Kernbereich zu beschränken, wie dies z.B. in Deutschland der Fall war[164]. Sein Ausgangspunkt war nicht das Kriminalstrafrecht, sondern das Verwaltungsrecht, und sein Hauptziel bestand nicht in der Umgestaltung der kriminalstrafrechtlichen Repression, sondern in der *Effektivitätssteigerung* der verwaltungsbehördlichen Tätigkeit.

Der griechische Gesetzgeber wollte in erster Linie eine Sanktionsart schaffen, die dank ihrer nicht-kriminellen Natur auch von Verwaltungsbehörden innerhalb ihres Verantwortungskreises verhängt werden könnte. Ob diese Sanktion mitunter dieselben Unrechtssachverhalte abdecken würde, wie die herkömmliche Kriminalstrafe, war ihm offensichtlich nicht von besonderer Bedeutung. Eine Abgrenzung zwischen dem Verwaltungs- und dem Kriminalunrecht und eine Teilung des Regelungsstoffes zwischen beiden Sanktionsgebieten hielt der Gesetzgeber deshalb nicht für erforderlich, weil nach seiner Meinung die Verwaltungs- und die Kriminalstrafe unterschiedliche Merkmale aufweisen würden. Im Fall der Verwaltungsstrafe wäre die Sanktion eine im Dienste des *effektiven Verwaltungshandelns* stehende Reaktion der für das jeweilige verwaltungsrechtliche Sachgebiet verantwortlichen Verwaltungsbehörde. Im Fall der Kriminalstrafe wäre dagegen die Sanktion eine besonders mißbilligende, *stigmatisierende Reaktion der Gesellschaft*, die über die Strafgerichte erfolgen würde.

Darüber hinaus wollte der griechische Gesetzgeber eine Sanktion schaffen, mit der er *auch juristische Personen* in Anspruch nehmen könnte. - Die kriminalstrafrechtliche Dogmatik in Griechenland wird nämlich herkömmlicherweise von dem Grundsatz "societas delinquere non potest" beherrscht[165]. Die absolut herrschende Meinung im Schrifttum spricht dementsprechend den juristischen Personen die kriminalstrafrechtliche Handlungs-[166] oder Schuldfähigkeit ab[167]. Ins Feld werden aber auch weitere Argumente gegen den Einsatz der Kriminalstrafe im Bereich der Verbandskriminalität geführt, die sich auf die fehlende Strafempfänglichkeit einer juristischen Person beziehen[168]. Darüber hinaus werden die ideologische Legitimation[169], die verfassungsrechtliche Zulässigkeit[170] und die Gerechtigkeit[171] der Ein-

---

164 Vgl. dazu GÖHLER, OWiG Kommentar [12. Aufl.], vor § 1 Rdn. 5; STREE, in: SCHÖNKE / SCHRÖDER [25. Aufl.], Vorbem. § 38 Rdn. 35..

165 Siehe dazu COURAKIS, Wirtschaftsdelikte [1982], S. 206 ff.; MANOLEDAKIS, Strafrecht AT [4. Aufl.], Rdn. 172, S. 143; VOUJOUCAS, Wirtschaftsstrafrecht [5. Aufl.], S. 125; CHORAFAS, Strafrecht, Bd. 1 [9. Aufl.], S. 112 f.; MANGAKIS, Strafrecht AT [3. Aufl.], S. 145 f.; GIANNIDIS, in: Systematische Auslegung des gr. StGB [1997], Art. 14 Rdn. 26; SPYRAKOS, PoinChr 1994, 1208 ff.

166 Vgl. z.B. GIANNIDIS, in: Systematische Auslegung des gr. StGB [1997], Art. 14 Rdn. 26.

167 Vgl. z.B. SPYRAKOS, PoinChr 1994, 1209 f.; MANGAKIS, Strafrecht AT [3. Aufl.], S. 145 f.

168 Vgl. z.B. CHORAFAS, Strafrecht, Bd. 1 [9. Aufl.], S. 113.

169 Vgl. z.B. MANOLEDAKIS, Strafrecht AT [4. Aufl.], Rdn. 172.

führung einer kollektiven kriminalstrafrechtlichen Verantwortung verneint. Nicht zuletzt auf diese - bis auf vereinzelte, in der älteren Literatur auftretende abweichende Meinungen[172] - wissenschaftliche Übereinstimmung ist es zurückzuführen, daß sich der griechische Gesetzgeber bis heute verpflichtet sah, von einer kriminalstrafrechtlichen Inanspruchnahme von juristischen Personen vollständig Abstand zu nehmen. Juristische Personen kommen deswegen im Kriminalstrafrecht nicht - nicht einmal als bloße formelle Adressaten von Strafnormen - in Betracht. Als Normadressaten und taugliche Täter der Kriminaldelikte fungieren in den Strafgesetzen ausschließlich natürliche Personen, die sich entweder im eigenen Namen und auf eigene Rechnung oder als Organe sowie Vertreter von juristischen Personen (wirtschaftlich) betätigen.

Anders ist jedoch die dogmatische Lage im Bereich des Verwaltungsrechts. Die verwaltungsrechtliche Dogmatik hat nämlich die Handlungsfähigkeit von juristischen Personen nie in Abrede gestellt, weil sie im Gegensatz zur kriminalstrafrechtlichen Dogmatik mit einem anderen Handlungsbegriff arbeitet, der eher an normativen als an naturalistischen Maßstäben anknüpft. Als Adressaten und taugliche Übertreter der verwaltungsrechtlichen Normen kommen demnach seit jeher juristische und natürliche Personen gleichermaßen in Betracht[173]. Aber auch hinsichtlich der Fähigkeit von juristischen Personen, vorsätzlich oder fahrlässig zu handeln, werden im verwaltungsrechtsdogmatischen Lager keine besonderen Einwände erhoben. Dies ist durchaus konsequent für einen Rechtsbereich, in dem die - dem Gedanken der effektiven Durchsetzung des objektiven Rechts verpflichteten - Maßnahmen der Verwaltungsbehörden auch ohne Vorsatz oder Fahrlässigkeit des Betroffenen ergriffen werden dürfen[174]. - In Anbetracht dessen ist es nicht überraschend, daß der griechische Gesetzgeber von Anfang an in dem verwaltungsrechtlichen Gebiet den idealen Ort für die Unterbringung jeglicher - unter kriminalpolitischen Aspekten für erforderlich erachteten - Sanktionsmaßnahme gegen juristische Personen erblickte.

Aus dem *doppelten Ziel* des Gesetzgebers, einerseits die *wirksame Aufgabenerfüllung der Verwaltungsbehörden* durch ein auf deren Bedürfnisse zugeschnittenes Sanktionsmittel zu erleichtern, und andererseits die *wirksame Kontrolle der Betätigung der juristischen Personen* durch ein gegen sie gerichtetes ahndendes Sanktionsmittel sicherzustellen, entstand das griechische Verwaltungsstrafrecht. Diese

170 PARASKEVOPOULOS, Verteidigung 1993, 1265.

171 Vgl. z.B. MANGAKIS, Strafrecht AT [3. Aufl.], S. 146.

172 Siehe FILLIPIDIS, Die strafrechtliche Haftung der juristischen Personen, 1950.

173 Vgl. etwa WOLFF / BACHOF / STOBER, Verwaltungsrecht AT [10. Aufl.], § 34 Rdn. 3; TIEDEMANN, NJW 1986, 1844.

174 Vgl. etwa WOLFF / BACHOF / STOBER, Verwaltungsrecht AT [10. Aufl.], § 37 Rdn. 21; PAPANIKOLAIDIS, Verwaltungsstrafen, S. 8 f.

Gedanken stehen grundsätzlich auch heute hinter der starken Reaktionsintensität und den gewichtigen Expansionstendenzen des verwaltungsstrafrechtlichen Gebiets. Vor dem Hintergrund der relativ unabhängigen, einseitig vom Verwaltungsrecht ausgehenden Entwicklung des Verwaltungsstrafrechts läßt sich übrigens erklären, warum Verwaltungsstrafen oft parallel zu Kriminalstrafen für dieselbe Verhaltensweise statuiert werden und warum zwischen beiden Sanktionssystemen keine materiellrechtlichen und prozessualen Übergänge vorgesehen sind[175]. Die Funktion des Ersatzmittels für weggefallene Kriminalstrafen (*Entkriminalisierung*) übernahmen die Verwaltungsstrafen erst in den letzteren Jahrzehnten. Sie erfüllen diese Funktion heute nur (noch) in begrenztem Umfang.

B. Kritik

Ein so aussehendes rechtspolitisches Leitbild wirft aus rechtsstaatlicher Sicht wichtige Fragen auf. Es ist zwar einerseits zu konstatieren, daß dieses Modell das Kriminalstrafrecht im Prinzip unberührt läßt und diesem sowie den Strafrichtern keine "bedeutsamen" oder "unbedeutsamen" Unrechtstatbestände entzieht. Die rechtsprechenden Organe sehen sich demnach nicht der Gefahr ausgesetzt, daß ihr Funktionsbereich ausgehöhlt wird und ihre wesentlichen Strafbefugnisse verloren gehen. - Andererseits liegt es auf der Hand, daß ein solches Leitbild ein mit dem Kriminalstrafsystem *parallel* existierendes Ahndungssystem begründet[176], welches unter Berufung darauf, kein kriminelles Sanktionssystem zu sein und keine Positionen des Kriminalstrafrechts zu usurpieren, den *ne bis in idem-Satz* sachlich zu entleeren droht.

Es ist nun klarzustellen, daß gegen die *Existenz* des verwaltungsstrafrechtlichen Sanktionssystems an sich keine grundsätzlichen Bedenken zu erheben sind. Soweit sich dieses System Sanktionen bedient, die im Anschluß an die gesetzgeberische Intention in der griechischen Rechtsordnung dogmatisch und empirisch als aliud zur Kriminalstrafe empfunden und eingestuft werden[177], kann seine Existenzberechtigung nicht in Abrede gestellt werden.

---

[175] Siehe dazu SPINELLIS, RevIntDrPén 59 (1988), 223.

[176] So auch LYTRAS, der nach der Analyse des geltenden Rechts zu dem Ergebnis gelangt, daß das verwaltungsstrafrechtliche Gebiet heute in Griechenland als ein autonomes, seinem Umfang und seiner Bedeutung nach dem Kriminalstrafrecht gleichrangiges Gebiet zu betrachten sei, in dem staatliche Sanktionstätigkeit ebenso intensiv wie im kriminalstrafrechtlichen Bereich ausgeübt werde; siehe LYTRAS, Begriff und Grundunterscheidung der Sanktionen, S. 141; DERS., Die Verfassungsmäßigkeit, S. 260 f.

[177] LYTRAS vertritt zwar die Ansicht, daß Verwaltungs- und Kriminalstrafe in der griechischen Rechtsordnung nach ihrem materiellen Gehalt identisch seien und sich voneinander nur aufgrund formaler Kriterien unterscheiden würden (Begriff und Grundunterscheidung der Sanktionen, S. 65 ff.; und zusammenf.: Die Verfassungsmäßigkeit, S. 44 Anm. 15, S. 193 Anm. 328), nämlich aufgrund des Organs, das sie verhängt - Exekutivorgan bzw. Strafgericht. LYTRAS gelangt aber zu diesem Ergebnis, weil er Verwaltungs- und Kriminalstrafe nur an-

Einzelne Prinzipien bei der *Handhabung* dieses Systems im geltenden Recht lassen sich aber im Lichte einer rechtsstaatlichen Betrachtung kaum durchhalten. - Im Hinblick darauf, daß dieses Sanktionssystem, ebenfalls wie das kriminalstrafrechtliche, in seinem Wesen ein System staatlicher vergeltender Reaktion gegen Rechtsverstöße darstellt, darf sein Einsatzbereich nicht unabhängig vom Einsatzbereich des Kriminalstrafrechts geregelt werden. Der Bürger wird ansonsten der Gefahr ausgesetzt, für dieselbe Zuwiderhandlung mehrfach zur Rechenschaft gezogen zu werden. Beide Strafsysteme sind daher bezüglich ihres Einsatzbereichs aufeinander abzustimmen. Eine solche Abstimmung setzt zumindest die Herstellung von Übergängen zwischen beiden Sanktionssystemen und die Einführung des *Anrechnungsprinzips* auf der *Ebene der Strafverhängung* voraus, so daß die (in den Fällen der "echten Doppeltypisierung" greifbare)[178] Gefahr einer über das Verschulden des Täters hinausgehenden und damit unverhältnismäßigen Kumulation von vergeltenden verwaltungs- und kriminalstrafrechtlichen Sanktionen abgewendet wird.

Hervorzuheben ist hierbei, daß das Anrechnungsprinzip nicht nur bei der Verhängung von gleichartigen Sanktionen (z.B. kriminalstrafrechtliche Geldstrafen und verwaltungsrechtliche Geldbußen), sondern auch dann zu beachten ist, wenn verschiedene Sanktionsarten (z.B. Freiheitsstrafe durch die Strafgerichte in Verbindung mit einer durch die Verwaltungsbehörden verhängten Subventionssperre oder Betriebsschließung) verhängt werden. Dienen nämlich die verwaltungsrechtlichen Sanktionen, die in ein anderes als das von der Kriminalstrafe betroffene Rechtsgut des Täters eingreifen, ebenfalls *überwiegend* repressiv-ahndenden Zwecken - was allerdings in jedem Einzelfall besonders zu prü-

---

hand des Kriteriums der repressiven (ahndenden) Wirkung miteinander vergleicht und auf weitere rechtssoziologische Abgrenzungsmaßstäbe (wie z.B. die stigmatisierende Wirkung einer Sanktion) oder Kriterien, die die Schwerpunktsetzung innerhalb der von einer Sanktion verfolgten Ziele berücksichtigen, verzichtet (vgl. z.B. *seine* Ausführungen, Die Verfassungsmäßigkeit, S. 82 Anm. 96, S. 250 ff. insb. Anm. 97 und Anm. 110). Trotz der nach seiner Meinung nachgewiesenen materiellen Identität von Verwaltungs- und Kriminalstrafe spricht jedoch LYTRAS nicht von einem Etikettenschwindel und bestreitet ebensowenig die Grenze, die der Gesetzgeber zwischen beiden Sanktionsarten gezogen hat. Im Gegenteil: Er erklärt diese Grenze für das einzige gültige Kriterium hinsichtlich der Klassifizierung der verschiedenen Sanktionen. Verwaltungs- und Kriminalstrafe seien danach streng auseinanderzuhaltende Sanktionen, von denen die erstere dem Verwaltungsrecht und die letztere dem Strafrecht zugehöre; dementsprechend solle auch ihre rechtliche Behandlung ausgestaltet werden. Auch wenn nur unter Zugrundelegung rein formaler Kriterien bekennt sich somit auch LYTRAS zur These der aliud-Natur der Verwaltungsstrafe im Vergleich zur Kriminalstrafe.

178 Es sei darauf hingewiesen, daß unter dem Verdacht eines Verstoßes gegen das Doppelbestrafungsverbot zunächst nur die Fälle der "*echten* Doppeltypisierung" stehen, also die Fälle, in denen die in ihrem typischen Unrechtsgehalt übereinstimmenden Verwaltungs- und Kriminalstraftatbestände identische Kreise von tauglichen Tätern haben. Ohne Probleme - zumindest in dem hier gemeinten Sinne - sind dagegen die Fälle, in denen die gleichlautenden Verwaltungs- und Kriminalstraftatbestände unterschiedliche Kreise von tauglichen Tätern haben (juristische Personen bzw. natürliche Personen als Organe und Vertreter der juristischen Personen); siehe zu diesen Fallgruppen oben im Text, § 5 II B 2 (b).

fen ist -, so sind sie bei der Bestimmung der Höhe des dem Täter zuzufügenden zulässigen Übels mit zu berücksichtigen.

Ob darüber hinaus auch eine Reformierung des herrschenden rechtspolitischen Modells auf der *Ebene der Strafandrohung* erforderlich ist, in dem Sinne, daß das verwaltungsstrafrechtliche System zukünftig *nur* dort eingesetzt wird, wo der Gesetzgeber vom kriminellen Sanktionssystem keinen Gebrauch machen will (z.B. bei Verstößen gegen rein technische Verwaltungsnormen oder bei Zuwiderhandlungen von juristischen Personen), soll an anderer Stelle diskutiert werden[179]. Von größerer Bedeutung ist im vorliegenden Zusammenhang die Frage, ob die nachgewiesene besondere Natur der Verwaltungsstrafe *ausreicht*, um die heute geltenden, vom Kriminalstrafrecht völlig abweichenden materiell- und verfahrensrechtlichen Grundlagen des griechischen Verwaltungsstrafrechts (Zuständigkeit der Verwaltungsbehörden, verwaltungsrechtliche Gesetzgebungs- und Anwendungsprinzipien) zu rechtfertigen. Anders formuliert, stellt sich die Frage, ob sich das geltende Verwaltungsstrafrecht mit dem verfassungsrechtlich verankerten *Gewaltenteilungsprinzip* und dem rechtsstaatlichen *Gebot der Bindung jeder staatlichen Straftätigkeit an bestimmte Garantien* vereinbaren läßt. Dieser Frage ist im folgenden nachzugehen.

---

179 Siehe unten im Text, § 7 I.

§ 6 Würdigung des griechischen Verwaltungsstrafrechts im Lichte der Prinzipien des sozialen Rechtsstaates

I. Der Standpunkt der Rechtsprechung

A. Kein Verstoß gegen das Gewaltenteilungsprinzip

Nach gefestigter höchstrichterlicher Rechtsprechung[1] läßt sich das geltende Verwaltungsstrafrecht, das eine Sanktionsbefugnis der Verwaltungsbehörden kennt, mit dem verfassungsrechtlichen Gewaltenteilungsprinzip ohne Probleme vereinbaren.

(1) Inhalt des Gewaltenteilungsprinzips

Das in Art. 26 gr. Verfassung verankerte Gewaltenteilungsprinzip wird von der h.M. in der Literatur und von der Rechtsprechung in Griechenland nicht nur rein formell, sondern auch in einem *materiell-funktionellen* Sinne verstanden. Gewaltenteilung im Sinne der Verfassung bedeutet demnach nicht nur die parallele Existenz von verschiedenen, voneinander organisatorisch deutlich getrennten Staatsorganen (Organe der Legislative, der Exekutive und der Judikative), sondern darüber hinaus, daß den Organen jeder Gewalt auch ein "funktioneller Kern" von Staatstätigkeiten und entsprechenden Befugnissen zusteht, die vom Gesetzgeber den Organen einer anderen Gewalt nicht zugewiesen werden dürfen[2].

Welche *konkrete* Staatstätigkeiten den "funktionellen Kern" jeder Gewalt bilden, hat der Verfassungsgeber im Jahr 1975 zum größten Teil ausdrücklich geregelt. Was insbesondere die Organe der Judikative betrifft, sehen demnach *Art. 87 ff. gr. Verfassung* vor, daß den Gerichten in erster Linie die Befugnis zur Entscheidung der privaten (Zivilgerichte) und öffentlich-rechtlichen (Verwaltungsgerichte) Streitfragen und Angelegenheiten sowie zur Bestrafung der Delikte und zur Verhängung sämtlicher in Strafgesetzen vorgesehen Maßnahmen (Strafgerichte) zusteht. Insoweit ist es unumstritten, daß die Zuständigkeit für die *Verhängung von Kriminalstrafen* ausschließlich von den Strafgerichten ausgeübt werden darf[3].

Auf die begrenzte Ausnahme des Art. 96 Abs. 2 gr. Verfassung bezüglich gewisser polizeirechtlicher Übertretungen wurde bereits in § 5 eingegangen. Es sei deswegen auf die dortigen Ausführungen hingewiesen[4].

---

[1] Diese Rechtsprechung läßt sich bis auf das Jahr 1922 und das Urteil des *Areopags* 511/22 zurückverfolgen. So auch LYTRAS, Die Verfassungsmäßigkeit, S. 289.

[2] LYTRAS, Die Verfassungsmäßigkeit, S. 340 ff. m.w.Nachw. aus dem Schrifttum und der höchstrichterlichen Rechtsprechung.

[3] Siehe Art. 96 Abs. 1 gr. Verfassung.

[4] Siehe § 5 II A 2.

Was die Befugnis zur *Verhängung anderer Sanktionen* angeht, die nicht in "Strafgesetzen" vorgesehen und damit "nicht-kriminell" sind, enthält die griechische Verfassung keinen ausdrücklichen Hinweis. Das läßt freilich noch keine gültigen Schlußfolgerungen zu, denn es wäre durchaus möglich, daß eine diesbezügliche Zuständigkeitsregelung vom Verfassungsgeber stillschweigend getroffen worden ist. Sollte es aber feststehen, daß der Verfassungsgeber diese Frage überhaupt nicht geregelt hat, so würde dies zwangsläufig bedeuten, daß der Gesetzgeber mangels einer bindenden Vorgabe die Zuweisung der Kompetenzen nach seinem Ermessen durchführen darf.

Aus der *Methodik*, die die obersten griechischen Gerichte zur Klärung der eben skizzierten Problematik anwenden[5], läßt sich darauf schließen, daß nach ihrer Ansicht der Verfassungsgeber eine verbindliche Regelung hinsichtlich der Zuweisung der Kompetenz für die Verhängung von nicht-kriminellen Strafen weder ausdrücklich noch stillschweigend erstrebt hat. Zu diesem Ergebnis gelangt die Rechtsprechung aufgrund eines argumentum a contrario: Indem der Gesetzgeber aus der Vielzahl der Zwangsmittel der Rechtsordnung nur die Kriminalstrafen herausgriff und expressis verbis den (Straf-)Gerichten anvertraute, hat er gezeigt, daß er für die Verhängung sonstiger - nicht krimineller - Sanktionen nicht unbedingt a priori die (Straf-)Gerichte für zuständig erklären wollte, sondern es für angemessener hielt, die Zuordnung der einschlägigen Kompetenzen zu den verschiedenen Staatsorganen offen zu lassen bzw. die fragliche Zuordnung in das Ermessen des Gesetzgebers zu stellen[6].

Angesichts dieser verfassungsrechtlichen Ausgangsposition reduziert sich die Problematik der Verfassungsmäßigkeit auf die Frage, ob die Verwaltungsstrafen krimineller Natur sind. Nur dann wäre nämlich nach dem früher Gesagten die gesetzgeberisch begründete Verwaltungsstrafbefugnis der Verwaltungsbehörden verfassungsrechtlich zu beanstanden.

---

5 Die höchstrichterlichen Urteile befassen sich nicht mit der Frage, ob die Verwaltungsbehörden aufgrund der Verfassung rechtswidrige Verhaltensweisen mit Sanktionen belegen dürfen, sondern prüfen ausschließlich, ob die jeweils in Frage kommende Verwaltungsstrafe unter den Begriff "Strafe" des Art. 96 Abs. 1 gr. Verfassung fällt, ob sie also Kriminalstrafrechts ist und deswegen von Strafgerichten verhängt werden muß. Stellt die Judikatur fest, daß die fragliche Verwaltungsstrafe keine "Strafe" i.S. des Art. 96 Abs. 1 gr. Verfassung (also keine Kriminalstrafe) ist, dann bejaht sie ohne weitere Bedenken die Verfassungskonformität der Zuweisung der auf diese Verwaltungsstrafe bezogenen Kompetenz zu Organen der Exekutive. Damit zeigt aber die Judikatur, daß nach ihrer Auffassung nur die Kriminalstrafen unbedingt von Gerichten verhängt werden müssen, während für sonstige Sanktionen ein solches verfassungsrechtliches Gebot nicht existiert; dazu siehe auch LYTRAS, Die Verfassungsmäßigkeit, S. 57 Anm. 58 sowie S. 278 ff. m.w.Nachw.

6 Vgl. dazu LYTRAS, Die Verfassungsmäßigkeit, S. 57 Anm. 58, S. 77 Anm. 88, S. 134 Anm. 217, S. 278 ff., S. 329 und S. 367 Anm. 229.

(2) Bejahung der Verfassungsmäßigkeit

Von den oben gesetzten Prämissen ausgehend, verneint die griechische Rechtsprechung die kriminelle Natur der Verwaltungsstrafen. Damit bejaht sie gleichzeitig die Verfassungsmäßigkeit der geltenden gesetzgeberischen Regelung der verwaltungsbehördlichen Ahndungsbefugnisse. Dieses Ergebnis untermauert die griechische Judikatur unter Rückgriff auf zwei Argumente.

Durch das erste, *negativ* formulierte Argument, hebt sie die wesensmäßige Differenz der verwaltungsstrafrechtlichen Repression von der des Kriminalstrafrechts hervor. Die Verwaltungsstrafe sei danach keine Kriminalstrafe, "keine Strafe des Strafrechts"[7], keine Strafe im "grundsätzlichen" Sinne des Begriffes[8], und somit stelle ihre Verhängung durch Verwaltungsorgane "keine Ausübung von Strafgerichtsbarkeit" dar[9], "weil sie hauptsächlich nicht auf die Ahndung des Zuwiderhandelnden für die von ihm begangene Übertretung des Gesetzes"[10] abziele.

Durch das zweite, *positiv* formulierte Argument, betont die Rechtsprechung die funktionellen Zusammenhänge zwischen der Befugnis zur Verhängung von Verwaltungsstrafen und den rechtsvollziehenden Aufgaben, die die Verfassung der Exekutive auferlegt: Die Verwaltungsstrafe ziele hauptsächlich "auf die Erzwingung des Gesetzesübertreters zur Befolgung der ihm vom Gesetz auferlegten Pflicht ab; sie stellt also eine verwaltungsrechtliche Zwangsmaßnahme zur Anpassung des Verhaltens des verpflichteten Bürgers an das gesetzliche Gebot dar und die Übertragung der Zuständigkeit für ihre Anordnung auf die befugten Verwaltungsbehörden kraft Gesetzes wird weder von den vorgetragenen noch von irgendwelchen anderen Vorschriften der Verfassung verhindert"[11]. "Weder Art. 87 der Verfassung 1952 [entspricht Art. 96 gr. Verfassung 1975/86] noch irgendeine andere Vorschrift der geltenden Verfassung hindert den Gesetzgeber daran, an Verwaltungsorgane die erforderliche besondere Befugnis zu erteilen, so daß sie zwecks Sicherstellung des reibungslosen Funktionierens der Verwaltung Verwaltungsstrafen verhängen. Diese können, wie jeder Verwaltungsakt, unmittelbar vollzogen werden und bezwecken die Unterdrückung des Ungehorsams der Verwaltungsunterworfenen gegenüber den Gesetzen oder den Verwaltungsanordnungen und ihre Erzwingung zum Gehorsam"[12]. "Im vorliegenden Fall ... fällt die verhängte Geldbuße in die Kategorie der Verwaltungsstrafen, die einen Anhang der Ausübung der

---

7 *Staatsrat* 671/55, Slg. 1955, Bd. 2, S. 3.

8 *Areopag* 511/24, Themis LE, 663.

9 *Staatsrat* 406/44; zu diesem Urteil siehe auch LYTRAS, Die Verfassungsmäßigkeit, S. 186 Anm. 317.

10 *Staatsrat* 433/36, Slg. 1936, Bd. 2, S. 89.

11 Siehe obige Anm.; vgl. auch *Staatsrat* 2930/74, ToS 1975, 702.

12 *Areopag* 148/59, in der Areopag-EntscheidungsSlg, hrsg. von D. BAKOULAS, Bd. 13, S. 39 f.

rechtsvollziehenden Gewalt darstellen[13]" und "verwaltungsrechtliche Zwangsmaßnahmen sind, die für die Ausübung dieser Gewalt unentbehrlich sind."[14]

Die griechische Judikatur bestreitet also im Ergebnis den *repressiven* Charakter der Verwaltungsstrafen nicht. Die verwendeten Wörter und Ausdrücke ("Zuwiderhandelnder", "Übertretung des Gesetzes", "Unterdrückung des Ungehorsams") zeigen im Gegenteil, daß sich die Rechtsprechung darüber im Klaren ist, daß die Verwaltungsstrafen eine staatliche *Reaktion* sind, die durch einen in der *Vergangenheit* liegenden Rechtsverstoß des Betroffenen ausgelöst wird.

Die griechische Judikatur stellt aber einen tiefgreifenden Unterschied zwischen der kriminalstrafrechtlichen und der verwaltungsstrafrechtlichen *Repression* fest. So bezweckt die Kriminalstrafe nach ihrer Ansicht vorrangig die *Ahndung* des Betroffenen für den begangenen Rechtsverstoß, während die Verwaltungsstrafe hauptsächlich die Durchsetzung der gesetzlichen Ge- und Verbote durch *Beugung* des Ungehorsams des Betroffenen erreichen will. - Aufgrund der so begründeten unterschiedlichen Orientierung kommt die Rechtsprechung zu der Schlußfolgerung, daß die Verwaltungsstrafe ein *aliud* zur Kriminalstrafe darstellt, und damit ihre Verhängung vom Begriff der Strafgerichtsbarkeit nicht erfaßt wird. Eine verfassungsrechtliche Pflicht zur Zuweisung der auf die Verwaltungsstrafen bezogenen Befugnisse zu den (Straf-)Gerichten obliegt demnach dem Gesetzgeber nicht.

Die griechische Judikatur betrachtet ferner die Verwaltungsstrafbefugnis der Behörden als unerläßliche, funktionelle Ergänzung ihrer rechtsvollziehenden Aufgaben und gelangt damit zu dem Ergebnis, daß die Verwaltungsstrafverhängung eine *materielle Verwaltungstätigkeit* darstellt[15]. Die durch den Gesetzgeber nach freiem Ermessen erfolgte Kompetenzregelung bezüglich der Verwaltungsstrafen wird somit bedenkenlos zugebilligt.

---

13 *Staatsrat* 671/55, Slg. 1955, Bd. 2, S. 3.

14 *Staatsrat* 406/44. - Siehe weitere Nachw. bei GRAVARIS, in: STRANGAS (Hrsg.), Arten von Sanktionen und Rechtszweige, S. 265 ff.

15 Die Rechtsprechung (*Staatsrat* 3822/81, EDD 1982, 364) erblickt in der Verhängung der Verwaltungsstrafen eine Verwaltungstätigkeit auch in den Fällen, in denen das Gesetz kein vorangehendes verwaltungsbehördliches Verfahren vorsieht, sondern die Ahndungskompetenz direkt den Verwaltungsgerichten zuordnet (so z.B. Art. 8 G. 4262/62). Die Rechtsprechung geht dann davon aus, daß die Verwaltungsgerichte die einschlägige Kompetenz nur deswegen ausüben dürfen, weil gemäß Art. 94 Abs. 4 gr. Verfassung den Verwaltungsgerichten auch die Befugnis zur Durchführung von Verwaltungstätigkeiten zugewiesen werden darf.

B. *Keine Strafgarantien für Verwaltungsstrafen*

(1) Ablehnung der strafähnlichen Qualität der Verwaltungsstrafen

Berücksichtigt man einerseits die Art und Weise, auf die die Judikatur die materielle Grenze zwischen Verwaltungs- und Kriminalstrafe zieht, andererseits die funktionelle Verbindung, welche die Judikatur zwischen Rechtsvollziehung und Verwaltungsstrafverhängung herstellt, so kann man berechtigterweise zu dem Schluß kommen, daß die griechische Rechtsprechung den Verwaltungsstrafen nicht nur die kriminelle, sondern auch die *strafähnliche* Qualität abspricht und demzufolge die Verwaltungsstrafen als Form des präventiven Verwaltungszwanges auffaßt und systematisch einordnet.

Die höchstrichterlichen Judikate erwecken nämlich den Eindruck, daß sie den Verwaltungsstrafen nur präventive Funktionen zuschreiben wollen. Zur Begriffsbestimmung der Verwaltungsstrafen werden in den Urteilen Begriffe verwendet, die in der griechischen Rechtssprache für rein präventive verwaltungsrechtliche Instrumente stehen, z.B. *verwaltungsrechtliche Zwangsmaßnahme* (διοικητικό μέτρο καταναγκασμού) oder *Verwaltungsmaßnahme* (διοικητικό μέτρο). Die Urteile begnügen sich darüber hinaus mit lapidaren Feststellungen in bezug auf den punitiven Wesenszug der Verwaltungsstrafe, die im Grunde nur zum Ausdruck bringen, daß nach der Ansicht der Rechtsprechung die Verhängung der Verwaltungsstrafe auf keine kriminalstrafrechtliche Ahndung abzielt. Die Frage, ob eine *andere*, nicht kriminelle Form der Ahndung neben den präventiven Funktionen in Betracht kommt, wird von der Rechtsprechung nicht behandelt.

(2) Einordnung der Verwaltungsstrafen als verwaltungsrechtliche Zwangsmaßnahmen

Nicht übersehen werden kann allerdings, daß die Judikatur den Verwaltungsstrafen zunächst einen repressiven Charakter zuerkennt, indem sie in ihnen Maßnahmen erblickt, die einen Eingriff in Rechtsgüter des Betroffenen anläßlich einer von ihm begangenen Normverletzung darstellen[16].

Wie aber bereits an früherer Stelle angedeutet, gibt es Maßnahmen, deren Einsatz ebenfalls einen Rechtsverstoß voraussetzt, die aber trotzdem in dogmatischer Hinsicht weder kriminalstrafrechtlich noch strafähnlich sind, sondern zu den präventiven Verwaltungssanktionen zählen. Eine solche Maßnahme stellt beispielsweise das Institut des Zwangsgeldes aus deutscher oder aus gemeinschaftsrechtlicher Sicht dar[17]. Dieses Institut wird hinsichtlich seines Wesens als Form des mittelbaren Verwaltungszwangs (Beugemittel, Mittel des Erfüllungszwanges) aufgefaßt, auch wenn seine *endgültige* Festsetzung auf eine begangene (und im Gemein-

---

16 So auch LYTRAS, Die Verfassungsmäßigkeit, S. 62 ff.

17 Vgl. dazu bereits oben im Text, § 5 II B 1.

schaftsrecht unter Umständen bereits abgestellte) rechtswidrige Handlung Bezug nimmt.

Das Institut des Zwangsgeldes ist in der griechischen Rechtsordnung nicht auf allgemeiner Basis geregelt[18]. In *einzelnen* Gesetzen kann man zwar ohne Schwierigkeiten unter den vorgesehenen Zwangsmitteln auch solche erkennen, die inhaltlich dem im deutsch-rechtlichen Raum herausgebildeten Begriff des Zwangsgeldes entsprechen (so z.B. Art. 9 Abs. 1 lit. c und d KartellG). Zur Bezeichnung dieser Zwangsmittel werden jedoch in der gesetzlichen Sprache keine spezifischen, sondern dieselben Termini verwendet, die sonst auch zur Bezeichnung der Verwaltungsstrafen vorkommen, z.B. (verwaltungsrechtliche) Geldbuße[19]. Außerdem gibt es insgesamt nur *wenige* Verwaltungsnormen, die mit einem "Zwangsgeld" bewehrt sind. Den Verwaltungsbehörden steht also in den meisten Fällen kein *institutionalisiertes* echtes Beugemittel gegen den Ungehorsam des Pflichtigen (Mittel des Erfüllungszwanges) zur Verfügung[20].

Die Ausführungen der höchstrichterlichen Urteile zu den von den Verwaltungsstrafen verfolgten Zwecken legen die Vermutung nahe, daß die Rechtsprechung die Verwaltungsstrafen in ihrer Gesamtheit unter dieselbe dogmatische Kategorie zu bringen sucht, der man in anderen Rechtsordnungen, wie beispielsweise in der deutschen, verwaltungsrechtliche Zwangsmaßnahmen wie das Zwangsgeld unter-

18 Wie dies z.B. in der deutschen Rechtsordnung der Fall ist, siehe Art. 11 VwVG von 27.04.1953.

19 Daß es dabei aber um zwei unterschiedliche Arten von Verwaltungssanktionen geht, die logisch-theoretisch auseinanderzuhalten sind, läßt sich sofort an ihrer unterschiedlichen positivrechtlichen Regelung erkennen. Die Festsetzung der ersten Sanktion, des "Zwangsgeldes", setzt immer auf der konkreten Ebene der Sanktionsverhängung zwei unterschiedliche, aufeinanderfolgende Stufen voraus: Das "Zwangsgeld" muß zuerst angesichts einer vom Betroffenen begangenen Zuwiderhandlung und zwecks Abstellung dieser Zuwiderhandlung durch einen Verwaltungsakt angedroht werden; und es kann von der Verwaltungsbehörde dann festgesetzt werden, wenn der Betroffene dem ersten, die konkrete Zwangsgeldandrohung enthaltenen Verwaltungsakt keine Folge leistet, sondern seine Zuwiderhandlung fortsetzt. Die Verwaltungsstrafe dagegen braucht im konkreten Fall nicht durch besonderen Verwaltungsakt angedroht zu werden - es reicht ihre generell-abstrakte Androhung im Gesetz -, sondern kann sofort mit der Feststellung des rechtswidrigen Verhaltens (d.h. der Tatbestandsverwirklichung) durch die Verwaltungsbehörde verhängt werden, auch wenn das fragliche Verhalten schon seit langem vom Betroffenen abgestellt worden ist; vgl. dazu Art. 9 lit. c und d KartellG einerseits und Art. 9 lit. e KartellG andererseits. - Zur Zweistufigkeit des Verfahrens als Charakteristikum des deutschen und des gemeinschaftsrechtlichen Zwangsgeldes siehe bereits oben im Text, § 5 II B 1 (b).

20 Auch die "Beugehaft", die im beschränkten Rahmen des Verwaltungsvollstreckungsverfahrens zur Eintreibung der staatlichen Einkünfte eingesetzt wird, kann nunmehr nur durch gerichtliche Entscheidung angeordnet werden, siehe dazu oben § 5 Anm. 79.

ordnet[21]. Sie stellt deswegen den Zwangscharakter der Verwaltungsstrafen in den Vordergrund und gelangt damit zu der Annahme, daß die Verwaltungsstrafen letztlich nur *Beugestrafen*, also eine bloße Form des Verwaltungszwanges, mit rein verwaltungsrechtlicher Natur darstellen[22].

Die schwerwiegendste Folge der theoretischen Einordnung der Verwaltungsstrafen als Mittel des Erfüllungszwanges ist darin zu erblicken, daß damit die in der griechischen Verfassung verankerten *Strafgarantien* (Gesetzlichkeitsprinzip, Schuldprinzip)[23] sowie andere typische, liberale strafrechtliche Grundsätze[24] vom verwaltungsstrafrechtlichen Bereich *automatisch* verbannt werden. So führt beispielsweise der gr. Staatsrat in seinem Urteil Nr. 2322/83 aus: "Die Regelung des Art. 7 Abs. 1 gr. Verfassung [Gesetzlichkeitsprinzip] bezieht sich nur auf die vom Strafgesetz vorgesehenen Strafen und nicht auf verwaltungsrechtliche Strafen und Sanktionen..."

21 So auch LYTRAS, Die Verfassungsmäßigkeit, S. 82 Anm. 95. - Auch die Literatur differenziert oft zwischen der repressiv-ahndenden Zwecken dienenden Geldbuße und den bloß der Verwaltungsvollstreckung dienenden Geldsanktionen des Verwaltungsrechts (Zwangsgeld) nicht, sondern behandelt beide Sanktionsarten unter der einheitlichen Bezeichnung "Geldbuße" als besondere Kategorie der verwaltungsvollstreckungsrechtlichen Zwangsmaßnahmen im systematischen Zusammenhang mit der Ersatzvornahme und dem unmittelbaren Zwang, vgl. z.B. DAGTOGLOU, Allg. Verwaltungsrecht [3. Aufl.], Rdn. 856 ff.

22 Die gr. Judikatur greift nunmehr zunehmend auf diese theoretische Konstruktion auch hinsichtlich der dogmatischen Begründung der *Verwaltungsstrafen im Steuer- und Zollrecht* zurück. Die Verwaltungsstrafen in diesem Bereich wurden dagegen früher überwiegend dadurch gerechtfertigt, daß sie von der Judikatur als Maßnahmen betrachtet wurden, die nicht der Ahndung des Betroffenen, sondern nur der Restitution der finanziellen Schäden dienten, welche dem Staat durch die steuer- und zollrechtlichen Zuwiderhandlungen zugefügt würden (vgl. dazu Art. 8 G. 6098/34 und Art. 5 ZwangsG 899/37); siehe nur LYTRAS, Die Verfassungsmäßigkeit, S. 320 ff., insb. 323 ff. mit vielen Nachw.

23 Die *strafrechtlichen Prinzipien* "nullum crimen, nulla poena sine lege" und "nullum crimen sine culpa" genießen in Griechenland nach h.M. verfassungsrechtlichen Rang. Das *Gesetzlichkeitsprinzip* wird expressis verbis in Art. 7 Abs. 1 gr. Verfassung verankert; siehe dazu MANOLEDAKIS, Studien, S. 102 ff. Das *Schuldprinzip* wird teleologisch (vor allem) aus Art. 2 Abs. 1 gr. Verfassung abgeleitet, der das an den Staat gerichtete Gebot der Beachtung und des Schutzes der menschlichen Würde enthält; siehe PARASKEVOPOULOS, Verteidigung 1993, 1263 ff.; MANESIS, Individuelle Freiheiten [4. Aufl.], S. 112; MANOLEDAKIS, Studien, S. 139 ff.; MARGARITIS / PARASKEVOPOULOS, Pönologie [2. Aufl.], S. 140; vgl. auch COURAKIS, Wirtschaftsdelikte [1982], S. 207 Anm. 25.

24 So z.B. das *nemo tenetur-Prinzip* (vgl. Art. 273 Abs. 2 und Art. 366 Abs. 3 gr. StPO) oder der *non bis in idem-Grundsatz*, der in Art. 57 gr. StPO normiert ist; nach der Ansicht von DAGTOGLOU (Grundrechte, Bd. 1 [1991], Rdn. 446a) läßt sich sogar letzterer Grundsatz bereits aus dem in Art. 7 Abs. 1 gr. Verfassung verankerten nullum crimen-Satz ableiten und genießt somit Verfassungsrang.

(3) Hintergrund dieser Einordnung

Wie bereits an früherer Stelle betont, widersprechen die Feststellungen der griechischen Judikatur den eindeutigen Gegebenheiten des griechischen positiven Rechts[25]. Diesen zufolge kann die Verwaltungsstrafe keineswegs als bloßer Unterfall des präventiven Verwaltungszwanges aufgefaßt werden, weil sie auch dann verhängt werden *kann* - und in der Tat verhängt wird -, wenn das rechtswidrige Verhalten, an das sie anknüpft, vom Betroffenen bereits freiwillig abgestellt worden ist und keine konkrete Wiederholungsgefahr in Betracht kommt. Die Ahndung des Betroffenen für eine in der Vergangenheit liegende Normverletzung gehört damit zu den strukturellen Merkmalen der Verwaltungsstrafe.

Insoweit fragt sich aber, warum die Judikatur die Augen vor dieser naheliegenden Erkenntnis verschließt. Um die Rüge der Verfassungswidrigkeit der Verhängung der Verwaltungsstrafen von Behörden zurückzuweisen, hätte der Rechtsprechung der Beweis genügt, daß den Verwaltungsstrafen keine kriminelle Natur innewohnt[26]. Weder die unbegründete Verdrängung des punitiven Elements der Verwaltungsstrafe noch die sachwidrige Gleichstellung ihrer Zwecke mit denen der reinen (präventiven) verwaltungsrechtlichen Zwangsmaßnahmen sind aber für einen solchen Beweis erforderlich.

Das Motiv, das den Standpunkt der griechischen Judikatur prägt, läßt sich zwar nicht mit Sicherheit ausmachen. Es kann jedoch vermutet werden, daß dabei vor allem Praktikabilitätserwägungen eine große Rolle spielen.

Ein wichtiger Praktikabilitätsgesichtspunkt ist beispielsweise die *kostengünstige Erledigung* der durch Normverstöße entstehenden sozialen Konflikte, die durch das mitunter stark vereinfachte verwaltungsbehördliche Verfahren sichergestellt wird. Die Bedeutung dieses "finanziellen" Faktors als Erklärungsansatz bezüglich der Haltung der Judikatur sollte man keineswegs unterschätzen.

Berücksichtigt werden sollte außerdem, daß die verwaltungsrechtliche Dogmatik die *Einnahmen des Staates* durch Steuerzahlungen und sonstige Abgaben der Bürger in der Regel besser *absichern* kann, als dies bei den strafrechtlichen Regeln der Fall ist. Die kriminalstrafrechtliche Geldstrafe kann beispielsweise nicht gegen die Erben des verstorbenen Verurteilten vollstreckt werden (Art. 58 gr. StGB); eine verwaltungsrechtliche Maßnahme, die den Betroffenen finanziell belastet, kann hingegen nach seinem Tod unbestritten auch gegenüber seinen Erben geltend gemacht werden. Man sollte sich insoweit nicht wundern, daß der gr. Staatsrat in seinem Urteil Nr. 179/77 einer typischen Verwaltungsstrafe des Steuerrechts (Art. 9 G. 1587/50) die strafähnliche Natur abspricht und diese Sanktion als bloße, mit den normalen Steuerpflichten des Betroffenen eng zusammenhängende zusätzliche fi-

---

25 Vgl. oben im Text, § 5 I A und II B 1 (b).

26 Siehe dazu oben im Text, § 6 I A 1.

nanzielle Belastung einstuft, die nach seinem Tod ohne Hindernisse auch gegen seine Erben verhängt werden darf.

Einen wichtigen Praktikabilitätsgrund für die Ablehnung der strafähnlichen Natur der Verwaltungsstrafen kann man schließlich leicht erkennen, wenn man sich die heutige (kriminalpolitische) Rolle der Verwaltungsstrafen im Hinblick auf die *Bekämpfung der Unternehmenskriminalität* in Griechenland vergegenwärtigt. - Das herkömmliche strafrechtsdogmatische Instrumentarium, welches mit auf die individuell-ethische Verantwortung des Einzelnen zugeschnittenen Begriffen und strengen Zurechnungsmodellen arbeitet, kann zur Zeit die im Zusammenhang mit der Unternehmenskriminalität auftretenden kriminalpolitischen Bedürfnisse nicht befriedigen[27]. Das verwaltungsrechtsdogmatische Instrumentarium zeichnet sich hingegen durch flexible, in ihrer Praktikabilität seit langem bewährte Beurteilungsmaßstäbe aus[28]. Spricht man den Verwaltungsstrafen die strafähnliche Natur ab und stuft man sie als bloße Verwaltungsmaßnahmen ein, so *versperrt man der "schwerfälligen" Strafrechtsdogmatik den Weg zu dem Verwaltungsstrafrecht.* Letzteres bleibt unter der vollständigen Kontrolle der Verwaltungsrechtsdogmatik. Durch allgemeingültige öffentlich-rechtliche Prinzipien, die im Hinblick auf belastende Verwaltungsakte gelten (allgemeine Grundsätze des Verwaltungsrechts), werden zwar auch hier den Rechtsanwendern einige materielle und prozessuale Schranken gesetzt. Die hohe Praktikabilität der Verwaltungsstrafen bei ihrem Einsatz gegen die Unternehmenskriminalität bleibt trotzdem für die Rechtspraxis weitgehend erhalten. Zum einen, weil die vom Gesetzgeber aufgrund verwaltungsrechtlicher Prinzipien getroffenen Regelungen (Verantwortung von Kollektivpersonen, objektive Haftung, lockere Beweisführung u.s.w.)[29] nicht mehr aufgrund der auf die Strafen beziehenden verfassungsrechtlichen Vorschriften beanstandet werden können; zum anderen, weil dem Rechtsanwender das Recht anerkannt wird, bei allen offenen materiell- und verfahrensrechtlichen Fragen die Verwaltungsrechtsdogmatik heranzuziehen.

II. Der Standpunkt der Literatur

Die Stellungnahmen der Literatur zu den rechtsstaatlichen Problemen, die das Verwaltungsstrafrecht aufwirft, weisen viele Unterschiede im Vergleich zueinander auf. Dies ist teilweise darauf zurückzuführen, daß die Autoren aus unterschiedlichen rechtswissenschaftlichen Bereichen kommen (Verwaltungsrechtler - Strafrechtler) und ihre Darstellungen zu unterschiedlichen Zeiten verfaßt haben, so daß oftmals der rechtliche Bezugsrahmen, die Schwerpunkte, die Methode und die Ziele ihrer Forschung stark voneinander abweichen.

27 Vgl. dazu zusammenf. SPYRAKOS, PoinChr 1994, 1201 ff.

28 Siehe dazu oben im Text, § 5 III A.

29 Siehe eingehend dazu bereits oben im Text, § 5 I C.

A. Die mit der Rechtsprechung übereinstimmende Literatur

Im Anschluß an den eben skizzierten Standpunkt der Rechtsprechung geht auch die klassische Ansicht unter den Verwaltungsrechtlern (STASINOPOULOS, PAPACHATZIS)[30] davon aus, daß die Verwaltungsstrafe kein strafähnliches, sondern ein *präventives Zwangsinstrument* des Verwaltungsrechts darstellt. Dieses diene ausschließlich der Vollziehung der Verwaltungsnormen durch Beugung des Ungehorsams des Pflichtigen und fördere damit das reibungslose Funktionieren der öffentlichen Verwaltung.

Im Rahmen dieser Grundeinstellung wird die Verfassungskonformität der Befugnis der Verwaltungsorgane im verwaltungsstrafrechtlichen Bereich nie ernsthaft in Zweifel gezogen. Überdies wird den strafrechtlichen dogmatischen Maßstäben jede bindende Kraft für die Normierung und Auslegung der Verwaltungsstrafvorschriften abgesprochen. In der Absicht der Sicherung eines Minimums an Verteidigungsrechten für den Betroffenen wird allerdings auf allgemeine Prinzipien des Verwaltungsrechts Bezug genommen, die für belastende Verwaltungsakte gelten und teilweise das Ergebnis einer langjährigen Rechtsfortbildung durch die Verwaltungsgerichte darstellen[31].

Eine davon abweichende Stellung nimmt DAGTOGLOU ein. Er faßt zwar (die Geldbußen und im allgemeinen) die Verwaltungsstrafen des geltenden Rechts als verwaltungsrechtliche Zwangsmaßnahmen auf[32], geht jedoch davon aus, daß das Schuldprinzip sowie das Bestimmtheitsgebot zunächst auch auf sie Anwendung finden müssen[33].

B. Der Ansatz von LYTRAS (Verstoß gegen das Gewaltenteilungsprinzip)

Mit weitgehend unterschiedlichen Maßstäben geht eine neuere Ansicht unter den Verwaltungsrechtlern (PAPANIKOLAIDIS, LYTRAS, SIMEONIDIS) an das rechtsstaatliche Problem heran[34]. Zum einen läßt diese Ansicht den repressiv-ahndenden Charakter der Verwaltungsstrafe und damit die materiell starke Ähnlichkeit mit der Kriminalstrafe klar in den Vordergrund treten. Zum anderen definiert sie den Inhalt des Gewaltenteilungsprinzips anders als die klassische Ansicht und sieht in den Organen der Judikative die nach der Verfassung berufenen Organe für die Verhängung nicht nur von Kriminalstrafen, sondern auch von allen repressiv-ahndend

30 Siehe dazu vor allem PAPACHATZIS, System des Verwaltungsrechts [6. Aufl.], S. 792 ff.; STASINOPOULOS, ArNom 1950, 90.

31 Siehe dazu PAPACHATZIS, System des Verwaltungsrechts [6. Aufl.], S. 793 f.; vgl. auch die Ausführungen oben im Text, § 5 I C.

32 DAGTOGLOU, Allgemeines Verwaltungsrecht [3. Aufl.], Rdn. 856 f. und 868.

33 DAGTOGLOU, Allgemeines Verwaltungsrecht [3. Aufl.], Rdn. 868.

34 PAPANIKOLAIDIS, Verwaltungsstrafen, S. 23 ff. (insbes. 31 ff.); LYTRAS, Die Verfassungsmäßigkeit, 1986; SIMEONIDIS, DiDik 1992, 497 ff.

wirkenden Sanktionen. Die Verfassungskonformität der Zuweisung der Kompetenz für die Verhängung der Verwaltungsstrafen an die Exekutivorgane wird vor diesem Hintergrund verneint.

Eine überzeugende Begründung der repressiv-ahndenden Natur der Verwaltungsstrafen gelingt insbesondere LYTRAS, der in seiner Monographie nach Analyse des geltenden Rechts zutreffenderweise zu der Erkenntnis kommt, daß das verwaltungsstrafrechtliche Gebiet heutzutage in Griechenland als ein autonomes, seinem Umfang und seiner Bedeutung nach dem Kriminalstrafrecht gleichrangiges Gebiet zu betrachten sei, in dem staatliche Sanktionstätigkeit ebenso intensiv wie im kriminalstrafrechtlichen Bereich ausgeübt werde[35].

LYTRAS erblickt zwar in der parallelen Existenz beider Sanktionsgebiete und in der an verwaltungsrechtlichen Prinzipien orientierte materielle Ausgestaltung des Verwaltungsstrafrechts keine maßgebenden verfassungsrechtlichen Probleme. Verfassungswidrig sei jedoch nach seiner Ansicht, daß der Gesetzgeber das Verwaltungsstrafrecht der Verantwortung von Organen der Exekutive anvertraut habe[36]:

Nach dem Gewaltenteilungsprinzip, wie es von der griechischen Verfassung aufgestellt werde, führt LYTRAS aus, müsse jede Sanktionstätigkeit von Organen der Judikative ausgeübt werden, es sei denn, daß der Verfassungsgeber eine diesbezügliche Ausnahmeregelung treffe und mit der Sanktionsbefugnis im konkreten Fall ausdrücklich die Exekutivorgane beauftrage. Eine solche Ausnahmeregelung komme aber für die Verwaltungsstrafen nicht in Betracht[37]. Der *Richtervorbehalt im Hinblick auf jede repressive Sanktion* lasse sich zwar an keiner verfassungsrechtlichen Vorschrift expressis verbis ablesen. Aus der verfassungsrechtlichen Systematik (insbesondere aus Art. 20 Abs. 1 gr. Verfassung: Recht auf gerichtlichen Rechtsschutz[38] und aus der nur ausnahmsweise erfolgenden Zuweisung von Sanktionsbefugnissen an die Verwaltungsorgane[39] im Gegensatz zu der sehr häufigen Begründung der Gerichtszuständigkeit hinsichtlich bevorstehender staatlicher repressiver Eingriffe in Grundrechte des Bürgers[40]) lasse sich jedoch eindeutig ableiten, daß der Verfassungsgeber dem "funktionellen Kern" der rechtsprechenden Gewalt nicht nur die Befugnis zur Verhängung von Kriminalstrafen, sondern auch die zur Verhängung jeder repressiven Sanktion zugeordnet habe. Die Verhängung von Verwaltungsstrafen müsse demnach justizförmig erfolgen.

---

35 LYTRAS, Begriff und Grundunterscheidung der Sanktionen, S. 141; DERS., Die Verfassungsmäßigkeit, S. 260 f.

36 LYTRAS, Die Verfassungsmäßigkeit, S. 424.

37 Eine solche Ausnahmeregelung gilt z.B. nach der Ansicht von LYTRAS (Die Verfassungsmäßigkeit, S. 407 ff.) gemäß Art. 103 Abs. 4 und 102 Abs. 5 gr. Verfassung für die Disziplinarmaßnahmen, die der Staat als Dienstherr gegen Beamte oder gegen die Organe der kommunalen Selbstverwaltung ergreift.

38 LYTRAS, Die Verfassungsmäßigkeit, S. 373 ff. (insbes. 387 ff.). Nach der Ansicht von LYTRAS erschöpft sich der materielle Inhalt des Grundrechts auf gerichtlichen Rechtsschutz nicht auf den Rechtswegvorbehalt, sondern erfaßt darüber hinaus auch den Richtervorbehalt (a.a.O., S. 395 Anm. 290).

39 LYTRAS, Die Verfassungsmäßigkeit, S. 407 ff.

40 LYTRAS, Die Verfassungsmäßigkeit, S. 399 ff.

Als kompetente Gerichte kämen zwar zunächst die Strafgerichte in Frage[41]. Es wäre jedoch praktikabler und damit vorzugswürdiger, wenn der Gesetzgeber mit der Verhängung der Verwaltungsstrafen die Verwaltungsgerichte betrauen würde[42]. Verwaltungsstrafen außerdem, die sich auf einen kleinen Betrag belaufen, dürften weiter der Kompetenz der Verwaltungsbehörden überlassen bleiben. Dies sei mit der Verfassung zu vereinbaren, denn eine vergleichbare Ausschaltung der Gerichte im ersten Schritt sei auch im Hinblick auf geringe kriminelle Geldstrafen aufgrund des Art. 96 Abs. 2 gr. Verfassung zulässig[43].[44]

C. Der Ansatz von ANDROULAKIS (Justizprinzip und Strafgarantien für hohe Verwaltungsstrafen)

Eine dritte Auffassung, die in dieser Form zum ersten Mal von ANDROULAKIS vertreten wurde, sieht ein rechtsstaatliches Problem grundsätzlich nur in denjenigen Verwaltungsstrafen, die in der Wirklichkeit *"verkappte" Kriminalstrafen* darstellen[45]. Dabei geht diese Ansicht zunächst von der in Griechenland tradierten theoretischen Einteilung der Strafen in echte und unechte aus (CHORAFAS, KATSANTONIS) und betrachtet die Verwaltungsstrafen als unechte Strafen, die im Gegensatz zu den Kriminalstrafen (echte Strafen) auch von Verwaltungsbehörden und nach verwaltungsrechtlichen Maßstäben verhängt werden dürfen[46]. Es müßten jedoch immer dann strafrechtliche Grundsätze zur Geltung kommen und *Strafgerichte* für zuständig erklärt werden, wenn eine gegen *natürliche Personen* gerichtete[47] und im Ge-

---

41 LYTRAS, Die Verfassungsmäßigkeit, S. 463 ff.

42 LYTRAS, Die Verfassungsmäßigkeit, S. 465 ff. (insbes. 467 f.).

43 LYTRAS, Die Verfassungsmäßigkeit, S. 451 ff. und 472 f.

44 SIMEONIDIS (DiDik 1992, 502 ff.) will den Kreis der Zugeständnisse zugunsten der Ahndungsbefugnisse der Verwaltungsbehörden auch auf Fälle erweitern, in denen die verwaltungsstrafrechtliche Zuwiderhandlung des Betroffenen die zivilrechtliche, disziplinarische oder sonstige Haftung der den entsprechenden verwaltungsrechtlichen Bereich überwachenden Behörden herbeizuführen vermag.

45 ANDROULAKIS, Die Grundlagen, S. 22; vgl. auch COURAKIS, Verteidigung 1992, 269 ff. (274 ff. und insbes. 276 f.); DAGTOGLOU, Grundrechte, Bd. 1 [1991], Rdn. 435; GRAVARIS, in: STRANGAS (Hrsg.), Arten von Sanktionen und Rechtszweige, S. 273; MANOLEDAKIS, Strafrecht AT [4. Aufl.], Rdn. 66; MYLONOPOULOS, Anwendungen, S. 25 f., 31 ff. und 38 f.

46 MYLONOPOULOS (Anwendungen, S. 23 f. und 38) fordert allerdings - im Anschluß an die in Frankreich vertretenen Ansichten -, daß die zuständigen Organe stets weisungsunabhängig und unparteiisch ihre Entscheidungen treffen bzw. als unabhängige Verwaltungsbehörden ausgestaltet sein müssen.

47 Die ausschließlich Bezugnahme der fraglichen Ansicht auf natürliche Personen wird zwar nicht immer ausdrücklich hervorgehoben, ergibt sich aber eindeutig aus dem sachlichen und systematischen Zusammenhang der Ausführungen der Autoren sowie aus der dogmatischen Gleichstellung der beanstandeten Kategorie von Verwaltungsstrafen mit den Kriminalstrafen, die angesichts des in Griechenland herrschenden Dogmas "societas delinquere non potest" nur unter der Bedingung einen Sinn macht, daß die fragliche Ansicht ausschließlich von natürlichen Personen als Sanktionssubjekten ausgeht. Deutlich ist in diesem Sinne das Gutach-

setz bloß als verwaltungsrechtlich bezeichnete Strafe in ihrer *Wirkung* - insbesondere wegen ihrer Intensität[48] - den Kriminalstrafen gleichkomme.

Besondere Aufmerksamkeit verdient in diesem Zusammenhang auch der Standpunkt von MANOLEDAKIS, der alle hohen (zivil- und) verwaltungsrechtlichen Sanktionen, die die Grenze der (zivil- oder) verwaltungsrechtlichen Restitution in erheblichem Maße überschreiten, ebenfalls als "verkappte Strafen" bezeichnet, obwohl er zugleich davon ausgeht, daß diese Sanktionen keinen stigmatisierenden Charakter haben. Angesichts der Tatsache, daß solche Sanktionen nach geltendem Recht ohne die gebotenen, mit den Kriminalstrafen verbundenen materiellen und prozessualen Garantien verhängt werden, mißbilligt der Autor die relevante Gesetzgebungspraxis und sieht darin unter Umständen einen Verstoß gegen das Verhältnismäßigkeitsprinzip sowie gegen Art. 18 EMRK[49].

Zumindest schwere Verwaltungsstrafen gegen natürliche Personen sind daher nach der oben geschilderten Auffassung aus dem Verwaltungsrecht auszunehmen und *sowohl* dem Justizprinzip *als auch* den (sonstigen) Strafgarantien zu unterwerfen.

D. Der Ansatz von MANGAKIS und PSAROUDA-BENAKI (An strafrechtsdogmatische Grundsätze anlehnende Verselbständigung des Verwaltungsstrafrechts)

Für ein den fundamentalen Strafgarantien unterworfenes Verwaltungsstrafrecht tritt schließlich die Literaturmeinung ein, die in MANGAKIS[50] und PSAROUDA-BENAKI[51] ihre Hauptvertreter findet[52]. Diese Auffassung bejaht zwar die Vereinbarkeit der Ahndungsbefugnisse der Verwaltungsbehörden mit dem *Gewaltenteilungsprinzip*, da sie die Verwaltungsstrafe als aliud im Vergleich zur Kriminalstrafe auffaßt. Sie befürwortet aber die Unterwerfung des Verwaltungsstrafrechts unter die wichtigsten strafrechtlichen Prinzipien[53]. Zu diesen Prinzipien werden das *Gesetzlichkeit-*

---

ten des wissenschaftlichen Ausschusses des Parlaments zur 4. KartellG-Novelle, in: DRILLERAKIS, Gesetzestexte und Materialien, S. 141 ff.

48 MYLONOPOULOS (Anwendungen, S. 32 ff.) will neben der Schwere der Sanktion auch den offenen Adressatenkreis der (verletzten) Verhaltensnorm als Kriterium zur Identifizierung von verkappten Kriminalstrafen einsetzen.

49 Strafrecht AT [4. Aufl.], Rdn. 66.

50 PoinChr 1958, 468 ff.

51 PoinChr 1967, 71 ff. (insbes. 72).

52 In diese Richtung auch KATSANTONIS, Strafrecht AT, Bd. 2, S. 14; MANESIS, Individuelle Freiheiten [4. Aufl.], S. 196; SPINELLIS, RevIntDrPén 59 (1988), 225.

53 MANGAKIS, PoinChr 1958, 468 ff.; PSAROUDA-BENAKI, PoinChr 1967, 71 ff. und insbes. 72; KATSANTONIS, Strafrecht AT, Bd. 2, S. 14; MANESIS, Individuelle Freiheiten [4. Aufl.], S. 196; SPINELLIS, RevIntDrPén 59 (1988), 225 (beide letztere Autoren beziehen ihre Ausführungen nur auf das Gesetzlichkeitsprinzip); vgl. dazu auch DAGTOGLOU, Allg. Verwaltungsrecht [3. Aufl.], Rdn. 856 f. und 868.

sprinzip und seine Ausprägungen immer gezählt[54], während einige Verfasser auch das *Schuldprinzip*[55] besonders hervorheben. Insbesondere MANGAKIS und PSAROUDA-BENAKI betrachten das Verwaltungsstrafrecht als einen autonomen, *systematisch* zwar dem Verwaltungsrecht angehörenden, *materiell* jedoch dem Kriminalstrafrecht eng verwandten Rechtszweig, der aus diesem Grund seine dogmatischen Strukturen entsprechend denen des Strafrechts zu entwickeln hat[56]. Die Autoren setzten sich deswegen für eine sachgemäße Übertragung der gesamten strafrechtlichen Systematik (Rechtfertigungsgründe, Entschuldigungsgründe, Irrtumslehre, Konkurrenzlehre, Versuch und Teilnahme) auf das Verwaltungsstrafrecht ein[57]. Wesentliche Abweichungen vom Strafrecht werden nur im prozessualen Bereich befürwortet. Das Verwaltungsstrafverfahren soll demnach im ersten Schritt den sachkompetenten Verwaltungsbehörden überlassen und dem Opportunitätsprinzip unterworfen werden; dem Betroffenen soll allerdings immer das Recht vorbehalten werden, die erlassene Verwaltungsentscheidung vor einem (Verwaltungs-[58] oder Straf-[59])Gericht anzufechten[60]. Begrüßt wird auch eine auf schnelle Erledigung des Falles abzielende Vereinfachung der Verfahrensregeln, eine Lockerung der Beweisregeln[61] sowie eine Beweislastumkehr in bezug auf sämtliche Schulderfordernisse[62].

III. Kritische Stellungnahme zu der Diskussion

Die Anwendung des Justizprinzips und / oder der (sonstigen) Strafgarantien auf das Verwaltungsstrafrecht hängt eng mit der Anwort auf folgende Fragen zusammen:

(1) Wie ist der *positivrechtliche Standort der Verwaltungsstrafen innerhalb des öffentlichrechtlichen Sanktionsinstrumentariums* zu bestimmen? Was haben sie mit den überkommenen dogmatischen Kategorien der rein verwaltungsrechtlichen Sanktionen und der Kriminalstrafen gemeinsam? Was unterscheidet sie von jenen?

---

54 KATSANTONIS, Strafrecht AT, Bd. 2, S. 14; MANESIS, Individuelle Freiheiten [4. Aufl.], S. 196; MANGAKIS, PoinChr 1958, 469 f.; PSAROUDA-BENAKI, PoinChr 1967, 72; SPINELLIS, RevIntDrPén 59 (1988), 225; MANGAKIS, in: Systematische Auslegung des gr. StGB [1993], Art. 1 Rdn. 12.

55 So z.B. KATSANTONIS, Strafrecht AT, Bd. 2, S. 14.; DAGTOGLOU, Allg. Verwaltungsrecht [3. Aufl.], Rdn. 868.

56 So MANGAKIS, PoinChr 1958, 469; vgl. auch PSAROUDA-BENAKI, PoinChr 1967, 71.

57 MANGAKIS, PoinChr 1958, 469 ff.; PSAROUDA-BENAKI, PoinChr 1967, 71 ff.. MANGAKIS spricht sich allerdings gegen die Anerkennung des Versuchs und der Teilnahme im Verwaltungsstrafrecht aus, a.a.O., 472.

58 MANGAKIS, PoinChr 1958, 474 f.

59 PSAROUDA-BENAKI, PoinChr 1967, 80.

60 Siehe dazu auch SPINELLIS, RevIntDrPén 59 (1988), 225.

61 PSAROUDA-BENAKI, PoinChr 1967, 80 f.; MANGAKIS, PoinChr 1958, 473.

62 MANGAKIS, PoinChr 1958, 470 f.

(2) Was verbindet und was unterscheidet die für Kriminalstrafen geltenden *Strafgarantien* und die für belastende Verwaltungsakte geltenden *allgemeinen Grundsätze des Verwaltungsrechts*? Sind Strafgarantien und allgemeine Grundsätze des Verwaltungsrechts als naturgleiche Ausprägungen des Rechtsstaatsprinzips und des Gerechtigkeitsprinzips aufzufassen, die den ganzen Bereich der belastenden öffentlich-rechtlichen Eingriffe in Grundrechte des Bürgers durchziehen? Unterscheiden sie sich dementsprechend voneinander lediglich durch Quantitätsmerkmale? Oder geht es bei den Strafgarantien (auch) um spezifische Grundsätze, die sich nur auf das strafrechtliche Gebiet beziehen? Stellen mit anderen Worten die Strafgarantien nur eine graduelle Steigerung der allgemeinen Grundsätze des Verwaltungsrechts dar, oder sind vielmehr die ersteren als aliud im Vergleich zu den letzteren zu verstehen?

(3) Angenommen, die Verwaltungsstrafen lassen sich überzeugend von den überkommenen rein verwaltungsrechtlichen Sanktionen unterscheiden und zu einer besonderen, den Kriminalstrafen verwandten dogmatischen Kategorie zusammenfassen (Kategorie der Strafen i.w.S.). Bedeutet dies einen zwingenden Übergang von der Geltung der allgemeinen Grundsätze des Verwaltungsrechts zu der *Geltung der Strafgarantien im verwaltungsstrafrechtlichen Bereich*? Oder sind vielmehr nach verfassungsrechtlichem Verständnis die Strafgarantien nur auf die überkommenen Kriminalstrafen anwendbar? Hierbei erscheint es geboten, die Frage der Anwendung des Justizprinzips auf Verwaltungsstrafen getrennt von der Frage der Anwendung der (sonstigen) Strafgarantien zu behandeln.

Die Antwort auf obige Fragenkreise wird für jede kritische Stellungnahme zum heutigen Meinungsstand vorausgesetzt. Aus Zweckmäßigkeitsgründen[63] nimmt allerdings die folgende Darstellung unter Gliederungsaspekten nicht auf diese Fragenkreise, sondern auf die den heutigen Meinungsstand prägenden Ansätze Bezug.

A. Ablehnung der These der Rechtsprechung

Die in der Rechtsprechung und in einem Teil der verwaltungsrechtlichen Literatur herrschende Auffassung, die Verwaltungsstrafe sei eine verwaltungsrechtliche Zwangsmaßnahme, verschließt bewußt, wie bereits gezeigt, die Augen vor der Rechtswirklichkeit. Die Verwaltungsstrafe zielt nach der positivrechtlichen Regelung und der alltäglichen Rechtspraxis nicht (nur) auf Willensbeugung, sondern (auch) auf Ahndung der betroffenen Rechtssubjekte ab[64]. Die Verwaltungsstrafe wirkt also auch *repressiv-ahndend* und es ist deswegen aus *dogmatischer* Sicht unzulässig, diese mit den übrigen Zwangsmitteln des Verwaltungsrechts gleichzusetzen.

Die falsche dogmatische Einstufung wird um so angreifbar, als sie die *bedingungslose* Ausschaltung nicht nur des Justizprinzips, sondern auch der (sonstigen) liberalen Strafgarantien zur Folge hat. Die für belastende Verwaltungsakte geltenden allgemeinen Grundsätze des Verwaltungsrechts, die statt der Strafrechtsgrund-

---

63 Der erste Fragenkreis wurde beispielsweise bereits früher im wesentlichen aufgeklärt, so daß die einschlägige Problematik an dieser Stelle nicht weiter verfolgt werden muß.

64 Siehe dazu bereits oben im Text, § 5 I A und II B 1 (b) sowie § 6 I B 3.

sätze im Verwaltungsstrafrecht heute zur Anwendung kommen, können dem geahndeten Bürger keinen den Strafgarantien ebenbürtigen Schutz gewähren. Dies liegt nicht nur an den wesentlich geminderten Bestimmtheitsanforderungen und den lockeren Auslegungsprinzipien, die für Verwaltungsnormen relevant sind[65]. Hinzu kommen auch die im Vergleich zum Strafrecht nicht unerheblich differierenden Geltungs-, Vorrang- und Zurechnungsregeln des Verwaltungsrechts (Möglichkeit der Rückwirkung für belastende Verwaltungsnormen, keine eindeutige Anerkennung der klassischen strafrechtlichen Rechtfertigungsgründe, prinzipielle Außerachtlassung der subjektiven Elemente bei der Tatbeurteilung, rein normativer Handlungsbegriff u.a.), sowie die beschränkten Verfahrensgarantien, die erhebliche Gefahren für den Bürger heraufbeschwören[66].

Daraus darf zwar noch nicht der Schluß gezogen werden, daß sich verwaltungsrechtliche und strafrechtliche *Auslegungs-, Zurechnungs- und Vorrangregeln* vollständig voneinander unterscheiden. Vielmehr läßt sich feststellen, daß viele strafrechtsdogmatische liberale Ansätze unter verschiedenen Bezeichnungen (Rechtssicherheit und Gesetzesvorbehalt statt Analogieverbot, Grundsatz der Verhältnismäßigkeit und Vertrauensschutz statt Zumutbarkeit und Schuldprinzip, höhere Gewalt statt Notstand u.s.w.) auch im Verwaltungsrecht anzutreffen sind[67]. An das Rechtsstaatsprinzip, sowohl in materieller (Verwirklichung der Idee der Gerechtigkeit) als auch in formeller Hinsicht (Gesetzesbindung, Rechtsmittel), ist letztendlich das ganze öffentliche Recht gebunden - und das Verwaltungsrecht ist genauso Teil dieses Rechtsbereichs wie das Strafrecht[68]. Dies gilt zunächst auch für die *Geltungsregeln*. Das Rückwirkungsverbot und das Milderungsgebot sind damit nicht nur strafrechtlich relevante, sondern auch mit Blick auf belastende

---

65 Näher dazu PAPAKIRIAKOU, Europäisches Unternehmensstrafrecht, *Zweiter Teil* I B 1 m.w.Nachw.

66 Vgl. dazu bereits oben im Text, § 5 I C.

67 Zu den sachlichen Parallelitäten, die sich zwischen dem öffentlich-rechtlichen Grundsatz des Vertrauensschutzes und der strafrechtlichen Irrtumslehre sowie zwischen dem öffentlich-rechtlichen Grundsatz der Verhältnismäßigkeit und dem Schuldprinzip herstellen lassen, vgl. TIEDEMANN, in: FS für Geerds, S. 111 sowie DERS., Verfassungsrecht und Strafrecht, S. 22. - Zu dem engen sachlichen Zusammenhang und zu der strukturellen Vergleichbarkeit der materiellen und prozessualen Strafgarantien mit den allgemeinen rechtsstaatlichen Garantien, insbesondere dem Rechtsstaatsprinzip und dem Verhältnismäßigkeitsgrundsatz, die üblicherweise auf der Stufe der Rechtfertigung der staatlichen Eingriffsmaßnahmen angesiedelt sind, vgl. APPEL, S. 563 f. ("Alle spezifisch strafrechtlichen Verfassungsgarantien weisen dieselbe Struktur und denselben Regelungsansatz auf, der den allgemeinen Schutzmechanismen des demokratischen Rechtsstaates eigen ist").

68 Vgl. vor allem KREY (in: FS für Blau, S. 123 ff.), der den strafrechtlichen Gesetzesvorbehalt als besondere Ausprägung des öffentlichrechtlichen "umfassenden Vorbehalts des Gesetzes für hoheitliche Eingriffe in die Rechte des Bürgers" begreift (S. 123) und das Analogieverbot sowie das Verbot allzu unbestimmter Gesetze ("Bestimmtheitsgebot") als Prinzipien betrachtet, die nicht nur im Strafrecht, sondern in *gleichem* Umfang ("völlige Parallelität", S. 147; "kein genuin strafrechtliches Rechtsprinzip", S. 150) auch für die öffentlichrechtlichen Eingriffsgesetze gelten (a.a.O., S. 147 ff. und 150 und ausführlicher - mit Blick auf das Analogieverbot - DERS., Studien zum Gesetzesvorbehalt im Strafrecht, S. 37 ff., 241 ff., 248 je m.w.Nachw.); siehe auch VOGEL, JZ 1995, 338 f.

Verwaltungsgesetze zu berücksichtigende Einschränkungen der staatlichen Eingriffsmöglichkeiten in Rechtsgüter des Bürgers[69]. - Wie jedoch bereits hervorgehoben wurde, gewährleisten die strafrechtlichen Auslegungs-, Zurechnungs- und Geltungsregeln ein wesentlich höheres Schutzniveau für den betroffenen Bürger und müssen aus diesem Grund bei der Verhängung von vergeltenden Sanktionen in ihrer originellen Gestalt zur Anwendung kommen[70].

Die von der Rechtsprechung praktizierte Herabstufung der Verwaltungsstrafen zu bloßen Zwangsmaßnahmen ist also aus *rechtsstaatlicher* Sicht zu mißbilligen. Die Tatsache, daß diese Herabstufung die Praktikabilität des verwaltungsstrafrechtlichen Arsenals und somit seine Effizienz gegen die (insbesondere Unternehmens-)Kriminalität erheblich steigert, kann die rechtsstaatlichen Bedenken nicht entkräften. Es gibt doch vermittelnde Wege, welche die modernen kriminalpolitischen Bedürfnisse auf rechtsstaatliche Art und Weise befriedigen können[71].

B. Ablehnung des Ansatzes von LYTRAS

Die zweite Auffassung, welche eine materielle Ähnlichkeit zwischen der Verwaltungs- und der Kriminalstrafe auf der Grundlage ihres gemeinsamen repressiv-ahndenden Charakters feststellt, befindet sich auf dem richtigen Weg. Weniger überzeugend ist allerdings der hieraus gezogene Schluß, daß die Verwaltungsstrafbefugnisse der Verwaltungsbehörden verfassungswidrig seien.

Die Exekutivorgane aus Angst vor Willkürakten von der Ausübung jeder bedeutenden und somit in der Praxis wirksamen Sanktionstätigkeit auszuschließen ist eine verfassungsrechtliche Interpretation des Gewaltenteilungsgrundsatzes, welche die klassischen Grundrechte des Bürgers durchaus beachtet, den praktischen Bedürfnissen der modernen überwachenden, lenkenden, eingreifenden und verteilenden (insbesondere Wirtschafts-)Verwaltung im heutigen Sozialstaat jedoch wenig Rechnung trägt[72]. Angesichts der Tatsache, daß auch das *Sozialstaatsprinzip* Ver-

---

69 So hat beispielsweise in der deutschen Rechtsordnung das Bundesverfassungsgericht bereits klargestellt (BVerfGE 63, 357), daß der Schutz des Bürgers vor einer nachteiligen Umbewertung der Tat nach deren Begehung als allgemeingültiger Rechtsgrundsatz über das Strafrecht hinaus auch für das Verwaltungsrecht sowie für das zivilrechtliche Deliktsrecht gelte; vgl. DANNECKER, Das intertemporale Strafrecht, S. 255.

70 Zu der verfassungsrechtlichen Sonderstellung staatlichen Strafens bzw. zu der besonderen Strenge und Stringenz der Strafgarantien im Vergleich zu den allgemeinen rechtsstaatlichen Sicherungen, die für sonstige Formen staatlicher Eingriffe gelten, siehe zusammenf. (mit Blick auf die deutsche Rechtsordnung) APPEL, S. 24 ff. und 488 f.

71 Darauf wird unten im Text, § 7 eingegangen.

72 Zum sozialstaatlichen Charakter der staatlichen wirtschaftspolitischen Aufgaben siehe BENDA, Der soziale Rechtsstaat, in: BENDA / MAIHOFER / VOGEL, Hdb. des VerfassungsR, § 17 Rdn. 175.

fassungsrang genießt[73], können diese Bedürfnisse, von deren Befriedigung die *Effizienz* der sozialstaatlichen Verwaltungstätigkeit eng abhängt[74], bei der Konkretisierung des Kompetenzenkreises der Exekutive gemäß dem Gewaltenteilungsprinzip nicht unberücksichtigt bleiben. Insoweit darf nicht übersehen werden, daß die moderne Verwaltung für die Erreichung ihrer Ziele Mittel des Erfüllungs-[75] sowie des Strafzwanges bedarf.

Im Namen der wirksamen Durchführung der Verwaltungstätigkeit darf allerdings das *Rechtsstaatsprinzip* nicht vollständig aufgegeben werden[76], indem die Sanktionskompetenzen der Exekutive bis auf den Bereich des Kriminalstrafrechts ausgedehnt werden - was übrigens von der griechischen Verfassung ausdrücklich verboten ist[77]. Die Verwaltungsstrafen des griechischen Rechts sind jedoch, wie bereits nachgewiesen, keine Kriminalstrafen. Ihnen fehlt die gegen die (ethische) Persönlichkeit des Täters gerichtete stigmatisierende Wirkung, welche die Kriminalstrafe auslöst. Überdies sind sie bei ihrer Verhängung im Vergleich zu den Kriminalstrafen stärker zukunftsorientiert[78], so daß sie sich strukturell auch stärker als die Kriminalstrafen den präventiven Zwangsinstrumenten der Exekutive ähneln. Mit der Befugnis zur Verhängung der Verwaltungsstrafen können daher vom Gesetzgeber ohne verfassungsrechtliche Probleme - der griechische Verfassungsgeber hat diese Frage offen gelassen - auch die Verwaltungsbehörden betraut werden. Den rechtsstaatlichen Anforderungen in Verbindung mit dem Gewaltenteilungsprinzip wird insoweit genügend Rechnung getragen, wenn gegen jede verwaltungsbehördliche

---

73 Anders als in Deutschland (vgl. Art. 20 Abs. 1 GG) wird das Sozialstaatsprinzip in der griechischen Verfassung zwar nicht ausdrücklich verankert. Seine verfassungsrechtliche Anerkennung läßt sich jedoch aus einer Reihe von einzelnen Artikeln ableiten, die soziale Rechte sowie soziale Bindungen der individuellen Grundfreiheiten normieren, vgl. TSATSOS, Verfassungsrecht [2. Aufl.], Bd. II, S. 160 ff., Rdn. 5 und 9 f.; vgl. dazu auch PAPAKONSTANTINOU, EDKoinAsf 1995, 65 ff. (m.w.Nachw. zum Meinungsstand in Anm. 2).

74 Zur verfassungsrechtlichen Verankerung des Arguments der Effizienz der Verwaltungstätigkeit und damit zur Zulässigkeit der Berufung auf dieses Argument bei der Bestimmung der Grenzen der verfassungsrechtlich verankerten Grundrechte (wie beispielsweise des Rechts auf Anhörung im Rahmen des Verwaltungsverfahrens gemäß Art. 20 Abs. 2 gr. Verfassung) vgl. LAZARATOS, ToS 1991, 509 ff. (insb. 522 ff.).

75 LYTRAS, Die Verfassungsmäßigkeit, S. 296 Anm. 63, bestreitet auch die Verfassungsmäßigkeit der verwaltungsbehördlichen Androhung und Festsetzung von Zwangsgeldern; eine Ausnahme macht er nur hinsichtlich der geringen Zwangsgelder.

76 Zu der verfassungsrechtlichen Gebotenheit einer *fruchtbaren Synthese* der Prinzipien des Sozial- und des Rechtsstaates, vgl. RIZOS, ToS 1984, 169 f.; zu den durch das Rechtsstaatsprinzip gesetzten Grenzen bei der Berücksichtigung des Sozialstaatsprinzips im Rahmen des modernen sozialen Rechtsstaates, vgl. TSATSOS, Verfassungsrecht [2. Aufl.], Bd. II, S. 162 Rdn. 7 f.

77 Zu dem grundsätzlichen Verbot und den möglichen Ausnahmen siehe oben im Text, § 5 II A 2.

78 Ausführlich dazu oben im Text, § 5 II B 4.

Sanktionsentscheidung dem Betroffenen immer das Recht vorbehalten wird, Anfechtungsklage mit *aufschiebender* Wirkung bei den (Verwaltungs-)Gerichten zu erheben[79].

Zur *staatstheoretischen* Begründung dieses Ergebnis *braucht man nicht auf die klassische Lehre von Verwaltungsstrafrecht und Verwaltungsunrecht zurückzugreifen*, die davon ausging, "daß Justiz- und Verwaltungsstrafrecht rechtssatzmäßig unterschieden seien (GOLDSCHMIDT), daß die Justiz der Gerechtigkeit sowie dem Rechtsgüterschutz, die Verwaltung dagegen der Wohlfahrt und der Zweckmäßigkeit diene und nur den Gehorsam der Bürger erprobe (ERIK WOLF), daß schließlich die Kriminalstraftat sozialethisch bedeutsam und der Ordnungsverstoß sozialethisch neutral sei (EBERHARD SCHMIDT)"[80]. Dieses Modell sollte heute als überholt angesehen werden. Man kann nämlich im modernen Staat kaum mehr davon sprechen, daß die rechtlichen Normen und die Verwaltungstätigkeit der (Wirtschafts-)Behörden nur unter Gesichtspunkten der Zweckmäßigkeit (und Wohlfahrt) bedeutsam sind und mit Gerechtigkeit nichts zu tun haben - vielmehr durchdringen sich gerade auf dem Gebiet der sozialstaatlichen Tätigkeit der (Wirtschafts-)Verwaltung Gerechtigkeit und Zweckmäßigkeit unauflöslich[81]. Außerdem ist Verwaltungsunrecht - und selbst bloßes Verwaltungsunrecht - sozialethisch keineswegs indifferent.

Zur staatstheoretischen Begründung des oben dargestellten Ergebnisses genügt letztlich der Hinweis darauf, daß die Erwartungen, die der moderne soziale Rechtsstaat in die Verwaltungstätigkeit setzt, andere als in der Zeit von MONTESQUIEU und seiner Lehre über die Gewaltenteilung sind. Ob der *soziale* Rechtsstaat seine Ziele erreicht, ist heute eine Frage, die eng mit der Frage der *Effizienz* der ordnenden und gestaltenden *Verwaltungstätigkeit* zusammenhängt, was zur Folge hat, daß der Verwaltung zwangsläufig auch Befugnisse eingeräumt werden (müssen), die weit über das herkömmliche Verständnis der Vollstreckung von Gesetzen hinausgehen. Die unbestimmten Rechtsbegriffe und die Generalklauseln der formellen Verwaltungsgesetze, die breit angelegten Gesetzesermächtigungen zum Erlaß von Rechtsvorschriften durch die Exekutive und die weit abgesteckten Handlungsspielräume bei der Gesetzanwendung (Entschließungs- und Auswahlermessen der Verwaltungsbehörden)[82] geben bereits seit langem beredtes Zeugnis davon, daß normsetzende Befugnisse nicht mehr ausschließlich vom Parlament, sondern teilweise auch von der Verwaltung wahrgenommen werden. Wenn aber Relativierungen des Gewaltenteilungsprinzips bezüglich des Trägers der *rechtssetzenden* Funktion in erheblichem materiellem Maße akzeptiert werden, können *eingeschränkte* materielle Relativierungen im Hinblick auf den Träger der *sanktionsverhängenden* Funktion nicht einfach als verfassungswidrig abgetan werden. Hinter beiden Phänomenen und Entwicklungen des modernen sozialen Rechtsstaates steht nämlich derselbe Gedanke: die Ermöglichung

---

79 Vgl. DAGTOGLOU, Allg. Verwaltungsrecht [3. Aufl.], Rdn. 859.

80 TIEDEMANN, in: I/M GWB [1992], vor § 38 Rdn. 9; siehe ausführlicher MATTES, Untersuchungen, Halbband 1, S. 135 ff.; TIEDEMANN, Tatbestandsfunktionen, S. 100 ff.

81 TIEDEMANN, in: I/M GWB [1992], vor § 38 Rdn. 9.

82 Umfassend zum Phänomen und zu den einzelnen verfassungsrechtlichen Fragen, die sich im Zusammenhang mit den das Bild des modernen Wirtschaftsverwaltungsrechts prägenden sog. offenen Kompetenznormen ("Rechtsvorschriften ..., in denen der Gesetzgeber der Exekutive durch Rechtssetzungs- oder Einzelaktsermächtigungen ein ziemlich umfassendes Regelungsspektrum einräumt") stellen, BRAUN, VerwArch 1985, 24 ff., 158 ff. - zur soeben angeführten Definition siehe S. 36 f.

der Aufgabenerfüllung der im Rahmen von hoch komplexen regelungsbedürftigen Lebenssachverhalten sozialstaatlich tätigen, eingreifenden, leistenden, planenden und lenkenden Verwaltung. Es ist freilich eine andere Frage, unter welchen *materiellen* und *verfahrensrechtlichen* Voraussetzungen die Verwaltung ihre Sanktionsbefugnisse ausüben darf. Diese Problematik ist aber an anderer Stelle (§ 7) näher zu behandeln.

C. *Die Unzulänglichkeit des Ansatzes von ANDROULAKIS*

Der von ANDROULAKIS und von einem großen Teil der neueren (strafrechtlichen) Literatur vertretenen Ansicht, daß schwere Verwaltungsstrafen gegen natürliche Personen als "verkappte Kriminalstrafen" einzustufen und dementsprechend dem Strafrecht zuzuordnen und den klassischen Strafgarantien (einschließlich des Justizprinzips) zu unterwerfen sind, ist insoweit zu folgen, als sie dafür eintritt, die Geltung der strafrechtlichen Grundsätze nicht immer und ausschließlich von der gesetzgeberischen Bezeichnung und Einordnung einer Sanktion abhängig zu machen, sondern aufgrund materieller Kriterien zu bestimmen.

Diese vom Dilemma "Verwaltungsrecht oder Strafrecht" stark geprägte Ansicht begeht allerdings, indem sie ihr Interesse ausschließlich der fraglichen, nur schwer bestimmbaren Einzelkategorie der Pseudo-Verwaltungsstrafen widmet und nur sie aus dem Verwaltungsrecht herausnehmen will, einen doppelten Fehler. Zum einen stellt sie das Justizprinzip den materiellen Strafgarantien gleich und übersieht dadurch die soeben geschilderten, hinter der Ahndungsbefugnis der Verwaltungsbehörden stehenden verfassungsrechtlichen Besonderheiten. Zum anderen schließt diese Ansicht im Ergebnis die überwältigende Mehrheit der Verwaltungsstrafen (d.h. die gegen juristische Personen gerichteten schweren Verwaltungsstrafen sowie die gegen juristische und natürliche Personen gerichteten nicht-schweren Verwaltungsstrafen) vom Anwendungsbereich der materiellen Strafgarantien aus und verfehlt damit das zentrale dogmatische und rechtsstaatliche Problem, nämlich die große Masse der Verwaltungsstrafen und ihren Standort in der griechischen Rechtsordnung.

Weder die undifferenzierte Behandlung des Justizprinzips und der (sonstigen) Strafgarantien noch die Zuordnung der überwiegenden Mehrheit der Verwaltungsstrafen zum Verwaltungsrecht ist überzeugend. Bezüglich des ersten Fragenkreises gelten die obigen, gegen den Ansatz von LYTRAS geltend gemachten Einwände und sei deswegen darauf hingewiesen. Im Hinblick auf den zweiten Fragenkreis sei an den bereits durchgeführten Nachweis erinnert, daß *alle* Verwaltungsstrafen vergeltenden Charakter haben und damit mit den Kriminalstrafen verwandte Rechtsinstitute darstellen. Man darf deswegen die Normierung und Verhängung von Verwaltungsstrafen von den strafrechtlichen Garantien nicht entbinden.

D. *Befürwortung und Weiterentwicklung des Ansatzes von MANGAKIS und PSAROUDA-BENAKI unter besonderer Berücksichtigung der Rechtsprechung des EGMR*

Die soeben getroffene Feststellung entspricht auch der in der *internationalen Rechtsgemeinschaft* vorherrschenden Ansicht.

Die Rechtsprechung des EGMR[83], die Judikatur des EuGH[84], die höchstrichterlichen Urteile[85] und die Gesetzgebungspraxis[86] vieler EU-Mitgliedstaaten[87] sowie

---

[83] Siehe *EGMR* Urt. v. 08.06.1976, *Engel u.a.*, EuGRZ 1976, 221 [S. 231 ff., Ziff. 80 ff.]; *EGMR* Urt. v. 21.02.1984, *Öztürk*, EuGRZ 1985, 62 [S. 66 ff., Ziff. 47 ff.]; *EGMR* Urt. v. 25.08.1987, *Lutz*, EuGRZ 1987, 399 [S. 401 f., Ziff. 51 ff.]; siehe dazu FROWEIN / PEUKERT, EMRK-Kommentar [1996], Art. 6 Rdn. 25 ff.; zum *Öztürk*-Fall eingehend und zustimmend SCHROTH, EuGRZ 1985, 557 ff.; HILDEBRANDT, S. 28 ff.; zurückhaltend GÖHLER, NStZ 1985, 62 ff. (insbes. 64). - Ausführlich zur Spruchpraxis der Straßburger-Organe zugrundeliegenden Konzeption sogleich im Text.

[84] TIEDEMANN, NJW 1993, 27 ff.; vgl. dazu auch unten im Text, § 7 III B. - Anders als der EGMR neigt der EuGH allerdings stärker der überkommenen Auffassung zu, außerhalb der als "Geldbußen" bezeichneten gemeinschaftsrechtlichen Sanktionen sonstige Maßnahmen als rein verwaltungsrechtliche Instrumente zu qualifizieren; siehe dazu TIEDEMANN, a.a.O., 28 sowie die kritische Anmerkung DERS., NJW 1993, 49 (Punkt 3) in bezug auf das *EuGH*-Urt. v. 27.10.1992 in der Rs. C-240/90 (*Bundesrepublik Deutschland / Kommission*), NJW 1993, 47 ff.

[85] Zur Judikatur des *französischen* Conseil constitutionnel (CC) siehe DELMAS-MARTY / TEITGEN-KOLLY in: Étude sur les systèmes de sanctions administratives et pénales, Bd. 1 (Rapports nationaux), S. 186 ff. (wo u.a. das Urteil des CC Nr. 89/260 DC v. 28.07.1989 analysiert wird, in dem das CC die Weichen für die Entwicklung eines "droit général de la répression" stellt, welches - nach den eigenen Ausführungen des französischen Verfassungsgerichts - "ne concerne pas seulement les peines prononcées par les juridictions répressives, mais s'étende à toute sanction ayant le caractère d'une punition, même si le législateur a laissé le soin de la prononcer á une autorité de nature non juridictionnelle"); zur Judikatur des *spanischen* Verfassungsgerichts eingehend BACIGALUPO, in: Étude sur les systèmes de sanctions administratives et pénales, Bd. 1 (Rapports nationaux), S. 145 ff.; zur Rechtsprechung des *deutschen* BVerfG siehe TIEDEMANN, Verfassungsrecht und Strafrecht, S. 15 ff.; DERS., in: KREUZER / SCHEUING / SIEBER, Die Europäisierung der mitgliedstaatlichen Rechtsordnungen, S. 141; APPEL, S. 92 f., 237 und 238 f.

[86] Einen rechtsvergleichenden Überblick über die in selbständigen Gesetzen kodifizierten, weitestgehend an strafrechtlichen Grundsätzen orientierten Kern- und Rahmenvorschriften des Verwaltungsstrafrechts von *Deutschland* ("Gesetz über Ordnungswidrigkeiten" v. 24.05.1968 in der Fassung der Bekanntmachung v. 19.02.1987), *Italien* (Gesetz Nr. 689 v. 24.11.1981, "Modifiche als Sistema Penale"), *Portugal* (Gesetzesdekret Nr. 433 v. 27.10.1982, "Istitui o ilícito de mera ordenaçaõ social e o respectivo processo"), *Österreich* ("Verwaltungsstrafgesetz" v. 01.04.1983) und *Spanien* (Gesetz Nr. 30 v. 26.11.1992, "Ley de Regímen Jurídico de las Administraciones Públicas y del Procedimento Administrativo Común") liefert HEITZER, S. 13 ff. m.w.Hinw.; zu den (in Anlehnung an die Prinzipien des deutschen Ordnungswidrigkeitenrechts erfolgten) Kodifizierungen in Italien und Portugal vgl. auch HILDEBRANDT, S. 19 ff.; zur deutschen, italienischen und portugiesischen Rechtslage siehe ferner die entsprechenden Landesberichte von WEIGEND (Deutschland), GRASSO (Italien) und ANTUNES (Portugal), in: Étude sur les systèmes de sanctions administratives et

u.a.[88] die Entschließungen des XIV. Internationalen Strafrechtskongresses der AIDP in Wien (1989)[89] bringen eindeutig das Postulat zum Ausdruck, daß die klassischen strafrechtlichen Garantien auf *alle* repressiv-ahndend wirkenden und somit strafähnlichen Sanktionen anzuwenden sind.

Großes Gewicht kommt dabei vor allem der Judikatur und Entscheidungspraxis der Organe des europäischen Systems des Menschenrechtsschutzes zu[90]. Dies liegt daran, daß die EMRK nach Art. 28 Abs. 1 gr. Verfassung als Rechtsquelle in Grie-

---

pénales, Bd. 1 (Rapports nationaux), S. 91 ff., 261 ff. und 321 ff.; zusammenf. zu den Prinzipien des Verwaltungssanktionsrechts in Spanien (*nach* dem Gesetz Nr. 30 v. 26.11.1992) ZAPATERO, ZStW 110 (1998), 457 ff.

87 Einen Überblick über die Rechtslage in den EU-Mitgliedstaaten (außer Österreich, Schweden und Finnland) liefern die einzelnen Landesberichte sowie die Generalberichte von TIEDEMANN, BACIGALUPO und GRASSO in den beiden (bereits oben zitierten) von der Europäischen Kommission herausgegebenen Bänden mit dem Titel: "Étude sur les systèmes de sanctions administratives et pénales dans les Etats Membres des Communautés européennes" (Bd. 1: Rapports nationaux; Bd. 2: Rapports de synthèse). - Es sei darauf hingewiesen, daß einige Mitgliedstaaten (wie beispielsweise Dänemark, Irland und das Vereinigte Königreich) außerhalb des dem Justizprinzip unterworfenen (Kriminal-)Strafrechts grundsätzlich kein (dem Kompetenzbereich von Verwaltungsbehörden zugeordnetes) anderes Strafrecht (i.w.S.) kennen, vgl. zusammenf. TIEDEMANN, in: Étude sur les systèmes de sanctions administratives et pénales, Bd. 2 (Rapports de synthèse), S. 13; siehe auch HEITZER, S. 13.

88 Siehe auch die Diskussion und den Resolutionsentwurf des AIDP-Kolloquiums "Begriff und Grundsätze des Wirtschaftsstrafrechts" (1982 in Freiburg i. Br.) zur Vorbereitung des Themas II des XIII. Internationales Strafrechtskongresses in Kairo im Tagungsbericht von SIEBER, ZStW 96 (1984), 258 ff. (274 f.); vgl. auch den Generalbericht von TIEDEMANN in der Tagung für Rechtsvergleichung (vom 24. bis 27. September 1997 in Graz) der Fachgruppe für Strafrechtsvergleichung, ZStW 110 (1998), 499 f. und 513 f.

89 Empfehlungen des XIV. Internationalen Strafrechtskongresses der AIDP in Wien, Thema I: Die juristischen und praktischen Probleme der Unterscheidung von Strafrecht und Verwaltungsstrafrecht, abgedruckt in ZStW 102 (1990), 683 ff.); vgl. dazu auch TIEDEMANN, NJW 1990, 2229 f. sowie den Tagungsbericht von WEIGEND, ZStW 102 (1990), 665 ff.; siehe auch den Resolutionsentwurf, der auf dem Stockholmer Vorkolloquium zu diesem Thema im Juni 1987 erarbeitet wurde, in: ZStW 101 (1989), 252 ff. (253 ff.) und dazu den Tagungsbericht von JESCHECK, ZStW 101 (1989), 237 ff. (239).

90 Hingewiesen sei dabei auf die Umgestaltung des Kontrollmechanismus der EMRK, die durch das (am 01.11.1998 in Kraft getretene) 11. Protokoll (siehe den Anhang des "Protokolls Nr. 11 zur Konvention zum Schutze der Menschenrechte und Grundfreiheiten, durch das die darin vorgesehenen Kontrollmechanismen umgestaltet werden"; das Protokoll ist in englisch, französisch und deutsch abgedruckt in: Internationales Kommentar zur EMRK, Texte und Dokumente, hrsg. von WOLFRAM / MIEHSLER / PETZOLD, A. Aktueller Teil zur EMRK) durchgeführt worden sind; zum neuen Kontrollmechanismus bzw. zur Organisation des neuen Gerichtshofes siehe MEYER-LADEWIG, EuGRZ 1996, 374 ff. - Die folgenden Ausführungen berücksichtigen selbstverständlich neben der Rechtsprechung des EGMR auch die Entscheidungstätigkeit der - im Rahmen des neuen Kontrollmechanismus abgeschafften - EKMR.

chenland gilt, deren formelle Kraft die der einfachen Gesetze übersteigt[91]. Die in der EMRK enthaltenen *Wertungen* über die Grenzen des Strafrechts und den Geltungsumfang seiner (liberalen) Garantien erheben sich dadurch innerhalb der griechischen Rechts- und Wertordnung zu einem *übergesetzlichen Beurteilungsmaßstab*, der eine über die Frage der Anwendung der Konventionsgarantien auf den Einzelfall hinausgehende Bedeutung entfaltet und das dogmatische Verständnis sämtlicher Eingriffsmaßnahmen des griechischen Staates beeinflußt bzw. beeinflussen muß.

Das griechische Verwaltungsstrafrecht war zwar bereits Gegenstand der Spruchpraxis der Straßburger Organe im *Garyfallou*-Fall, der die Verhängung einer Geldbuße durch den griechischen Handelsminister gegen eine griechische Aktiengesellschaft wegen angeblicher Verletzung des Außenhandelsgesetzes betraf[92]. Sowohl die EKMR als auch der EGMR zogen es allerdings vor, im Rahmen der Entscheidungsfindung keine umfassende Aussage über das griechische verwaltungsstrafrechtliche Gebiet und seine Sanktionsmittel zu treffen (wie dies z.B. im Öztürk-Fall mit Blick auf das deutsche Ordnungswidrigkeitenrecht geschah), sondern den Fall ausschließlich mit Blick auf die konkrete in Frage stehende Sanktion bzw. ihre gesetzlich angedrohte Höhe und ihre gesetzlich vorgesehene Vollstreckungsweise zu entscheiden[93]. Damit blieb eine auf das ganze griechische

---

91 Siehe Art. 28 Abs. 1 gr. Verfassung, nach dem die allgemein anerkannten Regeln des Völkerrechts und das (ratifizierte) Völkervertragsrecht in der griechischen Normenhierarchie zwar unter der Verfassung stehen, jedoch Vorrang vor (früheren oder späteren) Gesetzen besitzen; vgl. dazu BRIOLAS, in: ILIOPOULOS-STRANGAS (Hrsg.), Grundrechtsschutz im europäischen Raum, S. 90 f., 93 f.; DAGTOGLOU, Allgemeines Verwaltungsrecht [3. Aufl.], Rdn. 262. – Griechenland hat die EMRK 1950 unterzeichnet und 1953 ratifiziert (G. 2329/53). Das Militärregime (April 1967-Juni 1974) hat aber im Jahr 1969 den Austritt Griechenlands aus dem Europarat veranlaßt und die EMRK am 12.12.1969 gekündigt. Erst die Regierung der Nationalen Einheit nach dem Zusammenbruch der Diktatur (Juni 1974) hat die Kündigung zurückgenommen und die EMRK zum zweiten Mal durch die GesVO 53/74 ratifiziert; näher dazu BRIOLAS, a.a.O., S. 83 f. und 88. Eingehend zum Verhältnis der EMRK zu der griechischen Verfassung VEGLERIS, Die Konvention zum Schutz der Menschenrechte und die Verfassung, 1977.

92 *EGMR* Urt. v. 24.09.1997, *Garyfallou AEBE*, Reports of Judgements and Decisions 1997-V, 1821 (= Armenopoulos 1998, 238 ff. mit Anmerkung SIMEONIDIS, 242 ff.).

93 *EGMR* Urt. v. 24.09.1997, *Garyfallou AEBE*, Reports of Judgements and Decisions 1997-V, 1821 [S. 1830 f., Ziff. 32 ff.]: "[33] It is apparent from section 8 of Law no. 936/1979 ... that the fine imposed on the applicant company [im Zusammenhang mit Verletzungen der den Außenhandel regelnden Gesetzgebung] is not characterised under domestic law as a criminal sanction. Moreover, this was common ground among those appearing before the Court. It is consequently necessary to examine the sanction in the light of the second and third criteria mentioned above .... [35] The Court observes that the applicant company was fined 500,000 drachmas ... It *risked* however a *maximum fine* equal to the value of the imported goods ..., that is *15,050 German marks*, nearly three times the amount actually fined. In the event of non-payment, national law provided for the *seizure of the applicant company's assets* and, more importantly for the purposes of the Court's examination, the *detention of its directors for up to one year*. In these circumstances, the Court concludes that the *sanction to which the applicant company and its legal representatives were liable* was sufficiently severe to warrant considering the charge against them to be a criminal charge for the purposes of the Con-

Verwaltungsstrafrecht bezogene Stellungnahme der Straßburger Organe aus. Von praktischer Bedeutung ist es jedenfalls, daß die vom EGMR-Urteil gestellten Voraussetzungen für die Qualifizierung der in concreto überprüften Geldbuße des griechischen Außenhandelsrechts als strafähnlich (gesetzlich angedrohtes *Höchstmaß der Geldsanktion* von über 15.000,- DM und Möglichkeit einerseits der *Beschlagnahme der Vermögenswerte* des Sanktionssubjekts und andererseits der *Anordnung einer Beugehaft* gegen seine rechtmäßigen Vertreter bei Uneinbringlichkeit der Geldsanktion) von einem großen Teil der griechischen finanziellen Verwaltungsstrafen erfüllt werden. Geldsanktionen, deren gesetzlich angedrohtes Höchstmaß den Betrag von 15.050,- DM erreicht oder (erheblich) überschreitet, stellen nämlich heute den Regelfall innerhalb des geltenden griechischen (insbesondere Wirtschafts-)Verwaltungsstrafrechts dar. Darüber hinaus ist die Beschlagnahme von Vermögenswerten des Sanktionssubjekts bei Uneinbringlichkeit der gegen es verhängten Geldsanktionen nach dem geltenden griechischen Verwaltungsvollstreckungsrecht immer möglich[94]. Schließlich sind auch die Bedingungen für die Anordnung einer Beugehaft gegen das sanktionierte Subjekt selbst (bei natürlichen Personen) oder gegen seine rechtmäßigen Vertreter (bei juristischen Personen) bei Zahlungsunwilligkeit nicht besonders streng. Aufgrund des geltenden Rechts ist eine solche Haft als Mittel zur Eintreibung der gegenüber dem Staat bestehenden Schulden dann zulässig, wenn die jeweils fälligen und bei dem für die Eintreibung zuständigen Finanzamt bestätigten Schulden (einschließlich derjenigen, die aus der Verhängung von Geldbußen oder sonstigen finanziellen Sanktionen entstanden) den Gesamtbetrag von 3.000.000 DRM (umgerechnet ca. 17.650,- DM) überschreiten[95]. - Obwohl die soeben genannten Voraussetzungen von einem großen Teil der griechischen finanziellen Verwaltungsstrafen erfüllt werden, wäre es allerdings falsch, sich mit diesem Ergebnis zu begnügen und das Postulat aufzustellen, daß die griechischen Verwaltungsbehörden und Verwaltungsgerichte erst beim Vorliegen der genannten Voraussetzungen zur Beachtung der strafrechtlichen (Konventions-)Garantien verpflichtet sind. Aus den folgenden Ausführungen wird nämlich deutlich, daß nach der Spruchpraxis der Straßburger Organe die Pflicht zur Beachtung der Konventionsgarantien nicht nur auf die obigen Fallkonstellationen beschränkt, sondern das ganze griechische Verwaltungsstrafrecht erfaßt.

Ausgehend vom *Engel*-Urteil im Jahr 1978[96] haben die Straßburger Organe die Frage nach dem Anwendungsbereich der strafrechtlichen Konventionsgarantien[97] -

vention. It is therefore not necessary to analyse the nature of the offence in issue." - Vgl. auch die auf denselben Fall bezogene EKMR-Stellungnahme, Reports of Judgements and Decisions 1997-V, 1835 [S. 1837, Ziff. 37 ff.].

94 Siehe Art. 9 ff. GesVO 356/74 "über die Eintreibung der staatlichen Einkünfte". - Ausführlicher zu den einschlägigen Regelungen GERONTAS / PSALTIS, Gesetzbuch zur Eintreibung der öffentlichen Einkünfte [1998], S. 143 ff.; PAPACHRISTOU, Verwaltungsvollstreckung [3. Aufl.], S. 147 ff.

95 Vgl. G. 1867/89 "Personalhaft in Anwendung der Vorschriften des Gesetzbuches über die Eintreibung der öffentlichen Einkünfte" (FEK 227 / A / 09.10.1989), geändert durch Art. 46 G. 2065/92, Art. 33 G. 2214/1994 und Art. 22 G. 2523/97. Siehe diesbezüglich bereits oben im Text, § 5 Anm. 79.

96 *EGMR* Urt. v. 08.06.1976, *Engel u.a.*, EuGRZ 1976, 221 [S. 231 ff., Ziff. 80 ff.]; der Fall betraf Sanktionen des Wehrdisziplinarrechts, die vom einschlägigen niederländischen Recht als Disziplinarmaßnahmen außerhalb des Strafrechts eingestuft worden waren.

insbesondere der des im Mittelpunkt der entsprechenden Praxis stehenden Art. 6 EMRK[98] - an eine materielle, am sachlichen Gehalt der Sanktionsnormen der Vertragsstaaten orientierte Konzeption gebunden[99], in deren Rahmen dem Kriterium der gesetzgeberischen Bezeichnung und Einordnung einer Sanktion im betroffenen Vertragsstaat nur eine untergeordnete Relevanz beigemessen wird. Zwar sei bei der Entscheidung bezüglich der Anwendbarkeit der Konventionsgarantien auf den Einzelfall auch der Umstand zu berücksichtigen, "ob der Text, der die fragliche Zuwiderhandlung umschreibt, nach dem Rechtssystem des beklagten Staates dem Strafrecht angehört". Auch wenn dies aber nicht der Fall ist, können die Konventionsgarantien zur Anwendung kommen, wenn "die Art des Vergehens" *oder* "die Art und Schwere der angedrohten Sanktion" den Schluß zulassen, daß die jeweils maßgeblichen Schlüsselbegriffe des Konventionstextes erfüllt werden[100]. Entscheidend ist danach nicht (nur) das formelle Kriterium der Einordnung einer Sanktionsnorm nach dem jeweiligen innerstaatlichen Recht, sondern (auch und vor allem) die ma-

---

97 Im einzelnen geht es dabei um das in Art. 3 EMRK vorgesehene *Folterverbot* (Verbot unmenschlicher oder erniedrigender Strafen oder Behandlungen), das in Art. 5 EMRK im Rahmen der Verankerung des Rechts auf Freiheit und Sicherheit aufgestellte Gebot, daß *Freiheitsstrafen nur durch "Gerichte"* - und nicht etwa durch weisungsgebundene Verwaltungsbehörden - verhängt werden dürfen, der in Art. 7 Abs. 1 EMRK normierte Gebot "*keine Strafe ohne Gesetz*" (ausdrücklich ist dabei nur das strafrechtliche Rückwirkungsverbot vorgesehen, die Spruchpraxis der EKMR und des EGMR entnimmt jedoch dem genannten Artikel auch das Gebot einer gesetzlichen Umschreibung von Tatbeständen sowie ein Analogieverbot zu Lasten des Täters; siehe dazu FROWEIN / PEUKERT, Kommentar zur EMRK [1996], Art. 7 Rdn. 2), und das in Art. 6 garantierte Recht auf ein *faires Gerichtsverfahren* - wobei neben dem Recht auf Zugang zu den Gerichten auch verschiedene von den Gerichten einzuhaltende *Verfahrensgrundsätze* (Gesetzmäßigkeit, Unabhängigkeit und Unparteilichkeit, Fairneß und Öffentlichkeit des Verfahrens, Erledigung der Sache innerhalb einer angemessenen Frist – Abs. 1), die *Unschuldsvermutung* (Abs. 2) sowie einzelne *Mindestrechte des Angeklagten* verbürgt werden (Unterrichtung über Art und Grund der gegen ihn erhobenen Beschuldigung in einer für ihn verständlichen Sprache, ausreichende Zeit und Gelegenheit zur Vorbereitung seiner Verteidigung u.a.). Das 7. Zusatzprotokoll zur EMRK sieht schließlich weitere Strafgarantien vor, die eine *Rechtsweggarantie* in Strafsachen (Art. 2 Abs. 1) sowie einen *Strafklageverbrauch* und das *Verbot der Doppelbestrafung* (Art. 4 Abs. 1) betreffen. – Hingewiesen sei darauf, daß die (soeben zur Bezeichnung der einzelnen Garantien benutzten) Überschriften der EMRK-Artikel erst durch das 11. Protokoll in den Wortlaut der Konvention eingefügt worden sind.

98 Vgl. dazu APPEL, S. 262 f.

99 Vgl. APPEL, S. 266 f.

100 Im Rahmen des Art. 6 EMRK geht es um die Begriffe der "strafrechtlichen Anklage" ("accusation en matière pénale", "criminal charge " - Art. 6 Abs. 1 EMRK), des "wegen einer strafbaren Handlung Angeklagte[n]" ("accusée d'une infraction", "charged with a criminal offence" - Art. 6 Abs. 2 EMRK) und des "Angeklagte[n]" ("accusé", "charged with a criminal offence", Art. 6 Abs. 3 EMRK).

teriellen Kriterien der Art der Zuwiderhandlung sowie der Art und Schwere der drohenden Sanktion[101].

Besonders zu beachten ist dabei, daß die beiden *materiellen* Kriterien (Art der Zuwiderhandlung, Art und Schwere der drohenden Sanktion) nach der Rechtsprechung des EGMR *nicht* kumulativ vorliegen müssen. Insbesondere auf das Kriterium der Schwere der Sanktion komme es nicht mehr an, wenn die begangene Zuwiderhandlung bereits ihrer Art nach als strafrechtlich qualifiziert wurde. In diesen Fällen besteht "keine Notwendigkeit, sie im Licht des ... Kriteriums [der Schwere der Sanktion] zu prüfen"[102]. Erst wenn die strafrechtliche Natur auf der Grundlage der im Rahmen des Kriteriums der Art der Zuwiderhandlung formulierten Voraussetzungen nicht bejaht werden kann, ist auch die Art und Schwere der Sanktion zu berücksichtigen[103].

Unter dem Kriterium der *Art der Zuwiderhandlung* versteht der EGMR nicht nur Indikatoren, die mit dem Wesen des jeweils typisierten Delikts zusammenhängen (Einschätzung vergleichbarer Taten in den anderen Vertragsstaaten, Allgemeinheit des verletzten Ge- oder Verbots), sondern auch solche, die über den Zweck und damit die Natur der an das typisierte Delikt anknüpfenden Sanktion Auskunft geben. Als strafrechtlich im Sinne der Konventionsvorschriften ist danach vor allem die Zuwiderhandlung zu verstehen, deren tauglicher Täterkreis sich nicht auf eine spezifische Gruppe von Rechtsunterworfenen (Soldaten, Polizeibeamten, Gefange-

---

101 Ausführlich zu dieser Kriterientrias APPEL, S. 267 ff.; vgl. auch FROWEIN / PEUKERT, Kommentar zur EMRK [1996], Art. 6 Rdn. 36 ff.; VOGLER, in: Internationaler Kommentar zur EMRK [1. Lief., Sept. 1986], Art. 6 Rdn. 197 ff.; HAEFLIGER, Die Europäische Menschenrechtskonvention und die Schweiz [1993], S. 121 ff.; VILLIGER, Handbuch der EMRK [1993], Rdn. 390 ff.; JUNG, EuGRZ 1996, 371 f.; CALLEWAERT, EuGRZ 1996, 367 f.; ausgewählte Zitate aus der Spruchpraxis des EGMR und der EKMR im Hinblick auf die erwähnten Kriterien und viele weitere Nachweise finden sich in COUNCIL OF EUROPE, Digest of Strasbourg Case-Law, Vol. 2 (Art. 6), S. 215 ff. und Update to Vol. 2 (Art. 6), 6.1.1.3.4.1a, S. 1 ff.

102 *EGMR* Urt. v. 21.02.1984, *Öztürk*, EuGRZ 1985, 62 [S. 68, Ziff. 54]; bestätigt durch *EGMR* Urt. v. 25.08.1987, *Lutz*, EuGRZ 1987, 399 [S. 402, Ziff. 54 f.] - Der EGMR erkennt insofern der Geldbuße nach deutschem Ordnungswidrigkeitenrecht Strafcharakter mit der Begründung zu, "diese Sanktion will ... sowohl ahnden als auch abschrecken" und habe trotz der Änderungen durch die Reformgesetzgebung "den Charakter einer Bestrafung beibehalten, durch den sich strafrechtliche Sanktionen gewöhnlich auszeichnen". Der Zuordnung zum Strafrecht (im Sinne des Art. 6 EMRK) stehe die relative Geringfügigkeit der Geldbußen nicht entgegen, da nichts darauf schließen lasse, daß die von der Konvention erfaßten Sanktionen einen bestimmten Schweregrad aufweisen müßten. Die vergleichsweise Geringfügigkeit der möglichen Sanktion könne einer Zuwiderhandlung nicht den ihr innewohnenden strafrechtlichen Charakter nehmen; vgl. die soeben zitierten *EGMR* Urteile im den Fällen *Öztürk* (EuGRZ 1985, S. 68, Ziff. 53 f.) und *Lutz* (EuGRZ 1987, S. 402, Ziff. 54 f.).

103 *EGMR* Urt. v. 21.02.1984, *Öztürk*, EuGRZ 1985, 62 [S. 67 f., Ziff. 50 und 54]; *EGMR* Urt. v. 25.08.1987, *Lutz*, EuGRZ 1987, 399 [S. 402, Ziff. 54 f.].

nen u.s.w.) beschränke, und gegen die eine Sanktion angedroht werde, die sowohl präventive als auch repressiv-ahndende Zwecke verfolge[104]. Will mit anderen Worten eine Sanktion "sowohl ahnden als auch abschrecken" und knüpft sie an (die Verletzung) eine(r) Verhaltensnorm mit allgemeinem Charakter, so ist sie nach der Judikatur des EGMR den Konventionsgarantien zu unterwerfen[105]. Dies soll - wie oben betont - selbst dann gelten, wenn die angedrohte Sanktion geringfügig ist[106].

APPEL bemerkt hierbei kritisch, daß die geforderte Kombination aus Vorbeugung und Ahndung zu offen formuliert sei, als daß sich ihr entscheidende Kriterien für den Strafcharakter einer Maßnahme entnehmen ließen. Ein präventiver Zweck komme nach seiner Ansicht einer Vielzahl von anerkanntermaßen nicht-strafrechtlichen Maßnahmen zu, und der daneben geforderte (repressive) Ahndungszweck besage nicht viel, solange nicht konkretisiert werde, woran diese Ahndung anknüpfe, in welcher Form sie geschehe und welche Auswirkungen mit ihr verbunden seien[107]. - Dieser Ansicht ist aber nicht zuzustimmen. Würde der EGMR ausschließlich von "Repression" sprechen, so wäre in der Tat schwierig, diesen Begriff der Unterscheidung zwischen strafähnlichen und nicht-strafrechtlichen Sanktionen zugrunde zu legen. Wie bereits im Rahmen der Analyse der griechischen höchstrichterlichen Rechtsprechung ausgeführt wurde, läßt sich nämlich als "Repression" jede staatliche Reaktion auf ein rechtswidriges Verhalten durch Eingriff in Rechtsgüter des Täters verstehen, auch wenn diese Reaktion (überwiegend) präventive Zwecke verfolgt. Ein Abgrenzungskriterium läßt sich also daraus nicht gewinnen. Anders verhält es sich aber mit den vom EGMR zugleich benutzten Begriff der "Ahndung"[108]. Dieser (vom Gedanken des Schadensersatzes distanzierte) Begriff bringt nämlich deutlich zum Ausdruck, daß es um staatliche Reaktionen geht, die ausschließlich bzw. überwiegend auf die Vergangenheit abstellen und somit durch das gegenwärtige oder zukünftige (Wohl-)Verhalten des Täters nicht (erheblich) beeinflußt werden können. Der Begriff der Ahndung bzw. der Begriff der *repressiv-ahndenden Wirkung* eines Zwangsmittels eignet sich daher ohne besondere Probleme, um Strafen und strafähnliche Sanktionen von sonstigen Sanktionen (des Verwaltungs- oder Zivilrechts) zu unterscheiden.

Als "strafrechtlich" im Sinne der EMRK ist aber *auch* die (im Vertragsstaat nicht als solche qualifizierte) Sanktion einzustufen, die mit schwerwiegenden Konsequenzen, insbesondere mit der Entziehung der Freiheit des Betroffenen, verbunden ist (Kriterium der Art und Schwere der Sanktion). Für den Schweregrad der Sanktion hält der Gerichtshof dabei nicht die tatsächlich verhängte, sondern die im Ver-

---

104 *EGMR* Urt. v. 21.02.1984, *Öztürk*, EuGRZ 1985, 62 [S. 67 f., Ziff. 53]; *EGMR* Urt. v. 25.08.1987, *Lutz*, EuGRZ 1987, 399 [S. 402, Ziff. 54].

105 *EGMR* Urt. v. 21.02.1984, *Öztürk*, EuGRZ 1985, 62 [S. 68, Ziff. 53].

106 Vgl. auch APPEL, S. 271.

107 APPEL, S. 271 f.

108 Der EGMR spricht auch von "Bestrafung", vgl. *EGMR* Urt. v. 21.02.1984, *Öztürk*, EuGRZ 1985, 62 [S. 67, Ziff. 53]: "Darüber hinaus betreffen die Änderungen durch die Reformgesetzgebung im wesentlichen das Verfahrensrecht und die Art der Sanktionen, die seitdem auf Geldbußen beschränkt sind. Mögen die Geldbußen in mancher Hinsicht weniger belastend erscheinen als Geldstrafen, so haben sie dennoch den Charakter der Bestrafung beibehalten, durch den sich strafrechtliche Sanktionen gewöhnlich auszeichnen".

fahren drohende Sanktion für maßgeblich[109]. Ob daneben auch das materielle Kriterium der Art der Zuwiderhandlung *vollständig* vorliegt, ist ohne Bedeutung. Die Qualifizierung als strafrechtlich ist insofern auch für Disziplinarmaßnahmen und sonstige Staatseingriffe möglich, die sich auf *spezifische Gruppen von Rechtsunterworfenen* beziehen, solange die Intensität dieser Eingriffe ein Mindestmaß überschreitet. Zwischen den materiellen Kriterien besteht somit ein Verhältnis der Alternativität. - Allerdings geht es dabei *nicht* um eine absolute Alternativität. Erforderlich bleibt stets die Feststellung, daß es sich um eine *repressiv-ahndend wirkende* Maßnahme handelt. Dies ist bereits dem Wortlaut der Judikatur des EGMR zu entnehmen[110] und zeigt sich auch deutlich darin, daß vom Kriterium der Art und Schwere der Sanktion bislang nur solche Maßnahmen profitiert haben, deren repressiv-ahndende Wirkung nicht ernsthaft bezweifelt werden kann[111]. Sonstige Maßnahmen dagegen, denen die genannte Wirkung nur schwer zugeschrieben werden kann, werden weiterhin unabhängig von ihrer Eingriffsintensität als nicht-strafrechtliche Sanktionen angesehen[112]. Die Voraussetzung der *repressiv-ahndenden* Wirkung der Sanktion rückt damit zum Mittelpunkt der Konzeption des EGMR

---

109 Siehe *EGMR* Urt. v. 08.06.1976, *Engel u.a.*, EuGRZ 1976, 221 [S. 232 f., Ziff. 82].

110 *EGMR* Urt. v. 08.06.1976, *Engel u.a.*, EuGRZ 1976, 221 [S. 232 f., Ziff. 82]: "Die Art der Zuwiderhandlung selbst stellt ein Bewertungselement von größerem Gewicht dar. Wenn einem Soldat eine Handlung oder Unterlassung zum Vorwurf gemacht wird, die gegen eine den Betrieb der Streitkräfte regelnde Rechtsnorm verstoßen haben soll, kann der Staat grundsätzlich das Disziplinarrecht anstelle des Strafrechts gegen ihn zur Anwendung bringen... - Hier aber endet die Kontrolle des Gerichtshofes nicht. Sie würde sich im allgemeinen als illusorisch herausstellen, wenn sie nicht ebenfalls den Schweregrad der Sanktion in Betracht zöge, die dem Betroffenen droht ["the degree of severity of the *penalty* that the person concerned risks incurring", "le degré de sévérité de la sanction que risque de subir l'intéressé"]. In einer auf die Vorherrschaft des Rechts gegründeten Gesellschaft zählen zum "Strafrechtlichen" die Freiheitsentziehungen, die als *Bestrafungen* verhängt werden können ["there belong to the 'criminal' sphere deprivations of liberty liable to be imposed as a *punishment*", "ressortissent à la 'matière pénale' les privations de liberté susceptible d'être infligées à titre répressif"], mit Ausnahme derer, die nach ihrer Art, Dauer oder Art und Weise ihrer Vollstreckung einen wesentlichen Nachteil nicht verursachen können." Weitere Nachweise aus der Spruchpraxis der Straßburger Organe in: COUNCIL OF EUROPE, Digest of Strasbourg Case-Law, Vol. 2 (Art. 6), S. 216 f.

111 Der Schweregrad der Sanktion wird vor allem als Kriterium zur Begründung der strafähnlichen Natur von Disziplinarmaßnahmen herangezogen, vgl. APPEL, S. 291 f. m.w.Hinw. und Beispielen. - Der repressiv-ahndende Charakter der (lediglich anhand des dritten Kriteriums vom EGMR als strafrechtlich qualifizierten) Sanktion läßt sich auch im Garyfallou-Fall (*EGMR* Urt. v. 24.09.1997, *Garyfallou AEBE*, Reports of Judgements and Decisions 1997-V, 1821 [S. 1831, Ziff. 34]), in dem es um eine typische Geldbuße des griechischen Verwaltungsstrafrechts ging, nicht in Zweifel ziehen. Selbstverständlich wäre es zu begrüßen, wenn das EGMR im fraglichen Fall auch auf das zweite Kriterium zurückzugreifen würde, und damit die Chance ergriffe, eine im Hinblick auf die repressiv-ahndende Natur des gesamten griechischen Verwaltungsstrafrechts bezogene Aussage zu treffen.

112 Vgl. zur Einordnung der Sicherungs- und Vorbeugungsmaßnahmen APPEL, S. 239 f.

und erhebt sich zugleich zum konstitutiven Element des Strafrechts i.w.S., wie es von der EMRK abgegrenzt wird.

Der Ansicht von APPEL, der EGMR sehe keines der drei (oben) genannten Kriterien als konstitutiv für das Vorliegen von Strafe an[113], ist danach nur begrenzt zuzustimmen. Wie bereits dargelegt, ist es zwar richtig, daß "auf die Einordnung nach dem innerstaatlichen Recht" (erstes Kriterium) nicht entscheidend ankommt. Die Behauptung aber, daß es "nach dem Verständnis des Gerichtshofes ... aus[reiche], daß entweder mit dem zweiten [Art der Zuwiderhandlung einschließlich des Zwecks der Sanktion] oder mit dem dritten Kriterium [Art und Schwere der Sanktion] eine bestimmte Eingriffsschwelle überschritten wird, ohne daß die Voraussetzungen des jeweils anderen Kriteriums erfüllt sein müssen", trifft in dieser allgemeinen Formulierung nicht zu. Richtig ist dabei nur, daß einerseits die vergleichsweise *Geringfügigkeit der Sanktion* den einmal (auf der Grundlage des offenen Adressatenkreises der verletzten Verhaltensnorm und der repressiv-ahndenden Natur der an die Normverletzung anknüpfenden Sanktion) festgestellten strafrechtlichen Charakter der Zuwiderhandlung nicht mehr beseitigen kann, und daß andererseits die Voraussetzung des *offenen Adressatenkreises* der verletzten Verhaltensnorm nicht mehr erforderlich ist, wenn die Sanktion einen Schweregrad überschreitet bzw. wenn es um (schwere) freiheitsentziehende staatliche Maßnahmen geht. Die Voraussetzung des *repressiv-ahndenden Sanktionszwecks* bleibt aber in allen Fällen erforderlich, so daß diese Voraussetzung als konstitutives Element des Strafbegriffs der EMRK aufzufassen ist. Die vom EGMR entwickelte Konzeption und die (in begrenztem Maße) alternative Handhabung der materiellen Kriterien zielt letztlich auf die differenzierte Behandlung der Disziplinarmaßnahmen gegenüber sonstigen repressiv-ahndend wirkenden Sanktionen[114] sowie auf die Klarstellung ab, daß bei *Disziplinarmaßnahmen* erst die *Schwere* des drohenden Übels die Aktivierung des Schutzmechanismus der Konvention auslösen kann[115].

---

113 Vgl. APPEL, S. 281 f. und 300.

114 Auch wenn der Ansatz des EGMR im Hinblick auf die Besonderheiten von (namentlich militärischen) Disziplinarmaßnahmen grundsätzlich als gerechtfertigt erscheint, ist jedenfalls zu bemängeln, daß es dem EGMR bislang nicht gelungen ist, klare Richtlinien bezüglich der Frage zu entwickeln, welches Gewicht die angedrohten Disziplinarstrafen haben müssen, damit sie in den Genuß der Strafgarantien kommen können; kritisch dazu auch FROWEIN / PEUKERT, Kommentar zur EMRK [1996], Art. 6 Rdn. 50 (S. 184).

115 Diesem Befund stehen die Ausführungen des EGMR im Lutz-Fall (*EGMR* Urt. v. 25.08.87, *Lutz*, EuGRZ 1987, 399 [S. 402, Ziff. 54]) nicht entgegen. Der EGMR führt zwar in diesem Urteil aus, daß "das in den Fällen Öztürk und Engel u.a. angewandte zweite und dritte Kriterium alternativ und nicht kumulativ gelten". Für die Anwendbarkeit des Art. 6 EMRK genüge es danach, "daß die fragliche Zuwiderhandlung ... aus der Sicht der Konvention nach ihrer Art eine 'strafbare Handlung' darstellt oder den Betroffenen einer Sanktion aussetzt, die nach ihrer Art und Schwere im allgemeinen dem 'strafrechtlichen' Bereich angehört". Es ist allerdings zu beachten, daß der Gerichtshof im Rahmen des dritten Kriteriums neben der Schwere (erneut) die Art der "Sanktion" überprüfen will. Zieht man das oben zitierte Engel-Urteil heran (siehe Anm. 110), das im Lichte der Schwere der Sanktion nur (schwerwiegende) Freiheitsentziehungen überprüft, die als "Bestrafungen" verhängt werden können, so läßt sich der oben im Text dargestellte Standpunkt vertreten, daß das dritte Kriterium grundsätzlich für Fälle (von Disziplinarmaßnahmen) gedacht ist, deren "strafrechtliche" Qualifizierung im Rahmen des zweiten Kriteriums *nur* an der Voraussetzung des allgemeinen Charakters der verletzten Verhaltensnorm scheitert.

Hingewiesen sei außerdem darauf, daß die Straßburger Organe bei der Ausweitung des Geltungsumfangs der Strafgarantien auf alle repressiv-ahndend wirkenden Sanktionen die Fragen des Richtervorbehalts und der Anwendung der sonstigen Konventionsgarantien voneinander deutlich unterscheiden. Es sei mit der Konvention danach nicht unvereinbar, die Verfolgung und Ahndung geringfügiger Gesetzesverletzungen auf Verwaltungsbehörden zu übertragen, sofern nur der Betroffene eine derartige, gegen ihn gerichtete Entscheidung vor ein Gericht bringen könne, das ihm die Garantien des Art. 6 EMRK gewährleiste[116]. Dies solle jedoch nichts am strafrechtlichen Charakter der Maßnahmen ändern, auf die Art. 6 EMRK Anwendung finden müsse. - Ebensowenig kann die kollektive Natur des Sanktionssubjekts (Unternehmen, juristische Person) die strafähnliche Natur einer punitiven Sanktion und den damit verbundenen Geltungsanspruch der Konventionsgarantien beeinflussen[117]. Solche Sanktionen dürfen zwar im ersten Schritt auch von Verwaltungsorganen verhängt werden. Die Straßburger Organe legen jedoch großen Wert darauf, daß in solchen Fällen die strafrechtlichen Konventionsgarantien auf das Verwaltungsverfahren angewendet werden[118].

Das von den Straßburger Organen aufgestellte Postulat, daß alle repressiv-ahndend wirkenden Sanktionen, unabhängig von der individuellen oder kollektiven Natur des Sanktionssubjekts und vom Schweregrad der Sanktion, dem Gewährleistungsumfang der Strafgarantien (sachgemäß) zu unterstellen sind, läßt sich nur dadurch verwirklichen, daß man alle Verwaltungsstrafen bzw. das Verwaltungsstrafrecht in seiner Gesamtheit vom Verwaltungsrecht materiell abgrenzt und in Anlehnung an

---

116 *EGMR* Urt. v. 21.02.1984, *Öztürk*, EuGRZ 1985, 62 [S. 68, Ziff. 56]; *EGMR* Urt. v. 25.08.87, *Lutz*, EuGRZ 1987, 399 [S. 402, Ziff. 57]; vgl. auch *EGMR* Urt. v. 27.02.80, *Deweer*, EuGRZ 1980, 667, [S. 672, Ziff. 49]; *EGMR* Urt. v. 23.06.81, *Le Compte / van Leuven / De Meyre*, EuGRZ 1981, 551 [S. 553, Ziff. 48].

117 Vgl. z.B. das Garyfallou-Urteil (*EGMR* Urt. v. 24.09.1997, *Garyfallou AEBE*, Reports of Judgements and Decisions 1997-V, 1821 [S. 1830 f., Ziff. 32 ff.]), in dem der EGMR den strafähnlichen Charakter der gegen die griechische Aktiengesellschaft "Garyfallou AEBE" vom griechischen Handelsminister verhängte Geldbuße und damit zugleich die Anwendbarkeit der Konventionsgarantien bejaht, ohne irgendwelche Bedenken im Zusammenhang mit der Natur des Sanktionssubjekts zu äußern.

118 Siehe *EKMR* Bericht v. 30.05.1991 (Beschwerde Nr. 11598/85, *Société Stenuit / Frankreich*, EuGRZ 1991, 506 f.), in dem die Anwendbarkeit des Art. 6 EMRK auf das - alte - französische Kartellbußgeldverfahren, das zur Verhängung von Geldbußen bis zu 5% des Jahresumsatzes des betroffenen Unternehmens durch den Wirtschafts- und Finanzminister führen konnte, festgestellt wird. Die Kommission wurde in ihrer Entscheidung unter anderem von der potentiellen Höhe und damit von der Abschreckungswirkung der betreffenden Sanktion beeinflußt (a.a.O., Rdn. 64 f.) und hat ausdrücklich hervorgehoben, daß die Natur der Norm- und Sanktionsadressaten (juristische Personen) an der strafähnlichen Natur der Geldbußen und an der Anwendbarkeit der Garantien des Art. 6 EMRK auf das Bußgeldverfahren nichts ändern könne (a.a.O., Rdn. 66 f.). - Zur Anwendbarkeit der EMRK-Garantien für das Verfahren vor der Kommission im europäischen Bußgeldrecht in Kartellsachen siehe WEIß, Die Verteidigungsrechte, S. 297 ff., 387 f., 428 f.

die verfassungsrechtlich verankerten und die sonstigen strafrechtlichen Grundsätze und Kategorien neu strukturiert.

Die hier vertretene Lösung, die die verfassungsrechtlich verankerten strafrechtlichen Garantien und damit vor allem Art. 7 gr. Verfassung [Bestimmtheitsgebot] auf den Bereich der Verwaltungsstrafen für anwendbar erklären will, setzt zwar voraus, daß man innerhalb der griechischen Verfassung von *zwei verschiedenen Delikts- und Strafbegriffen* ausgeht. Zum einen geht es um den Delikts- und Strafbegriff des Art. 96 gr. Verfassung (Justizprinzip bzw. Richtervorbehalt)[119]: durch diesen Begriff werden ausschließlich Kriminaldelikte und Kriminalstrafen erfaßt und der Zuständigkeit der Strafgerichte zugewiesen. Zum anderen handelt es sich um den Delikts- und Strafbegriff, der in Art. 7 gr. Verfassung typisiert ist. Unter diesen Begriff fallen neben Kriminaldelikten und Kriminalstrafen auch Verwaltungsdelikte und Verwaltungsstrafen[120]. Wie aber auch die Rechtsprechung des deutschen Bundesverfassungsgerichts eindeutig belegt[121], steht einer solchen Spaltung des Strafbegriffs innerhalb der Verfassung nichts entgegen. Die Möglichkeit, von funktional unterschiedlichen Strafbegriffen in den verschiedenen Verfassungsartikeln auszugehen[122], ergibt sich nämlich nicht nur aus dem Umstand, daß der eine Artikel einen rein materiellrechtlichen, der andere dagegen einen rein prozessualen Regelungsgegenstand hat, sondern auch daraus, daß die Begriffsspaltung ausschließlich dem Zweck dient, den Geltungsbereich einer liberalen Strafgarantie bzw. eines Grundrechts auszuweiten. Insoweit bestehen gegen die vorgeschlagene Auslegung weder systematische noch grundrechtsdogmatische Bedenken.

Um eine - durch sachwidrige Ausdehnung des Geltungsumfangs *aller* auf die klassischen Kriminalstrafen zugeschnittenen Strafgarantien und dogmatischen Kategorien bedingte - Gefährdung der Praktikabilität und Effektivität des verwaltungsstrafrechtlichen Instrumentariums zu verhindern, ist allerdings zugleich geboten, daß man bei der dogmatischen Ausgestaltung des Verwaltungsstrafrechts differen-

---

119 Anders als Art. 7 Abs. 1 gr. Verfassung ("Es gibt kein Delikt und keine Strafe wird verhängt ohne Gesetz, das...") benutzt zwar Art. 96 Abs. 1 gr. Verfassung nicht ausdrücklich den Begriff "Strafe", sondern spricht nur von der "Ahndung von Delikten" ("τιμωρία") in der neugriechischen ("Δημοτική", sog. "Volkssprache") Fassung des Textes bzw. von der "Bestrafung von Delikten" ("κολασμός") in der originellen Fassung ("Καθαρεύουσα", sog. "Reinsprache") des Textes. Aus dem Begriff "Ahndung" bzw. "Bestrafung" läßt sich aber interpretatorisch ein Strafbegriff ableiten, so daß davon auszugehen ist, daß ein Strafbegriff auch dem Art. 96 Abs. 1 gr. Verfassung (stillschweigend) zugrunde liegt.

120 So auch MANGAKIS, in: Systematische Auslegung des gr. StGB [1993], Art. 1 Rdn. 12.

121 Zur funktionellen Differenzierung des Strafbegriffs in der Rechtsprechung des BVerfG, das bezüglich des Terminus "Strafe" drei größere Funktionsbereiche und dementsprechend drei verschiedene Strafbegriffe unterscheidet - enger Begriff des Kriminalstrafrechts bei Art. 92 GG (Richtervorbehalt) und Art. 103 Abs. 3 GG (ne bis in idem), weiter Begriff des Strafrechts und der Strafähnlichkeit bei allen anderen strafrechtlichen Verfassungsgarantien (Bestimmtheitsgebot, Schuldprinzip) und kompetenzrechtlicher, teilweise über repressiv-ahndende Maßnahmen hinausgehender Begriff des Strafrechts bei Art. 74 Nr. 1 GG (konkurrierende Gesetzgebungskompetenz des Bundes für das Strafrecht) -, siehe ausführlich APPEL, S. 211 f. und 236 ff.; vgl. auch DANNECKER, Das intertemporale Strafrecht, S. 272 f.

122 Vgl. TIEDEMANN, Verfassungsrecht und Strafrecht, S. 17, der im Hinblick auf das deutsche GG von "Notwendigkeit" spricht.

zierend vorgeht. Dazu wird zunächst vorausgesetzt, daß man sich von dem (Pseudo-)Dilemma "Verwaltungsrecht oder Strafrecht" löst und die Existenz eines Zwischenbereichs zwischen Verwaltungsrecht und Kriminalstrafrecht ausdrücklich anerkennt. In diesem der Zuständigkeit der Verwaltungsbehörden zuzuordnenden Zwischenbereich soll sich dann darum bemüht werden, ein auf die Funktionen des Verwaltungsstrafrechts zugeschnittenes, gedeihliches Zusammenwirken von fundamentalen strafrechtsdogmatischen Prinzipien und verwaltungsrechtlicher Praktikabilität zu entwickeln.

Somit wird deutlich, daß die letzte oben angeführte Auffassung, insbesondere der Ansatz von MANGAKIS und PSAROUDA-BENAKI, die das Verwaltungsstrafrecht als einen *autonomen Sonderbereich* ausgestalten wollen, in dem strafrechtliches und verwaltungsrechtliches Gedankengut auf angemessene Art und Weise zusammentreffen, in seiner Grundkonzeption die beste von den vorgeschlagenen Lösungen darstellt.

§ 7 Entwicklungsperspektiven des griechischen Verwaltungsstrafrechts

I. Rechtspolitische Aufgaben der Verwaltungsstrafe innerhalb des öffentlichrechtlichen Sanktionsinstrumentariums

Von entscheidender Bedeutung für die Weiterentwicklung des Verwaltungsstrafrechts ist die Klarstellung der rechtspolitischen Aufgaben, die dieses Rechtsgebiet wahrzunehmen hat. Hierbei ist zunächst die methodisch saubere Abgrenzung der Verwaltungsstrafe von den bloßen verwaltungsrechtlichen Sanktionen erforderlich, so daß überzeugend aufgezeigt werden kann, wo im geltenden positiven Recht das rein Verwaltungsrechtliche endet und das Strafähnliche anfängt. Sodann bedarf es der dogmatisch fruchtbaren Bestimmung der strukturellen Merkmale und der kriminalpolitischen Aufgaben der Verwaltungsstrafe im Vergleich zu denen der Kriminalstrafe, so daß auch den gegenwärtigen und künftigen besonderen verwaltungsstrafrechtlichen Erscheinungen (Zuständigkeit der Verwaltungsbehörden, Ahndung der juristischen Personen, Geldsanktionen, die von wenigen Tausenden bis zu Millionen Drachmen reichen) ein stabiles theoretisches Fundament geliefert wird.

A. Verwaltungsstrafe und rein verwaltungsrechtliche Verwaltungssanktionen

Die de lege lata Abgrenzung der Verwaltungsstrafen von den präventiven oder restitutiven Sanktionen des Verwaltungsrechts ließe sich durch Heranziehung der materiellen Kriterien durchführen, welche die moderne internationale verwaltungsstrafrechtliche Dogmatik aufstellt, um die Grenzen zwischen Verwaltungsstrafen und rein verwaltungsrechtlichen Sanktionen zu markieren[1]. Als solche Kriterien sollten vor allem das (*normative*, grundsätzlich am gesetzgeberischen Willen orientierte) Kriterium des (subjektiven) *Zweckes* und das (*ontologische*, auf die reale Handhabung und die dadurch bewirkten Folgen abstellende) Kriterium der tatsächlichen *Auswirkung* der jeweils in Frage kommenden Verwaltungssanktion eingesetzt werden.

Dient demnach die Verwaltungssanktion subjektiv und / oder in ihrer Auswirkung dazu, einen begangenen Rechtsverstoß gleichsam "rückblickend" repressiv zu ahnden, so liegt eine strafähnliche Maßnahme, also eine *Verwaltungsstrafe* vor. Soll hingegen ein Bereicherungs- und Schadensausgleich erfolgen, so handelt es sich um eine *verwaltungsprivatrechtliche Maßnahme* (so beispielsweise die Einziehung unrechtmäßig erlangter Vorteile und die Rückzahlungsverpflichtungen einschließ-

---

[1] Vgl. zu den folgenden Ausführungen VOGEL, in: DANNECKER (Hrsg.), Bekämpfung des Subventionsbetrugs, S. 178 f.; HEITZER, Punitive Sanktionen, S. 34 ff.; siehe auch SIEBER, in: FS für GEERDS, S. 115 ff.; BÖSE, S. 256 ff.

lich pauschal festgesetzter Zinsen)[2]. Wird der Rechtsverstoß nur gleichsam "vorausblickend" zum Anlaß genommen, um künftige Verstöße zu vermeiden, so liegt eine *präventive Verwaltungsmaßnahme* vor (so die Ablehnung oder Rücknahme künftig gewährter Vorteile wie beispielsweise eine Subventionssperre, wenn maßgeblich daran anknüpft wird, daß der frühere Rechtsverstoß die "Unzuverlässigkeit" des Antragstellers indiziert)[3]. Um eine *verwaltungsrechtliche Zwangsmaßnahme* handelt es sich schließlich, wenn die Verwaltungssanktion ausschließlich den Zweck verfolgt, den Betroffenen zur Abstellung seines rechtswidrigen Verhaltens zu zwingen (so beispielsweise die Anordnung der vorläufigen Betriebsschließung "*bis* das Unternehmen die erforderlichen Maßnahmen zur Verhinderung der Umweltverschmutzung ergreift")[4].

Dieser Grenzziehung lassen sich auch die rechtspolitischen Aufgaben entnehmen, die man den rein verwaltungsrechtlichen Sanktionen primär zuweisen sollte. Dazu gehören vor allem die Aufgabe des Erfüllungszwanges zum Zwecke der Abstellung eines andauernden Rechtsverstoßes (vollstreckungsrechtliche *Beugefunktion*), die Aufgabe der Sicherung des Bestandes von konkreten werttragenden Handlungsobjekten vor bevorstehenden Gefahren (*Gefahrenabwehr*) und die Aufgabe der Wiederherstellung des status quo ante im Fall einer unrechtmäßigen Bereicherung (*Gewinnabschöpfung*) oder Schadensverursachung (*Ausgleich* des durch Hinterziehung von Abgaben oder Erschleichung von Erstattungen eintretenden Schadens der staatlichen Finanzinteressen). Demgegenüber sollten die Verwaltungsstrafen als repressiv-ahndend wirkende (sozialethisch neutrale) Mittel des *Strafzwanges* zur Stabilisierung von verletzten verhaltenssteuernden verwaltungsrechtlichen Ordnungsnormen und zur Durchsetzung der Ordnungsvorstellungen der zuständigen Verwaltungsbehörden in ihrem Verantwortungsbereich eingesetzt werden.

---

2 Zum nicht repressiv-ahndenden Charakter solcher rein restitutiven Maßnahmen vgl. auch Art. 4 VO Nr. 2988/95 des Rates v. 18.12.1995 über den Schutz der finanziellen Interessen der Europäischen Gemeinschaften, ABl. 1995 Nr. L 312/1, 3. Die VO folgt allerdings bei der terminologischen Trennung zwischen "Sanktionen" und "Maßnahmen" nicht dem im Text zugrunde liegenden Verständnis des Sanktionsbegriffs und eignet sich aus diesem Grund nicht für weitergehende Vergleiche.

3 Vgl. etwa BÖSE, S. 290 f.; siehe aber auch HEITZER (Punitive Sanktionen, S. 107 ff.), die im Rahmen der Einordnung der gemeinschaftsrechtlichen Sanktionen zu dem Ergebnis kommt (S. 111), daß "die Leistungssperre ... - entgegen der Auffassung des EuGH und der Kommission - als punitive Sanktion anzusehen" sei.

4 Siehe Art. 30 Abs. 2 Satz 1 UmwG; vgl. auch Art. 13 Abs. 1 lit. (b)-(i) Satz 3 MeeresUmwG; Art. 9 Abs. 1 lit. c und lit. d KartellG.

B. *Verwaltungsstrafe und Kriminalstrafe*

(1) Allgemeines

Einigt man sich darüber, daß die Verwaltungsstrafe ein Mittel des Strafzwanges und damit ein strafähnliches Sanktionsmittel darstellt, so sollte man anschließend versuchen, einerseits die Ähnlichkeiten und Unterschiede zwischen der Verwaltungs- und der Kriminalstrafe dogmatisch fruchtbar zu bestimmen, andererseits die kriminalpolitischen Aufgaben und damit den zulässigen Regelungskreis des Verwaltungsstrafrechts festzulegen. Ausgangspunkt soll dabei zum einen der Gedanke sein, daß die Verwaltungsstrafe dank ihrer flexiblen dogmatischen Ausgestaltung und ihrer im Bewußtsein der griechischen Gesellschaft "wurzelnden" sozialethischen Neutralität zu kriminalpolitischen Zwecken eingesetzt werden kann, welche von der Kriminalstrafe ohne Gefährdung ihrer dogmatischen Konsistenz und praktischen Wirksamkeit nicht - oder nicht mehr - erreicht werden können. Zum anderen sollte das bereits an früherer Stelle aufgestellte Postulat beachtet werden, daß der Anwendungsbereich des Verwaltungsstrafrechts auf den Anwendungsbereich des Kriminalstrafrechts zumindest in dem Maße abgestimmt werden sollte, daß eine kumulative Inanspruchnahme derselben (natürlichen) Person für denselben Rechtsverstoß ausgeschlossen wird.

(2) Verwaltungsstrafe, Entkriminalisierung und Anrechnungsprinzip

Die Verwaltungsstrafe könnte zunächst stärker und gezielter als bisher als *Ersatz* der Kriminalstrafe im Zuge der notwendigen und von der griechischen Wissenschaft - nicht nur vor dem Hintergrund der Entlastung der Strafgerichte[5] - nachdrücklich befürworteten *Entkriminalisierung* eines weiten Teils von Rechtsverstößen, die den schweren kriminalstrafrechtlichen Vorwurf nicht verdienen, sei es, weil ihre Bedeutung im sog. bloßen *Verwaltungsungehorsam* erschöpft, sei es, weil sie nur massenhaft vorkommendes sog. *Bagatellunrecht* betreffen[6]. Die Auswahl der dem Verwaltungsstrafrecht zuzuordnenden Deliktstatbestände sollte hierbei prinzipiell dem Entscheidungsspielraum des Gesetzgebers überlassen werden, wobei allerdings von diesem als wesentliche Kriterien die Bedeutung des geschützten Rechtsgutes, die Verletzung oder bloße Gefährdung des betreffenden Handlungs-

---

5 Zu den akuten, durch die Überlastung der (Straf-)Gerichte bedingten Problemen der griechischen (Straf-)Justiz, vgl. zuletzt den Bericht der Vereinigung der griechischen Richter und Staatsanwälte, in dem u.a. die Entkriminalisierung von vielen Delikten vorgeschlagen wird, in: Ependitis v. 19/20.12.1998, Ausweglose Situation für die Justiz, S. 79.

6 Zum Postulat der Entkriminalisierung vgl. u.a. MANOLEDAKIS, Strafrecht AT [4. Aufl.], Rdn. 27; DERS., Studien, S. 101, 119 f. und 289; DERS., in: Griechische Gesellschaft für Strafrecht (Hrsg.): Die Wirtschaftsdelikte, S. 118; ANDROULAKIS, in: Griechische Gesellschaft für Strafrecht (Hrsg.): Die Wirtschaftsdelikte, S. 26; GEORGAKIS, Strafrecht AT [1991], S. 73 f.; siehe auch die Resolutionen des IV. griechischen Strafrechtskongresses im Jahr 1991 in Thessaloniki, in: Griechische Gesellschaft für Strafrecht (Hrsg.), Die Wirtschaftsdelikte, S. 180 Nr. 9.

objektes, die konkrete oder nur abstrakte Gefährlichkeit der Tat sowie die Art und das Ausmaß der Schuld des Täters zu berücksichtigen wären.

Auf diese Kriterien stellte auch der XIV. INTERNATIONALE STRAFRECHTSKONGREß in Wien 1989 zur Abgrenzung des Verwaltungs- vom Kriminalunrecht ab[7]. Diese Kriterien entscheiden zwar nicht ausdrücklich die theoretische Grundfrage, ob zwischen beiden Unrechtsarten ein qualitativer (moralisch-sittlich verwerfliche Straftat vs. ethisch neutrale Verwaltungsübertretung) oder aber nur ein rein quantitativer Unterschied besteht[8]. Es ist jedoch JESCHECK zuzustimmen[9], daß kriminalpolitisch wichtiger als die Entscheidung dieses Streits die Aufstellung klarer Postulate im Hinblick auf die rechtsstaatlichen Grundlagen des Verwaltungsstrafrechts ist.

Zur Problematik der Bestimmung der Grenzen des gesetzgeberischen Ermessens könnten übrigens die in Deutschland herrschenden Lehren herangezogen werden, die das Ergebnis einer sehr langen theoretischen Auseinandersetzung im Schrifttum und in der Rechtsprechung darstellen und deswegen einen großen Erfahrungswert in sich tragen. Der *Ermessensspielraum des Gesetzgebers*, eine Unrechtstat vom Strafrecht auszunehmen und als Ordnungswidrigkeit einzustufen, findet nach der deutschen höchstrichterlichen Rechtsprechung dort seine Grenzen, wo der "Kernbereich des Strafrechts" anfange, da für diesen Kernbereich - dessen Aufgabe es sei, die "elementaren Werte des Gemeinschaftslebens zu schützen" und zu dem "alle bedeutsamen Unrechtstatbestände" gehörten - "die Richter ausnahmslos und ausschließlich zur präventiven Rechtskontrolle berufen" seien und somit kein Verwaltungsvorverfahren, wie das des Ordnungswidrigkeitenrechts, zulässig sei[10]. Dieser Auffassung, die auch von der h.M. in der Literatur geteilt wird[11], läßt sich ferner das *kriminalpolitische Leitbild* entnehmen, welches die moderne deutsche Dogmatik dem Gesetzgeber hinsichtlich der Ausübung seines legislativen Ermessens empfiehlt. Dieses Leitbild unterscheidet[12] zwischen einem *Kernbereich sozialethischer Vorwerfbarkeit*, die ausschließlich dem Strafrecht vorzubehalten sei, einem *Bereich rein technischer Verstoßnormen*, die dem Ordnungswidrigkeitenrecht zuzuweisen sei und schließlich einem *Zwischenbereich* von sich voneinander graduell, nicht essentiell differenzierenden Unrechtstaten, deren Zugehörigkeit zum Kriminal- oder Ordnungswidrigkeitenrecht jeweils nach dem freien Ermessen des Gesetzgebers entschieden werden dürfe. Insoweit spricht man im Hinblick auf die Bestimmung des materiellen Gehalts der Ordnungswidrigkeit und ihre Abgrenzung von der kriminellen Straftat von einer "gemischt qualitativ-quantitativen Betrachtungsweise"[13].

---

7 ZStW 102 (1990), 303; ähnlich auch die Resolutionsentwürfe des Stockholmer Vorkolloquiums zu diesem Thema, ZStW 101 (1989), 253.

8 Siehe dazu WEIGEND, ZStW 102 (1990), 665.

9 JESCHECK, ZStW 101 (1989), 239.

10 BVerfGE 22, 49 [81]; 27, 18 [28 ff.].

11 BOHNERT in: KK OWiG [1989], Einleitung Rdn. 90 m.w.Nachw.

12 Vgl. BOHNERT in: KK OWiG [1989], Einleitung Rdn. 93.

13 Näher dazu GÖHLER, OWiG Kommentar [12. Aufl.], vor § 1 Rdn. 6 ff.; JAKOBS, Strafrecht AT [2. Aufl.], 3. Abschn. Rdn. 10; MAURACH / ZIPF, Strafrecht AT, Teilbd. 1 [8. Aufl.], § 1 Rdn. 35; REBMANN / ROTH / HERMANN, OWiG Kommentar [2. Aufl., 7. Lfg.], Vor § 1, Rdn. 9 und 11; ROXIN, Strafrecht AT, Bd. I [3. Aufl.], § 2 Rdn. 52.

Durch die stärkere Einbindung des Entkriminalisierungsgedankens bzw. des Subsidiaritätsprinzips[14] in das die Verwaltungsstrafe tragende rechtspolitische Konzept, könnte man allmählich dazu übergehen, dem griechischen Verwaltungsstrafrecht den überkommenen Charakter als "Hilfsmittel der Verwaltung" abzunehmen und dieses funktionell eher als Fortsetzung des Kriminalstrafrechts - etwa nach dem Vorbild des deutschen Ordnungswidrigkeitenrechts - auszugestalten. Im Rahmen einer derartigen Fortentwicklung wäre freilich sämtlichen Fällen der "*echten Doppeltypisierung*" der dogmatische Boden entzogen. Der Gesetzgeber wäre verpflichtet, die relevanten Fälle ausschließlich als Verwaltungs- oder als Kriminaldelikte einzustufen.

Aber auch wenn der Gesetzgeber am tradierten Model festhalten möchte, das die Verwaltungsstrafe als funktionelles Instrument zur Unterstützung der Verwaltungstätigkeit betrachtet und demzufolge den Regelungskreis der Verwaltungsstrafe relativ unabhängig vom Regelungskreis der Kriminalstrafe bestimmt, sollte die in den Fällen der "echten Doppeltypisierung" verborgene, mit Blick auf den ne bis in idem-Satz unzulässige Gefahr einer doppelten sanktionsrechtlichen Inanspruchnahme derselben (natürlichen) Person anerkannt und begegnet werden. Ein taugliches Mittel gegen diese Gefahr wäre die ausdrückliche Statuierung des *Anrechnungsprinzips* im Verhältnis des Kriminal- zum Verwaltungsstrafrecht. Das Prinzip würde dann eingreifen, wenn eine bereits kriminalstrafrechtlich bestrafte bzw. verwaltungsstrafrechtlich in Anspruch genommene Person der Situation gegenüberstünde, auch verwaltungsstrafrechtlich bzw. kriminalstrafrechtlich sanktioniert zu werden[15]. Das Anrechnungsprinzip als Ausprägung des Verhältnismäßigkeitsgrundsatzes würde in diesen Fällen als *Brücke* zwischen Kriminal- und Verwaltungsstrafrecht fungieren und die Rechtsanwender jeden Sanktionsgebiets verpflichten, auf die im jeweils anderen Sanktionsgebiet bereits erfolgten staatlichen Eingriffe in Rechtsgüter des Betroffenen Rücksicht zu nehmen[16].

(3) Verwaltungsstrafe und Unternehmenskriminalität

Eine ausschließlich der Verwaltungsstrafe vorzubehaltende Aufgabe sollte nach wie vor die der Bekämpfung der *Kriminalität von Kollektivpersonen* (bzw. von

---

14 Vgl. dazu ROXIN, Strafrecht AT, Bd. I [3. Aufl.], § 2 Rdn. 52.

15 Vgl. dazu die Regelung des § 85 OWiG: "Ist gegen den Betroffenen ein Bußgeldbescheid ergangen und wird er später wegen derselben Handlung in einem Strafverfahren verurteilt, so wird der Bußgeldbescheid insoweit aufgehoben ... Geldbeträge, die auf Grund des aufgehobenen Bußgeldbescheides gezahlt oder beigetrieben worden sind, werden zunächst auf eine erkannte Geldstrafe, dann auf angeordnete Nebenfolgen, die zu einer Geldzahlung verpflichten und zuletzt auf die Kosten des Strafverfahrens angerechnet..." Siehe auch § 21 Abs. 1 OWiG, der den Vorrang des Strafgesetzes für den Fall bestimmt, daß eine Ordnungswidrigkeit mit einer Kriminalstraftat zusammentrifft.

16 Vgl. dazu auch oben im Text, § 5 III B.

Unternehmen) sein. Dies würde dem traditionellen Kriminalstrafrecht ermöglichen, auch in der Zukunft ausschließlich auf Individuen beschränkt zu bleiben. Dadurch wäre die Gefahr der verfassungsrechtlich bedenklichen kriminalstrafrechtlichen Inanspruchnahme von Kollektivpersonen sowie die Gefahr der "Verwässerung" der herkömmlichen kriminalstrafrechtlichen Zurechnungs- und Verantwortungsmaßstäbe endgültig abgewendet.

Die Einführung einer *echten* kriminellen Strafbarkeit von Kollektivpersonen ist dagegen *abzulehnen*. Diese Stellungnahme läßt sich durch eine Reihe gewichtiger Argumente sowohl aus dem verfassungsrechtlichen als auch aus dem kriminalpolitischen Bereich untermauern.

Zunächst ist zwar anzuerkennen, daß ein erhebliches *kriminalpolitische Bedürfnis* nach einer repressiv-ahndenden Sanktion gegen (insbesondere wirtschaftlich tätige) Kollektivpersonen besteht. Diese - auch im Rahmen des eigenen unternehmensstrafrechtlichen Konzepts in § 8 näher zu erläuternde Feststellung - ist bereits in theoretischen Untersuchungen überzeugend begründet worden[17] und läßt sich auch in praktischer Hinsicht daran erkennen, daß es kaum Rechtsordnungen gibt, die auf eine (quasi-)punitive Sanktion gegen Kollektivpersonen - wenigstens in der Gestalt eines nebenstrafrechtlichen bzw. verwaltungsstrafrechtlichen Zwangsmittels - verzichten[18].

---

17 Zu den gravierenden kriminalpolitischen Defiziten, die aus der Beschränkung der punitiven staatlichen Sanktionen auf Unternehmensmitarbeiter ohne punitive Inanspruchnahme des Unternehmens entstehen, siehe PARKINSON, Corporate Power and Responsibility, S. 353 f. m.w.Nachw.; OTTO, Die Strafbarkeit von Unternehmen, S. 14; SCHÜNEMANN, in: Madrid-Symposium für Tiedemann, S. 267 ff., insb. 277 ff.; BRENDER, S. 11 ff.; MÜLLER, S. 5 ff.; EHRHARDT, S. 159 ff.

18 Vgl. die tabellarischen Übersichten bei HEINE, Die strafrechtliche Verantwortlichkeit von Unternehmen, S. 387 ff.; zu Einzelheiten bezüglich einzelner Länder siehe vor allem DE DOELDER / TIEDEMANN (Hrsg.), La Criminalisation du Comportement Collectif (Landesberichte über Deutschland, Australien, Belgien, Kanada, Finnland, Frankreich, Italien, Japan, die Niederlande, Portugal, Rußland, die Schweiz, das Vereinigte Königreich und die Vereinigten Staaten von Amerika). Siehe weiter SCHÜNEMANN / GONZÁLEZ (Hrsg.), Madrid-Symposium für Tiedemann, S. 265 ff. (Übersichten über die Situation in Deutschland, Spanien, Frankreich, den Niederlanden, Dänemark, Norwegen und den Europäischen Gemeinschaften); vgl. auch SCHÜNEMANN / DIAS (Hrsg.), Coimbra-Symposium für Roxin, S. 283 ff. (Hinweise auf die Regelung der Haftung von Unternehmen und Unternehmensorganen im deutschen, spanischen, italienischen und portugiesischen Strafrecht i.w.S.); SCHROTH, Unternehmen als Normadressaten, S. 140 ff. (Überblick über strafrechtliche oder strafähnliche Unternehmenssanktionen in den Rechtsordnungen von Großbritannien, den Vereinigten Staaten von Amerika, Kanada, Australien, Neuseeland, den Niederlanden, Frankreich, der Schweiz und Österreich); vgl. zusammenf. auch HEINE, ÖJZ 1996, S. 213 ff.; TIEDEMANN, in: FS für Miyazawa, S. 674 f.- Unter den Ländern mit einem kriminalstrafrechtlichen Haftungsmodell verdient FRANKREICH der Erwähnung, das die im angelsächsischen Raum vorherrschende kriminalstrafrechtliche Lösung in das französische *StGB* aufgenommen und seit 1994 praktiziert. Juristische Personen sind so - nach Art. 121-2 des neuen *französischen*

Zuzugestehen ist aber auch, daß eine Kriminalstrafe gegen Kollektivpersonen auf den ersten Blick bessere Ergebnisse als eine "bloße" Verwaltungsstrafe im präventiven Kampf gegen die aus Kollektivpersonen heraus begangenen Delikte verspricht. Insbesondere die oben befürwortete Anlehnung der Konzeption der Verwaltungsstrafe an den Gedanken des Verwaltungsungehorsams oder des massenhaft vorkommenden Bagatellunrechts läßt die verwaltungsstrafrechtliche Lösung des Problems als Vorschlag erscheinen, der der notwendigen kriminalpolitischen Effizienz entbehrt. Soll sich die repressive Antwort gegen die Kriminalität von Kollektivpersonen auf die Mittel beschränken, die die Rechtsordnung sonst für Bagatellfälle (z.B. Verstoß gegen Parkverbote) vorbehält?

Kriminalpolitische Zielsetzungen müssen allerdings *verfassungsrechtlich legitimierbar* sein. Sollte die Kriminalstrafe inhaltlich das bleiben, was sie heute ist, dann würde eine Kriminalstrafe gegen eine Kollektivperson einen stigmatisierenden, ethisch belastenden Vorwurf gegen *alle* Mitglieder der Kollektivperson bedeuten.

Im Schrifttum wird zwar oft das Argument vorgetragen, daß Adressat des Vorwurfs und bestrafte Subjekt im Fall einer juristischen Person nicht die natürlichen Personen, die dem juristisch verselbständigten Kollektiv angehören, sondern die juristische Person selbst sei. Die Mitglieder des Kollektivs seien von der Kollektivstrafe erst mittelbar betroffen, so wie beispielsweise die Familienangehörigen von einer Strafe gegen den Familienvater betroffen seien. Von einem kollektiven (ethisch belastenden) Vorwurf und von der Annahme einer kollektiven Schuld könne danach nicht die Rede sein[19].

Code Pénal (NPC) von 1992, in Kraft seit 1. März 1994 - als Täter oder Teilnehmer von bestimmten vollendeten oder versuchten Straftaten strafrechtlich verantwortlich, sofern die *Taten durch ihre Organe oder Vertreter zu ihren Gunsten bzw. "auf ihre Rechnung" (pour leur compte) begangen* worden sind. Allerdings setzt dies voraus, daß die Tatbestände der Bezugstaten ausdrücklich auf eine solche Strafbarkeit der juristischen Personen verweisen. Dies ist innerhalb des NCP beispielsweise für Betrug und Urkundenfälschung (Art. 313-9, 441-12) erfolgt, dagegen im Nebenstrafrecht bisher auf relativ wenige Tatbestände (z.B. des Umweltstrafrechts) beschränkt; vgl. den Überblick bei DELMAS-MARTY, in: Madrid-Symposium für Tiedemann, S. 305; BOULOC, in: DE DOELDER / TIEDEMANN (Hrsg.), La Criminalisation du Comportement Collectif, S. 238 ff. - Vgl. ferner Art. 14 des EG-Entwurfs eines Corpus Juris für einen einheitlichen europäischen Rechtsraum zum Schutz der Finanzinteressen der EG [bei Delmas-Marty (Hrsg.), Corpus Juris, S. 70 ff. mit Begründung], der die kriminalstrafrechtliche Verantwortlichkeit von "corporations and ... other organisations which are recognised by law as competent to hold property in their own name" für den Fall vorsieht, in dem "the offence is committed for the benefit of the organisation by some organ or representative of the organisation, or any person acting in its name and having power, whether by law or merely in fact, to make decisions"; vgl. zu diesem von TIEDEMANN herausgearbeiteten Vorschlag die zustimmende Stellungnahme von DANNECKER, Rev.sc.crim. 1997, 281 ff. (mit einer zusammenfassenden systematischen Darstellung der deutschen Rechtslage und des Meinungsstandes im Schrifttum).

19 Vgl. zuletzt etwa HIRSCH, ZStW 107 (1995), 293 f. und 296 f.; siehe ferner ACKERMANN B., Die Strafbarkeit juristischer Personen, S. 204 f. m.w.Hinw.

Bereits das beliebte Beispiel des Familienvaters zeigt jedoch, daß das eben skizzierte Argument den Kern des Problems übersieht. Das Beispiel setzt nämlich voraus, daß der Adressat der Strafe und des Vorwurfs ein bestimmter Mensch (der Vater) ist, der den Vorwurf und die vergeltende sowie spezialpräventive Strafwirkung empfangen kann. Das Beispiel ließe sich deswegen nur dann berechtigterweise verwenden, wenn es z.B. um die Frage ginge, ob die Bestrafung eines Einzelunternehmers, die die Entlassung seiner Angestellten zur Folge hat, als Bestrafung der Angestellten selbst zu verstehen ist.

Im Fall der Kollektivstrafe liegt die Besonderheit gerade darin, daß die juristische Person an sich keine menschlichen Qualitäten hat und damit kein tauglicher Adressat eines Vorwurfs sein kann. Soll der Vorwurf und die daran angehängte Strafe einen Sinn haben, dann kann es *nur* um einen Vorwurf und um eine Strafe gegen die Kollektivmitglieder in ihrer durch die juristische Person normativ "vertretenen" Gesamtheit gehen. Anders als im Beispiel des Familienvaters können also bei einer Kollektivstrafe als eigentliche Adressaten des Vorwurfs und des mit der Strafe verbundenen Vergeltungs- und spezialpräventiven Effekts sinnvollerweise nur die Mitglieder des Kollektivs verstanden werden, wobei zu beachten ist, daß angesichts der fehlenden Differenzierung bei der Strafverhängung *allen* Mitgliedern *zwangsläufig* eine kollektive Schuld für den begangenen Verstoß zugeschrieben wird.

Festzuhalten ist somit, daß das Betroffensein der Kollektivmitglieder keineswegs als Nebeneffekt aufzufassen ist. Es liegt vielmehr in der Natur der Sache, daß sich die Kollektivstrafe nach ihrer subjektiven Zwecksetzung und nach ihrer tatsächlichen Auswirkung zwangsläufig gegen die Kollektivmitglieder richtet, so daß sich die anfangs getroffene Feststellung eines Vorwurfs gegen alle Kollektivmitglieder nicht bestreiten läßt.

Die Möglichkeit eines solchen kollektiven Vorwurfs mit *kriminal*strafrechtlichem Inhalt ist aber in verfassungsrechtlicher Sicht, insbesondere mit Blick auf das Gebot der Achtung der menschlichen Würde, höchst fragwürdig.

Es gibt zwar (in Griechenland) kein Verfassungsprinzip, welches es ausdrücklich untersagt, (Geld-)Strafen gegen juristische Personen bzw. Kollektivpersonen zu verhängen. Das verfassungsrechtliche Gebot der Achtung der menschlichen Würde (Art. 2 Abs. 1 gr. Verfassung), aus der sich auch das Schuldprinzip im Strafrecht herleiten läßt, ist aber mit der Anerkennung eines kollektiven kriminalstrafrechtlichen Schuldvorwurfs nur schwer vereinbar.

Dies heißt allerdings noch nicht, daß eine Verwaltungsstrafe automatisch legitimierbar wäre. Der Gedanke aber, daß man an die Kollektivperson bzw. an die Kollektivmitglieder einen ethisch neutralen, an sozialen und rechtlichen Verantwortungskriterien ausgerichteten Vorwurf adressiert, stößt auf wenigere Bedenken[20]: Die Anerkennung einer kollektiven *Verantwortung* für die sozialschädlichen Fehlentwicklungen einer kollektiven Tätigkeit ist qualitativ etwas anderes im Vergleich zur Annahme einer kollektiven *Schuld* im kriminalstrafrechtlichen Sinne.

Der Ansatz beispielsweise, daß man dem Kollektiv einen vor allem auf Organisationsaspekten beruhenden ethisch neutralen Vorwurf macht; der Ansatz, mit anderen Worten, daß man den Mitgliedern des Kollektivs nicht ein nach sozialethischen Maßstäben feststellbares streng individuelles Versagen, sondern nur ein Versagen ihres kol-

---

20 Vgl. TIEDEMANN, NJW 1988, 1172; BRENDER, S. 111 f.

lektiven Tatigwerdens im Rahmen einer Organisation vorwirft, ist ohne weiteres nicht denselben Bedenken wie der oben skizzierte kriminalstrafrechtliche Ansatz ausgesetzt. Ein solcher Vorwurf wäre vielmehr in verfassungsrechtlicher Hinsicht noch haltbar, weil er in die persönlich ethische Sphäre nicht eindringen würde. Nicht die Ehre und die Würde der Mitglieder des Kollektivs wäre damit tangiert, sondern nur ihre Beteiligung an einer Organisation mißbilligt, die sich unter sozialen und rechtlichen Aspekten als disfunktional erwiesen hat, weil aus ihrem Bereich heraus (*vermeidbare*) soziale Schäden angerichtet wurden.

Die Beschränkung auf Mittel der verwaltungsrechtlichen Repression heißt außerdem keineswegs, daß damit hohe Einbußen an *kriminalpolitischer Effizienz* notwendig verbunden wären.

Dies läßt sich unter anderem an den *Empfehlungen des Europarates* zur Wirtschaftskriminalität[21], zum Verbraucherschutz[22] und zur Haftung von Unternehmen mit juristischer Persönlichkeit[23] erkennen, welche zwar zunächst die Einführung von Kriminalstrafen gegen juristische Personen vorschlagen[24], jedoch auch in anderen Sanktionsbereichen - wie z.B. dem des Bußgeldrechts - angesiedelte Lösungen für genauso effektive und mögliche Alternativen halten[25]. Mit einer verwaltungsstrafrechtlichen Lösung gibt sich aber auch der *EuGH* im Rahmen des Gemeinschaftsrechts zufrieden, wie u.a. der *Vandevenne*-Fall zeigt[26]: Auf Vorlage eines belgischen Gerichts zur Auslegung der Ratsverordnung Nr. 3820/85 vom 20.12.1985 über die Harmonisierung von Vorschriften des Güterferntransportes stellte der Gerichtshof fest, daß diese Vorschriften eine Verpflichtung der "Unternehmen" vorsehen, die Normen des Gemeinschaftsrechts zu beachten. Die Frage, ob damit auch eine Verpflichtung der Mitgliedstaaten zur Einführung der Strafhaftung juristischer Personen für Zuwiderhandlungen gegen die fraglichen Normen verbunden ist, wird vom Gerichtshof ausdrücklich und zweifelsfrei verneint[27]: "Weder Art. 5 EWG-Vertrag [= Art. 10 EGV n.F.] noch Art. 17 Absatz 1 der Verordnung Nr. 3820/85 [verpflichten] die Mitgliedstaaten, den Grundsatz der strafrechtlichen Ver-

---

21 Recommendation No. R (81) 12 of the Committee of Ministers to Member States on economical crime (Adopted be the Committee of Ministers on 25 June 1981 at the 335th meeting of the Ministers' Deputies).

22 Recommendation No. R (82) 15 of the Committee of Ministers to Member States on the role of criminal law in consumer protection (Adopted by the Committee of Ministers on 24 September 1982 at the 350th meeting of the Ministers' Deputies).

23 Recommendation No. R. (88) 18 of the Committee of Ministers to Member States concerning liability of enterprises having legal personality for offences committed in the exercise of their activities (Adopted by the Committee of Ministers on 20 October 1988 at the 420th meeting of the Ministers' Deputies).

24 Vgl. Empfehlung Nr. R (88) 18, Ziff. 3. a; siehe auch Empfehlung Nr. R (81) 12, Ziff. III. 2; Empfehlung Nr. R 82 (15), Ziff. 6.

25 A.a.O.; vgl. insbesondere die einleitenden Erwägungen der Empfehlung Nr. R (88) 18: "Considering that the introduction in national law of the principle of criminal liability of enterprises having legal personality is not the only means of solving these difficulties and does not exclude the adoption of other solutions serving the same purpose."

26 *EuGH* Urt. v. 02.10.1991, Rs. C-7/90, *Strafverfahren gegen P. Vandevenne u.a.*, Slg. 1991, I-4371.

27 *EuGH* Urt. v. 02.10.1991, a.a.O., [Rdn. 13].

antwortlichkeit juristischer Personen in ihr nationales Recht einzuführen. Zuwiderhandlungen gegen Artikel 15 der Verordnung Nr. 3820 können durch die Anwendung von Bestimmungen bestraft werden, die mit den Grundprinzipien des nationalen Rechts in Einklang stehen, sofern die sich daraus ergebenden Sanktionen wirksam, verhältnismäßig und abschreckend sind." Unter der letztgenannten Bedingung bleibt also der nationale Gesetzgeber in seiner Entscheidung frei, ob er einen bestimmten Typus strafrechtlicher oder quasi-strafrechtlicher (bußgeldrechtlicher) Verantwortung einführen will[28].

Man kann sogar den entgegengesetzten Standpunkt vertreten: Eine *Kriminalstrafe* gegen Kollektivpersonen wäre in kriminalpolitischer Hinsicht insgesamt *weniger effizient* als eine Verwaltungsstrafe[29].

Zum einen wäre an die Folgen zu denken, die die Einführung einer Kriminalstrafe gegen Kollektivpersonen für das überkommene kriminalstrafrechtliche Dogmensystem hätte. Im Hinblick nämlich einerseits darauf, daß man zur Aufrechterhaltung der Einheitlichkeit der Strafrechtsdoktrin bestrebt wäre, und andererseits darauf, daß zur Begründung einer kollektiven Strafe der Rückgriff auf stark normative, "grobe" Zurechnungsmaßstäbe nicht zu vermeiden ist, wäre man insgesamt geneigt, um Kollektiv- und Individualstrafrecht unter ein Dach zu bringen, auch die klassischen, auf ontologischen Befunden aufbauenden individualstrafrechtlichen Zurechnungsprinzipien stark zu relativieren bzw. zu normativieren[30].

Unvermeidbar wäre im Rahmen einer solchen Entwicklung vor allem, daß die kriminalstrafrechtliche Schuld ihren *höchstpersönlichen* (ethischen) Bezugspunkt verliert[31].

---

28 Vgl. dazu DELMAS-MARTY, in: Madrid-Symposium für Tiedemann, S. 306.

29 Der Schwerpunkt der Argumentation wird im folgenden auf materielle Aspekte gesetzt. Argumente im Zusammenhang mit der Praktikabilität und Effektivität der verwaltungsbehördlichen Erledigung von unternehmensstrafrechtlichen Konflikten (Flexibilität des Verwaltungshandelns, größere Fachkompetenz der Verwaltungsbehörden im Vergleich zu den ordentlichen Gerichten u.s.w.) werden nicht herangezogen. Dadurch soll hervorgehoben werden, daß hinter der dogmatischen Zuordnung des Unternehmensstrafrechts zum Verwaltungsstrafrecht nicht reine Praktikabilitätaspekte (Begründung der Zuständigkeit der Verwaltungsbehörden für die Verhängung von Unternehmensstrafen), sondern tragfähige materielle Erwägungen stehen.

30 Vgl. HEINE, Strafrechtliche Verantwortlichkeit von Unternehmen, S. 210: "Wenn nun die These einer identischen Strafrechtsdoktrin für alle Normadressaten (natürliche und juristische Personen) zu gelten hätte ..., dann wären Rückkoppelungseffekte für das gesamte Individualstrafrecht zu befürchten: Eine grobe Zurechnungsregel der Verbandshaftung im Kernstrafrecht, die, sei es als Schuldstrafrecht, sei es als Maßnahmerecht, Verantwortungszuschreibung 'offen-bedarfsorientiert' zuläßt, wird früher oder später auch im Individualstrafrecht Geltung beanspruchen." Kritisch auch VOLK, JZ 1993, 435; OTTO, Die Strafbarkeit von Unternehmen, S. 27.

31 Das Verständnis der Schuld als einen höchstpersönlichen Sachverhalt ist im Rahmen des herkömmlichen *ethisch geprägten* Schuldbegriffs (Schuld als freie, selbstverantwortliche Willensentscheidung gegen eine erkannte sittliche Pflicht, vgl. dazu ARTHUR KAUFMANN, Das Schuldprinzip, S. 129) unumstritten (vgl. zusammenf. OTTO, Die Strafbarkeit von Un-

Die kriminalstrafrechtliche Schuld, die nach h.M. in Griechenland aus psychologischen (Kenntnis oder Erkennbarkeit der Tatumstände und ihres Bedeutungsgehalts, Verwirklichungswille, Unrechtsbewußtsein u.ä.) und wertenden Elementen (Vorwerfbarkeit wegen des in Freiheit vollzogenen Rechtsverstoßes) besteht[32], ist zwar grundsätzlich ein Zurechnungsakt. Die wertenden Schuldelemente können ja ex definitione nicht real nachgewiesen werden: Es ist ein Urteil, welches ein Dritter über den Täter fällt. Es läßt sich aber kaum leugnen, daß auch die psychologischen Schuldelemente nicht immer *real* nachgewiesen werden können: Sieht man nämlich von den seltenen Fällen eines Eingeständnisses des Täters selbst ab, ist man prinzipiell gezwungen, auf die innere Seite der Tat durch die äußeren Tatmerkmale zu schließen, wobei man dabei Regeln zugrunde legt, die eine gewisse normative Prägung haben[33]. Auch die Bejahung der psychologischen Schuldmerkmale ist damit bis zum einem gewissen Grad ein Zurechnungsakt[34].

Es wäre jedoch verfehlt, daraus den Schluß zu ziehen, daß die kriminalstrafrechtliche Schuld insgesamt keine höchstpersönliche ontologische Basis hat, sondern nur eine Zurechnungstätigkeit darstellt. Dem Schuldvorwurf liegen psychische Momente des konkreten Täters mit Blick auf die konkrete Tat zugrunde, und die Vorwerfbarkeit beruht auf der Annahme des Fehlgebrauchs der (sittlichen) Entscheidungs- und Handlungsfreiheit ebenfalls des konkreten Täters mit Blick auf die konkrete Tat. Ob man nun die Schuldvoraussetzungen *real bei dem konkreten Täter feststellen zu können glaubt*[35] oder

ternehmen, S. 16). Aber auch der - im Vordringen befindliche - sog. *soziale* Schuldbegriff baut auf der logischen Prämisse der Entscheidungsfreiheit der Person hinsichtlich der Anforderungen im sozialen Bereich auf und setzt damit ebenfalls eine höchstpersönliche Entscheidung des Täters voraus (siehe nur OTTO, Die Strafbarkeit von Unternehmen, S. 18; DERS., Allgemeine Strafrechtslehre [5. Aufl.], § 12 Rdn. 26 f.). Auf den Streit zwischen beiden Schuldbegriffen kommt es also bei der im Text getroffenen Feststellung nicht an, so daß sich eine Auseinandersetzung mit Einzelheiten der erwähnten Schuldbegriffe erübrigt. Einen Überblick über die vertretenen Ansätze geben HIRSCH, ZStW 106 (1994), 746 ff.; OTTO, Die Strafbarkeit von Unternehmen, 15 ff.; DERS., Allgemeine Strafrechtslehre [5. Aufl.], § 12 Rdn. 10 ff.; zur - von dem Meinungsstreit in Deutschland stark beeinflußten - Diskussion im griechischen Schrifttum vgl. PARASKEVOPOULOS, Tätergesinnung und Schuldzurechnung, S. 27 ff. und passim; KAIAFA, Äußere und innere Fahrlässigkeit, S. 225 ff. - Zum *stark normativierten, auf präventive Aspekte reduzierten* Schuldbegriff von JAKOBS, der zwar den höchstpersönlichen Bezugspunkt des Schuldurteils entbehrlich macht, der jedoch im Schrifttum stark kritisiert wird, siehe unten, Anm. 39.

32 Vgl. PARASKEVOPOULOS, Tätergesinnung und Schuldzurechnung, S. 28, 122 f., 127 f. und passim; DERS., Verteidigung 1993, 1261 ff. - Auf die (mit der jeweils geltenden Unrechtslehre eng zusammenhängende) Frage, welche psychologische Elemente bereits der dogmatischen Kategorie des Unrechts zuzuordnen sind, kann an dieser Stelle nicht eingegangen werden; vgl. dazu OTTO, Allgemeine Strafrechtslehre [5. Aufl.], § 7 Rdn. 47 ff.

33 Hingewiesen sei vor allem auf die Feststellung der unbewußten Fahrlässigkeit; vgl. PARASKEVOPOULOS, Tätergesinnung und Schuldzurechnung, S. 46 ff.

34 Vgl. HRUSCKA, Strukturen, S. 25 f., der betont, daß "[i]n der Jurisprudenz ... es ... im Grunde seit eh und je bekannt [ist], daß der sogenannte Tatvorsatz nicht 'bewiesen' werden kann, sondern zugerechnet wird".

35 Ein solcher *rein individueller* Maßstab wird vor allem dann vorausgesetzt, wenn man den ethisch begründete Schuldbegriff konsequent anwenden will. - Literaturhinweise bezüglich eines solchen, auf ein individuelles "Dafür-Können" abstellenden Schuldmaßstabes finden sich bei JESCHECK / WEIGEND, Lehrbuch [5. Aufl.], S. 427 Anm. 29.

diese dem Täter unter Heranziehung eines anderen vergleichbaren Menschen zuschreibt[36], ist eine Sache, die mit den Erkenntnismöglichkeiten und Beweismitteln zu tun hat, die der Urteiler zu seiner Verfügung zu haben glaubt. In beiden Fällen knüpft man aber an ein soziales Subjekt mit eigenem Willen und eigener Freiheit an, und bemüht sich darum, ein *höchstpersönliches* Verhalten dieses Subjekts zu beurteilen[37].

Bei Kollektivpersonen bzw. wenn die Verantwortung eines rechtlich verselbständigten Kollektivs in Frage kommt, lassen sich obige dogmatische Fundamente kaum aufrechterhalten, und zwar unabhängig davon, ob man die Verantwortung des Kollektivs durch eine "Vermenschlichung" der juristischen Person oder durch das Abstellen auf ein kollektives Versagen aller hinter der juristischen Person stehenden natürlichen Personen begründen will. Im einen Fall ("Vermenschlichung" der juristischen Person) ist man nämlich verpflichtet, da die juristische Person an sich weder eigenen Willen noch eigene (ethische) Freiheit hat, auf die entsprechenden Eigenschaften einzelner Menschen hinter der juristischen Person zurückzugreifen. "Vermenschlicht" man die juristische Person und rechnet die subjektiven Vorstellungen einzelner natürlicher Personen der juristischen Person zu, so macht man aus dem persönlichen Schuldbegriff einen *bloßen* Zurechnungsakt[38]. Im anderen Fall (Abstellen auf ein kollektives Versagen *aller* hinter der juristischen Person stehenden Individuen) kommt man bei der inhaltlichen Ausfüllung und dem Beweis des *kollektiven* Verschuldens nicht umhin, von einer Betrachtung der einzelnen Individuen abzusehen und mit stark verallgemeinernden Maßstäben zu arbeiten. In beiden Fällen wird also ein rein normativer Schuldbegriff vorausgesetzt, der mit dem überkommenen, (ethisch und) ontologisch begründeten kriminalstrafrechtlichen

---

36 So vor allem die Anhänger des sozialen Schuldbegriffs, die nur die Frage stellen, "ob 'ein anderer' in der Lage des Täters nach dem Erfahrungsgut der beteiligten Fachdisziplinen der Tatverursachung hätte widerstehen können ("sozial-vergleichender Maßstab"); vgl. dazu JESCHECK / WEIGEND, Lehrbuch [5. Aufl.], S. 411 und 427 ff.

37 Insoweit läßt sich auch durch Einführung des sozialen Schuldbegriffs in das Kriminalstrafrecht die "Schuld" von Unternehmen nicht begründen (a.A. z.B. MÜLLER, S. 22 f. und 28) und die unter Berufung auf diesen Schuldbegriff, gegen die Ausführungen von OTTO angemeldeten Bedenken von SEELMANN (ZStW 108 [1996], 654) sind nicht berechtigt. Auch wenn die Frage dahingeht, ob "ein anderer an Stelle des Täters die rechtswidrige Tat hätte vermeiden können", wird die Höchstpersönlichkeit der Entscheidung als Grundlage des Schuldurteils nicht berührt; vgl. dazu erneut OTTO, Jura 1998, 416: "Auch daß der Maßstab, an dem die persönliche Verantwortung des Täters gemessen wird, in einem Analogieschluß, einem Vergleich mit dem erdachten Modell des 'Normalmenschen' gefunden wird, ändert an der höchstpersönlichen Verantwortlichkeit des Täters für seine Entscheidung nichts."

38 Vgl. dazu SCHÜNEMANN (in: Madrid-Symposium für Tiedemann, S. 282), der den logischen Fehler (quaternio terminorum) des BVerfGE 20, 323 ff. [335 f.] kritisiert. Das Gericht hatte dabei in einem obiter dictum die an zivilrechtlichen Prinzipien ausgerichtete Zurechnung des Organverschuldens bei juristischen Personen als vereinbar auch mit dem strafrechtlichen Schuldprinzip angesehen, ohne dabei zu berücksichtigen - wie SCHÜNEMANN mit Recht betont - daß "der strafrechtliche Schuldbegriff ... gerade die Möglichkeit des individuellen Andershandelns voraus[setzt] und damit eine empirische Fähigkeit, die nicht durch eine lediglich normative Zurechnung geschaffen werden kann, so daß also die an zivilrechtlichen Grundsätzen orientierte Zurechnung des Organverschuldens ... mit dem strafrechtlichen Schuldbegriff des individuellen Andershandelnkönnens in Wahrheit nichts gemein hat".

Schuldbegriff nur dann Schritt halten kann, wenn letzterer seinen bewährten Inhalt preisgibt und eine ebenfalls stark normative Prägung erhält[39].

Solch tiefgreifende Modifizierungen im Bereich der Schuldfeststellung - aber auch in sonstigen Feldern der kriminalstrafrechtlichen Dogmatik - könnten die bewährte Effizienz des überkommenen Systems ernsthaft ins Schwanken bringen. Die aus der Anknüpfung an ontologische Befunde herrührende *Überzeugungskraft* und *liberale Prägung* des klassischen Systems würden nämlich dadurch stark abgeschwächt. Eine Verlagerung der repressiven Inanspruchnahme von Kollektivpersonen außerhalb des Kriminalstrafrechts gibt dagegen die Möglichkeit, die kriminalpolitische Effizienz des Systems aufrechtzuerhalten.

Statt der soeben angedeuteten *Einheitslösung* wäre allerdings auch die *Zwei-Spur-Lösung* (Errichtung innerhalb des Stafrechtssystems von zwei getrennten kriminalstrafrechtlichen Spuren, einer für Individuen und einer für Kollektive) denkbar. Der letztgenannte Weg, den HEINE einschlägt[40], ist zwar konsequent und hinsichtlich der angesprochenen kriminalpolitischen und dogmatischen Aspekte eigentlich vertretbar - auch wenn ebenfalls zu bedenken ist, ob eine an einzelnen Problemen orientierte Zersplitterung des kriminalstrafrechtlichen Dogmas mit Blick auf die Überzeugungskraft dieses Dogmas zweckmäßig ist. Die verfassungsrechtliche Dimension des Problems kommt darüber hinaus auch bei dieser Lösung zu kurz. Solange der Inhalt der Kriminalstrafe unverändert bleibt - sonst hat es keinen Sinn mehr, vom Kriminalstrafrecht zu sprechen! -, kann die Kriminalstrafe der zweiten, kollektivbezogenen Spur verfassungsrechtlich nur schwer legitimiert werden.

Zum anderen ist in Erwägung zu ziehen, daß es keineswegs erforderlich ist, die Verwaltungsstrafe gegen Kollektivpersonen mit der Verwaltungsstrafe gegen Bagatellunrecht von Individuen dogmatisch gleichzustellen. Im Gegenteil: Der Ansatz der ethisch neutralen Sanktion soll zwar bei allen Verwaltungsstrafen beibehalten werden. Die Verwaltungsstrafe gegen Kollektivpersonen könnte aber verselbstän-

---

39 Dadurch läßt sich erklären, daß der Schuldbegriff als unproblematisch mit Blick auf die Einführung von Kriminalstrafen gegen Verbandspersonen erst von denjenigen Autoren betrachtet wird, die sich bereits zu einem stark normativierten Schuldbegriff bekannt haben, vgl. beispielsweise den (in der Literatur stark kritisierten), vom Gedanken der Prävention geprägten Ansatz von JAKOBS, der die Schuld nicht mehr als Erhebung irgendeines Vorwurfs bestimmt, sondern allein funktional unter Strafzweckaspekten definieren will (siehe JAKOBS, Schuld und Prävention, S. 9 und 20: "Schuld wird durch Generalprävention ... begründet und nach dieser Prävention bemessen... [Sie] ist kein feststellbarer Zustand, sondern eine Zuschreibung, die erfolgt, weil ein Konflikt verarbeitet werden muß und anders als durch Zurückführung auf eine Person nicht verarbeitet werden kann." DERS., Strafrecht AT [2. Aufl.], 17 Abschn., Rdn. 18 ff.; DERS., Das Schuldprinzip, passim). Nach JAKOBS seien danach "für die Handlung wie für die Schuld ... die dogmatischen Formen (nicht nur die Namen) bei der natürlichen und der juristischen Person identisch", vgl. DERS., Strafrecht AT, 6. Abschn., Rdn. 44 f. - Zur Kritik der Lehre von JAKOBS vgl. zusammenf. DE ALBUQUERQUE, ZStW 110 (1998), 649 ff. m.w.Nachw.

40 HEINE, Die strafrechtliche Verantwortlichkeit von Unternehmen, S. 256 ff.; DERS., in: ARNOLD / BURKHARDT / GROPP / KOCH, Grenzüberschreitungen, S. 75 f.; DERS., MJ 2 (1995), 123 ff.; DERS., ÖJZ 1996, 217 ff.

digt werden und als *System ethisch neutraler Repression* neben der Verwaltungsstrafe für individuelles Bagatellunrecht gestellt werden. Dadurch sollte zum Ausdruck gebracht werden, daß das gemeinsame, an sozialen und normativen Kategorien und Ordnungsgesichtspunkten orientierte Sanktionsmittel des Verwaltungsstrafrechts (Verwaltungsstrafe) jeweils andere Funktionen zu erfüllen hat. Die Verwaltungsstrafe gegen (wirtschaftlich tätige) Kollektivpersonen (Unternehmensstrafe) würde insoweit die Rolle übernehmen, *organisatorische, durch kollektives Zusammenwirken bedingte vorwerfbare Fehlentwicklungen* sichtbar zu machen.

Ein logisch konzipiertes, dogmatisch verfeinertes und konsequent durchgesetztes Verwaltungsstrafrecht gegen Unternehmen könnte somit letztendlich das kriminalpolitische Bedürfnis nach der strafrechtlichen Erfassung von wirtschaftlich tätigen Kollektivpersonen weitestgehend befriedigen, und zwar ohne die hohen Bedenken aufkommen zu lassen, die mit dem Einsatz der Kriminalstrafe gegen ein Kollektiv - berechtigterweise - verbunden sind[41]. Von diesen Bedenken - auch vom Bedenken der problemorientierten Ausdifferenzierung des Materials und der Errichtung mehrerer Spuren - ist das Verwaltungsstrafrecht weitgehend befreit[42], denn es steht von seiner Konzeption her dem Praktikabilitätsgedanken näher und läßt sich damit dogmatisch flexibler aufbauen.

Die Aussage über die Flexibilität der verwaltungsstrafrechtlichen Dogmatik sollte jedenfalls nicht dahingehend mißverstanden werden, daß sich die Verwaltungsstrafe gegen Kollektivpersonen bzw. gegen Unternehmen den Verzicht auf eine ausführliche dogmatische Grundlegung leisten dürfte. Verfassungsrechtliche Legitimation und kriminalpolitische Effizienz hängen eng mit der Erarbeitung von festen dogmatischen Fundamenten. Darauf ist im dritten Teil der Arbeit (§§ 8 und 9) näher einzugehen.

(4) Verwaltungsstrafe und Gewinnabschöpfung

Die Verwaltungsstrafe sollte schließlich als multifunktionales Sanktionsinstrument ausgestaltet werden und Funktionen in sich aufnehmen, die ihren Einsatz im Kampf gegen die (insbesondere Wirtschafts-)Kriminalität wirksamer machen werden und die von der in ihren Kernfunktionen heute gefestigten Kriminalstrafe nur schwer übernommen werden könnten, so z.B. die Funktion der *Gewinnabschöpfung* und der Vorbeugung unlauteren Gewinnstrebens bei einer wirtschaftlichen Betätigung. In der Wirklichkeit erfüllt die Verwaltungsstrafe bereits heute (teilweise) diese Funktion, wie die oft sehr hohen Bußgeldrahmen des geltenden Rechts vermuten lassen. Dies muß aber im dogmatischen System klar zum Ausdruck gebracht und überzeugend fundiert werden.

---

41 Vgl. dazu zuletzt die kritischen Ausführungen von HAMM, NJW 1998, 662 f.

42 Vgl. den Ansatz von OTTO (Die Strafbarkeit von Unternehmen, S. 27), der ebenfalls "die Aufgabe des Einheitsdogmas des Ordnungswidrigkeitenrechts bei der Geldbuße gegen Unternehmen" als einen Schritt betrachtet, der "nicht annähernd mit vergleichbaren Folgen" wie eine Aufgabe des Einheitsdogmas im Kriminalstrafrecht belastet sei; siehe auch DERS., Jura 1998, 417.

II. Dogmatische Ausgestaltung - Ordnungswidrigkeitenrecht und Unternehmensstrafrecht als selbständige Gebiete der Verwaltungsstrafrechtsdogmatik

Nach der klaren Bestimmung der Grenzen und der rechtspolitischen Aufgaben des Verwaltungsstrafrechts gilt es die strafrechtlichen Grundsätze und Garantien zu konkretisieren, die auf dieses Gebiet zu übertragen sind. Hierbei soll gleichzeitig um die Konkretisierung der verwaltungsrechtlichen dogmatischen Maßstäbe bemüht werden, die im Verwaltungsstrafrecht beibehalten werden könnten bzw. müßten, soweit sie verfassungskonform sind und die praktischen Bedürfnisse dieses Rechtsgebiets auf angemessenere Art und Weise befriedigen können, als dies bei den auf die klassischen Kriminaldelikte zugeschnittenen strafrechtlichen theoretischen Modellen der Fall ist. Auf diese Fragen wird allerdings ausführlich an anderer Stelle am Beispiel des europäischen Verwaltungsstrafrechts in Kartellsachen eingegangen[43]. Im folgenden werden lediglich die Leitgedanken formuliert, die die maßgeblichen relevanten Entscheidungen prägen sollten.

A. *Verwaltungsstrafrecht und Strafgarantien*

Wie bereits dargelegt, sind auf das Verwaltungsstrafrecht alle wesentlichen Strafgarantien zu übertragen. Die Verwaltungsstraftatbestände sollten dementsprechend vom Gesetzgeber möglichst präzise formuliert werden, die Analogie zu Lasten des jeweils Betroffenen sollte dem Rechtsanwender verwehrt bleiben, Generalklausen sollten eng ausgelegt werden[44] und die Rückwirkung von ahndungsbegründenden oder ahndungsschärfenden Verwaltungsstrafnormen sollte - bei gleichzeitiger Beachtung des Milderungsgebots - ausgeschlossen werden. Die Ahndungsbegründung sollte außerdem von der subjektiven Einstellung des Betroffenen zu seiner Tat abhängig gemacht werden und insbesondere den Tatsachen- und den (unvermeidbaren) Rechtsirrtum berücksichtigen. Überdies sollte den klassischen Rechtfertigungs- und Entschuldigungsgründen ein fester Platz im Prozeß der Ahndungsbegründung eingeräumt werden. Kurzum sollten bei dem Aufbau des verwaltungsstrafrechtlichen dogmatischen Systems die wesentlichen kriminalstrafrechtlichen Kategorien und Begriffe liberaler Prägung beachtet werden.

Empfehlungen des XIV. Internationalen Strafrechtskongresses der AIDP in Wien[45]: "Die Tatbestände des Verwaltungsstrafrechts sind ebenso wie die Sanktionen des Verwaltungsstrafrechts in Übereinstimmung mit dem *Gesetzlichkeitsprinzip* festzulegen... Die verwal-

---

43 Siehe PAPAKIRIAKOU, Europäisches Unternehmensstrafrecht, passim.

44 Zu dem neben dem Analogieverbot geltenden (umstrittenen) Gebot der engen Auslegung von Generalklauseln und unbestimmten Rechtsbegriffen siehe PAPAKIRIAKOU, Europäisches Unternehmensstrafrecht, *Zweiter Teil* I B 1 m.w.Nachw.

45 Thema I: Die juristischen und praktischen Probleme der Unterscheidung von Strafrecht und Verwaltungsstrafrecht, abgedruckt in ZStW 102 (1990), 683 ff.; zu diesen Empfehlungen, die "sämtlich einstimmig beschlossen wurden und Ausdruck heutiger allgemeiner Rechtsüberzeugung sind", siehe auch TIEDEMANN, NJW 1990, 2229 f. sowie den Tagungsbericht von WEIGEND, ZStW 102 (1990), 665 ff.; siehe auch den Resolutionsentwurf, der auf dem Stockholmer Vorkolloquium zu diesem Thema im Juni 1987 erarbeitet wurde, in ZStW 101 (1989), 253 ff. und dazu den Tagungsbericht von JESCHECK, ZStW 101 (1989), 239.

tungsstrafrechtliche Verantwortlichkeit natürlicher Personen soll auf dem *Grundsatz persönlichen Verschuldens* (Vorsatz oder Fahrlässigkeit) beruhen... Die im Strafrecht anerkannten *Rechtfertigungs-, Entschuldigungs- und Milderungsgründe* einschließlich des *unvermeidbaren Irrtums* sind auch im Verwaltungsstrafrecht zu berücksichtigen... Im Verwaltungsstrafrecht ist die *Unschuldsvermutung* ebenso anzuerkennen wie der Grundsatz, daß Sanktionen gegen den Beschuldigten nur verhängt werden dürfen, wenn der *Verstoß über jeden vernünftigen Zweifel hinaus nachgewiesen* worden ist... Wenn ein Verhalten sowohl einen Straftatbestand als auch den Tatbestand einer Verwaltungsübertretung erfüllt, darf der Täter *nicht zweimal bestraft* werden."

Bei der Übertragung von Strafgarantien auf das Verwaltungsstrafrecht, insbesondere bei deren Umsetzung in die verwaltungsstrafrechtliche Dogmatik, sollte allerdings eine große Aufmerksamkeit auch der Frage nach den *Grenzen der Übertragung* gewidmet werden. Diese Frage ist sogar doppelt zu stellen, nämlich mit Blick sowohl auf die Aufgaben des Verwaltungsstrafrechts im Bereich der Bagatellkriminalität von Individuen als auch auf seine Aufgaben im Gebiet der "Kriminalität" von Kollektiven. Bei der Beantwortung dieser doppelten Frage könnten insbesondere die Erfahrungen derjenigen Länder behilflich sein, die ihr verwaltungsstrafrechtliches Sanktionssystem bereits aufgrund strafrechtlicher Grundsätze und Garantien systematisiert haben (Deutschland, Italien, Portugal, Österreich und Spanien)[46].

B. *Ordnungswidrigkeitenrecht*

Die Entwicklung des deutschen Bußgeldrechts zeigt beispielsweise, daß eine *übermäßige* Übertragung von strafrechtlichen Garantien auf das Verwaltungsstrafrecht die Gefahr in sich birgt, die *Funktionalität* dieses zunächst für Bagatellfälle gedachten und mit geringen Sanktionen agierenden Rechtsgebiets zu blockieren. Ein großer Teil des deutschen Schrifttums ist deswegen heute der Meinung, daß *materielle* Strafgrundsätze, wie beispielsweise das Bestimmtheitsgebot, im Ordnungswidrigkeitenrecht nicht mit derselben Stringenz wie im Kriminalstrafrecht einzuhalten seien[47]. Die aktuelle Gesetzgebungspraxis, die auf die Normierung von Generalklauseln und Blankettgesetzen im Ordnungswidrigkeitenrecht ständig zurückgreift, wird insoweit als legitim angesehen[48]. Ebensowenig werden verfassungsrechtliche Bedenken gegen den Einsatz von Umgehungsklauseln mit Blick auf Ordnungswidrigkeiten erhoben[49]. Eine gewisse Zurückhaltung empfiehlt außer-

---

46 Vgl. dazu die Nachweise oben im Text (§ 6 III D), Anm. 86. - Die folgenden Ausführungen konzentrieren sich auf das deutsche Verwaltungsstrafrecht ("Ordnungswidrigkeitenrecht"), das die längste Tradition im europäischen Raum hat.

47 GÖHLER, OWiG Kommentar [12. Aufl.], § 3 Rdn. 5; REBMANN / ROTH / HERMANN, OWiG Kommentar [2. Aufl., 7. Lfg.], § 3 Rdn. 4; zu der allgemeinen Problematik siehe BVerfGE 14, 245 [251] und TIEDEMANN, Tatbestandsfunktionen, S. 197 ff.

48 WEIGEND, RevIntDrPén 59 (1988), 70 f.

49 TIEDEMANN, in: I/M GWB [1992], Vor 38 Rdn. 25.

dem das Schrifttum hinsichtlich der *verfahrensrechtlichen* Garantien, die im Ordnungswidrigkeitenverfahren zur Anwendung kommen sollten. So lehnt beispielsweise GÖHLER nachdrücklich das Bedürfnis ab, sämtliche Verfahrensgarantien der Europäischen Konvention für Menschenrechte in das Bußgeldverfahren des OWiG aufzunehmen[50]. Auch die Reform des OWiG im Jahr 1987, dessen Kernstück in der Auflockerung des Beweisrechts zu sehen ist, wird prinzipiell im Schrifttum begrüßt[51]. Insgesamt ist eine dahingehende Übereinstimmung zu konstatieren, daß die für Kriminalstraftaten geltenden materiellen und verfahrensrechtlichen Garantien im Verwaltungsstrafrecht in einem dem Bagatellcharakter der Verwaltungsdelikte und der Verwaltungsstrafen entsprechenden, reduzierten Umfang angewendet werden sollten[52].

Die soeben skizzierten Erfahrungen sprechen dafür, im Bereich des die Fälle mindergewichtigen Unrechts umfassenden griechischen Verwaltungsstrafrechts einen Regelungsrahmen zu errichten, der eine praktikable Ausgestaltung aufweist, eine zügige (summarische) Abwicklung des verwaltungsbehördlichen und des daran anschließenden gerichtlichen Verfahrens ermöglicht und mit Blick auf die Strafgarantien nur deren wesentliche Aspekte zur Geltung kommen läßt[53]. Um den Gedanken des von natürlichen Personen verwirklichten bagatellhaften / ordnungsrelevanten Unrechts zum Ausdruck zu bringen, könnte man hier den Terminus "*Ordnungswidrigkeitenrecht*" einführen.

---

50 GÖHLER, NStZ 1985, 64.

51 Siehe dazu BOHNERT in: KK OWiG [1989], Einleitung Rdn. 49 m.w.Nachw. - Vgl. auch den Beschluß des Ersten Senats des BVerfG v. 04.02.1959 (BVerfGE 9, 167 [169 ff.]), in dem die verfassungsrechtliche Zulässigkeit von Vermutungen im Verwaltungsstrafrecht - trotz grundsätzlicher Anerkennung des in dubio pro reo-Satzes [S. 170] - angesichts der Besonderheiten der Geldbuße ("der Bereich der sittlichen Persönlichkeit des Menschen [wird] überhaupt nicht berührt"; durch das Opportunitätsprinzip "ist es möglich, Härten zu vermeiden") bejaht wird, solange sich zumindest der erforderliche Gegenbeweis nur auf Einzelaspekte der Zuwiderhandlung bezieht und dem Betroffenen zugemutet werden kann. Das geltende deutsche Ordnungswidrigkeitenrecht enthält allerdings keine Vermutungstatbestände mehr.

52 Weitere Hinweise für diese Problematik bei HEINE, Die strafrechtliche Verantwortlichkeit von Unternehmen, S. 185 Anm. 168; HEINE selbst führt aus: "Tatsächlich gehen Praxis und Rechtsprechung jedenfalls davon aus, daß die Zurechnungsvoraussetzungen und Verantwortlichkeitskriterien in den Nebensystemen prinzipiell 'gezielt gesenkt' seien, oder daß jedenfalls großzügige Ausnahmen von der strikten Geltung kernstrafrechtlicher Prinzipien erforderlich seien."

53 Vgl. dazu die oben im Text (§ 6 II D) geschilderten Vorschläge von MANGAKIS und PSAROUDA-BENAKI. Insbesondere zum Aspekt einer prozessualen Beweislastumkehr vgl. die (befürwortende) Stellungnahme von TIEDEMANN, ZStW 110 (1998), 513.

C. Unternehmensstrafrecht

Ein rechtsvergleichender Blick auf das deutsche Recht zeigt, daß sich auch im Bereich des Einsatzes der Verwaltungsstrafe (Geldbuße) gegen Kollektivpersonen Probleme ergeben haben.

Es ist nur das Verwaltungsstrafrecht (Ordnungswidrigkeitenrecht) in der deutschen Rechtsordnung, das über ein Rechtsinstitut verfügt, welches die repressiv-ahndende Inanspruchnahme von Kollektivpersonen ermöglicht. Mit dieser, in § 30 OWiG geregelten sog. *Verbandsgeldbuße* übernimmt das Ordnungswidrigkeitenrecht kriminalpolitische Aufgaben, die über die Grenzen des eigentlichen Ordnungsunrechts hinausgehen und bis zum schwerwiegenden Unrecht des StGB mit entsprechend hohen Geldbußen reichen[54].

Beachtenswert ist insbesondere, daß die Deutung und dogmatische Ausgestaltung des gegen Kollektive gerichteten punitiven Sanktionsrechts in Deutschland von Anfang an in enger Anlehnung an die auf Individuen zugeschnittenen herkömmlichen kriminalstrafrechtlichen Theorien vorgenommen wurde.

Diese Entwicklung läßt sich vor allem auf die gesetzlich vorgeschriebene *individualstrafrechtliche Einbindung der Verbandsgeldbuße*[55] zurückführen. Auch in seiner geltenden Fassung lehnt nämlich § 30 OWiG den Gedanken einer (rechtsformübergreifenden) selbständigen Normadressateneigenschaft und Verantwortung von Kollektiven ab und verlangt als Voraussetzung für die bußgeldrechtliche Inanspruchnahme von Kollektivpersonen die Begehung einer Straftat oder einer Ordnungswidrigkeit durch ein gesetzliches Organ oder einen mit Handlungsvollmacht ausgestatteten leitenden Angestellten der jeweils betroffenen Kollektivperson[56]. Im Kern der gesetzlichen Regelung der Verbandsgeldbuße steht damit das der (juristisch verselbständigten) Kollektivperson zuzurech-

---

54 Vgl. dazu SCHROTH, wistra 1986, 158 f.: "Damit bestätigt sich erneut, daß dem OWiG innerhalb unserer Strafrechtsordnung die besondere Aufgabe zufällt, im Bereich der Betriebs- und Unternehmenskriminalität eingesetzt zu werden... Die Kehrseite der besonderen Aufgabenstellung ist, daß das OWiG in bestimmtem Maße 'gesamtstrafrechtliche' Funktionen zu erfüllen hat, also über die Ahndung von Ordnungswidrigkeiten hinausgeht und Kriminaldelikte betrifft." (S. 162): "Der Anwendungsbereich der Verbandsgeldbuße erstreckt sich auf Ordnungswidrigkeiten *und* Kriminalstraftaten. Wir stehen daher vor einer zwar im OWiG lozierten, aber doch übergreifend-gesamtstrafrechtlich bedeutsamen Norm." DERS., Unternehmen als Normadressaten, S. 121 f.; R. SCHMITT, in: FS für Lange, S. 877.

55 Vgl. dazu zuletzt BUSCH, Unternehmen und Umweltstrafrecht, S. 444.

56 Durch das 2. Gesetz zur Bekämpfung der Umweltkriminalität (UKG) wurde die in der deutschen Literatur oft kritisierte (vgl. TIEDEMANN, in: Verhandlungen des 49. DJT, Bd. I, Teil C, S. 57 f.; ACHENBACH, in: FS für Stree und Wessels, S. 560; MÜLLER, S. 66 ff. m.w.Nachw.; zur Diskussion vor der Verabschiedung des 2. UKG siehe ACHENBACH, JuS 1990, S. 606) Begrenzung des Anwendungsbereichs des § 30 OWiG auf gesetzliche Organe insoweit aufgehoben, als nunmehr auch die Straftaten oder Ordnungswidrigkeiten (sog. Anknüpfungstaten) von Generalbevollmächtigten oder von Prokuristen und Handlungsbevollmächtigten in leitender Stellung der juristischen Person (oder den dieser gleichgestellten Personenvereinigungen) zugerechnet werden können (§ 30 Abs. 1 Nr. 4 OWiG); zum kompromißhaften Charakter der Reform siehe GÖHLER, OWiG [12. Aufl.], § 30 Rdn. 11 m.w.Nachw.

nende *volldeliktische Handeln einer natürlichen Person*, was freilich die Anlehnung der unternehmensstrafrechtlichen Dogmatik an kriminalstrafrechtliche Denkmuster nicht unerheblich begünstigt.

Die individualstrafrechtliche Einbindung des deutschen Konzepts hatte zur Folge, daß viele Fragen - wie der Sinn und Zweck der Verbandsgeldbuße oder der Inhalt der Zurechnungs- und Verantwortungskriterien - lange Zeit vor dem Hintergrund individualstrafrechtlicher Probleme und damit falsch gestellt wurden. Außerdem wurde die Diskussion durch die unkritische Übernahme klassischer kriminalstrafrechtlicher Denkmuster auf Rahmen beschränkt, die mit Blick auf die Probleme der Unternehmenskriminalität dogmatisch wenig fruchtbar und praktisch wenig gerecht erscheinen. Mit dieser unbefriedigenden Situation will nunmehr die deutsche Wissenschaft, in Anbetracht auch der modernen Tendenzen im europäischen Recht, fertig werden[57].

Der geschilderte Fehltritt ist bei dem dogmatischen Aufbau des griechischen Verwaltungsstrafrechts gegen Kollektivpersonen zu vermeiden. Die gebotene Anreicherung dieses Gebiets mit Strafgarantien sollte also *nicht* mit einer bedingungslosen Rezeption sämtlicher kriminalstrafrechtlicher Lehren verbunden werden. Angesichts der besonderen Natur der Sanktionssubjekte und des systematischen (an der Grenze zwischen Verwaltungs- und Strafrechtsdenken liegenden) Standorts des Verwaltungsstrafrechts sollten vielmehr die Fragen neu gestellt und der Aufbau eines begrifflichen und theoretischen Instrumentariums angestrebt werden, das den dem Verwaltungsstrafrecht zugewiesenen Aufgaben angemessen Rechnung trägt und Zurechnungs- und Verantwortungskriterien anbietet, die die Erfüllung dieser Aufgaben ermöglichen. Erst eine derartige (teilweise) Verselbständigung gegenüber der klassischen kriminalstrafrechtlichen Dogmatik würde dem Rechtstheoretiker, dem Gesetzgeber und dem Rechtsanwender die undankbare Suche nach salomonischen Lösungen in Zurechnungsfragen ersparen und ihnen insgesamt ermöglichen, auf die immer komplexer werdenden Probleme der Kriminalität von Kollektivpersonen sachgerechte Antworten zu geben.

Die angesprochene Verselbständigung sollte auch im prozessualen Bereich einen deutlichen Niederschlag finden. Nicht zu übersehen ist dabei allerdings, daß die Kollektivstrafe programmatisch darauf angelegt sein soll, das ganze Spektrum der

---

57 Vgl. dazu z.B. die Ausführungen MÜLLER-GUGENBERGERS in: DERS, Wirtschaftsstrafrecht [1992], § 19 Rdn. 52 f.; siehe auch TIEDEMANN, in: I/M GWB [1992], Vor § 38 Rdn. 9: "Rechtspolitisch spricht viel dafür, daß der praktische Vorrang der Verbandsgeldbuße nach dem Vorbild des EG-Rechts zur Ausbildung eines Unternehmensstrafrechts (i.w.S.) führen wird, das sich zumindest teilweise von den herkömmlichen strafrechtlichen Kategorien löst." - Zu den Bestrebungen der deutschen Literatur im Hinblick auf die dogmatischen Probleme der Zurechnung zur Schuld bei Unternehmen einen Ausweg aus dem überkommenen strafrechtlichen Schuldbegriff zu finden, zusammenf. OTTO, Die Strafbarkeit von Unternehmen und Verbänden, S. 15 ff.; zur geltenden Rechtslage in Deutschland und zu den im Schrifttum vorgeschlagenen Reformkonzepten siehe ferner DANNECKER, Rev.sc.crim. 1997, 281 ff.

kriminellen Tätigkeit von Kollektiven zu erfassen. Die Aburteilung von schweren, auf kollektive Fehlentwicklungen zurückgehenden Rechtsgutsbeeinträchtigungen und die Verhängung von hohen Verwaltungsstrafen sollte sogar in der Praxis eher die Regel bilden. Das Denkschema des Bagatellunrechts und der Bagatellsanktion, das oben Abstriche in den anzuwendenden verfahrensrechtlichen Garantien nahelegte, ist also hier ungültig. Abweichungen von klassischen prozessualen Regeln könnten höchstens unter Rückgriff auf die Natur des Sanktionssubjekts oder auf den Gedanken der Verwaltungseffizienz legitimiert werden[58]. Im allgemeinen sind aber *hohe verfahrensrechtliche Standards* zu fordern. In Frage kommt deswegen nur ein verwaltungsstrafrechtliches Verfahren, das in Anlehnung an strafprozessuale Grundsätze die Verteidigungsrechte der Unternehmen beachtet und zudem von Verwaltungsorganen geleitet wird, die die für eine sachkompetente und politisch neutrale Entscheidungsfindung erforderlichen Gewährleistungen anbieten. Das in den letzten Jahren (auch)[59] in Griechenland im Vordringen befindliche Institut der *unabhängigen Verwaltungsbehörden* (Autorités Administratives Indépendantes), die mit Garantien personeller und funktioneller Unabhängigkeit ausgestattet sind und auf der Grundlage besonderer Verfahrensordnungen ihre Tätigkeit ausüben, könnte die oben genannten Ziele optimal erreichen.

Insgesamt ist also ein Regelungsrahmen zu entwickeln, der den materiellen Strafgarantien in einer der Natur der Sanktionssubjekte und dem systematischen Standort der Materie angepaßten Weise verpflichtet und prozessual - zumindest mit Blick auf die Gründlichkeit des Verfahrens - dem Strafprozeß nachgebildet ist. Terminologisch könnte man hierbei vom Kollektiv- bzw. (im Hinblick auf wirtschaftlich tätige Kollektive) vom "*Unternehmensstrafrecht*" sprechen.

III. Entwicklungsperspektiven des griechischen Verwaltungsstrafrechts in Kartellsachen

A. Die dogmatische Zugehörigkeit der kartellrechtlichen (Unternehmens-)Geldbußen

(1) Schlüsse aus den bisher gewonnenen Erkenntnissen über die allgemeine Natur der Verwaltungsstrafen

Bereits in den einleitenden Bemerkungen des vorliegenden Teils der Arbeit wurde die Absicht erklärt, die Rechtsnatur und damit die dogmatische Zugehörigkeit der kartellrechtlichen Geldbußen aufgrund von Kriterien zu bestimmen, die den neueren interna-

---

58 Auf individuelle Konfliktsituationen zugeschnittene Beweisregeln, wie das Recht auf Schweigen, entbehren beispielsweise in einem gegen Unternehmen gerichteten Verfahren ihrer ursprünglichen Legitimationsbasis und könnten insoweit relativiert werden.

59 Zu ähnlichen Entwicklungen in anderen EU-Mitgliedstaaten vgl. TIEDEMANN, NJW 1993, 30 f.; DERS., in: FS für Stree und Wessels, S. 532 f.; DERS., in: KREUZER / SCHEUING / SIEBER, Die Europäisierung der mitgliedstaatlichen Rechtsordnungen, S. 141; vgl. auch PALIERO, in: Madrid-Symposium für Tiedemann, S. 258.

tional vorherrschenden Erkenntnissen der Rechtswissenschaft über die Grenzen des Strafrechts i.w.S. entsprechen, auch wenn dies eventuell dazu führen muß, daß die in Griechenland vertretenen Lehren teilweise zurückgedrängt werden.

Im Hinblick darauf, daß die kartellrechtlichen Geldbußen einen Unterfall der Verwaltungsstrafen darstellen, wurde außerdem die Entscheidung getroffen, die Untersuchung nicht nur auf die Rechtsnatur der Kartellgeldbußen zu beschränken, sondern auf den ganzen verwaltungsstrafrechtlichen Bereich und seine Zwangsmittel zu erstrecken, so daß das Problem umfassend in seinen systematischen Zusammenhängen dargestellt und aufgeklärt werden kann. Wegen der Beziehung der Geldbußen des Kartellrechts als Unterbegriff zu den Verwaltungsstrafen als Oberbegriff stand es jedenfalls von Anfang an fest, daß die für letztere getroffenen Feststellungen prinzipiell auch für die Kartellgeldbußen gelten.

Aus der bisherigen Untersuchung hat sich ergeben, daß die Verwaltungsstrafen des griechischen Rechts ihrer Natur nach kein bloßes verwaltungsrechtliches Zwangsmittel darstellen, denn sie verfolgen nicht ausschließlich präventive (oder restitutive) Zwecke, sondern tragen subjektiv und in ihrer tatsächlichen Auswirkung auch repressiv-ahndende Grundzüge. Sie haben damit strafähnlichen Charakter. Aus diesem Grund und im Anschluß sowohl an die Ansicht eines Teils des griechischen strafrechtlichen Schrifttums als auch an die international vorherrschende Auffassung wurde das Postulat aufgestellt, daß die wesentlichen strafrechtlichen Grundsätze auch auf die Verwaltungsstrafen Anwendung finden müssen.

Diese Schlußfolgerungen sind nun auch für die richtige Bestimmung der Rechtsnatur und der dogmatischen Zugehörigkeit der Kartellgeldbußen maßgebend. Dies gilt um so mehr, als es im Fall der Kartellgeldbußen teilweise um extrem hohe punitive Sanktionen geht[60], welche eine echte Existenzbedrohung für das betroffene Unternehmen bedeuten können.

Die dogmatische Zuordnung zumindest der genannten Kategorie von Kartellgeldbußen zum Strafrecht (i.w.S.) läßt sich kaum bestreiten. Der einzige Einwand, der möglicherweise erhoben werden könnte, besteht darin, daß die genannten kartellrechtlichen Bußgeldnormen grundsätzlich Unternehmen bzw. juristische Personen als Adressaten haben und sich somit mit dem auf dem Dogma "societas delinquere non potest" aufbauenden griechischen Strafrechtssystem nicht vereinbaren lassen. Dieser Einwand geht aber aus zwei Gründen fehl. Zum einen sei daran erinnert, daß je nach der Organisationsform des Unternehmens auch natürliche Personen in der Eigenschaft des Unternehmensträgers als mögliche Adressaten der fraglichen Bußgeldnormen in Betracht kommen[61]; von einer ausschließlich an juristische Personen gerichteten Sanktion kann daher nicht die Rede sein. Zum anderen ist zu beachten, daß sich auch dann, wenn im konkreten Fall juristische Personen als Norm- und Sanktionsadressaten feststehen, der punitive Charakter der Sanktion dadurch *nicht* ändern kann. Auch in solchen Fällen geht es nämlich um eine Sanktion, die überwiegend auf die Vergangenheit abstellt und

---

60 Siehe z.B. Art. 4d Abs. 2, Art. 9 Abs. 1 lit. e und Art. 21 Abs. 2 lit. b KartellG.

61 Siehe oben im Text, § 5 II B 2 (b). Hingewiesen sei auch auf die mit schweren Geldbußen bewehrten Fusionsvorschriften des KartellG, die sich nicht nur an Unternehmen, sondern auch an andere (natürliche) Personen richten, siehe oben im Text, § 2 III A 1 (c).

aufgrund der gesetzlichen Regelung in keinem *ersichtlichen* Zusammenhang mit dem Zweck der Restitution oder der Gewinnabschöpfung steht. Zieht man in Betracht, daß diese Sanktion in einer schwerwiegenden Weise in die Rechtsgüter der juristischen Personen bzw. in die Rechtsgüter des von der juristischen Person rechtlich "vertretenen" Kollektivs eingreifen kann, so stellt sich die Frage, warum die Verhängung dieser schweren punitiven Sanktion von strafrechtlichen Prinzipien wie dem Bestimmtheitsgebot, dem ne bis in idem-Grundsatz oder dem in dubio pro reo-Satz abgekoppelt werden sollte. - Der Hinweis auf das herrschende Dogma der fehlenden Straffähigkeit von juristischen Personen vermag letztlich nur die These zu begründen, daß die kartellrechtlichen Geldbußen keine *Kriminalstrafen* sind - eine Annahme, die nahe läge, wenn man beispielsweise das Kriterium von ANDROULAKIS (Schwere der Sanktion) auf die genannte Kategorie der kartellrechtlichen Geldbußen anwenden würde. Die Zuordnung der fraglichen Geldbußen zum *Strafrecht i.w.S.* läßt sich aber durch den fraglichen Hinweis nicht berühren.

In diesem Sinne hat auch die EKMR im Société *Stenuit v. France*-Fall[62] das im (älteren) französischen Kartellrecht vorgesehene - dem griechischen vergleichbaren - Verfahren, das zu einer Geldbuße von bis zu 5% des Jahresumsatzes des betroffenen Unternehmens führen kann, als strafrechtlich im Sinne des Art. 6 Abs. 1 *EMRK* eingestuft. Die Kommission wurde in ihrer Entscheidung unter anderem von der potentiellen Höhe und damit von der Abschreckungswirkung der betreffenden Sanktion beeinflußt[63] und hat ausdrücklich hervorgehoben, daß die Natur der Norm- und Sanktionsadressaten (juristische Personen) an der strafähnlichen Natur der Geldbußen und an der Anwendbarkeit der Garantien des Art. 6 EMRK auf das Bußgeldverfahren nichts ändern könne[64].

Das strafrechtsdogmatische Verständnis der kartellrechtlichen Bußgeldtatbestände und dementsprechend ihre rechtliche Behandlung in Anlehnung an die wichtigsten strafrechtlichen Kategorien und Grundsätze erscheint demnach als eine rechtsstaatlich gebotene Vorgehensweise.

(2) Schlüsse aus den spezifischen Merkmalen der kartellrechtlichen Bußgeldpraxis

Es ist aber auch die kartellrechtliche Bußgeldpraxis selbst, die deutlich dafür spricht, die Kartellgeldbußen als strafähnliche Maßnahmen aufzufassen. Im Bewußtsein der griechischen *Wettbewerbs(schutz)kommission* nimmt beispielsweise der Gedanke der Ausübung von Ahndungsgewalt eine zentrale Position ein; SCHINAS, der langjährige Vorsitzende dieser Kommission, bringt dies eindeutig zum Ausdruck[65]. Derselbe Gedanke muß aber auch für den *Gesetzgeber* eine wichtige Rolle gespielt haben, als er im Jahr 1991 die Aufnahme von zwei Richtern in die Zusammensetzung der griechischen Wettbewerbskommission vorsah und in der anschließenden Rechtsreform im Jahr 1995 die Wettbewerbskommission als unab-

---

62 Siehe *EKMR* Bericht v. 30.05.1991, Beschwerde Nr. 11598/85, *Société Stenuit / Frankreich*, EuGRZ 1991, 506 f.

63 *EKMR* Bericht v. 30.05.1991, a.a.O. [Rdn. 64 f.].

64 *EKMR* Bericht v. 30.05.1991, a.a.O. [Rdn. 66 f.].

65 In: SCHINAS (Hrsg.), Schutz des freien Wettbewerbs, S. 33 f.

hängige Verwaltungsbehörde ausgestaltete[66]. Die *Verwaltungsgerichte* schließlich verdeutlichen, indem sie von den Kartellbehörden die strenge Einhaltung sämtlicher im Gesetz vorgesehener verfahrensrechtlicher Formalitäten[67] und das Erbringen des vollen Beweises für die Verwirklichung der Bußgeldtatbestände fordern - so daß man von der Geltung des in dubio pro reo-Satzes sprechen kann[68]-, daß sie im Kartellbußgeldverfahren kein übliches verwaltungsbehördliches Verfahren erblicken, das nach Gutdünken von der zuständigen Verwaltungsbehörde ausgestaltet werden darf, sondern ein Verfahren, das mit hohen Gefahren für die Interessen des Betroffenen verbunden ist und sich deswegen nach strengen, die Rechtsstellung des Betroffenen gewährleistenden Regeln richten muß.

Das strafrechtsdogmatische Verständnis der Bußgeldtatbestände des griechischen KartellG ist also nicht nur eine rechtsstaatlich gebotene Vorgehensweise, sondern entspricht im wesentlichen auch dem im Gebiet der Rechtsanwendung vorherrschenden "Ahndungsdenken".

B. *Offene Fragen bezüglich der Weiterentwicklung des griechischen Bußgeldrechts in Kartellsachen*

Die (kartellrechtlichen) Unternehmensgeldbußen in Griechenland sind daher insgesamt als Sanktionen des Strafrechts i.w.S. einzustufen und dogmatisch zu strukturieren. Den jeweils betroffenen Unternehmen muß mit anderen Worten in Zukunft das Recht zuerkannt werden, sich unter (sinngemäßer) Berufung auf klassische Strafgarantien und strafrechtliche dogmatische Grundsätze gegen die an sie gerichteten Bußgeldentscheidungen wehren zu können. - Die angestrebte dogmatische (Um-)Strukturierung und die Bestimmung der zuzulassenden, am strafrechtlichen Denken orientierten Verteidigungsmitteln müssen allerdings unter starker Berücksichtigung der besonderen Natur der kartellrechtlichen Sanktionssubjekte und des systematischen (an der Grenze zwischen Verwaltungs- und Strafrechtsdenken liegenden) Standorts des Kartellbußgeldrechts vorgenommen werden. Es muß insoweit berücksichtigt werden, daß es sich im Kartellrecht um ein "zukunftsoffen" abgefaßtes und damit auf Rechtsfortbildung angelegtes Rechtsgebiet handelt, das von einer Aufsichtsbehörde "verwaltet" wird und eigene (verwaltungsrechtliche) materielle Institute zur Regelung von Krisen- und Notsituationen kennt. Es muß ferner der Erkenntnis Rechnung getragen werden, daß im Kartellbußgeldrecht (vor allem) juristische Personen als Sanktionssubjekte in Betracht kommen, also Personen, die einerseits ihre rechtliche Identität leicht verändern können und andererseits keine ontologische Fähigkeit zur Entwicklung von eigenen subjektiven Vorstellun-

66 G. 1934/91 "Änderung der Wettbewerbsgesetzgebung und andere Vorschriften", FEK 31 / A / 08.03.1991.

67 Vgl. z.B. *VerwG Athen 5368/82* "GUY LAROCHE", Bd. A, S. 215.

68 Vgl. z.B. *VerwG Athen 3484/89* "Filme für Röntgenaufnahmen", Bd. B, S. 157 ff.

gen und Motiven besitzen. Die strafrechtsspezifischen Auslegungsregeln, die klassischen strafrechtlichen Rechtfertigungsgründe und vor allem die auf das Sanktionssubjekt bezogenen Zurechnungslehren des klassischen Individualstrafrechts müssen neu gedacht und ausgestaltet werden.

Wichtige Hilfe zur Beantwortung der sich in diesem Zusammenhang stellenden Fragen verspricht die Auseinandersetzung mit der Praxis der Europäischen Kommission und der Europäischen Gerichte im Rahmen des EG-Bußgeldrechts in Kartellsachen. Den europäischen Organen ist es nämlich nach allgemeiner Ansicht gelungen, durch eine ausgewogene Kombination von strafrechtlichen Prinzipien und originellen praktikablen Konzepten ein (mit dem Verständnis der Mitgliedstaaten weitgehend vereinbares)[69] modernes verwaltungs- bzw. unternehmensstrafrechtliches Modell zu entwickeln[70], das auch im deutschen Schrifttum oft als Vorbild für die Formulierung von Reformvorschlägen hinsichtlich des deutschen Unternehmensstrafrechts herangezogen wird[71]. Die praktische Bedeutung dieses - im Rahmen einer langjährigen Praxis herausbildeten[72] - Modells für die Fortentwicklung des griechischen Unternehmensstrafrechts in Kartellsachen ist um so größer einzustufen, als die oben geschilderten funktionalen Verknüpfungen zwischen dem griechischen und dem europäischen Kartellrecht[73] die Transformation der Lösungen der Gemeinschaftsorgane in die griechische Praxis wesentlich begünstigen.

Der rechtsvergleichende Rückgriff auf die Auslegungs- und Verantwortungsmaßstäbe des europäischen Vorbildes und die Erarbeitung von *konkreten* Lösungen

69 Rechtsvergleichend dazu TSOLKA, S. 71 ff. (Gesetzlichkeitsprinzip), 124 ff. (Straftatlehre), 188 ff., 194 ff., 203 ff. (Rechtfertigungsgründe), 213 ff. (Schuldprinzip), 253 ff. (Irrtumslehre), 269 ff. (Täterschafts- und Teilnahmelehre); HAMANN, S. 123 ff. (Täterschafts- und Teilnahmelehre, Lehre der Unterlassungsdelikte, Lehre der Strafbarkeit juristischer Personen); WAGEMANN, S. 145 ff. (Rechtfertigungs- und Entschuldigungsgründe); HILDEBRANDT, S. 91 ff. (Irrtumslehre); zusammenf. BÖSE, S. 149 ff.; TIEDEMANN, in: FS für Jescheck, 1985, S. 1411 ff. - Zu einem aktuellen rechtsvergleichenden Überblick über die materiellrechtlichen dogmatischen Grundlagen der mitgliedstaatlichen Strafrechtsordnungen siehe ferner TIEDEMANN, in: FS für Lenckner, S. 415 ff.; DERS., ZStW 110 (1998), 497 ff.; zur Bedeutung, zu den Methoden und zu den Zielen der Strafrechtsvergleichung vgl. JUNG, JuS 1998, 1 ff.

70 Vgl. TIEDEMANN, in: KREUZER / SCHEUING / SIEBER, Die Europäisierung der mitgliedstaatlichen Rechtsordnungen, S. 141 ff.; DERS., NJW 1993, 30; DERS., in: FS für Stree und Wessels, S. 532 f.; DANNECKER, in: Madrid-Symposium für Tiedemann, S. 346.

71 Vgl. u.a. MÜLLER-GUGENBERGER, in: DERS., Wirtschaftsstrafrecht [1992], § 19 Rdn. 52 f.; TIEDEMANN, in: I/M GWB [1992], Vor § 38 Rdn. 9; OTTO, Die Strafbarkeit von Unternehmen, S. 26 ff.; RANSIEK, Unternehmensstrafrecht, S. 326 ff.; SCHROTH, Unternehmen als Normadressaten, S. 134 ff.; MÜLLER, S. 50, 60 und 71; VOGEL, JZ 1995, 341; BANGARD, wistra 1997, 170 f.

72 Siehe dazu die grundlegende Untersuchung von DANNECKER / FISCHER-FRITSCH, Das EG-Kartellrecht in der Bußgeldpraxis, 1989.

73 Siehe oben im Text, § 3 I.

hinsichtlich der soeben geschilderten Probleme liegen allerdings außerhalb der in der Einleitung abgesteckten Ziele der vorliegenden Arbeit und können daher hier nicht geleistet werden[74]. - In den festgelegten "Kompetenzbereich" der vorliegenden Arbeit fällt jedoch noch die Aufgabe, den Beweis zu liefern, daß das vorgeschlagene Verständnis der kartellrechtlichen Unternehmensgeldbußen als Strafen i.w.S. angesichts der soeben hervorgehobenen besonderen Natur der kartellrechtlichen Sanktionssubjekte (nicht nur unter rechtsstaatlichen, sondern auch) unter *rein dogmatischen* Aspekten möglich bzw. mit den Grundlagen (kriminal)strafrechtlichen dogmatischen Denkens kompatibel ist. Dieser Beweisführung widmet sich der folgende Teil der Arbeit.

[74] Eingehend dazu PAPAKIRIAKOU, Europäisches Unternehmensstrafrecht, passim.

DRITTER TEIL
UNTERNEHMENSSTRAFRECHT: EIN SCHEMA ZUR DOGMATISCHEN GRUNDLEGUNG

Terminologische Vorklärung: Wenn im folgenden von Strafnormen, von strafrechtlicher Steuerung oder von strafrechtlichen Sanktionen die Rede ist, wird das Strafrecht i.w.S. gemeint, wie dieses bereits im vorangegangenen Teil der Arbeit als Oberbegriff für das Kriminalstrafrecht, das Ordnungswidrigkeitenrecht und das Unternehmensstrafrecht definiert wurde. Die Bezugnahme auf einen der Unterbegriffe wird ausdrücklich kenntlich gemacht.

§ 8 Sinn und Zweck einer strafrechtlichen Normadressateneigenschaft und Verantwortung von Unternehmen

I. Strafrechtsrelevante Aspekte des Wesens von Unternehmen

A. *Rechtsgutsträger, Untemehmen und Strafrecht*

Der *Rechtsgutsträger* wird in der modernen Gesellschaft zunehmend nicht mit einzelnen, selbständig handelnden Personen, sondern mit *Personengruppen* konfrontiert, die sich häufig durch komplexe, arbeitsteilig und hierarchisch aufgebaute Organisationsstrukturen kennzeichnen und ein großes Machtpotential in sich vereinigen. Diese Erkenntnis gilt vor allem für den Wirtschaftsbereich: der Rechtsgutsträger stößt hier in der Regel nicht auf unabhängig tätige Einzelpersonen, sondern auf komplexe, unter dem Begriff "Unternehmen" bekannte offene soziotechnische Systeme[1]. Stark vereinfacht gesehen, dreht es sich bei diesen Systemen um als Handlungs*einheit* auf dem Markt auftretende arbeitsteilig und hierarchisch organisierte Personengruppen, die unter dem Einsatz materieller und immaterieller Mittel einen auf Dauer angelegten wirtschaftlichen Zweck verfolgen und sich dabei dank der Konzentration der Kräfte ihrer Mitglieder oft zum dominanten Faktor des wirtschaftlichen (und sozialen) Lebens entwickeln[2]. Vor dem Hintergrund dieser Entwicklung leuchtet ein, daß sich jedes strafrechtliche, auf einen effektiven Schutz des Rechtsgutsträgers im Wirtschaftsbereich bedachte Konzept darauf zu konzen-

---

1 Zum Übergang von der einzelnen, selbständig tätigen Person zum organisierten Unternehmen als Form der Ausübung der wirtschaftlichen Tätigkeit vgl. TIEDEMANN, NJW 1988, 1169; SCHMIDT-SALZER, NJW 1996, 2 f.; EIDAM, Straftäter Unternehmen, S. 26; zum permanenten Anwachs des Professionalisierungs- und Kollektivierungsgrades der Erwerbstätigkeit siehe ebenfalls SCHÜNEMANN, in: Madrid-Symposium für Tiedemann, S. 269 f.

2 Zum überragenden wirtschaftlichen, technischen und sozialen Einfluß, den Unternehmen im heutigen Rechts- und Wirtschaftsleben errungen haben, vgl. SCHÜNEMANN, Unternehmenskriminalität, S. 13 ff.; JESCHECK, DÖV 1953, 541; SCHROTH, Unternehmen als Normadressaten, S. 4; TIEDEMANN, Wirtschaftsstrafrecht, Bd. 1 S. 19 f.; ACKERMANN B., Die Strafbarkeit juristischer Personen, S. 17; BRENDER, S. 4 f.; EHRHARDT, S. 143.

trieren hat, wie das Verhalten und die Macht von Unternehmen als marktwirtschaftlichen Handlungseinheiten kontrolliert und gesteuert werden kann[3]. Grundlegende Bedeutung kommt in diesem Zusammenhang u.a. der Frage zu, ob möglicherweise (auch) eine strafrechtliche Normadressateneigenschaft und Verantwortung von Unternehmen sinnvoll ist[4].

Der Begriff Unternehmen wird im folgenden in einem *rechtsformübergreifenden* Sinne benutzt[5]. Von einer Differenzierung zwischen Unternehmen aufgrund ihrer rechtlichen Organisationsform bzw. aufgrund der rechtlichen Form des Unternehmensträgers - Einzelunternehmer, Personenvereinigung ohne (vollständige) juristische Persönlichkeit, juristische Person u.s.w.- wird insoweit abgesehen[6].

Dabei wird zwar nicht verkannt, das sich die Diskussion in der strafrechtlichen Literatur bezüglich einer selbständigen Normadressateneigenschaft und Verantwortung von Unternehmen in der Regel auf den Fall beschränkt, daß der Unternehmensträger eine juristische Person oder eine Personenvereinigung ist, deren rechtlicher Verselbständigungsgrad sich diesem einer juristischen Person nähert (z.B. Personenhandelsgesellschaften). Das Einzelunternehmen und Unternehmen ohne juristische Persönlichkeit oder eine der juristischen Persönlichkeit angenäherte Organisationsform werden damit von der Diskussion ausgeklammert[7].

Die Beschränkung der Diskussion auf juristische Personen (oder gleichwertige Organisationsformen) kann allerdings nur dann berechtigt sein, wenn man von der Vorstellung ausgeht, daß der Rechtsgutsträger im wirtschaftlichen Bereich mit dem *Unternehmensträger* konfrontiert wird. Die Einbeziehung zumindest des Einzelunternehmers in die Diskussion hätte dann in der Tat wenig Sinn: Dieser ist nämlich als natürliche Person bereits strafrechtlicher Adressat und Verantwortungssubjekt. Außerdem gälte dann der oben geschilderte und als Anlaß für besondere strafrechtliche Maßnahmen gesehene Befund der Konfrontation des Rechtsgutsträgers mit einem Kollektiv nicht: beim Ein-

---

3 Diese Herausforderung stellt sich selbstverständlich für alle Rechtsgebiete und betrifft letztlich nicht nur die Tätigkeit von Unternehmen, sondern alle Bereiche sozialer Tätigkeit von organisierten Personengruppen. Wie STONE (Yale Law Journal Vol. 90:1 [1980], 1) nämlich angesichts des dominierenden Einflusses von großen Organisationen in der modernen Gesellschaft zutreffend betont, "the success of the law as a social instrument - deterring, rehabilitating, securing effective compensating for victims, educating citizens between right and wrong - turns on its capacity to deal with the corporation as a basic unit of communal activity".

4 Die Frage stellt sich um so intensiver, als Unternehmen zunehmend als Adressaten von Verhaltens- und Sanktionsnormen im Zivil- und im Verwaltungsrecht in Erscheinung treten, vgl. z.B. für den Bereich der Umwelt- und Produkthaftung SCHMIDT-SALZER, in: AHRENS / SIMON, Umwelthaftung, Risikosteuerung und Versicherung, S. 67.

5 Einen vergleichbaren - in wichtigen Punkten allerdings abweichenden (siehe dazu Anm. 10 und später im Text) - Ansatz vertritt SCHROTH, Unternehmen als Normadressaten, passim; vgl. auch die Ausführungen von MÜLLER, S. 57 ff.

6 Einen (an betriebswirtschaftlichen Gesichtspunkten orientierten) Überblick über die (Charakteristika und die statistische Erscheinungshäufigkeit der) wichtigsten Rechtsformen, die die (deutsche) Rechtsordnung den Unternehmen zur Verfügung stellt, gibt WÖHE, Einführung in die Betriebswirtschaftslehre [19. Aufl.], S. 318 ff.

7 Vgl. z.B. ACKERMANN B., Die Strafbarkeit juristischer Personen, S. 20 ff.

zelunternehmen ist nämlich der Unternehmensträger keine Personengruppe, sondern eine Einzelperson.

Die im folgenden ausgewählte Vorgehensweise basiert auf der Überzeugung, daß eine rationale Konzeption zur strafrechtlichen Steuerung von Unternehmen von der Einsicht her zu entwickeln ist, daß der Rechtsgutsträger nicht mit dem Unternehmensträger - also mit dem Einzelunternehmer oder mit der als juristische Person anerkannten oder nicht-anerkannten Personenvereinigung - konfrontiert wird, sondern mit dem *System "Unternehmen"*, das über den Einzelunternehmer oder die Personenvereinigung möglicherweise auch andere Personen (Unternehmensangehörige) funktional integriert. Gerade diesem System steht nämlich der Rechtsgutsträger gegenüber und gerade von diesem System hat dementsprechend das Strafrecht den Rechtsgutsträger zu schützen. Die einzelnen Personen, die in einer juristischen Person als deren Organe (z.B. Aktionäre der Hauptversammlung, Vorstandsmitglieder und Aufsichtsratsmitglieder in einer AG) tätig werden, oder die einzelne Person, die in einem Einzelunternehmen als alleiniger Geschäftsinhaber handelt, sind nur ein Teil dieses Systems. Es mag zwar so sein, daß diese Personen (Organmitglieder - Einzelunternehmer) die entscheidenden Leitungs- und Herrschaftsbefugnisse innerhalb des Systems innehaben. Über die Tatsache hinaus aber, daß dies stark vom jeweiligen, dem System zugrundeliegenden Organisationsmodell abhängt - anders als die stark zentralisierten Organisationsformen der Klassik sind die neoklassischen und modernen Organisationsformen[8] durch zunehmende, mitunter starke Dezentralisierung der Entscheidungs- und Weisungsbefugnisse gekennzeichnet[9] -, ist im allgemeinen zu berücksichtigen, daß der Rechtsgutsträger nicht (nur) mit den *Entscheidungsträgern der obersten Stufe*, sondern (in erster Linie) mit den *Entscheidungsträgern anderer Stufen* sowie mit den *Ausführern* der Entscheidungen konfrontiert wird. Der Blick muß also über den Einzelunternehmer oder die mit der Entstehung der juristischen Person als (rechtliche) Einheit anerkannte Personenvereinigung hinausgehen und sich auf alle (bei großen Unternehmen zahlreichen) Personen erstrecken, die als Unternehmensangehörige die Qualität der unternehmerischen Leistung mitbestimmen[10].

---

8 Eingehend zu diesen Organisationskonzepten REMER, Organisationslehre [3. Aufl.], S. 127 ff., 352 ff.

9 Zum Prinzip und zu den Erscheinungsformen der Dezentralisierung in modernen Großbetrieben siehe zusammenf. HEINE, Die strafrechtliche Verantwortlichkeit von Unternehmen, S. 35 ff. mit w. Nachw. aus der soziologischen und betriebswirtschaftlichen Literatur; vgl. auch SCHÜNEMANN, Unternehmenskriminalität, S. 34 ff.; OTTO, Die Strafbarkeit von Unternehmen, S. 7 f.

10 Gerade in diesem nicht unerheblichen Punkt unterscheidet sich der im Text vertretene Ansatz von dem ebenfalls rechtsformübergreifenden Ansatz von SCHROTH (Unternehmen als Normadressaten). Auch SCHROTH will zwar auf das Unternehmen abstellen. Bei weiten Strecken seiner Arbeit stellt er aber letztlich nicht auf das Unternehmen, sondern auf den Unternehmensträger ab, was sich sowohl darin zeigt, daß er die Handlungs- und Schuldfähigkeit der Einzelunternehmen bereits aufgrund der individualstrafrechtlich geprägten Strafrechtslehren bejaht - dies ist aber nur dann möglich, wenn man nicht die Organisationseinheit des Unternehmens, sondern den Einzelunternehmer als handelndes Subjekt betrachtet (vgl. z.B. S. 184, 189, 192) -, als auch darin, daß er bei verbandsmäßig organisierten Unternehmen grundsätzlich nur eine organschaftliche Zurechnung in Erwägung zieht – also das Unternehmen nur für die Taten der Personen, die dem Rechtsträger gesetzlich zugeordnet sind, verantwortlich machen will (vgl. z.B. S. 184 ff., 202 f.). Bei seinen Reformvorschlägen erweitert allerdings SCHROTH durch die Einbeziehung von Unternehmensbeauftragten den Kreis der Personen, deren schuldhaften Handlungen dem (Einzel- oder verbandsmäßig organisierten) Unterneh-

Die *rechtliche Organisationsform*, deren sich das jeweilige System bedient, um am rechtlichen Leben teilnehmen zu können - Einzelunternehmen, Personenvereinigung ohne (vollständige) juristische Persönlichkeit, juristische Person u.s.w. -, ist danach zumindest im Strafrecht lediglich als (rechtliche) *Eigenschaft des Systems* zu verstehen und nicht mit dem System selbst gleichzusetzen. Auch das Einzelunternehmen oder das durch eine rechtlich nicht (genügend) verselbständigte Personenvereinigung getragene Unternehmen, das aber eine Vielzahl von Personen (Mitarbeiter) einbindet und sich durch ausdifferenzierte *interne Arbeitsteilung* kennzeichnet, sind somit grundsätzlich wie ein Unternehmen, dessen Träger eine juristische Person ist, zu behandeln: in allen Fällen steht nämlich dem Rechtsgutsträger keine Einzelperson, sondern ein organisiertes Kollektiv gegenüber, dessen Leistungs-, aber zugleich auch Gefährdungspotential prinzipiell als erheblich höher als das einer Einzelperson einzuschätzen ist[11].

Zu beachten ist jedenfalls, daß durch den vorliegenden rechtsformübergreifenden Ansatz weder die Aufhebung der Haftungsgrenzen zwischen juristischen verselbständigten Systemteilen noch die (vollständige) Ignorierung der Identität von juristischen Personen in Rechtsnachfolgefällen befürwortet wird. Wie bereits an anderer Stelle ausführlich dargelegt[12], ist vielmehr eine solche "Ausblendung" von bestehenden juristischen Personen - etwa nach dem von der Europäischen Kommission praktizierte Konzept der wirtschaftlichen Einheit - nicht nur mit herrschenden rechtstheoretischen Prinzipien, sondern auch mit der Eigenschaft der juristischen Personen als Grundrechtsträger unvereinbar. Der hier vertretene rechtsformübergreifende Ansatz bringt allerdings den wirtschaftlich-soziologischen Unternehmensbegriff stärker in den Vordergrund[13] und kann deshalb die Entwicklung von sinnvollen, zwischen rechtstheoretischen Prämissen und rechtssoziologischen Erkenntnissen vermittelnden[14] Zurechnungskonzeptionen (wie dies beispielsweise bei der vom EuG praktizierten zweistufigen Konzeption der Fall ist[15]) fördern.

---

men zugerechnet werden können (S. 223 ff.). Ob das Unternehmen aber damit wirklich – auch im letzten Moment - in den Mittelpunkt der Argumentation rückt, bleibt zweifelhaft, weil SCHROTH alle Unternehmensangehörigen unter dem mittleren Management ohne weitere Überlegungen als "Gehilfen" betrachtet, die keine Unternehmenshaftung auslösen können, "da es sich um eine im Strafrecht nicht zulässige Fremdverschuldenhaftung handeln würde" (S. 225, insb. Anm. 30) – ein Standpunkt, der zwar in Bezug auf den Unternehmensträger und die Rechtsbeziehungen der Unternehmensangehörigen zu diesem vielleicht einleuchtet, mit Blick jedoch auf die unternehmerische Organisationseinheit, in der *alle* Unternehmensangehörigen funktional integriert sind, nicht unbedingt falsch, aber sicher auch nicht selbstverständlich ist. - Konsequent dagegen die Ausführungen von EHRHARDT, S. 222 ff., insb. 227 f.

11 Zu den durch die Arbeitsteilung entstehenden Gefahren siehe unten im Text, II B 2.

12 Siehe PAPAKIRIAKOU, Europäisches Unternehmensstrafrecht, *Vierter Teil* IV.

13 Zu einem von den Lehren der Organisationssoziologie geprägten Unternehmensbegriff siehe RAISER, Das Unternehmen als Organisation, S. 100 ff.; vgl. auch die (von FLUME, in: FS für Beitzke, S. 50 ff., geschilderten) Ansätze von SIEBERT und FECHNER.

14 Näher zu diesem Spannungsverhältnis PAPAKIRIAKOU, Europäisches Unternehmensstrafrecht, *Vierter Teil* I C.

15 Ausführlich dazu PAPAKIRIAKOU, Europäisches Unternehmensstrafrecht, *Vierter Teil* II A 3 und IV.

Die oben aufgeworfene Problematik, ob eine strafrechtliche Normadressateneigenschaft und Verantwortung von Unternehmenssystemen sinnvoll ist, läßt sich allerdings erst dann rational diskutieren, wenn man sich Klarheit über die strafrechtsrelevanten Aspekte des Wesens von Unternehmen verschafft hat.

Der Klärung bedarf danach insbesondere die Frage, ob Unternehmenssysteme im allgemeinen über Merkmale verfügen, die es zulassen, diese als von ihren Mitgliedern getrennte soziale Subjekte aufzufassen. Es macht nämlich nur dann Sinn, ein soziales Gebilde in den Kreis *rechtlicher* Normadressaten und Verantwortungsträger aufzunehmen, wenn dieses über *eigene* Eigenschaften und Interessen verfügt, die der Formulierung der Rechtspflichten und der Bemessung der Rechtsfolgen zugrunde gelegt werden können. Auf der Grundlage der oben angeführten Definition des Unternehmens als (einer arbeitsteilig organisierten, wirtschaftlich tätigen) Personengruppe könnte aber dies in Zweifel gezogen werden: man könnte nämlich meinen, daß die Eigenschaften und die Interessen des Unternehmens die bloße Kumulation der Eigenschaften und Interessen der einzelnen Unternehmensmitglieder darstellen. Sollte aber dies zutreffen, dann sollte man konsequenterweise auch die ganze Diskussion bereits an diesem Punkt beenden: es fehlte dann nämlich an jeglichem Anknüpfungspunkt für eine strafrechtliche Normadressateneigenschaft von Unternehmen. Als mögliche Normadressaten und Verantwortungsträger blieben nur die einzelnen natürlichen Personen übrig.

Aber auch wenn die Existenz einer eigenen sozialen Identität des Unternehmens bejaht werden sollte, wäre noch zu prüfen, ob weitere Bedingungen erfüllt sind, die für die Aufnahme eines sozialen Subjektes in den Kreis der *strafrechtlichen* Normadressaten und Verantwortungsträger vorausgesetzt werden. Dabei wird sich letztlich zeigen, daß die Frage nach dem Sinn einer Adressierung von Strafnormen an das Unternehmenssystem einen ontologischen und einen normativen Teil hat, die grundsätzlich voneinander zu trennen sind.

B. Unternehmen als soziale Subjekte

Fragt man nach dem Verhältnis zwischen dem Unternehmenssystem und den (funktional integrierten) Unternehmensmitgliedern, stellt man fest, daß es unter *sozialen* Aspekten zwischen beiden keine Deckung gibt.

Die *sozialen Eigenschaften und Interessen des Systems "Unternehmen"*, das durch die Bündelung und die Abstimmung personeller, materieller und immaterieller Elemente entsteht, lassen sich nämlich mit den sozialen Eigenschaften und Interessen einzelner Personen oder Personengruppen innerhalb des Systems nicht identifizieren. Gekennzeichnet durch das Potential seiner *Faktoren* (Quantität und Qualität der materiellen und immateriellen Produktionsmittel - Quantität und Qualifikation der Manager, der Arbeitnehmer und der Kapitaleigentümer bzw. der Anteilseigner), durch die Ausgestaltung der strukturellen *Verbindung* dieser Faktoren (Differenzierung - Programmierung)[16] und durch die *Synthese* der von den menschlichen Systemelementen verfolgten *Ziele* (Unternehmensziele)[17] führt vielmehr das System ein selbständiges soziales Dasein. Es tritt vor allem im Wirtschaftsverkehr - über die (juristische) Person des Unternehmensträgers - als ein selbständiger Träger von materiellen und immateriellen Vermögenswerten auf, der sich bei der Gestaltung seiner Beziehungen kraft der oben genannten Existenzparameter auf eigene sozial bedeutsame Grundzüge berufen kann (Ziele, Ruf, Tradition, Marktmacht, Erfahrungswissen u.s.w.)[18]. Ein dem Menschen vergleichbares soziales Subjekt stellt zwar das System nicht dar: einen eigenen Willen hat es nicht, und sein "Denken" und "Handeln" sind letztlich die der für es denkenden und handelnden *einzelnen* menschlichen Systemelemente. Die soeben umrissenen sozialen Eigenschaften und Interessen des Systems sind allerdings oft so stark gegenüber den entsprechenden Eigenschaften und Interessen der einzelnen Systemmitglieder verselbständigt, daß die im Interesse des Systems vorgenommenen Handlungen der Systemmitglieder zugleich als Handlungen des Systems sozial *wahrgenommen* werden. Das Un-

---

16 Näher zu den Grundvariablen der Organisationsstruktur (Differenzierung, Programmierung) und zu ihren abstrakten (Art und Grad) sowie konkreten Merkmalen (Organisationsformen), REMER, Organisationslehre, S. 14 ff.

17 Zum pluralistischen Zielsystem des Unternehmens (einen kurzen Überblick über die möglichen Zielvorstellungen, Zielarten und Zielkonflikte gibt WÖHE Einführung in die allgemeine Betriebswirtschaftslehre [19. Aufl.], S. 124 ff.), welches das Unternehmen zum selbständigen, mit eigenen Zielen ausgestatteten und sich dadurch von einzelnen Personen oder einzelnen Personengruppen abhebenden sozialen Handlungssystem macht, siehe RAISER, ZHR 144 (1980), 216 ff. m.w.Nachw. aus der betriebswirtschaftlichen und der juristischen Literatur; vgl. auch FLUME, in: FS für Beitzke, S. 60.

18 Insbesondere zu dem im Laufe der Zeit gesammelten eigenen "Wissen" von Unternehmen und zu seiner Bedeutung für den Lernprozeß der Organisationsmitglieder vgl. die im allgemeinen auf Organisationen bezogenen Ausführungen von HEDBERG (in: NYSTROM / STARBUCK (Ed.), Handbook of Organizational Design, Vol. 1, S. 6 m.w.Nachw.): "Although organizational learning occurs through individuals, it would be a mistake to conclude that organizational learning is nothing but the cumulative result of their members' learning. Organizations do not have brains, but they have cognitive systems and memories. As individuals develop their personalities, personal habits, and beliefs over time, organizations develop world views and ideologies. Members come and go, and leadership changes, but organizations' memories preserve certain behaviors, mental maps, norms, and values over time. For example, standard operating procedures constitute behavior repertoires which are available to many members and which are frequently inherited between office holders. Customs and symbols are bearers of organizations' traditions and norms, and they help to perpetuate organizations' social patterns. Myths and organizational sagas function as organizational long-term memories from which strategies are derived and in terms of which consistency arguments are voiced. Also, social systems such as managerial cultures and professional groups uphold norms and values which affect organizations' behavior and learning. All these phenomena influence individuals' learning within organizations and then transmit the organizational heritage to new generations of members. As leaders and myths shift, sediments of behaviors and beliefs are added to this organizational memory."

ternehmenssystem ist daher insgesamt der materiellen "Subjektivierung" fähig, es läßt sich auf ungezwungene Art als ein reales, handlungs-, lern- und wandlungsfähiges *soziales Subjekt* auffassen[19]. Der Gedanke, das sozial existierende Wesen "Unternehmen" einer strafrechtlichen Steuerung mittels strafrechtlicher Normadressateneigenschaft und Verantwortung zu unterwerfen, scheint insoweit auf guten Gründen zu beruhen.

C. *Unternehmen als ontologisch untaugliche Adressaten von Strafnormen*

Gleichwohl kommt der eben geschilderte Gedanke ins Schwanken, wenn man nähere Überlegungen über den Sinn und Zweck des Strafrechts und seiner Normen anstellt.

Die verselbständigte soziale Identität - die *soziale Subjektivität* - des Unternehmenssystems kann nicht bei der Bewältigung des Problems helfen, daß dem Unternehmenssystem die Fähigkeit fehlt, von Strafnormen angesprochen zu werden. Dies liegt an der bereits angedeuteten Tatsache, daß das System an sich keinen eigenen, *freien Willen* und damit keine *soziale Personalität* hat[20]. Da der Sinn und Zweck von Strafnormen aber gerade darin besteht, mittels des von der Strafdrohung ausgehenden psychischen Zwanges Einfluß auf den Willensbildungsprozeß des frei entscheidenden Normadressaten zu nehmen, so daß dieser rechtsgutsbeeinträchtigende Handlungen unterläßt oder rechtsgutschützende Handlungen vornimmt (*Bestimmungsfunktion der Strafnormen*)[21], wird deutlich, daß *Straf*vor-

---

19 Auf das Unternehmen als "soziale Realität" und die sog. "corporate identity" bzw. "corporate culture" wird oft in der Literatur hingewiesen, vgl. ACHENBACH, in: Coimbra-Symposium für Roxin, S. 302; HIRSCH, ZStW 107 (1995), 288 f.; DERS., Die Frage der Straffähigkeit, S. 10, 15 ("[D]as Wesen der Korporation besteht gerade darin, daß sie nicht eine bloße Addition von Einzelpersonen ist, sondern ein von diesen abhebendes eigenständiges Gebilde"); EIDAM, Straftäter Unternehmen, S. 104; EHRHARDT, S. 145 f. m.w.Nachw.; zur sozialen Realität der Verbandspersonen vgl. auch die (an die Lehre von OTTO VON GIERKE anschließenden) Ausführungen von K. SCHMIDT, Gesellschaftsrecht [3. Aufl.], S. 196 ff.

20 Zur fehlenden Entscheidungsfreiheit und Möglichkeit individuellen Andershandelns bei Unternehmen und juristischen Personen siehe nur OTTO, Die Strafbarkeit von Unternehmen, S. 16 f. m.w.Nachw.

21 Daß die Strafnormen zumindest auf der dogmatischen Ebene der *Schuld* als Bestimmungsnormen in Erscheinung treten, wird in der Strafrechtslehre einstimmig anerkannt. Insoweit ist der Streit, ob die Strafnormen auch auf der dogmatischen Ebene der *Rechtswidrigkeit* als "Imperative" zu verstehen sind, für die folgenden Ausführungen von nachrangiger Bedeutung. Der Hervorhebung verdient jedenfalls die Tatsache, daß die für die letztere Ansicht eintretenden Autoren grundsätzlich nur den *Strafvorschriften* eine solche Bestimmungsfunktion auf der Rechtswidrigkeitsebene zusprechen, vgl. zu dieser Problematik JESCHECK / WEIGEND, Lehrbuch [5. Aufl.], S. 236 ff. m.w.Nachw.

schriften nie das willenlose soziale Subjekt Unternehmen anvisieren können[22]. Vernünftigerweise können sie sich nur an die steuernde Kraft, d.h. an die *einzelnen* menschlichen Elemente des Unternehmenssystems wenden. Erst diese menschlichen Elemente sind soziale *Personen*, d.h. motivations- und willensfähige soziale Subjekte und können somit "überzeugt" oder "psychologisch gezwungen" werden, durch ihre natürliche Willens- und Handlungsfähigkeit die soziale Erscheinung des Systems in die vom Strafrecht gewünschte Richtung zu lenken. Erst diese Elemente können die strafrechtlichen Sollenssätze mißachten und damit strafrechtliche Verantwortung entstehen lassen.

Anders stellt sich dagegen die Lage im Bereich des *Zivil- und des Verwaltungsrechts*, deren Sanktionsnormen in erster Linie keine Bestimmungs-, sondern eine *Maßstabsfunktion* erfüllen.

Der *Zweck der zivilrechtlichen Sanktionsnormen* besteht nämlich überwiegend darin, feste Regeln zu setzen, die im Fall der Verwirklichung eines Risikos als Maßstäbe für die Verteilung des dadurch entstandenen Schadens zwischen den am relevanten Lebensvorgang (vertragsgebundenen oder nicht-vertragsgebundenen) beteiligten Vermögensträgern herangezogen werden sollen (Regelung der *Schadensverteilung*). Die Verhaltenssteuerung der Adressaten und ihre Willensfähigkeit steht dementsprechend nicht im Vordergrund. Vielmehr genügt der Besitz von eigenem Vermögen sowie die soziale Handlungsfähigkeit, damit ein soziales Subjekt in den Kreis der Normsubjekte aufgenommen werden kann. Solange das Unternehmen solches Vermögen nach den rechtlichen Vorschriften besitzt (rechtlich-soziale Eigenschaft des Unternehmens!) und sozial als handlungsfähig wahrgenommen wird, ist es sinnvoll, es zum Adressaten von zivilrechtlichen Sanktionsnormen zu machen.

Auch im Verwaltungsrecht ist die Lage anders als im Strafrecht zu beurteilen. Der *Zweck der verwaltungsrechtlichen Sanktionsnormen* ist nämlich in erster Linie in der Festsetzung der Bedingungen zu sehen, unter denen die mit den Aufgaben der *Gefahrenabwehr und* der *Schadensverhütung* beauftragen staatlichen Sicherheits- und Ordnungsbehörden zum Zweck der Gewährleistung der Sicherheit der Bürger eingreifen dürfen (Ordnungsfunktion der Verwaltung). Adressat der verwaltungsrechtlichen Sanktionsnormen kann damit jedes soziale Subjekt werden, das ein Gefährdungspotential in sich trägt - eine Willensfähigkeit ist dazu nicht erforderlich. Auch das Unternehmen kann

---

22 Anders dagegen SCHROTH (Unternehmen als Normadressaten, S. 18 ff.), der nicht nur davon ausgeht, daß Unternehmen von anderen Adressaten abgrenzbare, eigenständige Subjekte darstellen (S. 19 ff.) und damit – unter Berücksichtigung der "Organisationseinheit von Unternehmen und Unternehmensträger" - "begrifflich genügend Subjekteigenschaften auf[weisen], um Verhaltensbefehle als Normadressaten entgegennehmen zu können" (S. 22), sondern auch den Standpunkt einnimmt, daß Unternehmen taugliche Empfänger von verhaltenssteuernden Normen seien (S. 22 ff.). Zu diesem Ergebnis gelangt er allerdings, weil er auch "eine stellvertretende Entgegennahme von Normbefehlen für einen Verband und dessen Unternehmen als ausreichend" ansieht und zugleich auf die dem Verband "zugeordnete natürliche Personen" hinweist (S. 25). Damit übersieht er aber gerade den (strafrechtsrelevanten) Kern des Problems im Zusammenhang mit verhaltenssteuernden Normen, der in der Frage besteht, ob das soziale Subjekt (d.h. im vorliegenden Fall das Unternehmen) *selbst* den Normbefehl entgegennehmen und geistig verarbeiten kann - ein Fehler, der in den meisten für eine strafrechtliche Normadressatenfähigkeit der Unternehmen eintretenden literarischen Ansätzen anzutreffen ist.

deswegen zum Adressaten von Verwaltungsnormen werden, weil auch das Unternehmen - zu denken ist beispielsweise an ein Unternehmen mit überalterten umweltgefährdenden Anlagen oder an ein unterkapitalisiertes Unternehmen - über *eigene* soziale Eigenschaften verfügen kann, die eine Gefahrensituation - im obigen Beispiel geht es um eine Gefahr für die Umwelt bzw. die Gläubiger - begründen und deswegen einen Eingriff der gefahrabwehrenden Behörden durch Betriebsschließung oder Auflösung des Unternehmens erfordern können[23].

Gerade mit Blick auf die prinzipiell unterschiedlichen Zwecke, welche das Zivil- und das Verwaltungsrecht im Vergleich zum Strafrecht verfolgen (Schadensverteilung bzw. behördliche Gefahrenabwehr und Schadensverhütung *versus* Verhaltenssteuerung durch Einwirkung auf den freien Willen des Normadressaten), läßt es sich erklären, warum das Pendant der Normadressateneigenschaft, nämlich die Verantwortung, im Zivil- und im Verwaltungsrecht von der subjektiven Einstellung und dem individuellen Anders-Handeln-Können (Schuld) des Normadressaten abgekoppelt werden kann[24], während die subjektive Einstellung und das individuelle Anders-Handeln-Können dagegen im Strafrecht immer zu beachten sind. Da Strafnormen nämlich auf die Steuerung des Willens des Normadressaten abzielen, kann die Frage der strafrechtlichen Verantwortung ohne Berücksichtigung der subjektiven Einstellung des Normadressaten sowie seiner Fähigkeit zur Normbefolgung nicht entschieden werden[25]. Da zivil- und verwaltungsrechtliche Sanktionsnormen dagegen auf die gerechte Verteilung oder auf die Abwendung eines Schadens abzielen, läßt sich die Frage der zivil- oder verwaltungsrechtlichen Verantwortung auch unter Zugrundelegung rein objektiver Kriterien (finanzielle Situation der Betroffenen, Nutznießerschaft aus der schadensverursachenden Tätigkeit, Gesundheitsstörungen des Betroffenen u.s.w.) befriedigend beantworten[26]. Das *Schuldprinzip* ist somit nicht nur als eine mit dem Gedanken der Gerechtigkeit und der menschlichen Würde

---

23 Eine besondere Kategorie der verwaltungsrechtlichen Sanktionsnormen stellen die sog. verwaltungsrechtlichen Zwangsmaßnahmen (sog. Beugestrafen) dar, die darauf abzielen, einen Zuwiderhandelnden zur Abstellung seines Rechtsverstoßes zu zwingen. Diesen Sanktionsnormen kommt zwar *auch* eine Bestimmungsfunktion zu. Zu beachten ist allerdings, daß sich die Anwendung dieser Normen auf zwei Stufen vollzieht (Stufe der Androhung durch Verwaltungsakt - Stufe der Verhängung durch neuen Verwaltungsakt), und daß erst die zweite Stufe die Mißachtung eines verhaltenssteuernden Befehls voraussetzt. In der ersten Stufe reicht dagegen die bloße Feststellung eines rechtswidrigen Zustandes aus, so daß die Normen hier grundsätzlich eine Maßstabsfunktion erfüllen.

24 Vgl. beispielsweise die Entwicklungstendenzen im Bereich des Umwelt- und Produkthaftungsrechts (verschuldensunabhängige Fehlerhaftung bzw. Kausalhaftung) bei SCHMIDT-SALZER, in: AHRENS / SIMON, Umwelthaftung, Risikosteuerung und Versicherung, S. 60 ff.

25 Daß die Verletzung einer Bestimmungsnorm logisch auch subjektive Elemente des Handlungssubjekts voraussetzt, wird von allen Seiten anerkannt, unabhängig davon, ob man alle diese Elemente ausschließlich einer vom "Unrecht" getrennten dogmatischen Kategorie ("Schuld") zuweist, oder sie (teilweise) bereits in den Unrechtsbegriff einschließt, vgl. dazu MIR PUIG, ZStW 108 (1996), 760 f. m.w.Nachw.

26 Ohne Probleme können dementsprechend gegen Unternehmen (zivilrechtsähnliche) Maßnahmen der Gewinnabschöpfung oder (verwaltungsrechtsähnliche) Maßnahmen der Besserung und Sicherung verhängt werden, vgl. dazu JESCHECK, DÖV 1953, 543; HARTUNG, in: Verhandlungen des 40. DJT, Bd. II, S. E 51 ff.; HEINITZ, in: Verhandlungen des 40. DJT, Bd. I, S. 87 f.; STRATENWERTH, in: FS für R. Schmitt, S. 303 ff.; SCHMITT, Strafrechtliche Maßnahmen gegen Verbände, S. 199 ff.

eng verbundene strafrechtliche Maxime, sondern auch als *zwingende logische Ableitung aus dem Sinn und Zweck von Strafnormen* zu verstehen[27].

Insgesamt läßt sich also feststellen, daß das Unternehmen an sich kein tauglicher Adressat von Strafnormen ist. Die strafrechtliche Aufgabe der Steuerung des Unternehmensverhaltens läßt sich danach vernünftigerweise nur durch die Adressierung von Normbefehlen an die *einzelnen* menschlichen Systemelemente und die damit einhergehende Einwirkung auf ihren Willen erfüllen.

D. Unternehmen als normativ taugliche Adressaten von Strafnormen?

Die soeben festgestellte Untauglichkeit des Unternehmenssystems, als solches Strafbefehle zu empfangen und sich von ihnen motivieren zu lassen, ist allerdings nur eine auf der *ontologischen* Ebene getroffene Aussage. Streng davon zu unterscheiden ist die Frage, wie sich diese Aussage auf die dem Gesetzgeber und der Strafrechtsdogmatik zustehenden *normativen* Gestaltungsmöglichkeiten auswirken soll.

Aus der fraglichen Aussage läßt sich insbesondere nicht die Schlußfolgerung ziehen, daß die einzige kriminalpolitisch sinnvolle und strafrechtsdogmatisch überzeugende Lösung darin besteht, das soziale Subjekt "Unternehmen" vom *formalen* Kreis der strafrechtlichen Normadressaten (und Verantwortungssubjekte) auszuschließen und die strafbewehrten Verhaltensnormen nur an die einzelnen, jeweils entscheidenden und handelnden menschlichen Systemelemente zu richten. Ein solches, mit *rein individuellen Strafnormen* arbeitendes Konzept ist zwar wegen seiner ontologischen Basis unanfechtbar. Zwingend ist es allerdings in normativer Hinsicht nicht. Auf normativer Ebene ist vielmehr möglich, *auch* das System "Unternehmen" als soziale Einheit in den formalen Kreis der strafrechtlichen Normadressaten und Verantwortungssubjekte einzuschließen. Die ontologische Erkenntnis prägt allerdings den Inhalt und die Grenzen dieser normativen Möglichkeit, und zwar in zweierlei Hinsicht.

Nur eingeschränkt kann insoweit der Ansicht von SCHROTH zugestimmt werden, der davon ausgeht, daß die theoretischen Positionen zum Wesen juristischer Personen nicht den Ausschlag für die Bejahung oder Verneinung von deren Deliktsfähigkeit geben könnten, denn es stehe in der Macht des Gesetzgebers, Verbände oder Unternehmen

---

27 Vgl. etwa die Ausführungen von HASSEMER (in: Staatslexikon, 4. Bd., Art. Schuld, Spalte 1064), der die verschuldensunabhängige (Gefährdungs-)Haftung im Zivil- und im öffentlichen Recht darauf zurückführt, daß bei diesen Rechtsgebieten oft "um Versicherung statt Vergeltung, um generelle Risikoverteilung bei typischen Gefahrenlagen" geht und anschließend betont: "Anders im Strafrecht. Diesem geht es nicht um die gerechte Verteilung von Risiken, sondern um die gerechte Antwort auf strafwürdiges und strafbares Verhalten. Zur Gerechtigkeit dieser Antwort gehört in unserer Rechtskultur, daß dem zu Strafe Verurteilten der Schuldnachweis geführt wird: nulla poena sine culpa." - Wie bereits im Text hervorgehoben, geht es allerdings im Fall des Schuldprinzips nicht nur um eine Frage der Gerechtigkeit, sondern auch um eine Ableitung aus dem Sinn und Zweck der Strafnormen.

für deliktsfähig zu erklären, "indem ihnen bei bestimmten Verhaltensweisen repressive strafrechtliche Sanktionen angedroht werden, die eine Täterschaft voraussetzten". "Folglich", so SCHROTH, "stellt sich die Frage der Deliktsfähigkeit unabhängig von der theoretischen Auffassung über das Wesen der Verbände und Unternehmen"[28]. Zu teilen ist zwar dabei die These, daß die formalen normativen Möglichkeiten des Gesetzgebers an die ontologischen Gegebenheiten nicht gebunden sind. Der Gesetzgeber kann daher auch mit *Fiktionen* arbeiten. Die materielle Inhaltsbestimmung und die Deutung der eingesetzten Fiktionen müssen allerdings den ontologischen Gegebenheiten Rechnung tragen, weil sonst das Recht seine gesellschaftlichen ordnenden und gestaltenden Aufgaben nicht erfüllen kann. Auch wenn die Frage nach dem Wesen der Unternehmen für die normative Möglichkeit der Anerkennung einer strafrechtlichen Normadressateneigenschaft und Verantwortung von Unternehmen nur begrenzte Relevanz hat, ist also dieselbe Frage mit Blick auf die Sinngebung der fraglichen normativen Möglichkeit von entscheidender Bedeutung.

Zum einen ist dem Aufmerksamkeit zu schenken, daß die Deutung der Normadressateneigenschaft und Verantwortung von Unternehmen am strafrechtlichen Denken gebunden bleibt (Bestimmungsfunktion der Strafnormen, Anders-Handeln-Können als Voraussetzung der strafrechtlichen Verantwortung). Es ist nämlich vor der Gefahr zu warnen, Konzeptionen als strafrechtlich zu bezeichnen, die auf dem zivilrechtlichen Gedanken der Risikoverteilung oder auf dem verwaltungsrechtlichen Gedanken der Gefahrenabwehr aufbauen. Solche Konzeptionen verwischen die oben skizzierten Grenzen zwischen den verschiedenen Sanktionsgebieten und können daher dem Zweck einer rationalen und überzeugenden Dogmatik nicht dienlich sein.

Literarische Ansätze, die den (polizeirechtlichen) *Gedanken der Gefahrenabwehr* zur tragenden Säule des Konzepts einer Unternehmensstrafe erheben, müssen sich daher den Vorwurf gefallen lassen, vom verwaltungsrechtlichen Denken geprägt zu sein und damit für eine dogmatisch überzeugende Begründung eines Unternehmens*straf*rechts untauglich zu sein. Dies gilt beispielsweise sowohl für den Ansatz von ALWART, der das Unternehmen dann strafrechtlich verantwortlich machen will, wenn die Straftat eines einzelnen nicht feststellbar sei und eine *gemeine Gefahr* oder Interessenbeeinträchtigung dem Unternehmen zuzurechnen sei[29], als auch für den Ansatz von EIDAM, der den poli-

---

28 Unternehmen als Normadressaten, S. 163.

29 ZStW 105 (1993), 769 f.: "Ist einem Unternehmen die Entstehung einer gemeinen Gefahr oder die Beeinträchtigung anderer wichtiger Interessen den Umständen nach zuzurechnen und kann eine die Gefahr herbeiführende oder das Interesse verletzende Straftat aus Gründen, für die das Unternehmen einzustehen hat, nicht festgestellt werden oder sind solche Gründe nicht auszuschließen, so wird das Unternehmen der Gemeingefährdung schuldig gesprochen. Die Verurteilung ist öffentlich bekanntzumachen." (S. 771): "[I]m Rahmen der strafrechtlichen Unternehmenshaftung ... [wird] im wesentlichen an zweierlei angeknüpft...: zum einen daran, daß eine gemeine Gefahr von den äußeren Umständen her (und nicht aufgrund einer mit Strafe bedrohten Handlung) einem Unternehmen zuzurechnen ist..., zum anderen daran, daß das Unternehmen für die individualstrafrechtliche Zurechnungslücke verantwortlich ist... Das Täterunternehmen hat also stets dann für die Entstehung einer gemeinen Gefahr einzustehen, wenn seine Involviertheit in das Geschehen nicht von einer festge-

zeirechtlichen Gedanken in seiner reinsten Ausprägung zum Ausdruck bringt: "Heine hat indes - und hierin dürfte die Schwachstelle seiner Ausführungen liegen - den Störergedanken nicht hinreichend berücksichtigt. Der Haftungsidee nach wird dabei auf das Erfordernis aktueller Defizite in der Verbandsorganisation gänzlich verzichtet. Statt dessen sollen die Errichtung einer Organisation mit komplexen Handlungsstrukturen und das Betreiben von latent risikoträchtigen Gefahrenquellen per se genügen, um dem Unternehmen nach einer Art Veranlassungsprinzip jegliche oder bestimmte Risikoverwicklichungen zuzurechnen. - Diese Haftungsidee findet ihre Grundlage im Polizei- und Ordnungsrecht... Die Zustandsverantwortlichkeit tritt ein, sofern von der Sache oder Sachgesamtheit wegen ihrer Beschaffenheit, der Art ihrer Verwendung oder ihrer 'Lage im Raum' eine Gefahr unmittelbar ursächlich ausgeht. Die Verantwortlichkeit besteht im übrigen grundsätzlich unabhängig von der Ursache, durch die die Sache in den gefahrenträchtigen Zustand geraten ist... Diese Grundsätze lassen sich ohne weiteres auf die vorliegende Problematik übertragen."[30]

Kaum überzeugend sind außerdem Ansätze, die - unter Berufung auf *zivilrechtliche Zurechnungsprinzipien* - die Identifizierung des Unternehmens mit den Organmitgliedern (oder sonstigen führenden Mitarbeitern) befürworten. Diese sog. "alter-ego" Doktrin, die in einzelnen Menschen eine Verkörperung des Unternehmens sieht und vor allem im anglo-amerikanischen Rechtskreis verbreitet und beliebt ist[31], stellt nichts anderes als die Übertragung der für die *Risikoverteilung* zwischen Vermögensträgern entwickelten Grundsätze der zivilrechtlichen Haftung auf das Strafrecht dar[32], und ist deswegen abzulehnen.

Ebensowenig überzeugend sind Ansätze, die unter Berufung auf *zivilrechtsähnliche Prinzipien* einer Risiko- und Kostenverteilung ursprünglich staatliche Aufgaben auf das Unternehmen selbst übertragen wollen. So betrachtet RANSIEK als genügenden Grund für die strafrechtliche Inanspruchnahme von Unternehmen die Tatsache, daß es dem Unternehmen bzw. seinem Management leichter, d.h. effizienter und kostengünstiger als dem Staat falle, die strafrechtlichen Verhaltensnormen gegenüber den Unternehmensmitarbeitern durchzusetzen[33]. Insoweit schlägt er vor, daß der Staat von der Durchsetzung der Strafnormen gegenüber einzelnen Unternehmensmitarbeitern vollständig Abstand nehme und das Risiko der Nichtbeachtung der Strafnormen durch die Unternehmensmitarbeiter auf das Unternehmen in der Gestalt einer Unternehmensstrafe abwälze: "Legitimationsgrundlage der Unternehmenshaftung ist ... eine dem Zivilrecht entsprechende Verteilung der betrieblichen und unternehmerischen Risiken und der daraus folgenden Pflichten... Das Risiko, daß vermeidbar Rechtsgüter anderer als Folge [der Unternehmens-]Tätigkeit verletzt und Schadensersatzansprüche begründet werden, liegt ebenso beim Unternehmen wie die Verantwortung für die *Steuerung* der zur Ver-

---

stellten (außerhalb oder innerhalb des Unternehmens begangenen) primären Straftat überlagert wird."

30 EIDAM, Straftäter Unternehmen, S. 118

31 Zur "alter-ego" Doktrin vgl. HEINE, Die strafrechtliche Verantwortlichkeit von Unternehmen, S. 217 f. und EHRHARDT, S. 116 ff., je m.w.Nachw.; siehe auch EIDAM, Straftäter Unternehmen, S. 31 ff., der den in diesem Zusammenhang wegweisenden, vom House of Lords im Jahr 1972 entschiedenen Tesco Supermarkets Ltd. v. Natrass-Fall (AC 153) schildert.

32 Vgl. z.B. die Ausführungen von BRENDER, S. 124; zur sog. organschaftlichen Zurechnung im Zivilrecht siehe K. SCHMIDT, Gesellschaftsrecht [3. Aufl.], S. 255 ff.

33 Siehe zu ähnlichen Ansätzen in der internationalen, insbesondere der anglo-amerikanischen Literatur PARKINSON: Corporate Power and Responsibility, S. 352 f., 354 ff. m.w.Nachw.

meidung notwendigen Bedingungen... Die Struktur der Kontrolle wird geändert: Nicht mehr der einzelne Verdächtige ist zu ermitteln, sondern es wird die interne Steuerungsfähigkeit des Unternehmens genutzt. Es besteht ein Interesse des Unternehmens daran, *selbst* intern so zu organisieren, daß Verstöße nach Möglichkeit vermieden werden... Man kann also erwarten, daß die Geschäftsleitung die notwendigen Maßnahmen trifft, um Rechtsverletzungen zu vermeiden. *Wie* und mit welchen Mitteln das geschieht, ist ohne Interesse"[34]. - Dieser Ansatz zeichnet sich zwar durch hohe *Praktikabilität* aus. Mit strafrechtsdogmatischem Denken hat er aber wenig zu tun. In verfassungsrechtlicher Hinsicht ist es außerdem äußerst zweifelhaft, ob sich der Staat seiner Verantwortung zur Verfolgung von kriminellen Individuen so leicht entziehen kann und ob das pragmatische Argument der leichteren und kostengünstigeren Vorbeugung und Ahndung von individuellen Straftaten ausreicht, um ein ganzes Kollektiv strafrechtlich in Anspruch zu nehmen.

Als problematisch erweisen sich schließlich die Ansätze, die die Normen des Unternehmensstrafrechts als *wirtschaftsaufsichtsrechtliche Instrumente* der Verwaltung verstehen wollen[35]. Solche Ansätze vermögen nämlich nicht zu erklären, warum auf diese - *nicht* strafrechtlichen i.w.S. - Instrumente strafrechtliche Garantien Anwendung finden müssen.

Zum anderen ist zu beachten, daß ontologisch falsche Aussagen nicht zum sachlichen Gehalt und Ziel von normativen Konstruktionen werden. Wegen der ontologischen Erkenntnis der fehlenden Ansprechbarkeit von Unternehmen ist man insoweit verpflichtet, von kriminalpolitischen und dogmatischen Konzeptionen Abstand zu nehmen, die bei der Deutung der Normadressateneigenschaft von Unternehmen auf die überindividuelle Einheit des Unternehmens abstellen und sie zur Pflichterfüllung auffordern: eine solche gegenüber den Mitgliedern verselbständigte Einheit, die Pflichten erfüllen kann, existiert nämlich für die Zwecke *strafrechtlicher* Verhaltenssteuerung und Ahndung nicht[36]. Vielmehr ist davon auszugehen, daß jede Form einer strafrechtlichen Normadressateneigenschaft und Verantwortung von Unternehmen die Unternehmensmitglieder als Normadressaten und Verantwortungssubjekte in Anspruch nimmt, und zwar – angesichts des kollekti-

---

34 RANSIEK, Unternehmensstrafrecht, S. 334 und 338 f. (Hervorhebungen im Originale).

35 Vgl. OTTO, Aktienstrafrecht, Vor § 399, Rdn. 108 ff.: "Zu bestreiten ist aber, daß Geldbußen stets als strafähnliches Übel zu interpretieren sind. Im Wirtschaftsstrafrecht ist es durchaus legitim, die Geldbuße als 'wirtschaftsaufsichtsrechtliches Sanktionsinstrumentarium' zu verstehen." Vgl. DERS., Die Strafbarkeit von Unternehmen, S. 25 und 28; DERS., Jura 1998, 417 f.; vgl. auch die auf die Kartellbußgeldpraxis bezogenen Ausführungen von K. SCHMIDT (wistra 1990, 133: "Das Ordnungswidrigkeitenrecht des GWB funktioniert in der Praxis weniger als quasi-strafrechtliches denn als wirtschaftsaufsichtsrechtliches Sanktionsinstrumentarium" und 138), an die sich OTTO anschließt.

36 Formulierungen, wie die von RANSIEK (Unternehmensstrafrecht, S. 334): "Die Einhaltung von Pflichten, die aus dem Tätigkeitsbereich des Unternehmens folgen, ist Sache des Unternehmens(trägers), nicht der einzelnen Unternehmensangehörigen", können insoweit nur in die Irre führen und sind deswegen - zumindest im strafrechtlichen Zusammenhang - möglichst zu vermeiden.

ven, undifferenzierten Bezugs des Normappells und des an eine Normverletzung anknüpfenden Vorwurfs – *zwangsläufig* in einer *kollektiven* Form.

Aus der Erkenntnis, daß der strafrechtlichen Normadressateneigenschaft und Verantwortung von Unternehmen vernünftigerweise allein die Bedeutung einer *kollektiven Inanspruchnahme der Unternehmensmitglieder* zukommen kann[37], entsteht für jeden, der eine solche unternehmerische Normadressateneigenschaft und Verantwortung anstrebt, eine doppelte Begründungsaufgabe: einerseits sollten die Gründe angegeben werden, warum das Konzept der (verfassungsrechtlich unbedenklichen) streng individuellen Strafnormen kriminalpolitisch und dogmatisch zur Steuerung des Unternehmens unzulänglich ist. Andererseits sollte aufgezeigt werden, warum dieser Unzulänglichkeit erst durch ein Konzept von (verfassungsrechtlich nicht unproblematischen[38]) Strafnormen kollektiven Charakters nachgeholfen werden kann. Um von der normativen Möglichkeit einer Normadressateneigenschaft von Unternehmen Gebrauch machen zu dürfen, sollte also insgesamt nachgewiesen werden, daß die unternehmerische Normadressateneigenschaft und Strafverantwortung die Aufstellung von *besonderen strafrechtlichen Verhaltensanforderungen* gegenüber den menschlichen Systemelementen ermöglicht, die sonst über die an einzelne Personen adressierten streng individuellen Strafnormen nicht (angemessen) gestellt werden können. Konsequenterweise sollte aber dann auch die strafrechtliche Verantwortung von Unternehmen auf die (Feststellung der) Verletzung dieser Verhaltensanforderungen gestützt werden.

Auch Strafnormen, die sich auf normativer Ebene an das Unternehmen richten und seine strafrechtliche Verantwortung vorsehen, wären also dogmatisch als Normen aufzufassen, die die menschlichen Systemelemente bzw. die Unternehmensangehörigen als ontologische Adressaten haben. Gesucht wird aber ein Antwort auf die Frage, ob und warum man von diesem normativen *Umleitungsweg* Gebrauch machen darf bzw. muß.

Die oben skizzierten Fragen, von denen der Sinn und die Überzeugungskraft einer Normadressateneigenschaft und Verantwortung von Unternehmen entscheidend abhängt, sind im folgenden ausführlich zu behandeln. Die Voraussetzung für die Durchdringung dieser Fragenkomplexe ist allerdings, daß man sich des logischen Mechanismus bewußt wird, in dessen Rahmen die Kommunikation zwischen dem Strafrecht, dem sozialen Subjekt Unternehmen und den willensfähigen menschlichen Systemelementen erfolgt. Zunächst ist also darauf kurz einzugehen.

---

[37] Siehe dazu bereits oben im Text, § 7 I B 3.

[38] Vgl. dazu oben im Text, § 7 I B 3.

II. Zu den Möglichkeiten strafrechtlicher Unternehmenssteuerung

A. Der Unterschied zwischen originären und derivativen Unternehmenspflichten als Schlüssel zur Bestimmung der strafrechtlichen Steuerungsmöglichkeiten von Unternehmen

(1) Entstehung und Inhalt von originären Unternehmenspflichten

Zur Vergegenwärtigung des Kommunikationsmechanismus zwischen Strafrecht, Unternehmen und Unternehmensmitgliedern sind vor allem die eingangs hervorgehobenen Erkenntnisse von großer Bedeutung, die sich dahingehend zusammenfassen lassen, daß das System "Unternehmen", mit dem der Rechtsgutsträger konfrontiert wird, eigene soziale Eigenschaften und Interessen hat. Unter diesem Aspekt ist es ein (für alle Rechtsgebiete geltendes) Gebot der Gerechtigkeit, daß bei der Interessenabwägung, die der allgemeinen Bestimmung der Rechtspflichten des Unternehmens gegenüber dem Rechtsgutsträger vorangeht, die sozialen Eigenschaften und die Interessen des Systems - und nicht die der einzelner Systemmitglieder - in den Mittelpunkt gestellt werden[39].

Die Frage beispielsweise nach dem Umfang und der Qualität der Maßnahmen, die die Mitglieder des Unternehmens "U" für die Sicherheit des Rechtsgutsträgers "R" ergreifen sollen, ist nach den Eigenschaften, insbesondere nach der Größe und dem Risikopotential des Systems als Einheit zu entscheiden. Dies dürfte kaum umstritten sein.

Zur Erfüllung der inhaltlich so bestimmten Rechtspflichten, die an die Eigenschaften (Größe, Risikopotential u.s.w.) und die Dynamik des sozialen Subjekts "Unternehmen" angekoppelt sind und aus diesem Grunde zwangsläufig eine äußerst große, "übermenschliche" Strenge aufweisen (*originäre Unternehmenspflichten*), kann zwar das Strafrecht in einem ersten Schritt den Einzelunternehmer oder die natürlichen Personen, die jeweils den Organen des rechtlich organisierten Unternehmens angehören, auffordern[40]. Als Rechtsgebiet mit der Aufgabe der Steuerung des Verhaltens des Einzelnen kann allerdings das Strafrecht letztlich nicht erwarten, daß die "übermenschlichen" originären Unternehmenspflichten von diesen wenigen natürlichen Personen erfüllt werden, die als Organmitglieder (oder als Einzelunternehmer) jeweils tätig werden. Dies wäre ohne Zweifel ein in höchstem Maße irrationales und deswegen ineffizientes Postulat.

---

39 Wie bereits ausgeführt, hat zwar das Unternehmen keine ontologische Fähigkeit zur Entgegennahme von verhaltenssteuernden Befehlen, so daß sich diese Befehle vernünftigerweise an die Unternehmensangehörigen richten. Das Unternehmen verfügt allerdings über genügende eigene soziale Subjekteigenschaften, die der Formulierung von Normen zugrunde gelegt werden können, siehe dazu oben im Text, I B.

40 KELSEN, Reine Rechtslehre [2. Aufl.], S. 183: "Pflichten ... haben ... stets das Verhalten bestimmter Menschen zum Inhalt... Wenn von Pflichten ... einer Körperschaft gesprochen wird, so kann es sich dabei nur um Pflichten handeln, deren Erfüllung ... durch das Verhalten von Individuen erfolgt, die zur Körperschaft gehören. Und wenn diese Pflichten ... der Körperschaft zugeschrieben werden, müssen diese Individuuen in ihrer Eigenschaft als Organe der Körperschaft die in Betracht kommenden Pflichten erfüllen."

(2) Entstehung und Inhalt von derivativen Unternehmenspflichten

Vielmehr kann vom Strafrecht lediglich erwartet und gefordert werden, daß die fraglichen "übermenschlichen" Pflichten von den Organmitgliedern in aufeinander harmonisch abgestimmten, den Fähigkeiten einzelner Personen entsprechenden Pflichten transformiert und daraufhin auf einzelne menschliche Systemmitglieder unter gleichzeitiger Einrichtung von Koordinations- und Kontrollmechanismen verteilt werden. Aus den originären Pflichten ergibt sich also für die Unternehmensorgane eine Reihe von Pflichten zur Transformation und Organisation (*interne derivative Pflichten*). Transformation und Organisation sind dabei Aufgaben, die vom Strafrecht nicht detailliert vorgeschrieben, sondern im wesentlichen der *Autonomie* der Unternehmensmitglieder überlassen werden[41] - nicht zuletzt deswegen, weil der Umfang und die Intensität der zu transformierenden originären Pflichten im Hinblick auf die stark variierenden Charakteristika (Größe, Risikopotential u.ä.) der Unternehmen vom Strafrecht kaum auf eine generalisierende Art und Weise im vornherein geregelt werden können.

Aus der transformatorisch-organisatorischen Tätigkeit ergeben sich konkrete Pflichten für *einzelne* Unternehmensangehörige im Hinblick auf das mit Wirkungen für den Rechtsgutsträger verbundene Tätigwerden des Unternehmens (*externe derivative Pflichten*). Letztere Pflichten bilden zusammen mit den transformations- und organisationsbezogenen Pflichten eine neue Kategorie von Pflichten (*derivative Unternehmenspflichten*), deren Funktion und Zweck zwar in der Erfüllung der originären Unternehmenspflichten besteht, deren Form und inhaltliche Ausgestaltung sich jedoch mit denen der originären Unternehmenspflichten *nicht* völlig dekken. Die (meistens im außerstrafrechtlichen Bereich festgelegten) originären Pflichten werden nämlich morphologisch und inhaltlich unter ausschließlicher Bezugnahme auf die Eigenschaften und Interessen des sozialen Subjekts des Unternehmens definiert. Die Form und der Inhalt der derivativen Pflichten ergibt sich dagegen im Rahmen des sich in Organisationsfreiheit abwickelnden Transformationsprozesses, der aus den organisatorischen Vorgaben der Organmitglieder (Organigramm) und die reale, teilweise abweichende Umsetzung dieser Vorgaben durch die Unternehmensangehörigen (tatsächliche Organisation und Pflichtenverteilung) entsteht.

---

[41] Mitunter wird zwar den Unternehmensmitgliedern die Bildung von gewissen Positionen in der Organisationsstruktur vorgeschrieben (z.B. Stelle des Umweltschutz-, Datenschutz- oder Sicherheitsbeauftragten; Beispiele einer solchen, gesetzlich vorgesehenen Pflicht zur Bestellung von Betriebsbeauftragten finden sich bei EIDAM, Unternehmen und Strafe, S. 51 ff.). Auch solche rechtliche Organisationsvorgaben gehen aber in der Regel nicht ins Detail, sondern geben nur den Rahmen an, innerhalb dessen sich die Organisationsfreiheit des Unternehmens entfalten darf.

B. Strafrechtliche Unternehmenssteuerung durch streng individuelle Strafnormen

(1) Inhalt des Konzepts streng individueller Strafnormen

Wie bereits ausgeführt, legt der Sinn und Zweck von Strafnormen zunächst ein Konzept nahe, das zum Zwecke der Unternehmenssteuerung mit an die einzelnen Unternehmensmitarbeiter gerichteten strafrechtlichen Verhaltensnormen arbeitet.

Hervorgehoben wurde aber ebenfalls, daß die originären Unternehmenspflichten einen "übermenschlichen" Charakter aufweisen und sich damit kaum als Anknüpfungspunkt für die Formulierung von an konkrete natürliche Personen adressierten Strafnormen eignen. Jedes Konzept streng individueller Strafnormen ist aus diesem Grund gezwungen, auf die derivativen Unternehmenspflichten Bezug zu nehmen. Dabei läßt sich sinnvollerweise nur die Forderung aufstellen, daß sich jeder der einzelnen Mitarbeiter mit allen seinen Kräften bemühen muß, die ihm persönlich im Rahmen des internen Transformationsprozesses auferlegten *derivativen* Unternehmenspflichten zu erfüllen. Die im Mittelpunkt des Konzepts streng individueller Strafnormen stehende Forderung kann also etwa lauten: "Tue das, was dir individuell möglich ist, um die dir intern auferlegten Pflichten zu erfüllen." Jedes Systemelement weiß danach, daß es nur dann zur Verantwortung gezogen werden kann, wenn es anhand seiner individuellen Eigenschaften und Fähigkeiten die ihm obliegenden derivativen Pflichten zu erfüllen vermochte, aber dies (aus Fahrlässigkeit oder aus Vorsatz) nicht machte.

(2) Unzulänglichkeiten des Konzepts streng individueller Strafnormen in kriminalpolitischer Hinsicht

Das oben skizzierte, an die derivativen Unternehmenspflichten anknüpfende Steuerungskonzept ist zwar mit Blick auf die einzelnen menschlichen Systemelemente durchaus vernünftig und gerecht, weil es Klarheit über den individuellen Verantwortungsbereich jedes einzelnen Unternehmensangehörigen schafft. Es ist aber äußerst zweifelhaft, ob es in kriminalpolitischer und systemdogmatischer Hinsicht ausreicht, um den Rechtsgutsträger effektiv zu schützen. Dies läßt sich unter kriminalpolitischen Aspekten sowohl an der Fallkonstellation eines *strukturellen Systemfehlers* als auch an der Fallkonstellation einer *kriminellen Verbandsattitüde* veranschaulichen.

(a) Strukturelle Systemfehler (Pathologie der Organisation)

Im Rahmen der Aufspaltung und Verteilung der originären Unternehmenspflichten läßt sich durchaus vorstellen, daß einzelnen menschlichen Systemelementen Pflichten zugewiesen werden, die deren individuelle Fähigkeiten übertreffen - sog. *Überforderung einer Systemstelle*. Es kann aber auch vorkommen, daß die systeminternen Abstimmungs- und Kommunikationsmechanismen zwischen den Systemstellen falsch programmiert werden, so daß die für das Gedeihen der Arbeitsteilung mit Blick auf die Erfüllung der originären Unternehmenspflichten unerläßlichen Voraussetzungen ausbleiben - sog. *mangelhafte Koordinierung von Systemstellen.* Möglich ist schließlich, daß bei der Verteilung der aufgespaltenen originären Pflichten konkrete Pflichtaspekte keiner Stelle bzw. keiner Person innerhalb des Systems zugeordnet werden - sog. *nicht zugeordnete Pflichten.*

In einer Situation, wie der soeben geschilderten, können die an die einzelnen Unternehmensmitarbeiter gerichteten Strafnormen hinsichtlich der Erfüllung der originären Unternehmenspflichten offensichtlich nur wenig Abhilfe schaffen. Die vom Systemfehler betroffenen menschlichen Systemelemente, denen die Ausführung der - mit den originären Unternehmenspflichten korrespondierenden - *externen derivativen* Unternehmenspflichten obliegt, werden nämlich in solchen Fällen im Zeitpunkt der Rechtsgutsverletzung über keine Handlungsmöglichkeiten verfügen. Dann kann man aber mit der Forderung: "Tue das, was dir individuell möglich ist, um die dir intern auferlegten Pflichten zu erfüllen", kaum etwas erreichen.

Das Konzept streng individueller Strafnormen kann zwar in diesen Fällen an die *Organisatoren,* d.h. an die menschlichen Systemelemente, die die Organisation bzw. die Pflichtenverteilung durchführen und somit grundsätzlich als Träger der *internen derivativen* Pflichten in Erscheinung treten, anknüpfen. Jedoch gerät das Konzept der individuellen Strafnormen auch diesbezüglich in Schwierigkeiten. Die sachgemäße Zerlegung und die harmonisch abgestimmte Verteilung der abstraktrechtlichen originären Unternehmenspflichten, deren Bildung sich nicht an den gewöhnlichen menschlichen Kräften, sondern an den überindividuellen, theoretisch endlosen Kräften des sozialen Subjekts des Unternehmens ausrichtet, ist nämlich eine Aufgabe, die auch einen gutwilligen Organisator schnell überfordern kann. Um seine Aufgabe erfolgreich zu erfüllen, ist er auf die korrigierenden und kritischen Reaktionen der *anderen* Unternehmensangehörigen, die seine Organisationsvorgaben in die Tat umsetzten sollen, angewiesen. Bleiben diese Reaktionen wegen einer passiven Haltung der anderen Unternehmensangehörigen aus, stößt der Organisator an die Grenzen eines alternativen Handelns. Dies wird noch offensichtlicher, wenn man auch die *zeitliche Dimension* des organisatorischen Geschehens und den im Laufe der Zeit stattfindenden Wechsel der Organisatoren und ihrer Konzepte mit berücksichtigt. Es läßt sich kaum von einem neuen Organisator verlangen, das Konzept seiner Vorgänger vollständig zu durchschauen, um strukturelle Inkompatibilitäten mit seinem Konzept zu vermeiden.

Das Fehlen von persönlichen Handlungsmöglichkeiten der einzelnen menschlichen Systemelemente mit Blick auf die Erfüllung ihrer eigenen (externen oder internen) derivativen Pflichten kann allerdings in der Fallkonstellation des strukturellen Systemfehlers nichts an der Tatsache ändern, daß die dadurch für den Rechtsgutsträger entstehende Verletzungsgefahr nicht auf unternehmensfremde Faktoren zurückgeht, sondern ein Ergebnis unternehmenseigener Mängel, einen funktionellen *Output* also des Unternehmens selbst darstellt. Zugleich bedeutet die Feststellung, daß konkrete Personen mit Blick auf ihre eigenen derivativen Pflichten über keine individuellen Möglichkeiten zur Pflichterfüllung verfügen, keineswegs, daß bei Erbringung eines "Mehr" an Leistung von *anderen* Systemmitgliedern es ebenfalls unmöglich ist, die Verletzung der originären Unternehmenspflichten zu vermeiden.

Problematisch ist allerdings dabei, daß sich der genaue Inhalt dieses "Mehr" an Leistung und die Personen, die diese Leistungssteigerung erbringen müssen bzw. können, allenfalls im nachhinein bestimmen lassen, nachdem also die Rechtsgutsverletzung eingetreten ist. Eine an *einzelne* Personen gerichtete Verhaltensanforderung mit einem hinreichend bestimmten Inhalt kann also *vor* der Rechtsgutsverletzung nur schwer formuliert werden.

Daraus wird aber deutlich, daß bei vorhandenen strukturellen Systemfehlern das Konzept streng individueller Strafnormen oft nicht helfen kann. Vielmehr ist ein Konzept erforderlich, das auch die Möglichkeit eröffnet, mit *kollektiven Strafnormen* zu arbeiten. Gemeint werden damit Strafnormen, die nicht auf einzelne derivative Pflichten einzelner Mitarbeiter Bezug nehmen, sondern sich in anonym-kollektiver Gestalt an alle Unternehmensmitarbeiter richten und diese unter Hinweis auf die kollektive soziale Verantwortung gegenüber dem Rechtsgutsträger dazu auffordern, zu jeder Zeit und im Hinblick auf jede *originäre* Unternehmenspflicht bestrebt zu sein, auftauchende Systemdefekte bei den übergeordneten Systemstellen zu melden bzw. selbst zu beheben, auch wenn eine solche Leistung nicht in den Kreis der jeweils eigenen derivativen Pflichten fällt.

Als strukturelle Systemfehler können dabei auch die *systemisch erzeugten Großrisiken* verstanden werden, die HEINE in ausführlicher Weise in seiner Habilitationsschrift behandelt[42]. Im Mittelpunkt seines Konzepts steht der Gedanke, daß innerhalb des äußerst komplexen Unternehmenssystems[43] *im Laufe der Zeit* und aus der Kumulation der Fehler zahlreicher Personen enorme Risikopotentiale entstehen können, deren Abwendung zu einem konkreten Zeitpunkt nicht mehr von einzelnen Personen geleistet werden kann, so daß auch die in gravierenden Beeinträchtigungen des Rechtsgutsträgers Niederschlag findenden Risikorealisierungen nicht einzelnen Personen strafrechtlich zugeschrieben werden können[44] bzw. dürfen[45]. Die in solchen Fallkonstellationen entstehenden Zu-

---

42 HEINE, Die strafrechtliche Verantwortlichkeit von Unternehmen, 1995.

43 HEINE, a.a.O., S. 31 ff.

44 HEINE, a.a.O., S. 64 f.: "Der betriebliche Output ist oft das Resultat einer Vielzahl, häufig über längere Zeiträume verteilter Einzelentscheidungen in verschiedenen Systemen der Organisation. Fehlentscheidungen können sich in der Zeitdimension unerkannt fortsetzen, mit anderen Entscheidungen zusammentreffen und sich dann zu schwer entwirrbaren 'Risikosystemen' aufbauen. Solche prozeßhafte Risikoentwicklungen sperren die Isolierbarkeit und Personalisierung von Handlungen."

45 HEINE, a.a.O., S. 198: "Nicht nur, daß es schon im Ansatz einen unauflösbaren Widerspruch darstellt, bei kollektivproduzierter Umweltschädigung allein auf individuelle Fehlleistungen abzustellen und nur einzelne Personen zur Rechenschaft zu ziehen. Vielmehr sind der Idee, Großunternehmen über die exemplarische Verurteilung von Führungspersonen zu steuern,

rechnungsprobleme lassen sich auf gerechte und kriminalpolitisch befriedigende Weise lösen, wenn man eine strafrechtliche Normadressateneigenschaft und damit eine kollektive Verantwortung des Unternehmens anerkenne.

Das Konzept von HEINE ist zwar - wegen der Voraussetzung der *langjährigen* Kumulation von Risiken - nicht verallgemeinerungsfähig[46], fördert jedoch vor allem durch die hervorragende Schilderung der Komplexität des unternehmerischen Prozeßablaufs und die Hervorhebung der zeitlichen Dimension die richtige Erkenntnis zu tage, daß es in bestimmten Fallkonstellationen das Bedürfnis besteht, nicht mehr das Handeln einzelner Unternehmensmitarbeiter, sondern das kollektive Handeln zahlreicher, nicht mehr im einzelnen nachweisbarer Unternehmensmitarbeiter zu erfassen und zu mißbilligen. Dadurch wird auch das Bedürfnis nach kollektiven Strafnormen ersichtlich.

(b) Kriminelle Verbandsattitüde (Pathologie des Wertsystems)

Die Unzulänglichkeit des Konzepts streng individueller Strafnormen läßt sich weiterhin am Beispiel eines Unternehmenssystems veranschaulichen, dem das soziale Merkmal einer sog. *kriminellen Verbandsattitüde* zugeschrieben werden kann. Auch hier verspricht ein auf streng individuellen Normen aufbauendes Konzept nur wenig Erfolg hinsichtlich des Schutzes des Rechtsgutsträgers.

Unter krimineller Verbandsattitüde ist dabei der von SCHÜNEMANN entwickelte Begriff zu verstehen, d.h. "der in einem Menschenverband und damit auch in einem Wirtschaftsunternehmen durch eine Vielzahl von Lernprozessen etablierte *Gruppengeist* als Quelle eines gleichförmigen rechtsgüterschädlichen Verhaltens von Gruppenmitgliedern, die, wie die kriminologische Forschung gezeigt hat, im Rahmen des Gruppengeistes ohne weiteres zu Rechtsgüterverletzungen bereit sind, zu denen sich in ihrer Privatsphäre niemals hinreißen lassen würden"[47].

Das Konzept streng individueller Strafnormen kann hier vernünftigerweise nur die Forderung vermitteln, daß sich jeder Unternehmensangehörige in seinem Verhalten bei der Erfüllung seiner derivativen Pflichten von der kriminellen Unternehmensethik nicht leiten lassen soll. Das fragliche Konzept kann dagegen kaum die Forderung in sich aufnehmen, aktiv gegen die fragliche Ethik durch Einwirkung auf die Motive der anderen Unternehmensangehörigen vorzugehen oder notfalls vom Unternehmenssystem auszutreten und so die eigenen Kräfte von den geballten Kräften des Kollektivs zurückzuziehen. Wie bei der Fallkonstellation des strukturellen Systemfehlers geht es nämlich dabei um ein "Mehr" an Leistung, das zwar in sozialer

---

also einer reinen Instrumentalisierung von Individuen zur Verfolgung staatlicher Zwecke, von Verfassungs wegen enge Grenzen gesetzt."

46 HEINE selbst (a.a.O., S. 237 f.) versteht sein Modell als mögliche Antwort auf "Fragen, die durch bestimmte technologiegestützte kollektive Prozesse entstanden sind", und gesteht zu, daß es um eine "sachproblemorientierte", auf das "Bedrohungspotential bestimmter Arten von Unternehmen" zugeschnittene Lösung geht, die nicht für alle kollektiven Prozesse Geltung beansprucht.

47 SCHÜNEMANN, in: Madrid-Symposium für Tiedemann, S. 270 f.; DERS., Unternehmenskriminalität, S. 18 ff. und passim; vgl. auch EHRHARDT, S. 146 ff. und 150 ff. (unter Anknüpfung an das amerikanische Konzept der "corporate culture").

Hinsicht *allen* Unternehmensangehörigen zugemutet werden kann, das sich jedoch hinsichtlich seines Inhalts und seiner Adressaten nur schwer in hinreichend bestimmter Form im Zeitpunkt vor der Rechtsgutsverletzung fixieren läßt.

Die durch individuelle Strafnormen nur schwer faßbare Verhaltensanforderung nach einem "Mehr" an Leistung läßt sich allerdings in eine zweite Gruppe von Strafnormen einschließen, die sich mit Blick auf die originären Unternehmenspflichten und unter Hinweis auf die kollektive soziale Verantwortung gegenüber dem Rechtsgutsträger an alle Unternehmensangehörigen richten und von (jedem von) ihnen die aktive Partizipation bei der Bestimmung der zur Erfüllung der originären Pflichten erforderliche Unternehmensethik fordern.

(3) Unzulänglichkeiten des Konzepts streng individueller Strafnormen in systemdogmatischer Hinsicht

Die soeben skizzierten kriminalpolitischen Mängel, die beim Schutz des Rechtsgutsträgers durch die Beschränkung des Strafrechts auf das Konzept streng individueller Strafnormen entstehen, und das Bedürfnis nach einer zweiten komplementären Gruppe von Strafnormen lassen sich auch dogmatisch befriedigend erfassen und erklären.

Es ist nämlich zu bedenken, daß das Konzept streng individueller Strafnormen der Einheit der zum Schutz des Rechtsgutsträgers formulierten originären Unternehmenspflichten kaum mehr Rechnung trägt. Vielmehr knüpft dieses Konzept an das Ergebnis der internen Aufspaltung und Verteilung der originären Unternehmenspflichten, an das Ergebnis der nach freiem unternehmerischem Ermessen erfolgten Transformation. Das Bewußtsein der einzelnen Unternehmensangehörigen für die kollektiv zu erbringende Leistung zum Schutz des Rechtsgutsträgers, das Bewußtsein ihrer funktionellen Eingliederung in ein sozial agierendes Subjekt wird aber damit weitgehend abgestumpft.

Erforderlich erscheint insoweit auch in dogmatischer Hinsicht die Herstellung einer direkten *Verbindung aller Systemelemente mit den originären Unternehmenspflichten* als Kompensationsmittel für die wahrgenommene Organisationsfreiheit und als Präventionsmittel zur Verschärfung des abgestumpften kollektiven Verantwortungsgefühls. Diese Verbindung läßt sich aber erst durch ein Konzept strafrechtlicher Steuerung realisieren, das allen Systemelementen - jedem einzelnen von ihnen - die kollektive Verantwortung deutlich macht und ihnen zugleich Anlaß gibt, ihre Partizipation am Kollektiv auf der Grundlage der erfolgreichen oder mangelhaften *kollektiven* Leistung zu überdenken.

C. *Strafrechtliche Unternehmenssteuerung durch kollektive Strafnormen*

(1) Inhalt des Konzepts kollektiver Strafnormen

Kriminalpolitische und dogmatische Überlegungen offenbaren also das Bedürfnis nach einem Konzept strafrechtlicher Steuerung, das auf Strafnormen beruht, die sich an *alle* Unternehmensangehörigen in ihrer Eigenschaft als Systemmitglieder richten. Das fragliche Konzept soll einen Ausgleich für die den Systemmitgliedern gewährte Freiheit zur selbstverantwortlichen Durchführung des Transformations- und Zielsetzungsprozesses darstellen und soll von jedem Mitglied des Kollektivs ein "Mehr" an Leistung herausholen, das über die Erfüllung der diesem persönlich zugeordneten derivativen Unternehmenspflichten hinausgeht und auf die Minderung der aus der Pflichtentransformation oder aus der Unternehmensethik für den Rechtsgutsträger herrührenden Gefahren abzielt. Die entsprechende Forderung könnte also lauten: "Tue das, was dir nach deiner Stellung im Unternehmen möglich ist, um organisatorische Systemdefekte oder kriminelle Verhaltensmuster innerhalb des Kollektivs, die zu einer Verletzung der originären Pflichten führen können, zu beseitigen".

Wie bereits die Formulierung der den kollektiven Strafnormen innewohnenden Forderung deutlich werden läßt, bedarf es bezüglich des Adressatenkreises dieser Forderung einer Differenzierung, die den Unterschieden in der Stellung der menschlichen Systemelemente innerhalb des Systems Rechnung trägt. Nicht alle menschlichen Systemelemente können nämlich einen (entscheidenden) Einfluß auf die Organisation und die Wertordnung im Unternehmenssystem nehmen. Soll deswegen der Zweck der kollektiven Strafnormen darin bestehen, die menschlichen Systemelemente zu einer aktiven Beteiligung am Prozeß der Gestaltung des Unternehmenssystems unter organisatorischen und / oder wertordnungsrelevanten Aspekten zu veranlassen, so sind als Adressaten dieser Strafnormen in erster Linie die *mit (wichtigen) Entscheidungs- und Weisungsbefugnissen ausgestatteten menschlichen Systemelemente* anzusehen. Diese Systemelemente sind zweifellos die ranghohen unternehmerischen Führungskräfte und die großen Anteilseigner. Diese Personen sind somit vorerst als (ontologische) Adressaten der kollektiven Strafnormen zu betrachten. Das über den eigenen derivativen Pflichtenkreis hinausgehende "Mehr" an Leistung ist zunächst von diesen Personen zu erwarten. Auf einer zweiten Ebene sind zwar auch die sonstigen Unternehmensangehörigen (einfache Angestellte, kleine Anteilseigner) wegen ihrer - wenn auch geringeren - Mitwirkung am Verhalten des Systems als von den kollektiven Strafnormen angesprochene Personen anzusehen. Mit Blick auf die beschränkten Befugnisse und Möglichkeiten der Personen der zweiten Ebene ist allerdings für diese Personen die Forderung nach einem "Mehr" an Leistung in Grenzen zu halten. - Dementsprechend ist auch geboten, bei Verletzung der kollektiven Strafnormen die *Personen der ersten Ebene als die vom Vorwurf am stärksten belasteten Kollektivmitglieder* zu betrachten.

(2) Vergleich der streng individuellen und der kollektiven Strafnormen

An die menschlichen Elemente eines Unternehmenssystems zur Steuerung ihres Verhaltens und damit des Verhaltens des gesamten Systems sollte man also zwei Gruppen von Strafnormen richten. - Die Strafnormen der ersten Gruppe sollten mit Blick auf die jeweils eigenen, intern zugeteilten Pflichten an jedes einzelne Systemelement gerichtet werden und die Forderung enthalten, unter Einsatz der individuellen Fähigkeiten diese persönlichen Pflichten zu erfüllen. In dieser Regelungsalternative hat der Staat bei jeder Verletzung einer originären Unternehmenspflicht gegenüber dem Rechtsgutsträger den / die jeweils konkreten Träger der (entsprechenden) derivativen (externen oder internen) Pflicht(en) innerhalb des Unternehmens zu lokalisieren und bei Feststellung einer objektiven Pflichtverletzung, die trotz feststehender individueller Fähigkeit zur Pflichterfüllung zustande kam, zur Verantwortung zu ziehen.

Die Strafnormen der zweiten Gruppe sollten mit Blick auf die vor der internen Aufspaltung bestehenden originären Pflichten an alle Systemelemente adressiert werden und die Forderung enthalten, organisatorische und sittenbildende Initiativen über den eigenen, intern zugeteilten derivativen Pflichtenkreis hinaus zu entwikkeln, um die kollektive Leistung des Systems zum Schutz des Rechtsgutsträgers immer auf dem sozial erforderlichen Standard zu halten. Diese Strafnormen sollten also direkt an die originären Unternehmenspflichten anknüpfen und der Gesamtheit der Unternehmensangehörigen die Verantwortung für den Fall klar machen, daß die Verletzung originärer Pflichten auf *vermeidbare* organisatorische oder wertordnungsrelevante Systemdefekte zurückgeht. In dieser Regelungsalternative sollte der Staat bei jeder Verletzung einer originären Unternehmenspflicht gegenüber dem Rechtsgutsträger nicht mehr nach dem / den individuellen Träger(n) der entsprechenden (derivativen) externen und / oder internen Pflichten suchen, sondern lediglich ermitteln, ob die originäre Pflichtverletzung (auch) auf organisatorische Mängel oder kriminelle Verhaltensmuster zurückgeht, die durch ein mögliches und zumutbares "Mehr" an Leistung von den Kollektivmitgliedern hätten vermieden werden können.

Die soeben skizzierten Unterschiede in dem Aussagegehalt der streng individuellen und der kollektiven Strafnormen machen deutlich, daß im konkreten Fall die Strafnormen beider Gruppen verletzt werden können, so daß sowohl eine individuelle als auch eine kollektive Verantwortung entstehen kann. Die von ALWART[48] im Anschluß an die (früher) von SCHÜNEMANN[49] vertretene Auffassung, daß die (kollektive) Verantwortung

---

48 ZStW 105 (1993), 768 ff.; ALWART läßt allerdings offen, ob dieser Satz auch außerhalb der "kriminalstrafrechtlichen Kernbereiche" Geltung haben soll, a.a.O., 768.

49 SCHÜNEMMAN, Unternehmenskriminalität, S. 232 ff.; DERS., wistra 1982, S. 49 f.; SCHÜNEMANN hat allerdings seinen auf den Gedanken des Präventionsnotstandes gestützten Vorschlag, den Einsatz der Geldbuße auf Fälle zu beschränken, in denen die Überführung einer natürlichen Person als Täter unmöglich sei (sog. "anonyme Verbandsgeldbuße"), inzwischen fallen gelassen, mit der Begründung, daß die kriminogene Wirkung einer kriminellen

des Unternehmens überall dort, wo ein individueller Täter feststellbar ist, eine dogmatisch zweifelhafte und kriminalpolitisch eher schädliche Maßnahme sei, kann somit nicht geteilt werden. Die subsidiäre Unternehmenshaftung im Sinne ALWARTS wird allerdings hier nicht wegen der Annahme eines akzessorischen Haftungsmodells - das von ALWART zutreffend kritisiert wird[50] - abgelehnt. Wie sich gezeigt hat und wie auch später im Rahmen der kollektiven Schuldfeststellung darzulegen sein wird, geht es nach dem hier vertretenen Standpunkt weder um ein *akzessorisches*, noch um ein *subsidiäres*, sondern um ein *komplementäres* Modell zur Unternehmenssteuerung, das nicht "in Abhängigkeit von" oder "statt" des individualstrafrechtlichen Steuerungssystems, sondern gerade "neben" diesem steht[51].

III. Zusammenfassung

Der Sinn und Zweck einer strafrechtlichen Normadressateneigenschaft (und damit einer strafrechtlichen Verantwortung) von Unternehmen besteht also darin, die *unterschiedliche Schwerpunktsetzung* bei der Bestimmung der an die Unternehmensangehörigen gerichteten strafrechtlichen Verhaltensanforderungen zum Ausdruck zu bringen. *Ontologische* Adressaten sowohl der streng individuellen als auch der kollektiven Strafnormen sind die Unternehmensangehörigen. Der *Inhalt* der Strafnormen (und der Inhalt des Vorwurfs wegen Mißachtung der Normen) sind aber im Individual- und im Unternehmensstrafrecht unterschiedlich. Während die streng individuellen Strafnormen ausschließlich auf den klar definierten Kreis von derivativen Unternehmenspflichten jedes einzelnen Unternehmensangehörigen Bezug nehmen und darauf abzielen, jeden einzelnen Unternehmensangehörigen zur Erfüllung dieser Pflichten nach dem Maßstab seines individuellen Könnens anzuhalten, beziehen sich die kollektiven Strafnormen direkt auf die originären Unternehmenspflichten und zielen darauf ab, die Unternehmensangehörigen zu einer - über ihren streng individuellen Pflichtenkreis hinausgehenden und ihrer (Macht-) Stellung im Unternehmenssystem entsprechenden - möglichen und sozial zumutbaren Aktivierung im Hinblick auf die Mitgestaltung einer effizienten Unternehmensorganisation und die Mitbestimmung einer an sozialen Werten orientierten Unternehmensethik zu veranlassen.

Verbandsattitüde durch die Ermittlung und Bestrafung eines individuellen Täters nicht eigentlich aus der Welt geschafft werden könne. Dementsprechend befürwortet er nunmehr eine sog. "kumulative Verbandsgeldbuße", DERS., in: Madrid-Symposium für Tiedemann, S. 287 und 294.

50 ALWART, ZStW 105 (1993), 765 ff.; DERS., MschrKrim 78 (1995), 199.

51 So auch das Modell von LAMPE, ZStW 106 (1994), 708 f., 729 ff.; SCHÜNEMANN geht dagegen auch im Rahmen seines Vorschlags der kumulativen Geldbuße (siehe Anm. 49) anscheinend von einem akzessorischen Modell aus, denn er macht die Strafbarkeit des Unternehmens u.a. von der mit Strafe oder Geldbuße bedrohten Handlung eines Unternehmensangehörigen abhängig (in: Madrid-Symposium für Tiedemann, S. 287 f.). Da der Autor allerdings nicht klarstellt, ob er dabei eine vollständige (d.h. auch nach *individualstrafrechtlichen* Maßstäben schuldhafte) Handlung des Unternehmensangehörigen voraussetzt, kann sein Modell auch als komplementär gedeutet werden.

Nur durch eine solche Konzeption, welche die auf die Unternehmensangehörigen als Kollektivmitglieder im Hinblick auf die gesamte soziale Erscheinung des Kollektivs gesetzten Erwartungen von den auf die Unternehmensangehörigen als Individuen im Hinblick auf die Erfüllung ihres streng individuellen Pflichtenkreises gesetzten Erwartungen unterscheidet, wird die Möglichkeit eröffnet, die Rationalität und Gerechtigkeit des Konzepts streng individueller Strafnormen zu bewahren, ohne den Schutz des Rechtsgutsträgers durch Aufweichen der zu seinem Gunsten an die Leistungsfähigkeit des Unternehmenssystems gestellten strafrechtlichen Anforderungen zu mindern. In materieller Hinsicht ist diese Konzeption durch die Herausarbeitung kollektiver Verantwortungskriterien für die Unternehmensangehörigen als Kollektiv (kollektives Anders-Handeln-Können) einerseits und individueller Verantwortungskriterien für die jeweils mit der Erfüllung der derivativen Unternehmenspflichten beauftragten Unternehmensangehörigen (individuelles Anders-Handeln-Können) andererseits zu vervollständigen. Den kollektiven Verantwortungskriterien muß die Funktion zukommen, ein Zurückbleiben der Kollektivmitglieder hinter der ihnen *möglichen* organisatorischen und wertordnungsrelevanten Leistung zu attestierten, die das Strafrecht von diesen Mitgliedern als Bedingung einer angemessenen Erfüllung der originären Unternehmenspflichten erwartet. Den individuellen Verantwortungskriterien sollte dagegen die Funktion zukommen, das Zurückbleiben eines konkreten Unternehmensmitarbeiters hinter der *möglichen* Leistung zu attestieren, die das Strafrecht von ihm persönlich im Hinblick auf seine eigenen Fähigkeiten bei der Erfüllung der ihm zugewiesenen derivativen Unternehmenspflichten erwartet.

Die individuellen Verantwortungskriterien sind wie bisher im Kriminalstrafrecht oder - je nach der Sozialschädlichkeit der Pflichtverletzung - im Ordnungswidrigkeitenrecht nach höchstpersönlichen Maßstäben auszugestalten. Die kollektiven Verantwortungskriterien sollten dagegen im Rahmen des Unternehmensstrafrechts auf der Grundlage (rationaler) kollektiver Maßstäbe entwickelt werden.

§ 9 Zurechnungsgrundsätze und Sanktionen des Unternehmensstrafrechts

Das notwendige Korrelat zu der Annahme des vorangegangenen Kapitels, daß nur Menschen von Strafnormen ansprechbar und steuerbar sind und demzufolge nur die menschlichen Elemente des Unternehmenssystems als ontologische Adressaten der an das Unternehmen gerichteten Strafnormen sowie des gegen das Unternehmen erhobenen Vorwurfs in Betracht kommen können, bildet die Feststellung, daß es nur menschliches Verhalten (Tun oder Unterlassen) sein kann, das dem Unrechts- und Schuldurteil im Unternehmensstrafrecht zugrunde gelegt werden kann. Das Unrecht und die Schuld im Unternehmensstrafrecht können also nichts anderes sein, als das unrechtmäßige und (im unternehmensstrafrechtlichen Sinne zu verstehende) schuldhafte Verhalten der Kollektivmitglieder, das (normativ) als Verhalten des Unternehmens gedeutet, auf dieses bezogen, diesem zugeschrieben wird.

Die Grundsätze dieses Zuschreibungsprozesses und damit der dogmatische Aufbau des Unrechts- und des Schuldbegriffs im Unternehmensstrafrecht sind im folgenden unter Zugrundelegung der im vorangegangenen Kapitel gewonnenen Erkenntnisse über die strafrechtsrelevanten Eigenschaften des Unternehmenswesens einerseits und den Inhalt und die Zweckmäßigkeit kollektiver Strafnormen andererseits näher zu behandeln.

I. Unrecht und Unternehmen

Den Ausführungen in § 8 über den Bezugspunkt von kollektiven Strafnormen läßt sich zwar entnehmen, daß das Unrecht im Unternehmensstrafrecht dann begründet wird, wenn eine auf der Grundlage der Eigenschaften und der Interessen des Unternehmens normierte *originäre* Unternehmenspflicht verletzt wird und dadurch eine Beeinträchtigung der Interessen des Rechtsgutsträgers eintritt.

Eine originäre Unternehmenspflicht kann aber durch das (ontologisch handlungsunfähige) Unternehmen selbst nicht verletzt werden. Erforderlich ist daher die Anknüpfung an das Verhalten von natürlichen Personen. Vor diesem Hintergrund stellt sich die Frage, ob das Verhalten *jeder* natürlichen Person herangezogen werden kann, oder ob je nach originärer Pflicht oder sogar pauschal eine Beschränkung auf das Verhalten eines bestimmten Kreises von Personen geboten ist[1]. - Diese Frage soll aufgrund der im vorangegangen Kapitel gewonnenen Erkenntnisse beantwortet werden.

---

[1] Es geht zwar dabei teilweise um das in der Literatur unter dem Schlagwort "Bestimmung der tauglichen natürlichen Täter" diskutierte Problem (DELMAS-MARTY, in: Madrid-Symposium für Tiedemann, S. 305, 307) bzw. um die Frage: "durch wessen und durch welche menschliche Handlungen sich die Korporation strafbar machen kann" (HIRSCH, Die Frage der Straffähigkeit, S. 23), wobei aber zu beachten ist, daß im Mittelpunkt der im Text entwickelten Konzeption letztlich nicht die Zurechnung der (individualstrafrechtlichen) rechtswidrigen und schuldhaften Tat einer natürlichen Person gegenüber dem Unternehmen, sondern die (nachgewiesenen) Defizite des Unternehmenssystems stehen.

Erinnert sei insoweit zunächst daran, daß nach dem oben geschilderten Kommunikationsmechanismus zwischen Strafrecht, Unternehmen und Unternehmensmitarbeitern zur Erfüllung der originären Unternehmenspflichten zunächst die Organmitglieder des Unternehmens *formal* aufgefordert sind. Zumindest in größeren Unternehmen wird allerdings vom Strafrecht nicht auch tatsächlich gefordert, daß die Organmitglieder die an den Eigenschaften und den Interessen des Unternehmens ausgerichteten (und deswegen inhaltlich äußerst streng und umfangreich ausgestalteten) Pflichten selbst erfüllen. Die Organmitglieder sind vielmehr verpflichtet, die originären Unternehmenspflichten aufzuspalten und sachgerecht unter den Unternehmensangehörigen zu verteilen. Der Aufgliederungsprozeß, der sich sowohl auf horizontaler (Pflichtenteilung) als auch auf vertikaler Ebene (Pflichtendelegation) vollzieht, führt zur Entstehung einer mehrfachen Zahl von *derivativen* Pflichten: Aus der Aufspaltung jeder einzelnen originären Pflicht ergeben sich nämlich mehrere derivative Pflichten[2]. Diese aus *einer* originären Unternehmenspflicht hervorgehenden derivativen Pflichten werden wiederum zwei oder mehreren Unternehmensangehörigen zugewiesen. Grundsätzlich geht es dabei um Personen, die innerhalb der unternehmerischen Einheit einen mit der Wahrnehmung einer konkreten unternehmerischen Funktion betrauten Mitarbeiterkreis bilden. Manchmal werden allerdings mit der Erfüllung von derivativen Pflichten auch *Extranei* beauftragt, d.h. Personen, die in die soziale Einheit des Unternehmens nicht integriert sind (z.B. Rechtsanwälte). - Je nach dem Umfang und dem (externen oder bloß internen) Charakter einer derivativen Pflicht kann ihre Verletzung der Verletzung der entsprechenden originären Pflicht gleichkommen und damit die fragliche Funktion des Unternehmenssystems als normativ fehlerhaft erscheinen lassen.

Die originäre Pflicht mit dem Inhalt, die verlangten Marktpreise nicht mit Konkurrenten abzustimmen, wird beispielsweise in einem Unternehmen gemeinsam von allen Unternehmensangehörigen wahrgenommen, die für die Festsetzung der Preise bzw. der einzelnen Preisbestandteile der vom Unternehmen abgesetzten Produkte zuständig sind, entweder weil sie diesen Prozeß selbst durchführen oder weil sie diesen Prozeß beaufsichtigen. Die originäre Pflicht, keine qualitätsgeminderten Lebensmittel ohne ausreichende Kenntlichmachung in den Verkehr zu bringen, wird von den Unternehmensangehörigen wahrgenommen, die mit der Kontrolle über die Qualität der Lebensmittel vor ihrem Absatz betraut sind. Ähnliche Beispiele lassen sich für jede strafrechtlich typisierte originäre Pflicht bilden, die mit der Tätigkeit des Unternehmens zusammenhängt und dem Schutz des Rechtsgutsträgers dient.

Erinnert sei darüber hinaus daran, daß der Zweck der Strafnormen darin zu sehen ist, den Willensbildungsprozeß der menschlichen Systemelemente im Hinblick auf die soziale Steuerung des Systems zu beeinflussen. Ferner sei darauf hingewiesen, daß im Gegensatz zu den (an die derivativen Pflichten gekoppelten) streng indivi-

---

2 Im Rahmen jeder Delegationsstufe ergeben sich regelmäßig zwei derivative Pflichten: eine externe Pflicht (mit Blick auf den Delegierten) und eine interne Aufsichtspflicht (mit Blick auf den Delegierenden).

duellen Strafnormen, die die Verantwortung jedes einzelnen Trägers von derivativen Pflichten für die Erfüllung dieser (und nur dieser) Pflichten zum Ausdruck bringen, die (direkt an die originären Unternehmenspflichten anknüpfenden) kollektiven Strafnormen den Sinn haben, die kollektive Verantwortung der Unternehmensangehörigen im Hinblick auf die Ausgestaltung der im Unternehmen herrschenden organisatorischen und ethischen Standards zu verdeutlichen.

Aus diesen (bereits begründeten) Erkenntnissen lassen sich nun folgende Schlußfolgerungen ziehen. - Zunächst wird aus dem Sinn und Zweck der Gruppe der kollektiven Strafnormen ersichtlich, daß berechtigterweise nur das Verhalten eines Unternehmensangehörigen als Anknüpfungspunkt für die Feststellung der Verletzung einer originären Unternehmenspflicht angesehen werden kann. Die kollektiven Strafnormen richten sich nämlich an die menschlichen Systemelemente und verlangen von diesen eine Leistungssteigerung im Hinblick auf die optimale organisatorische und wertordnungsrelevante Ausgestaltung des sie umfassenden Systems, so daß Verletzungen der originären Pflichten verhindert werden. Verletzungen der originären Pflichten interessieren also im Unternehmensstrafrecht nur insoweit, als sie Ausdruck von *systeminternen* Organisationsfehlern oder kriminellen Verhaltensmustern darstellen. Das Verhalten von außerhalb der Unternehmensorganisation und außerhalb des Einflusses der Unternehmensethik agierenden Personen kann aber bereits dogmatisch kaum als Ergebnis der genannten internen Defekte aufgefaßt werden. Auch wenn Extranei die auf sie übertragenen derivativen Unternehmenspflichten verletzen, scheidet deswegen ihr Verhalten als Anknüpfungspunkt für die Feststellung der Verletzung einer originären Pflicht aus[3]. - Eine andere Frage ist jedoch, ob das Verhalten des Außenstehenden einem Unternehmensangehörigen zugerechnet und damit schließlich auch dem Unternehmen angelastet werden kann. Eine andere Frage ist auch, ob der externe Beauftragte wegen Verletzung der auf ihn übertragenen derivativen Pflicht im individualstrafrechtlichen Bereich belangt werden kann. Beide Fragen sind zu bejahen, ohne daß sich dadurch etwas an dem Befund der Nicht-Zurechenbarkeit des Verhaltens von Extranei zu dem Unternehmen ändert.

Wenn beispielsweise ein externer Beauftragter (z.B. ein Berufsverband) von einem (befugterweise handelnden) Unternehmensangehörigen den Auftrag bekommt, als Vertreter des Unternehmens an Kartellsitzungen teilzunehmen und den dort ausgehandelten Vertrag im Namen des Unternehmens zu unterschreiben, läßt sich die Teilnahme an

---

3 So auch SCHÜNEMANN (in: Madrid-Symposium für Tiedemann, S. 292), der sich kritisch gegenüber dem entgegengesetzten Standpunkt der Kommission im EG-Bußgeldrecht in Kartellsachen äußert: "Weil in diesen Fällen keine Eingliederung in die Organisation vorliegt, würde ich das Unternehmen für ein Fehlverhalten Externer nicht strafrechtlich zur Verantwortung ziehen, und ich halte die entsprechende Spruchpraxis von Kommission und Europäischem Gerichtshof deshalb für sachlogisch verfehlt." SCHÜNEMANN stützt sein unternehmensstrafrechtliches Konzept, wie bereits dargelegt, vor allem auf den Gedanken der "kriminellen Verbandsattitüde", die Ausdruck in der strafrechtlich relevanten Handlung eines Unternehmensangehörigen finde, siehe DERS., a.a.O., 277 ff.

den Sitzungen und der Vertragsabschluß dem den entsprechenden Auftrag erteilten Unternehmensangehörigen (und anschließend dem Unternehmen selbst) zurechnen. Entschließt jedoch ein externer Beauftragter (z.B. ein Berufsverband, der den allgemeinen Auftrag der Förderung der Interessen des Unternehmens erhalten hat) im Rahmen der informellen Kontakte mit (ausländischen) Konkurrenten aus eigener Initiative zum Abschluß einer Kartellabsprache im Namen des Unternehmens, kann dieses (möglicherweise noch im Rahmen des allgemein formulierten Auftrags liegende) Verhalten dem Unternehmen nicht zugerechnet werden - solange zumindest keine objektive Förderung (oder pflichtwidrig unterlassene Verhinderung) dieses Verhaltens durch einen (dazu befugten) Unternehmensangehörigen nachweisbar ist. - Von den genannten Fällen sind allerdings die Fallkonstellationen zu unterscheiden, in denen es trotz des ersten Anscheins nicht um externe Personen, sondern um in das Unternehmen eingegliederte Hilfsorgane geht (juristisch verselbständigte Teile einer "wirtschaftlichen Einheit", Handelsvertreter, nicht autonom handelnde Vertriebsvereinigungen u.s.w.)[4].

Ebensowenig kann auf der Grundlage der obigen Erkenntnisse davon ausgegangen werden, daß mit Blick auf die Verletzung einer *konkreten* originären Pflicht das Verhalten jedes Unternehmensangehörigen zurechnungsrelevant ist. Vielmehr läßt sich daraus folgern, daß als maßgeblicher Anknüpfungspunkt nur ein Verhalten derjenigen Unternehmensangehörigen herangezogen werden kann, denen die Erfüllung der - mit der originären Pflicht korrespondierenden - derivativen Pflichten obliegt. Im Hinblick nämlich darauf, daß das Konzept kollektiver Strafnormen in strafrechtsdogmatischer Hinsicht die Gefahren für den Rechtsgutsträger kompensieren will, die ihre Ursache in der von den Kollektivmitgliedern wahrgenommenen Organisationsfreiheit finden[5], kann dem Unrechtsurteil nur das (fehlerhafte) Verhalten einer Person zugrunde gelegt werden, die kraft der systeminternen, in Freiheit durchgeführten Organisation und Pflichtverteilung tätig wird. Es muß also um einen *befugterweise* handelnden Unternehmensangehörigen gehen. Das Verhalten eines Unternehmensangehörigen, der keine Handlungs- oder Entscheidungsbefugnis im Zusammenhang mit der mutmaßlich verletzten originären Pflicht hat, reicht dagegen nicht aus - solange nicht nachgewiesen werden kann, daß eine befugte Person im obigen Sinne zumindest seine derivative (Aufsichts-)Pflicht verletzt hat, indem er beispielsweise das (unbefugte) Eindringen in seinen Aufgabenbereich nicht effektiv verhindert hat.

Das Vorliegen eines Unternehmensverhaltens wäre damit zu verneinen, wenn es sich erweisen sollte, daß die maßgebliche natürliche Handlung von einer zum Handeln nicht befugten Person ausging (*Exzeßtat*), was freilich grundsätzlich normativ, mit Blick auf die Qualität und den Aufspaltungsgrad der in Frage stehenden originären Pflicht, die strenge oder fließende Grenzziehung der Aufgabenkreise innerhalb des Unternehmens und die hierarchische Stellung der Person jeweils zu entscheiden ist. - Der Umstand jedenfalls, daß sich der Unternehmensmitarbeiter an seinen intern festgelegten, *spezifischen* Aufgabenbereich oder an die statutarischen Tätigkeitsfelder des Unternehmens nicht gehalten hat, oder die Tatsache, daß der Unternehmensmitarbeiter mit seinem

---

4 Vgl. dazu PAPAKIRIAKOU, Europäisches Unternehmensstrafrecht, *Vierter Teil* III.

5 Vgl. oben im Text, § 8 II A 2 und B 3.

Verhalten gegen die Interessen des Unternehmens verstoßen hat, sollte nicht als zwingender Grund für den Ausschluß der Zurechnung angesehen werden. Solange die zuzurechnende Handlung im Rahmen des *typischerweise* übertragenen Aufgabenbereichs und im Namen sowie für "Rechnung" des Unternehmens vorgenommen wurde, sollte die *objektive* Zurechnung für möglich gehalten werden[6].

Liegen also insgesamt Indizien vor, daß eine originäre Unternehmenspflicht verletzt worden ist, so ist zu ermitteln, ob diese Verletzung mit dem Verhalten eines (oder mehrerer) der Unternehmensmitarbeiter, in deren Aufgabenbereich die Erfüllung der korrespondierenden derivativen Pflichten fällt, in Verbindung gebracht werden kann.

Wird allerdings eine solche Verbindung hergestellt, ist dann nicht mehr daran zu denken, welche Position der das maßgebliche Verhalten tätigende Unternehmensmitarbeiter in der Unternehmenshierarchie innehat, und ob er sich bei der Vollziehung des relevanten Verhaltens über interne Weisungen seiner Vorgesetzten innerhalb des Aufgabenkreises hinweggesetzt hat. Auch die konkrete Identität des Mitarbeiters, dessen Verhalten herangezogen wird, ist nicht von Interesse. Die oben geschilderten Erkenntnisse und vor allem das gebotene Verständnis des Unternehmens als eines dem Rechtsgutsträger gegenüberstehenden sozialen Subjekts erfordern eine *breite Zurechnungskonzeption*. Wie jedes soziale Subjekt, muß danach auch das Unternehmenssystem auf der *objektiven* Zurechnungsebene für jedes rechtsgutsbeeinträchtigende Versagen einer seiner Funktionen einstehen, solange dieses Versagen auf das *gewillkürte* objektiv fehlerhafte Verhalten[7] einer der Personen zurückzuführen ist, die mit dem ordnungsgemäßen Ablauf der ausgefallenen Systemfunktion betraut sind. Es sollte also letztlich jede Handlung oder sozial erhebliche Unterlassung als zurechenbar angesehen werden, die sich als Ausfluß, als *funktioneller Output* des Systems identifizieren läßt.

Das aufgrund der oben skizzierten Zurechnungsregeln bestimmte Unternehmensverhalten ist dann an den die originären Unternehmenspflichten statuierenden strafrechtlichen Normen zu messen[8], um den *objektiven Unwert* des Unternehmensver-

---

6 Umstrittene Fälle können dann im Rahmen der Schuldprüfung geklärt werden, vgl. dazu unten im Text, II A.

7 Es wäre damit vom Fehlen eines Unternehmensverhaltens auszugehen, wenn sich beispielsweise herausstellen sollte, daß die jeweils maßgebliche natürliche Handlung (Verunreinigung eines Flusses durch Chemikalien) durch höhere Gewalt (vis absoluta) herbeigeführt wurde und damit nicht dem eigenen Willen des "handelnden" Unternehmensmitarbeiters entsprungen ist. - Allerdings sollte berücksichtigt werden, daß dadurch die Anknüpfung an das befugte Handeln oder Unterlassen einer *anderen* Person, die den Eintritt des Status der vis absoluta durch rechtzeitiges Eingreifen hätte verhindern können, nicht ausgeschlossen wird.

8 Diese Normen sind in Anlehnung an die strafrechtsspezifischen Auslegungsmaßstäbe (Analogieverbot, Verbot der engen Auslegung von Generalklauseln) zu interpretieren. Zum Inhalt sowie zu den denkbaren, durch das (im Verwaltungsstrafrecht oft anzutreffende) Phänomen

haltens festzustellen. Der Verstoß gegen diese Normen - sowie der eventuelle Eingriff von Rechtfertigungsnormen[9] - ist nach objektiven Kriterien zu beurteilen. Allen relevanten *Interessenabwägungen* sollen außerdem die Eigenschaften und *Interessen des Systems* selbst - und nicht die der im konkreten Fall handelnden menschlichen Systemelemente - zugrunde gelegt werden.

Daran läßt sich noch einmal der *reale Unterschied zwischen originären und derivativen Unternehmenspflichten* demonstrieren. Während die (Rechtfertigung der) Verletzung der originären Pflichten *ausschließlich* nach den Interessen und Eigenschaften des Systems zu entscheiden ist, kommt es bei der Feststellung einer (Rechtfertigung der) Verletzung der derivativen Unternehmenspflichten (auch) auf die persönlichen Eigenschaften und Interessen des handelnden Unternehmensmitarbeiters an.

II. Schuld und Unternehmen

Wird im Unrechtsbereich jeder rechtsgutsbeeinträchtigende funktionelle Output des Unternehmenssystems erfaßt und mißbilligt, so ist im Schuldbereich zu prüfen, ob dieser schädliche Output *vermeidbar* war. Dies ist dann der Fall, wenn die Verletzung der originären Unternehmenspflicht (auch) auf einen systeminternen Mangel zurückgeführt werden kann, den die Unternehmensangehörigen durch eine ihnen mögliche und zumutbare Leistung rechtzeitig hätten beheben können. Außerdem ist es im Hinblick auf die an früherer Stelle gemachte Feststellung, daß sich die Adressaten der kollektiven Strafnormen in zwei grobe Kategorien (primäre und sekundäre Empfänger) einteilen lassen[10], zweckmäßig, konkrete Aussagen über die *Beteiligung des Kreises der primären Empfänger* am deliktischen Geschehen zu treffen. Insgesamt bietet es sich deswegen an, ein zweistufiges Prüfungsverfahren einzurichten.

A. Unternehmensschuld und systemische Fahrlässigkeit

Im Rahmen der ersten Stufe der Schuldprüfung ist die Frage nach dem zwischen dem rechtsgutsbeeinträchtigenden Vorgang einerseits und der (statischen) Organisationsstruktur des Unternehmens, dem Funktionieren der internen Systemmechanismen im (dynamischen) Prozeßablauf sowie der systeminternen Wertordnung (Zielsystem, Unternehmensethik) andererseits bestehenden Zusammenhang aufzuwerfen.

"[Es ist] ... die Frage zu stellen, inwieweit das konkrete Delikt durch die organisatorischen und normativen Gegebenheiten, durch Fehler und Versäumnisse des Unternehmens verursacht, unterstützt oder zumindest nicht verhindert worden ist. In Anlehnung

der Normambivalenz bedingten Modifizierungen dieser Maßstäbe siehe ausführlich PAPAKIRIAKOU, Europäisches Unternehmensstrafrecht, *Zweiter Teil* (insbes. II B und IV).

9 Zu den Prinzipien, an denen sich die inhaltliche Strukturierung dieser Normen innerhalb des Verwaltungsstrafrechts orientieren muß, siehe eingehend PAPAKIRIAKOU, Europäisches Unternehmensstrafrecht, *Dritter Teil*.

10 Vgl. oben im Text, § 8 II C 1.

an die neuen US-amerikanischen Sentencing Guidelines for Organizational Offenders ... [sind] in diesem Zusammenhang etwa zu berücksichtigen:

- vom Unternehmen getroffene organisatorische Vorkehrungen zur Gewährleistung eines gesetzeskonformen Betriebsablaufs; insbesondere die Existenz oder das Fehlen eines funktionierenden Aufsichts- und Kontrollsystems sowie eines effizienten betriebsinternen Kommunikationssystems;

- Maßnahmen zur entsprechenden Information und Motivation der handelnden Individuen (Hat sich das Unternehmen um die Pflege einer 'Unternehmensethik' bemüht? Wurde auf ... [das handelnde Individuum] Druck im Sinne eines 'management by results' ausgeübt? Sind ihm für ein gesetzeswidriges Verhalten vielleicht sogar firmeninterne Vergünstigungen in Aussicht gestellt worden?);

- die Häufigkeit derartiger oder anderer Straftaten innerhalb des Unternehmens;

- die Zahl der an der Tat beteiligten Repräsentanten[11]; sind mehrere in das Geschehen involviert, so kann dies im Einzelfall den Schluß nahelegen, daß von Unternehmensseite kriminellem Verhalten nicht ausreichend entgegengewirkt worden ist."[12]

Läßt sich feststellen, daß die Realisierung des rechtsgutsbeeinträchtigenden Vorgangs durch eine bessere systeminterne Organisation oder eine bessere Ausgestaltung der systeminternen ethischen Standards hätte abgewendet oder erschwert werden können, so ist anschließend zu überprüfen, ob es den Kollektivmitgliedern möglich und zumutbar war, solche höheren organisatorischen und / oder ethischen Standards zu erreichen. Zur Beantwortung letzterer Frage bedarf es der Bildung eines Prüfungsmaßstabes in Anlehnung an die interne organisatorische und wertordnungsrelevante Leistung, die man von den Kollektivmitgliedern eines Unternehmenssystems vergleichbarer Größenordnung und vergleichbaren Gefährdungspotentials vernünftigererweise erwarten kann. An diesem Maßstab ist dann die Organisation und die interne Wertordnung des betroffenen Unternehmens zu messen.

Läßt sich aus dieser Prüfung der Schluß ziehen, daß die Kollektivmitglieder vor dem Hintergrund der feststehenden Verletzung der originären Unternehmenspflicht die ihnen mögliche und zumutbare organisatorische und / oder sittenbildende Leistung erbracht haben, so ist das Unternehmen freizusprechen. Dies kann beispielsweise der Fall sein, wenn *Unvermeidbarkeitskriterien* im Sinne des europäischen Unternehmensstrafrechts in Kartellsachen eingreifen[13]. Der Verzicht auf den Schuldvorwurf gegen das Kollektiv ist aber auch - wegen fehlender Zumutbarkeit - dann denkbar, wenn "*Entschuldigungsgründe*" - etwa im Sinne der im europäi-

---

[11] Bzw. die Zahl der an dem rechtsgutsbeeinträchtigenden Vorgang beteiligten Unternehmensangehörigen.

[12] EHRHARDT, S. 247 f. - Hingewiesen sei allerdings darauf, daß die Autorin ein akzessorisches, auf die Zurechnung der volldeliktischen Straftaten gesetzlicher Organe gestütztes Modell befürwortet und die von ihr genannten Kriterien nur im Rahmen der Bemessung der Sanktionshöhe zur Anwendung bringen will.

[13] Siehe ausführlich dazu PAPAKIRIAKOU, Europäisches Unternehmensstrafrecht, *Fünfter Teil* II C.

schen Unternehmensstrafrecht in Kartellsachen bislang erkennbaren Fallgruppen[14] - in Betracht kommen.

Erweist sich der rechtswidrige funktionale Output (auch) als Ausdruck eines systeminternen organisatorischen oder wertordnungsrelevanten Mangels[15], den die Kollektivmitglieder durch eine ihnen mögliche und zumutbare Leistung rechtzeitig hätten beheben können, so liegt eine *systemische Fahrlässigkeit* vor, die zur Bejahung der Verantwortung des Kollektivs führen muß. Die an die Systemmitglieder durch die Normadressateneigenschaft des Unternehmens gerichteten Verhaltensanforderungen sind in diesem Fall als mißachtet anzusehen. Den Systemmitgliedern ist ein Zurückbleiben hinter der verlangten und ihnen möglichen kollektiven Leistung vorzuwerfen. Die Schwelle der Ahndbarkeit ist überschritten und die Unternehmenssanktion ist damit bereits fällig.

B. Unternehmensschuld und subjektive Einstellung der primären Empfänger der kollektiven Strafnormen

Im Hinblick darauf, daß die Unternehmensangehörigen bezüglich der sozialen Steuerung des Unternehmenssystems eine unterschiedliche, an ihrer Machtstellung innerhalb des Unternehmens ausgerichteten Verantwortung tragen, ist es zweckmäßig, an das in seinen Ergebnissen positiv ausfallende Prüfungsverfahren der systemischen Fahrlässigkeit ein *zweites Prüfungsverfahren* anzuschließen, das aus den Systemmitgliedern diejenigen mit maßgeblichen Entscheidungs- und Weisungsbefugnissen (Entscheidungs- und Kontrollträger) isoliert und ihre Leistung mit Blick auf das konkrete rechtswidrige Unternehmensverhalten wertet. Es geht dabei mit anderen Worten darum, die Leistung der sog. *primären Empfänger der kollektiven Strafnormen* näher zu überprüfen. Die Berücksichtigung der Leistung dieser Personen ist deswegen sinnvoll, weil die Unternehmenssanktion dadurch Präzision in der systeminternen Zuweisung der Hauptverantwortung gewinnen kann. Um dies zu erreichen, ist auf der zweiten Prüfungsebene terminologisch zwischen Schuld wegen eines Vorsatzdelikts und Schuld wegen eines Fahrlässigkeitsdelikts zu differenzieren.

---

14 Eingehend dazu PAPAKIRIAKOU, Europäisches Unternehmensstrafrecht, *Fünfter Teil* II A 2 (b).

15 Vgl. die Ausführungen von LAMPE [ZStW 106 (1994), 708 f.], der - im Rahmen seines Konzepts - ein dem Unternehmenssystem als Ganzem anzulastendes "Systemunrecht" nur dann annehmen will, wenn die durch das Unternehmensmitglied begangene Rechtsgutsverletzung im funktionalen Zusammenhang zu einer "defizienten Organisationsstruktur" oder zu einer "kriminogenen Unternehmensphilosophie" steht. Sonstige Rechtsgüterverletzungen, "die dem Unternehmen lediglich zugute kommen oder für die es den äußeren Anreiz bildet", ohne daß es den oben genannten Zusammenhang gibt, schließt er dagegen unter der Bezeichnung "Exzeßtaten" vom Kreis der dem Unternehmen zuzurechnenden Unrecht aus. Ausführlicher zur Unternehmensphilosophie und zur Unternehmensorganisation als Grundlagen der strafrechtlichen Verantwortung des Unternehmens DERS., a.a.O., 728 ff.

Die Schuld wegen eines Vorsatzdelikts soll inhaltlich weitgehend nach normativen Kriterien gefüllt werden. Dem normativen Urteil sind die Vorstellungen der Systemmitglieder in den führenden Systempositionen zugrunde zu legen. Die Schuld wegen eines Vorsatzdelikts ist erst dann anzunehmen, wenn das *Unrechtsgeschehen vom Wissen und Willen von ranghohen Führungskräften und / oder Eignern maßgeblicher Anteile des Unternehmens gesteuert* oder sogar - in seltenen Fällen - von ihnen selbst verwirklicht wurde. Beweismäßig sollte dafür das Indiz genügen, daß das tatsächliche Geschehen wegen seiner Dauer und seiner Auswirkungen auf das gesamte Unternehmensbild kaum ohne Wissen und Billigung der genannten Personengruppen hätte stattfinden können (Schluß auf die subjektive Vorstellung aus den objektiven Tatsachen). Die Benennung konkreter Personen ist jedenfalls nicht notwendig.

Läßt sich die Schuld wegen eines Vorsatzdelikts im obigen Sinne nicht beweisen, ist mit Blick auf die bereits feststehende systemische Fahrlässigkeit immerhin auf *Schuld wegen eines Fahrlässigkeitsdelikts* zu erkennen.

Bezüglich der hier vorgeschlagenen Einrichtung von zwei Stufen zur Schuldprüfung ist zu beachten, daß sich die erst in der zweiten Stufe betonte *subjektive Einstellung führender Systemmitglieder* manchmal auch für die *Bewertung der Unternehmensethik* und der *Unternehmensorganisation*, also für die Feststellungen der ersten Stufe, als ausschlaggebend erweisen könnte. Der hartnäckig und mit Absicht rechtswidrig handelnde Geschäftsführer einer GmbH könnte so beispielsweise manchmal als repräsentatives Beispiel für die im - von der GmbH getragenen - Unternehmen herrschende vorwerfbare Ethik herangezogen werden. Und das Verhalten des Vorstandes einer AG, der trotz Kenntnis der Anfälligkeit bestimmter Unternehmensabteilungen zum Abschluß von Kartellabsprachen den Erlaß von entsprechenden entgegenwirkenden unternehmensinternen Richtlinien unterläßt, könnte möglicherweise dem Urteil über die vermeidbare mangelhafte Unternehmensorganisation zugrunde gelegt werden. Die dogmatische Trennung der zwei Stufen der Schuldfeststellung (systemische Fahrlässigkeit - subjektive Einstellung der primären Empfänger der kollektiven Strafnormen gegenüber der Verletzung der originären Unternehmenspflicht) bedeutet deswegen nicht, daß sich das für jede Stufe maßgebliche Tatsachenmaterial zwangsläufig unterscheiden muß. - Diese Aussage darf allerdings nicht dahin mißverstanden werden, daß die vorwerfbare subjektive Einstellung führender Mitglieder des Systems immer als Beweis für das Vorliegen einer systemischen Fahrlässigkeit zu deuten ist. Auch wenn es sich danach erweisen sollte, daß hinter dem rechtsgutsbeeinträchtigenden Vorgang ein vorsätzlich handelnder Topmanager steckt, bedeutet dies nicht ohne weiteres die Bejahung der (für die Begründung der Ahndbarkeit *immer* vorausgesetzten) systemischen Fahrlässigkeit. Was von den *anderen* Kollektivmitgliedern jeweils zu erwarten ist und ob die ihnen mögliche und zumutbare Leistung den Eintritt der Rechtsgutsbeeinträchtigung hätte abwenden oder erschweren können, sind Fragen, deren Beantwortung der Heranziehung mehrerer Kriterien bedarf[16], wenn man dem Sinn und Zweck der kollektiven Strafnormen gerecht werden will.

16 Siehe dazu oben im Text, II A.

An die Differenzierung zwischen der Schuld wegen eines Vorsatzdelikts und der Schuld wegen eines Fahrlässigkeitsdelikts sollte allerdings *keine Differenzierung des Strafrahmens* geknüpft werden. Im Hinblick nämlich darauf, daß es hier nicht um die Beurteilung der Leistung einzelner Personen, sondern um die Beurteilung der Leistung von Kollektiven geht, wird oft bei Vorliegen von großen Systemdefekten der fehlende Vorsatz der Systemleitung mit Blick auf das konkrete sozialschädliche Geschehen für die Fassung des Sanktionsvorwurfs nicht von großer Bedeutung sein. Durch einen undifferenzierten, einheitlichen Sanktionsrahmen läßt sich dies eindeutig zum Ausdruck bringen. Angemessene Sanktionsbemessungsregeln sollten allerdings sicherstellen, daß durch die Umstände des Einzelfalles möglicherweise gebotene Differenzierungen zumindest bei der Wahl und der Bemessung der Unternehmenssanktion beachtet werden.

Es ist so beispielsweise als positiv zu beurteilen, daß die europäischen Bußgeldvorschriften einen einheitlichen Sanktionsrahmen vorsehen und die nur fahrlässige Deliktsbegehung lediglich als (möglichen) bußgeldmildernden Faktor im Zusammenhang mit sonstigen Faktoren behandeln[17].

Es sei allerdings zugleich darauf hingewiesen, daß insbesondere die von der Kommission erlassenen gemeinschaftsrechtlichen Richtlinien zur Bemessung der Geldbußen, die bei fahrlässigen Verstößen eine Milderung der Geldbußen vorsehen[18], die einzelfallbezogenen angemessenen Differenzierungen im Sinne des hier vertretenen Konzepts nicht unbedingt sicherstellen können. Dies liegt nicht zuletzt daran, daß die Funktion der dogmatischen Kategorien des Vorsatzes und der Fahrlässigkeit im hier vertretenen Konzept von der Funktion der entsprechenden Begriffe im europäischen Bußgeldrecht in Kartellsachen abweicht[19]: Das hier vertretene Schuldkonzept baut nämlich stärker als das europäische Modell auf dem Gedanken der vorwerfbaren kollektiven Organisation und Unternehmensethik auf und benutzt den Begriff der (systemischen) Fahrlässigkeit ausschließlich zur Schilderung dieses Gedankens. Der Vorsatzbegriff wird außerdem nach dem vorliegenden Konzept nur den Fällen vorbehalten, in denen *neben* der systemischen Fahrlässigkeit *auch* das Wissen von ranghohen Führungskräften (oder großen Anteilseignern) im Hinblick auf den Rechtsverstoß nach normativen Maßstäben bejaht werden kann. Im europäischen Modell ist diese funktionelle Teilung und Instrumentalisierung der Begriffe nicht so stark ausgeprägt. Im Fahrlässigkeitsbereich bestehen zwar ähnliche Tendenzen, im Vorsatzbereich scheint aber bereits die Kenntnis von befugterweise handelnden (leitenden) Unternehmensmitarbeitern ausreichend zu sein, um - unabhängig von Organisations- oder wertordnungsrelevanten Defiziten des Kollektivs - die Schuld wegen eines Vorsatzdelikts zu bejahen. Darin kommt die zweite, auf die Leistung einzel-

---

17 Näher dazu PAPAKIRIAKOU, Europäisches Unternehmensstrafrecht, *Zweiter Teil* III B 2 (b).

18 Siehe "Leitlinien für das Verfahren zur Festsetzung von Geldbußen, die gemäß Artikel 15 Absatz 2 der Verordnung Nr. 17 und gemäß Artikel 65 Absatz 5 EGKS-Vertrag festgesetzt werden" (ABl. 1998 Nr. C 9/3 [Teil 3]), in denen die Tatsache, daß es um "*fahrlässige, unvorsätzlich begangene Verstöße*" geht, von der Kommission als mildernder Umstand im Rahmen der zweiten Phase des Verfahrens zur Bemessung der Geldbußen (zusammenf. zu diesen Phasen PAPAKIRIAKOU, Europäisches Unternehmensstrafrecht, *Zweiter Teil* III B 2 b) eingestuft wird.

19 Näher dazu PAPAKIRIAKOU, Europäisches Unternehmensstrafrecht, *Fünfter Teil* II und zusammenf. IV A.

ner Unternehmensmitarbeiter abstellende Spur des europäischen Modells bei der Schuldbegründung zum Ausdruck[20]. - Einem Konzept, das überwiegend auf die defizitäre Leistung des gesamten Kollektivs abstellt, werden Bemessungsregeln eher gerecht, die in "subjektiver" Hinsicht vor allem den Grad der festgestellten Organisations- oder Wertordnungsdefizite sowie das Leistungspotential (Zahl der Mitarbeiter, Erfahrung u.s.w.) und das davon abhängige Anders-Handeln-Können des sanktionierten Kollektivs im Hinblick auf den konkreten Verstoß berücksichtigen. Die diesbezüglich in den von der Europäischen Kommission erlassenen Richtlinien befindlichen Ansätze sind insoweit - auch im Rahmen des hier vertretenen Konzepts - zu begrüßen[21].

III. Sanktionen und Unternehmen

Damit kommt man zu der Frage nach den Sanktionsmitteln, die gegen das Unternehmen wegen des schuldhaft begangenen Rechtsverstoßes einzusetzen sind. Auch die Antwort auf diese Frage hat sich an den bisher gewonnenen Erkenntnissen über den Sinn und Zweck der kollektiven Strafnormen und über die Grundlagen des Schuldurteils zu orientieren.

Die Wahl der geeigneten Sanktionsmittel sollte sich an den Erkenntnissen ausrichten, daß einerseits das Schuldurteil im wesentlichen auf der defizitären Leistung des Kollektivs unter organisatorischen und / oder Wertordnungsaspekten aufbaut und daß andererseits nicht alle Unternehmensangehörigen dieselbe Verantwortung für diese defizitäre kollektive Leistung tragen. Insbesondere nämlich die als sekundäre Empfänger der kollektiven Strafnormen bezeichneten Personenkreise (kleine Anteilseigner, einfache Angestellte) haben nur wenigen Einfluß auf die interne Steuerung des Systems und dürfen dementsprechend normativ als Personen angesehen und behandelt werden, die am wenigsten vom Schuldvorwurf getroffen werden.

Damit dieses *Postulat der möglichst kleinen Belastung der sekundären Empfänger* nicht in einen leeren programmatischen Satz ausartet, bedarf es der Wahl von Sanktionen, die diesem Postulat tatsächlich Rechnung tragen. Um dies zu errei-

---

20 Eingehend dazu PAPAKIRIAKOU, Europäisches Unternehmensstrafrecht, *Fünfter Teil* III C und IV A.

21 Vgl. die Ausführungen der Kommission bezüglich der Faktoren, die in der ersten Verfahrensphase der Bußgeldbemessung (PAPAKIRIAKOU, Europäisches Unternehmensstrafrecht, *Zweiter Teil* III B 2 b) zu berücksichtigen sind ("Leitlinien für das *Verfahren zur Festsetzung von Geldbußen*, die gemäß Artikel 15 Absatz 2 der Verordnung Nr. 17 und gemäß Artikel 65 Absatz 5 EGKS-Vertrag festgesetzt werden", ABl. 1998 Nr. C 9/3 [Teil 1 A]): "Darüber hinaus könnte auch der Tatsache Rechnung getragen werden, daß *Großunternehmen* in den meisten Fällen über *juristischen und wirtschaftlichen Sachverstand und Ressourcen* verfügen, anhand deren sie besser erkennen können, in welchem Maße ihre Vorgehensweise einen Verstoß darstellt und welche Folgen aus wettbewerbsrechtlicher Sicht zu gewärtigen sind." Vgl. auch *Kommission*, a.a.O., [Teil 2], wo ein "*erneuter, gleichartiger Verstoß des / derselben Unternehmen(s)*" von der Kommission als erschwerender Umstand im Rahmen der zweiten Phase des Verfahrens zur Bemessung der Geldbußen eingestuft wird.

chen, muß bei der Sanktionswahl die Struktur des jeweiligen Unternehmens berücksichtigt werden. Hierfür kann außerdem auch die früher analysierte Unterscheidung zwischen den Schuldformen des Vorsatzes und der Fahrlässigkeit herangezogen werden.

Handelt es sich danach um ein Unternehmen, dessen Anteile unter zahlreichen Kleinaktionären verstreut sind[22], so daß die Einflußmöglichkeiten der einzelnen Anteilseigner auf die Unternehmensführung letztlich gering bis unbeachtlich sind, so sind (zumindest im Fall schwerer vorsätzlicher Rechtsverstöße, die eine entsprechend schwere staatliche punitive Reaktion erfordern) nach Sanktionen zu suchen, die keine einschneidenden Auswirkungen auf die Gewinnausschüttung und damit auf die Dividende der Anteilseigner entfalten. Es macht nämlich wenig Sinn, die Hauptlast der Sanktion Personen aufzubürden, die sich auf die soziale Steuerung des Systems - nicht nur vor, sondern auch nach der Sanktionierung! - nur wenig einwirken können[23]. Vielmehr bietet sich in solchen Fällen die Verhängung von Sanktionen an, die direkt an die interne Organisation des Unternehmens anknüpfen und vor allem die Personenkreise belasten, auf die auch in der Zukunft die höchsten Erwartungen für die gebotene kollektive Leistungssteigerung und damit die Einhaltung der kollektiven Strafnormen gesetzt werden. In Frage kommt insoweit vor allem die *Sanktion der temporären staatlichen Überwachung des Unternehmens*, d.h. die auf eine bestimmte Zeit ausgesprochene Unterstellung des Unternehmens unter die Leitung einer vom Staat bestimmten Person oder Institution[24]. Wie SCHÜNEMANN zutreffend betont, dürfte "die damit als Reflex verbundene Schmälerung des Ansehens der Topmanager dazu führen, daß diese ihre Aufsichtspflichten weitaus intensiver und redlicher wahrnehmen werden als bei Androhung noch so hoher Geldbußen, während umgekehrt die Anteilseigner von dieser Maßnahme überhaupt nicht betroffen wären, so daß dieses Institut insgesamt am schonendsten und zugleich am wirksamsten auf gravierende Organisationsmängel reagieren dürfte"[25]. Diesen Ausführungen ist hinzuzufügen, daß eine solche Sanktion

22 Der benutzten Terminologie liegt aus Gründen der Übersichtlichkeit die Fallkonstellation zugrunde, daß es um ein in der Rechtsform einer AG organisiertes Unternehmen geht. Die Ausführungen lassen sich aber in der Sache auch auf andere rechtliche Organisationsformen von Unternehmen übertragen.

23 Diese Feststellung gilt allerdings nur hinsichtlich des auf Ahndung gerichteten Bestandteils der Sanktionierung. *Gewinnabschöpfende* Maßnahmen sind hingegen immer als zulässig zu betrachten, denn sie enthalten kein punitives Element und sind demzufolge nicht an das oben aufgestellte, nur für repressiv-ahndende Sanktionen geltende Postulat gebunden.

24 Vgl. dazu SCHÜNEMANN, in: DERS., Deutsche Wiedervereinigung, Bd. III: Unternehmenskriminalität, S. 129 ff.

25 SCHÜNEMANN, in: Madrid-Symposium für Tiedemann, S. 290; SCHÜNEMANN geht aus dem erwähnten Grund von der Möglichkeit einer ganz enormen Präventionswirkung der fraglichen Sanktion aus; vgl. dazu auch HEINE, Die strafrechtliche Verantwortlichkeit von Unternehmen, S. 302 f.

auch gegenüber den Angestellten des Unternehmens die schonendsten Wirkungen zeigt.

Läßt sich allerdings feststellen, daß die Organisationsmängel oder die Wertordnungsdefizite des Systems, auf die die Zuwiderhandlung zurückgeht, so gravierend sind, daß eine Fortführung der Tätigkeiten des Systems erhebliche Gefahren für die Unternehmensumwelt heraufbeschwört, ist die *Sanktion der Liquidierung des Unternehmens* - oder zumindest des in das sozialschädliche Geschehen verwickelten Geschäftsbereichs - in Betracht zu ziehen[26]. Während die Wirkungen auch dieser Sanktion für die (kleinen) Anteilseigner noch vertretbar sind - denn die Vermögenswerte des Unternehmens werden letztlich in der Gestalt des Reinerlöses unter ihnen verteilt -, trifft diese Sanktion den zweiten Personenkreis der sekundären Empfänger, die Angestellten des Unternehmens, sehr hart, da sie ihre Arbeitsplätze verlieren. Bei Beschränkung des Anwendungsbereichs der fraglichen Sanktion auf wirklich gravierende Fälle kann aber davon ausgegangen werden, daß auch der letztere Personenkreis einen nicht unerheblichen Teil der Verantwortung für den Zustand des Unternehmens trägt und somit die sich daraus fließenden Konsequenzen hinzunehmen hat. Angesichts der engen Verbindung der fraglichen Sanktion mit einer Prognose über die zukünftige Gefährlichkeit des Unternehmens läßt sich außerdem die These vertreten, daß es hierbei um ein überwiegend präventiv orientiertes Sanktionsmittel geht, dessen Zulässigkeit dementsprechend nicht mehr an dem oben aufgestellten Postulat gemessen werden muß.

Handelt es sich um ein Unternehmen, dessen Anteile in den Händen von nur wenigen mächtigen Aktionären sind, ist - insbesondere in Fällen vorsätzlicher Rechtsverstöße - auch die klassische finanzielle Sanktion der *Geldbuße* geeignet, um die faktischen Hauptträger der Sanktionslast und die primären (ontologischen) Adressaten des Sanktionsvorwurfs in ein gerechtes Verhältnis zueinander zu bringen. Von den einflußreichen Anteilseignern wird nämlich erwartet, durch Einwirkung auf die (von ihnen ausgewählten) geschäftsführenden Personen und damit durch (mittelbare) Einflußnahme auf die Gestaltung der Organisationsstrukturen des Unternehmens ihrer sozialen Verantwortung gegenüber dem Rechtsgutsträger gerecht zu werden. Es erscheint damit als angemessen, auch sie in den Kreis der faktischen Hauptträger der Unternehmenssanktion einzubeziehen. Bestehen neben den Großaktionären auch Minderheitsgesellschafter, ist daran zu denken, an die Verhängung einer einschneidenden finanziellen Sanktion Institute zu binden, die zur *Stärkung der Kontrollrechte* dieser *Minderheitsgesellschafter* führen.

Hohe Geldbußen sind aber auch bei Unternehmen mit verstreutem Kapital ohne Bedenken zulässig, wenn feststeht, daß das betroffene Unternehmen in der Vergangenheit wiederholt sanktioniert worden ist, so daß auch von kleinen Anteilseignern erwartet werden könnte, sich der kriminellen Anfälligkeit des Unternehmens

---

26 Vgl. HEINE, Die strafrechtliche Verantwortlichkeit von Unternehmen, S. 302.

bewußt zu sein und dementsprechend aus dem Unternehmen frühzeitig auszusteigen bzw. in dieses nicht einzusteigen. Gerade in kriminalpolitischer Hinsicht erscheint es als unverzichtbar, die aus Spekulationsgründen bzw. aus der Hoffnung der Erwirtschaftung hoher Renditen erfolgende kapitalmäßige Beteiligung an Unternehmen mit dubiosen Handlungsmethoden unattraktiv zu machen - unabhängig davon, ob es dabei um (kleine) private oder (große) institutionelle Anleger geht.

Geldbußen stellen darüber hinaus ein geeignetes Sanktionsmittel für Fälle dar, in denen die Schwere der Rechtsgutsbeeinträchtigung oder der Grad der festgestellten Organisationsmängel oder Wertordnungsdefizite verhältnismäßig gering sind, so daß der Einsatz der die Organisationsfreiheit des Unternehmens erheblich einschränkenden (und regelmäßig mit einem großen prozessualen und organisatorischen Aufwand verbundene) Sanktion der temporären staatlichen Überwachung als nicht vertretbar erscheint. Im Hinblick darauf, daß in solchen Fällen lediglich entsprechend geringe Geldbußen zu erwarten sind, kann auch bei Unternehmen mit verstreutem Kapital nicht von einer nennenswerten Belastung der Kleinaktionäre gesprochen werden.

Schließlich läßt sich auch die *Verpflichtung der Unternehmensleitung zur Durchführung von internen Law-Compliance-Programmen* als angemessene Sanktionsform vorstellen[27]. Kombiniert einerseits mit rein gewinnabschöpfenden Maßnahmen zur Herstellung des status quo ante und andererseits mit verhältnismäßigen, in die Organisationsfreiheit des Unternehmens eingreifenden Maßnahmen (z.B. Pflicht zur Errichtung bestimmter systeminterner Stellen, Instanzen oder Abteilungen) wäre auch diese Sanktionsart geeignet, die strukturellen und wertordnungsrelevanten Defizite aufzuheben, die zum sozialschädlichen Geschehen geführt haben, ohne den Personenkreis der sekundären Empfänger der Sanktionsnormen (spürbar) zu belasten.

Die hier vorgeschlagenen Differenzierungen hinsichtlich der Sanktionswahl und der Bestimmung der Sanktionshöhe sind freilich nur dann möglich, wenn der Gesetzgeber den Verwaltungsbehörden diesbezügliche Möglichkeiten zur Verfügung stellt. Ist dagegen - wie dies beispielsweise im europäischen, deutschen und griechischen Verwaltungsstrafrecht in Kartellsachen der Fall ist - nur die Verhängung einer Geldbuße als Reaktion auf den Rechtsverstoß möglich, so sind Relativierungen des Postulats der möglichst kleinen Belastung der sekundären Empfänger der kollektiven Sanktionsnormen unvermeidlich. Insbesondere Faktoren wie die Verstreuung des Kapitals des Unternehmens können nicht mehr berücksichtigt werden, was unter Umständen dazu führen kann,

---

27 HEINE, Die strafrechtliche Verantwortlichkeit von Unternehmen, S. 304: "Die jüngste, vielversprechende Praxis in den USA weist die Richtung. Dort wird den Betrieben aufgegeben, Maßnahmen (u.a. Seminare mit Experten) innerbetrieblich auf den zuständigen Ebenen (Rechts- bzw. Sicherheitsabteilungen) durchzuführen. Diese Maßnahmen beinhalten Wege zur besseren Umsetzung staatlicher Vorgaben. So werden nicht nur Kenntnisse vertieft, sondern auch Möglichkeiten aufgezeigt, durch betriebliche Reorganisation die Verbandspflicht zur Einhaltung gesetzlicher oder behördlicher Gebote und Verbote besser zu gewährleisten".

daß die Sanktionslast grundsätzlich Personen aufgebürdet wird, die an der Steuerung des Systems am wenigstens beteiligt sind (kleine Anteilseigner). Dieses Ergebnis läßt sich zwar im europäischen, deutschen und griechischen Kartellrecht angesichts der zur Zeit fehlenden Sanktionsalternativen und unter dem Aspekt der Effektivität des Verwaltungshandelns - hohe Geldbußen, die den aus der Zuwiderhandlung gezogenen Gewinn erheblich übertreffen, sind nämlich in präventiver Hinsicht immer in der Lage, eine abschreckende Wirkung zu entfalten[28], und können zugleich als Druckmittel eingesetzt werden, um die Unternehmensführung zur freiwilligen Durchführung von organisatorischen Maßnahmen zu veranlassen[29] - noch rechtfertigen. Ein zukünftiges unternehmensstrafrechtliches Modell sollte allerdings nicht nur dem Gedanken der Effektivität, sondern auch dem der Gerechtigkeit stärker verpflichtet sein.

IV. Vorschlag einer gesetzlichen Regelung der strafrechtlichen Unternehmensverantwortung

Aus den bisherigen Ausführungen läßt sich das Modell einer strafrechtlichen Unternehmensverantwortung ableiten, dessen gesetzestechnische Ausgestaltung folgendermaßen aussehen könnte:

(1) Wird durch das Handeln eines Unternehmensangehörigen im Rahmen seines Aufgabenbereichs eine originäre Unternehmenspflicht verletzt und läßt sich dieser rechtsgutsbeeinträchtigende Vorgang (auch) auf einen organisatorischen und / oder wertordnungsrelevanten unternehmensinternen Defekt zurückführen, den die Unternehmensangehörigen durch eine ihnen mögliche und zumutbare Leistung hätten rechtzeitig beheben können, so ist auf eine Sanktion gegen das Unternehmen – Liquidierung, temporäre staatliche Überwachung, Geldbuße, Verpflichtung zur Durchführung von internen Law-Compliance-Programmen, sonstige gegen die unternehmerische Organisationsfreiheit gerichtete Sanktionen – zu erkennen.

(2) Ein vorsätzlicher Rechtsverstoß liegt dann vor, wenn die Tatsachen- und Rechtslage den Schluß zuläßt, daß der rechtsgutsbeeinträchtigende Vorgang von ranghohen Führungskräften und / oder von Eignern maßgeblicher Anteile des Unternehmens gesteuert worden ist.

(3) Bei der Wahl und der Bestimmung der Höhe der Unternehmenssanktion sind neben der Schwere der Rechtsgutsbeeinträchtigung und dem Grad der festgestellten vermeidbaren organisatorischen und / oder wertordnungsrelevanten Defekte auch die Struktur und die Machtverhältnisse innerhalb des Unternehmens zu berücksichtigen, so daß eine angemessene Verteilung der Sanktionslast unter den verschiedenen Personenkreisen des Kollektivs erreicht wird.

---

28 Vgl. dazu den bereits geschilderten Begründungsansatz von RANSIEK oben im Text, § 8 I D.

29 Vgl. *KOME* v. 05.06.1991, 91/532/EWG, *Viho Toshiba*, ABl. 1991 Nr. L 287/39 [Rdn. 30].

ZUSAMMENFASSUNG

I.

1. Die vorliegende Arbeit hat sich die Erfüllung zweier Hauptaufgaben zum Ziel gesetzt[1]: Zum einen sollte nachgewiesen werden, daß die (kartellrechtlichen) Unternehmensgeldbußen in Griechenland - entgegen der (vor allem in der Rechtsprechung) herrschenden Ansicht, die in sämtlichen gegen natürliche oder juristische Personen gerichteten Verwaltungsstrafen Institute des Verwaltungsrechts erblickt - als Sanktionen des Strafrechts i.w.S. einzustufen und entsprechend dogmatisch zu strukturieren sind. Zum anderen sollten die Entwicklung und der heutige Stand des Systems zum Schutz des freien Wettbewerbs in Griechenland nachgezeichnet und an ihrem Beispiel auch typische, mit der Natur und Inhaltsbestimmung von wirtschaftlichen (überindividuellen) Rechtsgütern zusammenhängende Probleme dargestellt werden. - Entsprechend den in der Einleitung zur Erfüllung der genannten Aufgaben geschilderten Arbeitsschritten[2] wird im folgenden eine Zusammenfassung der wichtigsten Ergebnisse der Arbeit gegeben.

II.

2. Mangelndes Wettbewerbsbewußtsein der staatlichen allgemeinen Wirtschaftspolitik in der Anfangsphase[3], Schwankungen bezüglich der vom Gesetzgeber angestrebten wettbewerbspolitischen Ziele in der anschließenden Phase[4] und ständige staatliche Vernachlässigung der faktischen Voraussetzungen (ausgebildetes Personal und finanzielle Ressourcen) für die Betreibung einer effektiven Wettbewerbspolitik[5] haben dazu geführt, daß das im Jahr 1977 im Hinblick auf den Vollbeitritt Griechenlands zu den Europäischen Gemeinschaften verabschiedete KartellG[6] bisher - und trotz der Bemühungen der griechischen Wettbewerbskommission - in der Praxis nur mangelhaft durchgesetzt werden konnte.

3. Die im KartellG verankerten, (weitgehend) den europäischen Wettbewerbsregeln nachgebildeten materiellen Instrumente zur Lenkung der Wettbewerbsprozesse und zur Kontrolle der Marktstrukturen in Griechenland (Kartellverbot, Verbot des Mißbrauchs einer marktbeherrschenden Stellung, Verbot des Mißbrauchs

---

[1] Siehe oben im Text, Einleitung II.

[2] Siehe oben im Text, Einleitung III.

[3] Siehe oben im Text, § 1 II A und B.

[4] Siehe oben im Text, § 1 III.

[5] Siehe oben im Text, § 1 III.

[6] Siehe oben im Text, § 1 I.

der wirtschaftlichen Abhängigkeit, Fusionskontrolle)[7] bilden heute in Verbindung mit dem Instrumentarium formaler Anmelde-, Auskunfts- und Wahrheitspflichten[8] und dem dreispurigen Sanktionensystem gegen kartellrechtliche Verstöße (zivilrechtliche, rein verwaltungsrechtliche und verwaltungsstrafrechtliche / kriminalstrafrechtliche Sanktionen)[9] einen institutionellen Rahmen, der den Anforderungen einer modernen kartellrechtlichen Gesetzgebung gerecht wird und einen umfassenden Schutz des Wettbewerbs in Griechenland gewährleisten kann.

4. Zwischen dem griechischen und dem europäischen materiellen Kartellrecht gibt es enge funktionale Verknüpfungen. Diese zeigen sich nicht nur in der bisherigen Entwicklung der Praxis der griechischen Kartellbehörden, die in wichtigen materiellrechtlichen Fragen von der entsprechenden Praxis der EG-Organe stark beeinflußt worden ist[10]. Vielmehr lassen sich enge Verknüpfungen auch auf rechtstheoretischer Ebene konstatieren. Aus dem Umstand, daß das griechische Kartellrecht einerseits durch Rezeption der europäischen Wettbewerbsregeln entstanden und andererseits Ausdruck des Willens des historischen Gesetzgebers ist, das griechische mit dem europäischen Recht zu harmonisieren, ergibt sich die Pflicht des griechischen Rechtsanwenders, die griechischen Kartellnormen zunächst in Anlehnung an die europäische "Mutterrechtsordnung" auszulegen und abweichende Lösungen nur dort zu bevorzugen, wo dies erforderlich erscheint, um abweichenden sozioökonomischen und politischen Verhältnissen in Griechenland Rechnung zu tragen. Die Abweichungen von der europäischen Auslegungspraxis dürfen allerdings nicht so weit gehen, daß dadurch der Geist und die Methode des europäischen "Mutterrechts" verletzt werden[11]. - Die Anlehnung der Interpretation des KartellG an die Leitlinien der europäischen Praxis stellt sicher, daß die durch die Geltung des Vorrangprinzips im Verhältnis zwischen griechischem und europäischem Kartellrecht bedingten Gefahren für die Einheitlichkeit der griechischen Wettbewerbsordnung bereits im Vorfeld ausgeräumt werden[12].

Der Streit über das kartellrechtliche Schutzobjekt[13] ist von Mißverständnissen durchzogen, deren Ursache vor allem darin liegt, daß man verschiedene, teilweise voneinander unabhängige Problemkreise unter Berufung auf ein angebliches Dilemma (Wettbewerbsfreiheit oder Wettbewerbsinstitution?) und mit Hilfe einer unpräzisen Terminologie pauschal zu lösen sucht. - Freie Wettbewerbsprozesse werden zwar im objektiven Kartellrecht (in erster Linie) aus Gründen des (wirtschaftli-

---

7 Siehe oben im Text, § 2 I.

8 Siehe oben im Text, § 2 II.

9 Siehe oben im Text, § 2 III.

10 Siehe oben im Text, § 3 I B; vgl. im einzelnen § 4 I, II und III.

11 Siehe oben im Text, § 3 I A 1.

12 Siehe oben im Text, § 3 I A 2.

13 Siehe oben im Text, § 3 II A und B.

chen) Allgemeinwohls geschützt. Diese Feststellung ist aber nicht in dem Sinne zu verstehen, daß im Mittelpunkt des Kartellrechts der Schutz des Wettbewerbs als Institution steht. Es ist vielmehr davon auszugehen, daß die wirtschaftliche Ordnungsfunktion zugunsten des Allgemeinwohls nur über den Schutz der wirtschaftlichen Betätigungsfreiheit, d.h. der Wettbewerbsfreiheit aller Einzelnen, erfüllt werden kann. Institutions- und Individualschutz sind dementsprechend innerhalb des KartellG keine Gegensätze, sondern nur zwei Aspekte des gleichen Schutzzweckes. Es handelt sich also nicht um zwei Rechtsgüter, zwischen denen man sich entscheiden muß, sondern um ein einziges Rechtsgut, den Wettbewerb als Koordinationsmechanismus, dessen Schutz sowohl wirtschaftliche Allgemeininteressen als auch freiheitliche Individualinteressen befriedigt. Die enge Verknüpfung des KartellG mit der staatlichen Wirtschaftsordnung und dem Allgemeinwohl zwingt allerdings zu zwei Schlußfolgerungen. Zum einen können Institute wie die Einwilligung im Kartell(bußgeld)recht nicht anerkannt werden. Zum anderen ist bei der Auslegung der kartellrechtlichen (Bußgeld-)Vorschriften stets der ökonomische Zusammenhang sowie die Integration des jeweils im Mittelpunkt stehenden Einzelverhältnisses in eine Vielzahl von Tauschvorgängen zu berücksichtigen[14].

Aus der Erkenntnis, daß das objektive Kartellrecht freie Wettbewerbsprozesse (auch) zum Zwecke der Befriedigung von privaten Freiheitsinteressen schützt, läßt sich nicht zwangsläufig darauf schließen, daß man den durch Wettbewerbsbeschränkungen benachteiligten Marktteilnehmern Notwehrrechte sowie subjektive Ansprüche (einklagbare zivil- und öffentlichrechtliche Rechte) uneingeschränkt zubilligen muß. Vielmehr sind die Grenzen zu beachten, die durch die Errichtung einer speziellen Behörde zum Schutz des Wettbewerbs, die lex lata und die legitimen Interessen der betroffenen Unternehmen zur Wahrung ihrer Geschäftsgeheimnisse gesetzt werden. - Angesichts der Tatsache, daß das KartellG jedem Marktteilnehmer die Möglichkeit eröffnet, im Fall einer Wettbewerbsbeschränkung bei der Wettbewerbskommission eine einstweilige Verfügung gegen das zuwiderhandelnde Unternehmen zu beantragen, ist die Anerkennung eines eigenständigen Notwehrrechts des in seiner Wettbewerbsfreiheit Verletzten oder eines Dritten (Notwehrhilfe) nur unter engen Voraussetzungen zu bejahen. Aus demselben Grunde und angesichts des Mangels einer ausdrücklichen gesetzlichen Regelung sind auch zivilrechtliche Unterlassungsansprüche zu verneinen. Im privatrechtlichen Bereich sind insoweit grundsätzlich nur Schadensersatzansprüche gemäß Art. 914 gr. ZGB zu bejahen, wobei zu beachten ist, daß bei Erfüllung der Tatbestandsvoraussetzungen des genannten Artikels prinzipiell keine sonstigen Überlegungen über die Schutzwürdigkeit der verschiedenen als Kläger in Frage kommenden Personenkreise (Abnehmer, Lieferanten, Konkurrenten des Zuwiderhandelnden) zulässig sind. Im Rahmen des verwaltungsbehördlichen Durchsetzungsmechanismus ist schließlich (zumindest) dem Beschwerdeführer eine starke verfah-

---

14 Siehe oben im Text, § 3 II C 1.

rensrechtliche Position sowohl im Rahmen des verwaltungsbehördlichen Verfahrens als auch im Rahmen des daran anschließenden verwaltungsgerichtlichen Prozesses anzuerkennen[15].

Kompetitive Marktprozesse setzen Wettbewerbsfreiheit voraus und produzieren volkswirtschaftliche Effizienz. Die Störung dieser Prozesse durch Beschränkungen der Betätigungsfreiheit der Marktbeteiligten führt zur Verschlechterung der volkswirtschaftlichen Effizienz. Eine Verletzung des Wettbewerbs kann somit methodisch auf zwei verschiedenen Wegen erfaßt werden: Man kann entweder auf die Verschlechterung der ökonomischen Ergebnisse oder aber auf die Beschränkung der Wettbewerbsfreiheit abstellen. Während der wohlfahrtsökonomische Ansatz den ersten Weg einschlägt, bevorzugt der systemtheoretische Ansatz die zweite Methode. - Um den Inhalt der Generalklauseln der kartellrechtlichen Grundverbote zu erschließen, sollten die Anwender des KartellG die sich am Schema "Marktstruktur-Marktverhalten-Marktergebnis" orientierte und auf die Einzelfallprüfung und Einzelfallprognose der Marktergebnisse abstellende Arbeitsmethode des wohlfahrtsökonomischen Ansatzes vermeiden. Statt dessen sollten sie die Arbeitsmethode des systemtheoretischen Ansatzes bevorzugen, die für die Diagnose von Störungen der freien Wettbewerbsprozesse in erster Linie danach fragt, ob unangemessene Beschränkungen der Wettbewerbsfreiheit der Marktteilnehmer vorliegen (Test der Wettbewerbsfreiheit). Nur so kann die Rechtsanwendung den erforderlichen Grad an Justiziabilität, Rechtsklarheit und Rechtssicherheit gewährleisten und dem (beschränkten) Kenntnisstand der modernen Wettbewerbstheorie gerecht werden, die die kompetitiven Marktprozesse heute adäquater und überzeugender über den Freiheitsbegriff - und somit die gesellschaftlichen Dimensionen des Wettbewerbs - als über die Festlegung konkreter Wirtschaftsergebnisse und Marktmodelle zu erfassen vermag. Der überindividuelle Aspekt des geschützten Rechtsgutes darf indessen auch im Rahmen dieser Arbeitsmethode nicht aus den Augen verloren werden. Weder darf die (relative Wettbewerbs-)Freiheit des einzelnen Betroffenen deswegen verabsolutiert werden noch darf die Auslegung der Grundverbote von den Prinzipien und der ökonomischen Funktionsweise des Wettbewerbssystems entbunden werden[16].

Wie in den meisten modernen kartellrechtlichen Gesetzgebungen bildet der Schutz freier Wettbewerbsprozesse nicht das einzige Ziel des KartellG (monistische Konzeption). Vielmehr trägt das KartellG auch anderen, teilweise konfligierenden wirtschafts- und sozialpolitischen Zielsetzungen Rechnung und läßt aus diesem Grunde den zuständigen Organen die Möglichkeit offen, den Wettbewerb auszuschalten, wenn dieser im konkreten Fall in Konflikt mit jenen anderen Zielsetzungen gerät (pluralistische, auf den sog. Dilemma-Thesen aufbauende Konzeption). Der Wett-

---

[15] Siehe oben im Text, § 3 II C 2.

[16] Siehe oben im Text, § 3 II C 3.

bewerb darf also partiell ausgeschaltet werden, wenn er aus gesamtwirtschaftlichen oder anderen Gründen nicht sinnvoll erscheint. - Verfassungsrechtliche und wirtschaftspolitische Gründe sprechen allerdings eindeutig dafür, daß die griechischen Kartellbehörden von ihrem Ermessensspielraum zur Ausschaltung des Wettbewerbs (Ermächtigung zur Errichtung von Ausnahmebereichen, Befugnis zur Freistellung vom Kartellverbot, Ministererlaubnis bezüglich verbotener Fusionen) nur restriktiv Gebrauch machen sollten. Erst durch das Wettbewerbsprinzip wird es nämlich möglich, das Rechtsstaatsgebot der staatlichen Bindung an das Grundrecht der Wirtschaftsfreiheit, das Sozialstaatsgebot des Ausgleichs von Machtgefällen in der Gesellschaft und die sozialstaatliche Aufgabe zur effektiven Steuerung der Wirtschaft harmonisch aufeinander abzustimmen. Der Wettbewerb muß danach nicht als ein frei austauschbares Mittel der Wirtschaftspolitik, sondern als ein Rechtsprinzip mit eigenem Wert aufgefaßt werden[17].

5. Die Entwicklung des Kartellrechts in Griechenland wird in erster Linie von der griechischen Wettbewerbskommission gesteuert[18]. Der Beitrag der verwaltungsgerichtlichen Judikatur ist dagegen nur von begrenzter Bedeutung, auch wenn sich feststellen läßt, daß wichtige kartellbehördliche Entscheidungen inzwischen von den Verwaltungsgerichten aufgehoben worden sind. Prinzipiell liegt dies nicht an einer unterschiedlichen materiellrechtlichen Auslegung seitens der Verwaltungsgerichte, sondern an der oft mangelhaften Beweisführung durch die Kartellbehörden[19]. An der bisherigen Entwicklung haben auch die Zivilgerichte positiv mitgewirkt; die Zahl der relevanten Urteile ist aber noch begrenzt[20]. Die Strafgerichte haben schließlich während der 23jährigen Geltung des KartellG keine Rolle gespielt; die kriminalstrafrechtlichen Vorschriften sind noch nicht zur Anwendung gekommen[21].

Unter statistischen Aspekten läßt sich feststellen, daß im Mittelpunkt der bisherigen Entscheidungspraxis vertikale Vereinbarungen und Verhaltensabstimmungen standen[22]. Eine bedeutsame Gewichtsverlagerung hat die zunächst im Jahr 1991 eingeführten und dann im Jahr 1995 nach dem europäischen Vorbild ausgestalteten Fusionskontrollvorschriften bewirkt. In den letzten dreieinhalb Jahren machen die auf Fusionen bezogenen Entscheidungen über 75% der in diesem Zeitraum insgesamt behandelten Fälle aus[23].

---

17 Siehe oben im Text, § 3 II C 4.

18 Siehe oben im Text, § 4 I, II, III, IV und V C.

19 Siehe oben im Text, § 4 I A 2 und I D 2.

20 Siehe oben im Text, § 4 V A.

21 Siehe oben im Text, § 4 V B.

22 Siehe oben im Text, § 4 I B.

23 Siehe oben im Text, § 4 III.

Die Funktionen und die Bedeutung der Geldbuße als Instrument zur Durchsetzung der materiellen Kartellnormen haben im Laufe der bisherigen Anwendungspraxis erhebliche Wandlungen erfahren. Es ist heute davon auszugehen, daß die Geldbuße als zentrales Instrument für die Herausstellung derjenigen Kartellrechtsverstöße dient, die der Wettbewerbskommission als besonders schwerwiegend erscheinen (Submissionsabsprachen, koordinierte Diskriminierungen von Marktteilnehmern, Marktaufteilungen, mißbräuchliche Verhaltensweisen von marktdominierenden Unternehmen in Form des Ausbeutungs- oder des Behinderungsmißbrauchs, Verletzung der mit der präventiven Fusionskontrolle zusammenhängenden Anmelde- und Wartepflichten). Die Bußgeldentscheidungen fungieren dementsprechend als Spiegel der schweren Kartelldelinquenz[24]. Die Bußgeldbemessungspraxis bleibt allerdings nach wie vor undurchschaubar und die Nachprüfung der Urteile unter dem Aspekt des Verhältnismäßigkeits- sowie Gleichheitsgrundsatzes erweist sich deswegen als schwierig[25].

Im Gegensatz zu der durch starke Schwankungen gekennzeichneten Entwicklung der Bußgeldpraxis im Bereich der materiellen Wettbewerbsverstöße weist die Bußgeldpolitik der griechischen Kartellbehörden auf dem Gebiet der formellen Wettbewerbsverstöße (Verletzung von Anmelde-, Anzeige-, Informations-, Duldungs- und Mitwirkungspflichten) eine beeindruckende Konsistenz auf. Äußerst selten haben die griechischen Kartellbehörden davon abgesehen, die Vernachlässigung der Anmeldepflicht für Kartelle mit Geldbußen zu ahnden. Ebenso konstant wurden bis heute Verstöße gegen formelle Auskunftsentscheidungen sanktioniert. Verletzungen der für Fusionen geltenden Anzeigepflichten werden schließlich gleichermaßen mit hohen Geldbußen geahndet. Die Geldbuße erweist sich somit in der griechischen Kartellpraxis als das Hauptmittel zur Realisierung des von den Kartellbehörden hochgeschätzten Zieles der Behördenpublizität[26].

Die Anwendung der Sanktionsvorschriften des verwaltungs(straf)rechtlichen Sanktionssystems wird nicht nur dadurch gekennzeichnet, daß sie in einem einheitlichen verwaltungsrechtlich geprägten Verfahren stattfindet, sondern auch dadurch, daß sie sich einheitlich an verwaltungsrechtliche Grundsätze und Kategorien anlehnt. Reine Verwaltungssanktionen (Verbotsverfügungen, Zwangsgelder u.a.) und Geldbußen werden damit hinsichtlich ihrer Verhängungsvoraussetzungen gleichgestellt. Auf strafrechtliche Rechtsinstitute wird bei der Anwendung der Bußgeldvorschriften nicht Bezug genommen[27]. Diese Praxis ist insoweit konsequent, als sie der allgemein in Griechenland vorherrschenden Ansicht über die dogmatische Zugehörigkeit der (gegen Kollektivpersonen gerichteten) Verwaltungsstrafen entspricht.

---

24 Siehe oben im Text, § 4 V C 1 a (i).

25 Siehe oben im Text, § 4 V C 1 a (ii).

26 Siehe oben im Text, § 4 V C 1 (b).

27 Siehe oben im Text, § 4 V C 2.

Ein fundiertes Urteil über die Richtigkeit dieser Praxis setzt deswegen voraus, daß das Institut der griechischen Verwaltungsstrafen umfassend in seinen funktionalen und systematischen Zusammenhängen innerhalb der griechischen Rechtsordnung dargestellt und aufgeklärt worden ist. Wegen der Beziehung der (Unternehmens-) Geldbußen des Kartellrechts als Unterbegriff zu den Verwaltungsstrafen als Oberbegriff ist davon auszugehen, daß die für letztere getroffenen Feststellungen prinzipiell auch für die Kartellgeldbußen gelten[28].

III.

6. Die griechische Rechtsordnung kennt das Sanktionsmittel der Verwaltungsstrafen. Dabei handelt es sich um repressiv-ahndend wirkende Sanktionen, die ausschließlich verwaltungsrechtlichen Gesetzgebungs- und Rechtsanwendungsprinzipien unterworfen sind und von Verwaltungsbehörden in zahlreichen Sachgebieten, vor allem im Steuer-, Umwelt- und Wirtschaftsrecht verhängt werden. Die Verwaltungsstrafen stellen das einzige repressiv-ahndend wirkende Sanktionsmittel der griechischen Rechtsordnung dar, das auch gegen juristische Personen verhängt werden kann. Sie haben grundsätzlich finanziellen und wirtschaftlichen Charakter. Ihre Höhe beträgt oft hunderte Millionen Drachmen. Die zu ihrer Bezeichnung benutzte Terminologie variiert stark von Gesetz zu Gesetz, was zu Unklarheiten führt[29].

Auf der Ebene der Rechtspraxis wird die Abgrenzung der Verwaltungsstrafen von den Kriminalstrafen nach dem formellen Kriterium der gesetzlichen Einordnung durchgeführt. Eine Sanktion wird danach als verwaltungsstrafrechtlich angesehen, wenn der Gesetzgeber sie so bezeichnet oder in bezug auf sie über die verwaltungsbehördliche Zuständigkeit im ersten Schritt hinaus auch die Verwaltungsgerichtsbarkeit begründet. Die Möglichkeit der Einschaltung von Strafgerichten gegen die Sanktionsentscheidung der Verwaltungsbehörde spricht hingegen dafür, daß sich der Gesetzgeber im Rahmen der engen Ausnahmeregelung des Art. 96 Abs. 2 gr. Verfassung bewegt und demzufolge die normierte Strafe als kriminalstrafrechtlich klassifiziert[30].

Auf der Ebene der Rechtsdogmatik unterscheiden sich die Verwaltungsstrafen von den Kriminalstrafen nicht aufgrund des Wesens des vertypten Unrechts[31], sondern allein dadurch, daß sie nach ihrer positivrechtlichen Ausgestaltung und nach der von der griechischen Gesellschaft und Wissenschaft zu eigen gemachten gesetzgeberischen Intention keine sozialethische Mißbilligung ausdrücken und somit keine

---

28 Siehe oben im Text, Einleitende Bemerkungen zu § 5.

29 Siehe oben im Text, § 5 I.

30 Siehe oben im Text, § 5 II A.

31 Siehe oben im Text, § 5 II B 2.

stigmatisierende Kraft gegen den Betroffenen entfalten. Desweiteren ergibt sich ein Unterschied dadurch, daß die Verwaltungsstrafen stärker als die Kriminalstrafen auf die Zukunft gerichtete Zwecke verfolgen, da sie vom Gesetzgeber in einen engen funktionellen Zusammenhang mit dem (sozialstaatlich geprägten) Aufgabenkreis der Verwaltungsbehörden und mit der Durchsetzung staatlicher Ordnungsvorstellungen gestellt werden[32]. - Von den Sanktionen des Verwaltungsrechts unterscheiden sich die Verwaltungsstrafen dadurch, daß sie nicht (nur) als gefahrabwehrendes, bereicherungs-/ schadensausgleichendes oder vollstreckungsorientiertes, sondern (vor allem) als punitives Mittel eingesetzt werden, d.h. als Mittel, das (überwiegend) auf die Vergangenheit abstellt und (auch) repressiv-ahndenden Zwecken dient[33].

Das griechische Verwaltungsstrafrecht entstand aus dem doppelten Ziel des Gesetzgebers, einerseits die wirksame Aufgabenerfüllung der Verwaltungsbehörden durch ein auf deren Bedürfnisse zugeschnittenes Sanktionsmittel zu erleichtern, und andererseits die wirksame Kontrolle der Betätigung der juristischen Personen durch ein gegen sie gerichtetes ahndendes Sanktionsmittel sicherzustellen. Diese Gedanken stehen grundsätzlich auch heute hinter der starken Reaktionsintensität und den gewichtigen Expansionstendenzen auf verwaltungsstrafrechtlichem Gebiet. Vor dem Hintergrund der relativ unabhängigen, einseitig vom Verwaltungsrecht ausgehenden Entwicklung des Verwaltungsstrafrechts läßt sich erklären, warum Verwaltungsstrafen oft parallel zu Kriminalstrafen für dieselbe Verhaltensweise statuiert werden (sog. Fälle der echten Doppeltypisierung) und warum zwischen beiden Sanktionssystemen keine materiellrechtlichen und prozessualen Übergänge vorgesehen sind. Die Funktion des Ersatzmittels für weggefallene Kriminalstrafen (Entkriminalisierung) übernahmen die Verwaltungsstrafen erst in den beiden letzten Jahrzehnten. Sie erfüllen diese Funktion heute nur (noch) in begrenztem Umfang[34].

7. Im Hinblick auf die geschilderten Wesensmerkmale der Verwaltungsstrafen lassen sich die beiden grundsätzlichen Fragen in bezug auf die Rechtsstaatlichkeit des geltenden griechischen Verwaltungsstrafrechts (Verfassungsmäßigkeit der Zuständigkeit der Verwaltungsorgane - Verfassungsmäßigkeit der Orientierung der verwaltungsstrafrechtlichen Rechtspraxis an verwaltungsrechtlichen Prinzipien) folgendermaßen beantworten[35]:

Nach dem Gewaltenteilungsprinzip, wie dies in der griechischen Verfassung durch das Sozialstaatsprinzip inhaltlich mitbestimmt wird, steht dem Gesetzgeber das

---

32 Siehe oben im Text, § 5 II B 3 und 4.

33 Siehe oben im Text, § 5 I A, § 5 II B 1 (b) und §7 I A.

34 Siehe oben im Text, § 5 III.

35 Siehe oben im Text, § 6.

Ermessen zu, Sanktionen nicht-kriminalstrafrechtlicher Natur auch der Exekutive anzuvertrauen, wenn dies für die Erfüllung der (sozialstaatlichen) Aufgaben (der Wirtschaftssteuerung) erforderlich ist[36]. Die Verwaltungsstrafen stellen ein aliud zu den Kriminalstrafen dar und unterstützen die Verwaltung bei der Vollstreckung ihrer überwachenden, lenkenden, eingreifenden und verteilenden Betätigung im modernen Sozialstaat. Die Ausstattung der Verwaltungsbehörden mit der Befugnis zur Verhängung von punitiven Verwaltungssanktionen verstößt somit - entgegen einer von der neueren verwaltungsrechtlichen Literatur vertretenen Ansicht[37] - nicht gegen die griechische Verfassung[38].

Die Verwaltungsstrafen sind strafähnliche Sanktionen[39]. Nach der heute - im Anschluß an die gefestigte Entscheidungspraxis der Straßburger Organe - international herrschenden und von einem Teil der griechischen Literatur vertretenen Auffassung müssen die fundamentalen Strafgarantien und die darauf aufbauenden strafrechtsdogmatischen Kategorien auf alle strafähnlichen, weil repressiv-ahndend wirkenden Sanktionen Anwendung finden[40]. Insoweit ist die aktuelle Rechtspraxis in Griechenland, die von der höchstrichterlichen Ansicht geprägt wird, die Verwaltungsstrafen seien bloße funktional und systematisch dem Verwaltungsrecht zuzuordnende Zwangsmaßnahmen, unzutreffend[41]. Diese Praxis versucht die Praktikabilität und Effizienz der Verwaltungsstrafen im Kampf gegen die (insbesondere Unternehmens-)Kriminalität in rechtsstaatlich bedenklicher Weise durch Ausschaltung der strafrechtlichen Grundsätze zu steigern[42].

Ebensowenig überzeugend ist die von einem Teil der strafrechtlichen Literatur vertretene Ansicht, daß nur schwere Verwaltungsstrafen gegen natürliche Personen dem Strafrecht zuzuordnen und dementsprechend den klassischen Strafgarantien (einschließlich des Justizprinzip) zu unterwerfen sind[43]. Diese vom Dilemma "Verwaltungsrecht oder Strafrecht" stark beeinflußte Ansicht begeht einen doppelten Fehler: Zum einen stellt sie das Justizprinzip den materiellen Strafgarantien gleich und übersieht dadurch die hinter der Ahndungsbefugnis der Verwaltungsbehörden stehenden verfassungsrechtlichen Besonderheiten. Zum anderen schließt sie die überwältigende Mehrheit der Verwaltungsstrafen (d.h. die gegen juristische Personen gerichteten schweren Verwaltungsstrafen sowie die gegen juristische und natürliche Personen gerichteten nicht-schweren Verwaltungsstrafen) vom Anwen-

36 Siehe oben im Text, § 6 I A 1 und III B.

37 Siehe oben im Text, § 6 II B.

38 Siehe oben im Text, § 6 III B.

39 Siehe oben im Text, § 6 I A, II B 1 (b) und II B 4.

40 Siehe oben im Text, § 6 II D und III D.

41 Siehe oben im Text, § 5 II B 1 (a), § 6 I A 2, I B, II A und III A.

42 Siehe oben im Text, § 6 I B 3.

43 Siehe oben im Text, § 6 II C.

dungsbereich der materiellen Strafgarantien aus[44]. Im Anschluß an die Entscheidungspraxis der Straßburger Organe ist aber davon auszugehen, daß alle repressiv-ahndend wirkenden Sanktionen, unabhängig von der individuellen oder kollektiven Natur des Sanktionssubjekts und vom Schweregrad der Sanktion, dem Gewährleistungsumfang der Strafgarantien (sachgemäß) zu unterstellen sind. Es ist daher erforderlich, daß alle Verwaltungsstrafen bzw. das Verwaltungsstrafrecht in seiner Gesamtheit vom Verwaltungsrecht materiell abgegrenzt und in Anlehnung an die wichtigsten strafrechtlichen Kategorien neu strukturiert werden[45]. Um eine - durch sachwidrige Ausdehnung des Geltungsumfangs der auf die klassischen Kriminalstrafen zugeschnittenen Strafgarantien bedingte - Gefährdung der Praktikabilität und Effektivität des verwaltungsstrafrechtlichen Instrumentariums zu verhindern, ist es allerdings zugleich geboten, daß man bei der dogmatischen Ausgestaltung des Verwaltungsstrafrechts differenzierend vorgeht. Dazu wird zunächst vorausgesetzt, daß man sich vom (Pseudo-)Dilemma "Verwaltungsrecht oder Strafrecht" löst und die Existenz eines Zwischenbereichs zwischen Verwaltungsrecht und Kriminalstrafrecht ausdrücklich anerkennt. In diesem der Zuständigkeit der Verwaltungsbehörden zuzuordnenden Zwischenbereich soll ein auf die Funktionen des Verwaltungsstrafrechts zugeschnittenes, gedeihliches Zusammenwirken von fundamentalen strafrechtsdogmatischen Prinzipien und verwaltungsrechtlicher Praktikabilität entwickelt werden[46].

8. Das Verwaltungsstrafrecht ist als System ethisch neutraler, stark an sozialen und normativen Ordnungsgesichtspunkten orientierter - und deswegen von jedem sozialethisch stigmatisierenden Charakter befreiter - normstabilisierender Repression aufzufassen und dementsprechend zwar weiterhin der Verantwortung von (unabhängigen) Verwaltungsbehörden zu überlassen, jedoch anders als bisher als Strafrecht i.w.S. zu verstehen und an Strafgarantien (Rückwirkungsverbot, Mildegebot, Gebot der gesetzlichen Bestimmtheit der Sanktionsnormen, Analogieverbot, Gebot der engen Auslegung von Generalklauseln, Schuldprinzip, ne bis in idem-Grundsatz u.ä.) sowie dadurch geprägte strafrechtliche dogmatische Kategorien (Rechtfertigungsgründe, Entschuldigungsgründe, Berücksichtigung der Tatsachen- und Rechtsirrtümer u.ä.) sachgemäß zu binden[47]. Ferner ist eine fruchtbare Abstimmung der kriminalpolitischen Aufgaben des Verwaltungsstrafrechts mit denen des Kriminalstrafrechts anzustreben, wobei vor allem eine Konzeption als vorzugswürdig erscheint, die das Kriminalstrafrecht auf die überkommene Rolle der Bekämpfung der (schwereren) Kriminalität von natürlichen Personen durch ethisch-stigmatisierende Strafen beschränkt, während sie das Verwaltungsstrafrecht mit Aufgaben betraut, die das klassische Kriminalstrafrecht aus verschiedenen ver-

---

44 Siehe oben im Text, § 6 III C.

45 Siehe oben im Text, § 6 III D.

46 Siehe oben im Text, § 6 III D, § 7 II.

47 Siehe oben im Text, § 7 II A.

fassungsrechtlichen oder kriminalpolitischen Gründen nicht (mehr) angemessen bewältigen kann[48]. - Zu diesen Aufgaben gehört zunächst die Ahndung ordnungsrelevanter Zuwiderhandlungen natürlicher Personen. Das Verwaltungsstrafrecht kann damit zur Entlastung der Strafgerichte von der Aburteilung massenhaft begangener Verstöße und zur Verschonung des ordnungswidrig handelnden Täters vom schweren kriminalstrafrechtlichen Vorwurf beitragen[49]. Zu den vom Verwaltungsstrafrecht zu übernehmenden Aufgaben ist aber auch die Bekämpfung der Kriminalität von Kollektivpersonen zu rechnen. Angesichts der gegen die Einführung einer echten kriminalstrafrechtlichen Verantwortung von Kollektivpersonen bestehenden schwerwiegenden Bedenken (verfassungsrechtliche Unzulässigkeit der Erhebung eines kollektiven kriminalstrafrechtlich geprägten Vorwurfs; Gefahr der Destabilisierung des auf ontologischen Annahmen aufbauenden kriminalstrafrechtlichen Dogmas und damit verbundene Gefahr des Verlustes an kriminalpolitischer Klarheit und rechtsstaatlich-liberaler Prägung) bietet das Verwaltungsstrafrecht eine höchst effektive alternative Lösung an, um organisatorische, durch kollektives Zusammenwirken bedingte vorwerfbare Fehlentwicklungen sichtbar zu machen[50]. Den unterschiedlichen kriminalpolitischen Aufgabenbereichen des Verwaltungsstrafrechts entsprechend ist eine Trennung zwischen einem prozessual vereinfachten (bagatellhaften) Verwaltungsstrafrecht für Individuen (Ordnungswidrigkeitenrecht) und einem Strafrecht für (wirtschaftlich tätige) Kollektive (Unternehmensstrafrecht) innerhalb der verwaltungsstrafrechtlichen Dogmatik zu vollziehen[51].

Auch die Unternehmensgeldbußen des griechischen Verwaltungsstrafrechts in Kartellsachen sind im Lichte der obigen Erkenntnisse zu deuten. Die kartellrechtlichen Geldbußen sind dementsprechend als Sanktionen des Strafrechts i.w.S. einzustufen und zukünftig in gezielter Anlehnung an die verfassungsrechtlich verankerten (materiellen) Strafgarantien sowie die strafrechtsdogmatischen Grundsätze anzuwenden[52]. Ferner sind sie kriminalpolitisch und dogmatisch als Bestandteil eines dualistischen Systems zur Steuerung von Unternehmen auf dem kartellrechtlichen Gebiet aufzufassen (Kriminalstrafen gegen die Unternehmensangehörigen / Verwaltungsstrafen gegen das Unternehmen). Eine solche funktionale Verschmelzung des dogmatischen Verständnisses der (kartellrechtlichen) Unternehmensgeldbußen mit dem dogmatischen Verständnis des klassischen Individualstrafrechts ist durchaus möglich. Sie setzt allerdings voraus, daß man den Sinn und Zweck der Unternehmensgeldbußen (bzw. den Sinn und Zweck der strafrechtlichen Normadressateneigenschaft und Verantwortung von Unternehmen) richtig erfaßt.

---

48 Siehe oben im Text, § 7 I B.

49 Siehe oben im Text, § 7 I B 2.

50 Siehe oben im Text, § 7 I B 3.

51 Siehe oben im Text, § 7 II B und C.

52 Siehe oben im Text, § 7 III.

IV.

9. Die Frage nach dem Sinn und Zweck einer strafrechtlichen Normadressateneigenschaft und Verantwortung von Unternehmen läßt sich erst dann überzeugend beantworten, wenn Klarheit über das Wesen von Unternehmen und die damit für den Rechtsgutsträger verbundenen spezifischen Gefahren sowie über die Struktur des Kommunikationsmechanismus zwischen Strafrecht, Unternehmen und Unternehmensangehörigen geschaffen worden ist. - Im Bereich der Wirtschaft wird der Rechtsgutsträger in der Regel nicht mit unabhängig tätigen Einzelpersonen, sondern mit komplexen, unter dem Begriff "Unternehmen" bekannten, offenen soziotechnischen Systemen konfrontiert. Stark vereinfacht gesehen, dreht es sich bei diesen Systemen um als Handlungs*einheit* auf dem Markt auftretende arbeitsteilig und hierarchisch organisierte Personengruppen, die unter dem Einsatz materieller und immaterieller Mittel einen auf Dauer angelegten wirtschaftlichen Zweck verfolgen und sich dabei dank der Konzentration der Kräfte ihrer Mitglieder oft zum dominanten Faktor des wirtschaftlichen (und sozialen) Lebens entwickeln. Vor dem Hintergrund dieser Entwicklung leuchtet ein, daß sich jedes strafrechtliche, auf einen effektiven Schutz des Rechtsgutsträgers im Wirtschaftsbereich bedachte Konzept darauf zu konzentrieren hat, wie das Verhalten und die Macht von Unternehmen als marktwirtschaftlichen Handlungseinheiten kontrolliert und gesteuert werden kann. Grundlegende Bedeutung kommt in diesem Zusammenhang unter anderem der Frage zu, ob eine (rechtsformunabhängige) strafrechtliche Normadressateneigenschaft und Verantwortung von Unternehmen sinnvoll ist[53].

Unternehmen verfügen zwar im allgemeinen über Wesensmerkmale, die es zulassen, sie als von ihren Mitgliedern getrennte soziale Subjekte aufzufassen. Es macht somit Sinn, diese Kollektivpersonen in den Kreis rechtlicher Normadressaten und Verantwortungsträger aufzunehmen, da der Formulierung der Rechtspflichten und der Bemessung der Rechtsfolgen ihre eigenen Eigenschaften und Interessen zugrunde gelegt werden können[54]. Trotz ihrer eigenen sozialen Identität sind Unternehmen jedoch grundsätzlich keine tauglichen Adressaten von Strafnormen, weil diese Normen eine Bestimmungsfunktion erfüllen und somit - im Gegensatz zu den verwaltungsrechtlichen Sanktionsnormen der Gefahrenabwehr und den dem Gedanken der Risikoverteilung verpflichteten zivilrechtlichen Sanktionsnormen, die überwiegend eine Maßstabsfunktion erfüllen - nicht nur soziale Subjektivität, sondern auch Willensfähigkeit und personelle Ansprechbarkeit (soziale Personalität) des Normadressaten voraussetzen. Als Adressaten von Strafnormen kommen deswegen nur die einzelnen Unternehmensangehörigen in Betracht (Steuerungskonzept streng individueller Strafnormen)[55]. - Eine strafrechtliche Normadressatenei-

53 Siehe oben im Text, § 8 I A.

54 Siehe oben im Text, § 8 I B.

55 Siehe oben im Text, § 8 I C.

genschaft von Unternehmen läßt sich allerdings noch als sinnvolle (und verfassungsrechtlich zulässige) normative Lösung betrachten, wenn die Arbeitshypothese zutreffend ist, daß dadurch die Aufstellung von besonderen strafrechtlichen Verhaltensanforderungen gegenüber den Unternehmensangehörigen ermöglicht wird, die durch das klassische Konzept streng individueller Strafnormen nicht (angemessen) gestellt werden können[56].

Die strafrechtliche Normadressateneigenschaft und Verantwortung von Unternehmen wird durch die Besonderheiten des Kommunikationsmechanismus zwischen Strafrecht, Unternehmen und Unternehmensangehörigen notwendig und hat den Sinn, kriminalpolitische und systemdogmatische Defizite des klassischen Konzepts streng individueller Strafnormen im Hinblick auf den effektiven strafrechtlichen Schutz des Rechtsgutsträgers auszugleichen. - Angesichts der Tatsache, daß das soziale Subjekt Unternehmen, mit dem der Rechtsgutsträger konfrontiert wird, eigene soziale Eigenschaften und Interessen hat, ist es ein Gebot der Gerechtigkeit, daß bei der Interessenabwägung, die der allgemeinen Bestimmung der strafbewehrten Handlungs- und Unterlassungspflichten gegenüber dem Rechtsgutsträger vorangeht, die sozialen Eigenschaften und die Interessen des Unternehmens selbst in den Mittelpunkt gestellt werden[57]. Zur Erfüllung der inhaltlich so bestimmten strafrechtlichen Pflichten (originäre Unternehmenspflichten) werden zwar formal die Organmitglieder des Unternehmens aufgefordert. Im Hinblick darauf, daß die fraglichen Pflichten an die Eigenschaften (Größe, Risikopotential u.s.w.) und die Dynamik des sozialen Subjekts Unternehmen gekoppelt sind und deshalb zwangsläufig eine äußerst große, "übermenschliche" Strenge aufweisen, wird allerdings vom Strafrecht nicht auch tatsächlich gefordert, daß die Organmitglieder die originären Unternehmenspflichten selbst erfüllen. Vielmehr wird vom Strafrecht lediglich erwartet und gefordert, daß die fraglichen Pflichten von den Organmitgliedern in aufeinander harmonisch abgestimmte, den Fähigkeiten einzelner natürlicher Personen entsprechende Pflichten transformiert und daraufhin auf einzelne Unternehmensangehörige unter gleichzeitiger Einrichtung von Koordinations- und Kontrollmechanismen verteilt werden. Aus den originären Pflichten ergeben sich also für die Unternehmensorgane eine Reihe von Pflichten zur Transformation und Organisation (interne derivative Pflichten). Durch die tranformatorisch-organisatorische Tätigkeit entstehen konkrete Pflichten für einzelne Unternehmensangehörige im Hinblick auf das mit Wirkungen für den Rechtsgutsträger verbundene Tätigwerden des Unternehmens (externe derivative Pflichten). Letztere Pflichten bilden zusammen mit den transformatorisch-organisatorischen Pflichten eine neue Kategorie von Pflichten (derivative Unternehmenspflichten), deren Funktion und Zweck zwar in der Erfüllung der originären Unternehmenspflichten besteht, deren Form und inhaltliche Ausgestaltung sich jedoch mit denen der originären Unterneh-

---

56 Siehe oben im Text, § 8 I D.

57 Siehe oben im Text, § 8 II A 1.

menspflichten nicht völlig decken[58]. Die derivativen Pflichten stellen den Anknüpfungspunkt für die klassische Steuerung von Unternehmen durch streng individuelle Strafnormen dar.

Ein an die derivativen Unternehmenspflichten anknüpfendes strafrechtliches Steuerungskonzept ist zwar mit Blick auf die einzelnen Unternehmensangehörigen vernünftig und gerecht[59]. Wie die Fallkonstellationen eines strukturellen Systemfehlers oder einer kriminellen Verbandsattidüte eindeutig zeigen, reicht aber ein solches Konzept in kriminalpolitischer Hinsicht nicht aus, um den Rechtsgutsträger effektiv zu schützen[60]. Vielmehr ist - auch unter systemdogmatischen Aspekten[61] - ein Konzept erforderlich, das allen Unternehmensangehörigen die kollektive soziale Verantwortung für die Erfüllung sämtlicher zum Schutz des Rechtsgutsträgers bestehenden originären Unternehmenspflichten deutlich macht. Die Kollektivmitglieder sollen dadurch angehalten werden, entsprechend ihrer (Macht-)Stellung im Unternehmenssystem[62] ein "Mehr" an Leistung zu erbringen, das über die Erfüllung der diesen persönlich zugeordneten derivativen Unternehmenspflichten hinausgeht und auf die Minderung der aus der Pflichtentransformation oder aus der Unternehmensethik für den Rechtsgutsträger herrührenden Gefahren abzielt. In diesem Bedürfnis finden kollektive Strafnormen ihre Legitimation[63].

Ontologische Adressaten sowohl der streng individuellen Strafnormen als auch der an das Unternehmen selbst gerichteten kollektiven Strafnormen sind die Unternehmensangehörigen. Der Inhalt der Strafnormen ist aber im Individual- und im Unternehmensstrafrecht unterschiedlich. Während die streng individuellen Strafnormen ausschließlich auf den klar definierten Kreis von derivativen Unternehmenspflichten jedes einzelnen Unternehmensangehörigen Bezug nehmen und darauf abzielen, jeden einzelnen Unternehmensangehörigen zur Erfüllung dieser Pflichten nach dem Maßstab seines individuellen Könnens anzuhalten[64], beziehen sich die kollektiven Strafnormen direkt auf die originären Unternehmenspflichten und zielen darauf ab, die Unternehmensangehörigen zu einer - über ihren streng individuellen Pflichtenkreis hinausgehenden und entsprechend ihrer (Macht-)Stellung im Unternehmenssystem möglichen und sozial zumutbaren - Aktivierung im Hinblick auf die Mitgestaltung einer effizienten Unternehmensorganisation und die

58 Siehe oben im Text, § 8 II A 2.

59 Siehe oben im Text, § 8 II B 1.

60 Siehe oben im Text, § 8 II B 2.

61 Siehe oben im Text, § 8 II B 3.

62 Siehe oben im Text, § 8 II C 1.

63 Siehe oben im Text, § 8 II B 2 und 3.

64 Siehe oben im Text, § 8 II B 1.

Mitbestimmung einer an sozialen Werten orientierten Unternehmensethik zu veranlassen[65].

Diese Konzeption, die zwischen den an die Unternehmensangehörigen als Kollektivmitglieder im Hinblick auf die gesamte soziale Erscheinung des Kollektivs und den an die Unternehmensangehörigen als Individuen im Hinblick auf die Erfüllung ihres streng individuellen Pflichtenkreises zu stellenden Erwartungen deutlich unterscheidet, eröffnet die Möglichkeit, die Rationalität und Gerechtigkeit des Konzepts streng individueller Strafnormen zu bewahren, ohne den Schutz des Rechtsgutsträgers durch Aufweichen der zu seinen Gunsten an die Leistungsfähigkeit des Unternehmens gestellten strafrechtlichen Anforderungen zu mindern. In materiellrechtlicher Hinsicht ist diese Konzeption durch die Formulierung kollektiver Verantwortungskriterien für die Unternehmensangehörigen als Kollektiv (kollektives Anders-Handeln-Können) einerseits und individueller Verantwortungskriterien für die jeweils mit der Erfüllung der derivativen Unternehmenspflichten beauftragten Unternehmensangehörigen (individuelles Anders-Handeln-Können) andererseits zu vervollständigen. Den kollektiven Verantwortungskriterien sollte die Funktion zukommen, ein Zurückbleiben der Kollektivmitglieder hinter der möglichen organisatorischen und wertordnungsrelevanten Leistung zu attestierten, die das Strafrecht von diesen Mitgliedern als Bedingung einer angemessenen Erfüllung der originären Unternehmenspflichten erwartet. Den individuellen Verantwortungskriterien sollte dagegen die Funktion zukommen, das Zurückbleiben eines konkreten Unternehmensmitarbeiters hinter der möglichen Leistung zu attestieren, die das Strafrecht von ihm persönlich im Hinblick auf seine eigenen Fähigkeiten bei der Erfüllung der ihm zugewiesenen derivativen Unternehmenspflichten erwartet. - Die individuellen Verantwortungskriterien sind wie bisher im Kriminalstrafrecht oder – je nach der Sozialschädlichkeit der Pflichtverletzung – im Ordnungswidrigkeitenrecht nach höchstpersönlichen Maßstäben auszugestalten. Die kollektiven Verantwortungskriterien sollten dagegen im Rahmen des Unternehmensstrafrechts auf der Grundlage kollektiver Maßstäbe entwickelt werden[66].

10. Die dogmatische Strukturierung des Unrechts- und des Schuldbegriffs im Unternehmensstrafrecht ist unter Zugrundelegung der Erkenntnisse über die strafrechtsrelevanten Aspekte des Unternehmenswesens einerseits und den Inhalt und die Zweckmäßigkeit kollektiver Strafnormen andererseits durchzuführen. Das sich daraus ergebende Konzept läßt sich folgendermaßen zusammenfassen:

Wird durch das Handeln eines Unternehmensangehörigen im Rahmen seines Aufgabenbereichs eine originäre Unternehmenspflicht verletzt und läßt sich dieser rechtsgutsbeeinträchtigende Vorgang (auch) auf einen organisatorischen und / oder wertordnungsrelevanten unternehmensinternen Defekt zurückführen, den die Un-

65 Siehe oben im Text, § 8 II C 1 und 2.

66 Siehe oben im Text, § 8 II C 2 und III.

ternehmensangehörigen durch eine ihnen mögliche und zumutbare Leistung hätten rechtzeitig beheben können, so ist auf eine Sanktion gegen das Unternehmen - Liquidierung, temporäre staatliche Überwachung, Geldbuße, Verpflichtung zur Durchführung von internen Law-Compliance-Programmen, sonstige gegen die unternehmerische Organisationsfreiheit gerichtete Sanktionen - zu erkennen[67].

Ein vorsätzlicher Rechtsverstoß liegt dann vor, wenn die Tatsachen- und Rechtslage den Schluß zuläßt, daß der rechtsgutsbeeinträchtigende Vorgang von ranghohen Führungskräften und / oder von Eignern maßgeblicher Anteile des Unternehmens gesteuert worden ist[68].

Bei der Wahl und der Bestimmung der Höhe der Unternehmenssanktion sind neben der Schwere der Rechtsgutsbeeinträchtigung und dem Grad der festgestellten vermeidbaren organisatorischen und / oder wertordnungsrelevanten Defekte auch die Struktur und die Machtverhältnisse innerhalb des Unternehmens zu berücksichtigen, so daß eine angemessene Verteilung der Sanktionslast unter den verschiedenen Personenkreisen des Kollektivs erreicht wird[69].

67 Siehe oben im Text, § 9 I und II A.

68 Siehe oben im Text, § 9 II B.

69 Siehe oben im Text, § 9 III.

Nachtrag
Aktuelle Entwicklungen im griechischen Kartellrecht

I. Die KartellG-Novellen von 1999 und 2000 und ihre Bedeutung für das effektive Handeln der Wettbewerbskommission

Das griechische Kartellrecht wurde in den letzten Jahren zweimal reformiert, und zwar durch die 5. KartellG-Novelle vom 28.09.1999[1] und die 6. KartellG-Novelle vom 03.08.2000[2]. - Im Kernpunkt dieser KartellG-Novellen stand die Verbesserung der *institutionellen Struktur* der Wettbewerbskommission und die *Erhöhung der Effektivität* ihres Handelns. So sah die 6. KartellG-Novelle eigene *finanzielle Ressourcen* für die Wettbewerbskommission vor und verlieh ihr damit (die lange Zeit erstrebte) Wirtschaftsautonomie (Art. 8 Abs. 3 KartellG). Durch eine detailliertere Regelung von Fragen im Zusammenhang einerseits mit dem Status der Mitglieder der Wettbewerbskommission[3] und der Bediensteten des Sekretariats[4] und andererseits mit dem Verfahrensablauf wurde darüber hinaus bezweckt, dem dringenden Bedürfnis nach ausgebildetem Personal und besserer innerer Organisation und Verfahrensstruktur angemessen Rechnung zu tragen (Art. 8, 8b, 8c, 8d und 11a KartellG)[5]. Des weiteren wurden materielle Vorschriften, deren Überwachung zu einer Überlastung des Sekretariats geführt hatte (Art. 2a KartellG: Verbot des Mißbrauchs der Wirtschaftsabhängigkeit; Art. 4a: nachträgliche Anzeigepflicht für mindergewichtige Unternehmenszusammenschlüsse) abgeschafft, so daß personelle und finanzielle Ressourcen für die Überwachung der Einhaltung der anderen mate-

---

1 Siehe Art. 9 G. 2741/99 "Einheitlicher Träger für die Lebensmittelkontrolle, Regelung von sonstigen Fragen des Entwicklungsministeriums und andere Vorschriften", FEK 199 / A / 28.9.1999.

2 Siehe Art. 1 G. 2387/00 "Regelung von wettbewerbsrechtlichen Fragen ...", FEK 178 / A / 3.8.2000.

3 Art. 8 Abs. 3 KartellG i.d.F. der 6. KartellG-Novelle sieht vor, daß die Kommission nunmehr aus folgenden neun Mitgliedern besteht: einem aktiven oder ehemaligen Mitglied des staatlichen Rechtsrates bzw. einem früheren Richter aus den obersten Gerichten Griechenlands in Zivil- und Verwaltungssachen, zwei auf dem Gebiet des Wettbewerbsrechts und der Wettbewerbspolitik spezialisierten Universitätsprofessoren, zwei Personen mit besonderer Erfahrung in Fragen des Wirtschaftsverwaltungsrechts und der Wettbewerbspolitik, einem Vertreter der griechischen Wirtschafts- und Sozialkommission und je einem Vertreter der drei griechischen Dachverbände für Industrie, Handel und Gewerbe.

4 Das Sekretariat der Kommission kann nach der letzten Reform bis zu 80 Personen beschäftigen (Art. 8d KartellG i.d.F. der 6. KartellG-Novelle).

5 Vgl. Begründung zum Regierungsentwurf des G. 2741/99, Kap. B, Art. 9, Erwägungspunkte 10 ff.; Begründung zum Regierungsentwurf des G. 2837/00 Kap. A, Art. 1 Erwägungspunkte 7 ff.

riellen Ge- und Verbote des KartellG freigesetzt werden konnten[6]. Zu demselben Zweck wurden auch die Marktanteils- und Umsatzschwellen der Vorschriften über die präventive Fusionskontrolle nicht unerheblich erhöht (Art. 4b KartellG)[7]. Durch die Einführung neuer Vorschriften wurde darüber hinaus bezweckt, die *Zusammenarbeit* zwischen der Wettbewerbskommission und sonstigen, für die Überwachung deregulierter Wirtschaftssektoren eingerichteten griechischen Behörden zu regeln[8]. Zum ersten Mal wurden außerdem in das KartellG Vorschriften hinsichtlich der Zusammenarbeit der griechischen Wettbewerbskommission mit der Europäischen Kommission und sonstigen internationalen Wettbewerbsbehörden aufgenommen[9]. Einige Gesetzesänderungen dienten schließlich dem Zweck der *Anpassung der materiellen Vorschriften des KartellG an neuere Entwicklungen des Gemeinschaftsrechts*[10] (Regelung der Kontrolle der Gründung von Gemeinschaftsunternehmen in Anlehnung an die Vorschriften der europäischen FusKontrVO[11]; Befreiung sämtlicher vertikaler Vereinbarungen von der in Art. 21 KartellG vorgesehenen

---

6 Vgl. Begründung zum Regierungsentwurf des G. 2837/00 Kap. A, Art. 1 Erwägungspunkte 1 und 3.

7 Vgl. Begründung zum Regierungsentwurf des G. 2741/99, Kap. B, Art. 9; Begründung zum Regierungsentwurf des G. 2837/00 Kap. A, Art. 1 Erwägungspunkt 4. - Ausführlich zur Problematik DRILLERAKIS, Das G. 703/1977 und seine notwendigen Abänderungen, DEE 1999, 684 ff.

8 Die Wirtschaftssektoren für Telekommunikation, Post und Energieversorgung sind nunmehr in Griechenland kraft Gesetztes speziellen Überwachungsbehörden unterworfen. Die Wettbewerbskommission arbeitet mit diesen Behörden (Nationale Kommission für Telekommunikation und Regelungsbehörde für Energie) zusammen. Sie gibt Stellungnahmen hinsichtlich der in den betroffenen Sektoren entstehenden wettbewerbspolitischen Fragen ab und verfügt über die ausschließliche Kompetenz für die Anwendung des KartellG auf Fälle, die die anderen Behörden an sie verweisen (Art. 8f KartellG i.d.F. der 6. KartellG-Novelle)

9 Die Wettbewerbskommission arbeitet in ihrer Eigenschaft als "Nationale Wettbewerbsbehörde" mit der europäischen Kommission sowie den anderen internationalen Wettbewerbsbehörden in Wettbewerbssachen zusammen (Art. 13b Abs. 1 KartellG i.d.F. der 6. KartellG-Novelle). Weigert sich insbesondere ein in Griechenland ansässiges oder tätiges Unternehmens, sich der gemeinschaftsrechtlich vorgesehenen Kontrolle zu unterwerfen, so übernimmt die griechische Wettbewerbskommission von Amts wegen oder auf Antrag der mit der Kontrolle von der Europäischen Kommission beauftragten Bediensteten hin die Aufgabe, den normalen Ablauf der Kontrolle durch Gewährung der entsprechenden Hilfe sicherzustellen. Die Wettbewerbskommission und die von ihr ermächtigten Personen können zu diesem Zweck von den in Art. 26 KartellG vorgesehenen weitgehenden Ermittlungsbefugnissen Gebrauch machen (Art. 13b Abs. 2 KartellG i.d.F. der 6. KartellG-Novelle).

10 Das Gemeinschaftsrecht dient damit weiter als Vorbild der griechischen Kartellrechtsordnung und beeinflußt stark ihre Entwicklung; zu dieser (früher im Text, insbesondere in § 3 I näher dargestellten) Vorbildfunktion siehe nunmehr ausführlich auch PAPATHOMA-BAETGE, Das europäische Wettbewerbsrecht als Vorbild des griechischen Kartellrechts, München 2000 (Hamburg, Univ. Diss. 1999/2000).

11 Vgl. Begründung zum Regierungsentwurf des G. 2837/00 Kap. A, Art. 1 Erwägungspunkt 2.

Anmeldepflicht für Neukartelle in Anlehnung an die entsprechende Änderung[12] von Art. 4 Abs. 2 der EG VO17/62[13]).

Das gemeinschaftliche System zum Schutz des freien Wettbewerbs findet sich im Prozeß einer durchgehenden Reformierung, die von der Regelung der vertikalen Vereinbarungen ausging, die Beurteilung von Formen horizontaler Zusammenarbeit erfaßte und sich nunmehr auf wesentliche Verfahrensaspekte hinsichtlich der Anwendung von Art. 81 und 82 (ex-Art. 85 und 86) EGV erstreckt.

Im Anschluß an das am 22.01.1997 veröffentlichte *Grünbuch zur EG-Wettbewerbspolitik gegenüber vertikalen Wettbewerbsbeschränkungen*[14] sowie die am 30.09.1998 erlassene *Mitteilung der Kommission* über die Anwendung der EG-Wettbewerbsregeln auf vertikale Wettbewerbsbeschränkungen mit Vorschlag für zwei Verordnungen des Rates zur Änderung der Ratsverordnungen Nr. 19/65/EWG und Nr. 17/62/EWG[15], erließ der Rat am 10.06.2001 die *Verordnung (EG) Nr. 1215/1999* zur Änderung der Verordnung Nr. 19/65/EWG des Rates über die Anwendung von Artikel 81 Absatz 3 des Vertrags auf Gruppen von Vereinbarungen und aufeinander abgestimmten Verhaltensweisen[16] und die *Verordnung (EG) Nr. 1216/1999* zur Änderung der Verordnung Nr. 17 des Rates: Erste Durchführungsverordnung zu den Artikeln 81 und 82 des Vertrags - ex Artikel 85 und 86 EG-Vertrag[17]. Durch die erstgenannte Verordnung wurde der Kommission die (im Vergleich zum früheren Recht erweiterte) Befugnis verliehen, bestimmte Gruppen vertikaler Vereinbarungen (Vereinbarungen zwischen Unternehmen auf verschiedenen Stufen der Produktions- und Vertriebskette über die Bedingungen, unter denen die beteiligten Unternehmen bestimmte Waren oder Dienstleistungen erwerben, verkaufen oder weiterverkaufen) durch Verordnung gemäß Art. 81 Abs. 3 EGV vom Kartellverbot freizustellen. Durch die zweite Ratsverordnung wurde der Anwendungsbereich von Art. 4 Abs. 2 der Verordnung Nr. 17 auf sämtliche vertikale Vereinbarungen ausgeweitet, so daß diese Vereinbarungen von der obligatorischen vorherigen Anmeldung zur Erwirkung einer individuellen Freistellung befreit wurden. Auf der Grundlage ihrer erweiterten Gesetzgebungsbefugnisse erließ dann die Kommission am 22.12.2000 die *Verordnung (EG) Nr. 2790/1999* über die Anwendung von Artikel 81 Absatz 1 des Vertrages auf Gruppen von vertikalen Vereinbarungen und aufeinander abgestimmten Verhaltensweisen[18], die die Verordnungen der Kommission Nr. 1984/83/EWG (über die Anwendung von Artikel 85 Absatz 3 des Vertrags auf Gruppen von Alleinbezugsvereinbarungen), Nr. 1983/83/EWG (über die Anwendung von Artikel 85 Absatz 3 des Vertrags auf Gruppen von Alleinvertriebsvereinbarungen) und Nr. 4087/88/EWG (über die Anwendung von Artikel 85 Absatz 3 des Vertrags auf Gruppen von Franchisevereinbarungen) ersetzte und den gemeinschaftsrechtlichen Rahmen für die Beurteilung

12 Siehe *Verordnung (EG) Nr. 1216/1999* zur Änderung der Verordnung Nr. 17 des Rates: Erste Durchführungsverordnung zu den Artikeln 81 und 82 des Vertrags - ex Artikel 85 und 86 EG-Vertrag (ABl. 1999, L 148/5)

13 Begründung zum Regierungsentwurf des G. 2837/00 Kap. A, Art. 1 Erwägungspunkt 24.

14 KOM(96) 721 endg.

15 KOM(98) 544 endg. und KOM(98) 546 endg.

16 ABl. 1999, L 148/1.

17 ABl. 1999, L 148/5.

18 ABl. 1999, Nr. L 336/21.

von vertikalen Vereinbarungen insgesamt auf neue Grundlagen stellte[19]. Das durch das oben genannte Grünbuch eingeleitete umfassende Reformkonzept der Kommission im Bereich der vertikalen Vereinbarungen[20] wurde schließlich am 24.05.2001 durch die Veröffentlichung von Leitlinien der Kommission über vertikale Beschränkungen[21] vervollständigt. - Im Kernpunkt des neuen Konzepts steht aus wettbewerbspolitischer Sicht der Versuch der Kommission, den formalistisch-juristischen Ansatz, der den alten Vorschriften zugrunde lag, durch einen in stärkerem Maße auf der Analyse der wirtschaftlichen Auswirkungen vertikaler Vereinbarungen beruhenden Ansatz zu ersetzten. Zugleich zielt der neue EG-wettbewerbsrechtliche Rahmen darauf ab, die Regeln für Liefer- und Vertriebsvereinbarungen zu vereinfachen und die Vorschriftenlast zu reduzieren, insbesondere für Unternehmen ohne Marktmacht wie kleine und mittlere Unternehmen (KMU), bei gleichzeitiger Gewährleistung einer wirksamen Kontrolle der Vereinbarungen, die von über beträchtliche Marktmacht verfügenden Unternehmen geschlossen werden. Die soeben genannten Ziele werden dadurch erreicht, daß aufgrund der in ihrem Anwendungsbereich weitgespannten neuen Gruppenfreistellungsverordnung (GVO) Nr. 2790/1999 sämtliche Liefer- und Vertriebsvereinbarungen sowohl über End- und Zwischenprodukte als auch über Dienstleistungen en bloc freigestellt bzw. durch eine gemeinschaftsrechtliche *Rechtmäßigkeitsvermutung* ausgestattet werden (Art. 2 GVO), vorausgesetzt, daß die jeweils betroffenen Unternehmen einen Marktanteil von weniger als 30% haben (Art. 3 und Art. 9 GVO) und daß die Vereinbarungen weder sogenannte Kernbeschränkungen (z.B. Preisbindungen, Verbot der Passivverkäufe; Art. 4 GVO) noch Regelungen enthalten, die die Gefahr eines erheblichen Marktausschlußeffektes heraufbeschwören (z.B. Wettbewerbsverbote, deren Dauer fünf Jahre überschreitet; Art. 5 GVO). Oberhalb der 30%-Marktanteilsschwelle werden vertikale Vereinbarungen von der neuen GVO zwar nicht automatisch freigestellt, jedoch auch nicht automatisch durch eine Rechtswidrigkeitsvermutung belastet. Bei solchen Fällen besteht weiterhin für die betroffenen Unternehmen die Möglichkeit, eine auf die Kriterien des Art. 81 Abs. 3 EGV gestützte Einzelfreistellung zu beantragen. Der neue Regelungsrahmen fördert schließlich die dezentrale Anwendung der Wettbewerbsregeln dadurch, daß sie den zuständigen Wettbewerbsbehörden der Mitgliedstaaten die Möglichkeit gewährt, den Vorteil der gruppenweisen Freistellung mit Wirkung für ihr Gebiet zu entziehen, wenn eine anhand der GVO freigestellte Vereinbarung im Gebiet des betroffenen Mitgliedstaats oder in einem Teil desselben, der alle Merkmale eines gesonderten räumlichen Marktes aufweist, im Einzelfall Wirkungen entfaltet, die mit den Voraussetzungen von Art. 81 Abs. 3 EGV unvereinbar sind (Art. 7 GVO im Zusammenhang mit der neuen Fassung von Art. 7 VO Nr. 19/65/EWG).

---

19 Zur neuen GVO siehe u.a. ACKERMANN, Die neuen EG-Wettbewerbsregeln für vertikale Beschränkungen, EuZW 1999, 741 ff.; BAYREUTHER, Die Reform der EG-Wettbewerbspolitik gegenüber vertikalen Wettbewerbsbeschränkungen, EWS 2000, 106 ff.; GRIFFITHS, A Glorification of de minimis - The Regulation on Vertical Agreements, E.C.L.R. 2000, 241 ff.; PUKALL, Neue EU-Gruppenfreistellungsverordnung für Vertriebsbindungen, NJW 2000, 1375 ff.; SEMLER / BAUER, Die neue EU-Gruppenfreistellungsverordnung für vertikale Wettbewerbsbeschränkungen - Folgen für die Rechtspraxis, DB 2000, 193 ff.; WHISH, Regulation 2790/99: the Commission's "New Style" Block Exemption for Vertical Agreements, C.M.L.R. 2000, 887 ff.

20 Ausführlich zu den einzelnen Phasen des Reformprozesses und zu dessen Ergebnis TZOUGANATOS, Die Vereinbarungen ausschließlichen und selektiven Vertriebs im Kartell- und Wettbewerbsrecht [2001], S. 112 ff.

21 SEK(00) 831 endg.

Die wettbewerbspolitischen Reformpläne der Kommission haben sich allerdings durch die Schaffung des neuen Regelungsrahmens für vertikale Vereinbarungen nicht erschöpft. - Die Kommission wurde auch hinsichtlich der Regelung von horizontalen Vereinbarungen aktiv, mit dem Ziel, Rechtssicherheit für Vereinbarungen über Forschung und Entwicklung und bestimmte Formen von Produktionsvereinbarungen wie z.B. die Auslagerung und die gemeinsame Produktion zu schaffen. So wurden am 29.11.2000 die *Verordnung (EG) Nr. 2658/2000* der Kommission über die Anwendung von Artikel 81 Absatz 3 des Vertrags auf Gruppen von Spezialisierungsvereinbarungen[22] und die *Verordnung (EG) Nr. 2659/2000* der Kommission über die Anwendung von Artikel 81 Absatz 3 des Vertrags auf Gruppen von Vereinbarungen über Forschung und Entwicklung erlassen[23]. Ersetzt sind dadurch die Verordnungen der Kommission Nr. 417/85/EWG (über die Anwendung von Artikel 85 Absatz 3 des Vertrags auf Gruppen von Spezialisierungsvereinbarungen) und Nr. 418/85/EWG (über die Anwendung von Artikel 85 Absatz 3 des Vertrags auf Gruppen von Vereinbarungen über Forschung und Entwicklung). Die gruppenweise Freistellung setzt voraus, daß die beteiligten Unternehmen keine beträchtliche Marktmacht haben und keine eindeutigen Verstöße gegen das Wettbewerbsrecht begehen. Zur näheren Klärung ihrer Vorgehensweise bei der Bewertung von horizontalen Vereinbarungen erließ schließlich die Kommission *Leitlinien zur Anwendbarkeit von Artikel 81 EG-Vertrag auf Vereinbarungen über horizontale Zusammenarbeit*[24].

Der bedeutendste Teil der Reformpläne der Kommission ist allerdings in ihrer bekundeten Absicht zu sehen, auch die Verfahrensaspekte der EG-Wettbewerbspolitik durch eine tiefgreifende Änderung der Vorschriften zur Anwendung der Art. 81 und 82 EGV zu modernisieren. Der entsprechende Reformprozeß wurde von der Kommission durch das am 28.04.1999 erlassene *Weißbuch über die Modernisierung der Vorschriften zur Anwendung der Artikel 85 und 86 EG-Vertrag*[25] eingeleitet und durch den am 27.09.2000 vorgelegten *Vorschlag für eine Verordnung des Rates zur Durchführung der in den Artikeln 81 und 82 EG-Vertrag niedergelegten Wettbewerbsregeln*[26] fortgeführt. Das Hauptanliegen des fraglichen Vorschlags besteht darin, sowohl einen besseren Schutz des Wettbewerbs zu gewährleisten als auch die Anwendung des Gemeinschaftsrechts zu dezentralisieren, um die Entscheidungsinstanzen näher an die europäischen Bürger heranzubringen. Danach soll das zentralisierte Anmelde- und Genehmigungssystem, das mit der Verordnung Nr. 17 im Jahr 1962 eingeführt worden war, durch ein *Legalausnahmesystem* ersetzt werden, das durch die parallele Zuständigkeit der Kommission, der nationalen Wettbewerbsbehörden und der nationalen Gerichte zur Anwendung von Art. 81 EGV geprägt ist. Darüber hinaus enthält der Vorschlag eine Bestimmung, mit der erstmals die Beziehungen zwischen dem Gemeinschaftsrecht und dem nationalen Recht geregelt werden: Wenn der Handel zwischen den Mitgliedstaaten betroffen ist, dann ist nach dem Verordnungsvorschlag ausschließlich das gemeinschaftliche Wettbewerbsrecht anwendbar. Schließlich beinhaltet der Vorschlag Maßnahmen zur Stärkung der Ermittlungsbefugnisse der Kommission, um eine rasche und wirksame Aufdeckung von Verstößen gegen

---

22 ABl. 2000, L 304/3.

23 ABl. 2000, L 304/7.

24 ABl. 2001, C 3/2. - Zum Ziel und zum Inhalt der neuen GVO sowie der Leitlinien siehe zusammenf. *EUROPÄISCHE KOMMISSION (Generaldirektion IV)*, XXX. Bericht über die Wettbewerbspolitik 2000 [SEK(01) 694 endg.], S. 15 ff. (Rdn. 21 ff.).

25 KOM (99) 101 end., ABl. 1999, C 132.

26 KOM(00) 582 endg.

das gemeinschaftliche Wettbewerbsrecht zu gewährleisten.[27] Nach Angaben der Kommission sollen die neuen Regelungen im Jahr 2003 wirksam werden.

Ob die oben in ihrem Inhalt kurz geschilderten KartellG-Novellen von 1999 und 2000 das erstrebte Ziel der Erhöhung der Effektivität des Handelns der Wettbewerbskommission erreichen werden, kann noch nicht mit Sicherheit beurteilt werden. Die Erfahrungen der Vergangenheit sprechen dagegen und gebieten insoweit ein vorsichtiges Vorgehen bei der Aufstellung von Erwartungen im Zusammenhang mit den zuletzt erfolgten institutionellen Reformen.

II. Die Aufhebung des Verbots des Mißbrauchs der Wirtschaftsabhängigkeit

Die Einführung des Verbots des Mißbrauchs der Wirtschaftsabhängigkeit im Jahr 1991 (3. KartellG-Novelle) stieß auf einhellige Zustimmung in der Literatur und wurde mit hohen Erwartungen verbunden. Das fragliche Verbot erwies sich jedoch in der Praxis als problematisch. Es eröffnete nämlich den Marktteilnehmern die Möglichkeit, die Wettbewerbskommission und das im KartellG vorgesehene Institut der einstweiligen Verfügungen (Art. 9 Abs. 4 KartellG) auch dann (ungerechtfertigt) in Anspruch zu nehmen, wenn es um rein privatrechtliche Streitigkeiten ohne unmittelbaren Einfluß auf die Wettbewerbslage auf dem Markt ginge. Dadurch kam es allmählich zu einer Überlastung der Wettbewerbskommission und des (zahlenmäßig beschränkten) Personals des Sekretariats mit mindergewichtigen Fällen privatrechtlicher Natur und zu einer dadurch bedingten Vernachlässigung der Überwachung der Einhaltung der sonstigen materiellen Vorschriften (Kartellverbot, Verbot des Mißbrauchs einer marktbeherrschenden Stellung) des KartellG[28]. Im Hinblick auf diese negative Erfahrung schaffte der Gesetzgeber mit der 6. KartellG-Novelle von 2000 die fragliche materielle Regelung wieder ab. Aufgehoben wurden damit auch die begleitenden Zwangsgeld-, Bußgeld- und Kriminalstrafvorschriften.

III. Die Novellierung der Fusionskontrollvorschriften

Zum Zwecke der Entlastung der Wettbewerbskommission hat die 6. KartellG-Novelle sowohl die für mindergewichtige Unternehmenszusammenschlüsse vorgesehene Anzeigepflicht (und die damit verbundenen Zwangsgeld-, Bußgeld- und Kriminalstrafvorschriften) abgeschafft, als auch die für die Aktivierung der präventiven Fusionskontrolle vorgesehenen Umsatz- und Marktanteilsschwellen nicht un-

---

27 Zusammenf. zu den Grundzügen des neuen Regelungssystems *Europäische Kommission (Generaldirektion IV),* XXX. Bericht über die Wettbewerbspolitik 2000 [SEK(01) 694 endg.], S. 20 ff. (Rdn. 37 ff.).

28 Vgl. Begründung zum Regierungsentwurf des Gesetzes 2837/00, Kap. A, Art. 1 Erwägungspunkt 1.

erheblich erhöht. Eine auf dem griechischen Markt geplante Fusion[29] fällt danach heute in den Anwendungsbereich der Vorschriften über die präventive Fusionskontrolle und unterliegt den entsprechenden (mit Verwaltungs- und Kriminalstrafen bewehrten) Anmelde- und Wartepflichten, wenn folgende Voraussetzungen erfüllt sind:

(a) die an der (geplanten) Fusion beteiligten Unternehmen vereinigen auf sich auf dem griechischen produktrelevanten Markt einen *Gesamtmarktanteil* von mindestens 35%, *oder*

(b) die an der (geplanten) Fusion beteiligten Unternehmen erwirtschaften auf dem griechischen Markt einen *Gesamtumsatz* von mindestens 150 Millionen Euro, wobei der Gesamtumsatz von zumindest zwei der Beteiligten jeweils über 15 Millionen Euro ist.

Die 6. KartellG-Novelle hat darüber hinaus eine dem europäischen Fusionsrecht nachgebildete Regelung im Zusammenhang mit der fusionsrechtlichen Behandlung von Gemeinschaftsunternehmen eingeführt. Danach sieht nunmehr auch das griechische Fusionsrecht ausdrücklich vor, daß die Gründung eines *Gemeinschaftsunternehmens* nur dann einen Zusammenschluß im gesetzlichen Sinne darstellt, wenn das entstehende Gemeinschaftsunternehmen auf Dauer alle Funktionen einer selbständigen wirtschaftlichen Einheit erfüllt und die Gründung weder zur Koordinierung des Wettbewerbsverhaltens der Gründerunternehmen noch zur Koordinierung des Wettbewerbsverhaltens zwischen den Gründerunternehmen und dem Gemeinschaftsunternehmen führt[30].

IV. Bußgeldverhängung und Schuldvoraussetzungen

Mit der 6. KartellG-Novelle wurde das "Schuldelement" auch in den Tatbestand von Art. 4e Abs. 1 Satz 3 (Wartepflicht für anmelde- und erlaubnispflichtige Fusionen) eingefügt. Frühere Entscheidungen der Wettbewerbskommission sanktionierten bekanntlich Verletzungen der fusionsrechtlichen Wartepflicht ohne Berücksichtigung des Schuldelements. Die Verwaltungsgerichte hatten dies unter Berufung auf die verwaltungsrechtliche Natur der kartellrechtlichen Geldbußen gebilligt und zudem darauf hingewiesen, daß es ausschließlich Sache des Gesetzgebers ist, ob er das Schuldelement in die Voraussetzungen der Bußgeldverhängung einbezieht[31]. Die schuldunabhängige Sanktionierung von Verletzungen der Wartepflicht stand jedoch im systematischen Widerspruch mit den sonstigen Bußgeldvorschriften der Fusionskontrolle, nämlich dem (inzwischen abgeschafften) Art. 4a Abs. 4

29 Zum Begriff der Fusion siehe oben im Text § 2 I C.

30 Vgl. Art. 3 Abs. 2 und Art. 2 Abs. 4 FusKontrVO.

31 Siehe *ObVerwG Athen* Urt. Nr. 2134/99, DEE 2000, 56 ff.

(Verletzung der Anzeigepflicht für mindergewichtige Fusionen) und dem Art. 4b Abs. 4 (Verletzung der Anmeldepflicht), die das Verschulden des jeweiligen Sanktionssubjekts voraussetzten. Die 6. KartellG-Novelle hob diesen Widerspruch auf und erklärte das Verschulden zur erforderlichen Voraussetzung auch für die Ahndung von Verstößen gegen die Wartepflicht. – Hingewiesen sei allerdings darauf, daß die Verstöße gegen das Kartell- und Mißbrauchsverbot weiterhin ohne Rücksicht auf die subjektive Tatseite geahndet werden dürfen.

V. Das Bild der Zwangs- und Bußgeldvorschriften des griechischen Kartellrechts nach den letzten Reformen

Das Bild der Zwangs- und Bußgeldtatbestände des KartellG sieht nach den letzten Reformen folgendermaßen aus:

A. Zwangsgeldtatbestände

ARTIKEL	ZWANGSGELDTATBESTAND	TÄTERKREIS	ZWANGSGELDRAHMEN
Art. 4e Abs. 4 Satz 2	Nichtbefolgung der Anordnung der Rückgängigmachung einer gesetzwidrig durchgeführten Fusion	Unternehmen[32]	Bis 3.000.000 DRM pro Verzugstag
Art. 9 Abs. 1 lit. c und lit. d *i.V.m.* Art. 1 Abs. 1	Verstoß gegen das Kartellverbot	Unternehmen / Unternehmensvereinigungen	Bis 15% des Bruttoumsatzes oder bis 2.000.000 DRM pro Verzugstag
Art. 9 Abs. 1 lit. c und lit. d *i.V.m.* Art. 2	Verstoß gegen das Verbot des Mißbrauchs einer marktbeherrschenden Stellung	Unternehmen / Unternehmensvereinigungen	Bis 15% des Bruttoumsatzes oder bis 2.000.000 DRM pro Verzugstag
Art. 9 Abs. 4 Satz 2	Nichtbefolgung einer einstweiligen Verfügung der Kommission wegen Verstoßes gegen das Kartellverbot oder das Mißbrauchsverbot	Unternehmen / Unternehmensvereinigungen	Bis 1.000.000 DRM pro Verzugstag

[32] Oder (natürliche / juristische) Personen, die - ohne Unternehmen zu sein - bereits die Kontrolle über ein Unternehmen innehaben und in dieser Eigenschaft die Kontrolle über ein anderes Unternehmen erwerben (Schlußfolgerung aus der systematischen Auslegung des Art. 4e Abs. 4 KartellG).

B. Bußgeldtatbestände

ARTIKEL	BUSSGELDTATBESTAND	TÄTERKREIS	BUSSGELDRAHMEN
Art. 4b Abs. 4	Schuldhafte Verletzung der Anmeldepflicht bei Fusionen	Unternehmen[33]	Bis 7% des Gesamtumsatzes der an der Fusion Beteiligten, jedoch zumindest 5.000.000 DRM
Art. 4e Abs. 1 Satz 3	Schuldhafte Durchführung einer erlaubnispflichtigen Fusion vor der Erteilung der kartellbehördlichen Erlaubnis	Unternehmen[34]	Bis 15% des Gesamtumsatzes der an der Fusion Beteiligten, jedoch zumindest 10.000.000 DRM
Art. 4e Abs. 4 Satz 2	Nichtbefolgung der Anordnung der Rückgängigmachung einer gesetzwidrig durchgeführten Fusion	Unternehmen[35]	Bis 15% des Gesamtumsatzes der an der Fusion Beteiligten
Art. 9 Abs. 1 lit. e i.V.m. Art. 1 Abs. 1	Verstoß gegen das Kartellverbot	Unternehmen / Unternehmensvereinigungen	Bis 15% des Bruttoumsatzes
Art. 9 Abs. 1 lit. e i.V.m. Art. 2	Verstoß gegen das Verbot des Mißbrauchs einer marktbeherrschenden Stellung	Unternehmen / Unternehmensvereinigungen	Bis 15% des Bruttoumsatzes
Art. 21 Abs. 2 lit. b	Verletzung der Anmeldepflicht bei Kartellen (Bei vertikalen Vereinbarungen *keine* Anmeldepflicht mehr)	Unternehmen / Unternehmensvereinigungen	Bis 10% des Bruttoumsatzes, jedoch mindestens 3.000.000 DRM
Art. 25 Abs. 2 lit. a	Verletzung der Informationspflichten bei Auskunftsersuchen der Kartellbehörden	Unternehmen / Unternehmensvereinigungen und deren Angehörige	Bis 3.000.000 DRM für jede einzelne Pflichtverletzung
Art. 26 Abs. 6	Verletzung der Duldungs- und Mitwirkungspflichten bei Durchsuchungen der Kartellbehörden	Jedermann	Bis 3.000.000 DRM für jede einzelne Pflichtverletzung

33 Oder (natürliche / juristische) Personen, die - ohne Unternehmen zu sein - bereits die Kontrolle über ein Unternehmen innehaben und in dieser Eigenschaft die Kontrolle über ein anderes Unternehmen erwerben, vgl. Art. 4b Abs. 3 i.V.m. Art. 4 Abs. 2 und 4 KartellG.

34 Oder (natürliche / juristische) Personen, die - ohne Unternehmen zu sein - bereits die Kontrolle über ein Unternehmen innehaben und in dieser Eigenschaft die Kontrolle über ein anderes Unternehmen erwerben, vgl. Art. 4e Abs. 1 Satz 3 i.V.m. Art. 4b Abs. 3 und Art. 4 Abs. 2 und 4 KartellG.

35 Oder (natürliche / juristische) Personen, die - ohne Unternehmen zu sein - bereits die Kontrolle über ein Unternehmen innehaben und in dieser Eigenschaft die Kontrolle über ein anderes Unternehmen erwerben (Schlußfolgerung aus der systematischen Auslegung des Art. 4e Abs. 4 KartellG).

ANHANG

I. Ablehnung von Negativattest- oder Freistellungsanträgen
Verbotsentscheidungen mit oder ohne Zwangsgeldandrohung
Bußgeldentscheidungen (seit Inkrafttreten des G. 703/77 bis zum 15.11.1998)

Artikel des G. 703/77

Art. 1:	Kartellverbot
Art. 2:	Verbot des Mißbrauchs einer marktbeherrschenden Stellung
Art. 2a:	Verbot des Mißbrauchs der wirtschaftlichen Abhängigkeit (eingeführt im Jahre 1991, aufgehoben im Jahre 2000)
Art. 4a:	Anzeigepflicht für Fusionen (Anzeige vollzogener Fusionen - eingeführt im Jahre 1991, geändert im Jahre 1995, aufgehoben im Jahre 2000)
Art. 4b / 4e:	Anmelde- und Wartepflicht für Fusionen (Präventive Fusionskontrolle seit 1995)
Art. 20:	Anmeldepflicht für Altkartelle
Art. 21:	Anmeldepflicht für Neukartelle (und Anzeigepflicht für Fusionen bis 1991)
Art. 25:	Auskunftspflicht
Art. 26:	Duldungs- und Mitwirkungspflicht bei Untersuchungen

Sämtliche Wertangaben sind in griechischen Drachmen

I. Entscheidungen und Stellungnahmen

1977-1982 WBSK-S WBSK-E	GEGENSTAND	ERGEBNIS	BUßGELD ART. 1, 2	BUßGELD ART. 20-21, 25-26	ZWANGSGELD	MINIST. ENTSCH.
E-1/79 GUY LAROSCHE I	Alleinimport / Gebietsschutz - Selektiver Vertrieb / Subjektive Kriterien (Beschwerde)	Verletzung Art. 1 und Art. 20	400.000 bis 800.000 x Betroffene	200.000 x Betroffene (Anmeldung)	200.000 x Betroffene	
E-4/80 *Alkoholkartell*	Quotenregelungen (Beschwerde)	Verletzung Art. 1 und Art. 20		100.000 x Beteiligte (Anmeldung)	200.000 x Beteiligte	
E-6/80 GUY LAROSCHE II	Alleinimport / Gebietsschutz - Selektiver Vertrieb / Subjektive Kriterien - Auskunftsverweigerung (Beschwerde - Neue Verhandlung siehe E-1/79)	Verletzung Art. 1, Art. 20 und Art. 25	400.000	200.000 (Anmeldung) 500.000 (Auskunftsverweigerung)	200.000	
E-7/80 LARKO I	Alleinvertrieb - Exklusive Patentlizenzen - Behinderungsmißbrauch / Lieferverweigerung (Beschwerde - Freistellungsantrag)	Verletzung Art. 1 und Art. 2	100.000 bis 1.500.000 x Betroffene		1.000.000 (Lieferverweigerung)	
E-8/80 IMATHIA-PELLI *Syndikat I*	Syndikat / GmbH - Alleinvertrieb (Beschwerde)	Verletzung Art. 1 und Art. 21	100.000 bis 300.000 x Betroffene	100.000 x Betroffene (Anmeldung)	500.000 x Betroffene	
E-9/81 *Verlegerkartell*	Preiskartell (Beschwerde)	Verletzung Art. 1 und Art. 21		100.000 bis 400.000 x Betroffene	500.000 bis 1.000.000 x Betroffene	
E-17/82 KARABELA	Fusion / Vermögenserwerb (Negativattestantrag)	Negativattest - Verletzung Art. 21				

1983-1991 WbK-S	Gegenstand	Ergebnis	Geldbuße Art. 1, 2	Geldb. Art. 20-21, 25-26	Zwangsgeld	minist. Entsch.	Ergebnis
S-1/83 *Raffinerien von Thessaloniki*	Behinderungsmißbrauch/ Diskriminierung (Beschwerde)	Verletzung Art. 2			nicht konkretisiert	K6-1051/83	Beschwerde-abweisung
S-6/84 *ESSO PAPAS / P.K.*	Machtmißbrauch / Verwendungsbindungen (Negativattestantrag)	Verletzung Art. 2				K6-934/84	wie WbK-S
S-16/84 *Verbraucherdienst-organisation* POEK	Rabattkartensystem (Negativattestantrag)	Verletzung Art. 1				K6-254/84	wie WbK-S
S-17/84 UCAR	Preisvernichtungswettbewerb / Verkäufe unter Selbstkostenpreis (Beschwerde)	Verletzung Art. 2			nicht konkretisiert	K6-175/85	Beschwerde-abweisung
S-18/84 SUNLIGHT	Preisvernichtungswettbewerb / Verkäufe unter Selbstkostenpreis, Treuerabatte (von Amts wegen)	Verletzung Art. 2				Keine minist. Entsch. erging in diesem Fall	
S-21/84 *Elektromotoren* KIM	Aufeinander abgestimmte Preisfestsetzungen (Beschwerde)	Verletzung Art. 1				K6-119/85	Beschwerde-abweisung
S-22/84 LAUREOTIKI I	Behinderungsmißbrauch/ Diskriminierende Rabattpolitik, Alleinbezugsbindungen (von Amts wegen)	Verletzung Art. 2	2.500.000			K6-109/85	2.300.000
S-24/85 IMATHIA-PELLI *Syndikat III*	Syndikat - Alleinvertrieb (Beschwerde - Neue Verhandlung, siehe WbSK-E 8/80 u. 23/82)	Verletzung Art. 1 (ohne Geldbußen)				K6-122/85	Beschwerde-abweisung
S-28/85 TASTY FOODS	Behinderungsmißbrauch / Alleinbezugsbindungen / Treuerabatte (Beschwerde)	Verletzung Art. 2 und Art. 21	1.000.000	250.000 (Anmeldung)	5.000.000	K6-302/85	2.000.000 (Mißbrauch) 500.000 (Anmeldung) 10.000.000 (Zwangsgeld)
S-30/85 KOURTAKIS	Behinderungsmißbrauch / Alleinbezugsbindungen (Beschwerde)	Verletzung Art. 2			500.000	K6-615/85	wie WbK-S
S-33/85 AMSTEL / LOEWENBRÄU	Teilfusion / Vermögenserwerb - Werkvertrag (Negativattestantrag)	Freistellung				K6-614/85	wie WbK-S
S-35/86 LANCASTER I	Selektiver Vertrieb / Lagerhaltungs-pflichten (Negativattestantrag)	Verletzung Art. 1				K6-138/86	wie WbK-S
S-36/86 PACO RABANNE *und* CLARINS I	Selektiver Vertrieb / Strenge Lagerhaltungspflichten (Negativattestantrag)	Verletzung Art. 1				K6-137/86	wie WbK-S

1983-1991 WbK-S	Gegenstand	Ergebnis	Geldbuße Art. 1, 2	Geldb. Art. 20-21, 25-26	Zwangsgeld	Minist. Entsch.	Ergebnis
S-38/86 *SIKKENS II*	Behinderungsmißbrauch / Treuerabatte, Alleinbezugsbindung, Gebietsschutz, Preisbindung (Beschwerde)	Verletzung Art. 2				K6-147/86	wie WbK-S
S-39/86 BLYTHE COLOURS I	Alleinimport (Beschwerde)	Verletzung Art. 1 und Art. 21		200.000-500.000 x Betroffene (Anmeldung)		K6-578/86	Beschwerde-abweisung
S-46/86 *YVES SAINT LAURENT I*	Selektiver Vertrieb / Strenge Mindestabnahme-, Lagerhaltungs- und Turn-over-Pflichten (Negativattestantrag)	Verletzung Art. 1				K6-716/86	wie WbK-S
S-50/86 *PIGI*	Alleinvertrieb - Franchising (Beschwerde)	Verletzung Art. 1 und Art. 21	1.000.000 gegen Franchise-geber	400.000 - 800.000 x Betroffene (Anmeldung)	1.000.000 gegen den Hersteller	K6-756/87	wie WbK-S
S-51/87 BLYTHE COLOURS II	Alleinimport (Beschwerde)	Verletzung Art. 1 und Art. 21		200.000-500.000 (Anmeldung)		K6-267/87	wie WbK-S
S-52/87 *EMI / VIRGIN / WEA*	Abgestimmte Marktaufteilung - Behinderungsmißbrauch (Beschwerde)	Verletzung Art. 1 KartellG Art. 86 EGV	2.000.000 x EMI / WEA		20.000.000 x 3 Betroffene	K6-447/87	wie WbK-S
S-53/87 BLYTHE COLOURS III	Alleinimport (Freistellungsantrag)	Freistellung				K6-448/87	wie WbK-S
S-57/87 *ZETA / FIMI*	Selektiver Vertrieb / Subjektive Kriterien, Preisbindung, Diskriminierungen (Beschwerde)	Verletzung Art. 1	4.000.000 x Betroffene		20.000.000 x Betroffene	K6-346/87	wie WbK-S
S-58/87 *L' AIR LIQUIDE/ CARBONICA*	Fusion / Strukturmißbrauch (Negativattestantrag)	Freistellung (analog Art. 1 Abs. 3)				Keine minist. Entsch. erging in diesem Fall	
S-59/87 *DELTA*	Ausnutzungsmißbrauch / Preismißbrauch (von Amts wegen)	Verletzung Art. 2	7.000.000			K6-238/88	Verfahrenseinstellung
S-61/88 *ELLENIT I*	Selektiver Vertrieb / Quantitative Selektion, Mindestabnahme- und Lagerhaltungspflicht (Negativattestantrag)	Verletzung Art. 1				K6-316/88	wie WbK-S
S-62/88 *FILME FÜR RÖNTGENAUFNAHEN*	Abgestimmtes Verhalten in Ausschreibungen - Marktaufteilung (von Amts wegen)	Verletzung Art. 1	4.000.000 x Betroffene			K6-387/88	wie WbK-S

1983-1991 WbK-S	Gegenstand	Ergebnis	Geldbuße Art. 1, 2	Geldb. Art. 20-21, 25-26	Zwangsgeld	Minist. Entsch.	Ergebnis
S-63/88 BOREOPOULOS	Alleinvertrieb (Negativattestantrag)	Verletzung Art. 1				K6-315/88	wie WbK-S
S-66/89 CLINIQUE II	Selektiver Vertrieb / Kumulative Wirkungen (von Amts wegen)	Widerruf des Negativattests (S-60/88)				A1-368/89	wie WbK-S
S-67/89 CHANEL I	Selektiver Vertrieb / Kumulative Wirkungen (Negativattestantrag)	Verletzung Art. 1				A1-446/89	wie WbK-S
S-68/89 CHANEL II	Selektiver Vertrieb / Kumulative Wirkungen (Negativattestantrag)	Verletzung Art. 1				A1-445/89	wie WbK-S
S-69/89 YVES SAINT LAURENT III	Selektiver Vertrieb / Kumulative Wirkungen (Negativattestantrag)	Verletzung Art. 1				A1-288/89	wie WbK-S
S-70/89 LANCASTER III	Selektiver Vertrieb / Kumulative Wirkungen (Negativattestantrag)	Verletzung Art. 1				A1-287/89	wie WbK-S
S-71/89 E. ARDEN I	Selektiver Vertrieb / Kumulative Wirkungen (Negativattestantrag)	Verletzung Art. 1				A1-293/89	wie WbK-S
S-75/89 TOYOTA I	Selektiver Vertrieb / Quantitative Kriterien, Gebietsschutz u.a. (Negativattestantrag)	Verletzung Art. 1				A1-333/89	wie WbK-S
S-77/89 Feuerlöscher	Behinderungsmißbrauch / Lieferverweigerung (Beschwerde)	Verletzung Art. 2				A1-444/89	wie WbK-S
S-78/89 EGEA	Alleinvertrieb (Freistellungsantrag)	Freistellung				A1-447/89	wie WbK-S
S-80/89 FA. CA. D' ORO	Selektiver Vertrieb / Gebietsbeschränkungen, Preisbindungen u.a. (Beschwerde)	Verletzung Art. 1 und Art. 21		200.000 (Anmeldung)		A1-734/89	wie WbK-S
S-83/89 Vereinigung der Aufzügetechniker	Preisempfehlungen eines Gewerbeverbandes an seine Mitglieder (von Amts wegen)	Verletzung Art. 1			10% des Umsatzes des Verbandes	A1-941/89	wie WbK-S (Androhung des Zwangsgeldes)
						A1-477/90 im Anschluß an A1-941/89	Festsetzung des Zwangsgeldes (254.904)
S-84 /89 ELLENIT II	Selektiver Vertrieb / Quantitative Kriterien (Negativattestantrag im Anschluß an S-61/88)	Verletzung Art. 1				A1-718/90	Verletzung Art. 1 (andere Begründung) - Widerruf minist. Entsch. 316/88
S-96/90 GIORGIO BEVERLY HILLS I	Selektiver Vertrieb (Negativattestantrag)	Verletzung Art. 1				A1-498/90	wie WbK-S

1983-1991 WbK-S	Gegenstand	Ergebnis	Geldbuße Art. 1, 2	Geldb. Art. 20-21, 25-26	Zwangsgeld	Minist. Entsch.	Ergebnis
S-97/90 *Friseurvereinigung*	Preisempfehlungen einer Dachorganisation an ihre Mitglieder (von Amts wegen)	Verletzung Art. 1				A1-623/90	wie WbK-S
S-101/90 *3E II*	Fusion / Strukturmißbrauch - Behinderungsmißbrauch / Preis- und Rabattdiskriminierung (Beschwerde)	Verletzung Art. 2 und Art. 21	22.000.000 (Diskr.)+ 22.000.000 (Fusion)	500.000 (Anmeldung)		A1-1129/90	11.000.000 (Diskriminierung) 500.000 (Anmeldung)
S-108/91 *BP SUPER GAS*	Alleinbezug (Freistellungsantrag)	Freistellung / Bedingungen				A1-54/92	wie WbK-S
S-109/91 *Panhellenische Optikervereinigung*	Preisempfehlungen eines Gewerbeverbandes an seine Mitglieder (von Amts wegen)	Verletzung Art. 1			10% Bruttoumsatzes des Verbandes	A1-228/92	wie WbK-S
						A1-79/91 SEVEN ISLANDS	Verletzung Art. 25 500.000 gegen Seven Islands
						A1-93/92 KOURTAKIS / EKMA	Verletzung Art. 25 - 500.000 gegen Kourtakis AE und EKMA AE
						A1-172/92 MATZOROS	Verletzung Art. 25 - 500.000 gegen Matzoros

1.1.1992-31.5.1995 WBK-E/WBK-S	GEGENSTAND	ERGEBNIS	BUßGELD ART. 1-2a, 4b, 4e	BUßGELD ART. 20-21, 25-26, 4a	ZWANGSGELD	MINIST. ENTSCH.	ERGEBNIS
S-127/94 *MASSOUTIS*	Verspätete Anzeige von Fusion (von Amts wegen)	Art. 4a noch nicht anwendbar				A1-522/95	10.179.000 gegen Masoutis AE (0,05% GesUms der Fusionsbeteiligten)
S-128/94 *BERRY BROS & RUDD / KAROULIAS*	Verspätete Anzeige von Fusion (von Amts wegen)	Art. 4a noch nicht anwendbar				Keine minist. Entsch. erging in diesem Fall	
S-129/94 *NIKI / MICHAILIDIS*	Verspätete Anzeige von Fusion (von Amts wegen)	Art. 4a noch nicht anwendbar				A1- 1091/94	37.172.000 gegen NIKI AE (0,05% GesUms der Fusionsbeteiligten)
E-130/94 *FOINIX*	Auskunftsersuchen der Kartellbehörden / Auskunftsverweigerung (von Amts wegen)	Verletzung Art. 25		300.000			
E-131/94 *ALMA SPORT*	Auskunftsersuchen der Kartellbehörden / Auskunftsverweigerung (von Amts wegen)	Verletzung Art. 25		500.000			
E-133/94 *Bäckerverband von Korinthe*	Preisempfehlung eines Gewerbeverbandes an seine Mitglieder (von Amts wegen)	Verletzung Art. 1					
E-134/94 *Griechische Bäckervereinigung*	Preisempfehlung eines Gewerbeverbandes an seine Mitglieder (von Amts wegen)	Verletzung Art. 1					
E-135/94 *Bäckerverband von Thiva*	Preisempfehlung eines Gewerbeverbandes an seine Mitglieder (von Amts wegen)	Verletzung Art. 1					
E-136/94 *BALIS u.a.*	Auskunftsersuchen der Kartellbehörden / Auskunftsverweigerung (von Amts wegen)	Verletzung Art. 25		500.000 x Betroffene			
S-137/94 *TRESKO / R. MARKET*	Verspätete Anzeige von Fusion (von Amts wegen)	Art. 4a noch nicht anwendbar				A1-1092/94	8.632.000 gegen Tresko AE (0,05% GesUms der Fusionsbeteiligten)

1.1.1992-31.5.1995 WBK-E/WBK-S	GEGENSTAND	ERGEBNIS	BUßGELD ART. 1-2a, 4b, 4e	BUßGELD ART. 20-21, 25-26, 4a	ZWANGSGELD	MINIST. ENTSCH.	ERGEBNIS
E-142/94 *Schiffahrtsagenturen*	Diskriminierungen (Beschwerde)	Verletzung Art. 1			60.000.000 x Betroffene		
E-145/94 POBEAM / OBEAME	Annahme und Weiterleitung sowie Aufstellung von Preislisten durch Dachorganisationen / Auskunftsverweigerung (von Amts wegen)	Verletzung Art. 1 und Art. 25		150.000 x Betroffene (Auskunft)	60.000.000 x Betroffene		
S-165/94 *ALANTIK / KYPSELI*	Verspätete Anzeige von Fusion (von Amts wegen)	Art. 4a noch nicht anwendbar		Vorschlag für den Fall abweichender minist. Entsch.: 0,01% GesUms		A1-411/95	9.518.370 gegen Atlantik AE (0,05% GesUms der Fusionsbeteiligten)
S-167/94 *R &C.HELLAS / DR MICHALIS*	Verspätete Anzeige von Fusion (von Amts wegen)	Art. 4a noch nicht anwendbar		Vorschlag für den Fall abweichender minist. Entsch.: 0,01% GesUms		A1-65/95	1.742.500 gegen R. & C. Hellas AE (0,05% GesUms der Fusionsbetiligten)
E-219/95 *Mähdrescher*	Preisempfehlungen eines Gewerbeverbandes an seine Mitglieder (von Amts wegen)	Verletzung Art. 1					
S-223/95 *DELHAISE THE LION NEDERLAND / BASILOPOULOS*	Verspätete Anzeige von Fusion (von Amts wegen)	Art. 4a noch nicht anwendbar		Vorschlag für den Fall abweichender minist. Entsch.: 0,01% GesUms		A1-283/95	15.800.000 gegen Delhaise the Lion Nederland BV (0,05% GesUms von Basilopoulos AE)
S-226/95 *IBS-KEM-Antistal*	Verspätete Anzeige von Fusion (von Amts wegen)	Art. 4a noch nicht anwendbar		Vorschlag für den Fall abweichender minist. Entsch.: 0,02% GesUms		A1-410/95	4.105.450 gegen IBS AE (0,05% GesUms der Fusionsbetiligten)
E-248/95 *TOYOTA II*	Selektiver Vertrieb / Exportkontrolle / Unangemessene Kündigungsfrist (Freistellungsantrag)	Ablehnung des Antrages					

1.1.1992-31.5.1995 WBK-E/WBK-S	GEGENSTAND	ERGEBNIS	BUßGELD ART. 1-2a, 4b, 4e	BUßGELD ART. 20-21, 25-26, 4a	ZWANGSGELD	MINIST. ENTSCH.	ERGEBNIS
E-252/95 CHITIROGLOU	Franchising (Freistellungsantrag)	Freistellung /. Bedingungen					
E-257/95 ERLIKIN / DOPLE	Verspätete Anzeige von Fusion (von Amts wegen)	Art. 4a noch nicht anwendbar					
E-259/95 *Mineralöl- gesellschaften und Raffinerien*	Verstöße gegen Art. 1, 2, 21 und 25 von den Mineralölgesellschaften und den Raffinerien (von Amts wegen)	Verletzung (nur) Art. 25 (Auskunftsver- weigerung)		300.000 bis 500.000 x Betroffene			
E-260/95 KAMMENOS / EPSILON	Verspätete Anzeige von Fusion (von Amts wegen)	Art. 4a noch nicht anwendbar					
E-261/95 BASILIADIS / PAVLIDIS	Verspätete Erteilung von ersuchter Auskunft (von Amts wegen)	Verletzung Art. 25		200.000			
E-263/95 *Schiffahrtsagentur* IRAKLIS	Interessenverband von Schiffahrtsagenturen - Mißbrauch kollektiver Marktbeherrschung (Beschwerde)	Verletzung Art. 1 und Art. 2	3.000.000 nur gegen. die Agentur „IRAKLIS"				
E-264/95 *Preisbindung für Bücher*	Lieferverweigerung / Preisbindung der zweiten Hand für Bücher (Beschwerde)	Verletzung Art. 1 und Art. 2	2% Brutto- umsatzes x Betroffene		2% Brutto- umsatzes x Betroffene		
E-269/95 *Kreditkarten BP*	Kreditkarten einer Mineralölgesellschaft (Freistellungsantrag)	Freistellung					
E-271/95 PIGI II	Franchising (Freistellungsantrag)	Freistellung / Bedingungen					
E-272/95 BP SUPERGAS *u.a. II*	Alleinbezugsbindungen (Freistellungsantrag)	Ablehnung des Antrages (wegen Versäumnisses v. Anmeldefrist)			5.000.000		

1.6.1995-15.11.1998 WBK-E	ERGEBNIS	BUßG. ART. 1 BIS 2a	BUßGELD ART. 20-21, 25-26	BUßGELD ART. 4a	BUßGELD ART. 4b	BUßGELD ART. 4e	ZWANGSGELD
40/96 (v. 08.11.96) KAMARI / BOSINAKIS	Verletz. Art. 4e					109.001.800 gegen Kamari AE (0,5% GesUms 1994 von Pikermi, Kris-Kris und EEM der Filippou-Groupe) 10.693.000 gegen I. Boutaris & Sohn AE (0,5 % GesUms von Bosinakis AE)	Anordnung der Entflechtung innerhalb eines Jahres - Danach: Zwangsgeld 500.000 pro Verzugstag
41/96 CONSOLIDATED EUROFINANCE / INTERBANK	Verletz. Art. 4e					5.000.000 gegen Consolidated Eurofinance S.A. (0,019% GesUms von Euroependitiki) 5.000.000 gegen Banque Worms (0,031% GesUms von Interbank)	
43/96 CONCRETUM / TSIMENTA CHALDIDOS	Verletz. Art. 4b Art. 4e				5.000.000 gegen Concretum S.A. (0,0025% GesamtUms 1995 der Calcestruzzi-Gruppe)	105.000.000 gegen Concretum S.A. (0,05% GesUms 1995 der Calcestruzzi-Gruppe) 12.000.000 gegen Tsimenta Chalkidos AE (0,05% GesUms der Gruppe)	
50/97 SKW TROST-BERG / SANDOZ	Verletz. Art. 4b				5.000.000 gegen Trostberg AG		
57/97 ELITE	Verletz. Art. 21		500.000				
60/97 HENKEL / LOCTITE	Verletz. Art. 4b				2.000.000 gegen Henkel KGaA		
63/97 SAPPI / SDW	Verletz. Art. 4b				5.000.000 gegen Sappi Lt.		
64/97 FINCANTIERI / NEW SULZER DIESEL	Verletz. Art. 4a			4.000.000 gegen Fincantieri Holding B.V. (0,000875% GesWeltUms)			

1.6.1995-15.11.1998 WBK-E	ERGEBNIS	BUßG. ART. 1 BIS 2a	BUßGELD ART. 20-21, 25-26	BUßGELD ART. 4a	BUßGELD ART. 4b	BUßGELD ART. 4e	ZWANGSGELD
74/97 SKANDINAVISK TOBASKSKOMPANI / HENRI WINTERMANS	Verletz. Art. 4a			(wegen fehlenden Verschuldens keine Geldbuße)			
76/97 BERKELEY SQUARE / KEMAKO / JWT ITALIA	Verletz. Art. 4b				Jeweils 3.000.000 gegen Berkeley Square Holding B.V., KEMAKO AE und JWT Italia Spa (entspricht 0,00037% GesUms aller Fusionsbeteiligten)		
81/97 HEWLETT PACKARD / VERIFONE	Verletz. Art. 4b				3.000.000 gegen Hewlett Pacard Company		
83/97 MOCHLOS / AMBRAKIA	Verletz. Art. 4a			10.150.000 gegen Mochlos AE (0,0012% GesUms der Fusionsbeteil.)			
84/B/97 PARTEK / SISU"	Verletz. Art. 25		Jeweils 2.000.000 gegen Partek AB / Sisu AB				
88/98 SARANTIS / KAMEL	Verletz. Art. 4b Art. 4e				2.000.000 gegen Sarantis AE	Jeweils 5.000.000 gegen Sarantis AE und ELSA AE	
91/97 DIMON / INTABEX	Verletz. Art. 25		Jeweils 2.000.000 gegen Dimon Inc. und Intabex Holding Worldwide SA				
92/97 AMERSHAM INTERNATIONAL / NYCOMED	Verletz. Art. 4b				5.000.000 gegen Amersham International Plc		

1.6.1995-15.11.1998 WbK-E	Ergebnis	Bußg. Art. 1 bis 2a	Bußgeld Art. 20-21, 25-26	Bußgeld Art. 4a	Bußgeld Art. 4b	Bußgeld Art. 4e	Zwangsgeld
94/97 LOCKHEED MARTIN / NORTHROP GRUMMAN	Verletz. Art. 4b				2.000.000 gegen Lockheed Martin Corporation		
100/98 KARELIA	Verletz. Art. 2a						Weiterbelieferungspflicht / 150.000 pro Verzugstag - Festgesetzt (55 Verzugstage) mit WbK-E 21/II/98
102/98 MILOI AGIOU GEORGIOU / STELLA	Verletz. Art. 4e					7.000.000 gegen Miloi Agiou Georgiou AE	
103/98 FRESENIUS MEDICAL CARE / W.R.GRACE	Verletz. Art. 4b Art. 4e				2.000.000 gegen Fresenius Medical Care AG	5.000.000 gegen Fresenius Medical Care AG	
105/98 MITILINAIOS / GIAMAS	Verletz. Art. 4a			5.000.000 gegen Mitilinaios AE			
110/98 FRIESLAN / COBERCO / TWEE PROVINCIEN / Z.O.H.	Verletz. Art. 4e					10.000.000 gegen Zuivelcooperatie de Zeven Provincien U.A.	
114/98 MARINOPOULOS / STEP HONTOS CENTER	Verletz. Art. 4e					5.000.000 gegen Marinopoulos AE und 2.000.000 gegen Step AE	
116/98 STAKOR / KRIKOS	Verletz. Art. 4a			500.000 gegen Stakor AE			
120/98 SARANTIS / SANITAS-SANITAS	Verletz. Art. 4b Art. 4e				7.000.000 gegen Gr. Sarantis AE	20.000.000 gegen Gr. Sarantis AE	
123/98 GILBARCO / DEUTSCHE GERÄTEBAU GMBH	Verletz. Art. 4b Art. 4e				2.000.000 gegen Gilbarco Inc.	3.000.000 gegen Gilbarco Inc.	

II. Gesamtstatistik

Zeitraum	Zahl der Wb(S)K-E und der Wb(S)K-S	Wb(S)K-E und Wb(S)K-S, die eine **Verletzung** von **Art. 1, 2, 2a, 4b oder 4e** feststellen (Ablehnung - auch teilweise - von Negativattest- oder Freistellungsanträgen ist mitberücksichtigt)	Von den E und S, die eine Verletzung von Art. 1, 2, 2a, und / oder 4b-4e feststellen, drohen **Zwangsgeld** an	Von den E und S, die eine Verletzung von Art. 1, 2, 2a, und / oder 4b-4e feststellen, verhängen **Geldbußen**	Wb(S)K-E und Wb(S)K-S, die eine **Verletzung** von **Art. 4a, 20, 21, 25 oder 26** feststellen	Von diesen E und S verhängen **Geldbußen**
1977 - 1982	26 WbSK-E 9 WbSK-S = 35	5 *(Art. 1)* 1 *(Art. 1 und 2)* — *(Art. 2)*	5 1 —	3 1 —	6 *(Art. 20 oder 21)* 1 *(Art. 25 oder 26)*	5 1
1983 - 1991	110 WbK-S = 110	28 *(Art. 1)* — *(Art. 1 und 2)* 11 *(Art. 2)*	5 — 4	4 — 4	6 *(Art. 21)*	6
1992 - 31.05.95	43 WbK-E 9 WbK-S = 52	7 *(Art. 1)* 2 *(Art. 1 und 2)* — *(Art. 2)*	3 1 —	— 2 —	1 *(Art. 21)* 6 *(Art. 25 oder 26)*	— 6
01.06.95- 15.11.98	150 WbK-E 2 WbK-S = 152	2 *(Art. 1)* 1 *(Art. 2a)* 7 *(Art. 4b)* 5 *(Art. 4e)* 5 *(Art. 4b und 4e)*	— 1 — 1 —	— — 7 5 5	1 *(Art. 21)* 2 *(Art. 25 oder 26)* 5 *(Art. 4a)*	1 2 4
Total	**219 Wb(S)K-E** **130 Wb(S)K-S** = 349	42 *(Art. 1)* 3 *(Art. 1 und 2)* 11 *(Art. 2)* 1 *(Art. 2a)* 7 *(Art. 4b)* 5 *(Art. 4e)* 5 *(Art. 4b und 4e)* =74	13 2 4 1 — 1 — =21	7 3 4 — 7 5 5 =31	14 *(Art. 20 oder 21)* 8 *(Art. 25 oder 26)* 5 *(Art. 4a)* =27	12 9 4 =25

LITERATURVERZEICHNIS

Achenbach, Hans: Die Sanktionen gegen die Unternehmensdeliquenz im Umbruch, JuS 1990, S. 601 ff.

\- Diskrepanz im Recht der ahndenden Sanktionen gegen Unternehmen, in: FS für Stree und Wessels, 1993, S. 545 ff.

\- Ahndende Sanktionen gegen Unternehmen und die für sie handelnden Personen im deutschen Recht, in: Schünemann / Dias (Hrsg.), Coimbra-Symposium für Roxin, S. 283 ff.

Ackermann, Bruni: Die Strafbarkeit juristischer Personen im deutschen Recht und in ausländischen Rechtsordnungen, Frankfurt am Main u.a. 1984.

Ackermann, Thomas: Art. 85 Abs. EGV und die rule of reason - Zur Konzeption der Verhinderung, Einschränkung oder Verfälschung des Wettbewerbs, Köln u.a. 1997 (Bonn, Univ. Diss. 1997).

Ahrens, Martin / Simon, Jürgen (Hrsg.): Umwelthaftung, Risikosteuerung und Versicherung, Berlin 1996.

Albuquerque, Paulo Pinto de: Ein unausrottbares Mißverständnis, Bemerkungen zum strafrechtlichen Schuldbegriff von Jakobs, ZStW 110 (1998), S. 640 ff.

Alexandridou, Elisa: Das griechische Gesetz Nr. 703/1977 „über die Kontrolle von Monopolen und Oligopolen und über den Schutz des freien Wettbewerbs", WuW 1978, S. 629 ff.

\- Das neue griechische Gesetz gegen Wettbewerbsbeschränkungen, GRUR Int 1978, S. 238 ff.

\- Unlauterer Wettbewerb und Verbraucherschutzrecht, Thessaloniki 1992 [auf griechisch].

Aloupogiannis, I.: Kodifizierung marktpolizeilicher Anordnungen, Gesetzestexte, Ergänzung 1993 [auf griechisch].

Alwart, Heiner: Strafrechtliche Haftung des Unternehmens - vom Unternehmenstäter zum Täterunternehmen, ZStW 105 (1993), S. 752 ff.

\- Buchbesprechung (Ehrhardt, Anne: Unternehmensdeliquenz und Unternehmensstrafe. Sanktionen gegen juristische Personen nach deutschem und US-amerikanischem Recht, Berlin 1994), MschrKrim 78 (1995), S. 197 ff.

Amigdalos, Nikolaos: Die Verfassungsmäßigkeit der „verwaltungsrechtlichen Geldbußen", PoinChr 1986, S. 221 ff. [auf griechisch].

Anagnostopoulos, Nikolaos: Begriff und Natur der Geldbußen, die gegen zollrechtliche Zuwiderhandlungen verhängt werden - Kriterien für die Verhängung der strafrechtlichen und verwaltungsrechtlichen Sanktionen im Falle der Schmuggelei, TE 1955, S. 293 ff. [auf griechisch].

Andreopoulos, Konstantin: The New Greek Antitrust Law: A strange feeling of déja vu, CMLR 1979, S. 109 ff.

Androulakis, Nikolaos: Strafrecht, Allgemeiner Teil, Bd. I: Die Grundlagen, Athen u.a. 1985 [auf griechisch].

\- Über die Wirtschaftskriminalität, in: Griechische Gesellschaft für Strafrecht (Hrsg.), Die Wirtschaftsdelikte, 1993, S. 9 ff. [auf griechisch].

Antonopoulos, Basilios: Recht des Gewerblichen Eigentums - Seine Einordnung in die Rechtsordnung, Athen u.a. 1993 [auf griechisch].

Appel, Ivo: Verfassung und Strafe - Zu den verfassungsrechtlichen Grenzen staatlichen Strafens, Berlin 1998 (Freiburg i.Br., Univ. Diss. 1996/97).

Argyriadis, Alkis: Les méthodes de collaboration entre entreprises indépendantes en droit grec, RHDI 1977, S. 82 ff.

- (Hrsg.): Sondergesetzgebungskommission, Entwurf eines Handelsgesetzbuches (Texte, Gutachten), Athen 1987 [auf griechisch].

Arnold, Jörg / Björn, Burkhardt / Gropp, Walter / Koch, Hans-Georg (Hrsg.), Grenzüberschreitungen, Beiträge zum 60. Geburtstag von Albin Eser, Freiburg i. Br. 1995.

Arnull, Anthony: Editorial - Competition, the Commission and Some Constitutional Questions of More than Minor Importance, E.L.Rev. 23 (1998), S. 1 f.

Bangard, Annette: Aktuelle Probleme der Sanktionierung von Kartellabsprachen, wistra 1997, S. 161 ff.

Bartling, Hartwig: Leitbilder der Wettbewerbspolitik, München 1980.

Baumann, Jürgen / Weber, Ulrich: Strafrecht, Allgemeiner Teil, 9. Aufl., Bielefeld 1985.

Baumann, Jürgen / Weber, Ulrich / Mitsch, Wolfgang: Strafrecht, Allgemeiner Teil, Lehrbuch, 10. Aufl., Bielefeld 1995.

Baumbach, Adolf / Hefermehl, Wolfgang: Wettbewerbsrecht - Gesetz gegen den unlauteren Wettbewerb, Zugabeverordnung, Rabattgesetz und Nebengesetze, 20. Aufl., Stand: 1.5.1998, München 1998.

Bellamy / Child: Common Market Law of Competition, 4th ed., London 1993.

Benda, Ernst / Maihofer, Werner / Vogel, Hans-Jochen (Hrsg.): Handbuch des Verfassungsrechts der Bundesrepublik Deutschland, 2. Aufl., Berlin u.a. 1994 [zitiert: Bearbeiter, in: Benda / Maihofer / Vogel, Hdb. des VerfassungsR].

Berg, Hartmut: Wettbewerbspolitik, in: Vahlens Kompendium der Wirtschaftstheorie und Wirtschaftspolitik, Bd. 2, 6. Auf., München 1995, S. 239 ff.

Bernitsas, Panagiotis: Das europäische Wettbewerbsrecht und seine Einflußnahme auf die Normierung und die Anwendung des G. 703/1977, Athen u.a. 1988 [auf griechisch].

Blanco, Luis Ortiz: European Community Competition Procedure, Oxford 1996.

Blank, Josef: Europäische Fusionskontrolle im Rahmen der Art. 85, 86 des EWG-Vertrages, Baden-Baden 1991.

Bohnert, Joachim: Die Entwicklung des Ordnungswidrigkeitenrechts, Jura 1984, S. 11 ff.

Böse, Martin: Strafen und Sanktionen im europäischen Gemeinschaftsrecht, Köln, Berlin u.a. 1996 (Göttingen, Univ. Diss. 1996).

Boujong, Karlheinz (Hrsg.): Karlsruher Kommentar zum Gesetz über Ordnungswidrigkeiten, München 1989 [zitiert: Bearbeiter, in: KK OWiG].

Bouloc, Bernard: La criminalisation du comportement collectif - France, in: de Doelder / Tiedemann (Hrsg.), Criminal Liability of Corporation, S. 234 ff.

Braun, Wilfried: Offene Kompetenznormen - ein geeignetes und zulässiges Regulativ im Wirtschaftsverwaltungsrecht? Neues zur Rollenverteilung zwischen Exekutive, Legislative und Judikative im wirtschaftsgestaltenden Sozialstaat, VerwArch 1985, S. 24 ff., 158 ff.

Brender, Marcus: Die Neuregelung der Verbandstäterschaft im Ordnungswidrigkeitenrecht, Berlin 1989 (Freiburg i.Br., Univ. Diss. 1989).

Briolas, Dimitris: L'application de la Convention Européenne des Droits de l'Homme dans l'ordre juridique des États contractants: Théorie et pratique helléniques, in: Iliopoulos-Strangas (Hrsg.), Grundrechtsschutz im europäischen Raum, 1993, S. 82 ff.

Buchholz, Rainer: System des Verwaltungsrechts, Band 3: Verwaltungsverfahren und Verwaltungsentscheidungen, Baden-Baden 1997.

Busch, Ralf: Unternehmen und Umweltstrafrecht, Osnabrück, 1997 (Osnabrück, Univ. Diss. 1995/1996).

Callewaert, Johan: Die Europäische Menschenrechtskonvention und die Verfahrensgarantien - Probleme der Anwendung des Art. 6 EMRK, EuGRZ 1996, S. 366 ff.

Chorafas, Nikolaos: Strafrecht, Bd. I, 9. Aufl. (Neubearbeitung, betreut von *Konstantinos Stamatis*), Athen 1978 [auf griechisch].

Christoforou, Theofanis: Wettbewerbsschutz und ökonomische Analyse im Rahmen des G. 703/1977, EEEurD 1986, S. 879 ff. [auf griechisch].

- in: Competition Law in Western Europe and the USA, Loseblatt, Vol. A II Legislation and commentary, Greece, 1990 [zitiert: Cristoforou, in: Competition Law].

- Greek Law on Competition: An Analysis of Twelve Years' Case Law, in World Competition (Vol. 14) 1990, S. 51 ff.

Commission of the European Communities (ed.): The system of administrative and penal sanctions in the Member States of the European Communities - 'Etude sur les systèmes de sanctions administratives et pénales dans les États membres des Communautés européennes, Volume I: National reports, 1994; Volume II: Summary reports: 1995, Luxembourg 1994/1995.

Cook, C.J. / *Kerse, C.S.*: E.C. Merger Control, 2nd ed., London u.a.1996.

Council of Europe [Directorate of Human Rights of the Council of Europe / Europa Institut of the University of Utrecht (The Netherlands) - Ed.],Digest of Strasbourg Case-Law relating to the European Convention on Human Rights 1955-1982, I (Art. 1-5) 1984, II (Art. 6) 1984, III (Art. 7-12) 1984, IV (Art. 13-25) 1985, V (Art. 26-66, Protocols) 1985, Update to Vol. 1 (Art. 1-5) 1988, to Vol. 2 (Art. 6) 1989, Köln u.a. 1984 ff.

Courakis, Nikolaos: Wirtschaftsdelikte - Grundfragen der Wirtschaftskriminalität und des Wirtschaftsstrafrechts, überarbeitete Neuausgabe, Athen u.a. 1982 [auf griechisch].

- Der materielle Verbrechensbegriff als Grundlage für die Unterscheidung zwischen echten und unechten Strafen, Verteidigung 1992, S. 269 ff. [auf griechisch].

Cox, Helmut / Jens, Uwe / Markert, Kurt (Hrsg.): Handbuch des Wettbewerbs - Wettbewerbstheorie, Wettbewerbspolitik, Wettbewerbsrecht, München 1981.

Dagtoglou, Prodromos: Verfassungsrecht, Grundrechte, Bd. 1, Athen u.a. 1991 [auf griechisch].

- Allgemeines Verwaltungsrecht, 3. Aufl., Athen u.a. 1992 [auf griechisch].

Dannecker, Gerhard: Das intertemporale Strafrecht, Tübingen 1993.

- (Hrsg.): Die Bekämpfung des Subventionsbetrugs im EG-Bereich - Combating subsidy fraud in the EC-area (Vorträge und Diskussionen der Fachtagung „Die Bekämpfung des Subventionsbetrugs im EG-Bereich", die vom 8. Bis 10. Oktober von der Europäischen Rechtsakademie Trier veranstaltet wurde), Köln 1993.

- (Hrsg.): Lebensmittelstrafrecht und Verwaltungssanktionen in der Europäischen Union - Criminal Law on Food Processing and Distribution, and Administrative Sanctions in the European Union, Köln 1994.

- Sanktionen und Grundsätze des Allgemeinen Teils im Wettbewerbsrecht der Europäischen Gemeinschaft, in: Schünemann / González (Hrsg.), Madrid Symposium für Klaus Tiedemann, 1994, S. 331 ff.

- Strafrecht der Europäischen Gemeinschaft, in: Eser, Albin / Huber, Barbara (Hrsg.), Strafrechtsentwicklung in Europa 4 - Teil 3, Freiburg i.Br., 1995.

- Kommentierung von Art. 15-18 Verordnung 17, in: Immenga / Mestmäcker (Hrsg.), EG-Wettbewerbsrecht, Kommentar, Bd. II, XIII Abschnitt, Teil B, 1997, S. 1753 ff.

- La responsabilité pénale dans l'entreprise. Vers un espace judiciaire européen unifié? Les propositions «Espace judiciaire européen» confrontées à la situation en Allemagne, Rev. sc. crim 1997, S. 274 ff.

- / *Fischer-Fritsch, Jutta*: Das EG-Kartellrecht in der Bußgeldpraxis, Köln u.a. 1989.

Darzentas, Manos: Die Selbständigkeit des Beamtendisziplinarrechts, EDD 1989, S. 5 ff. [auf griechisch].

- Die großen Probleme des Disziplinarrechts - Kritische Einführung, ElDik 1991, S. 1199 ff. [auf griechisch].

Dauses, Manfred (Hrsg.): Handbuch des EU-Wirtschaftsrechts, Loseblatt, 2 Bd., 6. Ergänzungslieferung, Stand: Dezember 1997, München 1998 [zitiert: Bearbeiter, in: Dauses (Hrsg.), Hdb. EU-Wirtschaftsrecht].

Delmas-Marty, Mireille: Die Strafbarkeit juristischer Personen nach dem neuen französischen Code Pénal, in: Schünemann / González (Hrsg.), Madrid Symposium für Klaus Tiedemann, 1994, S. 305 ff.

- (Ed.): Corpus Juris, portant dispositions pénales pour la protection des intérêts financiers de l'Union européenne - introducing penal provisions for the purpose of the financial interests of the European Union, 1997.

Delouka-Iglesi, Kornilia: Neuere Entwicklungen der Gesetzgebung im Wettbewerbsrecht, EEmpD 1991, S. 381 ff. [auf griechisch].

Dertilis, Panagiotis: Das Steuerdelikt und die dagegen verhängten Sanktionen, insbesondere aus verfassungsrechtlicher Sicht, EDD 1970, S. 132 ff., 233 ff. [auf griechisch].

Doelder, Hans de / Tiedemann, Klaus (Ed.): La Criminalisation du Comportement Collectif - Criminal Liability of Corporations, Académie internationale de droit comparé: XIVe Congrès international de droit comparé - International Academy of Comparative Law: XIVth International Congress of Comparative Law, The Hague u.a. 1996.

Drillerakis, Ioannis: Der Schutz des Wettbewerbs durch das G. 703/1977, EEN 1977, S. 601 ff. [auf griechisch].

- Die (neue) Wettbewerbskommission, EEmpD 1995, S. 527 ff. [auf griechisch].

- Der Schutz des freien Wettbewerbs - Konsolidierte Fassung des G. 703/77 und andere einschlägige Vorschriften des griechischen und des europäischen Rechts, Athen 1995 [auf griechisch; zitiert: Drillerakis, Gesetzestexte und Materialien].

- Anmerkung zu der WbK-E 23/96, DEE 1996, S. 607 ff. [auf griechisch].

- Zusammenschlußvollzug mit ministerieller Genehmigung nach vorheriger ablehnender Entscheidung der Wettbewerbskommission, DEE 1997, S. 551 ff. [auf griechisch].

Ehlermann, Claus-Dieter: Zukünftige Entwicklungen des Europäischen Wettbewerbsrechts, EuZW 1994, S. 647 ff.

Ehrhardt, Anne: Unternehmensdelinquenz und Unternehmensstrafe, Sanktionen gegen juristische Personen nach deutschem und US-amerikanischem Recht, Berlin 1994.

Eidam, Gerd: Straftäter Unternehmen, München 1997.

Emmerich, Volker: Kartellrecht, 7. Aufl. der Schrift „Wettbewerbsrecht", München 1994; 8. Aufl., München 1999.

Erichsen, Hans-Uwe (Hrsg.): Allgemeines Verwaltungsrecht, 11. Aufl., Berlin u.a. 1998 [zitiert: Bearbeiter, in: Erichsen, Allgemeines Verwaltungsrecht].

- */ Rauschenberg, Dirk*: Verwaltungsvollstreckung, Jura 1998, S. 31 ff.

Esch, Bastian van der: Die Artikel 5, 3f, 85/86 und 90 EWGV als Grundlage der wettbewerbsrechtlichen Verpflichtungen der Mitgliedstaaten, ZHR 1991, S. 274 ff.

Europäische Kommission, Generaldirektion IV - Wettbewerb: I.-XXVIII. Bericht über die Wettbewerbspolitik, Brüssel - Luxemburg 1972-1998.

- Grünbuch zur EG-Wettbewerbspolitik gegenüber vertikalen Wettbewerbsbeschränkungen, KOM(96) 721 endg., Luxemburg 1997.

European Commission - Directorate General IV - Competition (Ed.): Surveys of the Member States' Powers to Investigate and Sanction Violations of Competition Laws, Compiled by Laraine L. Laudati and a group of stagiaires at DG IV - Competion, Brussels 1995.

- (Ed.): Survey of the Member State National Laws Governing Vertical Distribution Agreements, Compiles by Laraine L. Laudati an a group of trainees at DG IV, Brussels 1996.

- (Ed.): The Application of Article 85 & 86 of the EC-Treaty by National Courts in the Member States, National reports compiled and co-ordinated by August J. Braakman and Nauta Dutihl, Brussels 1997.

Festgabe für *Reinhard von Frank* zum 70. Geburtstag, Beiträge zur Strafrechtswissenschaft, hrsg. von August Hegler, Bd. II, Tübingen 1930.

Festschrift für *Günther Beitzke* zum 70. Geburtstag, hrsg. von Otto Sandrock, Berlin u.a. 1979.

Festschrift für *Werner Benisch*, Wettbewerb als Herausforderung und Chance, hrsg. von Andreae, Clemens-August / Kirchhoff, Jochen / Pfeiffer, Gerd, Köln u.a. 1989.

Festschrift für *Günter Blau* zum 70. Geburtstag, hrsg. von Schwind, Hans-Dieter / Berz, Ulrich / Geilen, Gerd / Herzberg, Rolf Dietrich / Warda, Günter, Berlin u.a. 1985.

Festschrift für *Franz Böhm* zum 70. Geburtstag, Wirtschaftsordnung und Rechtsordnung, hrsg. von Coing, Helmut / Kronstein, Heinrich / Mestmäcker, Ernst-Joachim, Karlsruhe 1965.

Festschrift für *Friedrich Geerds*, Kriminalistik und Strafrecht, hrsg. von Ellen Schlüchter, Lübeck 1995.

Festschrift für *Hans-Heinrich Jescheck* zum 70. Geburtstag, hrsg. von Theo Vogler i.V.m. Joachim Hermann u.a., Zweiter Halbband, Berlin 1985.

Festschrift für *Richard Lange* zum 70. Geburtstag, hrsg. von Warda, Günter / Waider, Heribert / von Hippel, Reinhard / Meurer, Dieter, Berlin u.a. 1976.

Festschrift für *Theodor Lenckner* zum 70. Geburtstag, hrsg. von Eser, Albin / Schittenhelm, Ulrike / Schumann, Heribert, München 1998.

Festschrift für *Koichi Miyazawa*, hrsg. von Hans-Heiner Kühne, Baden-Baden 1995.

Festschrift für *Fritz Rittner* zum 70. Geburtstag, Beiträge zum Handels- und Wirtschaftsrecht, hrsg. von Manfred Löwisch, München 1991.

Festschrift für *Rudolf Schmitt* zum 70. Geburtstag, hrsg. von Geppert, Klaus / Bohnert, Joachim / Rengier, Rudolf, Tübingen 1992.

Festschrift für *Walter Stree* und *Johannes Wessels* zum 70. Geburtstag, Beiträge zur Rechtswissenschaft, hrsg. von Küper, Wilfried / Welp, Jürgen, Heidelberg 1993.

Fikentscher, Wolfgang: Systemfragen im europäischen Recht der Wettbewerbsbeschränkungen, in: FS für F. Böhm, 1965, S. 261 ff.

- Wirtschaftsrecht, Bd. I: Weltwirtschaftsrecht, Europäisches Wirtschaftsrecht, Bd. II: Deutsches Wirtschaftsrecht, München 1983.

- */ Immenga, Ulrich* (Hrsg.): Draft International Antitrust Code, Baden-Baden 1995.

Fillipidis, Tilemachos: Die strafrechtliche Verantwortung der juristischen Personen, Thessaloniki 1950 [auf griechisch].

Fischer, Peter / Köck, Heribert Franz: Europarecht, einschließlich des Rechtes supranationaler Organisationen, 2. Aufl., Wien 1995; 3. Aufl., Wien 1997.

Flume, Werner: Unternehmen und juristische Person, in: FS für G. Beitzke, S. 43 ff.

Forsthoff, Ernst: Lehrbuch des Verwaltungsrechts, Erster Band: Allgemeiner Teil, 10. Aufl., München 1973.

Fritzsche, Jörg: „Notwendige" Wettbewerbsbeschränkungen im Spannungsfeld von Verbot und Freistellung, ZHR 160 (1996), S. 31 ff.

Frowein, Jochen Abr. / Peukert, Wolfgang: Europäische MenschenRechtsKonvention, EMRK-Kommentar, 2. Aufl., Kehl u.a. 1996.

Gamm von, Otto: Kartellrecht, Kommentar zum Gesetz gegen Wettbewerbsbeschränkungen und zu Art. 85, 86 EWGV, 2. Aufl., Köln u.a. 1990.

Georgakis, Ioannis: Strafrecht, Allgemeiner Teil, Lehrbuch, Athen u.a. 1991 [auf griechisch].

Georgakopoulos, Leonidas: Lehrbuch des Handelsrechts, Erster Band: Die Kaufleute, Erstes Heft: Allgemeiner Teil, Athen 1984 [auf griechisch].

- Anmerkung zu WbK-E 134/94, DEE 1995, 175 [auf griechisch].

Georgiadis, Apostolos / Stathopoulos, Michail: Zivilgesetzbuch, Kommentar, Bd. I-VI, 1978 ff. [auf griechisch; zitiert: Bearbeiter in: Georgiadis / Stathopoulos, Art. gr. ZGB].

Gerontas, Apostolos / Psaltis, Athanasios: Gesetzbuch zur Eintreibung der öffentlichen Einkünfte, Athen u.a. 1998 [auf griechisch].

Giemula, Elmar / Jaworsky, Nikolaus / Müller-Uri, Rolf: Verwaltungsrecht - Ein Basisbuch, 6. Aufl., Köln u.a. 1998.

Gleiss, Alfred /Hirsch, Martin: Kommentar zum EG-Kartellrecht, Bd. 1: Art. 85 und Gruppenfreistellungen, 4. Aufl., Heidelberg 1993.

Gloy, Wolfgang (Hrsg.): Handbuch des Wettbewerbsrechts, 2. Aufl., München 1997 [zitiert: Bearbeiter, in: Gloy, HdWbR].

Göhler, Erich: Zum Gesetz über Ordnungswidrigkeiten, NStZ 1985, S. 62 ff.

- Gesetz über Ordnungswidrigkeiten, Kommentar, 12. Aufl., München 1998.

Goldschmidt, James: Das Verwaltungsstrafrecht - Eine Untersuchung der Grenzgebiete zwischen Strafrecht und Verwaltungsrecht auf rechtsgeschichtlicher und rechtsvergleichender Grundlage, Aalen 1902.

Grabitz, Eberhard / Hilf, Meinhard: Kommentar zur Europäischen Union - Vertrag über die Europäische Union, Vertrag zur Gründung der Europäischen Gemeinschaft, 2 Bd., Stand: 12. Ergänzungslief., Mai 1998.

Gravaris, Ioannis: Vergleichende Betrachtung der verwaltungsrechtlichen und der strafrechtlichen Sanktionen, in: Strangas (Hrsg.), Arten von Sanktionen und Rechtszweige, Athen 1991, S. 265 ff. [auf griechisch].

Griechische Gesellschaft für Strafrecht (Hrsg.): Die Wirtschaftsdelikte - Vorträge und Diskussionsbeiträge des 4. Panhellenischen Kongresses der griechischen Gesellschaft für Strafrecht (Thessaloniki 1991), Athen 1993 [auf griechisch].

Griechische Gesellschaft für Wettbewerbs- und Kartellrecht (Hrsg.): Die Kontrolle der Unternehmenszusammenschlüsse im Recht des freien Wettbewerbs (Referate des 3. Panhellenischen Kongresses der griechischen Gesellschaft für Wettbewerbs- und Kartellrecht), Athen 1998 [auf griechisch].

Groeben, Hans von der / Thiesing, Jochen / Ehlermann, Claus-Dieter: Kommentar zum EWG-Vertrag, Zweiter Band, Artikel 85-109, 4. Aufl., Baden-Baden 1991.

Haefliger, Arthur: Die Europäische Menschenrechtskonvention und die Schweiz - Die Bedeutung der Konvention für die schweizerische Rechtspraxis, Bern 1993.

Haft, Fritjof: Strafrecht, Allgemeiner Teil - Eine Einführung für Anfangssemester, 8. Aufl., München 1998.

Hamm, Rainer: Auch das noch: Strafrecht für Verbände, NJW 1998, S. 662 f.

Hammann, Hartmut: Das Unternehmen als Täter im europäischen Wettbewerbsrecht, Pfaffenweiler 1992 (Freiburg i.Br., Univ. Diss. 1991).

Hartung, Fritz: Koreferat, in: Verhandlungen des vierzigsten Deutschen Juristentages, Bd. II (Sitzungsberichte), 1953, S. E 43 ff.

Hassid, Ioannis: Griechische Industrie und EWG - Eine Untersuchung über die Folgen des Beitritts, Bd. 1: Synthese der Ergebnisse des Forschungsprogramms, Bd. 2: Methodologie der Untersuchung der Wirtschaftszweige und zusammenfassende Darstellungen der Wirtschaftszweige, Athen 1980 [auf griechisch].

Hayek, Friedrich A. von: Der Wettbewerb als Entdeckungsverfahren, Kiel 1968.

Hedberg, Bo: How organizations learn and unlearn, in: Nystrom / Starbuck (Ed.), Handbook of Organizational Design, Vol. 1, S. 3 ff.

Heine, Günter: Die strafrechtliche Verantwortlichkeit von Unternehmen - Von individuellem Fehlverhalten zu kollektiven Fehlentwicklungen, insbesondere bei Großrisiken, Baden-Baden 1995.

- Von individueller zur kollektiven Verantwortlichkeit - Einige aktuelle Fragen der aktuellen Kriminalpolitik, in: Arnold / Burkhardt / Gropp / Koch (Hrsg.), Grenzüberschreitungen, S. 51 ff.

- Criminal Liability of Enterprises and New Risks - International Developments - National Consequences, MJ 2 (1995), S. 107 ff.

- Die strafrechtliche Verantwortlichkeit von Unternehmen: internationale Entwicklung - nationale Konsequenzen, ÖJZ 1996, S. 211 ff.

Heinitz, Ernst: Empfiehlt es sich, die Strafbarkeit der juristischen Person gesetzlich vorzusehen? - Gutachten für den 40. Deutschen Juristentag, in: Verhandlungen des vierzigsten Deutschen Juristentages, Bd. I (Gutachten), 1953, S. 65 ff.

Heitzer, Anne: Punitive Sanktionen im Europäischen Gemeinschaftsrecht, Heidelberg 1997.

Henneke, Hans-Günter: Verwaltungszwang mittels Zwangsgeld, Jura 1989, S. 7 ff., 64 ff.

Herdzina, Klaus (Hrsg.): Wettbewerbstheorie, Köln 1975.

- Bemerkungen zur wettbewerbspolitischen Konzeption des GWB, in: FS für W. Bernisch, 1989, S. 3 ff.

- Wettbewerbspolitik, 4. Aufl., Köln 1993.

Hildebrandt, Michael: Der Irrtum im Bußgeldrecht der Europäischen Gemeinschaften - Eine rechtsvergleichende Analyse, Frankfurt am Main u.a. 1990 (Freiburg i.Br., Univ. Diss. 1989).

Hirsch, Ernst E.: Rezeption als sozialer Prozeß - Erläutert am Beispiel der Türkei, Berlin 1981.

Hirsch, Hans Joachim: Das Schuldprinzip und seine Funktion im Strafrecht, ZStW 106 (1994), S. 746 ff.

- Die Frage der Straffähigkeit von Personenverbänden, Opladen 1993.

- Strafrechtliche Verantwortlichkeit von Unternehmen - Deutscher Landesbericht für den XIV. Internationalen Kongreß für Rechtsvergleichung, der vom 31.7. bis 6.8.1994 in Athen stattgefunden hat, ZStW 107 (1995), S. 285 ff.

Honnefelder, Ludger / Gründel, Johannes / Hassemer, Winfried: Artikel „Schuld" (I. Philosophisch, II. Theologisch, III. Rechtlich), in: Staatslexikon, 4. Band, Spalten 1059 ff.

Hoppmann, Erich: Zum Schutzobjekt des GWB, in: Wettbewerb als Aufgabe - Nach zehn Jahren Gesetz gegen Wettbewerbsbeschränkungen, Bad Homburg v.d.H. u.a. 1968, S. 61 ff.

- Wirtschaftsordnung und Wettbewerb, Baden-Baden 1988.

- */ Mestmäcker, Ernst-Joachim*: Normenzwecke und Systemfunktionen im Recht der Wettbewerbsbeschränkungen, Tübingen 1974.

Hruschka, Joachim: Strafrecht nach logisch-analytischer Methode - Systematisch entwickelte Fälle mit Lösungen zum Allgemeinen Teil, 2. Aufl., Berlin u.a. 1988.

Iliopoulos, Konstantinos: Verstoß gegen Art. 85, 86 EWGV und Schadensersatz nach griechischem Recht, EuR 1986, S. 292 ff.

- Die Anwendung des europäischen Kartellrechts in Griechenland, Athen / Baden-Baden 1999.

Iliopoulos-Strangas, Julia (Hrsg.): Grundrechtsschutz im europäischen Raum - La protection des droits de l'homme dans le cadre européen / Der Beitritt der Europäischen Gemeinschaften zur Europäischen Menschenrechtskonvention - L'adhésion des Communautés européennes à la Convention européenne des droits de l'homme, Referate des internationalen Seminars der Marangopoulos Stiftung für Menschenrechte Athen vom 14. Januar bis 12. Februar 1991, Baden-Baden 1993.

Immenga, Ulrich / Mestmäcker, Ernst-Joachim (Hrsg.): Gesetz gegen Wettbewerbsbeschränkungen, GWB Kommentar, 2. Aufl., München 1992 [zitiert: Bearbeiter, in: I/M GWB].

- */ Mestmäcker, Ernst-Joachim* (Hrsg.): EG-Wettbewerbsrecht, Kommentar, Bd. I (1997), Bd. II (1997), München 1997 [zitiert: Bearbeiter, in: I/M EG-WbR].

Internationaler Kommentar zur Europäischen Menschenrechtskonvention, von Golsong, Heribert / Karl, Wolfram / Miehsler, Herbert / Petzold, Herbert / Riedel, Eibe / Rogge, Kersten / Vogler, Theo / Wildhaber, Luzius / Breitenmoser, Stephan, Grundwerk 1986, Stand: 3. Lieferung, Köln u.a. 1995 [zitiert: Bearbeiter, in: Internationaler Kommentar zur EMRK].

Jakobs, Günther: Schuld und Prävention, Tübingen 1976.

- Strafrecht, Allgemeiner Teil, Die Grundlagen und die Zurechnungslehre, Lehrbuch, 2. Aufl., Berlin u.a. 1991.

- Das Schuldprinzip, Opladen1993.

Jescheck, Hans-Heinrich: Zur Frage der Strafbarkeit von Personenverbänden, DÖV 1953, S. 539 ff.

- Das deutsche Wirtschaftsstrafrecht, JZ 1959, S. 457 ff.

- Die Vorkolloquien und Resolutionsentwürfe zur Vorbereitung des XIV. Internationalen Strafrechtskongresses der AIDP vom 1.-7. Oktober in Wien, ZStW 101 (1989), S. 236 ff.

- / *Weigend, Thomas*: Lehrbuch des Strafrechts, Allgemeiner Teil, 5. Aufl., Berlin 1996.

Jung, Heike: Die Europäische Menschenrechtskonvention und das deutsche Strafrecht - Eine Fallstudie am Beispiel des Begriffs der „strafrechtlichen Anklage" i.S.d. Art. 6 EMRK, EuGRZ 1996, S. 370 ff.

- Grundfragen der Strafrechtsvergleichung, JuS 1998, S. 1 ff.

Kaiafa-Gbandi, Maria: Äußere und innere Fahrlässigkeit im Strafrecht, Thessaloniki 1994 [auf griechisch].

Kalogeras, A.: Internationale Wettbewerbsbeschränkungen, in: FS für Tsirintanis, Athen u.a. 1980, S. 197ff. [auf griechisch].

Kamburoglou, Panagiotis: Das griechische Wettbewerbsrecht auf neuen Wegen: die beiden Novellen aus dem Jahre 1991, RIW 1993, S. 631 ff.

Karidis, Georgios: Die Lückenlosigkeit des selektiven Vertriebssystems und das Wettbewerbsrecht, EEmpD 1994, S. 145 ff. [auf griechisch].

- Anmerkung zu der WbK-E 40/96, EEmpD 1997, S. 142 ff.

Katsantonis, Alexandros: Strafrecht, Allgemeiner Teil, Bd. 2: Die Lehre über die Strafe und die Sicherungsmaßnahmen, Athen 1978 [auf griechisch].

Kaufmann, Arthur: Das Schuldprinzip - Eine strafrechtlich-rechtsphilosophische Untersuchung, 2. Aufl., Heidelberg 1976.

Kecht, Wolfdietrich: Das EWG-Kartellrecht in der Praxis, Wien 1988.

Kelsen, Hans: Reine Rechtslehre, 2. Aufl., Wien 1960.

Kiantos, Basilios: Befugnisse des Handelsministers bei Verstößen gegen Art. 1 Abs. 1 und 2 des G. 703/77, EEmpD 1987, S. 1 ff. [auf griechisch].

Kloyer, Andreas: Der Vorrang von Gruppenfreistellungsverordnungen, dargestellt am Beispiel der Verordnung Nr. 123/85, Ammersbek bei Hamburg 1992 (Kiel, Univ. Diss. 1992).

Koch, Norbert: Kommentierung von Art. 85-86 EGV, VO 4064/89 und VO 17 (Art. 3, 15 und, 16), in: Grabitz / Hilf, EU-Kommentar, 1. Ergänzungslieferung ff.

Konidas, Konstantinos: Die Rückwirkungskraft des Gesetzes in den verwaltungsrechtlichen und insbesondere den steuerrechtlichen Sanktionen, DFN 1991, S. 1673 ff. [auf griechisch].

Kontaxis, Athanasios: Zollgesetzbuch und besondere Zollgesetze, Kommentar, 2. Aufl., Athen 1992 [auf griechisch].

Kotsiris, Lambros: Wettbewerbsrecht, 2. Aufl., Thessaloniki 1986 [auf griechisch].

Koutsoukis, Dimitrios: Das Verhältnis zwischen Gemeinschafts- und nationalem Recht im Bereich des Wettbewerbs, EEEurD 1984, S. 513 ff. [auf griechisch].

- Ist die Abgabe einer Freistellungserklärung gem. Art. 1 Abs. 3 G. 703/1977 erlaubt, wenn ein Antrag auf Negativattest gestellt worden ist?, EEmpD 1987, S. 670 ff. [auf griechisch].

- Unternehmenszusammenschlüsse und Art. 1 G. 703/77 - Beitrag zur Auslegung des Art. 4 G. 703/77, EEmpD 1988, S. 1 ff. [auf griechisch].

- Das Anmeldesystem für wettbewerbsbeschränkende Kartelle und Fusionen, Wissenschaftliches Jahrbuch des Rechtsanwaltskammer von Thessaloniki (WissJahr) 1988, S. 125 ff. [auf griechisch].

- Gemeinschaftsrechtliche und griechische Kontrolle von Unternehmenszusammenschlüssen und das G. 703/1977, (Gesetzestexte und Materialien), Athen u.a. 1992 [auf griechisch].

- Anmerkung zu dem Urteil des Staatsrates 903/98, EEmpD 1998, S. 674 ff. [auf griechisch].

- Unternehmenszusammenschlußkontrolle - Kommentar zu den Artikeln 4-4f G. 703/77, Athen u.a., 1997.

- / *Tzouganatos, Dimitrios*: Die Anwendung des G. 70371977 zum „Schutze des freien Wettbewerbs", Bd. A: 1979-1986, Athen 1987, Bd. B.: 1987-1989, Athen 1990, Bd. C: 1990-1995, Athen 1996 [auf griechisch; zitiert: Nr. der WbK-E oder WbK-S, Band, Seite; z.B. WbK-S 14/1984, Bd. A, S. 101 ff.].

Krekeler, Wilhelm / Tiedemann, Klaus / Ulsenheimer, Klaus / Weinmann, Günther (Hrsg.), Handwörterbuch des Wirtschafts- und Steuerstrafrechts mit Ordnungswidrigkeiten- und Verfahrensrecht, Heidelberg 1990 [zitiert: Bearbeiter, Artikel, in: HWiStR].

Kreuzer, Karl / Scheuing, Dieter / Sieber, Ulrich (Hrsg.): Die Europäisierung der mitgliedstaatlichen Rechtsordnungen in der Europäischen Union, Baden-Baden 1997.

Krey, Volker: Studien zum Gesetzesvorbehalt im Strafrecht - Eine Einführung in die Problematik des Analogieverbots, Berlin 1977.

- (unter Mitarbeit von Weber-Linn, Martina): Parallelitäten und Divergenzen zwischen strafrechtlichem und öffentlichrechtlichem Gesetzesvorbehalt, in: FS für Blau, 1985, S. 123 ff.

Krippas, Georgios: Die Rechtsnatur der Geldbuße im Falle der steuerrechtlichen Zuwiderhandlungen, FE 1968, S. 485 ff. [auf griechisch].

Kroustalakis, Evangelos: Grèce - Le système des sanctions administratives, in: Commission of the EC (ed.), The System of administrative and penal Sanctions, Vol. I, S. 118 ff.

Lambe, Ernst-Joachim: Systemunrecht und Unrechtssysteme, ZStW 106 (1994), S. 683 ff.

Lazaratos, Panos: Effektivität der Verwaltung: ein verfassungsrechtlich verankertes juristisches Argument, ToS 1991, S. 509 ff. [auf griechisch].

- Das Recht auf Gehör im Verwaltungsverfahren, Athen 1992 [auf griechisch].

Lenz, Carl Otto: EG-Vertrag - Kommentar zu dem Vertrag zur Gründung der Europäischen Gemeinschaften, 1. Aufl., Rechtstand: 1. Januar 1994, Köln u.a. 1994 [zitiert: Bearbeiter, in: Lenz, EGV-Kommentar].

Liakopoulos, Thanasis: Die Wirtschaftsfreiheit als Schutzobjekt des Wettbewerbsrechts, Athen 1981 [auf griechisch].

- New Rules of Competition in Greece, World Competition 1992/93 (Vol. 16), S. 17 ff.

- Entwicklungen und Perspektiven des Rechts des gewerblichen Eigentums, DEE 1995, S. 820 ff. [auf griechisch].

- Gewerbliches Eigentum, II, Besonderer Teil (Gebrauchsmuster, Warenzeichen, Wettbewerb), 3. Aufl., Athen 1993 [auf griechisch].

Lolis I.: Die Schmuggelei als Kriminal- und Verwaltungsdelikt im Sinne des Art. 100 Abs. 2 Satz a G. 1165/1918, TE 1968, S. 265 ff. [auf griechisch].

Lytras, Sotiris: Begriff und Grundunterscheidung der Sanktionen im griechischen positiven Recht, Athen 1984 [auf griechisch].

- Der Begriff der verwaltungsrechtlichen Geldbußen und die Verfassungsmäßigkeit ihrer Verhängung, Athen u.a. 1986 [auf griechisch].

- Das disziplinarische Phänomen im modernen griechischen öffentlichen Recht, Athen u.a. 1989 [auf griechisch].

Manesis, Aristoboulos: Verfassungsrechte, Bd. 1: Individuelle Freiheiten, 4. Aufl., Thessaloniki 1982 [auf griechisch].

Mangakis, Georgios Alexandros: Strafrecht, Allgemeiner Teil, 3. Aufl., Athen 1984 [auf griechisch].

- Das Problem des Wirtschaftsstrafrechts - Zugleich ein Beitrag zur Lehre vom Verwaltungsstrafrecht, PoinChr 1958, S. 385 ff., 465 ff. [auf griechisch].

Manoledakis, Ioannis: Strafrecht, Allgemeiner Teil in einem Band, 1. Aufl., Thessaloniki 1985 [auf griechisch].

- Studien zur Vertiefung in das Strafrecht (1978-1989), Thessaloniki 1990 [auf griechisch].

- Die Typisierung von Wirtschaftsdelikten im Nebenstrafrecht und ihre Konkurrenz im Verhältnis zu den entsprechenden, im Strafgesetzbuch typisierten Delikten, in: Griechische Gesellschaft für Strafrecht (Hrsg.), Wirtschaftsdelikte, 1993, S. 97 ff. [auf griechisch].

- Strafrecht, Art. 1-49 StGB, Allgemeiner Teil in einem Band, 4. Aufl., Thessaloniki 1996 [auf griechisch].

Margaritis, Lambros / Paraskevopoulos, Nikolaos: Pönologie, 2. Aufl., Thessaloniki 1989 [auf griechisch].

Marinos, Michail-Theodoros: Die Klausel des Nichtsangriffs gegen Patentrechte als Beschränkung des Wettbewerbs und des Transfers von Technologie, NoB 1984, S. 1695 ff. [auf griechisch].

- Erfindung und Transfer von Technologie, EEmpD 1984, S. 549 ff. [auf griechisch].

- Beschränkungen der Erzeugung in Patentlizenzverträgen, EEmpD 1985, S. 385 ff. [auf griechisch].

- Anmerkung zu der WbK-S 79/89, EEmpD 1989, S. 506 f. [auf griechisch].

Marinos, Michail-Theodoros: Anmerkung zu der WbK-S 84/89, EEmpD 1990, S. 550 ff. [auf griechisch].

- Einige Bemerkungen über das Verwaltungsverfahren im Rahmen des G. 703 gegen die Wettbewerbsbeschränkungen, Elliniki Dikaiosini 1992, S. 1402 ff. [auf griechisch].

Mattes, Heinz: Zur Problematik der Umwandlung der Verkehrsübertretungen in Ordnungswidrigkeiten, ZStW 82 (1970), S. 25.

- Untersuchungen zur Lehre von den Ordnungswidrigkeiten, Halbband 1: Geschichte und Rechtsvergleichung, Berlin 1977; Halbband 2: Geltendes Recht und Kritik, Berlin 1982 (hrsg. und vollendet von Herta Mattes).

Maunz, Theodor / Dürig, Günther u.a.: Grundgesetz, Kommentar, Bd. I: Art. 1-10, Bd. V: Art. 91a-146, München, Stand: Lfg. 34. Lfg. Juni 1998 [zitiert: Bearbeiter in Maunz / Dürig, Komm. z. GG].

Maurach, Reinhardt / Zipf, Heinz: Strafrecht, Allgemeiner Teil, Teilband 1, Grundlehren des Strafrechts und Aufbau der Straftat, Ein Lehrbuch, 8. Aufl., Heidelberg 1992.

Maurer, Hartmut: Allgemeines Verwaltungsrecht, 11. Aufl., München 1997.

Merz, H.: Kartellrecht - Instrument der Wirtschaftspolitik oder Schutz der persönlichen Freiheit?, in: FS für F. Böhm, Karlsruhe 1965, S. 227 ff.

Mestmäcker, Ernst Joachim: Über das Verhältnis des Rechts der Wettbewerbsbeschränkungen zum Privatrecht, AcP 168 (1968), S. 235 ff.

- Europäisches Wettbewerbsrecht, München 1974.

Meyer-Ladewig, Jens: Die Zukunft des europäischen Menschenrechtsschutzsystems, EuGRZ 1996, S. 374 ff.

Mir Puig, Santiago: Objektive Rechtswidrigkeit und Normwidrigkeit im Strafrecht, ZStW 108 (1996), S. 759 ff.

Möschel, Wernhard: Recht der Wettbewerbsbeschränkungen, Köln u.a. 1983.

Muchtaris, Vlassis: Wettbewerbsrecht in Griechenland, in: Schotthöfer (Hrsg.), Wettbewerbsrecht in den EU-Staaten, 1997, S. 303 ff.

Müller, Ekkehard: Die Stellung der juristischen Person im Ordnungswidrigkeitenrecht, Köln 1985.

Müller-Gugenberger, Christian (Hrsg.): Wirtschaftsstrafrecht - Eine Gesamtdarstellung des deutschen Wirtschaftsstraf- und -ordnungswidrigkeitenrechts, Münster 1992 [zitiert: Bearbeiter in: Müller-Gugenberger, Wirtschaftsstrafrecht].

Müller-Laube, Hans Martin: Der private Rechtsschutz gegen unzulässige Beschränkungen des Wettbewerbs und mißbräuchliche Ausübung von Marktmacht im deutschen Kartellrecht, Berlin 1980.

Mylonopoulos, Christos: Anwendungen vom Strafrecht, Athen u.a. 1997 [auf griechisch].

Nystrom, Paul C. / Starbuck, William H.: Handbook of Organisational Design - Volume 1: Adapting organizations to their enviroments, Oxford 1981.

Oelher, Wolfgang / Tzouganatos, Dimitrios: Zum neuen griechischen Kartellgesetz, RIW / AWD 1978, S. 720 ff.

Oikonomou, Alexandros: Die staatlichen Aufsichtsorgane für Rundfunk- und Fernsehsender als unabhängige Verwaltungsbehörden, Elliniki Dikaiosini 37 (1996), S. 1250 ff. [auf griechisch].

Otto, Harro: Die Strafbarkeit von Unternehmen und Verbänden, Vortrag gehalten vor der Juristischen Gesellschaft zu Berlin am 26. Mai 1993, Berlin u.a. 1993.

- Grundkurs Strafrecht - Allgemeine Strafrechtslehre, 5. Aufl., Berlin u.a. 1996.

- Aktienstrafrecht - Erläuterungen zu den §§ 399-410 AktG, Berlin u.a. 1997.

- Die Haftung für kriminelle Handlungen in Unternehmen, Jura 1998, S. 409 ff.

Paliero, Carlo Enrico: Die Verwaltungssanktion als modernes Mittel im Kampf gegen die Wirtschaftskriminalität, in: Schünemann / González (Hrsg.), Madrid Symposium für Klaus Tiedemann, 1994, S. 245 ff.

Papachatzis, Georgios: System des in Griechenland geltenden Verwaltungsrechts, 6. Aufl., Athen 1983 [auf griechisch].

Papachristou, Basilios: Die neue Institution der Haft wegen Schulden gegenüber dem Staat (G. 1867/1989), Kommentar, Athen 1990 [auf griechisch].

- Verwaltungsvollstreckung, 3. Aufl., Athen 1992 [auf griechisch].

Papakiriakou, Theodoros: Das Europäische Unternehmensstrafrecht in Kartellsachen - Beitrag zur materiellrechtlichen Ausgestaltung eines rechtsstaatlichen und effektiven Verwaltungs- bzw. Unternehmensstrafrechts am Beispiel ausgewählter Grundprobleme des europäischen Kartellbußgeldrechts, Pfaffenweiler 2002.

Papakonstantinou, Apostolos: Die verfassungsrechtliche Verankerung des Sozialstaatsprinzips, EDKoinAsf 1995, S. 65 ff. [auf griechisch].

Papaneofitou, Agapios: Das Verhältnis zwischen dem strafrechtlichen Umweltschutz und den Verwaltungsvorschriften sowie den Verwaltungssanktionen, Verteidigung 1994, S. 533 ff. [auf griechisch].

Papanikolaidis, Nikolaos: Begriff und Rechtsnatur der Verwaltungsstrafen, Thessaloniki u.a. 1975 [auf griechisch].

Papathoma-Baetge, Anastasia: Die Neuregelung des Kartellrechts in Griechenland, RIW 1996, S. 1013 ff.

Paraskevopoulos, Nikolaos: Tätergesinnung und Schuldzurechnung [Φρόνημα και καταλογισμός] im Strafrecht, Thessaloniki 1987 [auf griechisch].

- Die verfassungsrechtliche Dimension des Unrechts und der Schuld, Verteidigung 1993, S. 1251 ff. [auf griechisch].

Parkinson, John E.: Corporate Power and Responsibility, Oxford 1993.

Perakis, Evangelos: Anmerkung zu dem Urteil LG (Einzelrichter) Athen 6009/85, EEmpD 1985, S. 729 ff. [auf griechisch].

Potamias, Georgios: Der Schutz des Einzelnen nach deutschem und griechischem Kartellrecht unter Berücksichtigung des EWG-Rechts, 1980 (Frankfurt am Main, Univ. Diss. 1980).

Psarouda-Benaki, Anna: Straftaten und Ordnungswidrigkeiten - Einführung des Systems der Ordnungswidrigkeiten in die griechische, insbesondere die straßenverkehrsrechtliche Gesetzgebung, PoinChr 1967, S. 65 ff. [auf griechisch].

Pyrovetsis, Michail: Die Kontrolle der Unternehmenszusammenschlüsse im Wettbewerbsrecht (a. im Gemeinschaftsrecht - b. in der griechischen Gesetzgebung), Thessaloniki 1992 [auf griechisch].

Raiser, Thomas: Das Unternehmen als Organisation - Kritik und Erneuerung der juristischen Unternehmenslehre, Berlin 1969.

- Unternehmensziele und Unternehmensbegriff, ZHR 144 (1980), S. 206 ff.

Ransiek, Andreas: Unternehmensstrafrecht - Strafrecht, Verfassungsrecht, Regelungsalternativen, Heidelberg 1996.

Rebmann, Kurt / Roth, Werner / Hermann, Siegfried: Gesetz über Ordnungswidrigkeiten, Kommentar, Bd. 1, Losebl.-Ausg., 3. Aufl., Stuttgart u.a., Stand: 1. Lfg. März 1998 [zitiert: Rebmann / Roth / Hermann, OWiG Kommentar].

Remer, Andreas: Organisationslehre, 3. Aufl., Bayreuth 1996.

Repanas, Konstantinos: Die rechtliche Behandlung der Geldbußen nach dem Tod des Zuwiderhandelnden, DFN 1952, S. 282 ff. [auf griechisch].

Rittner, Fritz: Wettbewerbs- und Kartellrecht - Eine systematische Darstellung des deutschen und europäischen Rechts für Studium und Praxis, 5. Aufl., Heidelberg 1995.

- Das europäische Kartellrecht - Eine kritische Bestandsaufnahme, JZ 1996, S. 377 ff.

Rizos, Sotirios: Das Spannungsverhältnis zwischen Rechtsstaat und Sozialstaat als verfassungsrechtliches Problem, ToS 1984, S. 143 ff. [auf griechisch].

Rocas, Nikolaos: Die Freiheit des Wettbewerbs und ihre Beschränkungen, EEmpD 1974, S. 461 ff. [auf griechisch].

- */Perakis, Evangelos*: in: J.O. von Kalinowski (Hrsg.), World Law of Competition, Vol. B7, Greece, 1983.

Roumbis, Ioannis: Über die Verstärkung der gerichtlichen Befugnisse der Zollbehörden, TE 1939, S. 154 ff. [auf griechisch].

Roxin, Claus: Strafrecht, Allgemeiner Teil, Bd. I: Grundlagen, Der Aufbau der Verbrechenslehre, 3. Aufl., München 1997.

Säcker, Franz Jürgen: Zielkonflikte und Koordinationsprobleme im deutschen und europäischen Kartellrecht, Düsseldorf 1971.

Sandrock, Otto: Grundbegriffe des Gesetzes gegen Wettbewerbsbeschränkungen, München 1968.

Schinas, Ioannis (Hrsg.): Schutz des freien Wettbewerbs (Die Praxis der WbSK / WbK), Athen u.a. 1992 [auf griechisch; zitiert: Bearbeiter, in: Schinas, Schutz des freien Wettbewerbs].

- Die Kontrolle der Unternehmenszusammenschlüsse, DEE 1995, S. 150 ff. [auf griechisch].

Schmidt, Eberhard: Das neue westdeutsche Wirtschaftsstrafrecht - Grundsätzliches zu seiner Ausgestaltung und Anwendung, Tübingen 1950.

Schmidt, Ingo: Wettbewerbspolitik und Kartellrecht - Eine Einführung, 4. Aufl., Stuttgart u.a. 1993.

Schmidt, Karsten: Kartellverfahrensrecht, Kartellverwaltungsrecht, Bürgerliches Recht - Kartellrechtspflege nach deutschem Recht gegen Wettbewerbsbeschränkungen, Köln u.a. 1977.

- Zur Verantwortung von Gesellschaften und Verbänden im Kartell-Ordnungswidrigkeitenrecht, Diskussionsbeitrag eines Wirtschaftsrechtlers zu § 30 OWiG und zum Verhältnis der Bußgeldpraxis nach dem GWB, wistra 1990, S. 131 ff.

- Drittschutz, Akteneinsicht und Geheimnisschutz im Kartellverfahren, Köln u.a., 1992.

- Handelsrecht, 4. Aufl. Köln u.a. 1994.

- Die kartellrechtliche „Schutzobjektdiskussion" als Problem interdisziplinärer Wissenschaft, in: FS für Hoppmann, Baden-Baden 1994, S. 373 ff.

- Gesellschaftsrecht, 3. Aufl., Köln u.a. 1997.

Schmidt-Salzer, Joachim: Unternehmens- und Mitarbeiterhaftung im deutschen und europäischen Produkt- und Umwelthaftungsrecht, in: Ahrens, Martin / Simon, Jürgen (Hrsg.), Umwelthaftung, Risikosteuerung und Versicherung, 1996, S. 59 ff.

- Konkretisierungen der strafrechtlichen Produkt- und Umweltverantwortung, NJW 1996, S. 1 ff.

Schmitt, Rudolf: Strafrechtliche Maßnahmen gegen Verbände - Gleichzeitig ein Beitrag zur Lehre von den strafrechtlichen Unrechtsfolgen, Stuttgart 1958.

- Wie weit reicht § 30 des Ordnungswidrigkeitengesetzes?, in: FS für Lange, 1976, S. 877 ff.

- Ordnungswidrigkeitenrecht dargestellt für den Bereich der Wirtschaft, Köln u.a. 1970.

Schönke, Adolf / Schröder, Horst: Strafgesetzbuch, Kommentar, begr. von A. Schönke, fortgef. v. H. Schröder, 25. Aufl. bearb. v. Lenckner, Theodor / Eser, Albin / Cramer, Peter / Stree, Walter, München 1997.

Schotthöfer, Peter (Hrsg.): Handbuch des Wettbewerbsrechts in den EU-Staaten einschließlich Norwegen, Schweiz, Lichtenstein und USA, 2. Aufl., Köln 1997.

Schroth, Hans-Jürgen: Europäische Menschenrechtskonvention und Ordnungswidrigkeitenrecht, EuGRZ 1985, S. 557 ff.

- Der Regelungsinhalt des 2. Gesetzes zur Bekämpfung der Wirtschaftskriminalität im Bereich des Ordnungswidrigkeitenrechts, wistra 1986, S. 158 ff.

- Unternehmen als Normadressaten und Sanktionssubjekte - Eine Studie zum Unternehmensstrafrecht, Gießen 1993.

Schünemann, Bernd: Unternehmenskriminalität und Strafrecht - Eine Untersuchung der Verantwortlichkeit der Unternehmen und ihrer Führungskräfte nach geltendem und geplantem Straf- und Ordnungswidrigkeitenrecht, Köln u.a. 1979.

- Strafrechtsdogmatische und kriminalpolitische Grundfragen der Unternehmenskriminalität, wistra 1984, S. 41 ff.

- Die Strafbarkeit der juristischen Personen aus deutscher und europäischer Sicht, in: Schünemann / González (Hrsg.), Madrid-Symposium für Klaus Tiedemann, 1994, S. 265 ff.

Schünemann, Bernd: (Hrsg.): Deutsche Wiedervereinigung, Die Rechtseinheit, Arbeitskreis Strafrecht, Bd. III: Unternehmenskriminalität, Köln u.a. 1996.

- Plädoyer zur Einführung einer Unternehmenskuratel, in: ders. (Hrsg.), Deutsche Wiedervereinigung, Bd. III: Unternehmenskriminalität, 1996, S. 129 ff.

- / Dias, Jorge de Figueiredo (Hrsg.): Bausteine des europäischen Strafrechts, Coimbra-Symposium für Claus Roxin, Köln u.a. 1995.

- / González, Carlos Suárez (Hrsg.): Bausteine des europäischen Wirtschaftsstrafrechts, Madrid-Symposium für Klaus Tiedemann, Köln u.a. 1994.

Seelmann, Kurt: Bereich: Verbandsstrafbarkeit - Literaturbericht, ZStW 108 (1996), S. 652 ff.

Sieber, Ulrich: Tagungsbericht - Grundfragen des Wirtschaftsstrafrechts in rechtsvergleichender Sicht, Bericht über das AIDP-Kolloquium „Begriff und Grundsätze des Wirtschaftsstrafrechts" (20.-23.9.1982 in Freiburg i.Br.) zur Vorbereitung des Themas II des XIII. Internationalen Strafrechtskongresses vom 1.-7. 10.1984 in Kairo, ZStW 96 (1984), S. 258 ff.

- Das Sanktionensystem zum Schutz der europäischen Gemeinschaftsinteressen, in: FS für Geerds, S. 113 ff.

Simeonidis, Ioannis: Die Überspannung der Sanktionsgewalt der Verwaltung und die Bestreitung ihrer Verfassungsmäßigkeit, DiDik 1992, S. 495 ff. [auf griechisch].

- Anmerkung zu dem EGMR-Urteil vom 24.09.1997 ("Garyfallou AEBE"), Armenopoulos 1998, S. 242 ff. [auf griechisch].

Soufleros, Ilias: Franchiseverträge im griechischen Recht und im europäischen Wettbewerbsrecht, Athen u.a. 1989 [auf griechisch].

- Anmerkung zu dem Urteil des LG (Einzelrichter) Athen 458/1990, EEmpD 1990, S. 155 ff. [auf griechisch].

- Anmerkung zu der WbK-S 66/89, EEmpD 1990, S. 328 ff. [auf griechisch].

- Die Wettbewerbspolitik auf neuen Grundlagen - Bemerkungen zum neuen Gesetzesentwurf für die Novellierung des G. 703/77 „über den Schutz des freien Wettbewerbs", EEmpD 1994, S. 488 ff. [auf griechisch].

Soultanis, A.: Die Rechtsnatur der Geldbußen und der Zuschläge, DFN 1952, S. 362 ff. [auf griechisch].

Spinellis, Dionisios: The legal and practical problems posed by the difference between criminal law and administrative penal law, RevIntDrPén 59 (1988), S. 217 ff.

- Das Sanktionensystem im griechischen Lebensmittelrecht (Landesbericht), in: Dannecker (Hrsg.), Lebensmittelstrafrecht und Verwaltungssanktionen, 1994, S. 105 ff.

Spyrakos, Dimitris: Die strafrechtliche Verantwortung der Unternehmen: Fortentwicklung oder Mißbildung des Strafrechts?, PoinChr 1994, S. 1201 ff. [auf griechisch].

Staatslexikon, Recht - Wirtschaft - Gesellschaft in 5 Bänden, hrsg. von der Görres-Gesellschaft, 7. Aufl., Freiburg u.a. 1988.

Stasinopoulos, Michail: Die wirkliche Natur der Verwaltungsstrafen, ArNom 1950, S. 89 ff. [auf griechisch].

- Das Verteidigungsrecht gegenüber den Verwaltungsbehörden, Athen 1974 [auf griechisch].

Stone, Christopher D.: The Place of Enterprise Liability in the Control of Corporate Conduct, The Yale Law Journal Vol. 90:1 (1980), S. 1 ff.

Strangas, Ioannis (Hrsg.): Arten von Sanktionen und Rechtszweige, Athen 1991 [auf griechisch].

Stratenwerth, Günter: Strafrechtliche Unternehmenshaftung, in: FS für R. Schmitt, 1992, S. 295 ff.

Systematische Auslegung des Strafgesetzbuchs, unter der Verantwortung und der Aufsicht von A. Androulakis, G.-A. Mangakis, I. Manoledakis, D. Spinellis, K. Stamatis und A. Psarouda-Benaki, Athen 1993 ff. [auf griechisch; zitiert: Bearbeiter, in: Systematische Auslegung des gr. StGB].

Tachos, Anastasios: Wirtschaftsverwaltungsrecht, 6. Aufl., Thessaloniki 1990 [auf griechisch].

- / *Simeonidis, Ioannis*: Auslegung des Beamtengesetzbuches, Thessaloniki 1999 [auf griechisch].

Temple Lang, John: The Duties of National Authorities Under Community Constitutional Law, E.L.Rev. 23 (1998), S. 109 ff.

Tiedemann, Klaus: Tatbestandsfunktionen im Nebenstrafrecht - Untersuchungen zu einem rechtsstaatlichen Tatbestandsbegriff, entwickelt am Problem des Wirtschaftsstrafrechts, Tübingen 1969.

- Literaturbericht - Nebenstrafrecht einschließlich Ordnungswidrigkeitenrecht, ZStW 83 (1971), S. 792 ff.

- Welche strafrechtliche Mittel empfehlen sich für eine wirksame Bekämpfung der Wirtschaftskriminalität? - Gutachten für den 49. Deutschen Juristentag, in: Verhandlungen des neunundvierzigsten Deutschen Juristentages (Düsseldorf 1972), Bd. I (Gutachten), Teil C, München 1972.

- Wirtschaftsstrafrecht und Wirtschaftskriminalität, Bd. I: Allgemeiner Teil, Reinbek bei Hamburg 1976.

- Kartellrechtsverstöße und Strafrecht, Köln u.a. 1976.

- Strafrechtliche Grundprobleme im Kartellrecht, NJW 1979, S. 1849 ff.

- Der Allgemeine Teil des europäischen supranationalen Strafrechts, in: FS für Jescheck, 1985, S. 1411 ff.

- Die strafrechtliche Vertreter- und Unternehmenshaftung, NJW 1986, S. 1842 ff.

- Die „Bebußung" von Unternehmen nach dem 2. Gesetz zur Bekämpfung der Wirtschaftskriminalität, NJW 1988, S. 1169 ff.

- Artikel „Blankettgesetz", in: Krekeler, Wilhelm / Tiedemann, Klaus / Ulsenheimer, Klaus / Weinmann, Günther (Hrsg.), HWiStR, Heidelberg 1990.

- Der Strafschutz der Finanzinteressen der Europäischen Gemeinschaft, NJW 1990, S. 2226 ff.

- Verfassungsrecht und Strafrecht [Vortrag v. 8. März 1990], Heidelberg 1991.

- Kommentierung der §§ 38, 39 GWB, in: Immenga / Mestmäcker, GWB-Kommentar, 1992, S. 1570 ff.

Tiedemann, Klaus: Anmerkung zu dem EuGH-Urteil v. 27.10.92 - Rs. C-240/90 (Bundesrepublik Deutschland / Kommission), NJW 1993, S. 49.

- Europäisches Gemeinschaftsrecht und Strafrecht, NJW 1993, S. 23 ff.
- Strafrecht in der Marktwirtschaft, in: FS für Stree und Wessels, 1993, S. 527 ff.
- Zum Stand der Irrtumslehre, insbesondere im Wirtschafts- und Nebenstrafrecht, in: FS für Geerds, 1995, S. 95 ff.
- Das deutsche Wirtschaftsrecht im Rahmen der Europäischen Union, in: FS für Miyazawa, 1995, S. 673 ff.
- Die Europäisierung des Strafrechts, in: Kreuzer / Scheuing / Sieber (Hrsg.) Die Europäisierung der mitgliedstaatlichen Rechtsordnungen, 1997, S. 133 ff. (mit Anhang: Corpus Juris «vers un espace judiciaire européen», S. 149 ff.).
- Der Allgemeine Teil des Strafrechts im Lichte der europäischen Rechtsvergleichung, in: FS für Lenckner, 1998, S. 411 ff.
- Grunderfordernisse des Allgemeinen Teils für ein europäisches Sanktionenrecht - Generalbericht, ZStW 110 (1998), S. 497 ff.

Triantafillakis, Georgios: Die Verordnung Nr. 418/85 (EWG) der Kommission über die Anwendung des Art. 85 Abs. 3 EWG auf Gruppen von Forschungs- und Kooperationsvereinbarungen - Das Verhältnis der Verordnung zum G. 703/77 und die sich diesbezüglich stellenden Fragen, EEmpD 1987, S. 504 ff. [auf griechisch].

Tsatsos, Dimitrios: Verfassungsrecht, Bd. II: Organisation und Funktion des Staates, 2. Aufl., Athen u.a. 1993 [auf griechisch].

Tsolka, Olga: Der allgemeine Teil des europäischen supranationalen Strafrechts i.w.S. - Grundlegung und Ausgestaltung, Frankfurt am Main u.a. 1995 (Freiburg i.Br., Univ. Diss. 1992).

Tzouganatos, Dimitrios: Die griechischen Kartellbehörden sind eingesetzt, WuW 1979, S. 390 ff.

- Zur Rezeption fremden Rechtsguts im Bereich des Wirtschaftsrechts, Bonn 1983.
- Orientierungsprobleme der Wettbewerbspolitik, NoB 1983, S. 1139 ff. [auf griechisch].
- Der Mißbrauch einer marktbeherrschenden Stellung gem. Art. 2 G. 703/77 und die Praxis der Wettbewerbskommission, EEmpD 1984, S. 229 ff., 369 ff. [auf griechisch].
- Überlegungen anläßlich einiger Stellungnahmen der Wettbewerbskommission, EEmpD 1986, S. 373 ff. [auf griechisch].
- Anmerkung zu der WbK-S 64/88, EEmpD 1989, S. 139 ff. [auf griechisch].
- Anmerkung zu dem Areopag-Urteil 2/89, EEmpD 1989, S. 663 ff. [auf griechisch]
- Der Schutz des freien Wettbewerbs durch das G. 703/1977 - Einige Bemerkungen über die Anwendung des KartellG im ersten Jahrzehnt, in: FS für N. A. Deloukas, Bd. II, Athen u.a. 1989, S. 967 ff. [auf griechisch].
- Anmerkung zu der WbK-S 80/89, EEmpD 1990, S. 171 ff. [auf griechisch].
- Anmerkung zu der WbK-S 99/90 und der WbK-101/90, EEmpD 1991, S. 166 ff. [auf griechisch].

Tzouganatos, Dimitrios: Die neulich erfolgten Änderungen des G. 703/77 und der Schutz des freien Wettbewerbs (G. 1934/91 und G. 2000/91), EEmpD 1992, S. 517 ff. [auf griechisch].

- Anmerkung zu der WbK-E 23/96, DDE 1996, S. 611 ff. [auf griechisch].

- Wettbewerbsbeschränkungen durch staatliche Interventionen und die Rechtsordnung der Gemeinschaft, DEE 1996, S. 344 ff. [auf griechisch].

Vegleris, Fotis: Die Konvention zum Schutze der Menschenrechte und die Verfassung, 1977 [auf griechisch].

Verhandlungen des vierzigsten Deutschen Juristentages (Hamburg 1953), hrsg. von der Ständigen Deputation des deutschen Juristentages, Bd. I (Gutachten), Bd. II (Sitzungsberichte), Tübingen 1953.

Villiger, Mark E.: Handbuch der Europäischen Menschenrechtskonvention (EMRK), unter besonderer Berücksichtigung der schweizerischen Rechtslage, Zürich 1993.

Vogel, Joachim: Verbraucherschutz durch strafrechtliche Produkthaftung, GA 1990, S. 241 ff.

- Die Kompetenz der EG zur Einführung supranationaler Sanktionen, in: Dannecker (Hrsg.), Bekämpfung des Subventionsbetrugs, 1993, S. 170 ff.

- Wege zu europäisch-einheitlichen Regelungen im Allgemeinen Teil des Strafrechts - Kompetenzrechtliche, methodische und inhaltliche Grundfragen, JZ 1995, S. 331 ff.

- Elemente der Straftat: Bemerkungen zur französischen Straftatlehre und zur Straftatlehre des common law, GA 1998, S. 127 ff.

Volk, Klaus: Zur Bestrafung von Unternehmen, JZ 1993, S. 429 ff.

Voujoucas, Konstantinos: Das Nebenstrafrecht, Bd. IV: Wirtschaftsstrafrecht, Allgemeiner Teil, Universitätsvorlesungen, 5. Aufl., Thessaloniki 1986 [auf griechisch].

Wagemann, Markus: Rechtfertigungs- und Entschuldigungsgründe im Bußgeldrecht der Europäischen Gemeinschaften, Heidelberg 1992 (Freiburg i.Br., Univ. Diss. 1991).

Weber, Ulrich: Die Überspannung der staatlichen Bußgeldgewalt - Kritische Bemerkungen zur neueren Entwicklung des materiellen Ordnungswidrigkeitenrechts, ZStW 92 (1980), S. 313 ff.

Weigend, Thomas: The legal and practical problems posed by the difference between criminal law und administrative penal law, RevIntDrPén 59 (1988), S. 67 ff.

- Die juristischen und praktischen Probleme der Unterscheidung von Strafrecht und Verwaltungsstrafrecht, Bericht über die Verhandlungen der I. Sektion des XIV Internationalen Strafrechtskongreßes der AIDP in Wien, ZStW 102 (1990), S. 664 ff.

Weiß, Wolfgang: Die Verteidigungsrechte im EG-Kartellverfahren, zugleich ein Beitrag zu den allgemeinen Rechtsgrundsätzen des Gemeinschaftsrechts, Köln u.a. 1996.

Wiedemann, Gerhard: Kommentar zu den Gruppenfreistellungsverordnungen des EWG-Kartellrechts, Bd. I, Köln 1989.

Wöhe, Günter (unter Mitarbeit von Döring, Ulrich): Einführung in die Allgemeine Betriebswirtschaftslehre, 19. Aufl., München 1996.

Wolf, Erik: Die Stellung der Verwaltungsdelikte im Strafrechtssystem, in: Festgabe für R. von Frank, Bd. II, 1930, S. 516 ff.

Wolff, Hans J. / Bachof, Otto / Stober, Rolf: Verwaltungsrecht I - Ein Studienbuch, 10. Aufl., München 1994.

Würdinger, H.: Freiheit der persönlichen Entfaltung, Kartell- und Wettbewerbsrecht, WuW 1953, S. 721 ff.

Zäch, R.: Wettbewerbsrecht der Europäischen Union - Praxis von Kommission und Gerichtshof, München 1994.

Zajtay Imre: Zum Begriff der Gesamtrezeption fremder Rechte, AcP 170 (1970), S. 251 ff.

Zapatero, Luis Arroyo: Grunderfordernisse des Allgemeinen Teils für ein europäisches Sanktionenrecht - Landesbericht Spanien, ZStW 110 (1998), S. 438 ff.

Zinsmeister, Ute: Die Anwendung der Artikel 85 und 86 EG-Vertrag durch die nationalen Behörden, WuW 1997, S. 5 ff.

Studien zum Wirtschaftsstrafrecht

Schwinge, Christina
Strafrechtliche Sanktionen gegenüber Unternehmen im Bereich des Umweltstrafrechts
Band 6, 1996, 300 S., br., ISBN 3-8255-0059-4, 50,11 € / 89,– sFr

Schünemann, Bernd (Hg.)
Die Stellung des Betrugs im Strafrechtssystem
Band 7, 2002, ca. 250 S., br., ISBN 3-8255-0153-1, ca. 30,70 € / 54,50 sFr

Moosmayer, Klaus
Einfluß der Insolvenzordnung 1999 auf das Insolvenzstrafrecht
Band 8, 1997, 246 S., br., ISBN 3-825-0176-0, 30,88 € / 71,– sFr

Luipold, Ann
Die Bedeutung von Anfechtungs-, Widerrufs-, Rücktritts- und Gewährleistungsrechten für das Schadensmerkmal des Betrugstatbestandes
Band 9, 1998, 220 S., br., ISBN 3-8255-0211-2, 40,80 € / 72,– sFr

Protzen, Peer Daniel G.
Der Vermögensschaden beim sog. Anstellungsbetrug – unter besonderer Berücksichtigung des Verschweigens ehemaliger Tätigkeit für das MfS – Zugleich ein Beitrag zur Lehre vom Vermögensschaden beim Betrug
Band 10, 2000, 384 + IV S., br., ISBN 3-8255-0278-3, 40,80 € / 72,– sFr

Penzlin, Dietmar
Strafrechtliche Auswirkungen der Insolvenzordnung
Band 11, 2000, 270 S., br., ISBN 3-8255-0292-9, 40,80 € / 72,– sFr

Berger, Sebastian
Der Schutz öffentlichen Vermögens durch § 263 StGB. Zur Anwendbarkeit des § 263 StGB und zum Vorliegen eines Vermögensschadens bei Angriffen auf inländisches öffentliches Vermögen sowie auf Vermögen der Europäischen Gemeinschaften
Band 12, 2000, 334 S., br., ISBN 3-8255-0307-0, 40,39 € / 72,– sFr

Martens, Jürgen
Subventionskriminalität zum Nachteil der Europäischen Gemeinschaften
Eine Untersuchung zu Straftaten nach § 264 StGB als einer Form von Unregelmäßigkeiten bei Ausgaben aus Gemeinschaftsmitteln
Band 13, 2001, 340 S., br., ISBN 3-8255-0319-4, 30,58 € / 54,– sFr

Stein, Henrike
Die Regelung von Täterschaft und Teilnahme im europäischen Strafrecht am Beispiel Deutschlands, Frankreichs, Spaniens, Österreichs und Englands
Band 14, 2002, ca. 460 S., br., ISBN 3-8255-0327-5, ca. 40,90 € / 72,50 sFr

Ludwig, Martin
Betrug und betrugsähnliche Delike im spanischen und deutschen Strafrecht
Band 16, 2002, ca. 600 S., br., ISBN 3-8255-0352-6, ca. 40,90 € / 67,30 sFr

CENTAURUS VERLAG

FSC
www.fsc.org
MIX
Papier | Fördert
gute Waldnutzung
FSC® C083411

Kolibri 360 GmbH
Ferdinand-Jühlke-Straße 7
99095 Erfurt, Deutschland
produktsicherheit@kolibri360.de